Metropole: Metrozonen
Metropolis: Metrozones

4

METROPOLE: METROZONEN

METROPOLIS: METROZONES

JOVIS

BEOBACHTUNGEN: Wie sich das Leben in den Städten einnistet
OBSERVATIONS: How Life Implants in Cities

STRATEGIEN: Möglichkeiten eröffnen, Reserven mobilisieren
STRATEGIES: Opening Opportunities, Mobilising Reserves

ULI HELLWEG

Metrozonen - auf der anderen Seite der Stadt

Prolog

Das Phänomen der öden Grenzbereiche ist für die Stadtplaner verwirrend, vor allem für diejenigen, die ehrlich städtische Lebendigkeit und Mannigfaltigkeit zu schätzen wissen.
Jane Jacobs[1]

Nicht etwa als ein wissenschaftlich definierter Raumtypus, sondern eher als ein beschreibbares Phänomen der Stadt der Moderne prägen „Metrozonen" städtische Leer- und Zwischenräume in Metropolen oder großen Städten. Das Zusammenziehen von „Metro" und „Zone" im neuen Begriff „Metrozone" soll deutlich machen, dass es sich um einen Stadtraumtypus handelt, der sich auf Metropolen oder große Städte bezieht. „Metro" in Verbindung mit Stadt („metropolis" = Mutterstadt) bezeichnet die Kernstadt, nicht die Region. „Zone" ist ein Gebiet oder ein Raum mit klar definierten Grenzen, mit einem „Innen" und einem „Außen"; es geht also nicht um den zerfließenden Raum der äußeren Peripherie, sondern um die durch Barrieren und Grenzen scharf definierten inneren Stadtränder. Das unterscheidet „Metrozonen" von „Zwischenstädten".
Der Begriff der „Zwischenstadt" wurde von Thomas Sieverts[2] eingeführt und ist mittlerweile in die Raumordnungsterminologie aufgenommen worden. „Durch fortschreitende Suburbanisierung und damit einhergehende Bildung von sogenannten ‚Zwischenstädten' haben sich flächenhaft bebaute Stadtregionen entwickelt, die sich weit ins Umland erstrecken."[3] Die Folge dieser Entwicklung ist eine wachsende Flächeninanspruchnahme. Zwischen 1992 und 2008 sind die Siedlungs- und Verkehrsflächen in Deutschland um 17 Prozent[4], also jährlich um rund ein Prozent gestiegen; und auch für die Zukunft sieht das Bundesamt für Bauwesen und Raumordnung (BBR) die stärkste Siedlungs- und Verkehrsflächenentwicklung mit ca. 100 Hektar pro Tag in den Zwischenstädten. In den Zentralräumen der Stadt (und in den Abwanderungsräumen) erwartet das BBR dagegen eine „sehr geringe" Zunahme der Siedlungs- und Verkehrsflächen. Das so prognostizierte Flächenwachstum in den Zwischenstädten steht im Widerspruch zu der hier vorgeschlagenen Strategie der Verdichtung der Metrozonen der inneren Stadt. Nur so rückt das raumordnerische Ziel, den Flächenverbrauch auf 30 Hektar pro Tag zu reduzieren[5], in den Bereich des realistisch Machbaren.
Zwischenstädte sind ein Kind der Verstädterung der Landschaft und der „Verlandschaftlichung der Stadt" (Sieverts); Metrozonen sind dagegen ein Phänomen der Ent-Urbanisierung von Teilen der bestehenden Stadt, eine Folge der Notwendigkeiten in den Großstädten der Industriegesellschaft. Zwischenstädte versuchen Stadt und Landschaft in einem neuen Typus von Stadt zu vereinen, Metrozonen sind das Vor-Städtische, das die traditionelle Stadt für die Aufrechterhaltung ihrer Urbanität - oder was sie dafür hält - braucht. Zwischenstädte sind ein Phänomen der Stadtflucht von Menschen, Metrozonen eines der mehr oder weniger unfreiwilligen Platzierung von Einrichtungen und Infrastrukturen, teilweise auch von sozial marginalisierten Menschen oder ethnischen Gruppen. Zwischenstädte sind - wenngleich zunehmend weniger - die

Gleistrassen am Veddeler Damm auf der Elbinsel mit Weitblick auf die Kulisse der Innenstadt Hamburgs
Rail route on the Elbe island's near Veddeler Damm, with a broad view of the Hamburg city centre in the background

ULI HELLWEG

Metrozones—on the Other Side of the City

Prologue

Blick über das westliche Wilhelmsburg in die City. Im Vordergrund die Brachen am Reiherstiegknie in enger Nachbarschaft zu Hafen, Industrie und Wohnbebauung und durchschnitten von mehreren Hauptverkehrsstraßen View over the west of Wilhelmsburg towards the city. In the foreground is the Reiherstiegknie waste ground, in close proximity to the harbour, industrial, and residential areas and traversed by several main traffic arteries.

Wohnidyllen des traditionellen Mittelstands der Industriegesellschaft, Metrozonen sind Orte der sozial inhomogenen, multikulturellen Stadtgesellschaft der Nach-Moderne.
Nach Michel Foucault produzieren Gesellschaften ständig „Gegenorte – Orte, die außerhalb aller Orte liegen, obwohl sie sich durchaus lokalisieren lassen. Da diese Orte völlig anders sind als all die Orte, die sie spiegeln und von denen sie sprechen, werde ich sie im Gegensatz zu den Utopien als Heterotopien bezeichnen."[6] Metrozonen könnte man als „Gegenorte" der Stadt der Moderne im Foucault'schen Sinne bezeichnen. Es sind Inseln *in der* Stadt, im Zwischenland von Infrastrukturtrassen, Industrie- und Hafengebieten, Kraftwerken, Abstands-, Logistik- und Einzelhandelsflächen – Orte und Räume, die sich aus der Logik der dominierenden Nutzungen quasi gesetzmäßig ergeben. Metrozonen existieren nicht aus sich heraus, sondern als Nebenwirkung des Regimes übergeordneter, gesamtstädtischer Funktionszusammenhänge wie Energieversorgung, Logistik oder industrielle Produktion. Zwischenstädte sind die sich zunehmend verflüchtigende urbane Utopie der Moderne, Metrozonen sind ihre notwendigen und real existierenden Heterotopien.
Mit der Transformation der modernen, „fordistischen"[7] Stadt geraten ihre „Gegenorte" aus vielerlei Gründen ins Visier von Politik und Planung. Zum einen sind die klassischen Funktions-

The phenomenon of border vacuums is baffling to city designers, especially to those who sincerely value urban liveliness and variety ...
Jane Jacobs[1]

The metrozones form empty and transitional urban spaces in metropolises or large cities, not really as scientifically defined types of space, but rather as a recorded phenomenon of the modern city.
Combining "metro" and "zone" to form the new term "metrozone" is intended to make it clear that this is a type of urban space particular to metropolises or large cities. "Metro," when combined with a city ("metropolis" = mother city) refers to the core city, not the region. "Zone" is an area or a space with clearly defined limits, with an "inside" and an "outside;" it is not concerned with the trailing-off spaces of the outer periphery, but with the edges of the inner city, sharply defined by barriers and borders. This distinguishes "metrozones" from "*Zwischenstädte*" (transurban zones).
The term *Zwischenstadt* was introduced by Thomas Sieverts[2] and now forms part of regional planning terminology. "Progressive suburbanisation and the simultaneous formation of so-called '*Zwischenstädte*' have led to the development of built-up urban areas spreading far out into the countryside."[3] The consequence of this development is the increasing utilisation of land. Between 1992 and 2008, the settlement and traffic areas in Germany have risen by 17 per cent,[4] that is to say about 1 per cent annually. For the future, too, the German Federal Office of Construction and Planning (Bundesamt für Bauwesen und Raumordnung, BBR) is providing for the greatest development of settlement and traffic areas in the *Zwischenstädte*, at a rate of approximately 100 hectares per day. In contrast, the BBR is expecting "very low" increases in settlement and traffic areas in the central areas of the cities (and in the areas where the city population is emigrating). This prognosis for growth in the *Zwischenstädte* is in contrast to the strategy proposed here to increase the density of the metrozones in the inner cities. This is the only way to make the regional planning target of reducing land utilisation to thirty hectares per day[5] realistically achievable.
Zwischenstädte are the offspring of the urbanisation of the landscape and the "ruralisation of the city" ("Verlandschaftlichung der Stadt,"—Sieverts); metrozones, on the other hand, are a phenomenon of the de-urbanisation of parts of the existing city, a consequence of necessity in the large cities of industrial society. *Zwischenstädte* attempt to unite city and countryside in a new type of city, but metrozones are the "sub-urban" areas that the traditional city needs to maintain its urban nature—or what it considers as such. *Zwischenstädte* are a phenomenon of human flight from the cities, metrozones one of the more or less involuntary arrangements of facilities and infrastructure, in part also of socially marginalised people or ethnic groups. *Zwischenstädte* are—although this is less and less the case—the residential idylls of the industrial society's middle classes, while metrozones are the homes of the socially non-homogeneous, multicultural societies of the post-modern age.
According to Michel Foucault, societies constantly produce "counter-sites—spaces outside all spaces, though they can certainly be localised. As these spaces are completely different from the spaces that they reflect and of which they speak, I shall refer to them, in contrast to utopias, as heterotopias."[6] Metrozones could be described as "counter-sites" of the modern city in Foucault's sense. They are islands *within the city*, in the in-between lands of infrastructure routes, industrial and harbour areas, power stations, storage, logistics, and retail areas—locations and spaces that arise as if by natural law from the logic of the dominant utilisation of space. Metrozones have not come into existence on their own, but as a side-effect of the regime of superordinated, whole-city connections of functions such as energy supplies, logistics, or industrial production. *Zwischenstädte* are the increasingly vanishing urban utopias of modernism, while metrozones are its necessary and real heterotopias.
The transformation of the modern "Fordist"[7] city has led to its "counter-sites" becoming,

mechanismen der modernen Stadt – Verkehr, Funktionstrennung, Vollbeschäftigung und Sozialstaat – in die Krise geraten und die „Nebenfolgen der Moderne" (Ulrich Beck) in ökologischer, sozialer und wirtschaftlicher Hinsicht werden immer stärker als Risiken erkannt. Zum andern sind immer weniger Menschen bereit, den Absolutismus der Industriemoderne zu akzeptieren, das heißt der Widerstand gegen das Regime der dominierenden Nutzer und Nutzungen wächst; das „,Gehäuse der Hörigkeit' (Max Weber), das die industrielle Moderne errichtet und gepanzert hat"[8], wird zunehmend hinterfragt. Ob beim Neubau von Autobahnen oder Kraftwerken, Hafenerweiterungen oder neuen Industriegebieten in der Stadt – die klassischen Legitimationsstrukturen der Moderne, die mit diesen Einrichtungen Arbeit und Wohlstand für alle brachten, funktionieren in unseren Städten heute so nicht mehr. Ulrich Beck beschreibt diesen Prozess als „Selbstkonfrontation" der Moderne mit ihren Folgen und nennt ihn „reflexive Modernisierung".[9] Er sieht hierin eine Möglichkeit gesellschaftlicher Modernisierung, einer „zweiten Moderne", in der der Zweifel an der Richtigkeit traditioneller Lösungen und Rezepte nicht nur akzeptiert wird, sondern das Grundprinzip des Politischen ist und in der an die Stelle eines strikten „Entweder-oder" ein „Sowohl-als-auch" tritt.

Metrozonen können zu Orten einer „reflexiven Modernisierung" unserer Städte werden. Hierfür spricht nicht nur die Erfahrung, dass die Konflikte aus den klassischen Modernisierungsstrategien der Industrieepoche hier besonders eklatant und Interessen nur entsprechend schwer durchsetzbar sind, sondern hierfür spricht auch die Tatsache, dass Metrozonen im Prozess der Post-Industrialisierung der Städte große räumliche Ressourcen für neue städtebauliche und soziale Modernisierungsstrategien eröffnen. Als notwendige vorstädtische Produkte der Industriemoderne können Metrozonen zu Modellen einer neuen Form der Innenentwicklung der Stadt werden, die die „Nebenfolgen" der Industriemoderne zivilisiert und neue Räume für eine „zweite" Modernisierung unserer Städte schafft.

Die Metrozone Wilhelmsburg

In den Augen der meisten Hamburger ist Wilhelmsburg ein „Problemstadtteil", den man am liebsten auf einer der großen Verkehrstrassen schnell durchquert. Die Elbinseln „kennt man" vom Durchfahren, nicht vom Hinfahren. Für ihre Entwicklung waren seit Jahrhunderten zwei Regime entscheidend: die Elbe und der Hafen. Sie haben Siedlungsstruktur, Nutzungen und sogar die Topografie der Hamburger Elbinseln maßgeblich geprägt. Wilhelmsburg war deswegen historisch jedoch keineswegs ein sozial problematischer Stadtteil, im Gegenteil: Als größte Landgemeinde Preußens profitierte Wilhelmsburg bis zum Bau der durchgehenden Eisenbahnlinie 1872 von seiner verkehrsgünstigen Lage zwischen Harburg südlich und der freien Hansestadt Hamburg nördlich der Elbe, einem regen Schiffs- und Fährverkehr sowie von den landwirtschaftlichen Erträgen, die auf den Märkten der nahe gelegenen Hansestadt verkauft wurden. Mit der Einrichtung des Hamburger Freihafens 1881 begann der industrielle Aufschwung Wilhelmsburgs, der sich noch heute im stolzen Rathaus von 1903 spiegelt, das inzwischen allerdings als Mahnmal einer auf der Strecke gebliebenen Zukunft in der Abfahrtsschlaufe der 1951 gebauten Stadtautobahn, der Wilhelmsburger Reichsstraße (B4/B75), steht. Schon in den 1920er Jahren zeichnete sich der grundlegende Konflikt ab, der die Metrozone Wilhelmsburg bis zur politischen Beschlussfassung des „Sprungs über die Elbe" (2005) sowie der Einrichtung von Internationaler Bauausstellung (IBA) und Internationaler Gartenschau (igs 2013) kennzeichnete – und in ihrer Entwicklung grundlegend beeinflusste: der Konflikt zwischen den dominanten Nutzern Hafen, Verkehr und Industrie einerseits und der Stadt- und Siedlungsentwicklung andererseits.[10] Bis Mitte der 1960er Jahre existierte ein mehr oder weniger stabiles Verhältnis zwischen den Nutzungen, da die Machtverhältnisse eindeutig waren: Stadt- und Siedlungsentwicklung standen ganz im Dienste der industriellen Regime, während des Zweiten Weltkriegs vor allem der Rüstungsindustrie.[11] Erst mit dem Strukturwandel vom

Die Margarinefabrik Mohr (heute Honigfabrik – Kommunikationszentrum Wilhelmsburg e.V.) und die Zinnwerke waren eine der ersten Industrieansiedlungen am Veringkanal. Aquarell von Schiebenhöfer, 1909
The Mohr margarine factory (now the Honigfabrik–Kommunikationszentrum Wilhelmsburg e.V./Honey Factory Communication Centre Wilhelmsburg) and the tin works were among the first industrial developments along the Veringkanal. Watercolour by Schiebenhöfer, 1909

for various reasons, the subject of political and planning considerations. On the one hand, the classic functional mechanisms of the modern city—transport, separation of functions, full employment, and the social state—are now in crisis, and the "consequences of modernism" (Ulrich Beck) are being ever more clearly recognised as risks from an ecological, social, and economic viewpoint. On the other hand, fewer and fewer people are prepared to accept the absolutism of the modern industrial society, which means that resistance to the rule of the dominant users and utilisations is growing; the "'House of Enslavement' (Max Weber), which has built and armoured the modern industrial society,"[8] is being increasingly challenged. Whether it concerns the construction of new motorways and power stations, extensions to docks or new industrial areas within the city—modernism's classic structures of legitimisation, which brought employment and prosperity for all, no longer function as they once did in our cities. Ulrich Beck describes this process as a "self-confrontation" of modernism with its consequences and refers to it as "reflexive modernisation."[9] He sees in this process the possibility of social modernisation, a "second modernism," in which doubts about the rightness of traditional solutions and formulas are not only accepted but form the basic principle of policy and replace the strict "either-or" with a "both-and." Metrozones may become places of "reflexive modernisation" for our cities. This is supported not just by the experience that conflicts arising from the classic modernisation strategies of the industrial age are here particularly blatant and it is correspondingly difficult for interests to gain acceptance, but also by the fact that metrozones can, as part of the process of urban post-industrialisation, open up large spatial resources for new urban planning and social modernisation strategies. As necessary suburban products of modern industrial society, metrozones can become the models for a new form of inner-city development, civilising the "side-effects" of modern industrial society and creating new spaces for a "second" modernisation of our cities.

The Wilhelmsburg Metrozone

In the eyes of most of the people of Hamburg, Wilhelmsburg is a "problem district," best crossed quickly on one of the big roads. People "know" this island in the River Elbe by driving across it, not by going to it. For centuries, two factors have determined the island's development: the Elbe and the port. These have had a definitive effect in the formation of settlement structure, utilisation, and indeed the topography of the Hamburg Elbe Islands. However, this does not mean that Wilhelmsburg was historically a socially problematic district. Quite the contrary: as the largest rural municipality in Prussia, Wilhelmsburg, until the railway that runs through it was built in 1872, profited from its position, favourable to traffic, between Harburg in the south and Hamburg to the north of the Elbe, from busy shipping and ferry traffic,

Stückgut- zum Containerverkehr änderte sich die Situation. Die Flächenansprüche des Hafens wuchsen, während gleichzeitig der Bedarf an wenig qualifizierten Hafenarbeitern ebenso sank wie der an arbeitsplatznahen, preiswerten Wohnsiedlungen.
Die Flut von 1962, die in Wilhelmsburg mehr als 200 Menschenleben kostete und die oft für den „Niedergang Wilhelmsburgs" verantwortlich gemacht wird, führte in Wahrheit nicht automatisch zur Stigmatisierung der Insel – immerhin standen 1962 rund 20 Prozent des Hamburger Stadtgebiets unter Wasser, ohne dass daraufhin die bisherigen Nutzungen aufgegeben wurden. Erst der Senatsbeschluss von 1965, nach dem Wohnraum westlich der Bahntrasse nicht gefördert werden und das westliche Wilhelmsburg sukzessive den „industriellen und gewerblichen Nutzungen"[12] gewidmet werden sollte, brachte die Wende. Durch diesen Beschluss wurde das historische Zwangsverhältnis von Arbeiten und Wohnen aufgehoben und den Infrastrukturen der neuen Umschlagstechnologien im Hafen der Vorrang eingeräumt. Diese politische Entscheidung verunsicherte Bewohner und Grundeigentümer gleichermaßen. Die Folgen sind bekannt: Exodus der angestammten Bevölkerung und Einzug von überwiegend migrantischen Bewohnern in die leeren und zunehmend heruntergekommenen Wohnungen. Auch nach Aufhebung dieses Beschlusses im Jahre 1977 und den dann massiv eingesetzten Stadterneuerungs- und Wohnungsbauförderungsmitteln änderte sich am grundlegenden sozialen Strukturwandel des westlichen Wilhelmsburgs wenig. Seit Mitte der 1960er Jahre entwickelten sich die Elbinseln – in den Augen vieler Hamburger – von einem industriell und (klein-)bürgerlich geprägten Stadtteil zu einem marginalisierten „Problemquartier".
Tatsächlich ist dieser Blick von außen auch heute noch extrem verallgemeinernd. Die Hamburger Elbinseln sind aufgrund ihrer siedlungsgeschichtlichen Entwicklung und ihrer topografischen Besonderheiten durch eine ausgeprägte Binnendifferenzierung gekennzeichnet. Viele historische Schichten haben seit der Besiedlung der Inseln im 14. Jahrhundert ihre Spuren hinterlassen. Die Veddel, das Reiherstiegviertel, Kirchdorf, das Bahnhofs- und Korallusviertel, Georgswerder und Moorwerder sind gewachsene Orte und Ortschaften mit eigener städtebaulicher und kultureller Identität und mit jeweils spezifischer sozialer Dynamik. Es sind in Topografie und Architektur einprägsame Stadträume mit einer großen gestalterischen und strukturellen Vielfalt – vom vorindustriellen Dorf im östlichen Wilhelmsburg über die Gründerzeitquartiere im Westen und in der Mitte der Insel, dem geschlossenen 1920er-Jahre-Ensemble der Veddel bis zu den bürgerlichen Einfamilienhausgebieten der 1930er bis 1950er Jahre oder den Ansätzen von Großsiedungen der 1970er Jahre. Baugeschichtlich betrachtet ist Wilhelmsburg mit der Veddel eine einzige „Bauausstellung" – von der Windmühle bis zur Solarsiedlung ...
Eine besondere Qualität der Elbinsel Wilhelmsburg liegt in ihren vielfältigen Landschafts- und Wasserräumen. Rund 40 Kilometer Küstenlinie von Norder- und Süderelbe umgeben die Elbinseln. Dazu kommen rund 15 Kilometer Kanäle und Wasserläufe, die sie im Inneren durchziehen und – wie die zahlreichen Hafenbecken – gliedern. Wilhelmsburg ist mit rund 52 Quadratkilometern die größte Elbinsel Hamburgs und die größte Flussinsel Europas. Mit rund 55.000 Einwohnern und einer Dichte von 1377 Einwohnern pro Quadratkilometer sind Wilhelmsburg und die Veddel für ein innerstädtisches Stadtquartier ausgesprochen dünn besiedelt (der Durchschnitt in Hamburg beträgt 2305 Einwohner pro Quadratkilometer).
Trotz der hohen Qualitäten des Raums – mit einem überproportionalen Anteil an Grün- und Freiflächen – spielen diese in der öffentlichen Wahrnehmung von Wilhelmsburg kaum eine Rolle. Das mediale Bild, das in den letzten Jahrzehnten vom Stadtteil gezeichnet wurde, schuf ein „Image", das sich mehr aus der wertenden Sichtweise des außenstehenden Betrachters ableitete als aus der konkreten Kenntnis der Situation vor Ort. Offensichtlich sind es gerade diese heterotopen Orte wie die Elbinseln, die mit ihren ungewohnten Typologien und Begrifflichkeiten von Stadt den Außenstehenden (und nicht nur den Pla-

Wilhelmsburger Mischung: Kleingarten und Containerlager A Wilhelmsburg Mixture: garden plot and container storage site

and from agricultural produce sold in the nearby markets of the great city. Wilhelmsburg's industrial boom began with the construction of the Free Port of Hamburg in 1881, and is still reflected today in the proud town hall dating from 1903, though this now stands, as a memorial to a lost future, in the exit loop of the 1951 urban motorway, the Wilhelmsburger Reichsstrasse (B4/B75).

As early as the nineteen-twenties, there emerged a fundamental conflict that was to distinguish the metrozone of Wilhelmsburg until the passing of the "Sprung über die Elbe" (Leap Across the Elbe) political resolution (2005) and the setting up of the Internationale Bauausstellung (International Building Show, IBA) and internationale gartenschau (International Garden Show, igs 2013)—and deeply influence its development. The conflict was between the dominant users, port and industry on the one hand and urban and settlement development on the other.[10]

A more or less stable relationship between utilisations existed until the mid-nineteen-sixties, as the power relationships were quite clear. Urban

ner!) „verwirren". Schnell zitierte Statistiken, pseudo-wissenschaftliche Untersuchungen und die Skandalberichterstattung in den Medien erklärten Wilhelmsburg und die Veddel pauschalisierend zu „Problemgebieten", ohne sich der Mühe des genauen Hinsehens und damit des Differenzierens zu unterziehen. Die Folge ist ein extremes Auseinanderdriften der Binnen- und der Außensicht des Stadtteils. In der jährlich von der IBA Hamburg erstellten Imageanalyse zeigt sich seit Jahren ein konstanter Wahrnehmungswiderspruch: Ausgerechnet bei den auf die Lebensqualität bezogenen Meinungen („grüner Stadtteil" und „Stadtteil, in dem man sehr gut leben kann") weichen die Urteile zwischen Hamburgern und Wilhelmsburgern am stärksten voneinander ab.

Metrozonen – „bedrohte Idyllen" oder Chance für eine „reflexive Modernisierung" unserer Städte?

Wilhelmsburg und die Veddel erfüllen heute lebenswichtige gesamtstädtische Aufgaben. Drei überregionale Verkehrstrassen durchschneiden die Elbinsel und eine vierte – die „Hafenquerspange" – wird geplant. Auch die dominierende Hafenwirtschaft, die zahlreichen Logistikbetriebe, die ehemalige Mülldeponie Georgswerder, die komplexen gesamtstädtischen Nutz- und Schmutzwassersysteme auf der Elbinsel, das Kraftwerk Moorburg in unmittelbarer Nachbarschaft zeugen von der bedeutenden komplementären städtischen Funktion der Elbinsel für ganz Hamburg.

Für die in Wilhelmsburg lebenden Menschen sind diese gesamtstädtischen Funktionen mit nicht geringen Störungen und Beeinträchtigungen verbunden, zum Beispiel mit Verkehrsbelastungen, Lärmimmissionen oder unzulänglicher Versorgungsinfrastruktur. Die scheinbare oder tatsächliche Unvereinbarkeit von Nutzungsansprüchen führt zu permanenten Aushandlungsprozessen über die Ressourcen und Platzierungen von Nutzungen in Metrozonen. Nicht selten – so auch in Wilhelmsburg – enden sie im Patt. Große Institutionen wie Industriebetriebe, Infrastruktur- und Versorgungsunternehmen, die Deutsche Bahn, Straßenbaulastträger, die Hafenwirtschaft, landwirtschaftliche Grundeigentümer, aber auch politisch schlagkräftige Akteure wie Kleingartenvereine, Naturschutzverbände, große Wohnungsunternehmen, Bewohnerinitiativen usw. bilden ein Geflecht widersprüchlicher Interessen, das im besten Fall eine Art Waffenstillstand geschlossen hat. Grenzenloses Misstrauen führt zu gegenseitigen Blockadehaltungen, die es sehr schwer machen, für alle Seiten tragbare Kompromisse zu erzielen.

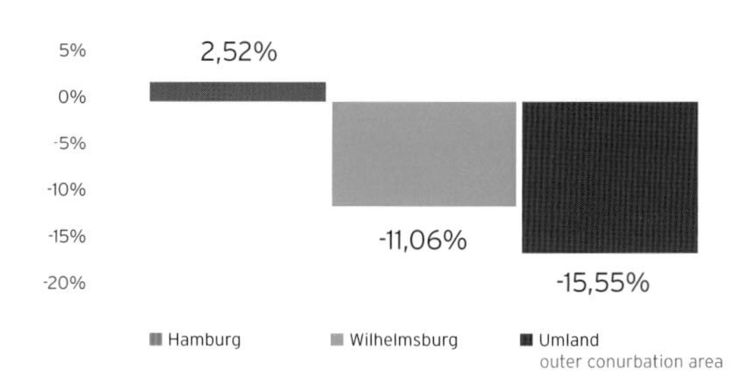

Preisentwicklung Ein- und Zweifamilienhäuser im Bestand (2000 – 2009) Pricing developments for existing detached and semi-detached homes (2000-09)

Imageprofil Wilhelmsburg
Wilhelmsburg Image Profile

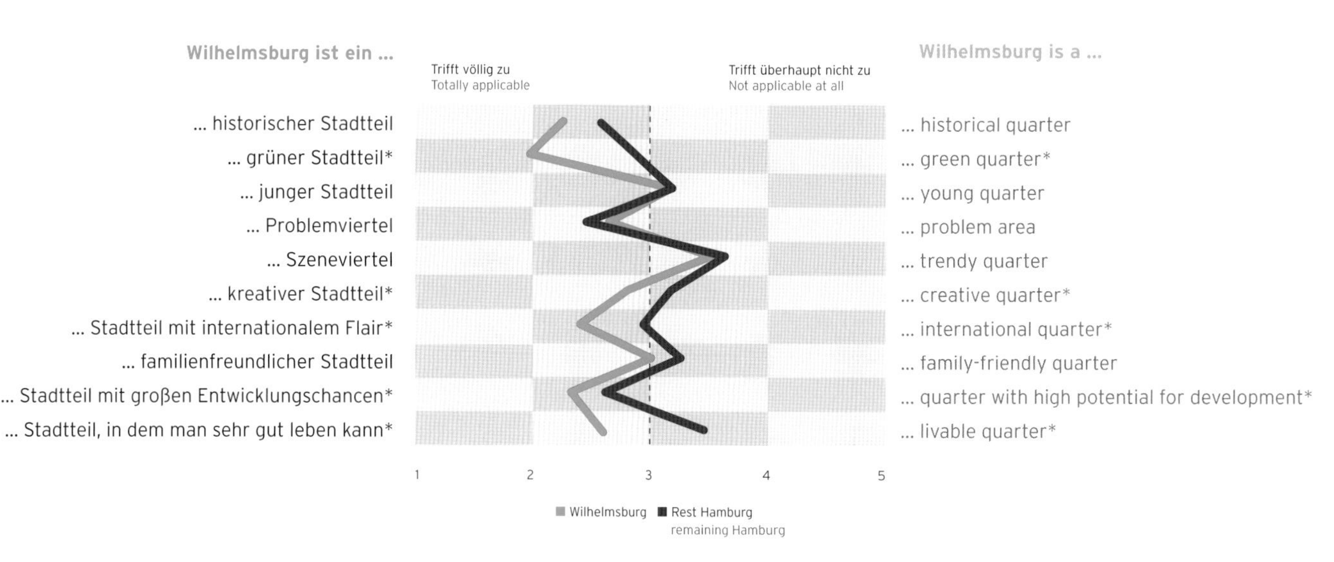

* signifikanter Mittelwertunterschied (p=0,05) / Basis: alle Befragten 2009; n = 500; gewichtet nach Alter
*Significant differences in mean value (p=0.05) / Basis: all respondents 2009; n = 500; weighted according to age

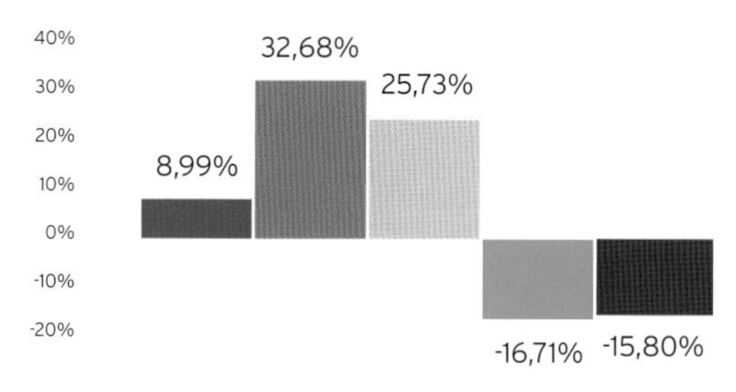

Preisentwicklung Eigentumswohnungen im Bestand (2000 - 2009) Pricing developments for existing owner-occupied flats (2000-09)

and settlement development were completely at the service of the industrial regime, which during World War II meant primarily the armaments industry.[11] The situation did not alter until the structural changes that accompanied the move from parcelled bulk cargo to container transport. The port's land requirements grew, and at the same time the need for dock workers with few qualifications declined, as did that for economical housing close to the place of work.

The 1962 flood, which took more than two hundred lives in the district and is often held responsible for the "decline of Wilhelmsburg," did not in actual fact lead to the stigmatisation of the island. After all, in 1962 about 20 per cent of the Hamburg city area was under water, without the previous utilisations being given up afterwards. The turning point came only with the Senate resolution in 1965, which said that residential space to the west of the railway lines was not to be encouraged and the western part of Wilhelmsburg was to be dedicated successively to "industrial and commercial uses."[12] This resolution removed the historical bond between living and working, and the infrastructure of the new goods handling technology was given priority in the port. This political decision made both residents and property owners feel equally insecure. The consequences are well known: the exodus of the original population and the influx of mainly migrant residents into the empty and increasingly dilapidated apartments. Even the revocation of this resolution in 1977 and the subsequent deployment of massive funds for urban renovation and the construction of housing did little to change the fundamental shift in social structures in western Wilhelmsburg. Since the mid-nineteen-sixties, the Elbe islands—in the eyes of many of Hamburg's citizens—have changed from an industrial and (lower) middle-class district to a marginalised "problem area."

In fact, this view from the outside is an extreme generalisation, even today. The Hamburg Elbe Islands are, due to the historical development of their settlement and their special topographical features, distinguished by a marked interior differentiation. Since the settlement of the islands in the fourteenth century, many historical layers have left their traces. The Veddel, the Reiherstieg district, Kirchdorf, the Station and the Korallus districts, Georgswerder, and Moorwerder are fully fledged locations and communities with their own urban and cultural identities, and each has its specific social dynamics. In topography and architecture, these are impressive urban spaces with a great variety of design and structure—from a pre-industrial village in eastern Wilhelmsburg and the late nineteenth-century districts in the west and the centre of the island, from the complete nineteen-twenties ensemble of the Veddel to the middle class estates of detached houses of the nineteen-thirties to nineteen-fifties or the beginnings of large-scale residential development in the nineteen-thirties. From a building history point of view, Wilhelmsburg together with the Veddel forms one big building exhibition—from windmills to solar power development.

One of the special qualities of the Elbe Island of Wilhelmsburg can be found in its varied areas of landscape and water. The islands are surrounded by forty kilometres of shoreline of the northern and southern Elbe. Add to this around fifteen kilometres of canals and waterways that cross its inner areas and—for example the numerous docks—divide them. At about thirty-five square kilometres, Wilhelmsburg is the largest of Hamburg's Elbe islands and the biggest river island in Europe. A population of around 55,000 and a density of 1,377 inhabitants per square kilometre mean that Wilhelmsburg and the Veddel are quite thinly populated for an inner-city urban district (the average in Hamburg is 2,305 inhabitants per square kilometre).

Despite the location's positive qualities—it has an above average share of green and open spaces—these play hardly any part in the public perception of Wilhelmsburg. The picture painted of the district by the media in recent years has created an "image" derived more from the point of view of the external observer than from actual familiarity with the local situation. Evidently, it is these very heterotopian locations such as the Elbe Islands that "confuse" the outsider (and not just the planners!) with their unusual typolo-

Noch die positivste Konsequenz dieses Stillstandes besteht darin, dass temporär Freiräume entstehen können, wie zum Beispiel die halblegalen, zumindest geduldeten Hafenlieger (Hausboote) im Spreehafen oder das alljährlich auf einer Brache am Reiherstieg stattfindende Rock- und Kunstfestival „Dockville". Metrozonen sind voll vorübergehender, oft halblegaler und spontaner informeller Entwicklungen. Manche Beobachter leiten daraus eine Art „positiven Defätismus" ab: Die Potenziale an kultureller Eigenständigkeit, an ökologischen Qualitäten, sozialen Nischen und kreativen Zwischennutzungen werden so idealisiert, dass jeder planende Eingriff als Freveltat erscheint.

Tatsächlich verunsichert die Abwesenheit von konsensfähiger Planung jedoch alle Akteure. Die Folge ist eine schleichende destabilisierende Dynamik, die zu öffentlichen und privaten Deinvestitionen und schließlich zu einer sozialen, ökonomischen und kulturellen Abkoppelung von gesamtstädtischen Entwicklungsprozessen führt. Die Ursachen für die sich in den letzten Jahrzehnten dramatisch öffnende Schere zwischen Wilhelmsburg und der Gesamtstadt liegen nicht in den Eigenschaften dieses Raumtyps „an sich", sondern in den oben dargestellten Entwicklungen und Entscheidungen im Zusammenhang mit der Flut von 1962 und dem Strukturwandel des Hafens. Das strukturelle Charakteristikum heterotoper Orte, nämlich das Nebeneinander von multiplen, sich teilweise ausschließenden oder unverträglichen Nutzungen, macht diesen Stadtraumtypus nicht automatisch zum „Problemgebiet", aber durchaus fragil. Andererseits zeigt die Geschichte der gründerzeitlichen Sanierungsgebiete, dass auch sozial und städtebaulich problematische Gebiete rehabilitiert werden können. Die Stadt des 19. Jahrhunderts galt der Moderne bis in die 1980er Jahre als Hort von Kriminalität und sozialem Missstand, für den es nur eine stadtplanerische Lösung gab: Abriss. Ebenso wie die Stadt des 19. Jahrhunderts durch komplexe Stadterneuerungsstrategien gerettet und die Attraktivität der Stadt zurückgewonnen werden konnte, so können auch die Rückseiten der Stadt der Moderne, die Metrozonen, in einem neuen Konzept der „reflexiven Modernisierung" ihre jeweils spezifischen Qualitäten entwickeln und zu einem Zukunftspotenzial der Stadt werden. Ein solches Konzept ist freilich das Gegenteil eines gut gemeinten Laisser-faire, sondern ein neuer methodischer und strategischer Planungsansatz.

Alle Räume sind, soweit Menschen in ihnen leben, gesellschaftliche Räume. Ihre Konstituierung erfolgt in der Regel nicht durch das Handeln des Einzelnen, sondern durch Aushandlungen mit anderen Handelnden.[13] Das Aushandeln von Machtverhältnissen ist ein immanentes Moment dieses Raumbildungsprozesses. Metrozonen sind in diesem Sinne sensible und labile Machträume; sie mit den traditionellen Methoden der Raum-, Verkehrs- und Stadtplanung zu entwickeln, heißt in das Machtverhältnis einzugreifen. Dieser Prozess ist im höchsten Maß politisch, das heißt konfliktträchtig – wie nicht zuletzt die jüngste Planungsgeschichte Wilhelmsburgs anschaulich zeigt.[14] Metrozonen brauchen eine neue Planungskultur, die sich

Bauernhof und Großwohnsiedlung Kirchdorf-Süd im Südosten der Elbinsel Farm and the large Kirchdorf-Süd residential development in the south-east of the Elbe island

Prägnante Backsteinarchitektur im Weltquartier aus den 1930er Jahren, dahinter der Energiebunker, der das Reiherstiegviertel ab 2013 mit Wärme und Strom versorgen wird Distinctive 1930s brick architecture in the "Weltquartier," behind which is the energy bunker that is to supply the Reiherstieg district with heating and electricity as of 2013.

gies and concepts of the city. Hastily quoted statistics, pseudo-scientific studies, and scandal-mongering reports in the media have declared the whole of Wilhelmsburg and the Veddel to be "problem areas," without trouble taken to look closely and differentiate. The consequence is an extreme drifting apart of the internal and external view of this city district. The image analysis drawn up annually by the IBA Hamburg has for years shown a consistent contradiction in perceptions. It is in the very areas of opinion referring to quality of life ("green urban district" and "urban district in which it is possible to live very well") that the views of Hamburg's citizens and those of Wilhelmsburg diverge most strongly.

Metrozones—"threatened idylls" or an opportunity for "reflexive modernisation" of our cities?

Today, Wilhelmsburg and the Veddel perform vital tasks for the life of the whole city. Three transregional roads cut across the island, and a fourth—the "Hafenquerspange" (port link road)—is planned. The dominant economic activity of the port, the numerous logistics operations, the former landfill site of Georgswerder, the complex industrial and waste-water systems for the whole city that are situated on the island, and the Moorburg power station in immediate proximity are evidence of the important complementary urban functions of the Elbe Island for the whole of Hamburg.

For the people living in Wilhelmsburg, these functions, covering the whole city, are combined with no small amount of disruption and disturbance, for example with traffic congestion, noise emissions, or insufficient supply infrastructure. The apparent or real impossibility of uniting claims to utilisation leads to a permanent negotiation regarding the resources and the positioning of utilisation in metrozones. It is not unusual—as has happened in Wilhelmsburg—for them to end in stalemate. Large entities such as industrial operations, infrastructure and supply enterprises, Deutsche Bahn, road construction agencies, the port economy, agricultural landowners, but also politically forceful activists such as garden plot associations, nature conservation societies, large housing companies, residents' pressure groups, etc., form a tissue of conflicting interests, which even in the best of cases have only agreed a kind of truce. Boundless mistrust leads to mutual obstinacy, making it very difficult to achieve compromises that all sides can agree to.

The most positive consequence of this deadlock is that temporary open spaces can be created, such as for example the semi-legal or at least tolerated *Hafenlieger* (houseboats) in the Spreehafen or the "Dockville" rock and art festival that takes place every year on a derelict site at the Reiherstieg. Metrozones are full of transitory, often semilegal and spontaneous, informal developments. Some observers deduce a kind of "positive defeatism" from this fact: the potential for cultural independence, ecological qualities, social niches, and interim creative use is idealised to such an extent that any planning intervention is seen as blasphemy.

In actual fact, the absence of any planning capable of gaining consensus makes all those

nicht aus dem Entweder-oder der Industrie-Moderne, sondern aus einem Sowohl-als-auch der „reflexiven Moderne" definiert. Es geht also darum, Verträglichkeiten aus dem Nebeneinander der Nutzungen und Nutzer zu entwickeln und nicht Gegensätzlichkeiten zu verabsolutieren. Der Erfolg dieser Planungsansätze ist niemals garantiert, sondern abhängig von der Organisation und der Dynamik des Aushandlungsprozesses und dem konstruktiven Willen seiner konkreten Akteure, Veränderungen zugunsten aller zuzulassen.

Wohl die wichtigste Spielregel der Aushandlungsprozesse lautet: Aufhebung der realen Ungleichheit in den Machtverhältnissen durch ein egalitäres, partnerschaftliches Beteiligungsverfahren. Das einfache Schema – auf der einen Seite die gesamtstädtischen Interessen (zum Beispiel Verkehrsplanung, Energieversorgung usw.) und auf der anderen das lokale Interesse (zum Beispiel als Sankt-Florians-Prinzip oder Not-In-My-Backyard-Haltung) – ist keine Basis für erfolgversprechende Planungs- und Beteiligungsverfahren in Metrozonen. Gesamtstädtische Funktionszusammenhänge haben in einem System „reflexiver" Planungsprozesse nicht a priori einen höheren Rang als die lokalen. Entscheidend ist, dass sich alle Interessen und Belange in einem transparenten und im Ergebnis offenen Verfahren auf den Prüfstand stellen lassen. Nur so lässt sich Akzeptanz für die Verräumlichung einer gesamtstädtisch notwendigen Maßnahme herstellen.

Die Platzierung und Gestaltung von Nutzungen ist ein extrem politischer Prozess, der die Frage nach der Verfügungsgewalt über den Raum als Ressource der Stadt zum Gegenstand hat. Dieser Diskurs kann nur ein stadtgesellschaftlicher sein. Um eine konsensfähige „Sowohl-als-auch-Lösung" zu erreichen, darf es – das zeigen viele gelungene Beispiele der letzten Jahrzehnte – keine Verlierer bzw. Sieger in diesen Verfahren geben, sondern nur Gewinner. Gerade die hohen Belastungen, mit denen zum Beispiel gesamtstädtische Infrastrukturprojekte verbunden sind, erfordern Lösungen, die für die Betroffenen vor Ort auch Vorteile bringen, zum Beispiel einen besseren Lärmschutz, zusätzliche Grün- und Freiflächen und ähnliches. Ein Beispiel im Rahmen der IBA Hamburg kann hierfür die geplante Verlegung der Wilhelmsburger Reichsstraße (B4/B75) im Rahmen des IBA-Projektes „Wilhelmsburg Mitte" und der Bau des igs-Parks werden. Diese zwei Schlüsselinterventionen ermöglichen die scheinbare „Quadratur des Kreises": Eine verkehrliche Optimierungsmaßnahme aus gesamtstädtischer Sicht schafft für die Bewohner des lärmbelasteten Wilhelmsburg deutliche Verbesserungen.[15]

Die Vision freilich geht weiter: Ziel ist, die negativen Folgen von Verkehrstrassen nicht nur zu mindern, sondern sie „zu zivilisieren", sie zu Elementen und Potenzialen des Städtischen zu machen.

Ein dritter Aspekt – nach dem Partnerschafts- und Gewinnerprinzip – betrifft die Inklusion nicht oder weniger artikulationsfähiger Bevölkerungsschichten. Die Wahrnehmung und Bewertung von Metrozonen ist – wie oben bereits dargestellt – stark einer medialen und teilweise hilfswissenschaftlichen Außensicht geschuldet.

Seit 2007 findet auf der Brachfläche am Reiherstiegknie das Dockville Festival für Musik und Kunst statt. 2009 lockte das spannende Programm bereits 15.000 Besucherinnen und Besucher an. Im Hintergrund die Hafenkulisse mit dem Rethespeicher. The Dockville Festival of Art and Music has been held on the Reiherstiegknie waste ground since 2007. Its inspirational programme attracted 15,000 visitors in 2009. The harbour with the Rethespeicher in the background.

Die Deponie Georgswerder zieht als Exkursionsziel schon heute nicht nur Experten an. Ab 2012 wird der Müllberg als Energieberg und Informationslandschaft für die Öffentlichkeit frei zugänglich sein. Even today, the Georgswerder landfill attracts not only experts as an excursion site. The refuse dump will be freely accessible to the public as an Energy Hill and information landscape as of 2012.

involved feel insecure. The consequence is a creeping destabilising dynamic that leads to public and private de-investment and in the end to a social, economic, and cultural disengagement of development processes covering the whole city. The causes for the dramatic rift between Wilhelmsburg and the rest of the city that has opened up in recent decades does not lie in the quality of this type of space itself, but in the developments described above and the decisions taken in connection with the 1962 flood and the changes in structure in the port. The structural characteristics of heterotopian places, the co-existence of multiple, partially exclusive, or incompatible uses, do not automatically make this type of city space a "problem area," but they do make it fragile. On the other hand, the history of the renovated nineteenth-century areas shows that even areas problematic from a social and urban planning point of view can be rehabilitated. Up until the nineteen-eighties, the nineteenth-century city was considered by modernists to be a hotbed of criminality and poor social conditions, for which there could be only one urban planning solution: demolition. Just as the nineteenth-century city could be saved by complex urban regeneration strategies and the city's attractiveness could be restored, the unfavourable aspects of the modern city, the metrozones, can develop their individual specific qualities via a new concept of "reflexive modernisation" and become areas of future potential for the city. Such a concept is, it must be said, the opposite of well-meaning laisser-faire; it is a new methodological and strategic starting point for planning.

All spaces, insofar as people inhabit them, are social spaces. They are not as a rule constituted by the actions of an individual, but by negotiation with others who are also acting.[13] The negotiation of power relationships is an intrinsic moment in this process of forming a space. Metrozones are in this sense sensitive and unstable power spaces; to develop them with the traditional methods of regional, transport, and urban planning would mean intervening in the power relationship. This process is political in the highest degree, which is to say controversial—as has been demonstrated very clearly in the recent planning history of Wilhelmsburg.[14]

Metrozones require a new planning culture, defined not by the "either-or" of industrial modernity but by the "both-and" of "reflexive modernisation." It is essential therefore to develop compatibilities from the side-by-side co-existence of utilisation and users and not to make absolutes of antagonisms. The success of these planning approaches is never guaranteed, but depends on the organisation and dynamics of the negotiation process and the constructive will of those taking part to allow changes for the good of all.

The most important rule of the game for the negotiation processes is probably to remove the actual inequality in power relationships in favour of an egalitarian participation based on partnership. The simple formula—on the one hand the interests of the city as a whole (for example traffic planning, energy supply, etc.) and on the other local interests (for example taking the "not in my backyard—NIMBY" position)—is no basis for potentially successful planning and participation

Heutige Situation im „Zentrum" Wilhelmsburgs: Stark befahrene Kreuzung an der Wilhelmsburger Reichsstraße/Mengestraße mit dem ehemaligen Rathaus im Hintergrund. The present situation in the "centre" of Wilhelmsburg: the busy intersection of Wilhelmsburg's Reichsstrasse/Mengestrasse, with the former town hall in the background.

Viele, vor allem auch migrantische Bewohnerinnen und Bewohner sind in den üblichen (bildungsbürgerlichen) Beteiligungsverfahren nicht präsent. Es dominiert schon aus der sozialen Zusammensetzung der Akteure eine mittelständisch-deutsche Wahrnehmung und Interpretation der „Probleme" und „Lösungen", die meist noch durch Politik und Verwaltung milieu- und kulturspezifisch verstärkt wird. Hierdurch entsteht eine reale Ungleichheit in den Aushandlungsprozessen, die zu neuen sozialen und interkulturellen Spannungen führen kann. Gerade in den Metrozonen haben sich milieuspezifische Raumaneignungen herausgebildet, die nicht unwesentlich für die Qualität des Lebens der hier Ansässigen sind. Es geht hier nicht darum, Armutsidyllen zu verklären, sondern den Blick des Planers auf Raum und Ort als *seinen* Blick zu relativieren; denn die Qualitäten und Probleme eines Raumes können sich für die jeweiligen Nutzer je nach sozialer, kultureller oder geschlechtsspezifischer Disposition völlig unterschiedlich darstellen.

Ein besonderer methodischer Aspekt für Planungsstrategien in Metrozonen ist die Kostenfrage. Metrozonenspezifische Maßnahmen wie Lärm- und anderer Immissionsschutz, die Herstellung und Aufwertung von Vernetzungen oder die Kosten für Altlastenbeseitigungen und Kampfmittelräumung etc. erfordern zusätzliche Investitionen, die „auf der grünen Wiese" so nicht anfallen. Den Investitionen gegenüber stehen allerdings auch Wertsteigerungen von Grund und Boden, die über Planungs- und Rechtsinstrumente abgeschöpft werden können. Ob sich Metrozonen bei einer ganzheitlichen stadt- oder regionalwirtschaftlichen Betrachtung gegenüber Zwischenstädten „rechnen", wird man wohl nur im Einzelfall beurteilen können. Es kann aber angesichts der als gesichert geltenden Erkenntnisse über den

procedures in metrozones. Combined functions for the city as a whole do not, in a system of "reflexive" planning processes, automatically rate higher than local ones. The decisive factor is that all interests and concerns can be subject to examination in a procedure that is transparent and, in its results, open. This is the only way of creating acceptance for spatial implementation of measures necessary for the city as a whole.

The positioning and design of utilisations is an extremely political process, concerned with the question of power of disposal of space as the city's resource. This discussion can only be a discussion of social urban matters. To reach a potential "both-and solution" there must be—as has been shown by many successful examples over the last few decades—no losers or victors in these procedures, but only winners. It is precisely those high stresses, linked for example to infrastructure projects covering the whole city, that require solutions which also provide advantages to those in the location, for example through better noise protection, additional green and open spaces, and similar benefits. An example of the above, within the scope of the IBA Hamburg, can be provided by the planned relocation of the Wilhelmsburger Reichsstrasse (B4/B75), as part of the "Wilhelmsburg Mitte" IBA project and the construction of the igs park. These two key interventions will enable the apparent "squaring of the circle." A measure to optimise transport, from the point of view of the city as a whole, is creating definite improvements for the residents of noise-polluted Wilhelmsburg.[15] Indeed, the vision goes further: the aim is not just to reduce the negative consequences of roads but to "civilise" them, to make them into elements of and potentials for the urban environment.

A third aspect—following on from the principle of partnership and winners—concerns the inclusion of those parts of the population who cannot articulate their concerns, or can do so only to a limited extent. The perception and the evaluation of metrozones is—as described above—very largely due to a media and in part ancillary scientific view from outside. Many residents, particularly migrants, are not represented in the usual participation procedures (dominated by the educated middle classes). A middle-class and German perception and interpretation of the "problems" and "solutions" dominates, simply because of the social composition of those participating, and this is most often environmentally and culturally strengthened by politics and administration. This creates a real inequality in the negotiations, which can lead to new social and intercultural tensions. It is particularly in the metrozones that specific environmental acquisitions of space have formed that are not inconsequential for the quality of life of those who live in them. The point is not to idealise poverty, but to make the planners' view of the space or the location relative, to make it *their* view: the qualities and the problems of a place can present themselves quite differently to different users, according to social, cultural, or gender-specific background.

A particular methodological aspect of planning strategies in metrozones is the question of cost. Measures specific to metrozones, such as protection from noise or other emissions, the creation and improvement of networks or the costs for removal of contaminants and ordnance disposal, etc., require additional investment, which is not so readily available for "greenfield" development. However, the other side of investment is likely to be an increase in land values, which planning and statutory instruments can cream off. Whether metrozones can be counted as profitable compared to *Zwischenstädte*, from the viewpoint of the city as a whole or of regional economics, can probably be determined only in individual cases. However, regarding those discoveries of connections between settlement and infrastructure costs that count as assured, we may assume that specific expenditure will be accompanied by considerable savings in infrastructure costs. The following factors, described in the literature, support this view:

- Metrozones, as a rule, have a higher density: "Nearly all studies have come ... to the conclusion that the physical and therefore also

Zusammenhang von Siedlungsstruktur und Infrastrukturkosten davon ausgegangen werden, dass den spezifischen Aufwendungen erhebliche Einsparungen bei den Infrastrukturkosten gegenüberstehen. Hierfür sprechen folgende in der Literatur genannte Faktoren:

- die in der Regel höhere Dichte von Metrozonen: „Nahezu alle Studien kommen (...) zu dem Ergebnis, dass der physische und damit auch der finanzielle Aufwand der Schaffung wohngebietsbezogener Infrastrukturen mit abnehmender baulicher Dichte steigt."[16]
- die innerstädtische Lage von Metrozonen: „Neben der baulichen Dichte ist die standörtliche Struktur wohnbaulich genutzter Flächen von erheblicher Relevanz für die Infrastrukturkosten. Als Schlüsselmerkmal gilt dabei die Entfernung eines Wohngebietes von zentralen, höher verdichteten Siedlungsbereichen. Mit zunehmender Distanz erhöhen sich die Infrastrukturkosten pro Wohneinheit (...)."[17]
- als Teile von Großstädten profitieren Metrozonen von den Skaleneffekten dieses Stadttyps: „Generell gilt, dass mit abnehmender Ortsgröße und abnehmendem Kompaktheitsgrad die spezifischen Infrastrukturkosten (Kosten pro Einwohner oder pro Wohneinheit) zunehmen."[18]

Nicht berücksichtigt sind bei dieser rein ökonomischen Betrachtungsweise die unterschiedlichen Umwelteffekte einer Aufwertungsstrategie von Metrozonen gegenüber der Suburbanisierung, wie zum Beispiel geringerer Flächenverbrauch, weniger CO_2-Emissionen und geringere Immissionen von Verkehrsinfrastrukturen, die erst durch die Suburbanisierung erforderlich sind und insbesondere in Metrozonen die Lebensqualität so massiv beeinträchtigen.

Metrozonen brauchen konsensfähige Leitbilder im Sinne einer qualitätsvoll gestaltenden und funktionalen Interpretation dieses Raumtypus. Diese Leitbilder müssen durch verbindliche Rahmenbedingungen gesichert werden, die in den oben skizzierten methodischen Verfahren vereinbart werden müssen. „Zukunftswerkstätten"[19], „Stadtforen" oder eben eine Internationale Bauausstellung sind geeignete Formate, um den Diskurs über die Zukunft der inneren Peripherien zu führen und „Stadtverträge" unter den Beteiligten zu schließen.

Die Schwierigkeit besteht darin, dass es – jedenfalls bis heute – keine allgemein verbindlichen Leitbilder für Metrozonen gibt, sondern nur solche, die sich aus der konkreten räumlichen und sozialen Situation ergeben, und die einen Konsens des Sowohl-als-auch zulassen. Es geht nicht darum, Metrozonen in klassische „europäische" Städte umzumodeln; die Aufgabe besteht vielmehr darin, diesen Typus von Raum anzunehmen und ihm eine neue moderne Perspektive zu geben.

Stadtverträglichkeiten herstellen

Eine der Hauptursachen für Nutzungsunverträglichkeiten in Metrozonen sind Immissionen, vor allem Lärm. Die Verursachung und Verteilung von Lärm ist der deutlichste Ausdruck der räumlichen Machtverhältnisse. Die dominierenden Nutzungen, vor allem Hafen, Industrie und Verkehr, bestimmen weitgehend, wo gewohnt werden kann und wo nicht. „Lärm ist sozial ungleich verteilt. Auf den Punkt gebracht heißt das: Wer arm ist, lebt im Lärm."[20] Dies gilt auch für Wilhelmsburg. Wie vom Lärm umbrandete und teilweise überflutete Inseln liegen die Wohngebiete und Freiflächen zwischen den großen Emittenten. Alle planerischen Strategien, die Lebensverhältnisse auf den Elbinseln zu verbessern und sie für den „Sprung über die Elbe" attraktiv zu machen, müssen daher auch das Thema der Lärmreduzierung zum Ziel haben. Hierzu sind im Rahmen der IBA Hamburg verschiedene Ansätze geplant:

- neue städtebauliche und architektonische Lösungen am Hafenrand, wie zum Beispiel die Einrichtung von Kreativclustern als Pufferzonen im Bereich des Veringkanals
- intelligente städtebauliche und freiräumliche Lösungen wie zum Beispiel im Bereich des Kaufhauskanals in Harburg
- innovative städtebauliche Ansätze wie zum Beispiel beim Wohnungsbauprojekt „Neues Korallusviertel", in dem ein landschaftlich gestalteter Lärmschutzwall in den Städtebau des Quartiers integriert wird.

Der Reiherstieg-Hauptdeich trennt Hafennutzung und Wohnbebauung; Schwerlastverkehr gehört zum Alltag.
The Reiherstieg main dyke separates the harbour usage from the residential area, with heavy duty traffic along the Reiherstieg-Hauptdeich an everyday feature.

the financial costs of creating infrastructures for residential areas increase as building density decreases."[16]

- Metrozones are located in the inner city: "As well as building density, the location of areas used for residential building is of considerable relevance for infrastructure costs. A key feature is the removal of a residential area from central high density housing areas. The costs per residential unit for infrastructure rise with increasing distance."[17]
- Metrozones, as parts of large cities, profit from the economies of scale of this type of city: "In general, the following applies: the specific infrastructure costs (costs per resident or per residential unit) rise with decreasing size of the location and decreasing compactness."[18]

This purely economic point of view does not take into account the different environmental effects of an improvement strategy for metrozones as against suburbanisation; for example low demands on land area; reduced CO_2 emissions; and reduced emissions from traffic infrastructure, which only becomes necessary because of suburbanisation and has such a massive negative effect on quality of life, particularly in metrozones.

Metrozones need models that have the capacity for consensus, in the sense of a functional interpretation of this type of space with the emphasis on quality. These models must be assured by binding overall conditions, which must be agreed in the methodological procedures sketched above. "Workshops of the Future,"[19] "City Forums" or indeed an International Building Exhibition are suitable formats for discussing on the future of the inner periphery and agreeing "City Contracts" among those involved.

Wohl die wichtigste lärmreduzierende Maßnahme im Rahmen der IBA Hamburg ist die Verlegung der Wilhelmsburger Reichsstraße in den Korridor der Bahnanlagen. Als eine von drei großen Nord-Süd-Achsen durchschneidet diese Stadtautobahn – größtenteils in Dammlage – gegenwärtig die Mitte Wilhelmsburgs und verlärmt sie beidseitig. Zwischen ihr und der massiven S-, Regional- und Fernbahntrasse im Osten liegt ein rund 450 Meter breiter Streifen, der heute von zwei Seiten dem Lärm ausgesetzt ist und in seinen Nutzungen stark eingeschränkt wird. Durch die Verlegung der B4/B75 in den vorhandenen Korridor der Bahn verringert sich die Zahl der großen Lärmkorridore Wilhelmsburgs von drei auf zwei – und es entstehen große ruhige und grüne Räume, die für Wohnen, Freizeit und Erholung genutzt werden können.

Die Eigenständigkeit der Orte stärken und Vernetzungen ermöglichen

Die Zerschneidung der Elbinsel durch die großen Verkehrstrassen führt zu einer Zersplitterung der Infrastrukturversorgung und einer eingeschränkten Erreichbarkeit der Handels- und Dienstleistungseinrichtungen. Das über hundert Jahre währende Ringen um eine Wilhelmsburger Mitte – vom Rathaus aus dem Jahr 1903 bis zum Bürgerhaus aus den 1980er Jahren – zeigt das Bedürfnis, die starken Barrieren auf der Insel zu überwinden und einen gemeinsamen Ort für die Bürger zu schaffen. IBA und igs haben sich zum Ziel gesetzt, diese besondere Mitte für die Elbinsel endlich zu realisieren. Dabei handelt es sich nicht um ein (Stadtteil-)Zentrum, wie es zum klassischen Repertoire der modernen Stadterweiterung gehört, sondern um eine Mitte aus Park, Sport-, Gesundheits- und Freizeiteinrichtungen,

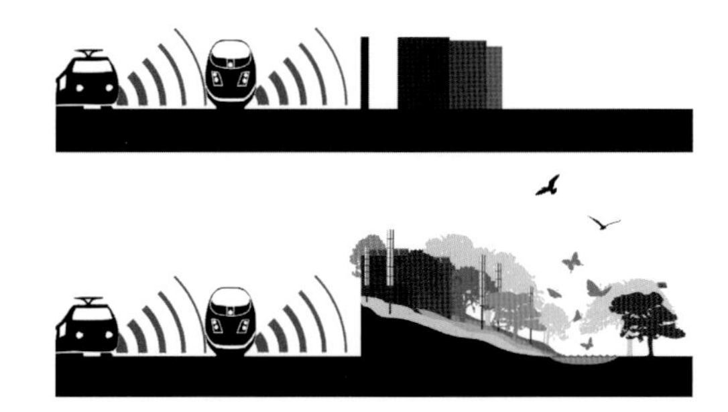

Neues Korallusviertel: Mitten auf der Elbinsel, mitten in der Stadt, unmittelbar an der zentralen Bahntrasse gelegen. Hier wird der Lärmschutz spielerisch als attraktiv gestalteter Wall für Freizeitnutzung umgesetzt. Darunter können Garagen eingebracht werden.
The new Korallus district: in the heart of the Elbe Island, in the city centre, situated in direct proximity to the central rail route. A playful approach is taken to noise protection here with an attractive embankment for leisure time use. There is space beneath it to accommodate garages.

The difficulty is that—at least not as of today—there are no generally binding models for metrozones, only those that arise from the actual spatial and social situation and that allow for the consensus of "both-and." The point is not to convert metrozones to classic European cities; the task is rather to accept this type of space and give it a new, modern perspective.

Creating urban compatibility

One of the main causes for the incompatibility of utilisations in metrozones is nuisance, noise in particular. The creation and distribution of noise is the clearest expression of spatial power relationships. The dominant utilisations, in particular the port, industry, and transport, largely determine where people can live and where not. "Noise is socially unequal in its distribution. Reduced to its essentials, this means: if you're poor, you live in noise."[20] This also applies to Wilhelmsburg. The residential areas and open spaces lie between the great noise producers like islands surrounded by and partly flooded with noise. All planning strategies that intend to improve quality of life on the Elbe islands and make them attractive for the "Sprung über die Elbe" (Leap Across the Elbe) therefore need to have noise reduction as an objective. Various approaches for this purpose are planned by the IBA Hamburg:

- New urban planning and architectural solutions at the edge of the port; for example setting up creative clusters as buffer zones in the Veringkanal area
- Intelligent urban planning and open space solutions; for example those in the Kaufhauskanal area in Harburg
- Innovative urban planning approaches, for example those for the "Neues Korallusviertel" residential project, in which a landscaped noise abatement barrier was integrated into the plans for the district

Probably the most important noise-reducing measure forming part of the IBA Hamburg projects is relocating the Wilhelmsburger Reichsstrasse to the corridor of the railway facilities. One of three north-south roads, this urban motorway currently cuts through the centre of Wilhelmsburg—mostly on an embankment—and pollutes it with noise from both sides. Between it and the massive system of local, regional, and long-distance rail lines to the east there is a strip, about 450 metres wide, which at present is exposed to noise from both sides and therefore greatly limited in its uses. Relocating the B4/B75 to the existing corridor of railway lines will reduce the number of big noise corridors in Wilhelmsburg from three to two—and large, quiet, green spaces will be created, which can be used for housing, leisure, and recreation.

Strengthening the independence of places and enabling networks

Having large transport corridors cutting up Wilhelmsburg is leading to a splintering of infrastructure supply and restricted access to commercial and service facilities. For over a hundred years, the battle for a centre for Wilhelmsburg—from the town hall of 1903 to the Bürgerhaus (community centre) dating from the 1nineteen-eighties—has demonstrated the need to overcome the strong barriers on the island and create a community space for its citizens. IBA and igs have set themselves the objective of finally providing this centre for Wilhelmsburg. This is not to be a (city district) centre like those that belong to the classic repertoire of modern city expansion, but a centre consisting of parks, of sport, health, and leisure facilities, housing, and work. This centre is to create links and connections in a breach in the space that has existed for decades, that is to say the land between the present Wilhelmsburger Reichsstrasse (see above) and the railway lines. Along with new uses for the city as a whole—such as the new building of the State Ministry for Urban Development and Environment—the upgrading of the Assmannkanal and its extension as far as the site of the igs will contribute considerably to strengthening the central quality of this new centre, for Wilhelmsburg Mitte will be directly linked by water transport with the Landungsbrücken along the River Elbe and the Jungfernstieg on the Binnenalster.

Wohnen und Arbeiten. Diese Mitte soll an einer Jahrzehnte währenden Bruchstelle des Raums, nämlich zwischen der jetzigen Wilhelmsburger Reichsstraße (siehe oben) und der Bahntrasse, Verknüpfungen und Verzahnungen herstellen. Zur Stärkung der Zentralität dieser neuen Mitte werden neben neuen gesamtstädtischen Nutzungen, wie zum Beispiel dem neuen Gebäude der Behörde für Stadtentwicklung und Umwelt, wesentlich der Ausbau und die Verlängerung des Assmannkanals bis zum Gartenschaugelände beitragen. So wird Wilhelmsburg Mitte auf direktem Wasserwege mit den Landungsbrücken an der Elbe und dem Jungfernstieg an der Binnenalster verbunden.

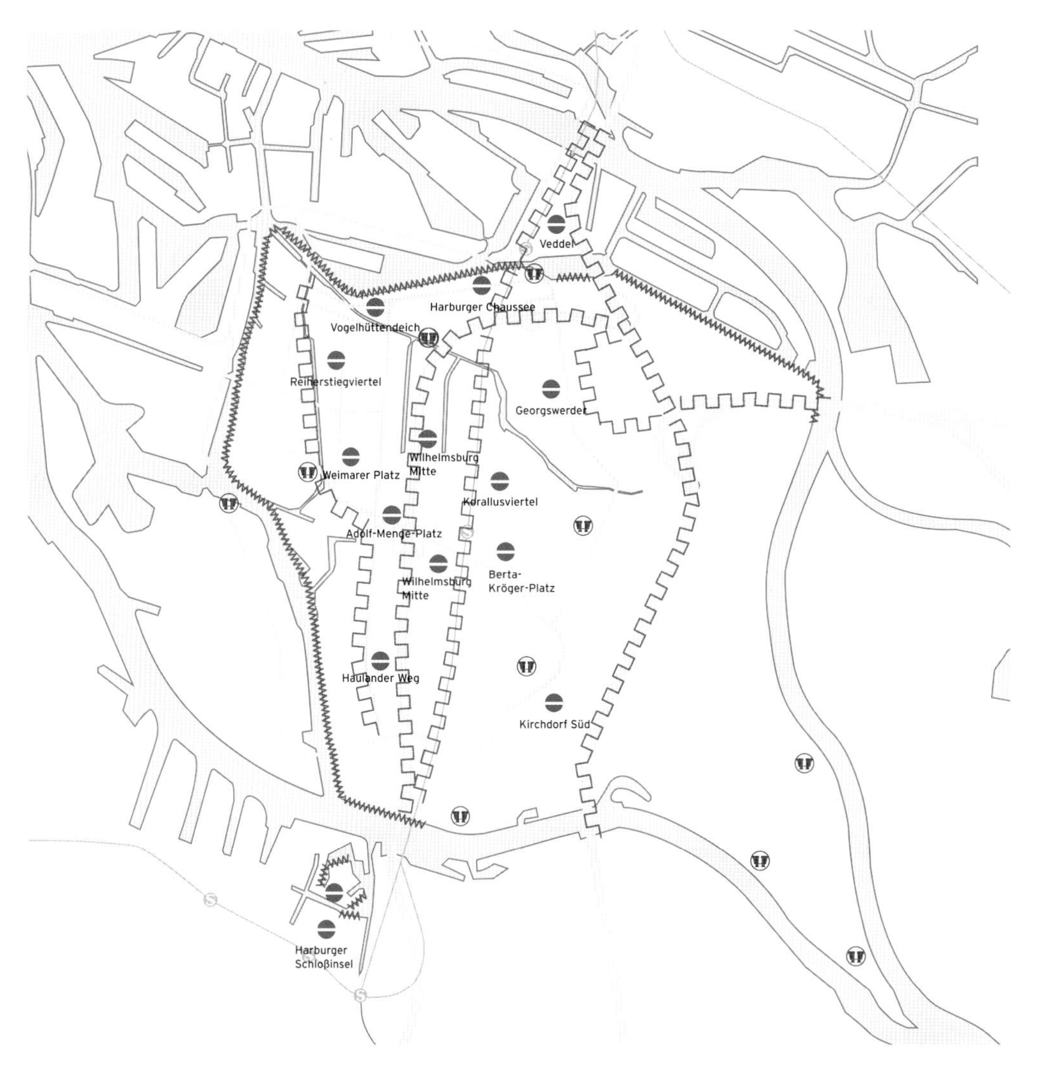

Metrozone Wilhelmsburg 2010

Äußere Barrieren 2007
Outer barriers in 2007

Innere Barrieren 2007
Inner barriers in 2007

Quartiersentwicklungsbedarf
Neighbourhoods in need of development

Touristische Qualität
Tourism aspect

Metrozonen als Ressourcen der Stadt entwickeln

Metrozonen sind in der Regel relativ gering verdichtet und sind als „Restflächen" vielfältige ökologische Ressourcen der Stadt. Sie bilden aber auch eine wichtige Ressource für neue städtebauliche Entwicklungen, für die Innenentwicklung der Stadt. Zwischen diesen beiden Zielen besteht nicht selten ein Konflikt: Schutz der Landschaft versus Siedlungsentwicklung. Dieser Zielkonflikt wird wahrscheinlich nie grundsätzlich, sondern immer nur im Einzelfall durch intelligente Lösungen und Kompromisse zu regulieren sein. So werden zum Beispiel durch die Verlegung der Wilhelmsburger Reichsstraße nicht nur mehr als 150 Hektar „entlärmt", sondern im Bereich der jetzigen Trasse attraktive neue Flächen für Städtebau, aber auch für den neuen Volkspark der igs gewonnen. Dabei kann die teilweise in Dammlage befindliche Straße mit ihren breiten Brücken von einer lärmenden Barriere zu einer attraktiv gestalteten und für Radfahrer, Jogger, Skater und Spaziergänger kreuzungsfrei nutzbaren Hochlinie durch den Park werden.

Die räumlichen Potenziale der Innenentwicklung auf den Hamburger Elbinseln sind beachtlich. Dabei geht es gerade nicht darum, „nur" Siedlungsflächen zu entwickeln, sondern vor allem darum, die Grün- und Freiflächenqualität der Elbinseln zu erhalten und weiterzuentwickeln. Nach den Ermittlungen der IBA Hamburg könnten bis 2020 folgende Flächenpotenziale für die Innenentwicklung gewonnen werden: 310.000 Quadratmeter Bruttogeschossfläche für Wohnen, weitere 730.000 Quadratmeter für Gewerbe, Handel und Dienstleistungen sowie zwei Millionen Quadratmeter Grün- und Freiflächen.

Doppelnutzung von Infrastrukturen ermöglichen

Das in Metrozonen angestrebte Primat des Sowohl-als-auch schließt einerseits die Verdrängung oder Beseitigung der notwendigen gesamtstädtischen Einrichtungen und Funktionen in Metrozonen grundsätzlich aus, stellt aber andererseits auch die Frage nach deren städtebaulicher bzw. landschaftlicher Integration

Metrozone Wilhelmsburg 2013 +

- Äußere Barrieren
  Outer barriers
- Innere Barrieren
  Inner barriers
- Neue Verbindungen
  New Connections
- Neue Wasserzugänge
  New water accesses
- Neue Wasserwege 2013
  New waterways 2013
- Quartiersentwicklung bis 2013
  Neighbourhood development until 2013
- Quartiersentwicklung begonnen
  Neighbourhood development has started
- Quartiersentwicklungsbedarf
  Neighbourhoods in need of development
- Neue Touristische Qualität
  New tourism aspect
- Vorhandene Touristische Qualität
  Existing tourism aspect

Developing metrozones as resources for the city

As a rule, metrozones are relatively low in density and as "left-over spaces," they are versatile and varied ecological resources for the city. However, they also form an important resource for new urban planning projects, for the inner development of the city. Not infrequently, these two aims conflict: landscape conservation versus development. It will probably never be possible to control these conflicts of aims in principle, but only in individual cases by intelligent solutions and compromises. For example, relocating the Wilhelmsburger Reichsstrasse will not only remove noise pollution from 150 hectares, but gain attractive new areas for urban development and also for the new public igs park in the area of the present line of the road. And in the process the existing road, which runs partly on an embankment, can with its wide bridges be turned from a noisy barrier into an attractively designed elevated route through the park that can be used by cyclists, joggers, skaters, and walkers, without the need to cross traffic-heavy roads.

The spatial potential for inner-city development on the Hamburg Elbe Islands is considerable. The point is not "only" to develop built-up areas, but above all to maintain and further develop the quality of the green and open spaces of the islands. According to research by the IBA Hamburg, the following areas with potential for inner city development could be gained by 2020: 310,000 square metres gross floor space for housing, a further 730,000 for commerce, trade, and service provision, as well as two million square metres of green and open space.

Enabling double use of infrastructure

The primacy of "both-and" being aimed for in metrozones on the one hand fundamentally excludes the displacing or removal of the necessary facilities and functions for the city as a whole within the metrozones, but on the other also asks questions about their urban or landscape integration and their social availability and usefulness for local people. All large structures of the modern age are dominated by "either-or;" they were and are to a large extent still exclusive in nature. A necessary part of creating urban compatibility in the "reflexive modern age" is a rethinking by the big "project proponents." In Hamburg, this process has begun. As an example from the IBA Hamburg projects, we could mention the opening up of Wilhelmsburg to the River Elbe and the port, thanks to the removal of the customs barrier in the Spreehafen and by creating a green axis from the igs site to the Reiherstieg with a large area for events on the port site.

Metrozones are the unloved border and transitional spaces in the city, "confusing" planners even today. They are "counter-sites," counter

und ihrer sozialen Nutzbarkeit und Nützlichkeit für die Menschen vor Ort. Alle Großstrukturen der Moderne sind vom Entweder-oder geprägt; sie waren und sind größtenteils immer noch exkludierend. Zur Herstellung der Stadtverträglichkeit in der „reflexiven Moderne" gehört auch ein Umdenken der großen „Vorhabensträger". Dieser Prozess hat in Hamburg begonnen. Als Beispiele im Rahmen der IBA Hamburg sei die Öffnung Wilhelmsburgs zur Elbe und zum Hafen erwähnt: durch den Abbau der Zollgrenze am Spreehafen, durch den Bau einer Grünachse vom Gartenschaugelände zum Reiherstieg mit einer großen Veranstaltungsfläche im Hafengelände.

Metrozonen sind die unliebsamen Grenz- und Zwischenräume der Stadt, die die Planer bis heute „verwirren". Sie sind „Gegenorte" zum gewohnten Bild der Stadt – notwendige Heterotopien der Moderne, die diese gleichzeitig aber auch immer wieder in Frage stellen. Der Foucault'sche Spiegel, den Metrozonen den Citys und Szenevierteln der Stadt vorhalten, mag zunächst der des Notwendigen gegenüber der Leichtigkeit sein, aber er ist vor allem der der wahrnehmbaren Realität gegenüber der scheinbaren. Eine Autobahn sieht aus wie eine Autobahn, ein Hafen ist ein Hafen und eine Industrieanlage riecht gelegentlich wie eine Industrieanlage. Die Urbanität von Metrozonen liegt nicht in den Bildern von Urbanität, sondern in ihren Potenzialen, die erst noch zu neuen Bildern werden müssen. Diese mit den hier lebenden Menschen zu entwickeln, ist die eigentliche planerische Aufgabe in diesem Stadtraumtypus. Hierzu bedarf es neuer methodischer, aber strategischer Planungsansätze, die Stadtpolitik und -planung im Sinne der Reflexivität von Handlungen und Interventionen hinterfragt und zur Diskussion stellt. Dabei ist die soziale und kulturelle Dimension dieses Prozesses zu beachten, vor allem ist die Frage zu beantworten, wie dieses Verfahren auch diejenigen „mitnimmt", die bislang durch die üblichen Partizipationsverfahren nicht erreicht wurden.

Die Erfolgschancen einer „reflexiven Modernisierung" von Metrozonen sind keineswegs selbstverständlich. Die Haltungen des Entweder-oder sind im Spektrum der individualisierten und in Interessengruppen organisierten Stadtgesellschaft breit verteilt. Und dabei handelt es sich keineswegs immer nur um die klassischen Stakeholder und Lobbyisten der Industriemoderne. Auch Bürgerinitiativen, Umweltverbände, Elternvereinigungen usw. bilden mittlerweile mächtige Regime, deren Positionen auch nicht grundsätzlich vor Eigennutz und dem Sankt-Florians-Prinzip Halt machen. Eine neue Planungskultur hängt auch von ihrer Kompromissbereitschaft, von ihrer Fähigkeit zum Sowohl-als-auch ab. Wenn es aber gelingen sollte, einen solchen reflexiven Modernisierungsprozess in diesen „Gegenorten" der traditionellen Stadt erfolgreich zu initiieren und umzusetzen, können Metrozonen zu Räumen landschaftlicher Attraktivität und urbaner Authentizität in der Stadt werden – und das nicht nur in städtebaulicher und freiräumlicher, sondern ebenfalls in sozialer und kultureller Hinsicht.

Anmerkungen

1 Jane Jacobs: *Tod und Leben großer amerikanischer Städte*, Frankfurt am Main und Berlin 1963.

2 Vgl.: Thomas Sieverts: *Zwischenstadt. Zwischen Ort und Welt, Raum und Zeit, Stadt und Land*, Braunschweig 1997.

3 Stellungnahme der Bundesregierung zum Raumordnungsbericht 2005, S. 16. Der Bundesraumordnungsbericht weist insbesondere das Weichbild zwischen den großen polyzentrischen Stadtregionen (Rhein-Ruhr- und Rhein-Main-Agglomeration) und das Umland der großen monozentrischen Verdichtungsräume Berlin, Hamburg oder München als neuen Raumstrukturtypus „Zwischenräume mit Verdichtungsansätzen" aus.

4 Statistisches Bundesamt, *Bodenfläche nach Art der tatsächlichen Nutzung*, 2008, Wiesbaden 2009, S. 30.

5 Vgl.: *Raumordnungsbericht* 2005.

6 Vgl.: Michel Foucault: „Von anderen Räumen", in: Stephan Günzel (Hrsg.): *Raumtheorie*, Frankfurt am Main 2006, S. 317 ff. Foucault bezeichnet Heterotopien als „Gegenorte", die es in jeder Zivilisation und Kultur gibt. (ebd. S. 320).

7 Hartmut Häußermann / Dieter Läpple / Walter Siebel haben die Krise des Fordismus und den Übergang zur post-fordistischen, fragmentierten Stadt als Folge der ökonomischen Globalisierung analysiert und beschrieben. Vgl.: *Stadtpolitik*, Frankfurt am Main 2008.

8 Vgl.: Ulrich Beck: *Die Erfindung des Politischen*, Frankfurt am Main 1993, S. 63.

9 Ebd. S. 36 ff.

to the received image of the city—necessary heterotopias of modernism, which, however, at the same time continue to question the latter. The Foucaultian mirror that metrozones hold up to the city centres and fashionable "scene" districts may initially be that of the essential as compared to the frivolous, but primarily it is of perceivable as opposed to apparent reality. A motorway looks like a motorway, a port is a port, and an industrial plant occasionally smells like an industrial plant. The urban nature of metrozones does not lie in urban images, but in their possibilities, which have yet to become new images. To develop these with people living in those metrozones is the true planning task for this type of city space. To do this will require new methodological but also strategic planning approaches, questioning and putting up urban policies and planning for discussion with regard to reflexivity of action and intervention. The social and cultural dimension of this process must be taken into account here, and above all we need to answer the question of how we can in this process include those whom the previous customary participation procedures did not reach.

The chances of success for a "reflexive modernisation" of metrozones are by no means certain. The "either-or" position is widespread within the range of urban society, individualised and organised into groups representing interests. It is by no means always the classic stakeholders and lobbyists of the modern industrial age who are involved. Pressure groups, environmental associations, parents' groups, etc., now have powerful influence, their positions not fundamentally eschewing the principles of self-interest and "not in my backyard—NIMBY." A new planning culture depends on their willingness to compromise, their capacity to accept "both-and." However, if we can succeed in initiating and realising a process of reflexive modernisation in these "counter-sites" of the traditional city, metrozones can be made into spaces of attractive landscape and urban authenticity in the city—and not only with regard to buildings and open space development, but also from a social and cultural point of view.

Notes

1 Jane Jacobs: *The Death and Life of the Great American Cities.* New York 1992, p. 260 (paperback edition; the first edition was published in 1961).

2 Cf. Thomas Sieverts: *Zwischenstadt. Zwischen Ort und Welt, Raum und Zeit, Stadt und Land,* Brunswick 1997

3 Response by the German Federal Government to the Raumordnungsbericht 2005 (2005 Regional Planning Report), p. 16. The Bundesraumordnungsbericht (Federal Regional Planning Report) defines in particular the purlieus of the large polycentric urban regions (the Rhine-Ruhr and Rhine-Main agglomerations) and the land surrounding the large monocentric areas of densification of Berlin, Hamburg, or Munich as a new type of spatial structure, "Transitional spaces with the beginnings of densification."

4 Statistisches Bundesamt (German Federal Office of Statistics): *Bodenfläche nach Art der tatsächlichen Nutzung,* 2008. Wiesbaden 2009, p. 30.

5 Cf. Raumordnungsbericht 2005.

6 Cf. Michel Foucault: "Von anderen Räumen" ["Des espaces autres"]. In: Stephan Günzel (ed.): *Raumtheorie.* Frankfurt am Main 2006, p. 317ff. Foucault describes heterotopias as "counter-sites" that exist in all civilisations and cultures. (ibid., p. 320).

7 Hartmut Häußermann, Dieter Läpple, and Walter Siebel have analysed and described the crisis of Fordism and point to the post-Fordist, fragmented city as a consequence of economic globalisation. Cf. *Stadtpolitik.* Frankfurt am Main 2008.

8 Cf. Ulrich Beck: *Die Erfindung des Politischen.* Frankfurt am Main 1993, p. 63.

9 Ibid. p. 36ff.

10 In 1927, Hamburg's Mayor Dudek expressed his stance on the future role of Wilhelmsburg as follows: "Its position on the Elbe as a source of economic power for the whole region is unusually favourable, with access in the west for ocean-going ships and ideal for river boat transport in the east. It was in fact destined from the start to be a major industrial area and will have to remain one. However, implementing this idea will meet with extraordinary difficulties due to the shortsightedness of earlier times, as more than 30,000 people live on the island." (quoted from: Geschichtswerkstatt Wilhelmsburg Honigfabrik e.V. (Wilhelmsburg Honigfabrik History Workshop), Museum Elbinsel Wilhelmsburg e.V.: *Wilhelmsburg—Hamburgs große Elbinsel.* Hamburg 2008, p. 35).

11 The residential district along the Weimarer Strasse, today the "Weltquartier," was built for the workers of the Howaldt naval shipyard; in eastern Wilhelmsburg the small housing estate of the "Hermann Göring Siedlung" was built, known today as the Kirchdorfer Eigenheimgebiet.

12 Dirk Schubert / Hans Harms: "Von der Laube zur Großwohnsiedlung. Flutkatastrophe und neue Weichenstellungen für Hafen und Wohnen." In: *Wohnen am Hafen.* Hamburg 1993, p. 123.

10 Hamburgs Oberbürgermeister Dudek äußerte sich 1927 zur zukünftigen Rolle Wilhelmsburgs wie folgt: „Seine Lage zur Elbe als der wirtschaftlichen Kraftquelle des ganzen Gebietes ist außerordentlich günstig, im Westen für Seeschiffsverkehr zugänglich, im Osten ideales Gelände für Flussschiffsverkehr. Es ist von vornherein eigentlich zum ausgesprochenen Industriegebiet bestimmt und wird es auch bleiben müssen. Trotzdem werden der Durchführung dieser Idee infolge der Kurzsichtigkeit früherer Zeiten außerordentliche Schwierigkeiten begegnen, da jetzt bereits über 30.000 Menschen auf der Insel wohnen." (zit. nach: Geschichtswerkstatt Wilhelmsburg Honigfabrik e.V., Museum Elbinsel Wilhelmsburg e.V.: *Wilhelmsburg - Hamburgs große Elbinsel*, Hamburg 2008, S. 35).

11 Das Wohnquartier an der Weimarer Straße, heute „Weltquartier", wurde für die Arbeiter der Rüstungswerft Howaldt gebaut; im östlichen Wilhelmsburg entstand das Kleinsiedlungsgebiet „Hermann Göring Siedlung", heute Kirchdorfer Eigenheimgebiet.

12 Dirk Schubert / Hans Harms: „Von der Laube zur Großwohnsiedlung. Flutkatastrophe und neue Weichenstellungen für Hafen und Wohnen", in: *Wohnen am Hafen*, Hamburg 1993, S. 123.

13 Vgl.: Martina Löw: *Raumsoziologie*, Frankfurt am Main 2001, S. 228.

14 Mit den üblichen Instrumenten der Stadtplanung, wie zum Beispiel Flächennutzungs- und Bebauungsplänen allein lassen sich komplexe Situationen wie in Metrozonen nicht regulieren, wie verschiedene Planungsträger in Wilhelmsburg bereits erfahren mussten. Bebauungspläne zum Beispiel für die Kirchdorfer Wiesen scheiterten am Widerstand der Bewohner und Naturschützer. Masterpläne wie jener der Handelskammer Hamburg aus dem Jahr 2005 blieben wenig mehr als interessante Diskussionsbeiträge.

15 Durch die Verlegung der B4/B75 in den Korridor der Bahn sollen sowohl der Lärmschutz für die verlegte Schnellstraße wie für die vorhandenen Gleisanlagen neu geschaffen werden. Dadurch entsteht eine Entlastung für die Bewohner an der Bahntrasse, die bislang dem vollen Lärmpegel der zahlreichen Fern-, Regional- und Güterzüge ausgesetzt sind.

16 Bundesamt für Bauwesen und Raumordnung: *Siedlungsentwicklung und Infrastrukturfolgekosten - Bilanzierung und Strategieentwicklung*, BBR-Online-Publikation 3/2006, S. 24.

17 Ebd. S. 25.

18 Ebd. S. 26.

19 Eine solche „Zukunftswerkstatt" fand 2002 in und für Wilhelmsburg statt. Viele der dort erhobenen Forderungen und Vorschläge - wie zum Beispiel die Bildungsoffensive oder die Verlegung der Wilhelmsburger Reichsstraße - wurden von der IBA Hamburg programmatisch aufgenommen.

20 Peter Androsch / Florian Sedmak: „Hören und Wohlstand", in: *Hörstadt. Reiseführer durch die Welt des Hörens*, Wien 2009, S. 161.

13 Cf. Martina Löw: *Raumsoziologie*. Frankfurt am Main 2001, p. 228.

14 Complex situations such as those in metrozones cannot be regulated with the usual instruments of urban planning such as land utilisation and building development plans alone, as various planning agencies in Wilhelmsburg have already discovered. Development plans for the Kirchdorfer Wiesen (Meadows), for example, broke down in the face of resistance from residents and conservationists. Master plans such as that of the Hamburg Chamber of Commerce dating from 2005 remained little more than interesting contributions to discussion.

15 The relocation of the B4/B75 to the rail corridor is intended to create new noise protection both for the relocated motorway and for the existing tracks. This will provide noise abatement for residents along the railway lines, who up until now have been subjected to the full noise level of the numerous long-distance, regional, and goods trains.

16 Bundesamt für Bauwesen und Raumordnung (German Federal Office of Construction and Planning): *Siedlungsentwicklung und Infrastrukturfolgekosten–Bilanzierung und Strategieentwicklung*, BBR-Online-Publikation 3/2006, p. 24.

17 Ibid., p. 25.

18 Ibid., p. 26.

19 Such a "Workshop for the Future" took place in 2002 in and for Wilhelmsburg. Many of the demands and suggestions made—for example the "Bildungsoffensive Elbinseln" (Elbe Islands Education Drive) or the relocation of the Wilhelmsburger Reichsstrasse—were taken up in the IBA Hamburg's programme.

20 Peter Androsch / Florian Sedmak: "Hören und Wohlstand." In: *Hörstadt. Reiseführer durch die Welt des Hörens*. Vienna 2009, p. 161.

Der Süden der Elbinsel mit der Auffahrt zur Wilhelmsburger Reichsstraße (B75); hier treffen Hafen, Kleingärten, extensives Grünland und Wohnbebauung aufeinander. The south of the Elbe island with the Wilhelmsburg Reichsstrasse (B75) exit; this is where harbour, allotment gardens, extensive green space, and residential area meet.

Ein vordergründiges Wortspiel? Der Begriff der Metropole schafft zumindest eines: Die Realitäten der zeitgenössischen Stadt werden wieder erörtert – unter neuen Blickwinkeln. Der Begriff der Metrozone fokussiert dabei spezifische Eigenschaften von Städten und Stadtregionen. Sie zu erkennen erfordert Muße und Empathie: Ein Spaziergang über die Elbinsel Wilhelmsburg zum Beispiel führt einen zu Orten voller Leben, Poesie und Möglichkeiten (Bertram Weisshaar). Nach der Zwischenstadtdebatte bringt die Beschäftigung mit Metrozonen weitere Entdeckungen städtischer Realitäten und ihrer Potenziale – und die erneute Aufforderung zur Neujustierung unseres Planungsverständnisses: „Vers un nouvel urbanisme"? (Oliver Bormann, Michael Koch). Dabei sollten die Potenziale der Metrozonen nicht romantisiert werden: es braucht fördernde Bedingungen, damit aus Möglichkeitsträumen wirklich Möglichkeitsräume werden (Dieter Läpple). Dieser Diskurs über Metrozonen als Ausdruck urbaner Lebensqualität muss im Kontext der großen ideellen städtebaulichen Entwicklungslinien, realen Entwicklungsbrüche und der aktuellen Debatten über tragfähige Stadt- und Planungstheorien gesehen werden (Jörn Düwel und Olaf Bartels). Die großräumigen Verkehrsinfrastrukturen sind ein besonders sperriges Phänomen heutiger Städte: ein reflexiver Infrastrukturrurbanismus könnte das theoretische Gerüst für einen angemessenen und produktiven Umgang damit ermöglichen (Thomas Hauck, Regine Keller und Volker Kleinekort).
Der regionalen Dimension des Phänomens Metrozonen hat sich, im Rahmen der Regionale 2010, eine beispielhafte Planungspolitik durch eine vielschichtige Planungs- und Entwicklungspraxis erfolgreich angenommen (Reimar Molitor). Ein Blick in die „Stadt Schweiz" zeigt, wie sich aus der Auseinandersetzung mit den strukturellen Gegebenheiten von (Kultur-)Landschaften die Notwendigkeit begründen lässt, sie als spezifische Orte zu entwickeln (Christophe Girot). Aufgaben für Fachleute also, gleichzeitig sollte die Relevanz und Produktivität des Dilettantismus nicht unterschätzt werden: Befunde aus dem Forschungsprojekt „Tussenland" (Zwischenland) belegen, wie sehr vielfältige und vielgestaltige, durch täglichen Gebrauch angeeignete Räume das Stadt- und Planungsverständnis herausfordern (Rainer Johann).

A superficial play on words? The term metropolis achieves one thing at least: renewed discussion of the realities of contemporary cities—from new perspectives. For its part, the term metrozone draws attention to the specific properties of cities and urban regions. Recognising metrozones requires effort and empathy: a walk around the Elbe Island of Wilhelmsburg, for example, takes you to places full of life, poetry, and possibilities (Bertram Weisshaar). In the aftermath of the trans-urban debate, the attention being paid to metrozones means the further discovery of urban realities and their potential—and a renewed call for a readjustment of our understanding of planning: "Vers un nouvel urbanisme?" (Oliver Bormann, Michael Koch). This should not mean romanticising the potential of metrozones: it means favourable conditions that enable dreams of possibility to really become realms of possibility (Dieter Läpple). This discussion of metrozones as an expression of urban quality of life has to be seen in the context of the lines of development of major urban planning ideals, real development flaws, and current debates on sustainable urban and planning theories (Jörn Düwel and Olaf Bartels). Extensive transport infrastructures are an especially troublesome phenomenon in present day cities: reflexive infrastructural urbanism could provide the theoretical framework for an appropriate and productive approach to this (Thomas Hauck, Regine Keller, and Volker Kleinekort). The regional dimension of the metrozone phenomenon has been attended by exemplary planning policies—in the framework of the Regionale 2010—through multi-faceted planning and development practices (Reimar Molitor). A look at the "Swiss city" shows how addressing the structural circumstances of (cultural) landscapes provides the justification for developing them as specific locations (Christophe Girot). A task for the experts, therefore, but the relevance and productivity of dilettantism should not be underestimated either: the findings of the "Tussenland" ("In-between Land") research project reveal the tremendous challenge presented to our urban planning understanding by diverse and multifarious spaces appropriated through everyday use (Rainer Johann).

DISKURSE
Metro-Polis und Metro-Zonen

DISCOURSES
Metro-Polis and Metro-Zones

BERTRAM WEISSHAAR

Oktobertage in Wilhelmsburg

Ein Spaziergang über die Elbinsel

Ankunft

Ich komme an als Fremder, an einem Oktobertag. Ausstieg aus der S-Bahn an der Haltestelle Wilhelmsburg. Der Himmel ist bedeckt, genau wie ich es mir wünschte. Zur einen Seite sehe ich mehrere Gleise, dahinter einen herbstlichen Wald, der eine weite Brache erkennen lässt. Zur anderen Seite zeigt sich die Rückseite eines einzelnen, gesichtslosen Gebäudes. Sonst nix. Bin ich gelandet im Nirgendwo? Ich fühle Robinson in mir erwachen. Wo bleibt Freitag? Ich gehe ihn suchen.
Also vom Bahnsteig die Treppe hoch. Es gibt zwei Rolltreppen, doch beide rollen nach unten, mir entgegen. So trage ich meinen Koffer eben nach oben. Dort führt eine breite Fußgängerbrücke über eine Straße, die man von der Brücke aus kaum wahrnimmt. Das Gelb und das Blau der Geländer sind deutlich ausgebleicht. Die Brücke teilt sich in zwei Abgänge. Ich gehe nach links. Jetzt nur eine Rolltreppe, die nach oben rollt. So trage ich meinen Koffer nun die Treppe hinunter. Vorher noch ein Rundblick: Den Hintergrund der linken Bildhälfte füllen elfgeschossige Bauten mit schmutzigen Fassaden. Davor eine große Einkaufshalle. Auch wenn es nirgendwo wörtlich dran steht, so ist doch überall der Name *Billig* zu erkennen. Die rechte Bildhälfte wird halbwegs gefüllt von jüngeren, mit Klinkern verblendeten Gebäudewürfelstapeln. Unten führt der Weg weiter durch eine Art Passage. Von rechts schallt das Jaulen eines, vor einem Laden angebundenen Hundes. Im nächsten Quergang ein mechanisches Geräusch eines Spielzeug-Rennauto-Automaten.

Einige Meter weiter öffnet sich der Raum zum Berta-Kröger-Platz. Ein kalter Wind treibt das herbstliche Laub unter den Bäumen über die Waschbetonplatten, lässt die Halstücher der Passanten waagerecht flattern. Willkommen fühlt sich anders an. Ich entscheide mich, erst einmal in das Café zu gehen, vor dem ich zufällig stehe, und am Fenster Platz zu nehmen. Bei dessen Betreten registriere ich, dass ich als Fußgänger vom Bahnsteig bis hierher keinerlei Straße überqueren musste. Dies versöhnt mich etwas mit diesem Ort.

Fensterplatz

Der Tee wärmt. Ich sitze am Fenster, schaue hinaus. An sich eine ganz einfache Sache. Draußen gehen die Menschen, queren den Platz. Auch dies eine ganz einfache Tätigkeit.
Einzeln, zu zweit oder in kleinen Gruppen gehen sie.
Einige mit freiem Schritt,
andere mit Kinderwagen,
mit Rollator, mit Einkaufstrolley.
Mit Brille auf der Nase,
mit Spange im Haar,
mit Handy am Ohr, mit Ring im Ohr.
Mit auffällig breiter Armbanduhr am Handgelenk.
Mit Kopftuch, ohne Kopftuch.
Glattrasiert, mit Schnauzer unter der Nase, mit Stoppelbart auf der Backe.
Auch mit akkurat, schmal geschnittener Bartlinie über der Backe.
Zigarette im Mund, Beutel am Handgelenk.
Handtasche an der Schulter.

BERTRAM WEISSHAAR

October Days in Wilhelmsburg

A Stroll across the Elbe Island

Zeitungsbündel unter die Achsel geklemmt.
Einkaufstüten an der Hand hängend, diese am Arm hängend, diese an der nach oben gezogenen Schulter hängend.
Getränkekiste an der Hand, am Arm, an der nach oben gezogenen Schulter.
Kind an der einen Hand, Plüschtier in der anderen.
Kinder vor Unbeschwertheit hüpfend.
Leichter Schlüsselbund am Finger hängend.
Breite Geldbörse in der Hand.
Prall gefüllte Einkaufstüten links und rechts hängend.
Einkaufstüten im Kinderwagen.
Kartoffelsack im Einkaufswagen.
Weidenkorb am Ellbogen.
Rucksack auf dem Rücken.
Hut auf dem Kopf.
Mütze bis zum Nasenansatz ins Gesicht gezogen.
Ich könnte lange zuschauen.

Was ist ihr Weg?

Wo gehen sie hin? Und wo gehe ich hin, morgen, um diesen Ort kennenzulernen? Ich werde ihnen einfach hinterherlaufen. Einen Tag lang. Mal dem, mal jener. Ihre Wege werden mich an Orte führen. Diese Auswahl der Orte wird sicher eine sehr zufällige sein – keine Spur von wissenschaftlicher Objektivität. Und doch, es werden Splitter der Realität aufscheinen.
Dabei verlasse ich mich jetzt einfach mal auf Michel de Certeau: „Die Spiele der Schritte sind Gestaltungen von Räumen. Sie weben die Grundstruktur von Orten. In diesem Sinne erzeugt die Motorik der Fußgänger eines jener ‚realen Systeme, deren Existenz eigentlich den Stadtkern ausmacht', die aber ‚keinen Materialisierungspunkt haben'."[1]

Gedanken während eines einsamen Spaziergangs

Wilhelmsburg ist eine Insel. Das schenkt diesem Stadtteil eine klar nachvollziehbare Fassung. Andere Stadtteile haben es da vergleichsweise schwerer, eine Abgrenzung zu beschreiben. Elbe sei Dank. So gehört zusammen, was denkbar unterschiedlich erscheint.
Wie erfährt man, dass dies eine Insel ist, außer durch den Blick auf eine Karte? Ein Inselrundweg wäre eine gute Idee, ist für eine Tagesetappe aber zu lang. Also einmal quer über die Insel laufen, von einem Ende zum anderen. Von Süden nach Norden. Das ist machbar. Und so mach' ich es, am zweiten Tag. Ein bisschen wird das schon dauern und das ist gut so. Denn geht man über längere Zeit, kommen meist auch die Gedanken in Gang.
Ein Taxifahrer bringt mich so weit wie möglich an die Südspitze. Östlich der Autobahn kennt er viele Höfe und auch einige der auf den Feldern arbeitenden Personen mit Namen – fast als wür-

Arrival

I arrive as a stranger one day in October. I leave the suburban train at Wilhelmsburg station. The sky is overcast, just as I had hoped. On the one side I see several railway tracks, beyond that an autumnal wood, indicating an extensive area of wasteland. On the other side is the rear of a single, faceless building. Otherwise nothing. Have I ended up in the middle of nowhere? I feel the Robinson Crusoe in me stirring. Where is Friday? I go off in search of him. Up the steps from the platform. There are two escalators, but they are both rolling downwards towards me. So I carry my case up to the top. There a wide pedestrian bridge spans a road that, from the bridge, you are barely aware of. The blue and yellow railings are very faded. The bridge divides into two exits. I go left. Now there is just one escalator, rolling upwards. So now I carry my case down the stairs. A look around beforehand: the background of the left half of the picture is taken up by eleven-storey buildings with grubby façades. In front is a large shopping complex. Even though it is not written anywhere, the word *cheap* is evident everywhere. The right half of the picture is partly filled with more recent piles of brickwork building blocks. Below, the path continues through a kind of passage. From the right comes the sound of a yowling dog tied up in front of a shop. In the next passage is the mechanical sound of an automatic toy racing car. A few metres further on the space opens out onto Berta-Kröger-Platz. A cold wind blows the autumn leaves from beneath the trees over the concrete slabs, fluttering the neckscarves of the passers-by. This is not what feeling welcome is all about. I decide to go into the café I happen to be standing in front of and take a seat at the window. On entering, I become aware that, as a pedestrian, I have not had to cross a single road to get here from the station platform. This reconciles me somewhat to this place.

Window Seat

The tea warms me up. I am sitting at the window, looking outside. Something very simple in itself. There are people walking outside, crossing the square. A very straightforward activity, too.
Alone, in pairs, or in small groups they walk.
Some of them walking freely,
others with prams,
with walker frames, with shopping trolleys.
Wearing glasses,
with a hair band,
with a mobile phone to the ear, with an earring.
With a conspicuously large watch on the wrist.
With a headscarf, without a headscarf.
Clean-shaven, with a moustache beneath their nose, with stubble on their cheeks.
Or else with a meticulously shaven, narrow line of beard over their cheeks.
Cigarette in the mouth, a bag on the wrist.
Handbag on the shoulder.
A bundle of newspapers clutched under the arm.
Shopping bags hanging from hands, hands hanging from arms, arms hanging from hunched shoulders.
A crate of bottles in the hand, on the arm, on the hunched shoulder.

den wir durch ein Dorf fahren. In der Jugend, so erzählt er, wäre er mit seinem Mädchen manchmal an denselben Ort gegangen, an den ich nun wolle, um mit ihr allein zu sein. Es konnte auch sein, dass schon andere Paare vor ihm auf dieselbe Idee gekommen waren.
Im Süden der Insel, auf den Feldern, kann man überall Stapel von Gemüsekisten sehen. Stapeln ist von großer Bedeutung in Wilhelmsburg. Man findet Stapel mit kaum zählbarer Anzahl an Containern überall in den Industrie- und Hafenzonen. Die Einräumung des „Stapelrechts" im Jahr 1189 wurde zu einem zentralen Grundstein für die Bedeutung von Hamburg. Wie hoch kann man stapeln? Nicht jeder kann hoch stapeln - manche scheinen dafür geboren.
Die „Krone" mit Füßen treten. Es geht. Es geht sich sogar sehr angenehm, oben auf der Deichkrone. Solange einem nur nicht der kalte Wind ins Gesicht bläst.
Ein Landwirt: „Sie glauben ja nicht, wie viele Leute bei uns zwischen den Kulturen herumlaufen, nur weil wir hier an der Südspitze liegen." Man möchte dieses zwischen-den-Kulturen-unterwegs-sein auch im Norden der Insel häufig beobachten können.
Das Tuckern der Dieselmotoren der Frachtschiffe ist weit in das Land hinein hörbar, so lange sonst keine Geräusche oder nur das Krähen der Krähen zu hören ist. So ist das gemächliche Tuckern doch nur selten zu hören, auch wenn viele Schiffe unterwegs sind.
Viele alte Obstbäume stehen entlang dem alten Moorwerder Norderdeich. Viel Birne. Vereinzelt Walnuss. Die Bäume stehen kahl abgeerntet in den Luftraum. Ich fand keine einzige verfaulende Frucht auf der Straße oder der Böschung. Nur drei letzte Birnen hingen an einem Baum. Diese waren sehr schmackhaft.
Kurz hinter der Autobahn beginnt ein Kleingartengebiet. Aus der ersten Parzelle dringt Musik durch die Hecke. „I wanna dance with somebody. I wanna feel the heat of somebody ..." Ich schaue durch das offene Garagentor. Niemand zu sehen. Nichts regt sich.
Das Rathaus Wilhelmsburg liegt in einem kleinen Park. Zusammen bilden sie eine Insel auf der Insel - eine Verkehrsinsel. Die Wiese des kleinen Parks wird noch gemäht, doch die Parkbänke verschwinden zusehends unter dem überhängenden Brombeergebüsch.
Man könnte die verschiedenen Zonen der Insel drei Kategorien zuordnen, zu drei verschiedenen Naturen.
Da sind die an alte Kulturlandschaften erinnernden, kleinteilig parzellierten und weitgehend flächendeckend landwirtschaftlich genutzten Bereiche, die sich hauptsächlich auf der östlichen Seite der Insel finden. Es ist dies eine sehr funktionalisierte, kultivierte, möglichst flächendeckend in den Dienst gestellte Natur, die hilft, die Hamburger satt zu bekommen. Sie ist nützlich und zugleich schön anzuschauen.
Dann finden sich auf der Insel viele Flecken, die man als momentane Pausenlandschaft beschreiben könnte. Hier findet sich die wildwüchsige und oft unbeachtete Natur, so zum Beispiel unter den Leitplanken, zwischen Containern, auf den Restflächen zwischen den Auf- und Abfahrten der Schnellstraßen, in brachgefallenen Fabrikhallen, zwischen Gleisen und dergleichen. Diese devastierten Zonen zeigen

Child in one hand, fluffy toy in the other.
Children skipping along lightheartedly.
Lightweight bunch of keys hanging from the finger.
Bulky purse in the hand.
Heavy shopping bags hanging left and right.
Shopping bags in the pram.
Sack of potatoes in the shopping trolley.
Wicker basket on the elbow.
Rucksack on the back.
Hat on the head.
Cap pulled down low.
I could watch for a long while.

Which Way Are They Heading?

Where are they going? And where am I going to go, tomorrow, in order to get to know this place? I am simply going to follow them. For a whole day. This one, that one. Their paths will lead me to places. This selection of places is sure to be very arbitrary—no trace of scientific objectivity. And yet, fragments of reality will emerge.
I will simply rely on Michel de Certeau: "The games of steps are the creation of spaces. They weave the basic structure of places. In this sense the motor activity of pedestrians produces a 'real system, the existence of which in fact constitutes the core of the city,' but which has 'no point of materialisation.'"[1]

Thoughts during a Solitary Stroll

Wilhelmsburg is an island. This gives the neighbourhood a distinct setting. Comparatively speaking, it is more difficult for other neighbourhoods to define their limits. Thank goodness for the Elbe. It brings together what might appear to be disparate.
How do you know that this is an island, other than by looking at a map? An island tour would be a good idea, but is too long for one day. Instead you could walk right across the island, from one end to the other. From the south to the north. That is feasible. And so that is what I will do, on the second day. It will take some time, which is a good thing. Walking for a while usually gets the thinking going too.
A taxi brings me as close to the southern end as possible. The taxi driver knows many of the farms to the east of the motorway and even knows some of the people working in the fields by name—almost as if we were driving through a village. When he was young, he tells me, he used to take his girlfriend to the same place I now want to go to, in order to be alone with her. It is very likely that other couples before him had had the same idea.
In the south of the island, there are stacks of vegetable crates to be seen all over the fields. Stacks are very significant in Wilhelmsburg. You will find stacks of countless containers all over the industrial and harbour areas. The granting

sich, oft als Zeichen temporären Stillstands, als transitorische Landschaft, die sehr poetische Ansichten freigibt, sofern man diese versprenkelten Flecken zusammen als Landschaft lesen kann und will.
Schließlich ist da noch die dritte Zone, hinter dem Deich. Hier begegnet uns die Natur in Form des Flusses als die nach wie vor nicht gänzlich beherrschbare und gefürchtete Naturgewalt – zumal im Bewusstsein des Klimawandels und der damit in der Vorstellung schon vorweggenommenen höheren Flutwelle. Und just diese unbeherrschte Zone erklärt die Zivilisation zum Naturschutzgebiet und inszeniert einen idyllischen Blick darauf.

Wenn ich König von Wilhelmsburg wäre

Was würde ich auf den Weg bringen wollen? Als erstes eine flächendeckende Lärm- und Klänge-Kartierung, um damit die bestehende Lärmbelastung, die geeignet ist, so manche Parkgestaltung völlig zu konterkarieren, als vordringliche politische und gesamtgesellschaftliche Aufgabe auf die Tagesordnung zu bringen. Dann würden auch die Klänge, die ja durchaus noch da sind, wieder wahrnehmbar.
Als zweites würde ich eine Karte der natürlichen und chemischen Düfte für Wilhelmsburg erstellen lassen, verbunden mit einer Gebrauchsanleitung, wie diese Düfte herzustellen oder zu unterbinden sind.
Im Märchen hat man immer drei Wünsche offen. Mein dritter Wunsch: Ich wünsche mir den Spielfilm *Die rote Wüste* von Michelangelo Antonioni in Wilhelmsburg in einen Park übersetzt. Bilder dieses Films findet man bereits viele hier, nur sind diese bislang kaum als Gartenszenen erkennbar. Doch man kann in diese postindustriellen Parkbilder eintauchen wie in einen Tagtraum.
Ich träume von einer riesigen, hohen Lagerhalle mit Krananlage, flächendeckend gefüllt mit feinem Sand. Und jeder Parkbesucher darf einmal die Krananlage bedienen und die Sandkegel nach seiner Freude zu neuen Topografien und Hügellandschaften umschichten. Nach Schichtende können sich die Besucher zwischen die Sandkegel legen und von sich Höhensonnen, die von der Hallendecke abgesenkt werden können, wärmen lassen.

of "storage rights" in 1189 was a key foundation of Hamburg's growing importance. How high are the stacks allowed to be? Not everyone is suited to stacking, while others seem to be predestined for it.
Trampling on the "crest." It can be done. It can be done very comfortably, in fact, up on the crest of the dyke. As long as you do not have a cold wind blowing in your face.
A farmer: "You won't believe how much cross-cultural running around goes on here, simply because we are at the southern end." It would be nice to be able to see this cross-cultural running around on a frequent basis in the north of the island as well.
The chugging of the cargo ship's diesel motors can be heard far inland when there are no other noises, or else just the crowing of the crows. The leisurely chugging is therefore seldom heard, in fact, even though there is so much shipping activity.
There are lots of old fruit trees along the old Moorwerder Norderdeich. Lots of pears. Some walnuts. The trees stand around in airy space, harvested bare. I did not find any rotting fruit at all on the road or on the embankment. There were just three pears left hanging on one of the trees. They were delicious.
An area of garden plots starts just behind the motorway. There is music coming through the hedge of the first one. "I wanna dance with somebody. I wanna feel the heat of somebody ..." I take a look through the open garage door. Nobody in sight. No sign of life.
The Wilhelmsburg town hall is situated in a small park. Together they form an island within an island—a traffic island. The small park's grass is being mowed, while the park benches are almost hidden by the overhanging blackberry bushes.
The island's different zones might be assigned to three categories, three different natural habitats.
There are the areas, situated mainly on the eastern side of the island, that are reminiscent of bygone man-made landscapes, divided into small parcels of land and mostly extensively cultivated. It is this highly functionalised, cultivated habitat—used as much as possible in the service of nature—that helps to feed Hamburg's residents. It is both useful and pleasant to look at.
Then there are many areas on the island that you could describe as currently resting landscapes. This is where nature is overgrown and often unheeded, for example: underneath the railings, between the containers, on the empty spaces between the motorway slip roads and exits, in disused factories, between railway tracks, and the like. Often a sign of a temporary standstill, these abandoned zones appear transitory, revealing their highly poetic aspects to those able and willing to view these scattered sections together as landscape.
Finally, there is the third zone, behind the dyke. Here, we encounter nature in the form of a river that is still a respected natural force and not entirely controllable—particularly given the awareness of climate change and thus the anticipation of higher flood levels. And it is precisely this unrestrained zone that civilisation has declared a nature reserve and the setting for an idyllic view.

Im nahe gelegenen Parfümlabor treten die Parkbesucher in einen täglichen Wettstreit, das am besten duftende Parfüm zu mischen. Jeweils mit Einbruch der Nacht wird dann diese Mischung durch einen hohen Schornstein als eine Duftwolke über Wilhelmsburg ausgestoßen. Vis-à-vis findet sich die Leitzentrale. Dies ist ein Kinosaal, auf dessen Leinwand die Live-Bilder von auf Containerschiffen installierten Web-Cams übertragen werden. Die Kinobesucher können die Übertragung aus einer Vielzahl von Schiffen auswählen, die auf allen Ozeanen der Welt unterwegs sind und deren jeweilige Position auf einer Weltkarte (GoogleEarth) angezeigt wird.

Doch die ganz große Attraktion bildet die über 500 Meter lange, etwa 50 Meter breite und bis zu 15 Meter hohe Hecke, die eine vielgestaltig modulierte Topografie bildet. Wöchentlich wird die Hecke akkurat in Form geschnitten - vollautomatisch von einem Heckenscheren-Roboter, der von einer Laufkrananlage herunterhängend über die Heckenlandschaft hin und her bewegt wird. So wachsen unter anderem neuartige Container-Stapel in die Höhe - hier gänzlich aus Buchsbaum.

Parallel zu dieser Hecke reiht sich eine Abfolge von Senkgärten, von welchen einige durch Nebelmaschinen ständig in Wolken gehüllt werden. Eine Besonderheit bildet hierunter der Chemiepark, in dessen Brunnen und Kaskaden das Wasser die unterschiedlichsten Farben hat. Auf den Beeten zwischen den verzweigten Wasserkanälen werden Rote Bete und andere urinfärbende Pflanzen kultiviert, die erntefrisch in dem Parkrestaurant zu farbenfrohen Speisen angerichtet werden.

Der gesamte Park liegt versteckt hinter einer durchgehenden Wand aus gestapelten Überseecontainern, wie sie in den Hafenanlagen von Wilhelmsburg an vielen Orten zu sehen sind. (Unkundige werden daher vielleicht zunächst nur einen großen Container-Lagerplatz erkennen.) In dieser gestapelten Park-Mauer finden sich vielfältige Räume für die unterschiedlichsten Angebote, wie zum Beispiel Gästezimmer, Gartenbibliothek, Galerien, Werkstätten und vieles mehr.

Und der Park hat sogar einen mobilen „Botschafter": Ein zu einem Schwimmbad umgebauter ehemaliger Frachtkahn hat seinen festen Liegeplatz an dem an den Park angrenzenden Ufer, verkehrt aber nach einem festen Fahrplan regelmäßig über die Kanäle und verbindet Wilhelmsburg mit der Alster und den Landungsbrücken. So erreicht man diesen Park nicht nur mit dem Bus, sondern auch per *schwimmender* Liegewiese mit Wasserbecken.

Nun ja, Könige wollen wir nicht mehr in unserem Land und mir hat auch keine Fee versprochen, drei Wünsche zu erfüllen. Aber auch ohne Könige und ohne Feen finden manchmal Träume ihren Weg in die Köpfe und Herzen der Menschen. Und manche verwirklichen sich auch oder gehen in anderen Ideen auf.

Anmerkungen

1 Michel de Certeau: „Das Sprechen der verhallenden Schritte". In: *Kunst des Handelns*. Berlin 1988, S. 188.

If I Were the King of Wilhelmsburg

What would I want to introduce? The first thing would be comprehensive sound mapping, in order to get the existing noise pollution, which sometimes completely negates the purpose of a park, onto the agenda as a high-priority political and general social responsibility. This would make audible again the sounds that are indeed still there.

The second priority would be to map the natural and chemical aromas of Wilhelmsburg, together with user instructions on how to produce, or prevent, them.

In fairy tales you always have three wishes.

My third wish: I would like to see the film *Red Desert* by Michelangelo Antonioni filmed in a park in Wilhelmsburg. There are already many images from this film to be found here; it's just that until now they have hardly been recognisable as garden scenes. Yet you can immerse yourself in these post-industrial park images as if in a daydream.

I imagine a huge, high warehouse with a crane system, well filled with fine sand. And every visitor to the park is allowed a turn on the crane to reshape the pile of sand, as they wish, with a new topography and hilly landscape. At the end of the shift the visitors are able to lie among the piles of sand and warm themselves under infrared lamps hung from the roof of the warehouse.

In the nearby perfume laboratory the park visitors take part in a daily contest to blend the best-smelling perfume. Every day at dusk this is then pumped out of a high chimney over Wilhelmsburg as an aroma cloud.

Opposite is the control centre. This is a cinema showing live images from webcams installed on container ships. The cinema audience is able to select a transmission from a multitude of ships on all the oceans of the world, their respective positions being indicated on a world map (GoogleEarth).

The biggest attraction, however, will be a hedge—over 500 metres long, about fifty metres wide, and up to fifteen metres high—constituting a polymorphic, modular topography. The hedge is cut into precise shapes every week, by a fully automatic hedge-cutting robot that is moved across the hedge landscape by an overhead crane. This enables the growth of a new type of container stack—made entirely of boxwood.

Parallel to this hedge is a series of sunken gardens, some of which are kept permanently covered in cloud by fog machines. One of the special features here is the chemical park, with a wide range of different coloured water in its fountains and waterfalls. In the beds between the diverging water channels are beetroot and other urine-staining plants that are harvested fresh to make colourful dishes in the park restaurant.

The entire park lies hidden behind a continuous wall of stacked containers like those that can be seen in many places in the harbour areas of Wilhelmsburg. (The uninitiated are therefore at first likely to see only a large container storage depot.) This stacked park wall contains a diversity of spaces for a wide range of options such as overnight accommodation, a garden library, galleries, workshops, and much more.

And the park even has a mobile "ambassador": a former barge converted into a swimming pool has permanent moorings on the bank adjoining the park, but regularly plies the canals according to a set timetable, linking Wilhelmsburg with the Alster and the landing bridges. This park can therefore be reached not only by bus but also by means of the floating sundeck with pool.

Oh well, we have done away with kings in this country and I don't have a fairy promising to grant me three wishes. But even without kings and fairies, dreams sometimes find their way into people's heads and hearts. And some of them come true—or metamorphose into other ideas.

Der „Filmstreifen" entstand während des Spaziergangs von Bertram Weisshaar auf der Elbinsel Wilhelmsburg im Oktober 2009. The "film sequence" derives from Bertram Weisshaar's walk around the Elbe island of Wilhelmsburg in October 2009.

Notes

1 Michel de Certeau: "Das Sprechen der verhallenden Schritte." In: *Kunst des Handelns*. Berlin 1988 (p. 188).

OLIVER BORMANN, MICHAEL KOCH

Von der Zwischenstadt zur Metrozone

Neue Planung braucht das Land

Schönheit

Die Metrozone wird ähnlich kontrovers diskutiert werden wie die Zwischenstadt. Man wird nach der Klarheit des Begriffs fragen und denjenigen, die ihn nutzen, vorwerfen, sie wollten das Unfertige und Hässliche idealisieren und schönreden. Aber was ist schön?
„Denn das ist das Erstaunliche, dass die große Stadt trotz aller hässlichen Gebäude, trotz des Lärmes, trotz allem, was man an ihr tadeln kann, dem der sehen will, ein Wunder ist an Schönheit und Poesie, ein Märchen, bunter, farbiger, vielgestaltiger als irgendeines, das je ein Dichter erzählte, eine Heimat, eine Mutter, die täglich überreich, verschwenderisch ihre Kinder mit immer neuem Glück überschüttet. Das mag paradox, mag übertrieben klingen. Aber wen nicht Vorurteile blenden, wer sich hinzugeben versteht, wer sich aufmerksam und eindringlich mit der Stadt beschäftigt, der wird bald gewahr, dass sie wirklich tausend Schönheiten, ungezählte Wunder, unendlichen Reichtum, offen vor aller Augen und doch von so wenigen gesehen, in ihren Strassen empfängt."[1] (August Endell)
Wenn Stadtplanung mit ihren ganzheitlichen Konzepten und teilweise bis in alle Sphären städtischen Lebens durchdachten Leitbildern wirklich so erfolgreich wie angemaßt gewesen wäre, gäbe es keine Metrozonen. Oder sind Metrozonen etwa entstanden, weil Stadtplanung eben Stadtplanung war – und nicht: Stadtbaukunst?

Urbanität

Ambivalenz macht seit jeher das Faszinosum von Stadt und Urbanität aus. Die Moderne und die von ihr begründete Stadtplanung, aber auch die um 1900 entstehende Stadtbaukunst, haben sich an Phänomenen, Potenzialen und der Realität der modernen Stadt abgearbeitet. Aus guten Gründen und mit guten Absichten. Aber mit dem falschen Anspruch totaler Kontrolle und mit der Illusion, diese auch herstellen zu können.
Die Debatte über die Zwischenstadt in den späten 1990er Jahren war das endgültige Eingeständnis dieser Illusion: Die urbanen Entwicklungen waren den städtebaulichen Leitbildern nur bedingt gefolgt. Und die städtischen Nutzungsansammlungen zwischen den Städten sperrten sich gegen gesamtplanerische Logiken.
So wie die Zwischenstadt-Debatte sich den urbanen Realitäten jenseits der Kernstädte – und damit der Mehrheit des Gebauten – in Forschung und Planung zuwandte, so rückt der Begriff Metrozonen nun Rest-, Übergangs- und Zwischenräume, die sowohl dem ordnenden Impetus des Stadtplaners als auch formalen Gestaltungsversuchen entgangen sind, in den Blick. Zum Glück: „Urbanität läßt auch Raum für Unordnung und Unsicherheit. Die rationalistischen Konzepte fordistischer Planung sollen der Stadt das Dschungelhafte, Mythische und Bedrohliche austreiben, doch zerstören sie damit auch das Heilige, Sakrale, die Stadt als Heimat und identitätsstiftende Erinnerung."[2] (Walter Siebel)

Eichbaumoper
„Ich will eine Oper bauen!!!" schrie der manisch getriebene *Fitzcarraldo* (Klaus Kinski) seine Vision in die Welt. Wenn in Werner Herzogs Film von 1982 der peruanische Dschungel als „Un-Ort" und Hintergrundfolie für ein unmöglich scheinendes Projekt dient, so ist es hier die U-Bahn-Haltestelle „Eichbaum" zwischen Essen und Mülheim: ein von der Stadtplanung aufgegebener „Angstraum", der durch die schöpferische Auseinandersetzung mit dem Ort und die Einbeziehung seiner Nutzer in einem performativen Prozess zur Kulturstätte werden soll. Kooperationsprojekt von raumlaborberlin, Musiktheater im Revier Gelsenkirchen, Ringlokschuppen Mülheim und Schauspiel Essen

The Oak Tree Opera
"I want to build an opera house!!!" was how the manic, yelling *Fitzcarraldo* (Klaus Kinski) proclaimed his vision to the world. What served in Werner Herzog's 1982 film as a "non-place" and backdrop for a seemingly impossible project, namely the Peruvian jungle, is here the "Eichbaum" underground railway station between Essen and Mülheim: an "anxiety space" given up on by urban planning and which is to become a cultural site through creative confrontation with the location and the involvement of its users in a performative process. A co-operative project from raumlaborberlin, the Gelsenkirchen musical theatre, Ringlokschuppen Mülheim, and Schauspiel Essen

OLIVER BORMANN, MICHAEL KOCH

From Zwischenstadt to the Metrozone

New Planning Is Needed

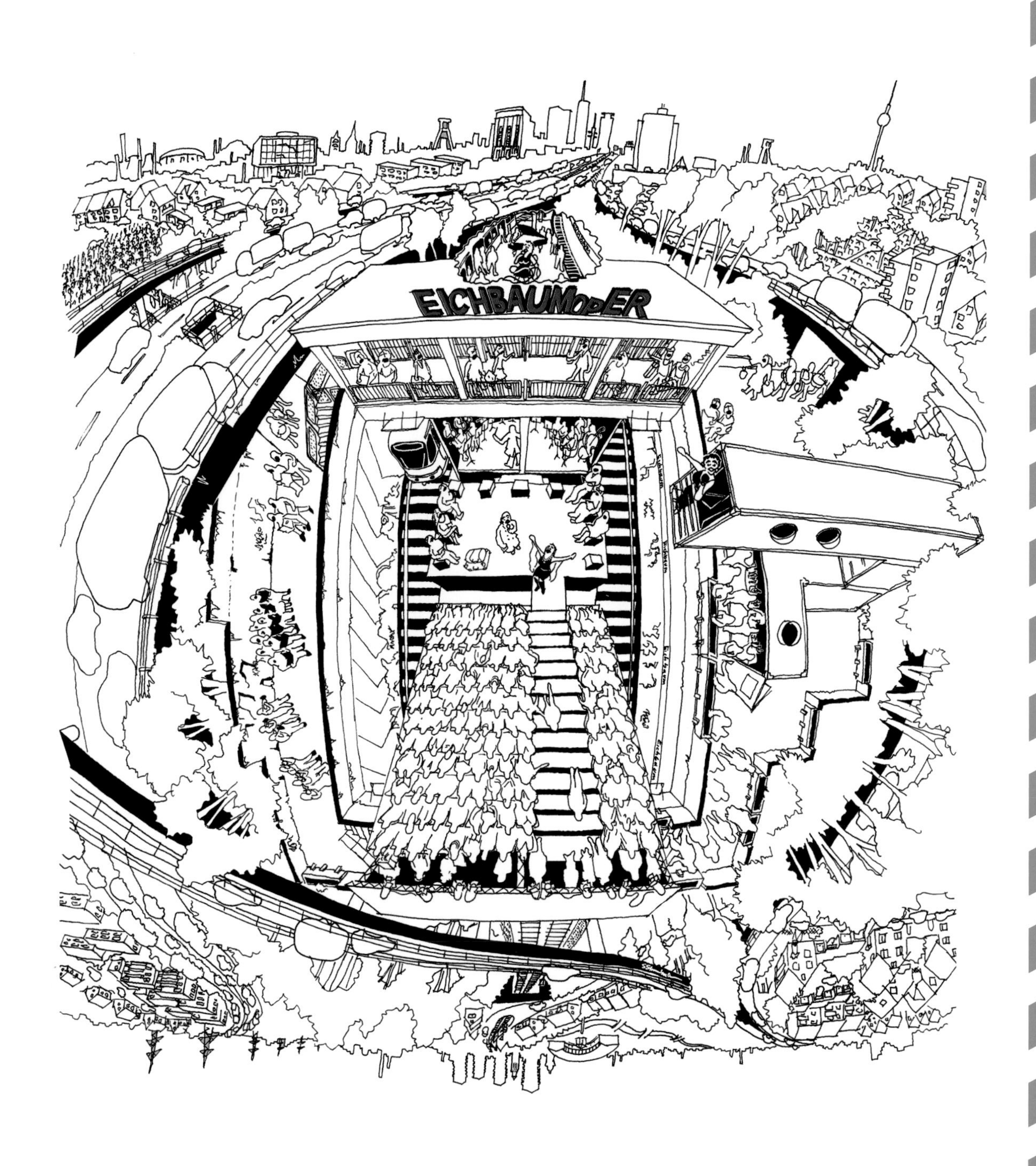

Metrozonenkosmos

Dieser Band enthält zahlreiche und sehr unterschiedliche Annäherungen und Beschreibungen – aber auch Verständnisse – von Metrozonen. Zu Recht. Die beschriebenen Phänomene von Metrozonen sind mehrdeutiger Ausdruck städtischer Realität.
Eine Typologie von Metrozonen lässt sich aus diesen verschiedenen Zutritten noch nicht ableiten. Eher eine Topologie: Metrozonen als spezifische Allerweltsorte an den Nahtstellen der Städte, dort, wo aus verschiedenen Teilen zusammengefügt wurde, was ein neues Ganzes geben sollte. Mal resultieren sie aus einer „Unschärfe" der disziplinären Zuständigkeiten, mal aus politisch-ökonomischen Entwicklungen. Die Stadtplanung schuf durch Zonierungen ein Nebeneinander verschiedener Nutzungen, Emissions- und Immissionschutz begründeten unterschiedliche Abstands- und Trenngürtel, Fach- und Sachplanungen überlagerten das städtische Territorium mit verschiedenen Gravuren und Eigentumsgrenzen, politische Grenzen erzeugten Barrieren und Niemandsländer. Und der jeweilige Ort, sein Kontext, die beteiligten Akteure und Kräfte, formten daraus einen eigenartigen und charakteristischen urbanen Kosmos.

Ressourcen

Nachdem die Zwischenstadt-Debatte die Frage nach neuen konzeptionellen Inhalten und Instrumenten sowie Verfahren der Disziplinen Architektur und Planung gestellt hat, wird die Metrozonen-Debatte diese Fragen vertiefen müssen. Beide Diskurse sind Ausdruck der zunehmenden Bestandsorientierung in Städtebau und Planung. Nicht in einem affirmativen und resignierenden Sinne: Es geht darum, *mit* den unterschiedlichen strukturellen und sozioökonomischen Beständen kreativ zukunftsorientiert und produktiv zu arbeiten und nicht *gegen* sie. Bestände sind Ressourcen. Im weitesten Sinne.
Damit deutet sich ein disziplinärer Paradigmenwandel an, wie er eigentlich seit den Diskussionen um Partizipation und die behutsame Stadterneuerung eingefordert wird. Planung als „Ingenieurwissenschaft" stößt damit endgültig an ihre Grenzen. Ebenso wie die reanimierte Stadtbaukunst. Zwei jüngere Ausstellungen, „Multiple City" und „Open City", zeugen auf unterschiedliche Art und Weise von dieser disziplinären Selbstreflexion (siehe dazu den Beitrag „Multiple Open City" von Olaf Bartels in diesem Band).

Grenzüberschreitungen

Die hoheitliche, also öffentlich verantwortete Planung bewegt sich innerhalb von Macht-, aber auch Routinekartellen, wodurch in der Regel gut gemeinte Versuche von Grenzüberschreitungen ins Leere laufen. Politische, disziplinäre und administrative Zuständigkeitsgrenzen gelten als schwer veränderbar. Gestaltungsdogmen verschaffen trügerische Sicherheit mit behaupteten Wirkungen von räumlicher Umwelt. Juristisch abgestützte Bewertungen im Rahmen von Abwägungsprozessen geben planerischem Handeln die höheren Weihen des Dienstes am Gemeinwohl. Aber die städtische Realität ist ambivalent. Um ein „Sowohl-als-auch" denken zu können, muss man Widersprüche und Unsicherheiten aushalten

Zaanstad
Ein Perspektivwechsel in der Betrachtungsweise bildet den Ausgangspunkt des Projekts. „With a new mindset" - mit einem optimistischen „neuen Blick" interpretieren die Architekten den blinden Fleck unter der Autobahn als faszinierend monumentalen Raum. Die Einbeziehung von Vorgefundenem und eine Balance aus Programmierung und Offenheit schaffen ein ästhetisch aufgeladenes, mehrdeutiges Ambiente und die Reintegration des Ortes in den urbanen Kontext. Entwurf „A8ernA": NL Architects; Auftraggeber: Gemeinde Zaanstad

Zaanstad
The starting point for the project "With a new mindset" offers a new way of looking at things—with an optimistic "new perspective" the architects interpret the blind spot beneath the motorway as a fascinating, monumental space. The incorporation of what already exists and a balance between planning and openness create a highly aesthetic, ambiguous atmosphere and the reintegration of the location within the urban context. Design "A8ernA": NL Architects; principal: Zaanstad Municipality

Beauty

Metrozones are a subject of controversy similar to that surrounding the idea *Zwischenstadt* (transurban). The clarity of the term is questioned and those using it are accused of wanting to idealise and beautify the unfinished and the ugly. What is beauty, though?
"For the astounding thing is that, despite all the ugly buildings, despite the noise, despite all the criticism that can be levelled at them, for those who want to see it, large cities are miracles of beauty and poetry, fairytales, more vibrantly colourful and more multi-faceted than any ever told by a writer, a homeland, a mother lavishly, extravagantly showering her children with new happiness daily. That might sound paradoxical, it might sound exaggerated. But anyone not blinded by prejudice, anyone who knows how to open themselves, anyone able to approach a city with attentiveness and insistence, will soon realise that they really do harbour a thousand beauties, countless wonders, endless wealth in their streets, there for all to see and yet seen by so few." (August Endell)[1]
If urban planning, with its integrated concepts and sophisticated models sometimes penetrating all spheres of urban life, really were as successful as is claimed there would be no metrozones. Or have metrozones developed because urban planning has been just that, urban planning—and not the art of urban design?

Urban Culture

Ambivalence has always been what makes cities and urban culture so fascinating. Modernism and the urban planning it spawned—as well as the art of urban planning that developed around 1900—have worked their way through phenomena, potential, and the reality of the modern city. For good reasons and with good intentions. But with false claims of total control and with the illusion of being able to exercise it. The *Zwischenstadt* debate of the late nineteen-nineties was the ultimate confession of this illusion: urban developments had followed urban planning models to a certain extent only. And the urban utilisation ensembles between cities were an obstacle to overall planning logic.
Just as the *Zwischenstadt* debate addressed urban reality beyond the city centres—and thereby the majority of the buildings—in terms of research and planning, the term metrozones now focuses attention on left over, transitional, and interim spaces that have eluded both the regulating impetus of the urban planners and formal design endeavours. Fortunately: "Urban culture also leaves space for disarray and insecurity. The rationalist concepts of Fordist planning aim to drive the jungle-like, mythical, and threatening elements out of the city, but in doing so they destroy that which is holy, sacred, the city as a homeland and a memory that is a source of identity." (Walter Siebel)[2]

The Metrozone Cosmos

This volume contains numerous, very different approaches and descriptions—as well as understandings—of metrozones. Rightly so. The metrozone phenomena described are the ambiguous expression of urban reality.
These different entries do not yet give rise to a single metrozone typology, but rather to a topology: metrozones as specific anything-goes-places at city interfaces, where different parts have been joined together with the intention of producing a new whole. They are sometimes the result of "blurred" disciplinary responsibilities, sometimes the result of political and economic developments. Urban planning's zoning created the juxtaposition of different utilisations and emissions, while emission protection justified differing spacing and distancing, specialist and expert planning overlaid urban territory with different outlines and property limits, and political boundaries produced barriers and areas of no man's land. And the place in question, its context, and the protagonists and forces involved, turned this into a unique and characteristic urban cosmos.

und damit umgehen können. Ohne Aufgabe des Gestaltungsanspruches, aber mit der Fähigkeit zu Verhandlung und Aushandlung, nur ausgestattet mit der „Macht der produktiven Idee" (Max Frisch). Damit ist nicht nur fachlich-inhaltliche Kompetenz vonnöten, sondern auch: Persönlichkeit der Planenden, soziale Kompetenz, emotionale Intelligenz sowie Eigenverantwortung und Lust am Experiment. Grenzenüberschreitende Qualifizierung also, als Ingenieur und Künstler, als Natur- und Geistes- bzw. Sozialwissenschaftler, als Theoretiker und Praktiker.

Urbanismus

Stadtreparatur und Stadtgestaltung sind oftmals die reflexhaften Antworten auf die Metrozonen, mit dem Ziel, Fehlstellen des Stadtgefüges im Nachhinein zu kitten. Bei aller (vermeintlichen) Unzulänglichkeit beinhalten diese inneren Ränder und Überbleibsel der Stadtentwicklung gleichwohl einen qualitativen Überschuss, der gerade aus der Absenz von Ordnung und Formbestimmtheit herrührt.
Wo gewohnte Stadt-Bilder zu kurz greifen oder sich mangels Kapital nicht herstellen lassen, können und müssen neue Wege der Stadtentwicklung, eine Art kultureller Urbanismus, gesucht werden. Anstelle städtebaulicher „Beaux-Arts" gibt es also Raum für „nonkonforme" Innovationen im Bereich der viel beschworenen Bau- und Planungskultur.
Die Metrozonen bieten ein offenes Feld für Überraschung und Spontaneität, Andersartiges und Skurriles. Wo, wenn nicht hier, dürfen guten Gewissens vermeintliche Wahrheiten hinterfragt, Standards ignoriert und guter Geschmack abgelegt werden?

Strategien

Die IBA Hamburg experimentiert mit neuen Strategien der Stadtentwicklung in der Metrozone Wilhelmsburg. Die Erfahrungen damit werden den Diskurs bereichern. Die Nennung neuer strategischer Ansätze kann hier nur beispielhaft und schon gar nicht vollständig erfolgen. Die Metrozonen stellen wegen ihrer

jeweiligen Besonderheiten und Eigenarten eigentliche Problem- oder Aufgabenindividuen dar. Entsprechend kommen die konzeptionellen Zutritte aus unterschiedlichsten Richtungen, sind jeweils verschieden motiviert, methodisch angelegt und finanziell ausgestattet. Man könnte sie hinsichtlich ihrer Verfahrensweisen und Programmatik beschreiben als Umdeutung, Intervention, prozessuale Transformation, poetischer Pragmatismus, „inverse" Planungsbeteiligung.
Diese Konzepte und Verfahren haben gemeinsam, dass sie sich einlassen auf die Polyvalenz ihres Gegenstandes und Umfeldes. Dadurch gewinnen sie aus vorgefundenen Situationen heraus – trotz oder gerade wegen der Notwendigkeit zu Pragmatismus und Improvisation – eine ganz eigene faszinierende strategische Kraft und Wirksamkeit. Diese Herangehensweise betrachtet *Zu*stände nicht per se als *Miss*stände, die es mit fertigen Rezepten zu beseitigen und gegen etwas grundsätzlich Anderes zu ersetzen gilt. Stattdessen greift die Idee der Transformation oder Metamorphose, welche mit dem spezifischen Potenzial und der

Heikonaut
„In der Sewanstraße 122 wüchse längst Gras, wäre der Kindergarten nicht in den Heikonauten verwandelt worden." Das Gelände eines verwaisten ehemaligen Kindergartens in Berlin nutzen Kunst- und Kulturschaffende als Basisstation ihrer Arbeit, wobei es sich hier explizit nicht um eine Zwischennutzung handelt, sondern um eine Form der Aneignung mit langfristiger Nutzungsperspektive als Kooperationsmodell mit dem Bezirk. Modellprojekt, initiiert durch anschlaege.de, unterstützt durch den Bezirk Lichtenberg

Heikonaut
"Sewanstrasse 122 would have long since become overgrown with grass if the nursery school had not been transformed into the Heikonauts." The grounds of a derelict former nursery school in Berlin are used by artists and other creative individuals as their working base, although this is certainly not a case of temporary usage but rather a form of appropriation with a long-term perspective as a model for regional cooperation. Model project, initiated by anschlaege.de, with the support of the Lichtenberg region

Resources

With the *Zwischenstadt* debate having raised the issue of new conceptual content and instruments as well as architectural and planning processes, the metrozone debate will have to develop these issues further. Both discussions are an expression of the increasing orientation towards existing buildings in urban design and planning. Not in an affirmative and compliant sense: it is about working *with* the structurally and socioeconomically different buildings in a creative, future-oriented, and productive manner and not *against* them. Existing buildings are resources in the broadest sense of the word. This is indicative of the disciplinary paradigm change that has in fact been called for ever since the discussions on participation and retentive urban renewal. In this regard, planning as "engineering" is finally reaching its limits, as is the reanimated art of urban design. The two recent exhibitions "Multiple City" and "Open City" testify in different ways to this disciplinary self-reflection (see also the contribution by Olaf Bartels in this volume , "Multiple Open City").

Crossing the Line

Sovereign, publicly responsible planning moves within alliances of both power and routine, meaning that it is usually well-intentioned endeavours at crossing the line that end up as nothing. The limits of political, disciplinary, and administrative responsibility are seen as change-resistant. Design dogmas create false security with claims of effectiveness in the spatial environment. Legally supported assessments within the scope of evaluation processes place planning above the common good.
Urban reality is ambivalent, however. In order to think "not only but also ..." we have to be able to cope with and deal with the contradictions and the insecurities. Without the task of fulfilling a design claim, but with the ability to negotiate and agree, equipped only with the "power of the productive idea" (Max Frisch). This depends not only on specialist competence, but also on the planners' personalities, social skills, emotional intelligence, as well as their sense of responsibility and willingness to experiment. Interdisciplinary qualifications, therefore, as engineer and artist, as a natural, humanist, and social scientist, as theorist, and practitioner.

Urbanism

Urban repair and urban design are often the reflex responses to metrozones, with the aim of cementing over the deficits in the city structure retrospectively. For all of their (alleged) inadequacy these inner peripheries and urban development leftovers nevertheless possess a qualitative surplus deriving from the very absence of order and formality.
New paths of urban development can and have to be sought where the usual city images are lacking or not possible due to a lack of capital, a kind of cultural urbanism. Instead of urban planning "beaux arts" there is scope for "non-conformist" innovation within the much-flaunted construction and planning culture.
Metrozones offer an open space for surprises and spontaneity, for the different and the bizarre. Where, if not here, can alleged truths be questioned, standards ignored, and good taste set aside, all with a clear conscience?

Strategies

The IBA Hamburg is experimenting with new urban development strategies in the Wilhelmsburg metrozone and the experience gained in the process will enrich the dialogue. The determination of new strategic approaches can be addressed here only in terms of examples and can in no way be comprehensive. With their respective special features and unique aspects, the metrozones constitute individual problem or task areas. Accordingly, the conceptual contributions come from a great many different directions, with their own respective motivations, methods, and financing. In terms of their procedures and agendas, they could be described as reinterpretation, intervention, procedural transformation, poetic pragmatism, or "inverse" planning participation.

Eigenart arbeitet, in einem sowohl ästhetischen als auch sozialen und ökonomischen Sinne.
„It means a new approach towards existing situations, which are considered to be already complete within themselves. This is not about complexity but about a certain simplicity – Immanuel Kant would have called it the 'simple sublime' – of real daily life. I call these methods 'it is already there.' Since the thing which 'is already there' can be presented through simple images – because 'it is already there' – there is no need for the usual analysis of existing situations (Bestandsanalyse) that put each situation under the regime of harsh analytic decompositions which are the same everywhere."[3] (Joost Meuwissen)
Unvoreingenommenheit und Empathie sind hier gute Voraussetzungen. Der Entwerfende kann sich dabei als „urbanistischer Kurator" definieren wie auch durch Umdeutung oder gestalterische Intervention neue Bedeutungs- und Nutzungszuweisungen evozieren.
Planung, oder die Stimulierung von städtischer Entwicklung, ist Maßarbeit. Bezeichnenderweise werden die Situationisten immer wieder als gedankliche Referenz genannt. Und mit dem Postulat vom „Recht auf Stadt" meldet sich der Anspruch auf bürgerschaftliche Teilhabe daran und zivilgesellschaftliche Mitverantwortung zurück. Die Idee eines „urbanisme relationel", wie ihn Stefan Kurath[4] vorschlägt, könnte der disziplinären Selbst- oder Neuerfindung helfen.

Anmerkungen

1 August Endell: *Die Schönheit der großen Stadt.* Stuttgart 1908, zitiert nach: *architextbook* Nr. 4, Berlin 1984, S. 18.

2 Walter Siebel: *Die europäische Stadt.* Frankfurt am Main 2004, S. 20.

3 Joost Meuwissen: "Beauty and the sublime". In: *Monu* Nr. 6. Rotterdam 2007.

4 Stefan Kurath: *Qualifizierung von Stadtlandschaften? Grenzen und Chancen der Planung im Spiegel der städtebaulichen Praxis.* Unveröffentlichte Promotionsarbeit, eingereicht an der HCU Hamburg im Februar 2010.

Wachterareal LOOP
Mit dem Projektvorhaben einer Tiefgarage kann der jetzige provisorische Parkplatz freigespielt und künftig als „Platz" genutzt werden. Zweimal pro Jahr gastiert hier der Zirkus Knie, weshalb die Fläche selbst offengehalten werden muss. Die technischen Vorgaben von Tiefgarage und Zirkus werden in eine nutzungsoffene, „unfertige" Gestaltung integriert: Der als „lineare Topografie" gestaltete Rand der Fläche dient als Grundausstattung und kann als Rundweg, Liegewiese, Tribüne oder Dach angeeignet werden. Entwurf: yellow z urbanism architecture; Auftraggeber: Stadt Winterthur

What these concepts and processes have in common is that they are open to the polyvalence of their object and surroundings. As a result—despite, or perhaps because of, the need for pragmatism and improvisation— they draw their very own fascinating, strategic strength and effectiveness from the situations that arise. This approach sees *circumstances* not as *grievances* per se, to be overcome with ready-made solutions and replaced with something else as a matter of principle. Instead, the notion of transformation or metamorphosis, which works with specific potential and uniqueness, resorts to aesthetic as well as social and economic means. "It means a new approach towards existing situations, which are considered to be already complete within themselves. This is not about complexity but about a certain simplicity—Immanuel Kant would have called it the "simple sublime"—of real daily life. I call these methods "it is already there." Since the thing which "is already there" can be presented through simple images—because "it is already there"—there is no need for the usual analysis of existing situations (Bestandsanalyse) that put each situation under the regime of harsh analytic decompositions which are the same everywhere." (Joost Meuwissen)[3]

Impartiality and empathy are good prerequisites here, enabling planners to define themselves as "urbanist curators," evoking new meaning and utilisation assignations through reinterpretation or design intervention. Planning, or the stimulation of urban development, is precision work. Significantly, the situationists are repeatedly cited as intellectual references. And postulating the "right to the city" is the emergence of the claim to civil participation and the return of civil society's joint responsibility. The notion of an "*urbanisme relational*," as proposed by Stefan Kurath,[4] could aid disciplinary self- or re-invention.

Notes

1 August Endell: *Die Schönheit der großen Stadt*. Stuttgart 1908, as cited in: *architextbook* No. 4, Berlin 1984, p. 18.

2 Walter Siebel: *Die europäische Stadt*. Frankfurt am Main 2004, p. 20.

3 Joost Meuwissen: "Beauty and the sublime." In: *Monu*, No. 6. Rotterdam 2007.

4 Stefan Kurath: *Qualifizierung von Stadtlandschaften? Grenzen und Chancen der Planung im Spiegel der städtebaulichen Praxis*. Unpublished doctoral thesis, submitted to the HCU Hamburg February 2010.

Wachterareal LOOP
The plans for an underground garage mean that the current temporary parking area can be cleared and used as a "square" in the future. The Knie Circus performs here twice a year, which is why the area itself has to be kept open. The technical requirements of an underground garage and a circus are to be integrated into an open-use "unfinished" design: the periphery of the area designed as a "linear topography" serves as the basic configuration and can be assimilated as a circular path, public lawn, stage, or roof. Design: yellow z urbanism architecture; principal: City of Winterthur

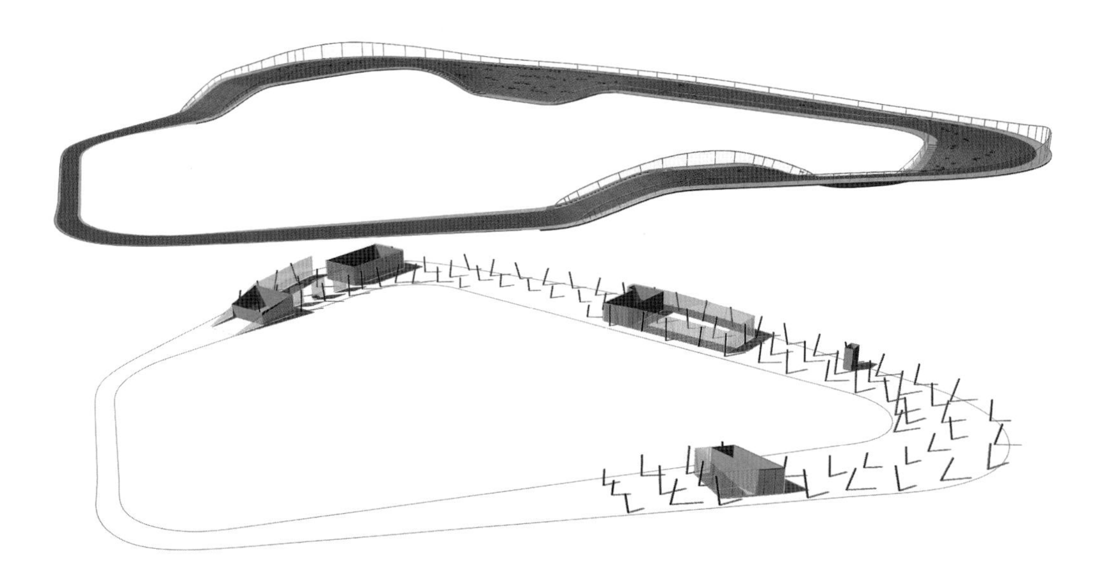

DIETER LÄPPLE

Metrozonen – städtische Möglichkeitsräume?

Entwicklungsoptionen zur Aktivierung sozialer, kultureller, ökonomischer und ökologischer Potenziale

Wir leben – so wird immer wieder betont – im Jahrhundert der Stadt. Auf den ersten Blick erscheint dies unmittelbar einsichtig. War zu Beginn des 20. Jahrhunderts die Stadt noch die Ausnahme, so dominieren heute auf unserem Globus die städtischen Siedlungen. Aber dieser Triumph der Stadt über das Land ist mit einem offensichtlichen Paradoxon verbunden. Während ein weltumspannender Verstädterungsprozess zum Verschwinden des Ländlichen führt, scheint sich das Konzept der Stadt aufzulösen.

Die Gleichzeitigkeit unterschiedlicher Tendenzen

Wie kann man heute „die Stadt" konzeptuell fassen, gegen was ist sie abzugrenzen? Durch die Dynamik des Verstädterungsprozesses, insbesondere durch die zentrifugalen und dezentralisierenden Tendenzen, die seit dem Ersten Weltkrieg die Entwicklung der Städte und Stadtregionen in den entwickelten Ländern geprägt haben, hat sich die tradierte Stadt aufgelöst in heterogene Siedlungsstrukturen, die sich nicht mehr mit simplen Dichotomien wie „Stadt und Land" oder „Zentrum und Peripherie" beschreiben lassen. Eine mögliche Hilfskonstruktion bot zunächst die Rede von der „verstädterten Landschaft oder der verlandschafteten Stadt" oder gar von der „Zwischenstadt".[1] Dies mag in den 1990er Jahren noch eine plausible Charakterisierung gewesen sein, aber spätestens seit der Jahrhundertwende sind wir mit einem erstaunlichen Bedeutungszuwachs der alten Kernstädte konfrontiert.[2] Gleichwohl sind die Kräfte der Suburbanisierung sicherlich noch nicht erschöpft, obwohl sie deutlich schwächer geworden sind. Es ist davon auszugehen, dass in der kommenden Zeit Stadtentwicklung geprägt sein wird durch eine Gleichzeitigkeit von zentripetalen und zentrifugalen Tendenzen, durch Wachstum und Schrumpfung und vor allem durch zunehmende Differenzierungs- und Polarisierungstendenzen zwischen den und innerhalb der Stadtregionen. Auf absehbare Zeit werden wir mit einem labilen Nebeneinander und einem gegenseitigen Überlagern und Durchdringen von alten und neuen urbanen Formen und somit einer prinzipiellen Unbestimmtheit und Kontingenz städtischer Entwicklung konfrontiert sein.
Nachdem sich das wissenschaftliche Interesse eine Zeitlang auf die vielfältigen Formen der suburbanen Verstädterung konzentriert hatte (vgl. dazu u. a. die Publikationsreihe des Ladenburger Kollegs zur „Zwischenstadt"), rücken gegenwärtig – nicht zuletzt mit dem neuen Paradigma der „kreativen Stadt"[3] – die gründerzeitlichen Quartiere und die neuen Szeneviertel in den Mittelpunkt des städtischen Diskurses und der Stadtpolitik. Dabei zeichnet sich die Gefahr ab, dass der städtische Diskurs gegenwärtig vor allem auf die Polarität von Suburbia und „postfordistischen Stadtquartieren"[4] reduziert wird. So interessant die idealtypische Konfrontation der suburbanen Arbeits- und Lebenswelten mit den neuen urbanen Lebens- und Arbeitsformen einer Wissens- und Kulturökonomie sein kann, so muss doch klar sein, dass dabei große Bereiche der heutigen Stadt oder Stadtregion ausgeblendet bleiben.

Duisburg, Rhein mit neuer Kokerei.
Alle Fotos dieses Beitrags stammen aus der Serie "terrain vague" von Bettina Steinacker, 2004: Fotografien über städtebauliche Umbauprozesse im Ruhrgebiet
Duisburg, Rhine, with new coking plant.
All of the photos in this article are from the "terrain vague" series by Bettina Steinacker, 2004: photographs of urban development conversion processes in the Ruhr area

DIETER LÄPPLE

Metrozones—Urban Realms of Possibility?

Development Options for Activating Social, Cultural, Economic, and Ecological Potential

Metrozonen: Manifestationen einer Gleichzeitigkeit des Ungleichzeitigen

Mit dem Konzept der Metrozonen hat die IBA Hamburg einen äußerst interessanten Stadtraumtypus eingeführt, der zunächst als ein heterogenes Gebilde von Grenz- und Übergangsorten charakterisiert wird. Er verweist darauf, dass Stadtentwicklung heute mit einer äußerst komplexen Vielfalt an unterschiedlichen Stadträumen verbunden ist und sich nicht auf eine Abfolge unterschiedlicher Entwicklungsphasen reduzieren lässt. Mit dem Konzept der Metrozonen wird in Erinnerung gerufen, dass metropolitane Stadtregionen sehr heterogene Gebilde sind, die wenig zu tun haben mit dem Bild, das wir von der historischen europäischen Stadt im Kopf tragen.

Metrozonen sind nicht nur geprägt durch ihre räumliche Heterogenität, sondern sie sind zugleich soziale, ökonomische, kulturelle und physische Manifestationen von diachronen, sich zeitlich überlagernden und durchdringenden Entwicklungsprozessen, gewissermaßen die Manifestationen einer Gleichzeitigkeit des Ungleichzeitigen. Vereinfacht formuliert, in den Metrozonen finden wir die „Sedimente" unterschiedlichster Entwicklungen: agrarisch geprägte Landschaften, alte Bauernhöfe, Großsiedlungen, gründerzeitliche Wohnblocks, vorindustrielles Kleingewerbe, Kleingärten, Windmühlen, industrielle Großanlagen, vergessene Naturräume, brachgefallene Fabrikanlagen, entwertete Infrastrukturen, überlastete Autobahnen, modernste Kommunikationssysteme, Fastfood-Restaurants, „Automeilen", Logistikzentren, Deponien etc. – und das alles in einer nicht nachvollziehbaren, vielfach konfrontativen und konfliktträchtigen Raumorganisation von Siedlungsfeldern in der Form eines äußerst heterogenen Archipels, überformt von signifikanten Erosions- und Entwertungserscheinungen, aber auch vielfältigen Ansätzen der Erneuerung. Diese komplexe Gemengelage bezeichnet Oliver Frey als „die amalgame Stadt" und vertritt dabei die These, dass „in der Verbindung und Vermengung von Nutzungen, Kulturen und sozialen Gruppen eine größere Kraft und ein größeres Potenzial liegt als in der Reinheit".[5]

Unbestimmtheit und Offenheit des „terrain vague"

Man könnte nun die These aufstellen, dass sich aus dieser funktionalen, sozialen und kulturellen Vielfalt mit ihren vielschichtigen Überlagerungen eine spezifische Entwicklungsoffenheit ergibt. Dass dieses „terrain vague" – ein Begriff, den der spanische Architekt Ignasi de Solà-Morales zur Charakterisierung solcher Stadträume in die Diskussion eingeführt hat – ein Raum ungeplanter Erneuerung und informeller Praktiken sein könnte. Saskia Sassen, die auch den Begriff des „terrain vague" verwendet, charakterisiert die besondere Entwicklungsoffenheit solcher Orte mit den Worten: „Nicht mehr – noch nicht." Es spricht vieles für diese These. Allerdings gibt es auch deutliche, retardierende Gegenkräfte, die man nicht übersehen darf.

Die Unbestimmtheit und potenzielle Offenheit des „terrain vague" ergibt sich vor allem aus ökonomischen, manchmal auch aus sozialen oder kulturellen Entwertungsprozessen – also mangelnde Profitabilität des Betriebs oder mangelnde Attraktivität für Konsumenten und Nutzer. Dies bedeutet jedoch nicht, dass damit auch die Eigentumstitel und die planrechtlichen Festsetzungen aufgehoben wären. Durch diese Persistenz der Eigentums- und (Plan-)Rechtsformen kann zum Beispiel eine ökonomisch entwertete Gewerbefläche einer möglichen Erneuerung entzogen und mit einer so entwicklungsfeindlichen Funktion wie dem Lagern von Containern belegt werden. Die potenzielle Entwicklungsoffenheit regrediert zur Entwicklungsblockade.

Es gibt noch einen weiteren gewichtigen Einwand gegen die These des Möglichkeitsraumes. Vor allem die funktionale Spezialisierung solcher Räume während ihrer industriellen Nutzung führte dazu, dass man „Weniges" besonders effektiv machte und dadurch „Vieles" unmöglich gemacht wurde. Durch diese Prozesse einer funktionalen Spezialisierung wird der städtische Siedlungsraum in seinen

Bottrop, Skihalle
Bottrop, ski hall

We are living—so we are repeatedly told—in the urban century. At first glance this does seem to be immediately apparent. While cities were still the exception at the beginning of the twentieth century, urban settlements are now predominant throughout the world. This triumph of the city over the countryside brings with it a visible paradox, however. While a worldwide process of urbanisation is leading to the disappearance of the countryside, the concept of the city seems to be disintegrating.

The Coexistence of Different Tendencies

How is the concept of "city" to be defined today, how is it to be demarcated? The dynamics of the urbanisation process, due in particular to the centrifugal and decentralising tendencies that have characterised the development of cities and urban regions in developed countries since the First World War, have caused the traditional city to disintegrate into heterogeneous housing structures that can no longer be described using simple dichotomies such as "city and countryside" or "centre and periphery." Talk of the "urbanised landscape or the landscaped city," or even the term *Zwischenstadt* ("transurban"[1]),did provide an auxiliary construct initially. While this may have been a plausible characterisation during the nineteen-nineties, since the start of the new millennium we have been confronted, however, with an astounding increase in the significance of the old city centres.[2] The powers of suburbanisation have certainly not been exhausted, even though they have become considerably weaker. It is to be assumed that, in the years to come, urban development is going to be characterised by a concurrence of centripetal and centrifugal tendencies, by growth and shrinkage, and particularly by increased tendencies towards differentiation and polarisation between and within urban regions. For the foreseeable future, we are going to be confronted with a labile juxtaposition and a reciprocal overlapping and pervasion of old and new urban forms and thus with urban development that is principally vague and contingent.
With scholarly interest having been concentrated for a while on the diverse forms of suburban urbanisation (cf. the series of Ladenburger publications on the subject of *Zwischenstadt*, i.e. transurban areas, for instance), the nineteenth-century neighbourhoods and the new, fashionable districts—not least with the new paradigm of the "creative city"[3]—are currently forming the focus of urban discourse and urban policy. This brings with it the risk of current urban discourse being largely reduced to the polarity between suburbia and "post-Fordist urban districts."[4] As interesting as the typical confrontation between suburban working and living environments with the new urban working and living environments of a knowledge- and culture-based economy might be, this clearly leaves out large areas of today's cities or urban regions.

Hamm, indischer Tempel
Hamm, Indian temple

ökonomischen Funktionen und seiner sozialen Nutzungsmöglichkeit immer mehr ausgedünnt und banalisiert. Die „Textur" des sozialen Raumes in der Form sozialer Interaktionsformen und sozialer Netze wird immer dünner und fadenscheiniger. Bis die „Textur" des sozialen Raumes zerreißt und der soziale Raum implodiert. Der soziale Raum verliert seine soziale Dimension, regrediert zum factum brutum banaler Artefakte. Zurück bleibt eine technisch überformte, vielfach mit autistischen Großanlagen vollgestellte Siedlungsfläche, die ihren sozialen Charakter und auch ihre endogene Regenerationsfähigkeit verloren hat.

Bottrop, Halde Haniel
Bottrop, the Haniel dump

Metrozones: The Manifest Coexistence of the Non-Coexistent

With the metrozones concept the IBA Hamburg has introduced an extremely interesting type of urban space, initially characterised as a heterogeneous entity comprising borderline and transitional places. It makes reference to the fact that urban development today relates to an extremely complex diversity of different urban spaces and cannot be reduced to a series of different development phases. The metrozones concept reminds us that urban metropolitan regions are very heterogeneous entities that have little to do with the image we have in our minds of the historic European City.
Metrozones are characterised not only by their spatial heterogeneity, but are also social, economic, cultural, and physical manifestations of diachronic, temporally overlapping, and pervasive development processes, to a certain extent the manifest coexistence of the non-coexistent. To put it simply, the metrozones contain the "sediment" of a wide range of developments: agricultural landscapes, old farmsteads, large housing estates, nineteenth-century housing blocks, pre-industrial small businesses, garden plots, windmills, large industrial plants, forgotten natural spaces, disused factory grounds, outdated infrastructure, overburdened motorways, the most modern communication systems, fast food restaurants, "auto miles," logistics centres, refuse dumps, etc.—and all of this in an incomprehensible, in many respects confrontational and conflict-ridden, spatial organisation of housing areas in the form of an extremely heterogeneous archipelago, reshaped by significant signs of erosion and dilapidation, but also diverse signs of renewal. Oliver Frey refers to this complex conflict situation as "the amalgam city," representing the notion that "there is greater strength and greater potential to be found in the linking and mixing of utilisations, cultures, and social groups than in purity."[5]

The Vagueness and Openness of the "Terrain Vague"

We could make a case for this notion by claiming that this functional, social, and cultural diversity with its multilayered overlaps gives rise to a specific developmental openness. That this "terrain vague"—a term introduced by the Spanish architect Ignasi de Solà-Morales to characterise such urban spaces in discussions—could be a realm for unplanned renewal and informal practice. Saskia Sassen, who also uses the term "terrain vague," characterises the particular developmental openness of such places with the words: "no longer—not yet." There is a lot to support this assumption but there are also distinct, restrictive opposing forces that cannot be overlooked. The vagueness and potential openness of the "terrain vague" largely derives from economic as well as sometimes social or cultural devaluing processes—such as unprofitable operations or a lack of appeal for consumers and users. This does not mean the revocation of title of ownership and planning regulations, however. Persisting rights of

Möglichkeitsräume, die gezielter Stimulanz bedürfen

Ich betone diese Gegenkräfte, um deutlich zu machen, dass die ungeplante Erneuerung und die informellen Innovationen Geburtshelfer brauchen. Erforderlich sind Anstöße von außen, zum Beispiel durch den bewussten Rückbau der autistischen Großsysteme, die Überwindung der Eigentumsblockaden, die Revision von planrechtlichen Festlegungen und möglicherweise auch die Unterstützung der lokalen Akteure durch innovationserfahrene Akteure von außen. Metrozonen sind nicht a priori Möglichkeitsräume, sie verfügen aber über vielfältige Potenziale, die sie zu Möglichkeitsräumen machen können. Ihre besonderen Chancen resultieren oft aus Verfallsprozessen und Formen der ökonomischen Entwertung. Um sie jedoch zu Orten einer nachhaltigen Erneuerung und Kreativität zu machen, dazu bedarf es vorsichtiger Interventionen, gezielter Stimulanz, vielfach auch veränderter rechtlicher Rahmenbedingungen und sozialer, kultureller und ökonomischer Brücken nach außen.

Hier liegen auch die besonderen Aufgaben und Chancen der IBA Hamburg. Ihre Interventionen sind darauf ausgerichtet, den degradierten Transiträume wieder die Qualität von Lebensräumen zu geben, die zerrissenen Siedlungsstrukturen durch städtebauliche und landschaftsplanerische Maßnahmen zu reparieren, die lokale Bevölkerung in die Transformationsprozesse einzubeziehen, die vielfältigen sozialen, kulturellen, ökonomischen und ökologischen Potenziale zu vernetzen und in Wert zu setzen. Kurz: die Entwicklungsblockaden zu identifizieren, versuchen überwinden zu helfen und neue Entwicklungsoptionen zu öffnen. So wichtig die Stärkung der internen Kohäsion ist, so bedeutsam ist auch die Einbindung dieses Stadtraumes in den Gesamtkontext der Metropolregion, ohne die neu gewonnenen Lebensräume wieder durch Verkehrstrassen zu gefährden und zu zerstören.

Dortmund, Stadtkrone Ost
Dortmund, Stadtkrone Ost

Anmerkungen

1 Thomas Sieverts: *Zwischenstadt – zwischen Ort und Welt, Raum und Zeit, Stadt und Land.* Basel 1997.

2 Dieter Läpple: „Phönix aus der Asche: Die Neuerfindung der Stadt". In: Helmuth Berking / Martina Löw (Hg.): *Die Wirklichkeit der Städte. Soziale Welt.* Sonderband 16, Baden-Baden 2005, S. 397–413.

3 Klaus Kunzmann: „Kreativität: Paradigma für das Überleben in der Stadt?" In: *DISP* 175, 4/2008, Zürich, S. 3–6.

4 Dieter Läpple / Ulrich Mückenberger / Jürgen Oßenbrügge: „Die Gestaltung der Raum-Zeit-Muster ‚postfordistischer' Stadtquartiere". In: Dieselben (Hg.): *Zeiten und Räume der Stadt – Theorie und Praxis.* Opladen & Farmington Hills, MI, 2010, S. 9–23.

5 Oliver Frey: *Die amalgame Stadt. Orte. Netze. Milieus.* Wiesbaden 2009.

ownership and planning regulations can lead to economically devalued commercial land being denied a possible revival and assigned an anti-developmental function such as container storage, for example. The potential developmental openness regresses to become a development blockade.
There is another substantial objection to the realm of possibility notion. The functional specialisation of such spaces during their industrial utilisation in particular led to "little" being done particularly effectively and thus "much" being rendered impossible. These processes of functional specialisation have resulted in urban settlement areas becoming increasingly thinned out and banal in terms of their economic functions and their social utilisation possibilities. The "texture" of the social space in terms of social interaction forms and social networks becomes ever thinner and more threadbare, until such time as the "texture" of the social space fragments and the social space implodes. The social space loses its social dimension, regresses to a factum brutum of banal artefacts. What remains is a technically reshaped housing area crammed with diverse autistic large-scale facilities devoid of social character and of their endogenous ability to regenerate.

Realms of Possibility Needing Targeted Impetus

I am emphasising these opposing forces in order to make it clear that unplanned renewal and informal innovation need birth attendants. What is required is external impetus through the deliberate dismantling of large-scale, autistic systems, for example the overcoming of ownership blockades, the revision of planning regulations, and where possible, support for local protagonists from external protagonists with innovation experience. Metrozones are not realms of possibility as such but they do have the diverse potential to become so. Their particular opportunities often result from processes of deterioration and forms of economic devaluation. Turning them into places of sustainable renewal and creativity, however, requires cautious intervention, targeted impetus, often also amended legal parameters, and social, cultural, and economic bridges to the outside world. This is also where the IBA Hamburg's particular tasks and opportunities lie. The IBA's interventions are aimed at giving degraded transit zones the quality of living environments again, repairing the fragmented settlement structure through urban design and landscape planning measures, incorporating the local population in the transformation process, linking and capitalising on the diverse areas of social, cultural, economic, and ecological potential. In brief: identifying development blockades, attempting to help in them being overcome, and opening up new development options. Just as important as the reinforcement of the internal cohesion is the incorporation of this urban space within the overall context of the metropolitan region, without then endangering or destroying the newly acquired living environment with transport routes.

Notes

1 Thomas Sieverts: *Zwischenstadt–zwischen Ort und Welt, Raum und Zeit, Stadt und Land.* Basel 1997.

2 Dieter Läpple: "Phönix aus der Asche: Die Neuerfindung der Stadt." In: Helmuth Berking / Martina Löw (eds): *Die Wirklichkeit der Städte. Soziale Welt*, Special Volume 16. Baden-Baden 2005, pp. 397-413.

3 Klaus Kunzmann: "Kreativität: Paradigma für das Überleben in der Stadt?" In: *DISP* 175, 4/2008, Zurich, pp. 3-6.

4 Dieter Läpple / Ulrich Mückenberger / Jürgen Oßenbrügge: "Die Gestaltung der Raum-Zeit-Muster 'postfordistischer' Stadtquartiere." In: *Zeiten und Räume der Stadt–Theorie und Praxis.* Opladen, Farmington Hills, MI, 2010, pp. 9-23.

5 Oliver Frey: *Die amalgame Stadt. Orte. Netze. Milieus.* Wiesbaden 2009.

JÖRN DÜWEL

Hamburg: Ein Jahrhundert der Moderne

Städtebau und Gesellschaftsbau. Eine ambivalente Geschichte

„Ein Städtebau, der sich um Glück und Unglück sorgt, der es sich zur Aufgabe macht, das Glück zu schaffen und das Unglück zu verbannen, das wäre eine würdige Wissenschaft in dieser Zeit der Verwirrung." Diese würdige Wissenschaft gefunden zu haben, reklamierte Le Corbusier 1929 in seinem in deutscher Sprache erschienenen Buch *Städtebau* für sich. Frei von jedem Selbstzweifel erhob Le Corbusier den Anspruch, das geplante Glück entwerfen zu können. Seine Ideen und Raumvorstellungen hatten einen heute kaum mehr nachvollziehbar großen Einfluss. Es schien, als hätte der gesellschaftliche Fortschritt damit seine allgemeingültige Rezeptur für die Stadt der Zukunft gefunden. Zukunft ließ sich demnach als Gesetzmäßigkeit voraussagen, der Plan mutierte zur Chiffre für einen errechenbaren und einlösbaren Fortschritt.

Die Neuordnung der Städte

Das 20. Jahrhundert war über weite Zeiträume von einer Kritik an der bestehenden Stadt geprägt. Sowohl die Forderung nach der neuen Stadt als auch die Anmaßung, deren Konzept mit geradezu mathematischer Genauigkeit erfasst zu haben, war charakteristisch für die weitverbreitete Verachtung für die nur eine Generation vorher, in der Gründerzeit im letzten Drittel des 19. Jahrhunderts, entstandene hoch verdichtete Großstadt. Ging es damals darum, der rasanten Industrialisierung und ihren Begleiterscheinungen die erforderlichen Räume für alle Funktionen bereitzustellen, so hob das 20. Jahrhundert an, die teils chaotischen Folgen dieses entfesselten Wachstums zu sanieren.

Einen Ausweg aus der nicht allein von vielen Architekten und Städtebauern diagnostizierten „Zeit der Verwirrung", in die Europa durch die Urkatastrophe des neuen Jahrhunderts, den Ersten Weltkrieg, stürzte, sah die Gesellschaft deshalb auch in einer Neuordnung ihrer Städte. Nach vorherrschender Überzeugung waren dafür drei Grundvoraussetzungen wesentlich: Zuvorderst sei die Bodenfrage zu lösen; erst daraufhin seien sowohl die Wohnungsfrage als auch die Verkehrsfrage zu bewältigen. Diese drei Begriffe – Boden-, Wohnungs- und Verkehrsfrage – wurden zu einer Art Evangelium stilisiert. Ohne deren vermeintlich finale Beantwortung könne es, so der weit verbreitete Konsens, keine dauerhafte Zukunft geben. Für den genannten Dreiklang zur Überwindung der „hemmenden Fesseln" wurden auch quasireligiöse Entsprechungen formuliert: Lösung – Erlösung und Fortschritt deuten auf die eschatologische Bedeutung hin. Architektur und Stadt wurden somit rasch zum Leitmedium für gesellschaftliche Verheißungen.

Planmäßiger Neuaufbau, nicht Wiederaufbau kriegszerstörter Städte

Nicht zuletzt die verheerenden Zerstörungen im Zweiten Weltkrieg boten schließlich die ersehnte Chance, städtebaulichen Wildwuchs und Fehlplanungen durch einen überlegten und planmäßigen Aufbau mit einer nachhaltigen sozialen Komponente beheben zu können. Das Ziel war eine grundlegende soziale, wirtschaftliche und hygienische Sanierung der Stadt. Dabei

Rechts: Urbanität durch Dichte: Nach unüberhörbarer Kritik am Wiederaufbau sollten in den 1960er Jahren insbesondere die Zentren neu belebt werden. Für Hamburg St. Georg schlug die Planungsabteilung der Neuen Heimat 1966 eine „neue Stadt in einem Haus" vor. Opposite: Urbanism via density: following strong criticism of reconstruction, the city centres in particular were to be revived in the 1960s. For Hamburg's St Georg the planning department of Neue Heimat (New Home) envisaged a "new city in one building" in 1966.

Stadt macht krank: sogenannte Sonnen-Kinder auf der Schattenseite des Lebens. Das Foto wurde in den 1950er Jahren in Hamburg instrumentalisiert, als Planer, Architekten und Politiker Neu-Altona propagierten. Cities are bad for you: so-called sunshine children on the shadowy side of life. This photo was exploited in Hamburg in the 1950s, when planners, architects, and politicians were promoting New Altona.

JÖRN DÜWEL

Hamburg: A Century of Modernism

Urban and Community Development. A Story of Ambivalence

ließen sich Architekten und Stadtplaner von international verbreiteten Vorstellungen – wie sie idealtypisch Le Corbusier verkörperte – leiten, die sich international aus reformerischen Ansätzen seit der Jahrhundertwende entwickelt und zum Allgemeingut verfestigt hatten. Der Neuordnung der Stadt unter Beseitigung ihrer Mängel galt die ungeteilte Aufmerksamkeit, wobei den Planern die Aufgabe übertragen wurde, nicht allein Stadt neu zu ordnen, sondern mittels einer besseren Architektur zu einer lebenswerteren Gesellschaft zu gelangen. Leitbilder konkurrierten untereinander und lösten sich in rascher Folge ab. Die jeweils aktuellen Vorstellungen reklamierten dabei meist eine universelle Gültigkeit und lehnten die vorangegangenen stets rigoros ab. Erst in den 70er Jahren des 20. Jahrhunderts setzte sich dann die Einsicht durch, dass solche apodiktischen Verheißungen keine Zukunft mehr hatten. Seither hat sich eine gewisse Unsicherheit ausgebreitet, mitunter wird sogar das Fehlen eines Leitbildes beklagt. Allerdings sind inzwischen Konturen eines nachmodernen Leitbildes für den Städtebau unübersehbar. Die Internationale Bauausstellung IBA Hamburg ist hierfür ein Beispiel.
Hamburg war im 20. Jahrhundert ein exemplarischer Schauplatz für die unterschiedlichsten Bestrebungen zur Neuordnung der Stadt sowie zur Neuordnung der Gesellschaft. Nichts Geringeres war das Ziel: Stets galt es, das neue Hamburg – jeweils als Spiegel einer neuen Gesellschaft – hervorzubringen. Die großen Themen des Städtebaus hatten sich immer auch die großen gesellschaftlichen Anliegen auf die Fahnen geschrieben: Befreiung von überkommenen Fesseln, hoffnungsfroher Fortschritt, Überwindung des Gegensatzes von Stadt und Land sowie ein sozialer Ausgleich.

Drei große Perioden des Städtebaus im 20. Jahrhundert: die neue Stadt, ...

Für den Städtebau des letzten Jahrhunderts drängt sich die Unterscheidung von drei großen Perioden auf. Erstens die Periode von den 90er Jahren des 19. Jahrhunderts bis zum Ersten Weltkrieg, zweitens die Periode vom Ersten Weltkrieg bis etwa 1975, als das Europäische Jahr des Denkmalschutzes eine Rückbesinnung auf die vormoderne Stadt förderte, und drittens die Periode seit den 70er Jahren bis heute. Diese Periodisierung reflektiert nicht nur die Geschichte des Städtebaus, sondern eröffnet auch neue Sichtweisen. Der zunehmend größere zeitliche Abstand macht es möglich, bisher übliche Zäsuren, die sich zumeist an politischen Ereignissen orientierten, infrage zu stellen.
In der ersten Periode wuchsen die Städte, Hamburg zumal, rasch in die Fläche. Es bildete sich die Grundstruktur des Großraums, mit einfamilienhausorientierten Vorstädten neuen Typs und kompakten Stadterweiterungen, heraus. Damals konsolidierte sich auch eine Großstadtmitte als Zentrum einer erheblich erweiterten Stadtregion. In dieser Zeit formierte sich vor dem Hintergrund erheblicher privater Ressourcen die Großstadt der Industriegesellschaft: sozialräumlich mehr oder weniger segregiert, mit geringer Steuerung durch die öffentliche Hand, mit starken privaten Akteuren des Städtebaus, unter denen die Terraingesellschaften dominierten. Das Ziel dieser ersten Periode war zusammengefasst die neue Stadt.

... das Laboratorium einer neuen Gesellschaft ...

In der zweiten Periode wurde die überkommene Stadt, die Großstadt der Kaiserzeit, radikal in Zweifel gezogen. In diesen mehr als fünf Jahrzehnten überwogen aus heutiger Sicht ein bedingungsloser Fortschrittsglaube und ein Verlangen nach radikal Neuem. Die Stadt wurde zum fortwährenden Laboratorium einer neuen Gesellschaft. Während sich die Überzeugung von der „Unmenschlichkeit" der Mietskasernenstadt über alle politischen Brüche hinweg erhielt, unterschieden sich die jeweils als Alternative propagierten Visionen einer besseren Stadt erheblich. Für die unter verschiedenen Vorzeichen und wechselnden Zielen mehrfach

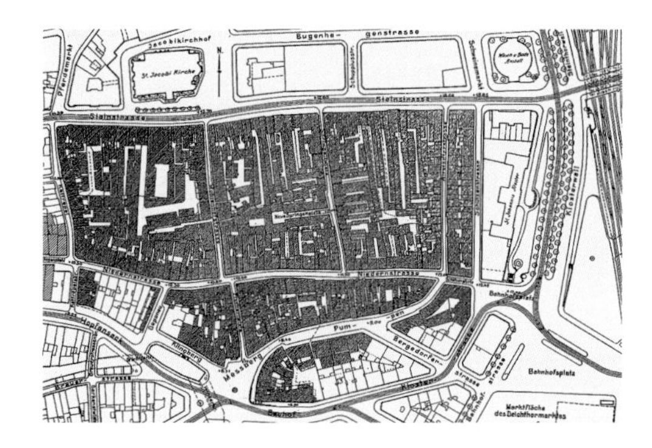

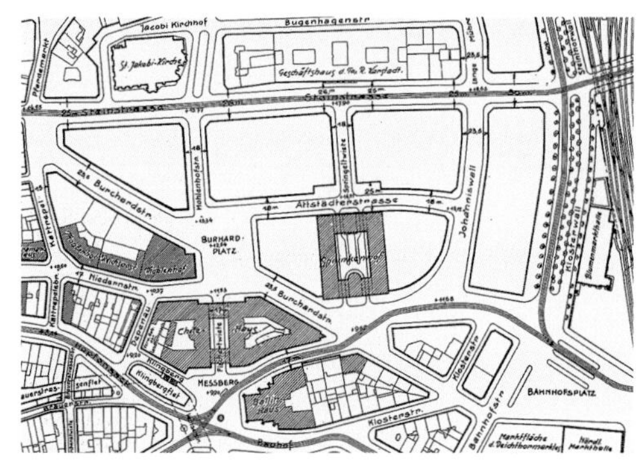

Von der Altstadt zur City: In den 1920er Jahren baute Hamburg ein modernes Stadtzentrum. Schmale Wohn- und Geschäftshäuser auf kleinen Parzellen wurden abgerissen und stattdessen neue Großbauten für Handel und Verwaltung errichtet. Das Wohnen wurde konsequent aus der City verdrängt. Im Sanierungsgebiet südlich der Steinstraße wurden für den Bau des Chilehauses mehrere Dutzend Parzellen zusammengefasst – und die ursprünglichen Straßenquerschnitte mindestens verdoppelt. From the old town to the city: Hamburg built a modern city centre in the 1920s. Narrow residential and commercial buildings on small areas of land were torn down and replaced with big new business and administrative buildings. Living was systematically driven out of the city. In the city's conversion area south of Steinstrasse several dozen plots were combined for the building of the Chile House, and the original width of roads was at least doubled.

"Urban development that is concerned with happiness and misfortune, that assumes the responsibility of creating happiness and banishing misfortune, that would be a worthy science in this era of confusion." In his book *Städtebau* (Urban Design), published in German in 1929, Le Corbusier claimed to have been the founder of this worthy science. Free of any self-doubt, Le Corbusier claimed to be able to design planned happiness. His ideas and spatial concepts were influential to an extent that is barely comprehensible today. It was as though social progress had found the universal recipe for the city of the future. It allowed the future to be predicted according to rules, while the plan mutated into the code for calculable and redeemable progress.

Urban Reorganisation

The twentieth century was characterised by long periods of criticism directed at existing cities. Both demands for new cities and the presumption of plans having been drawn up with almost mathematical precision was characteristic of the widespread contempt for the large, densely populated cities that had developed just one generation earlier in the last third of the nineteenth century. While, at that time, it was a question of producing the space required for all of the functions of rapid industrialisation and its side effects, the twentieth century aspired to rehabilitate the partly chaotic consequences of this unbridled growth.

Society therefore also saw the reorganisation of its cities as a way out of the "era of confusion," identified not only by many architects and urban planners, in which Europe stumbled through the seminal catastrophe of the new century, namely the First World War. Prevailing opinion envisaged three basic prerequisites as being essential for reorganisation: first and foremost was solving the land issue; only then could the issues of housing and traffic be addressed. These three preoccupations—land, housing, and traffic—became a kind of gospel. There was widespread consensus that there could be no sustainable future without the supposedly final resolution of these issues. Semi-religious analogies were also derived for this trio, intended to overcome the "restrictive bonds": solution—salvation and progress is a phrase indicative of the eschatological significance. Thus architecture and the city soon became a leading medium for social promises.

Planned Construction, not the Reconstruction of Cities Destroyed in the War

Ultimately, it was the devastating destruction of the Second World War that provided the sought-after opportunity to rectify uncontrolled urban growth and planning errors through considered and planned building with a sustainable social component. The goal was the fundamental social, economic, and hygienic rehabilitation of the city. The architects and urban planners allowed themselves to be guided by internationally accepted concepts—typically embodied by

proklamierte neue Gesellschaft sollte die neue Stadt jeweils exemplarisch Gestalt annehmen. Für die bestehende Stadt hatten diese Visionen deshalb immer den Abriss großflächiger Stadtquartiere zur Voraussetzung. Darin unterschieden sich die Entwürfe zur Zukunft weder in der Weimarer Republik noch im Nationalsozialismus und auch nicht im später in Ost und West geteilten Deutschland.
Der dramatische gesellschaftliche Wandel, den der Erste Weltkrieg in ganz Europa auslöste, führte auch zu allerlei sozial-utopischen Visionen. Diese gesellschaftlichen Glücksversprechen wurden mit plakativen Bildern von Architektur und Stadt verknüpft, die anstelle der „überlebten" – moralisch restlos entwerteten – Formen eine ebenso friedliche wie glückliche Zukunft beschworen. Wenngleich der Bau neuer Städte schon immer mit einer Vorstellung und einem Versprechen von Glück einherging, wurden nun erstmals die vorhandenen Städte nachdrücklich infrage gestellt. Das sehnsuchtsvolle Verlangen, „die gebauten Gemeinheiten dieser Erde" zusammenfallen zu lassen, weil „Steinhäuser Steinherzen machen", wovon keineswegs allein Bruno Taut überzeugt war, erfüllte sich auf ungeahnte Weise. Die Zerstörungen in den Städten infolge des Zweiten Weltkrieges schienen schließlich jene Freiräume geschaffen zu haben, die notwendig waren, um die neuen, zumeist traditions- und großstadtfeindlichen Visionen zu realisieren.
Obwohl die Mittel und Wege, mit denen das erstrebte Ziel erreicht werden sollte, variierten, blieb der Wahrheitsanspruch auf die plakatierten Zukunftserwartungen stets unangefochten. Staatliche Vorgaben zielten auf das Allgemeinwohl, die „Verordnung zum Glück". Ziel war eine Dezentralisierung und damit die Auflösung der kompakten Großstadt der Industriegesellschaft. Der stark reduzierten Privatinitiative entsprach der Einsatz erheblicher öffentlicher Mittel in den Städtebau, dessen vorrangige Aufgabe die Lösung der „Wohnungsfrage" war. Eine Folge dieser Orientierung war das große Gewicht öffentlicher oder gemeinnütziger Wohnungsbaugesellschaften. Das Ziel der zweiten Periode war zusammengefasst die *neue* neue Stadt.

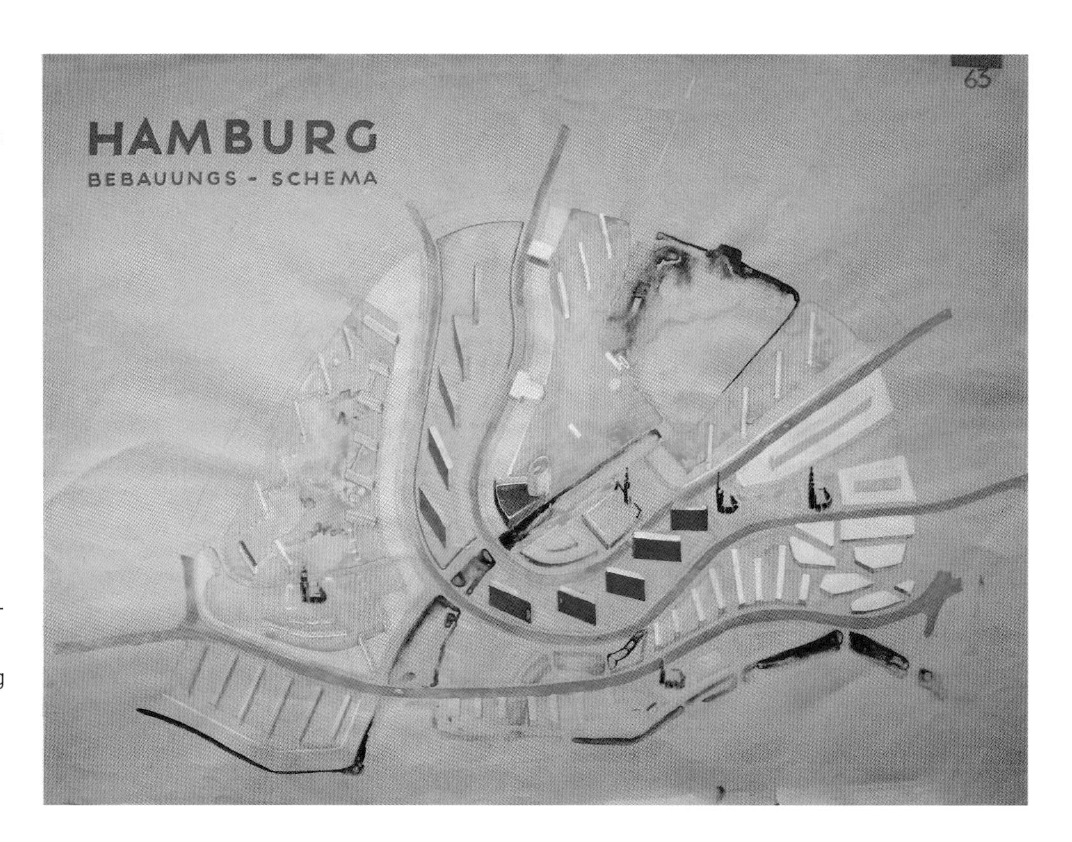

Träume in Trümmern: Für Hamburg entwarf Wilhelm Ohm 1948 ein City-Band, eine Stadtlandschaft als Vermählung von Stadt und Land. Lediglich die historischen Kirchen und das Rathaus markierten die traditionelle Topografie Hamburgs; der vorhandene Stadtgrundriss wurde völlig ignoriert. Dreams in ruins: Wilhelm Ohm designed a city band for Hamburg in 1948, an urban landscape as a union of the city and the countryside. Only the historical churches and the city hall indicated Hamburg's traditional topography; the existing city layout was ignored completely.

... und die Rehabilitierung der vormodernen Stadt

Die dritte Periode führte im Rahmen breiter gesellschaftlicher Auseinandersetzungen und vor dem Hintergrund sozioökonomischer Umbrüche zu einer Abkehr von den ehernen Prinzipien modernen Städtebaus und zu einer Rehabilitierung der vorindustriellen Stadt und der des 19. Jahrhunderts. Erst nach den schockierenden Eindrücken der ersten Ölkrise Anfang der 70er Jahre, nach Szenarien, die das Ende des Wachstums prophezeiten und einem zunehmenden Überdruss an der Moderne, begann die Wiederentdeckung der alten Stadt. Damit einher ging auch eine Abrüstung der ultimativen Wahrheitsansprüche, die vordem unerschütterlich das grundlegend Neue als Voraussetzung einer besseren Zukunft verheißen hatten. Dieser epochale Wandel wurde durch das Europäische Jahr des Denkmalschutzes 1975 entscheidend gefördert. Während in der längsten Periode des Städtebaus im 20. Jahrhundert die Ablehnung der bestehenden Stadt – unter wechselnden Bezeichnungen: Citybildung, lebensgesetzlicher

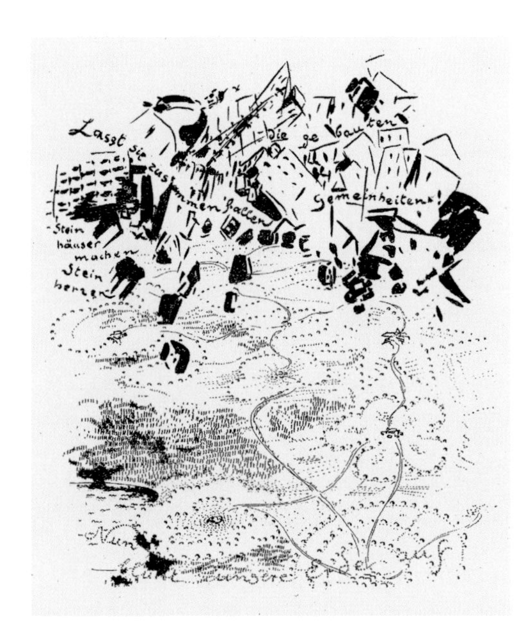

Lasst sie zusammenfallen: Die verdichtete Großstadt der Gründerzeit war im ersten Drittel des 20. Jahrhunderts radikal abgelehnt worden. Die „gebauten Gemeinheiten" sollten verschwinden, forderte Bruno Taut stellvertretend für die Avantgarde. Im Luftkrieg und Feuersturm des Zweiten Weltkriegs wurde diese Hoffnung auf ungeahnte Weise wahr und schien damit den Weg zu einem besseren Städtebau zu ebnen.
Let them collapse: the dense nineteenth-century city was subject to radical rejection in the first third of the twentieth century. The "built-up unpleasantness" ought to disappear, demanded Bruno Taut on behalf of the avant-garde. This wish was granted unexpectedly during the air bombardments and infernos of the Second World War, seemingly opening the way to better urban development.

Le Corbusier—that had developed from reform approaches worldwide since the turn of the century and had become established as common property. Urban reorganisation carried out by rectifying deficits was granted undivided attention, with the planners being assigned the task not only of reordering the cities but of achieving a more liveable society by means of better architecture.
Guidelines were competitive and quickly replaced one another. Current concepts usually claimed a universal relevance, always strongly rejecting their predecessors. Only in the 1970s came the realisation that such firmly made promises no longer had a future. A certain degree of uncertainty has since become widespread, even bemoaning the lack of a general principle. The contours of post-modernist urban planning principles are now becoming evident, however. The IBA in Hamburg is an example of this.
During the twentieth century, Hamburg was a typical setting for many attempts at both urban and social reorganisation. Sights were set high: the goal was always to produce the new Hamburg—always as a reflection of the new society. The major urban planning issues always adopted the key social issues: liberation from traditional bonds, progress and hope, overcoming urban and rural contradictions, as well as social equity.

Three Major Periods of Urban Development in the Twentieth Century: the New City ...

The urban planning of the last century necessitates the distinction between three major periods. Firstly, the period from the 1890s up until the First World War; secondly, that from the First World War through to about 1975, when the European Year of Monument Preservation initiated a return to the pre-modernist city; and thirdly, from the 1970s through to today. This periodisation not only reflects the history of urban development but also opens up new perspectives. The increasing time interval enables the questioning of what had previously been the usual caesuras largely based on political events. During the first period, cities—Hamburg in particular—expanded rapidly. The basic metropolitan structure was formed with the development of the new type of single-family home oriented suburbs and compact urban expansion. At that time, the centre of a major city also became consolidated as the focus of a significantly expanded city region. It was during this time that the large cities of industrial society were formed against a background of major private resources: largely socially segregated, with little public management, with strong private, urban planning protagonists, amongst whom property companies were dominant. In short, the new city was the goal of the first period.

... the Laboratory for a New Society ...

In the second period the traditional city, the metropolis of the imperial era, became the object of radical doubts. These more than five decades were dominated by what, from today's perspective, was an unconditional belief in progress and a desire for the radically new. The city became the ongoing laboratory for a new society. While, through all the political upheavals, people remained convinced of the "inhumanity" of the housing block city, the respective visions propagated as alternatives for a better city differed considerably. The design of each new city was expected to represent the much-acclaimed new society with its different indicators and changing goals. For the existing city, therefore, these visions always had the demolition of extensive neighbourhoods as a prerequisite. In this respect, there was no difference between the designs for the future in the Weimar Republic or under the National Socialists, nor later in the East and West sections of Germany.
The dramatic social change brought about by the First World War throughout Europe also led to all kinds of social utopian visions. These social promises of happiness were associated with striking architectural and urban images evoking a peaceful and happy future in place of the "surviving"—completely morally devalued—

Städtebau, Stadtlandschaft, organische Stadt, gegliederte und aufgelockerte Stadt, autogerechte Stadt, Urbanität durch Dichte – stets sakrosankt blieb, wurde nun erstmals auch eine Akzeptanz der Brüche vorstellbar.

Die Stadt der Brüche im 21. Jahrhundert

Der neue nachmoderne, auf Nachhaltigkeit orientierte Städtebau muss sich, im Kontext eines internationalen Wettbewerbs, mit dem Abschied von der Industriegesellschaft auseinandersetzen. Das damit verbundene Ringen um „neue Urbaniten" hat auch zu einer Renaissance kompakter urbaner Quartiere geführt. Freilich sind lebendige Städte weder sozial noch baulich geschlossene Systeme. Insofern können Städte heute auch kein mächtiges Monument einer finalen Idee sein, vielmehr sind es die unterschiedlichen Räume in ihr, die, jeder für sich, Wertschätzung verdienen und Beachtung finden müssen. Für Räume, die zweifellos zur Stadt gehören, obwohl im traditionellen Sinne nicht städtisch, sind in den letzten Jahren verschiedene Begriffe geprägt worden. Während „Zwischenstadt" lediglich einen temporären oder gelenkartigen Zustand beschreibt, versucht Hamburg mit „Metrozonen" vielmehr die großstädtische Selbstverständlichkeit solcher Sowohl-als-auch-Räume zu betonen.
Das Ziel der dritten Periode war und ist zusammengefasst die neue alte Stadt, nämlich die Wiederherstellung vielgestaltiger städtischer Mosaike. Denn das dürfte eine Lehre aus dem 20. Jahrhundert sein: Stadt ist niemals fertig und kann von daher auch niemals abschließend für alle nach einer Glücksvorstellung entworfen werden. Ob es uns recht ist oder nicht: Le Corbusier irrte, auch der bestgemeinte Städtebau wird das Unglück niemals bannen können.

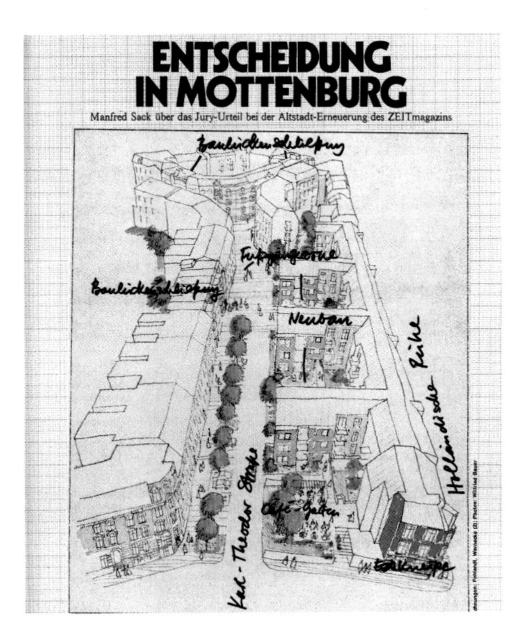

Eine Zukunft für die Vergangenheit: Viele alte Quartiere in zahlreichen Städten standen bereits auf der Abbruchliste, als zu Beginn der 1970er Jahre die alte Stadt neu entdeckt wurde. Manfred Sack initiierte 1974 für das *ZEIT-Magazin* einen Wettbewerb zur Altstadterneuerung in Hamburg-Ottensen. A future for the past: many old neighbourhoods in numerous cities were on the demolition list when the Old City was rediscovered at the beginning of the 1970s. In 1974 Manfred Sack initiated an Ottensen Old Town revival competition in Hamburg for *ZEIT-Magazin*.

Rehabilitierung der vormodernen Stadt: Der medial begleitete und letztlich erfolgreiche Kampf zahlreicher, teilweise sehr prominenter Künstler für den Erhalt des (letzten Restes des) Gängeviertels am Rande der Hamburger City steht symptomatisch für die neue Wertschätzung historischer Bausubstanz. Offenbar spricht sie das Gemüt vieler Bewohner mehr an als so manche „seelenlose Kiste" des Nachkriegs-Städtebaus. Rehabilitation of the pre-modern city: accompanied by the media and ultimately successful, the battle waged by several, some very prominent, artists for retaining the (last remains of) the Gängeviertel on the edge of Hamburg City is symptomatic of the new regard for historical buildings. This appears to be an approach that finds much more empathy with residents than some of the „inert blocks" of post-war urban development.

forms. Even though the construction of new towns has always been accompanied by the expectation and promise of happiness, this was the first time that the existing towns were questioned so explicitly. The yearning desire to allow the "built up unpleasantness of this earth" to collapse because "stone buildings make for stone hearts," which was the conviction of many more people than just Bruno Taut, was fulfilled in unexpected ways. Ultimately, the urban destruction as a result of the Second World War seemed to have created the scope necessary for the implementation of the new, usually anti-tradition and anti-city visions. Although the ways and the means by which the goal was to be achieved varied, the claim of ultimate truth on the part of the striking future expectations remained undisputed.
State guidelines were aimed at general wellbeing, the "order to be happy." The goal was the decentralisation and thus the disintegration of industrial society's compact cities. The greatly reduced private initiatives corresponded to the deployment of considerable public resources in urban development, the main task of which was to solve the "housing issue." One consequence of this orientation was the tremendous clout enjoyed by public or non-profit housing cooperatives. In short, the new, new city was the goal of the second period.

... and the Rehabilitation of the Pre-Modernist City

Against a background of widespread social conflict and socioeconomic upheaval, the third period led to a renunciation of the bold principles of modernist urban development and to a rehabilitation of the pre-industrial city and that of the nineteenth century. It was only after the first shocking impact of the first oil crisis at the beginning of the nineteen-seventies—following scenarios that prophesied the end of growth, and an increasing weariness of modernism—that the rediscovery of the old city began. This was also accompanied by a dismantling of the ultimate truth claims that, before, had steadfastly considered fundamental newness to be the prerequisite for a better future. This epic change was given a distinct boost by the European Year of Monument Preservation in 1975. While the rejection of the existing city remained sacrosanct throughout the longest urban planning period in the twentieth century—under changing designations such as city formation, humane urban development, urban landscape, the organic city, the structured, and the decentralised city, the car-friendly city, urbanism via density—an acceptance of the caesuras, too, now became conceivable for the first time.

The City of Caesuras in the Twenty-First Century

In the context of international competition, the new post-modernist, sustainability oriented urban development had to deal with the end of industrial society. The related efforts aimed at a "new urbanism" also led to the renaissance of compact urban neighbourhoods. Of course, dynamic cities are not finite systems—either socially or architecturally. Consequently, cities today cannot be powerful monuments to a final idea either. Rather, it is the city's different spaces that each have to gain appreciation and earn respect. A variety of terms has been coined in recent years for the spaces that undoubtedly belong to a city even if they are not urban in the traditional sense. While "transurban" describes only a temporary or related circumstance, with the "metrozones," Hamburg is instead trying to emphasise the large-city implicitness of such "as-well-as" spaces.
In short, the goal of the third period was and is the new, old city, namely the resurrection of diverse urban mosaics. For that ought to be the lesson of the twentieth century: a city is never complete and can therefore never be designed as the ultimate concept of happiness for all. Whether we like it or not, Le Corbusier was mistaken: even the best of urban development intentions will never be able to banish misfortune.

OLAF BARTELS

Multiple Open City

Gedanken über Stadtkonzepte des 20. Jahrhunderts – und was davon blieb

Das harmonische Bild der Stadt

Die Ära großer Stadtgestalter jährt sich vielerorts zum hundertsten Mal. Die Berufung von Theodor Fischer als Professor für Baukunst an die damalige Technische Hochschule in München oder der Amtsantritt Fritz Schumachers als Baudirektor und Leiter des Hochbauwesens in Hamburg waren Meilensteine für die Entwicklung dieser Städte. Fischer und Schumacher waren Städtebauer und Stadtplaner der Moderne, sozusagen der ersten Stunde. Die Berufsdisziplin war erst im Entstehen und beide Planer kamen mit ihren Berufungen in die Lage, großen Einfluss auf die Entwicklung der ihnen anvertrauten konkreten Stadtentwicklung, aber auch der Berufsdisziplin insgesamt zu nehmen. Theodor Fischer begründete den Lehrstuhl für Städtebau an der Technischen Hochschule München. Fritz Schumacher wurde im Laufe seines Dienstes für die Hansestadt ihr erster Oberbaudirektor mit erheblichem Einfluss auf die Planung der Stadt – vom großen Maßstab bis ins Detail. Die europäische Stadt suchte seinerzeit nach Antworten auf die durch die Industrialisierung ausgelösten Umwälzungen und das große Wachstum der städtischen Agglomerationen. Beide Planer hinterließen prägnante Spuren in „ihrer" Stadt, aber mehr noch im Berufsverständnis ihrer Nachfolger, denn das Werk beider wurde wie das vieler Kollegen im Zweiten Weltkrieg stark in Mitleidenschaft gezogen.
Beide Jubiläen wurden mit einer Ausstellung gefeiert, die am Nachfolgelehrstuhl der von Theodor Fischer einst ins Leben gerufenen Institution konzipiert wurde und im Winter 2008/2009 zuerst in München und dann im Sommer 2009 in Hamburg zu sehen war. Die Ausstellung zeigte unter dem Titel *Multiple City* einen Längsschnitt durch die Konzepte der Stadtplanung und der Stadtwahrnehmung im 20. Jahrhundert. Sie machte damit deutlich, wie vielschichtig das Erbe der Vätergeneration der modernen Stadtplanung und Stadtgestaltung ist.

Die Geschichte als Pool der Konzepte

Die Geschichte der modernen Stadtplanung ist als eine Folge von Visionen und Konzepten geschrieben worden, die in der von ihren Urhebern vorgesehenen Vielschichtigkeit und Konsequenz nie umgesetzt worden sind. Das gilt nicht nur für die als Planstädte konzipierten Stadtneugründungen von Auroville in Südindien über Chandigarh im Norden des Subkontinentes bis Brasilia, die Hauptstadt Brasiliens, oder Wolfsburg und Salzgitter in Deutschland. Die im 20. Jahrhundert zur Stadtentwicklung erarbeiteten Konzepte, seien es Ebenezer Howards *Garden Cities of Tomorrow* (1902), die von Johannes Göderitz, Hubert Hoffmann und Roland Rainer propagierte *Gegliederte und aufgelockerte Stadt* (1957), Hans Bernhard Reichows *Organische Stadtbaukunst* (1949) oder die von ihm konzipierte *Autogerechte Stadt* (1959) sind in Ansätzen und höchstens im übertragenen Sinne realisiert worden. Auch die zur Erneuerung bestehender Städte entwickelten Konzepte blieben Stückwerk, wenngleich sie nicht die Überformung bestehender Stadtstrukturen

Moderne Gartenstadt Paraisopolis und angrenzende Favela in São Paulo, Brasilien, 2008 The modern garden city Paraisopolis and adjoining favela in São Paulo, Brazil, 2008

OLAF BARTELS

Multiple Open City

Thoughts on Twentieth-Century Urban Concepts—and What Remains of Them

intendierten, die an der Macht des Faktischen scheiterten. Nimmt man einmal soweit Abstand von diesen Stadtkonzepten und abstrahiert ihre Wesenszüge, lässt sich ihre Geschichte nicht allein als lineare Abfolge mit mehr oder weniger abrupten Übergängen lesen, sondern ihre gleichzeitige Präsenz in der Gestalt unserer Städte erkennen. Die Konzepte haben im Laufe der Geschichte eine Art Pool gebildet, aus dem Stadtplaner ihre Leitbilder gewannen und noch immer gewinnen. Sie sind weit weniger voneinander abgegrenzt als dies durch die bisherige Lesart der Stadtplanungsgeschichte nahegelegt wurde. Die Kuratoren haben mit der erwähnten Ausstellung und mit dem dazu erschienenen Begleitbuch[1] den Versuch unternommen, diese Sichtweise zu schärfen.

Wenn es beispielsweise darum geht, die Gegensätze von Stadt und Land in einer Gartenstadt aufzulösen und die Gemeinschaft des städtischen Lebens mit den Vorzügen einer grünen und eventuell zur Selbstversorgung geeigneten Umgebung zu verbinden, muss nicht unbedingt eine Siedlung exakt nach den Maximen von Ebenezer Howard entstehen. Faktisch ist das auch höchst selten geschehen. Fast alle realisierten Gartenstädte, auch die von der Deutschen Gartenstadtgesellschaft getragenen Projekte, erfüllen nur mehr oder weniger die Howard'schen Ideale. So sind die um die Wende vom 19. zum 20. Jahrhundert entstandenen Siedlungen mit ein- bis zweigeschossigen Reihenhäusern und Selbstversorgergärten sowie die vier- bis fünfstöckigen Geschosswohnhäuser nur die Vorboten einer Auflösung der Städte, wie sie Bruno Taut 1920 propagiert und in seinen Siedlungen in Magdeburg und Berlin faktisch praktiziert hat. Sie standen und stehen aber im Zusammenhang mit der alten, bis in das 19. Jahrhundert gewachsenen Stadt, auch wenn sie eine Art Gegenpol zu ihr bildeten.

In den ersten fünf Jahrzehnten des 20. Jahrhunderts befassten sich diese Konzepte mit der Auflösung der Städte oder deren Auflockerung und dies quer durch die politischen Ideologien. Etwas früher als Howard, 1896, hatte bereits der Publizist Theodor Fritsch in seinem Buch *Die Stadt der Zukunft* die Idee einer Gartenstadt als eine antisemitisch-rassistische Zuchtstätte des neuen Menschen vorgestellt. Auch in den Neuaufbauplänen des Architekten Konstanty Gutschow für Hamburg 1941 und 1943 fand der Gedanke einer rassistisch geprägten Gartenstadt in den Ideen einer „Ortsgruppe als Siedlungszelle" (gemeint war die Ortsgruppe der NSDAP) ihren Niederschlag. Die in den Planungen dieser Zeit gefundenen städtebaulichen Ansätze zur Auflockerung und Durchgrünung der deutschen Städte bildeten die Grundlage für die Wiederaufbauplanungen vieler deutscher Städte nach dem Zweiten Weltkrieg.

Eine ähnliche Geschichte hat auch das Konzept der Funktionellen Stadt. Unter diesem Titel hatte die *CIAM* (Congrès Internationaux d'Architecture Moderne, Internationaler Kongress für moderne Architektur) 1933 einen Kongress auf einer Schifffahrt zwischen Marseille und Athen sowie am Zielort abgehalten. Der Kongress hatte damals weniger konzeptionellen als vielmehr analytischen Charakter. Der damalige CIAM-Präsident und Chefstadtplaner für Amsterdam, Cornelis van Eesteren, hatte

Verdichtete Großstadt: Mönckebergstraße in Hamburg, um 1937 The compacted city: Mönckebergstrasse in Hamburg, circa 1937

The Harmonious Image of the City

In many places the era of the great urban planners is approaching its centennial anniversary. The appointment of Theodor Fischer as professor of architecture at the Technical University in Munich, or Fritz Schumacher's assumption of the post of Urban Planning Director in Hamburg, were milestones in the development of these cities. Fischer and Schumacher were modernist urban designers/planners from the outset. The discipline was still emerging as a profession and their appointments put both of them in positions to exert tremendous influence on the course of the specific urban development with which they were entrusted, as well as on the discipline as a whole. Theodor Fischer founded the professorship of urban design at the Technical University in Munich. During his term in office, Fritz Schumacher became the first Chief Urban Planning Director in Hamburg, with considerable influence on the planning of the city—from the large scale through to the detail. For its part, the concept of the European City sought to provide solutions to the upheavals brought about by industrialisation and the tremendous growth of urban agglomerations. Both planners left a distinct mark on "their" cities but even more so on their successors' understanding of the profession, as their work, like that of many of their colleagues, was heavily affected by the Second World War.
Both anniversaries have been celebrated with an exhibition designed by Theodor Fischer's successors at the institution he once initiated, first opening in Munich in winter 2008/09 and then in Hamburg in summer 2009. Entitled *Multiple City*, the exhibition presented a profile of twentieth-century urban planning concepts, illustrating the great diversity of the legacy left by the founding generation of modern urban planners and designers.

History as a Pool of Concepts

The history of modern urban planning is written as a series of visions and concepts that have never been implemented with the complexity and consistency envisaged by their initiators. This applies not only to the new planned cities, ranging from Auroville in southern India, Chandigarh in the north of the sub-continent, Brasilia, the capital of Brazil, to Wolfsburg and Salzgitter in Germany. The urban development concepts devised during the twentieth century, whether Ebenezer Howard's *Garden Cities of Tomorrow* (1902), Johannes Göderitz', Hubert Hoffmann's, and Roland Rainer's *Die gegliederte und aufgelockerte Stadt* (The City Sub-Divided and Dispersed; 1957), Hans Bernhard Reichow's *Organische Stadtbaukunst* (The Art of Organic Urban Design; 1949), or his concept of the *Autogerechte Stadt* (The Car-Friendly City; 1959), were adopted as approaches and implemented, if at best only in a figurative sense. Even those concepts developed for the renewal of existing cities remained a patchwork, even where their aim was not the excessive reshaping of existing urban structures, which failed in the face of the facts. If we step back from these urban concepts and extract their key features, their history reads not just as a linear series of more or less abrupt transitions but reveals their simultaneous presence in the design of our cities. Over the course of time the concepts have built up a kind of pool from which urban planners took, and continue to take, their models. They have a lot more in common than the portrayal of urban planning history to date would have us believe. The curators of the "Multiple City" exhibition, with its accompanying catalogue,[1] have tried to highlight this angle.
When it comes to resolving urban and rural conflicts in a garden city, for example, and to introducing a community with an urban background to the benefits of a green environment possibly suited to self-sufficiency, it does not necessarily have to be a housing project developed in strict accordance with the maxims of Ebenezer Howard. This has, in fact, very seldom been the case. Almost all of the garden cities developed, including those projects implemented by the German Garden City Society, fulfil Howard's ideals in part only. The housing projects of the late nineteenth and early twentieth centuries,

die CIAM-Mitglieder und Kongressteilnehmer aufgefordert, ihre Städte nach einem bestimmten Schema und getrennt nach den Funktionen Wohnen, Arbeiten, Erholung und Verkehr zu untersuchen. Den Kongressteilnehmern fehlte letztlich die Zeit, um mehr als ein Thesenkonzept zu veröffentlichen, das zwar die Funktionstrennung bei zukünftigen Planungen berücksichtigt wissen wollte, die Zonierung der Stadt war aber damals schon seit Jahrzehnten für die Stadtentwicklungsplanung diskutiert worden und blieb bis in die 1980er Jahre Bestandteil der Bauleitplanung.
Heute favorisieren die meisten Stadtentwicklungsplaner das genaue Gegenteil dieses Prinzips und streben eine hochgradige Durchmischung der Stadtfunktionen an, beispielsweise in der Hamburger HafenCity. Sophie Wolfrum weist aber zu Recht auf die Widerstände hin, die solchem Bestreben entgegenstehen. Gemischt genutzte Gebäude und Quartiere stießen lange Zeit auf den Widerstand der Immobilienwirtschaft, sie galten als schlecht zu vermarkten. Die neue Wohnnutzung im Hamburger Hafen hat bezeichnenderweise noch immer mit der Lärm- und Umweltbelastung durch den Hafen- und Gewerbebetrieb zu kämpfen. Auch Konzepte wie die von Colin Rowe und Fred Koetters vorgetragene *Collage City* (1973) bleiben ein Patchwork. Die Bemühungen um eine Homogenisierung des Stadtbildes stoßen dagegen an ihre Grenzen, wenn sie als Alibi für die Überformung der in der Nachkriegszeit entstandenen Strukturen einer Stadtlandschaft benutzt werden und nicht auf die Reparatur der im 19. Jahrhundert entstandenen Quartiere im Sinne einer kritischen Rekonstruktion der Stadt, wie im Berlin der Internationalen Bauausstellung 1984/87 und der Nachwendezeit, beschränkt bleiben.

Das Ende der Stadtbaukunst?

Längst schon verbreitet sich unter Stadtplanern ein neues, umfassenderes Stadtverständnis, das das Erlebnis der Stadt und ihre Bewohnerschaft in den Vordergrund stellt und die Programmatik der Stadtentwicklung von einzelnen Situationen abhängig macht. Es gilt, nach diesem Konzept Strukturen zu schaffen, die Möglichkeiten zur individuellen und kleinteiligen Entwicklung in den Städten eröffnen. Die Kontrolle über das Bild der Stadt, ihre räumliche und bauliche Form, steht dabei programmatisch im Hintergrund. Sie soll idealerweise in partizipativen Verfahren den Stadtbewohnern und -benutzern weitgehend übertragen werden oder aus den gegebenen Situationen entstehen. Die Autoren des Buches *Multiple City* nennen dies einen performativen oder situativen Urbanismus.
In intensiven Forschungen, Diskussionen und Entwürfen haben sich Tim Rieniets, Jennifer Sigler und Kees Christiaanse dem Konzept der *Open City* als *Designing Coexistence* genähert und es zum Gegenstand der Architekturbiennale in Rotterdam 2009/2010 gemacht.[2] Es ging ihnen darum, die Möglichkeiten und Grenzen städtischer Strukturen, ihre Offenheit oder Unzugänglichkeit und die sich darin ergebenden sozialen und ökonomischen Netzwerke sowie ihre integrativen oder disintegrativen Kräfte zu thematisieren. Sie bemühen sich um einen sehr umfassenden Stadtbegriff, der nicht nur die Gebäude und die Infrastruktur, die Flächennutzung und ihre Funktion, den Organismus der Stadt und seine Gesetze benennt und das Verhältnis von Kontrolle und Laisser-faire bestimmt. Das Entstehen dieser Stadtstrukturen sehen sie nur sehr begrenzt in der Macht von Stadtplanern und Architekten, sondern als gesellschaftlichen Prozess, an dem Planer zwar einen Anteil haben, ihn aber nicht kontrollieren könnten. Ein Blick unter anderem nach Istanbul, einer Stadt, deren Bevölkerung in den letzten 60 Jahren auf das Fünfzehnfache angestiegen ist und deren Entstehen vorwiegend informellen Charakter hat, zeigt, dass daraus durchaus geordnete und funktionale Strukturen entstehen.

Conclusio

Stadtplanerische Konzepte müssen sich in einer sehr pragmatisch eingestellten Umgebung bewähren, die sie nur dann erfolgreich werden lassen, wenn sie sich als flexibel und anpassungsfähig erweisen. Es gehört also zu den gro-

Moderne Funktionstrennung: das Umfeld des neuen Münchner Fußballstadions in Fröttmaning, 2008
Modern functional separation: the area surrounding the new Munich football stadium in Fröttmaning, 2008

with their one- or two-floored terraced houses and their self-sufficient gardens, as well as the four- or five-floored housing blocks, were thus no more than the harbingers of urban dissolution, as pronounced by Bruno Taut in 1920 and actually implemented in his housing projects in Magdeburg and Berlin. However, they belonged and still belong in the context of the old city that grew through to the nineteenth century, even though they seemed to be at opposite poles.

During the first five decades of the twentieth century these concepts concerned themselves with the dissolution or dispersion of cities, right across the spectrum of political ideologies. Somewhat earlier than Howard, in his book *Die Stadt der Zukunft* (The City of the Future), published in 1896, the journalist Theodor Fritsch envisaged a garden city, in an anti-Semitic, racist context, as a propagation ground for a new breed of people. The architect Konstanty Gutschow's rebuilding plans for Hamburg in 1941 and 1943 also featured the racist notion of a garden city with the idea of "local branches as housing cells" (meaning the local Nazi Party branches). The urban design approaches to dispersion and greenery in German cities, as featured in the planning of this era, formed the basis of the rebuilding plans for many of Germany's cities following the Second World War. The concept of the functional city has a similar history. In 1933, CIAM (Congrès Internationaux d'Architecture Moderne, International Congresses of Modern Architecture) held a congress on board ship between Marseilles and Athens, as well as at the destination, under the same title. At the time, the congress was less conceptual and more analytical in character. The then CIAM president and head city planner for Amsterdam, Cornelis van Eesteren, called on the CIAM members and congress participants to analyse their cities according to a specific formula featuring the separate functions of living, working, recreation, and transport. In the end, the congress participants lacked the time to be able to publish more than a concept proposal that aimed to have functional separation as part of future planning but, even by that time, city zoning had been under discussion among urban development planners for decades and remained a component of town planning until the nineteen-eighties.

Today, the majority of urban developers favour the very opposite of this principle and aim for a high degree of integration of urban functions, in Hamburg's HafenCity, for example. Sophie Wolfrum rightly points out the opposition encountered by such endeavours. The mixed usage of buildings and districts has long been met with resistance from the real estate industry, being seen as difficult to market. Significantly, the new residential utilisation in Hamburg's harbour is still battling with noise and environmental pollution from the harbour and commercial operations. Concepts such as Colin Rowe and Fred Koetters' *Collage City* (1973) have also remained a patchwork. Efforts aimed at the homogenisation of the cityscape, however, come up against their own limits when used as a justification for the excessive reshaping characteristic of post-war structures in urban landscapes and when not restricted to the improvement of nineteenth-century districts in the sense of a critical reconstruction of the city—as with Berlin

ßen Begabungen eines obersten Stadtplaners wie Fritz Schumacher oder Theodor Fischer, genügend Kraft, Geschick und Überzeugungsfähigkeit zur Durchsetzung seiner Vorstellungen zu besitzen und dabei gleichzeitig markante Formen und Spuren im Stadtbild zu hinterlassen und Stadträume zu schaffen, die sich einer hohen, über Jahrzehnte anhaltenden Anerkennung erfreuen.
Zurückblickend bleibt die Frage, ob die Sehnsucht nach harmonisch gestalteten Stadtbildern im Sinne Schumachers oder Fischers auf dem Altar einer situationsbedingten Ästhetik geopfert werden muss oder ob sie nicht nach wie vor einer heimlichen gesellschaftlichen Konvention entspricht oder gar das Potenzial zukünftiger städtischer Utopien bildet.

Anmerkungen

1 Winfried Nerdinger / Sophie Wolfrum (Hg.): *Multiple City*, Berlin 2008.

2 Kees Christiaanse / Jennifer Sigler / Tim Rieniets (Hg.): *Open City. Designing Coexistence*, Amsterdam 2009.

Formeller und informeller Siedlungsbau in Istanbul, 2009
Formal and informal residential areas in Istanbul, 2009

and the Internationale Bauausstellung (International Building Exhibition; IBA) in 1984/87 and in the post-reunification era.

The End of the Art of Urban Design?

A new, comprehensive understanding of cities has long since become widespread among urban planners, one that places the focus on the experience of the city and its inhabitants, making the urban development agenda dependent upon individual situations. This concept is about creating structures that open up opportunities for individual and small-scale development in cities. The agenda thereby places the management of the cityscape—its spatial and constructional shape—in the background. Ideally, this is to be largely transferred to the city residents and users in participative processes or else allowed to arise out of the given situations.
The authors of the book *Multiple City* call this performative or situative urbanism.
Through intensive research, discussions, and designs Tim Rieniets, Jennifer Sigler, and Kees Christiaanse have come close to the concept of the *Open City* with *Designing Coexistence*, making it the subject of the Rotterdam architecture biennale 2009/2010.[2] This is about addressing the possibilities and limits of urban structures, their openness or inaccessibility, and the resultant social and economic networks, as well as their integrative or disintegrative powers. They endeavour to come up with a comprehensive urban term designating not only buildings and infrastructure, land use and its function, the city organism and its laws, and determination of the proportion of control and laisser-faire. They see the development of these urban structures as only to a limited extent within the powers of urban planners and architects, and instead as a social process in which the planners are indeed participants but which they are not able to control. A glance, for instance, at Istanbul, a city with a fifteen-fold population increase over the last sixty years and its development having been largely informal, shows that ordered, functional structures can indeed be the result.

Außenbezirk in Istanbul, 2009
Suburb of Istanbul, 2009

Conclusion

Urban planning concepts have to hold their own in a very pragmatically minded environment that grants them success only when they prove themselves to be flexible and adaptable. One of the greatest talents of a prominent urban planner such as Fritz Schumacher or Theodor Fischer, therefore, is to possess enough strength, aptitude, and persuasive skill to be able to implement his or her visions, while, at the same time, leaving their own distinctive mark on the cityscape and creating urban spaces that, over decades, enjoy a high degree of appreciation.
Looking back, there remains the issue of whether the desire for harmonious cityscapes, in the sense of Schumacher or Fischer, needs to be sacrificed at the altar of situational aesthetics, or whether this desire does not in fact continue to comply with a secret social convention, even perhaps constituting the potential for the urban utopias of the future.

Notes

1 Winfried Nerdinger / Sophie Wolfrum (eds): *Multiple City*. Berlin 2008.

2 Kees Christiaanse / Jennifer Sigler / Tim Rieniets (eds): *Open City. Designing Coexistence*. Amsterdam 2009.

THOMAS HAUCK, REGINE KELLER, VOLKER KLEINEKORT

Reflexiver Infrastrukturubanismus

Ein Vorschlag für neue disziplinäre Allianzen

Überfällige Urbanismusdebatte

Die wechselseitige Abhängigkeit von Infrastruktur und Stadtentwicklung ist immer eines der wichtigsten Themen der Stadtplanung gewesen. Allerdings nimmt Infrastruktur als städtebauliches Gestaltungselement in den Fachdiskursen eine vergleichsweise untergeordnete Rolle ein. Hier scheint sich hartnäckig die Vorstellung zu halten, dass Infrastruktur etwas ist, das im Verborgenen und unsichtbar seine Versorgungsleistungen erbringt. Das mag auf einige Infrastrukturarten zutreffen, doch in den meisten Fällen treten Infrastrukturen städtebaulich wirksam in Erscheinung. Das ist nicht nur eine Folge der zunehmenden Anforderungen an die Leistungsfähigkeit von Infrastrukturen. Auch klassische Infrastrukturprojekte, zum Beispiel die Ausstattung der Metropolen des 19. Jahrhunderts mit Kanalisation oder der Einzug der Bahnhöfe in die Städte haben massiv deren Gestalt und die der umgebenden Landschaft geprägt.
Dieser Artikel möchte einen Überblick skizzieren über einen den klassischen architektonischen Urbanismus und den jüngeren Landschaftsurbanismus ergänzenden Infrastrukturubanismus. Betrachtet werden in diesem Rahmen zunächst nur Verkehrsinfrastrukturen in Europa und Nordamerika. Eine Einteilung des Infrastrukturubanismus in Epochen könnte, mit Bezug zu Referenzbeispielen, folgendermaßen aussehen: klassischer Infrastrukturubanismus (Haussmann, Hobrecht), Eisenbahn-Infrastrukturubanismus (Howard, London Tube), Auto-Infrastrukturubanismus (Broadacre City, Ville Radieuse, Robert Moses), reaktiver und kritischer Infrastrukturubanismus (Townscape, Fußgängerzone, Team X, Lärmschutzwand, Hypermobilisierung) und reflexiver Infrastrukturubanismus als aktuelles und notwendiges Stadium.

Chancen für neue urbane Knoten

Die Auseinandersetzungen mit den auch heute noch dominierenden Auto-orientierten Entwicklungskonzepten münden in einen reflexiven Infrastrukturubanismus, der auf folgenden Annahmen basiert: Verkehrsinfrastrukturnetze müssen gemischte Netze sein, Landschaft und urbane Räume dürfen nicht nur mit dem motorisierten Individualverkehr (MIV) erschlossen werden, sondern das grundlegende Erschließungsnetz, das als einziges auch alleine auftreten darf, ist das Netz des Langsamverkehrs, alle anderen Netze werden mit diesem überlagert. Daraus resultiert das städtebauliche Leitbild einer eigentlichen „Multi-Layer-City" aus langsamen, kollektiven und MIV-Netzen. Die Verkehrsknoten in diesem mehrschichtigen Netz sind meist hybride Knoten, weil die Umsteigefunktion mit anderen zentralen Funktionen wie Einkaufen, Bildung, Unterhaltung und Dienstleistungen gemischt wird. Es gibt bekannte Beispiele aus den 1990er Jahren für derartige hybride Knoten, die mit der Stärkung kollektiver Verkehrssysteme und der Etablierung von Park-and-Ride-Systemen einhergingen, wie Eurolille von OMA oder Arnhem Central von UNStudio. Die euphorische Dynamik für ein europäisches Hochleistungs-

Informeller Infrastrukturubanismus – Burnside Skatepark in Portland, Oregon Informal infrastructural urbanism—Burnside Skatepark in Portland, Oregon

THOMAS HAUCK, REGINE KELLER, VOLKER KLEINEKORT

Reflexive Infrastructural Urbanism

A Proposal for New Alliances between the Disciplines

Kollektiv-Verkehrsnetz ist zwar einem gewissen Pragmatismus gewichen, aber die neuen Zentralbahnhöfe wie in Berlin oder Wien folgen durchaus der städtebaulichen Figur hybrider Multi-Layer-Knoten. Radikaler und die Verknüpfung der verschiedenen Netze konsequent verfolgend sind zum Beispiel die hybriden Multi-Layer-Knoten des niederländischen Büros monolab, die unter dem Label „Infrabodies" entwickelt wurden.

Aneignung von Zwischenräumen

Hybride städtebauliche Situationen entstehen in Zusammenhang mit Infrastrukturen vor allem auch dort, wo Konflikte zwischen Nutzungen stehen. Diese hybriden Bereiche bilden sich dort, wo Hochleistungsinfrastrukturen, wie zum Beispiel Stadtautobahnen oder Schienentrassen, nicht räumlich isoliert werden können, und zwar an ihren Rändern, über, unter und neben diesen Infrastrukturen, die von langsamen Netzen erschlossen werden. Besonders diese Bereiche gaben den Anstoß für das Konzept eines reflexiven Infrastrukturурbanismus: lernen von der Aneignung von Räumen, die als unnutzbar oder schädlich eingestuft und daher unzugänglich gemacht wurden, die im Lauf der Zeit aber durch informelle Nutzungen erobert wurden. Diese „Reclaimed Spaces" wie der Burnside Skate Park unter der Burnside Bridge in Portland, Oregon, sind aber nicht in erster Linie Notlösungen für Nutzungen aus Mangel an besseren Standorten, sondern diese Nutzungen entdecken in den „verachteten" Räumen ästhetische und funktionale Potenziale, die sie für sich aktivieren. Der Burnside Skate Park ist für seine Nutzer so attraktiv, weil sie selbstbestimmt den atmosphärisch faszinierenden Raum unter der Hochstraße für ihre Interessen erschließen und damit einen negativ bewerteten Raum zu einem lebendigen urbanen Raum transformieren konnten. Das Projekt „A8ernA" in Zaanstad von NL Architects (siehe Seite 48–49) verwendet diese Strategien der informellen Nutzungen und entwickelt sie erfolgreich weiter zu einer städtebaulichen Intervention, die das urbane Stadtgefüge von Zaanstad um neue öffentliche Räume ergänzt und die städtebauliche Barriere einer Hochstraße in ein neues urbanes Zentrum transformiert. Eine andere Form der Überlappung von Nutzungen und der Ausbildung neuer Infrastrukturränder sind lineare Parks, die den infrastrukturbegleitenden Grünschleier nutzbar machen. Beispiele dafür sind der Passeig Garcia Fària in Barcelona oder der Parque de Alborán in Almeria.

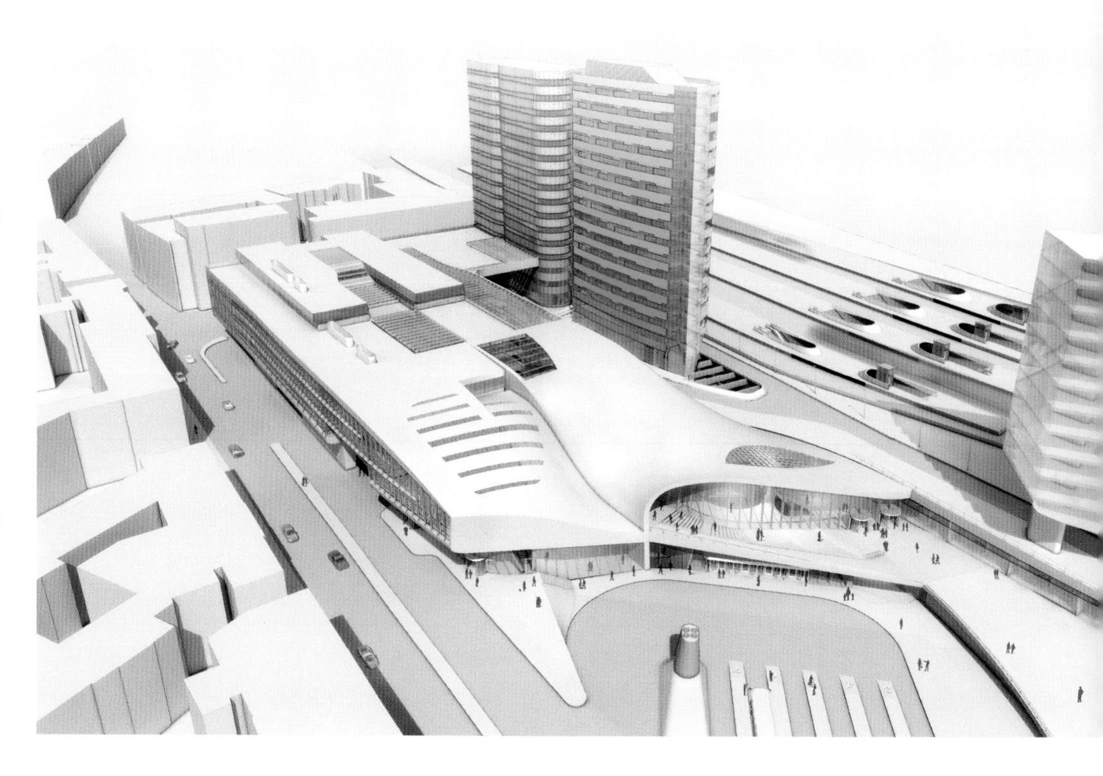

Oben: Hybrider Knoten Arnhem Central – Masterplan, Arnhem, Niederlande, 1996–1998, UNStudio mit Cecil Balmond (Arup) Above: Arnhem Central hybrid hubs–master plan, Arnhem, Netherlands, 1996–1998, UNStudio with Cecil Balmond (Arup)
Rechts: „Infrabodies – Kleinpolderplein 100.000 m^2 interchange", 1998–2010, monolab architects
Opposite: "Infrabodies – Kleinpolderplein 100,000 m^2 interchange", 1998–2010, monolab architects

Infrastrukturlandschaften

Auf einer größeren Maßstabsebene setzt sich das Konzept der Infrastrukturlandschaft mit den problematischen Situationen im Umfeld von Hochleistungsinfrastrukturen auseinander. Diese Räume müssen neuen Nutzungen zugeführt und dazu mit langsamen Netzen erschlossen werden. Infrastrukturlandschaften sind mehrdeutige Landschaften, die dem kinematografischen Blick des Fahrenden ebenso gerecht werden und ihm Orientierung und Abwechslung bieten, wie sie auch das Umfeld, trotz Lärmimissionen und räumlicher Barrierewirkung,

The Overdue Urbanism Debate

The mutual dependency of infrastructure and urban development has always been one of the most important issues in urban planning. As an urban design element, however, infrastructure has played a comparatively subordinate role in specialist discourse. The notion that infrastructure is something that performs its supply services in hiding and invisibly seems to be a persistent one. This might be true of some forms of infrastructure but, in the majority of cases, the urban impact of infrastructure is visible. This is not only the consequence of the increasing demands being made on infrastructural capacity. Classical infrastructure projects, such as the implementation of sewage systems in nineteenth-century cities for instance, or railway stations moving into the towns, have had a tremendous influence on the design of cities and their surrounding landscapes.

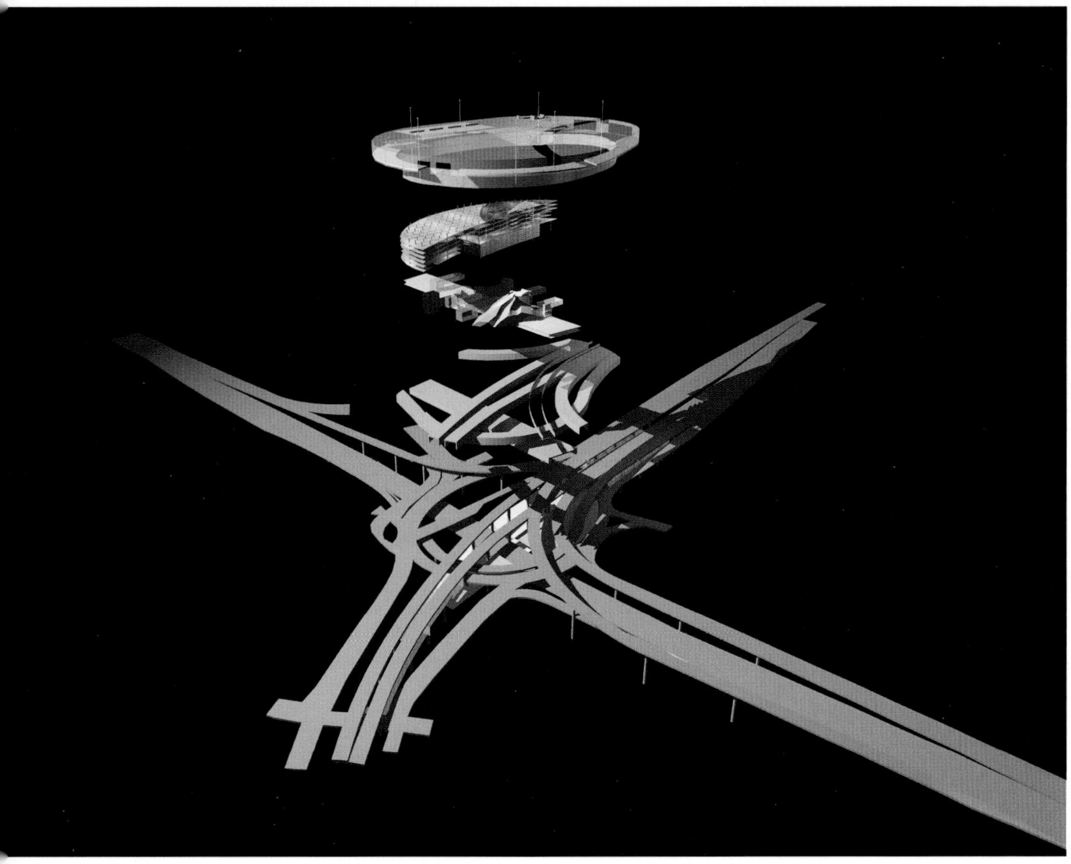

This paper aims to provide an outline of infrastructural urbanism, supplementing as it does classical architectural urbanism and the more recent landscape urbanism. This outline will initially consider transport infrastructure in Europe and North America only. A division of infrastructural urbanism into time periods, based on examples, might be seen as follows: classical infrastructural urbanism (Haussmann, Hobrecht); railway infrastructural urbanism (Howard, London Tube); automobile infrastructural urbanism (Broadacre City, Ville Radieuse, Robert Moses); reactive and critical infrastructural urbanism (townscape, pedestrian zone, Team X, noise barrier, hypermobility); and reflexive infrastructural urbanism as the current and necessary stage.

Opportunities for New Urban Hubs

Development concepts based on addressing the still dominant issue of cars result in a reflexive infrastructural urbanism that rests on the following assumptions: transport infrastructure networks have to be mixed networks; landscape and urban areas need to be accessed not only by motorised private transport (MPT) but should be a fundamental access network; the only one that is allowed to stand alone is the non-motorised transport network, which is superimposed on all other networks. This results in what is in effect a "multilayer city" urban development model comprising non-motorised, collective, and MPT networks. The transport hubs in this multilayer network are mostly hybrid hubs because the change of transport function is combined with other key functions such as shopping, education, entertainment, and services. There are well-known examples from the 1990s of such hybrid hubs that were accompanied by the reinforcement of collective transport systems and the establishment of park and ride systems, such as OMA's Eurolille or Arnhem Central by UNStudio. The euphoria surrounding the notion of a European high-capacity collective transport network may have been tempered by a degree of pragmatism, but the new main railway stations, such as those in

als nutzbare Landschaft konzipieren. Derartige Konzepte verstecken oder verschleiern Infrastrukturen nicht, sondern sie versuchen der landschaftsgestalterischen oder städtebaulichen Verantwortung, die eine infrastrukturelle Intervention nach sich ziehen sollte, gerecht zu werden. Dies geschieht, indem sie die Effekte der Infrastruktur auf das Umfeld, ihre Erscheinung, ihre funktionalen Wirkungen aufnehmen und damit, zusammen mit den Besonderheiten des Ortes, eine neue Landschaft gestalten.
Hierfür gibt es noch wenige Beispiele. Da wären die wegweisenden Arbeiten von Bernard Lassus, seine Autobahnlandschaften aus den 1980er Jahren, die aber eher eine Hypermobilisierung als eine Multi-Layer-Landschaft konzipieren. Ein Beispiel, das in seiner Maßstäblichkeit zwischen linearem Park und Infrastrukturlandschaft steht, ist der Louisville Waterfront Park in Kentucky, der die Stadt Louisville unter einem Autobahnknoten hindurch wieder mit dem Ohio River verbindet. Hargreaves Associates gelingt es, dass sich unter und um eine aufgeständerte „Spaghetti-Junction" eine Parklandschaft entfaltet, die der Stadt eine neue *waterfront* und einen gut genutzten öffentlichen Landschaftsraum gibt.
Die gestalterischen Möglichkeiten einer „Multi-Layer-Landschaft" sollen anhand zweier Studienarbeiten am Lehrstuhl für Landschaftsarchitektur und öffentlichen Raum illustriert werden: Das Projekt „Wasteland" von Andrea Behnke und Patrizia Scheid verbindet drei Müllberge und ein Autobahnkreuz im Norden Münchens zu einer Infrastrukturlandschaft, die sowohl kinematografisch für Autofahrer erlebbar als auch für Landschaftsnutzer zu gebrauchen ist. Die Müllberge und das Tal des Autobahnkreuzes werden durch neue Fuß- und Radwege sowie Autoausflugstraßen erschlossen. Die neuen Erschließungen modellieren die Oberflächen der Berge und des Tales ausdrucksstark zu einer eigenständigen Topografie, die zusammen mit der Verwendung von Asphalt als sichtbares Dichtungsmaterial der Müllberge und einer expressiven Pflanzenverwendung eine eigenständige Landschaft für diesen problematischen Raum erzeugen. Die Diplomarbeit „Westcoast A99" von Jakob Trzebitzky veranschaulicht exemplarisch an einem stadtnahen Landschaftsraum an der Münchner Ringautobahn, wie der verantwortungsbewusste Umgang mit Landschaft in Mobilitätskorridoren aussehen könnte. Das neue Landschaftsbild wendet sich ebenfalls an beide Betrachtungsmodalitäten, das Durchfahren und das Verweilen: Die überarbeitete Topografie entfaltet sich vor den Augen der Autofahrer und differenziert gleichzeitig Landschaftsräume, die sich der Autobahn und dem Lärm bewusst aussetzen oder sich abwenden und Ruhe ermöglichen.
Die neue Infrastrukturlandschaft bietet als nutzbarer Freiraum (mit Badesee, Liegewiesen, Waldstücken) der nahen Bebauung gleichzeitig Schutz vor den negativen Effekten der Autobahn.
Mit der Wiederentdeckung des Städtebaus oder Urban Design ist die Erkenntnis verbunden, dass der „architektonische Urbanismus" als Städtebau der Baumassen und ihrer offenen Räume, also eines Städtebaus der Figur-Grund-Beziehungen, der Komplexität der aktuellen Stadtentwicklung nicht allein gerecht werden kann. Die Ergänzung des urbanistischen Werkzeugkoffers um einen Landscape Urbanism war getragen von den Erfahrungen aus der nordamerikanischen Stadtentwicklung.
Er trägt der Tatsache Rechnung, dass dem Phänomen des „Urban Sprawl" und der gering verdichteten Regionalstadt nur mit für den Städtebau weiterentwickelten Instrumenten aus der Landschaftsgestaltung beizukommen ist. Eine ähnliche Entwicklung besonderer Konzepte und Instrumente für die Gestaltung der räumlichen Aspekte von Infrastrukturen steht noch weitgehend aus. Aber nur ein Städtebau, der die drei urbanistischen Blickwinkel integrativ anwendet, kann den Anforderungen an eine zeitgenössische Stadt gerecht werden: Der architektonische Urbanismus gestaltet das räumliche Stadtgefüge, das angemessen gebraucht, bewohnt, angeeignet und damit verändert werden kann. Der Landschaftsurbanismus gestaltet den Freiraum im Sinne einer Qualifizierung disparater Landschaften mit einprägsamen räumlichen, nutzungsmäßigen

Linearer Park Passeig Garcia Fària in Barcelona, Spanien, 2002-2005, Ravetllat & Ribas arquitectes
Passeig Garcia Fària Linear Park in Barcelona, Spain, 2002-2005, Ravetllat & Ribas arquitectes

Berlin or Vienna, do indeed correspond to the urban development concept of hybrid multilayer hubs. A more radical consequence of the linking of the different networks are the hybrid multilayer hubs of the Dutch architects Monolab, for example, which have been developed under the label "Infrabodies."

Appropriation of Gaps

Hybrid urban development situations in the infrastructural context develop primarily where there is a conflict of use. These hybrid areas are formed on the peripheries of high-capacity infrastructure that cannot be isolated spatially, such as city motorways or rail routes: above, below, and alongside this infrastructure, which is accessed by the non-motorised network. It was these areas in particular that prompted the concept of reflexive infrastructural urbanism: learning from the appropriation of gaps categorised as unusable or harmful and therefore rendered inaccessible, which have, however, been taken over for informal use over the course of time. However, these "reclaimed spaces," such as the Burnside Skate Park beneath the Burnside Bridge in Portland, Oregon, are not primarily emergency utilisation solutions derived from a lack of better locations; these utilisations unearth aesthetic and functional potential in the "scorned" spaces that they then appropriate for themselves. What makes the Burnside Skate Park so attractive to its users is the fact that they are able to determine their own access to the fascinating atmosphere of this space beneath the flyover for their own interests, and have thus been able to transform a location with negative associations into a vibrant urban space. The "A8ernA" project in Zaanstad, by NL Architects (see pages 48-49), applies these strategies of informal utilisation, successfully developing them into urban development interventions that create supplementary public spaces for Zaanstad's urban framework and transforming the flyover from an urban development barrier into a new urban centre. Another form taken by overlapping utilisations and the formation of new infrastructural peripheries is the linear park that makes use of the green mantle alongside infrastructural elements. Examples of this are Passeig Garcia Fària in Barcelona or Parque de Alborán in Almeria.

Infrastructure Landscapes

On a broader scale, the concept of infrastructure landscape addresses problematic situations in the proximity of high-capacity infrastructural elements. New uses need to be assigned to these spaces, which also need to be made accessible to the non-motorised networks. Infrastructure landscapes are ambiguous landscapes that do justice to the cinematographic view of the traveller, providing orientation and variety, as well as conceiving of the surroundings as usable landscapes, despite noise levels and the impact of spatial barriers. Such concepts do not hide or obscure infrastructures; instead, they attempt to live up to the landscape design or urban planning responsibility that should accompany any infrastructural intervention. This is done by registering the effects of the infrastructure on the surroundings, its appearance, its functional impact, and, together with the place's special features, creating a new landscape. There are not many examples of this to date but one would be the pioneering work by Bernard Lassus with his motorway landscapes of the 1980s, although this envisages hypermobility rather than a multilayer landscape. One example, the scale of which places it between linear park and infrastructure landscape, is the Louisville Waterfront Park in Kentucky, which again links the city of Louisville with the Ohio River beneath a motorway interchange. Hargreaves Associates have been successful in developing a park landscape beneath and around an elevated "spaghetti junction," providing the city with a new waterfront and a well-utilised public landscape.

The design opportunities presented by a multilayer landscape can be illustrated using two landscape architecture and public space research projects: the "Wasteland" project by Andrea Behnke and Patrizia Scheid combines

und auch ökologischen Qualitäten. Und der Infrastrukturrurbanismus gestaltet das Raumgefüge der Infrastrukturen, die die Versorgung und Mobilität der zeitgenössischen Stadt gewährleisten. Im Vordergrund steht dabei der Aspekt der räumlichen Qualität dieser Infrastrukturen und ihres Umfeldes, als Räume der Bewegung mit verschiedenen Geschwindigkeiten und als raumwirksame Großbauwerke.

Multilayer-Landschaft aus Müllbergen und Autobahnkreuz im Münchner Norden. Studienarbeit „Wasteland" von Andrea Behnke und Patrizia Scheid
Multilayer landscape comprising refuse dumps and a motorway interchange, north of Munich. Thesis entitled "Wasteland" by Andrea Behnke and Patrizia Scheid

three refuse dumps and a motorway interchange north of Munich to create an infrastructure landscape that is a cinematographic experience for motorists as well as offering enjoyment to landscape users. The refuse dumps and the motorway interchange valley are accessed by new foot and cycle paths, as well as by sightseeing roads. The new access routes give the surfaces of the dumps and the valley a very distinct, self-contained topography that, combined with the use of asphalt as a visible sealant on the refuse dumps, and the expressive use of plants, creates a self-contained landscape for this problematic space. Jakob Trzebitzky's diploma work, "Westcoast A99," uses a landscape space along Munich's circular motorway, in close proximity to the city, to illustrate what a responsible approach to the landscape in mobility corridors could look like. The new landscape is directed at both forms of observation: driving past and lingering. The reworked topography unfolds before the motorists' eyes as well as differentiating landscape spaces that deliberately set themselves apart or turn away from the motorway and the noise, enabling an atmosphere of quiet. At the same time, as a usable open space (with a lake for swimming, lawns, areas of forest), the new infrastructure landscape protects the nearby built-up area from the negative effects of the motorway.

The rediscovery of urban design is linked to the realisation that, on its own, "architectural urbanism," i.e. the pursuit of urban construction projects and their open spaces, or of the relationship between shape and space, is not able to do justice to the complexity of present day urban development. The supplementation of urbanist tools with landscape urbanism was brought about by experiences deriving from North American urban development. It takes account of the fact that the "urban sprawl" phenomenon and the low density of regional towns can only be overcome with landscape design instruments developed further for urban planning purposes. We are still a long way from the similar development of special concepts and instruments for designing spatial infrastructure aspects. However, only urban development that makes integrated use of the three urbanist perspectives is able to meet the challenges presented by contemporary cities. Architectural urbanism designs the spatial urban framework that can then be used, inhabited, assimilated, and thus changed accordingly. Landscape urbanism designs the open spaces in the sense of equipping disparate landscapes with distinct spatial, utilisation, and also ecological qualities. And infrastructural urbanism designs the spatial infrastructure framework ensuring the utilities and mobility for the contemporary city. The focus of this process is on the spatial quality aspect of infrastructure and its environment, as zones of movement at a variety of speeds and as major structures with a spatial impact.

REIMAR MOLITOR

Freiraum, Stadtkontur, Zwischenstadt ... – was denn nun?

Metrozonen in regionalen Lebensräumen: das Beispiel der Regionale 2010 in der Region Köln/Bonn

Die Metropolregionen in Deutschland stehen einer perspektivischen Gestaltungs- und Raumentwicklungsverpflichtung gegenüber. Vor diesem Hintergrund treten als Handlungsaufgabe zunehmend Aspekte der Sicherung und Entwicklung stadträumlicher und stadtregionaler Qualitäten auf. Durch den verstärkten Druck auf die Zentren bei weiterem Wachstum bzw. der Stabilisierung der Bevölkerungszahlen kommt es zu weiteren starken Flächeninanspruchnahmen, insbesondere für das Vorhalten hochwertiger Wohnstandorte.
In vielen Fällen hat diese gleichbleibend hohe Flächeninanspruchnahme zu einem Verlust von Raumidentität und damit auch kultureller, sozialer und ökologischer Qualität sowohl im engeren Bereich der Stadt als auch im Bereich der Offenlandschaft und vor allen Dingen im Bereich „dazwischen" – der sogenannten Zwischenstadt – geführt. Überwiegend im Verdichtungsraum der Metropolregionen ist allzu häufig ein räumlich ungestaltetes „Auseinanderfließen" des Siedlungsraumes zu beobachten. Eine vorbeugende und perspektivisch gestaltete Stadtkontur in einer Metropolregion ist dabei nur durch die mittelfristige Strategiefähigkeit der Akteure sowohl auf städtischer als auch auf regionaler Ebene gegeben. Hierfür sind neue Konsortialbildungen der regionalen Akteure – insbesondere der verbindlichen interkommunalen Kooperation – vonnöten.
Die hiermit angesprochenen thematischen Komplexe spielen besonders für die mittelfristige Raumperspektive im Stadt-Umland-Verhältnis bzw. in stadtregionalen Raumkulissen eine gravierende Rolle für eine qualitätvolle Raumentwicklung. Von den Metropolregionen in Deutschland wird im besonderen Maße erwartet, dass sie die räumlichen Konsequenzen der Zentrenfunktionen qualitativ hochwertig organisieren. Dabei steht die Qualität von Umlandkulissen und stadträumlichen Lagen mit im Vordergrund.
Gerade in prosperierenden Stadtregionen kommt hier dem intakten „Ineinander von Stadt und Umland" eine große Bedeutung zu. Sie benötigen daher ein raumübergreifendes planerisches Netzwerk. Das gilt für die Metropolregion Köln/Bonn ebenso wie zum Beispiel für München, das Rhein-Main-Gebiet oder Stuttgart. Diese räumliche Entwicklung zwischen Stadt und Land mit Blick auf die Stadtkontur und die Zwischenstädte hat daher eine große Bedeutung, zumal diese Entwicklungsplanungen und Umsetzungen nur durch eine umfassende stadtregionale Kooperation der Kommunen und weiterer Partner erfolgreich umgesetzt werden können. Dieses Ziel hat sich die Regionale 2010 in der Region Köln/Bonn gesetzt.

„Regionalen" als Impulsgeber für die zukünftige Entwicklung

Die „Regionalen" sind ein strukturpolitisches Instrument des Landes Nordrhein-Westfalen. Sie sollen die Qualitäten und Eigenheiten einer Region herausarbeiten, um Impulse für deren zukünftige Entwicklung zu geben. Das Wort „Regionale" setzt sich zusammen aus „Region" und „Biennale". Es beschreibt ein Programm, das im Turnus von zwei Jahren einer jeweils ausgewählten Region die Möglichkeit bietet,

Stadt? Land? Stadtlandschaft? Zahlreiche Kommunen des Rhein-Sieg-Kreises und die Stadt Bonn haben sich zum interkommunalen Kooperationsprojekt „Grünes C" zusammengeschlossen, einem den Rhein überbrückenden Landschaftsraum im Spannungsfeld zwischen Siedlungserweiterung, Ortsrandentwicklung, Agrarnutzung, Naherholung sowie Natur- und Landschaftsschutz. City? Countryside? Urban landscape? Many communes (districts) in the Rhein-Sieg area, together with the city of Bonn, have joined forces as the inter-communal co-operation project "Grünes C" ("Green C"), a landscape region spanning the Rhine in the sensitive territory between residential expansion, periphery development, agricultural usage, recreation, as well as nature and landscape preservation.

REIMAR MOLITOR

Space, Urban Contours, *Zwischenstadt* ... So Which One Is It?

Metrozones in the Region: Regionale 2010 in Cologne/Bonn region

Dhünn
-Altenberg
Urdenbach
-Worringen
Heckberger Wald
-Leppetal
Homburger
Ländchen
Köln
Wahner Heide
-Königsforst
(-Siegmündung)
Bürge
Ville
Bonn
Nutscheid
-Leuscheid
Siebengebirge
-Pleiser Ländchen
Kottenforst
-Drachenfelser
Ländchen

Wipper
Dhünn
Sülz
Agger-Wiehl
Köln
Bröl
Bonn
Swist

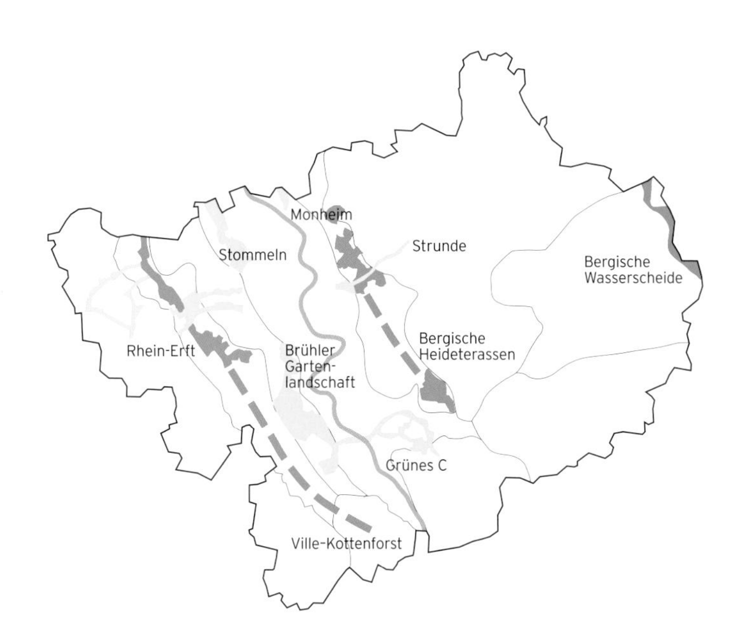
Monheim
Strunde
Stommeln
Bergische
Wasserscheide
Rhein-Erft
Brühler
Garten-
landschaft
Bergische
Heideterassen
Grünes C
Ville-Kottenforst

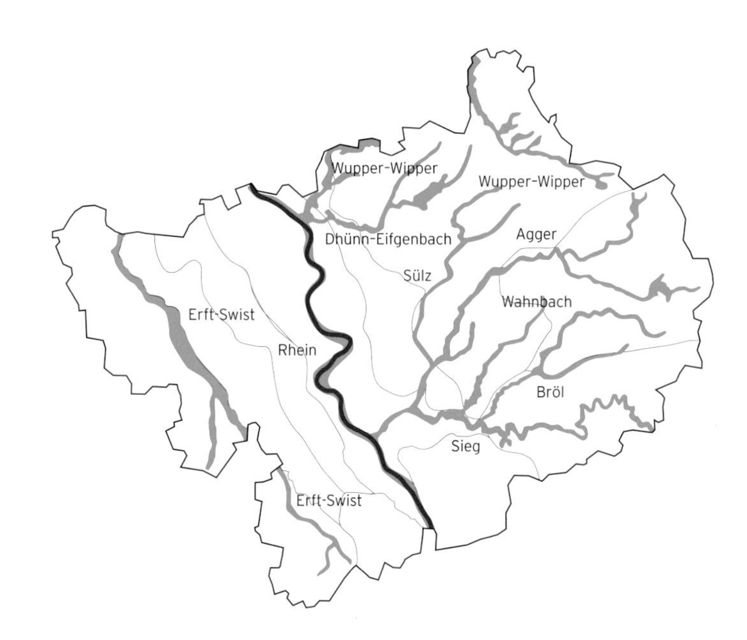
Wupper-Wipper
Wupper-Wipper
Dhünn-Eifgenbach
Agger
Sülz
Wahnbach
Erft-Swist
Rhein
Bröl
Sieg
Erft-Swist

Kulturlandschaftsnetzwerk im Bereich Köln/Bonn
Oben links: Wertvolle Kulturlandschaften
Oben rechts: Gewässer- und Freiraumnetze
Unten links: Wald- und Freiraumkorridore
Unten rechts: Auenkorridore
Cultural landscape network in the Cologne/Bonn region
Above left: Valuable cultural landscapes
Above right: Water and open space networks
Below left: Forest and open space corridors
Below right: Riverside corridors

Germany's metropolitan regions are faced with an obligation with regard to future structural and spatial development. Given this background, the task at hand increasingly involves aspects such as the protection and development of urban spatial and urban regional features. The greater pressure exerted on centres by further growth and/or the stabilisation of population numbers results in continued strong demand for space, particularly for the retention of high-quality residential areas.
In many cases, this unchanging high demand for space has led to a loss of spatial identity and thus also of cultural, social, and ecological quality—both in the narrower confines of the city and in the open landscape, as well as, more especially, in the "in-between" so-called *Zwischenstädte*. In the urban agglomeration of metropolitan regions in particular, the spatially uncontrolled "disintegration" of the settlement area can be observed all too frequently. In a metropolitan region, preventative urban contours designed with the future in mind are therefore attainable only via the medium-term strategic ability of stakeholders at both urban and regional levels. This requires the formation of new consortia among the regional participants—and, especially, binding co-operation at an intermunicipal level.
The complex issues being addressed here play an important role in qualitative spatial development, especially with regard to medium-term spatial prospects in the city-suburbs relationship and/or to urban regional spatial settings. Germany's metropolitan regions face particularly high expectations that the spatial implications of having central functions be very well organised. The focus in this regard is on the quality of surrounding links and urban spatial locations.
The intact "interlocking of city and surroundings" is of tremendous importance, especially in prosperous urban regions, which therefore require an interspatial planning network. This applies to the Cologne/Bonn metropolitan region just as it does, for example, to Munich, the Rhine-Main area, or Stuttgart. This spatial development involving city and countryside, and paying attention to urban contours and transurban areas, is therefore of great significance, particularly as it is only through comprehensive urban regional co-operation between municipalities and other partners that these development plans and their implementation can be realised successfully. This is also the target that Regionale 2010, in the Cologne/Bonn region, has set for itself.

"Regionales" as Initiators of Future Development

"Regionales" are a structural political tool in the state of North Rhine-Westphalia. Held every two years in a chosen region, they are intended to present its features and qualities in order to provide stimuli for its future development. "Regionale" is a combination of "region" and "biennale."
In 2010, the Regionale is being held in the Cologne/Bonn region, derived originally from a scheme begun in 2000 with the EastWestphaliaLippe Expo Initiative. This was followed by EUROGA 2002plus in the Central Lower Rhine region and on the Meuse, as well as Regionale 2004 in Münsterland, on both sides of the Ems. Regionale 2006 was staged in the Bergisch urban triangle comprising Remscheid, Solingen, and Wuppertal, and in 2008, the setting for the EuRegionale was the Aachen border region, with partners in Belgium and the Netherlands. In 2013, it will be South Westphalia's turn to be host, while the state of North Rhine-Westphalia's vote for Regionale 2016 went to West Münsterland.

"Bridge Building" in the Cologne/Bonn Region

Regionale 2010's slogan, which has been publicised in the Cologne/Bonn region since 2002, is "Bridge Building." The area in question extends between the Drachenfels in Königswinter in the south and the Leverkusen-Bayer axis in the north, also including the opencast coal mines in the west and the Oberbergisch reservoir landscape in the east of the region. The backbone

sich gegenüber sich selbst und anderen zu präsentieren. Im Jahr 2010 findet die Regionale in der Region Köln/Bonn statt. Sie knüpft an eine Entwicklung an, die im Jahr 2000 mit der Expo Initiative OstWestfalenLippe begann. Es folgten die EUROGA 2002plus am mittleren Niederrhein und an der Maas sowie im Jahr 2004 die Regionale links und rechts der Ems im Münsterland. Die Regionale 2006 war zu Gast im Bergischen Städtedreieck Remscheid, Solingen und Wuppertal. Schauplatz der EuRegionale 2008 war die Grenzregion Aachen mit Partnern in Belgien und den Niederlanden. Im Jahr 2013 wird Südwestfalen Ausrichter einer Regionale sein. Der Zuschlag des Landes Nordrhein-Westfalen für die Regionale 2016 ging an die Region West-Münsterland.

„Brückenschläge" in der Region Köln/Bonn

Das Motto der Regionale 2010, die bereits seit 2002 in der Region Köln/Bonn vorbereitet wird, lautet „Brückenschläge". Der Aktionsraum erstreckt sich zwischen dem Drachenfels in Königswinter im Süden und dem Leverkusener Bayer-Kreuz im Norden sowie zwischen den Braunkohle-Tagebauen im Westen und der Oberbergischen Talsperrenlandschaft im Osten der Region. Rückgrat des Regionale-Gebietes ist der Rhein in seinem Abschnitt zwischen Königswinter und Köln/Leverkusen.
Im Rahmen der Regionale 2010 nutzt die Region Köln/Bonn die Möglichkeit, anhand gemeinschaftlich ausgewählter Projekte ihre Zukunft „abzustecken" - nicht flächendeckend auf 4000 Quadratkilometern, sondern eher im Sinne einer Akupunktur an wichtigen, neuralgischen Orten. Die drei kreisfreien Städte Köln, Bonn und Leverkusen, der Oberbergische Kreis, der Rhein-Sieg-Kreis, der Rheinisch-Bergische Kreis und der Rhein-Erft-Kreis sowie deren Städte und Gemeinden sind aktiv in das Strukturprogramm eingebunden. Sie haben sich gemeinsam auf Projekte in fünf raumwirksamen Handlungsfeldern verständigt, die übergreifend als sinnstiftend und Zukunft schaffend für die Region betrachtet werden:

- Herausarbeiten städtebaulicher Zukunftsthemen in sieben modellhaften Schwerpunktprojekten (je eins in den kreisfreien Städten und den Kreisen),
- Aufbau eines Kulturlandschaftsnetzwerks und Verständigung auf den regionalen „masterplan :grün",
- Stärken des Rheins als Rückgrat der Region in Städtebau, Natur und Tourismus,
- Herausarbeiten wichtiger Orte des regionalen kulturellen Erbes und
- „Gärten der Technik": beispielhafte Projekte an der Schnittstelle von Natur und Technik, von Tradition und Zukunft.

„Stadt-Land-Rhein" – Landschaftsbilder und Stadtkontur in der Zwischenstadt als Ausgangslage

Die Metropolregion Köln/Bonn wächst. In der Stadtregion und ihrem Umland im Rechts- und Linksrheinischen nehmen die Bevölkerung und der Verbrauch von Freiraum zu. Neben den innerstädtischen Veränderungen verwischen die Stadtgrenzen - Stadtkonturen gehen verloren, Städte wachsen in Korridoren und trittsteinartig in das Umland - mehr Zwischenstädte entstehen, wichtige Klimaschneisen zwischen Stadt und Umland gehen verloren - der Klimawandel wird die Städte weiter aufheizen und Mobilitätsachsen vergrößern sich zwischen Stadt und Land - der Verbrauch teurer Energie nimmt zu. Das Bevölkerungswachstum hat in der Region in den letzten 30 Jahren zu einem enormen städtischen Flächenverbrauch geführt, der sich fortsetzen wird, wenn nicht eine regionale Strategie der Kooperation und der Neudefinition von mittelfristigen stadtraumübergreifenden Zielen verfolgt wird. Diese extrem starken Zersiedelungstendenzen haben in der Region Köln/Bonn für die Menschen zu einem spür- und sichtbaren Verlust von Raumidentität und der individuellen Orts-Spezifika geführt. Dies gilt insbesondere für die gestalterische Raumzone zwischen Stadt und Offenland. Diese Stadt- bzw. suburbanen Randzonen sind stark „ineinander geflossen" und haben an Kontur verloren. Nicht umsonst

Kulturlandschaft (bei Lindlar) und vom Bergbau geformte Landschaft Cultural landscape (near Lindlar) and landscape formed by mining activities

of the Regionale area is formed by the Rhine: the section between Königswinter and Cologne/ Leverkusen.

The Cologne/Bonn region is using the scope of Regionale 2010 as an opportunity to "map out" its future with selected communal projects—not with blanket coverage of the 4,000 square kilometres, but instead at important, "neuralgic" points, rather like acupuncture. The three cities of Cologne, Bonn, and Leverkusen (which do not have districts), the Oberbergisch, Rhine-Sieg, Rheinisch-Bergisch, and Rhine-Erft districts, as well as other towns and municipalities, are actively involved in the structural programme. They have reached mutual agreement on projects in five spatially relevant fields of activity that are universally expected to create meaningful prospects for the region:

- presentation of future urban planning issues in seven key model projects (one in each of the district-free cities and in the districts),
- development of a cultural landscape network and agreement on the regional "masterplan :grün" (green master plan),
- reinforcement of the Rhine as the backbone of the region in urban planning, natural environment, and tourism,
- presentation of important places of regional cultural heritage, and
- "Gärten der Technik" (Technology Gardens): exemplary projects at the interface between nature and technology, tradition and the future.

"The Rhine, Urban and Rural"—Landscape Images and Urban Contours in Transurban Areas, as Starting Points

The Cologne/Bonn metropolitan region is expanding. The population and the demands being made on open spaces are growing in urban regions and their hinterland both left and right of the Rhine. In addition to inner city changes, the urban boundaries are becoming blurred—urban contours are disappearing, towns are expanding in corridors and like stepping stones across the surrounding areas—more *Zwischenstädte* are developing, important environmental gaps between city and environs are being lost—climate change will warm cities further and transport axes between city and countryside are growing—and the consumption of costly energy is increasing.

The population growth in the region over the last thirty years has led to enormous urban land use, a trend that will continue if a regional strategy of co-operation and redefinition of medium-term inter-urban goals is not adopted. This dramatic tendency towards urban sprawl has led to a tangible and visible loss of spatial identity for the people in the Cologne/Bonn region and to the loss of individual location-specifics. This applies in particular to the spatial planning zone between city and open countryside. These urban and/or suburban peripheries are strongly "merged" and have lost their contours. It is not without reason that the image and term "*Zwischenstadt*" were invented in this region. The accompanying deficit in spatially functional organisation and in clarity with regard to city and countryside is resulting in the current (and projected) lack of spatial prospects in the Rheinschiene (region on the Rhine between Bonn and Duisburg).

The Cologne/Bonn metropolitan region therefore needs its own regional strategy in order to assure the quality of life amidst economic structural change in the medium term, as well as the quality development of cultural, urban, and landscape aspects. The development goals include limiting utilisation of open space, the reinforcement of spatial identity, determining the future forms of settlement peripheries and transurban areas, the incorporation of transition zones between city and countryside (settlement and open space) into networked planning, as well as clearer emphasis on individual spatially functional structures in the regional context.

The issue of *Zwischenstädte*, urban peripheries, and/or the transition zones between the city and its surroundings is therefore also of key importance for the Cologne/Bonn metropolitan region, which has a very high proportion of ecologically significant areas that function as

wurde in der Region das Bild und der Terminus der „Zwischenstadt" erfunden. Das damit einhergehende Defizit von raumfunktionalen Zuordnungen und Eindeutigkeiten in Bezug auf Stadt und Land stellt an der Rheinschiene ein aktuelles und perspektivisches Raumdefizit dar.
Die Metropolregion Köln/Bonn braucht daher eine eigene regionale Strategie, um im wirtschaftlichen Strukturwandel Lebensqualität mittelfristig zu sichern und dabei kulturelle, stadträumliche sowie landschaftliche Faktoren qualitätvoll zu entwickeln. Zu den Entwicklungszielen gehören unter anderem das Begrenzen der Inanspruchnahme von Freiraum, das Stärken der Raumidentität, das zukunftsfähige Formen von Siedlungsrändern und Zwischenstädten, das Einbringen der Übergänge zwischen Stadt und Land (Siedlung und Freiraum) in eine vernetzte Planung sowie das deutlichere Profilieren einzelner raumfunktionaler Strukturen im regionalen Kontext.
Das Thema Zwischenstadt, Stadtrand bzw. Übergang von Stadt und Umland hat für die Metropolregion Köln/Bonn schon deswegen auch eine herausragende Bedeutung, weil es hier einen sehr großen Anteil an ökologisch bedeutsamen Flächen gibt, die als Scharnier und als „Grüner Kranz" zwischen Stadt und Umland funktionieren. Bei einer Addition der FFH-Gebiete (Flora-Fauna-Habitat) innerhalb dieses Agglomerationsraumes kommt die Region auf eine Flächenbilanz, die in der Größe mit dem Nationalpark Harz vergleichbar ist. Insofern gibt es hier auch im Kontext der Metropolregionen eine einmalige europäische Konstellation zu meistern, die am Anfang des 21. Jahrhunderts den entsprechenden Mix einer Lebensqualität aus wirtschaftlich prosperierender kreativer Ökonomie, einem hohen kulturellen Verfügbarkeitsfaktor sowie einer hohen ökologischen und ästhetischen Attraktivität der Raumkulisse in Einklang bringt.
Die Devise der Region muss also sein, Wachstum zu lenken und ein qualitatives Wachstum zu stimulieren, mit der Konsequenz, dass ein neuer, modellhafter Ansatz bei der Raumordnung bzw. bei der konkreten Raumgestaltung verfolgt werden muss. Es geht mit dem Blick auf das enge Ineinandergreifen von Stadt und Umland (Zwischenstadt) zum einen um die perspektivische Sicherung der verbleibenden Freiraumressourcen – zum Beispiel Klima-, Wasser- und Energiehaushalt, Erholung und Gesundheit – und zum anderen um eine deutliche Profilierung der einzelnen Siedlungsbereiche innerhalb der Region. Darüber hinaus kommt es entscheidend auf eine Bewusstseinsbildung über die tatsächliche Situation an: der Notwendigkeit der weiteren und zusätzlichen Inanspruchnahme von Flächen im Licht regionaler bzw. nationaler demografischer Entwicklungen.

Der nicht-definierte Raum als „Star" der Raumentwicklung

Als Kerninterventionsbereich der Regionale 2010 hat sich die konkrete Gestaltung der Transformation von Städten, Stadträndern, Zwischenstädten und deren Umland herauskristallisiert. Die Regionale 2010 fungiert als kooperativer, kommunikativer, motivierender, aber auch als planungslenkender und investiver Rahmen, um für die Metropolregion Köln/Bonn und ihr Umland eine mittelfristige bis langfristige Strategie nicht nur zu erarbeiten, sondern diese auch in der Umsetzung zu begleiten.
Diese Umsetzung ist in einer heterogenen Region wie der Region Köln/Bonn sowohl eine ästhetische als auch eine planerische und funktionsräumliche Aufgabe. Denn der Druck auf die Landschaft ist vor allem im Umfeld der Ballungsräume nach wie vor sehr groß, im Köln/Bonner Raum steigt er in Zukunft sogar weiter an. Der Freiraumplanung im urbanen und urban beeinflussten Raum kommt daher eine entscheidende qualitative Bedeutung zu.
Die Sicherung und Gestaltung einer regionalen periurbanen Infrastruktur der Zukunft wird zu einem wichtigen Standortfaktor im Wettbewerb der Metropolregionen.

Ressource Wasser: Rheinbogen bei Wesseling und von der Bevertalsperre geformte Seenlandschaft
Water resource: Bend in the Rhine near Wesseling and the lake landscape formed by the Bevertal Reservoir

"hinges" and "green wreaths" between the city and the countryside. The sum of the region's FFH (Flora, Fauna, Habitat) areas within this agglomeration is equivalent in area to the Harz National Park. This metropolitan region therefore also presents a unique European challenge, namely that of producing, at the start of the twenty-first century, an appropriate quality-of-life mix from creative economic prosperity, high cultural availability, and great ecological and aesthetic appeal—within a spatial context.
The region's motto, therefore, has to be controlled growth and the initiation of quality growth so that, consequently, a new model approach to spatial organisation and/or concrete spatial planning has to be adopted. From the perspective of the close interlocking between city and surroundings (*Zwischenstädte*), what is at stake is the protection for the future of the remaining open space resources (for example climate, water, and energy resources, recreation, and health), on the one hand, and a clear emphasis on the individual settlement areas within the region, on the other. Furthermore, increased awareness of the actual situation is of key importance: the need for further, additional land utilisation in view of regional and/or national demographic developments.

The Non-Defined Space as the "Star" of Spatial Development

Concrete planning for the transformation of cities, urban peripheries, *Zwischenstädte*, and their environs has become the key area of intervention for Regionale 2010. It functions as a co-operative, communicative, motivational, but also planning and investment framework, not only enabling the Cologne/Bonn metropolitan region and its surroundings to develop a medium- to long-term strategy, but also providing support for its implementation.
In a heterogeneous region like that of Cologne/Bonn this implementation is both an aesthetic as well as a planning and functional-spatial task. In particular, the pressure on the landscape surrounding urban agglomerations remains very high, and in the Cologne/Bonn region is set to increase further in the future. Open space planning in urban areas and those subject to urban influences is thus of key qualitative importance. The protection and planning of a regional peri-urban infrastructure for the future will become an important location factor in the competition between metropolitan regions.

CHRISTOPHE GIROT

Landschaften der Metrozone

Der Fall Schweiz

In den letzten Jahrzehnten hat die zunehmende Mobilität der Bevölkerung die Kulturlandschaft der Schweiz drastisch und zum Teil auf dramatische Weise verändert. Die Inbetriebnahme der superschnellen S-Bahn im Umland von Zürich vor 20 Jahren bewirkte eine Art geografisch-topografische Umwälzung und machte entlegene ländliche Ortschaften im Hinterland sozusagen über Nacht zu Vorstädten der Metropole Zürich. Das allein hatte dramatische Folgen, weil es die Zersiedlung der zuvor ländlichen Umgebung beschleunigte. Mit der gegenwärtigen Dichte des Straßen- und Bahnnetzes kann das Schweizer „Mittelland" heute als bedeutender großstädtischer Ballungsraum und Verkehrsknotenpunkt zwischen dem gesamten Südwesten Europas und Mitteleuropa gesehen werden. Seit den 1970er Jahren sind in der Schweiz so viele neue Straßen gebaut worden, dass sie die Erde pro Jahrzehnt anderthalb Mal umspannen könnten.[1] Zwei Drittel davon entstanden für Neubaugebiete in bestehenden Ortschaften. Die Gründe für dieses ungewöhnliche Wachstum lagen nicht so sehr im demografischen, sondern mehr noch im gesamtgesellschaftlichen Wandel des Landes. Die Schweiz entwickelte sich zunehmend zu einer Gesellschaft von Städtern, die das bäuerliche Leben hinter sich ließen und ganz neue Lebensgewohnheiten entwickelten. Als Folge der Verstädterung verschwanden in dieser Zeit auch viele Obstbäume aus der Landschaft: In den vergangenen 50 Jahren wurden über zwölf Millionen Obstbäume gefällt und nie wieder nachgepflanzt.[2]

Fehlende Verbindung zur Gegenwart

Die Vernichtung traditioneller Schweizer Kulturlandschaften hat neuen Infrastrukturen sowie der damit einhergehenden Verstädterung des Landes den Weg gebahnt und das hervorgebracht, was man heute die Schweizer „Metrozone" nennen könnte.[3] Im Gefolge derart radikaler Mutationen war die Fachdisziplin der Landschaftsarchitektur und Raumplanung offenbar nicht imstande, die gewaltigen Herausforderungen der Zukunft richtig einzuschätzen und angemessen auf diese Entwicklungen zu reagieren. Statt sich aktiv für die Weiterentwicklung der Landschaftsarchitektur einzusetzen, blieb sie der Bewahrung des überlieferten Landschaftsmodells verpflichtet und schuf so ein irreführendes Leitmotiv für die eigenen Unzulänglichkeiten. Die akute Kurzsichtigkeit hinsichtlich des landschaftsplanerischen Traditionalismus verhinderte die angemessene Reaktion auf eine ganze Reihe von Chancen, neuartige Grünräume für die ausufernden Vorstädte des Landes zu schaffen. Beim Bau neuer Straßen und anschließend neuer Wohnbebauungen hätten zum Beispiel idealerweise landschaftlich-architektonische Infrastrukturen mit Regenwasserspeichern, grünen Korridoren und öffentlichen Grünflächen in die Planungen einbezogen werden müssen. Diese Elemente hätten die nun überbauten Streuobstwiesen ersetzt und wären Teil größerer lokaler Gemengelagen aus Verkehrsnetzen für Fußgänger und Radfahrer, integrierten ökologischen Wasseraufbereitungsanlagen, Mischwäldern und neuen

Impressionen des Fotografen Georg Aerni von der Metrozone Schweiz im Raum Affoltern/Zürich (Seiten 95, 96 und 98) Photographer Georg Aerni's impressions of a Swiss metrozone in the Affoltern/Zurich area (pages 95, 96 and 98)

CHRISTOPHE GIROT

Landscapes of the Metrozone

The Swiss Case

Bodenformationen geworden, die unter Einsatz von Bauschutt und Erdaushubmaterialien hätten modelliert werden können.
Die Vision großräumiger Landschaftsplanungen war jedoch nach dem Zweiten Weltkrieg in der Schweiz rein nostalgisch ausgerichtet und basierte auf den bereits schwindenden Wertvorstellungen einer bäuerlichen Kultur. Bis Ende der 1990er Jahre gab es an den Schweizer Universitäten nicht eine einzige Fakultät für Landschaftsarchitektur. Dementsprechend waren die Landschaftsarchitekten in ihren Forschungen und Aktivitäten eingeschränkt und nicht in der Lage, im eigentlich notwendigen Umfang mit Ingenieuren, Raumplanern und Architekten zusammenzuarbeiten. Die vom Schweizer Landschaftsarchitekten Gustav Ammann Anfang der 1950er Jahre geplanten Außenanlagen der Flughäfen von Schwamendingen und Kloten sind Beispiele für die innerhalb des Berufsstands herrschende anti-urbane Haltung, die städtebauliches Wachstum eher ablehnte. Die Projekte jener Zeit zeigen denn auch eine starke Neigung zur alten, obstbaulich geprägten Landschaft als Modell für vorstädtische Neubausiedlungen.[4] Dieser Ansatz stand angesichts der starken wirtschaftlichen Kräfte, die nach dem Krieg in der Schweiz wirkten, unter keinem guten Stern. Statt sich dem Dialog mit anderen, ergänzenden Fachdisziplinen zu öffnen, verbarrikadierte sich die Landschaftsarchitektenschaft der Schweiz und verpasste die Gelegenheit, einzigartige Konzepte für grüne metropolitane Ballungsräume zu entwickeln und zu realisieren, als dies noch möglich war. Schon allein aus diesem Grund, und weil klare landschaftsplanerische Strukturen und Konzepte fehlten, ist heute nur sehr wenig von den Außenanlagen der genannten Flughäfen übrig geblieben.[5] Nostalgie wird – wenn sie keine Offenheit für Alternativen erlaubt und keine Möglichkeiten zulässt, grundlegende strategische Fragen im angemessenen Umfang und mit der nötigen Entschlossenheit anzugehen – beim Entwerfen zu einem Gift.

Funktionale Landschaften

Der Quantensprung an Mobilität der Bevölkerung in der helvetischen „Metrozone" hat zweifellos die Wirtschaft und insbesondere den Immobilienmarkt des Landes angekurbelt und deren ökonomische Wettbewerbsfähigkeit gesteigert, vielerorts allerdings auf Kosten einer ausgeprägteren landschaftlichen Identität der Schweiz. Die zunehmende Mobilität der Bevölkerung war die Erfindung des heute nicht mehr existierenden Instituts für Orts-, Regional- und Landesplanung (ORL) an der ETH Zürich im Geist einer ausgesprochen deterministischen Periode in der schweizerischen Landesplanung, die am treffendsten als „Pathos des Funktionalismus" beschrieben werden kann. Es herrschte damals tatsächlich die Überzeugung, dass, wenn ein bestimmtes Quantum an Natur im Lande erhalten würde, die „Entwicklung",

Mobility has caused such changes throughout Switzerland over the last decades that one can only speak of a cultural landscape that has dramatically changed. The arrival of the regional high-speed train around Zurich twenty years ago provoked a geographic upheaval of sorts, and allowed for remote rural areas of the hinterland to become part of the larger metropolitan suburb overnight. This fact alone had dramatic consequences on subsequent urban sprawl. With its present density of road and rail connections, the Swiss "Mittelland" can be considered as a very significant Metrozone linking the entire southwest of Europe directly to Middle Europe. Since the nineteen-seventies so many new roads have been built in Switzerland, that they alone could span one and a half times around the face of the globe for each decade.[1] Two-thirds of these account for new roads constructed for urban development within local townships. But this extraordinary surge of growth was not so much due to demographic pressure, than to a profound change in society. Switzerland became a much more urban society, abandoning farming and changing lifestyle completely. As a consequence, farm trees also disappeared from the Swiss landscape with rapid urbanisation by the millions during that same period. More than twelve million orchard trees were removed and never replaced over the last fifty years.[2]

Missing Link to the Present

The annihilation of traditional Swiss rural landscapes paved the way for new infrastructures and their collateral urban sprawl to happen. This gave birth to what we can presently call the Swiss Metrozone.[3] In the wake of such drastic mutations, it appears that landscape architecture and planning failed to take the exact measure of the immense challenges to come and did not adapt properly to the situation. Instead of taking a proactive stand in the development of the land, it remained attached to the conservation of traditional landscape icons but thus created a fallacious leitmotif for its very own inadequacies. Had this acute myopia towards landscape traditionalism not existed, there could have been some extraordinary opportunities to develop new kinds of green environments for the growing periphery. For instance each new road tract with its subsequent suburban housing project could have ideally integrated strong landscape architectural features permitting rainwater collection, ecological corridors and communal greens to name but a few. These emergent landscape structures replacing the traditional orchards could have become part of a much larger comprehensive landscape, comprised of slow mobility networks, integrated water treatment systems, diversified tree plantations, soil and construction fill management at a local scale inducing new topographies.

But the vision of large-scale landscape design in post-war Switzerland remained only nostalgic, and based its assertions and values on the Swiss farmer culture that was dwindling very rapidly. Landscape architecture as a discipline remained completely absent from Swiss universities until the late nineteen-nineties. As a consequence, it remained very limited in its scope of investigation and strategies, and failed to establish the appropriate level of dialogue and ambition with engineers, planners, and architects. The Schwamendingen and Kloten airport projects designed by the Swiss landscape architect Gustav Ammann in the early nineteen-fifties are a good case in point in the anti-urban and anti development trends in the profession. The projects show a strong inclination towards the old farm orchard landscape as model of design for the Swiss urban periphery.[4] This approach was ill fated with respect to the strong economic forces at work. Instead of opening up a dialogue between complimentary professional fields, landscape architecture clammed up and missed the opportunity to create a unique Swiss Metrozone when it was still possible. For this reason alone, and in the absence of any clear landscape structure and concept, very little of these two post-war landscape designs remain today.[5] Nostalgia becomes a poison in design, when it shows no openness to other alternatives, nor allows one to address fundamental strategic questions with the proper magnitude and resolution.

sprich Bebauung, anderer Regionen legitim und möglich wäre, ohne das ausgewogene Verhältnis von Stadt und Landschaft zu zerstören. Natur und Stadt galten in der Tat als parallele Welten, deren jeweilige Planungsspezialisten in den meisten Fällen kaum etwas miteinander zu tun hatten. Das hieß auch, dass sämtliche Landschaftsflächen außerhalb ausgewiesener Naturschutzgebiete, besonders im unmittelbaren Umfeld der Städte, allein nach ihrem wirtschaftlichen Potenzial als „Bauland" bewertet wurden. Wir sind heute noch damit beschäftigt, die Folgen dieses weit verbreiteten, rein funktionalistischen Ansatzes bei der Planung der Schweizer Metrozone zu ermitteln und zu untersuchen und haben die sich wandelnde Identität des helvetischen Landesterritoriums, wie sie sich uns heute darstellt, erst unvollständig erfasst und ausgewertet. Es gab zum Beispiel große Konfusion, als bestimmte Leute auch die „Landschaftsikone" des bislang noch fast unberührten Toggenburg-Tals entwickelt sehen wollten, weil sie es mit den landschaftlich uninteressanten städtischen Umgebungen im gesamten Mittelland der Schweiz gleichsetzten. Dieses Tal verkörpert nämlich genau die Landschaft im helvetischen Mittelland, die angemessen vorbereitet und strukturiert werden müsste, um die rasante Ausdehnung angrenzender Städte zu ermöglichen.

Chancen aufzeigen

Als die Schweizer „Metrozone" noch am Anfang ihrer Entwicklung stand, hätten neue Modelle großräumiger Landschaftsplanungen mit Sicherheit erprobt und dann im Zuge der zunehmenden Mobilität der Bevölkerung umgesetzt werden können. Die Tatsache, dass dies nicht rechtzeitig geschah, macht die Arbeit der helvetischen Landschaftsarchitekten heute umso schwieriger und fragmentarischer. Über den Verlust der Schweizer Kulturlandschaft zu jammern, gleicht aber dem Trauern um den Tod eines geliebten Elternteils. Es gibt zwar wehmütige Erinnerungen und Bedauern über Verlorenes, aber leider keinen Fall von Wiedergutmachung. Bedauerlicherweise haben die Vertreter der Fachdisziplin Landschaftsarchitektur in der Schweiz auch mehr Zeit als nötig mit dem Versuch verbracht, den unaufhaltsamen Verlust der kulturlandschaftlichen Identität der Schweiz zu verhindern. Dabei verpassten sie die einmalige Chance, aktiv Zukunftsmodelle und Instrumente für eine ganz neue, ganzheitliche Herangehensweise an die Gestaltung großstädtischer Ballungsräume zu entwickeln. Stattdessen verhielt sich der Berufsstand überwiegend konservativ und „reaktiv". Hätten die Landschaftsarchitekten die geeigneten Instrumente und Methoden bereits entwickelt gehabt, wären sie in der Lage gewesen, der helvetischen „Metrozone" von Anfang an ein prägnanteres, nachhaltigeres Gesicht zu geben.

„Metrozonen" als Orte

Derzeit werden im Landscape Visualizing and Modelling Laboratory (LVML, Labor für Land-

Functional Landscape

The quantum leap in regional mobility that occurred in the Swiss Metrozone, undoubtedly benefited the Swiss market and real estate economy; but this gain in competitiveness was achieved to the detriment of a stronger landscape identity. Swiss mobility was the brainchild of the now defunct ORL Institute (Institut für Orts-, Regional- und Landesplanung; Institute for Urban, Regional and National Planning) at the ETH Zürich. The spirit of this highly deterministic period in Swiss planning history can best be described emphatically as the "pathos of functionalism." People were actually convinced at the time, that by preserving a quota of nature in some given areas of Switzerland, one could allow other areas to develop without impacting the overall balance between city and countryside. Nature and city were indeed thought of as parallel realities with their respective specialists having more often than not very little to do with one another. This also meant that all landscapes located outside specific natural preservation areas, particularly those at the periphery of towns, were simply valued for their inherent economic potential as "land to be developed." We are still assessing the impact and repercussions of this broad scale functionalist approach on the landscape developments of the Swiss Metrozone. We have not quite understood nor evaluated the mutant identity of the Swiss territory that has occurred in terms of its banal perception. A great confusion occurred when the significance of landscape icons, like the still rather pristine Toggenburg Valley, was juxtaposed in an argument supporting the devaluation and insignificance of peripheral urban landscapes across the entire Swiss Mittelland. Because, it is precisely the landscape of the Swiss Mittelland that would have needed to be prepared and properly structured to support such tremendous urban growth.

Making Chances Visible

New models of large-scale landscape development could definitely have been tested at the onset of the Swiss Metrozone, and become integrated with the rise in mobility. The fact that this did not happen at the right time, makes the task of landscape architecture all the more difficult and fragmentary today. The Swiss Metrozone is presently comprised of an incredibly fragmented landscape. But, to quibble about the loss of Swiss cultural landscapes, is like lamenting about the loss of a dear parent; there are indeed some memories and regrets to be told, but sadly enough no restitution to be found. Regrettably, landscape architecture as a discipline in Switzerland spent more time than necessary attempting to prevent the inevitable loss of its traditional identity, and missed an extraordinary opportunity. Rather than thinking proactively and developing tools for an entirely new approach to large-scale metropolitan design it became just conservative and reactive to no avail. Had it had the appropriate tools and approach method, the profession could have contributed very significantly there and then to forging a stronger, more sustainable identity for the Swiss Metrozone.

Metrozones as Places

New tools of large-scale landscape design are presently being developed at the Landscape Visualizing and Modelling Laboratory (LVML) of the ETH Zürich. It is the result of a collaboration within the NSL (Netzwerk Stadt und Landschaft , Network City and Landscape) at the ETH Zürich between the Institute of Landscape Architecture (Department of Architecture) and The Institute for Regional Landscape Planning (Department Structural Engineering). The method developed in the laboratory is a GIS (Geographisches Informationssystem, Geographic information system) based topological approach to site design using computer modelling and visualisation, which is able to integrate the most significant parameters of planning, engineering and architecture within a new kind of interdisciplinary large-scale physical base. Results of the work have already been published in the international reviews and has recently been exhibited at the Harvard Graduate School of Design.[6]

schaftsvisualisierung und Geländemodellierung) der ETH Zürich neue Instrumente für großräumige Landesplanungen entwickelt. Das Labor ist ein Gemeinschaftsprojekt des Instituts für Landschaftsarchitektur (Departement Architektur) und des Instituts für Raumplanung (Departement Bauingenieurwesen) innerhalb des Netzwerks Stadt und Landschaft (NSL) an der ETH Zürich. Im Rahmen dieses Projektes wurde ein topologisches 3D-Computerprogramm zur Geländemodellierung und -darstellung auf der Basis eines Geografischen Informationssystems (GIS) erarbeitet. Das auf Ganzheitlichkeit angelegte Programm ist in der Lage, die signifikantesten Planungsdaten, ingenieurtechnischen und architektonischen Parameter realitäts- und praxisnah in einem neuartigen interdisziplinären, großräumigen Szenario zu verarbeiten. Die bisherigen Projektergebnisse sind in internationalen Zeitschriften veröffentlicht und vor Kurzem an der Harvard Graduate School of Design ausgestellt worden.[6]

Die helvetische Metrozone wird infolge des Klimawandels, der Verstädterung ländlicher Gebiete und der zunehmenden Mobilität der Bevölkerung gewaltige Herausforderungen zu meistern haben. Das im LVML entwickelte topologische Verfahren ermöglicht die rasche 3D-Modellierung und Visualisierung der Topografie, Vegetation und Hydrologie eines Gebiets, einschließlich Baubestand und Verkehrsströme. Das 3. Rhonekorrektionsprojekt bei Sion hat den Bereich zwischen Fluss und Stadt nicht nur zum attraktiven Naherholungsgebiet für die Einwohner gemacht, sondern auch zu einem wirtschaftlich profitablen und ökologisch gesunden Ort.[7]

Wir sind zuversichtlich, dass eine neue Generation landschaftsarchitektonischer Projekte unter Einsatz der an der ETH Zürich entwickelten topologischen Methoden nicht nur neue, symbolträchtige Landschaften gestalten, sondern auch Beispiele für die fortschrittliche Integration von Stadt und Biodiversität geben werden. Die Landschaften der „Metrozone" sind da und warten darauf, gestaltet zu werden. Wo eine Methode ist, da ist auch ein Weg zur Anwendung.

Anmerkungen

1 ASTRA 2003 Schweiz.

2 Eidgenössische Statistik Schweiz 2007.

3 Roger Diener / Jacques Herzog / Marcel Meili / Pierre de Meuron: *Die Schweiz - ein städtebauliches Portrait.* Basel/Boston 2006.

4 Johannes Stoffler: „Et in Schwamendingen ego". In: *Topiaria Helvetica*, 3 Jg., S. 44-50.

5 Johannes Stoffler / Gustav Ammann: *Landschaften der Moderne in der Schweiz.* Zürich 2008.

6 „Challenges", Topos 51, September 2007. „Contemporary Swiss Landscapes". *Harvard GSD* 12/2006, Cambridge/MA.

7 Institut für Landschaftsarchitektur, Netzwerk Stadt und Landschaft, Departement Architektur, ETH Zürich (Hg.): *Waterscapes.* Pamphlet Nr. 7, Zürich 2007.

The Metrozone of Switzerland is faced with extraordinary environmental challenges due to climate change, mobility and urban sprawl. The topological approach developed at the LVML enables rapid 3D modelling and visualisation of topography, vegetation, and hydrology, as well as urban growth and traffic flow. Work on the Rhône Correction site in Sion has transformed this site located between the River and the city not only in an identifiable place for people, but also in an economically and environmentally viable location with significant hedonic quality.[7] We are confident that with the particular method in physical design and planning being developed at the ETH Zürich, a new generation of emergent landscape projects will generate not only a significant new landscape symbol, but also an example of advanced integration between city and biodiversity. The Metrozone landscapes are here to develop and to stay; when there is a method there is a way.

Notes

1 ASTRA 2003 Schweiz.

2 Eidgenössische Statistik Schweiz 2007.

3 Roger Diener / Jacques Herzog / Marcel Meili / Pierre de Meuron: *Die Schweiz - ein städtebauliches Portrait.* Basel/Boston 2006.

4 Johannes Stoffler: "Et in Schwamendingen ego." In *Topiaria Helvetica.* Vol. 3, p. 44–50.

5 Johannes Stoffler / Gustav Ammann: *Landschaften der Moderne in der Schweiz.* Zürich 2008.

6 "Challenges", *Topos* 51, September 2007. "Contemporary Swiss Landscapes", *Harvard GSD*, 12.2006, Cambridge MA, USA.

7 Institut fürLandschaftsarchitektur, Netzwerk Stadt und Landschaft, Department Architektur, ETH Zürich (Ed.): *Waterscapes*, Pamplet N°7, Zürich 2007.

Impression von einem Verkehrskreisel bei Zürich, aufgenommen von der Video Lab der ETH/ILA
Image of a roundabout near Zurich, taken by the ETH/ILA's Video Lab

RAINER JOHANN

Tussenland in Europa

Wo bitte bleibt die Disziplin!?

Dilettanten kontra Disziplinen

In den vergangenen zwei Jahrzehnten waren europäische Architekten und Planer weltweit sehr gefragt. Sie entwickelten Modelle für die Planung explosiv wachsender Städte oder Konzepte für die Gestaltung von repräsentativen Bauwerken. In Europa hingegen wurden die Disziplinen weniger mit dem Wachstum als mit der Transformation von Stadt und Land konfrontiert. Vielerorts ist die Gestalt und Organisation dieser Transformation nicht das Werk von Architekten und Planern, als vielmehr von Amateuren, Initiativen, Familien und Unternehmern, quasi: Dilettanten. Diese Transformation ist ein sozioökonomisches und auch politisches Phänomen, bei dem die raumgestaltenden Disziplinen das Nachsehen haben. Es entstanden und entstehen europaweit mehrdeutige Stadtlandschaften, eigentliche Zonen unterschiedlicher urbaner Nutzungen und Bauten. Architekten belächeln oftmals die gestalterischen Ergebnisse dieser Entwicklungen und deren Ausmaß bereitet der Planerschaft ernsthafte Sorgen.

Tussenland in Europa

In den Niederlanden war die Sorge über dieses Phänomen besonders groß und Anlass für das Niederländische Forschungsinstitut für Raumplanung einen Thinktank „Atelier Verborgen Land (AVL)" mit einer größeren Untersuchung zu beauftragen. „Tussenland"[1], zu Deutsch „Zwischenland", war der Titel. Die Untersuchung wurde systematisch anhand der Kriterien Morphologie, Organisation und Ökonomie und vergleichend in Polen, Italien, Skandinavien und den Niederlanden durchgeführt.

Oberschlesien - Polen

Morphologisch bilden die Städte Katowice, Gliwice, Zabrze, Beuthen, Ruda, Tychy, Opole, und Chorzów die Region Oberschlesien: einst eine Stadtlandschaft, entstanden durch die Förderung von Steinkohle und die Produktion von Stahl, seit der Krise der Montanindustrie in den 1970er Jahren jedoch eine postindustrielle Folgelandschaft.
Organisatorisch wird diese Region von einem Planungsverband, dem sogenannten *wojwod*, vertreten. Aufgrund geringer finanzieller Mittel kann der Verband keinen koordinierenden Einfluss auf eine übergeordnete räumliche Entwicklung Oberschlesiens ausüben.
Ökonomisch verspricht sich Polen von dem gegenwärtigen Ausbau der transeuropäischen Infrastruktur einen Impuls für die wirtschaftliche Entwicklung in der Region: Die Ansiedlung von produzierenden Unternehmen aus Westeuropa in Freihandelszonen.
Tussenland entsteht in dieser Region zwischen dem ehemaligen Schienen- und neu ausgebauten Autobahnnetz. Auf einem ehemaligen Zechengelände in Gleiwitz weisen Container, Buden, Dixi-Toiletten, Kioske, Caravans und Reklametafeln auf einen temporären Gebrauchtwagenmarkt hin. Die Website (www.gielda.gliwice.pl) informiert über Verkäufer, Autos, Angebote, besondere Veranstaltungen und Öffnungszeiten. Die Bevölkerung, die sogenannten *Schlesier*, ein Mix aus Tschechen, Deutschen

Möglicher Entstehungsraum von Tussenland (Zwischenland) in den Niederlanden Potential Tussenland (In-between Land) area in the Netherlands

RAINER JOHANN

Tussenland in Europe

Where are the Disciplines!?

Dilettantism versus Disciplines

European architects and planners have been in great demand worldwide over the last two decades. They have developed planning models for cities experiencing explosive growth and design concepts for prestigious buildings. In Europe, however, these disciplines have been confronted with the transformation of city and countryside rather than with growth. In many places, the design and organisation of this transformation has been the work not of architects and planners but of amateurs, initiatives, families, and entrepreneurs: in other words, dilettantes. This transformation is both a socio-economic and a political phenomenon, and one in which the spatial design disciplines take a back seat. Ambiguous urban landscapes, zones with different urban utilisations and buildings, have developed and are continuing to develop throughout Europe. Architects often snigger at the design results of these developments, whose proliferation is a major cause of concern for planners.

Tussenland in Europe

Concern regarding this phenomenon has been especially strong in the Netherlands and gave rise to the commissioning by the Dutch Research Institute for Spatial Planning of the "Atelier Verborgen Land (AVL)" think tank to carry out a major study: Tussenland,[1] or "In-between Land." The study was carried out systematically, using morphology, organisation, and economics as the criteria, with comparative

und Polen, nutzen diese Brachfläche für den Handel mit Gebrauchtwagen als Folge der im Zuge der wachsenden Mobilität gestiegenen Nachfrage nach Automobilen.

Arno-Tal - Italien

Tussenland entfaltet sich im Arno-Tal zwischen den Städten Florenz und Pisa südlich der Stadt Prato. Das Tal mit seinem Fluss diente ursprünglich der Landwirtschaft. Gegenwärtig wird es von Autobahnen und Parallelwegen durchquert, an denen sich neuartige Nutzungen angesiedelt haben. Am Rand eines Getreidefelds befindet sich beispielsweise ein Gewerbegebiet mit chinesischen Firmenschildern. Chinesische Textilunternehmer spielen seit Kurzem als Zulieferer von Knöpfen und Reißverschlüssen eine wesentliche Rolle in der Produktionskette der italienischen Modeindustrie.

Organisatorisch ist das Fashion-Cluster im Arno-Tal kein Ergebnis einer wirtschaftlichen Strategie des italienischen Staates oder der Raumplanung. Im Gegenteil. Es ist räumliches Produkt der *famiglia*, italienischer mittelständischer Familienunternehmen und der lokalen Stadtverwaltung, die kooperativ das Arno-Tal über Jahrhunderte wirtschaftsräumlich entwickelten.

Ökonomisch bilden klein- und mittelständische Familienunternehmen die wirtschaftliche Struktur dieser Region, die zum sogenannten „Dritten Italien" gehört. Sie unterscheidet sich vom wirtschaftlich industriell geprägten Norden und auch vom landwirtschaftlich geprägten Süden Italiens.

*Morphologisc*h stellt sich diese Kulturlandschaft des Arno-Tals als heterogenes Gebilde dar. Eine Art Flickenteppich, bestehend aus historischen Dorfkernen und Straßendörfern, die durch Gewerbebauten und -cluster erweitert und von Äckern, Feldern und Weiden umgeben sind.

Öresund - Skandinavien

Morphologisch betrachtet umringen kleine und mittelgroße Städte wie Helsingør, Helsingborg, Malmö und die Metropole Kopenhagen die

Tussenland bei Gleiwitz (Oberschlesien - Polen)
Tussenland near Gleiwitz (Upper Silesia–Poland)

studies carried out in Poland, Italy, Scandinavia, and the Netherlands.

Upper Silesia—Poland

Morphologically, the cities Katowice, Gliwice, Zabrze, Beuthen, Ruda, Tychy, Opole, and Chorzów make up the Upper Silesia region. It used to be an urban landscape that developed as a consequence of coal mining and steel production. Following the crisis in the coal and steel industry in the 1970s, however, it has become a post-industrial landscape. *Organisationally,* this region is represented by a planning association known as the *wojwod.* Due to a lack of funds the association is unable to exert a co-ordinating influence on overall land use development in Upper Silesia. *Economically,* Poland has hopes that the present expansion of the trans-European infrastructure will stimulate economic development in the region: the relocation of production companies from Western Europe to the free trade zones.

In this region, Tussenland develops between the former railway and the newly expanded motorway networks. Containers, huts, portable toilets, kiosks, caravans, and advertising hoardings on a former colliery property in Gliwice are indicative of a temporary used car market. The city website (www.gielda.gliwice.pl) provides details of sellers, cars, offers, special events, and opening times. The residents—the Silesians, a mix of Czechs, Germans, and Poles—use this wasteland for trading in used cars in response to the growing demand arising from increased mobility.

The Arno Valley—Italy

Tussenland is developing in the Arno Valley between the cities of Florence and Pisa, south of the city of Prato. In the past the valley and its river were used for agriculture. It is now traversed by motorways and parallel roads, where new utilisation types have been set up nearby. At the edge of a cornfield, for example, is an industrial area with Chinese company signs. As

Tussenland bei Prato (Arno-Tal - Italien)
Tussenland near Prato (Arno Valley—Italy)

Meerenge der Ostsee zwischen Dänemark und Schweden, den Öresund. Eine Stadtlandschaft, die seit dem Jahr 2000 infrastrukturell mit einer neuen Brücke über den Sund, der Öresundbrücke, verbunden ist.
Ökonomisches Ziel dieser staatlich finanzierten Infrastrukturmaßnahme ist es, erstens ein regionales Image zu produzieren und zweitens die Entwicklung der Region als wirtschaftlichen Treiber zwischen Skandinavien und dem Baltikum zu fördern.
Tussenland entsteht im Öresund in den Hallen und Gebäuden der ehemaligen Schiffswerften von Kopenhagen und Malmö. Im Hafen Christianshavn von Kopenhagen änderten sich die Nutzungen im Laufe der letzten Jahrzehnte grundlegend. Diese Transformation startete in den 1970er Jahren mit dem heutigen „Christiania", als Hippies leerstehende Hallen und Speicher besetzten. In den letzten Jahren setzte sich die Transformation im nördlichen Hafen fort. Auf dem Gelände der ehemaligen Werft Refshaleø hat sich Tussenland eingenistet: Dort befinden sich Künstlerateliers, Autowerkstätten mit restaurierten Oldtimern und Segelboten, Restaurants mit Lounges sowie Cafés inklusive künstlichem Strand.
Organisatorisch verlief die Aneignung der Werft Refshaleø weniger illegal als zur Zeit der Hippies. Künstler, Restaurantbetreiber und Hobbytüftler, sprich die Kreativen, vereinbarten begrenzte Mietverträge mit dem Eigentümer der stillgelegten Werft. Eine Konzession von der Kommune, keine Baugenehmigung, ermöglichte den Betrieb der verschiedenen Nutzungen.

Holland, Brabant, Limburg – Die Niederlande

In den Niederlanden untersuchte der Thinktank drei Regionen, die Provinzen Holland, Brabant und Limburg. Die drei niederländischen Tussenländer zeigten überraschend viele Parallelen und Ähnlichkeiten mit Tussenland in Skandinavien, Italien und Polen.
In Holland beispielsweise entspricht die Gestalt von Tussenland derjenigen im Öresund. In beiden Regionen herrschen aufgrund der besonde-

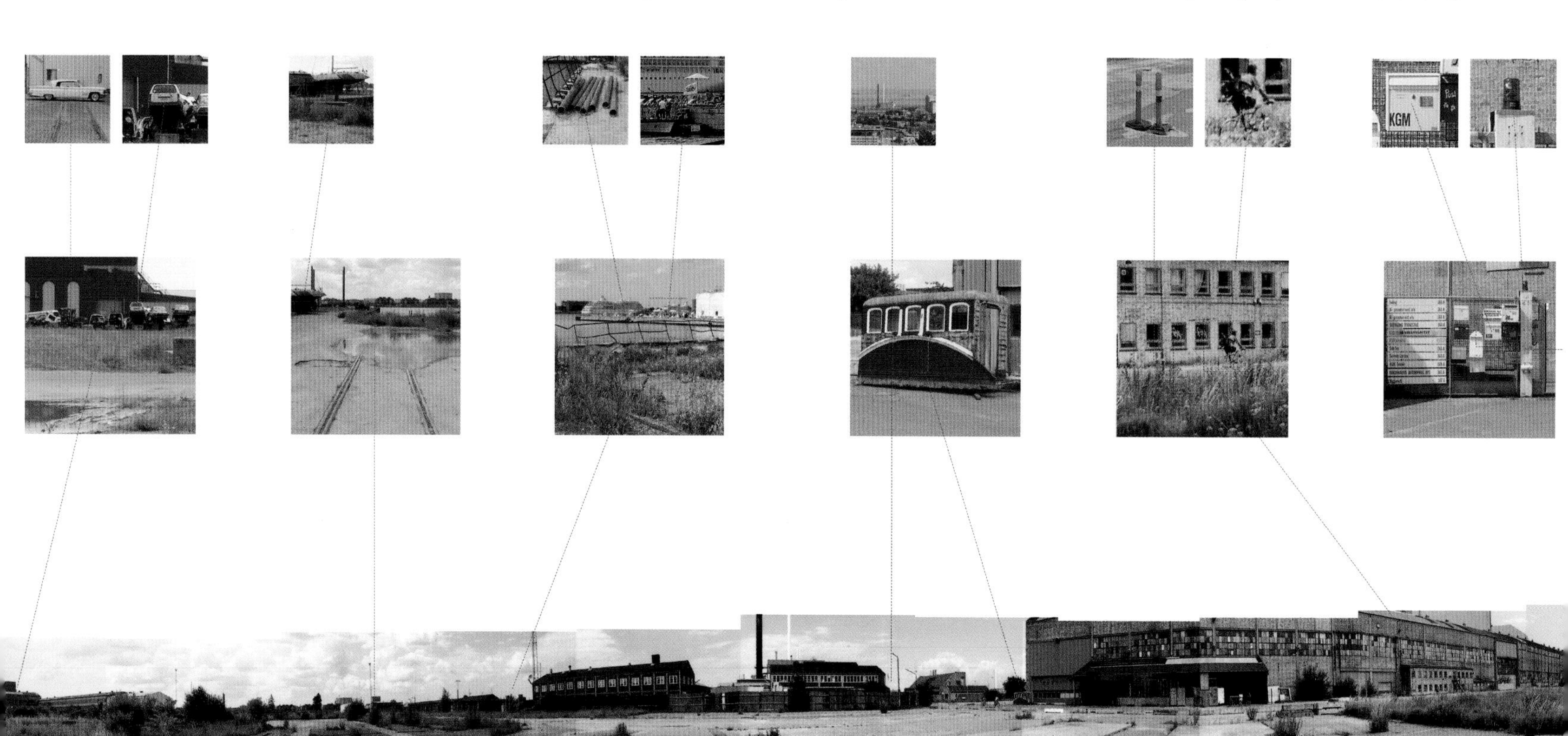

Tussenland in Kopenhagen (Öresund – Skandinavien)
Tussenland in Copenhagen (Öresund–Scandinavia)

suppliers of buttons and zips, Chinese textile companies have recently come to play a key role in the Italian fashion industry's production chain.
Organisationally, the fashion cluster in the Arno Valley is not the result of an economic strategy by the Italian government or land-use planners. On the contrary, it is the spatial product of the *famiglia*, medium-scale Italian family enterprises, and the local municipality, which has been co-operating in the economic development of the Arno Valley for centuries.
Economically, small- and medium-scale family companies constitute the economic structure of this region, which forms part of what is known as the "Third Italy," to be distinguished from the economically and industrially developed North and the agricultural South of Italy.
Morphologically, the man-made landscape of the Arno Valley is a heterogeneous formation: a kind of patchwork consisting of historic village centres and roadside villages, expanded by industrial buildings and clusters, and surrounded by fields and meadows.

Öresund–Scandinavia

Morphologically, the Öresund, the Baltic Sea strait between Denmark and Sweden, is surrounded by small- and medium-sized cities, such as Helsingør, Helsingborg, and Malmö, and the metropolitan city of Copenhagen. It is an urban landscape, with, since 2000, a new bridge over the Sund as an infrastructural link–the Öresund Bridge.
Economically, the goal of this state-financed infrastructural measure is, firstly, to create a regional image and, secondly, to promote the region's development as an economic catalyst between Scandinavia and the Baltic States.
In Öresund, Tussenland develops in the warehouses and other buildings of the former shipyards in Copenhagen and Malmö. Utilisations in Copenhagen's Christianshavn harbour have undergone fundamental changes during the last decade. This transformation started in the 1970s with the present day "Christiania"–hippies then occupying the empty warehouses and silos–and in recent years continued in the northern harbour. Tussenland has become established in the grounds of the former wharf known as Refshaleø wharf. There are artists' studios, car repair workshops with restored vintage cars and sailing boats, restaurants with lounges, cafés, and even an artificial beach to be found here.
Organisationally, the appropriation of Refshaleø wharf took a more legal course than it did in the hippy era. Artists, restaurant owners, and hobby inventors, namely *creative individuals*, concluded limited rental agreements with the owners of the disused shipyard. A concession on the part of the municipality, i.e., no planning permission, enabled the different utilisations to operate.

Holland, Brabant, Limburg–The Netherlands

In the Netherlands the think tank looked at three regions–the provinces of Holland, Brabant, and Limburg. The three Dutch Tussenlands displayed a surprising number of parallels and similarities with those in Scandinavia, Italy, and Poland.
In Holland, for example, the form of the Tussenland corresponds to that in Öresund. Both regions are subject to specific political, planning, and economic influences and controls due to the particular national importance of airport, harbour, and city. There is not much space for Tussenland here, however. Creative individuals are granted low-cost rental contracts in empty warehouses for one summer only, or for one or two years. Tussenland is therefore more marginal here and of comparatively short duration.
In Brabant, on the other hand, Tussenland is spacious and present on a permanent basis. The region is composed of large and small towns, in combination with small-scale commercial and textile industry operations, as well as agricultural land. This is a man-made landscape in the south of the Netherlands that is astonishingly similar to the Arno Valley in Italy. Neither of these landscapes is the result of planning. Rather, they have resulted from the interests

ren nationalen Bedeutung von Flughafen, Hafen und Metropole besondere politische, planerische und wirtschaftliche Einflüsse und Kontrolle. Für Tussenland ist hier nur wenig Platz. Kreative erhalten nur für einen Sommer oder ein, zwei Jahre preisgünstige Mietverträge für Räume in leerstehenden Hallen. Tussenland ist darum hier eher marginal und von vergleichsweise kurzer Dauer.
In Brabant ist Tussenland hingegen großräumig und eigentlich permanent vorhanden. Die Region wird durch große und kleine Städte in Kombination mit kleinteiligen Gewerbe- und Textilindustriebetrieben und Landwirtschaftsräumen gebildet – eine Kulturlandschaft im Süden der Niederlande, die der des Arno-Tals in Italien verblüffend ähnelt. Beide Kulturlandschaften sind kein Ergebnis von Planung. Vielmehr sind sie Resultat von Interessen lokaler Akteure, wie den Brabanter Familienunternehmen, der Katholischen Kirche und örtlichen Verwaltungen.
In Limburg befindet sich ein mit Oberschlesien vergleichbares Tussenland. Dieses ist mittelgroß und fragmentiert. In dorfähnlichen Nachbarschaften entlang der Ortsdurchfahrten bieten Limburger Bürger und Bürgerinnen als Handwerker, Autodealer, Frisöre und Versicherungsmakler ihre Dienste an. Als Reaktion auf die fehlgeschlagenen staatlichen Investitionen und Maßnahmen organisieren sie sich selbst, eignen sich Orte und Räume für ihre Bedürfnisse und Zwecke an und prägen so die Gestalt und den Gebrauch der postindustriellen Folgelandschaft.

Lernen von den Dilettanten?!

Die systematische und vergleichende europaweite Untersuchung des Phänomens Tussenland vermochte eindrücklich zu belegen, in welchem Ausmaß dieses Phänomen die zeitgenössische Raumentwicklung auf eine ebenso universelle wie gleichzeitig auch erstaunlich lokale Art und Weise prägt. Die weitgehend ungeplante und autonome Transformation von Orten und Räumen zwischen Stadt und Land durch lokale Akteure formt einander ähnliche, aber auch jeweils ganz besondere Bereiche der Stadtlandschaft.
Die Folgen dieser Raumentwicklung „von unten" sind für die europäische Architektur und Planung noch nicht ausdiskutiert, das Verhältnis der Disziplinen zu den sogenannten Dilettanten noch nicht ausreichend geklärt. Zum Beispiel die Frage, ob es nicht sehr viel produktiver werden kann oder sogar muss!?
Die Forschungsgruppe AVL hob in ihrer Studie in Richtung auf die Architekten- und Planerschaft die ungeahnten Potenziale dieser von Dilettanten erzeugten Raumentwicklung hervor: So vermag Tussenland beispielsweise durch aus Kriterien der Nachhaltigkeit zu erfüllen. Ökonomisch betrachtet ist Tussenland nicht das Produkt spekulativer Abschreibungsinteressen von internationalen Pensionsfonds, sondern Ergebnis kleinunternehmerischer Initiativen. Soziologisch betrachtet ist es nicht Erfolg „von oben" ersonnener und angebotener partizipatorischer Planung, sondern Raumentwicklung durch direkt untereinander verhandelte Bedürfnisse und Interessen. Und ökologisch betrachtet fällt der besonders sparsame Verbrauch der Ressource Raum auf.
Diese ureigenen Funktionen und die ungewohnte Gestalt von Tussenland hinterfragen die traditionellen Ästhetik- und Funktionsvorstellungen von Architektur und Planung in Europa. Die Disziplinen sind gefordert, sich hierzu neu zu positionieren. Das wird erfolgreich nur gelingen, wenn sie bereit sind, sich weniger anmaßend als produktiv und kooperativ in diese elementaren bürgerschaftlichen Raumentwicklungsprozesse einzubringen.

Anmerkung

1 E. Frijters / D. Hamers / R. Johann u.a: *Tussenland.* Ruimtelijk Planbureau Den Haag und NAi Publisher Rotterdam, 2004.

of local participants, such as Brabant family concerns, the Catholic Church, and the local administration.

In Limburg is a Tussenland comparable with Upper Silesia; it is medium-sized and fragmented. In Limburg residents offer their skills as craftspeople, car dealers, hairdressers, and insurance brokers in village-like proximity along the city's thoroughfares. In reaction to the failure of state investments and measures, they organise themselves appropriate places and spaces for their needs and purposes, and thus determine the form and the use of the post-industrial landscape.

Learning from Dilettantes?!

Systematic and comparative Europe-wide study of the Tussenland phenomenon clearly demonstrated the extent to which this phenomenon characterises contemporary land-use development in both a universal and an astonishingly local manner. The largely unplanned and autonomous transformation, by local participants, of places and spaces located between city and countryside forms urban landscape areas that resemble one another but that are also very special in their own way.

The consequences of this spatial development "from below" for European architecture and planning are still a matter for discussion, and the relationship between the disciplines and so-called dilettantism has not yet been fully clarified. For instance: whether it should be much more productive, or in fact needs to be!?

The AVL research group's study highlighted the unexpected potential of this dilettante spatial development with regard to architecture and planning: Tussenland may indeed fulfil sustainability criteria, for instance. From an economic perspective, it is not the product of speculative amortisation on the part of international pension funds but the result of small business initiatives. Sociologically, it is not the consequence of "lofty" participatory planning opportunities, but spatial development through the direct interaction of negotiated needs and interests. And, ecologically, what is evident is the especially frugal use of spatial resources. These inherent functions and the unusual form of Tussenland challenge traditional notions of the aesthetics and function of architecture and planning in Europe. These disciplines are being required to reposition themselves in this regard. They will succeed in this only if they are prepared to take a less overbearing stance as productive and co-operative partners in these basic civic spatial development processes.

Im Tussenland Kopenhagen
In Copenhagen's Tussenland

Note

1 E. Frijters / D. Hamers / R. Johann, et al.: *Tussenland.* Ruimtelijk Planbureau Den Haag and NAi Publisher, Rotterdam 2004.

ÜBER DEN DÄCHERN

Michael Rothschuh, geboren 1945, ist emeritierter Professor für Sozialpädagogik an der FH Hildesheim. Sein berufliches Interesse führte ihn auf die Elbinsel. Von seinem Wohnhochsitz in einer genossenschaftlichen Anmietung im Dachgeschoss, direkt an der Hafenrandstraße und am Zollzaun mit den Möglichkeiten einer ganz persönlichen „Webcam", hat er einen wunderbaren Ausblick auf den Bau der Elbphilharmonie, den Hafen und fast ganz Hamburg.

Ihre Beziehung zu Wilhelmsburg ist am besten mit „später Liebe" zu umschreiben ...

Ja. Ich komme ursprünglich aus Hamburg-Wandsbek, später habe ich in Hildesheim gearbeitet, ab 1998 wohnte ich wieder in Wandsbek. In Wilhelmsburg war ich 1962 kurz als Fluthelfer, später oft mit dem Fahrrad und auch als Straßenbahnschaffner unterwegs. In meiner Rolle als Dozent für Gemeinwesenarbeit war ich dann im Sommer 2000 sehr erschrocken über den Tod des kleinen Volkan nach einer Kampfhund-Attacke, aber auch über einen darauf folgenden Artikel mit der Überschrift „Hilferuf aus der Bronx".

Den haben Sie als Stigmatisierung empfunden?

So ein Prädikat wie „Bronx" wird man nicht mehr los. Mit meinen Hildesheimer Sozialpädagogik-Studenten habe ich vor Ort ein Wochenseminar durchgeführt und dabei viele aktive Menschen kennengelernt, die den Stadtteil entwickeln und zugleich ein Zeichen gegen die damals im Zusammenhang mit Schill grassierende Ausländerfeindlichkeit setzen wollten. So kam ich mit der Zukunftskonferenz 2000/2001 in Berührung, sah, mit welcher Energie die Wilhelmsburger dran blieben und sich nicht institutionalisieren ließen. Nach der Konferenz haben wir den Verein „Zukunft Elbinsel Wilhelmsburg" gegründet, damit die Energie nicht wieder verpufft.

Damit sind Sie eine besondere Spezies des Homo Wilhelmsburgiensis, weder sind Sie hier geboren noch wegen günstigerer Lebenskosten und Mieten hierher gezogen. Sie wollten einfach nur mitarbeiten, aber muss man dann auch hier wohnen?

Zunächst wollte ich das nicht unbedingt, aber mehr und mehr habe ich beispielsweise im Spreehafen beim jährlich von uns initiierten Fest diesen wunderschönen Ausblick auf Hamburg genossen – und zum Wasser hat es mich sowieso immer gezogen.

Jetzt wohnen Sie hier – an einer Bruchstelle der Hamburger Stadtlandschaft, in Wilhelmsburg, mit prächtigem Ausblick auf nahezu ganz Hamburg: Wie soll es mit den Elbinseln weitergehen?

Arbeiten und leben gehören hier in Wilhelmsburg und dem umliegenden Hafen zusammen. Man versucht zwar immer wieder, dies zu trennen, wie die neuen, hoch gesicherten Containerareale zeigen. Ich mag hingegen die unordentlichen Häfen und dort herumlaufen, Rad fahren und verweilen. Es ist ein Irrtum, wenn man wie an der Elbmeile nördlich der Elbe alles abschafft, was eigentlich das spezifische Milieu ausmachte: Heute riecht es dort nicht mehr nach angelandetem Fisch, sondern allenfalls nach Edel-Fischrestaurants.

Ist das nicht zu sentimental?

Eine Stadt geht zugrunde, wenn sie sich allein ökonomischen Prinzipien unterwirft. „Stadt als Unternehmen", diese Hamburger Strategie, funktioniert für mich nicht. Alle Städte wollen sich ja durch etwas Besonderes „vermarkten" und erhalten am Ende die gleichen Shoppingmalls, egal ob in Toronto, Lübeck oder in Hamburg. Erst die Menschen erwecken eine Stadt zum Leben und nicht kommerzielles Wachstum.

Sie glauben nicht an die Kraft des Wachstums?

Nehmen wir zum Beispiel den Verkehr. Dort entsteht für mich eine Wachstumsfalle. In der Bewerbung für „Green Capital" propagiert Hamburg aufgrund der Klimakatastrophe eine Verminderung des Straßenverkehrs, Hamburgs Verkehrsplanung für den Hamburger Süden aber geht von unaufhaltsamem Zuwachs aus. Beim Hafen prognostiziert man eine Vervielfachung des Containerumschlags. In Wirklichkeit hat der Hafen 2009 gerade mal die Umschlagszahlen von 2004 erreicht, kaum mehr als die Hälfte der Prognosezahlen. Natürlich: Wirtschaftskrise – aber diese ist ja keine Naturkatastrophe, sondern gerade das Ergebnis einer Wirtschaft und Politik des „immer mehr und mehr".

Welche Konsequenzen hat das für Wilhelmsburg?

Wenn ich eine autobahnähnliche Straße parallel zur S-Bahn-Trasse neu baue, dann hole ich den Pendlerverkehr von der Bahn zurück auf die Straße und schaffe mir ein Wachstum, das zum Beispiel für die Klimabilanz neue Probleme bringt.

Verkehrsplanung ist immer eine Planung der Annahmen ...

Jede Prognose ist eine „Wenn-dann-Aussage". Wenn man Prognosen aufstellt, dann sollte man verschiedene Szenarien untersuchen, nicht nur eines des „Weiter so" oder eines mit minimaler politischer Einflussnahme, sondern auch eines mit radikaler Steuerung. Solche werden in der Regel als „Überforderungsszenario" bezeichnet und einfach abgelegt. Wenn wir einst nicht mehr über fossile Brennstoffe verfügen, dann sind wir wirklich überfordert.

Was fordern Sie konkret für Wilhelmsburg?

In Wilhelmsburg müssen wir von einer bloßen Trassenplanung Abstand nehmen und den Verkehr so gestalten, dass er stadtverträglich ist und klimaneutral wird. Kurz: Wir brauchen ein nachhaltiges Verkehrkonzept: Vermeidung unnötigen Verkehrs durch Verbindung von Standort- und Verkehrsplanung, Verlagerung auf relativ umweltfreundliche Verkehrsträger des ÖPNV, verträgliche Abwicklung verbleibenden Verkehrs. Wenn Wilhelmsburg sich entwickeln soll, müssen endlich die Belastung durch nunmehr 70 Jahre alte Autobahnplanungen beseitigt werden; dann ist Raum für neues Denken und auch Raum für Gemeinsamkeit zwischen der Stadtplanung und den Wilhelmsburger Bürgern.

ABOVE THE ROOFTOPS

Michael Rothschuh, born 1945, is Emeritus Professor of Social Work at the University of Applied Sciences and Arts in Hildesheim. It was his professional interests that led him to the Elbe Islands. His elevated place of abode in a co-operative, rented rooftop flat, right on the Hafenrandstrasse and near the customs fence, provides him with his own personal "webcam," he has a great view of the harbour and almost the whole of Hamburg.

Your relationship to Wilhelmsburg is best described as a "late love" ...
Yes. I am originally from Hamburg's Wandsbek district; I later worked in Hildesheim and returned to Wandsbek in 1998. I was a flood helper in Wilhelmsburg for a short while in 1962, later often cycling here and also working as a tram conductor. As a lecturer in social work, I was very shocked by the death of little Volkan, who was attacked by a pit bull terrier in summer 2000 but also by a subsequent article entitled "A Cry for Help from The Bronx."

You saw that as stigmatisation?
A name like "The Bronx" sticks. I held a week-long seminar in Wilhelmsburg with my Hildesheim social work students and met a great many individuals actively involved in developing the district as well as wanting to make a stand against the rampant xenophobia at the time. This was how I came into contact with the Zukunftskonferenz (The Future Conference) 2000/2001. Following the conference, we founded the Zukunft Elbinsel Wilhelmsburg (The Future of the Elbe Island Wilhelmsburg) association in order to preserve the Wilhelmsburg residents' energy.

That makes you a special example of the Homo Wilhelmsburgiensis species; you were neither born here nor did you move here because of the cheaper rents and cost of living. But do you have to live here to be involved?
I did not necessarily want to live here initially, but I came to enjoy this wonderful view of Hamburg during the festival we started in the Spreehafen—and anyway I have always been drawn to water.

Now you live here—at a point of fracture in the Hamburg city landscape, in Wilhelmsburg, with a magnificent view of practically all of Hamburg: how are things to progress with the Elbe Islands?
Working and living belong together here in Wilhelmsburg and the surrounding harbour, although there are ongoing attempts to separate them, as is indicated by the new, high-security container area. I like untidy harbours, however; I like walking around them, cycling, and lingering. It would be a mistake to get rid of everything what has made the area so special, like in the northern arm of the Elbe. It no longer smells of freshly caught fish: at best it is redolent of up-market fish restaurants.

Is that not too sentimental?
A city that obeys economic principles only perishes. "The city as a commercial enterprise": this Hamburg strategy is not one that works for me. Of course all cities want to have a special "marketing" feature and in the end they all get the same shopping malls, be it Toronto, Lübeck, or Hamburg. It is the people who liven up a city, not the commercial growth.

You do not believe in the power of growth?
Let's take traffic, for example. That is a growth trap, to my way of thinking. In the "Green Capital" campaign Hamburg is propagating a reduction in road traffic on climate change grounds. Traffic planning for the south of Hamburg, however, is based on the assumption of inexorable growth. Growth in container turnover is the prognosis for the harbour. In reality, in 2009 the harbour only just managed to equal the 2004 turnover figures, barely half of those forecast. Of course, the economic crisis—but this is no natural disaster, it is precisely the outcome of the economics and politics of "more and more."

What consequences does that hold for Wilhelmsburg?
If I build a new motorway-like road parallel to the suburban train route, then I am taking the commuter traffic off the train and back onto the road, creating growth that brings new problems with it in terms of the carbon footprint, for instance.

Traffic planning is always the planning of assumptions ...
Every prognosis is an "if-then" statement. A variety of scenarios ought to be examined when making prognoses: not just the "more of the same" scenario or one that is subject to minimal political influence, but also a scenario involving radical controls. These are usually deemed to be "over-extension scenarios" and are simply put aside. When we no longer have fossil fuels available, that is when we will really be over-extended.

What are your concrete demands for Wilhelmsburg?
In Wilhelmsburg we need to distance ourselves from straightforward route planning and adopt traffic management that is both compatible with the city and based on carbon neutrality. In short, we need a sustainable traffic concept: the avoidance of unnecessary traffic by linking location and traffic planning, a shift to ÖPNV (local public transport) as a relatively environmentally friendly mode of transportation, and a compliant approach to the remaining traffic. The burden of motorway planning that is now 70 years old has to be removed if Wilhelmsburg is to develop; then there will be room for rethinking and also scope for common ground between the urban planners and the Wilhelmsburg residents.

AUF DEN STRASSEN VON WILHELMSBURG

Hans W. Maas, 58 Jahre alt, ist ausgebildeter Diplomingenieur für Fahrzeugtechnik und aktiver Taxifahrer. Er gehört zum harten Kern jener partizipierenden Wilhelmsburger, die sich für eine eigene und spezifische Verkehrsplanung der Elbinseln einsetzen.

Sie sind Harburger und haben Fahrzeugbau studiert, fahren Taxi, das ist sozusagen die natürliche Weise, sich mit Verkehrsfragen zu beschäftigen ...

Ich bin kein Harburger, ich musste als Kind mit meiner Familie dorthin ziehen. Aber von daher kenne ich die Harburger und ihre Sicht auf die Dinge. Zu Beginn meines Studiums habe ich den Taxischein gemacht, später den Niedergang des Gewerbes erlebt und mich ab Ende der 1990er Jahre für das Taxigewerbe engagiert. Dazu brauchte ich Wissen über Verkehr. So kam ich zur Landesarbeitsgemeinschaft Verkehr der GAL (Grün-Alternative Liste), wo man hingehen kann, ohne Parteimitglied zu sein. Eines Tages stand dort dann der Schellfischtunnel auf der Tagesordnung, eine stillgelegte Schienenverbindung vom Bahnhof Altona runter zum ehemaligen Altonaer Fischereihafen. Es ging darum, den Tunnel wieder zu beleben. Über diese Frage stieß ich auf das Thema „Innovative Transportsysteme" und das wiederum führte zu einer Einladung der Zukunftskonferenz Wilhelmsburg. Das hat mich begeistert, da wollte ich mitmischen und so bin ich in Wilhelmsburg gelandet.

Und haben Sie etwas erreichen können?

Ja. Wir haben die Hafenquerspange im Norden verhindert, weil man allein durch den geschickten Umbau einer Kreuzung die ewigen Staus auf der Brücke beseitigen konnte. Danach war die HQS-Nord sozusagen klinisch tot.

Sie zählen zu den Befürwortern der neuen Autobahntrasse parallel zur und direkt neben der Nord-Süd-Magistrale ...

Das ist keine neue Autobahn, sondern im wahrsten Sinne des Wortes eine reine Verlegenheitslösung. Immerhin kann ich mit dieser Lösung Schäden und Störungen abmildern, wenn ich zwei Verkehrsstränge, die bisher in 400 Meter Entfernung verlaufen, zusammenlege. Danach tut es nur noch halb so weh, aber es schmerzt natürlich immer noch. Ich denke aber, dass man mit einem anständigen Lärmschutz einiges erreichen kann. Das Ziel war, ist und bleibt eine Reduzierung des Lärms.

Welches ist Ihr Fernziel für Wilhelmsburg?

Ich hoffe sehr, dass im Rahmen des kooperativen Planungsprozesses über innovative Verkehrssysteme nachgedacht wird: Was bauen wir, wann und wie, so dass man es auch noch in 30 Jahren nutzen kann?

Ein konkretes Beispiel?

Der Deckel in Wilhelmsburg-Mitte auf Höhe des Bahnhofs. Wenn dort eine Fläche für Busse, Pkw und Fußgänger über der neuen Reichsstraße und der alten Bahntrasse entsteht, dann sollte man den Deckel so bauen, dass man ihn später relativ einfach für eine neue automatisierte Variante des Eisenbahnverkehrs umrüsten kann. Der Deckel kostet bei einer Breite von 70 Meter übrigens auch nicht viel mehr als die jetzt dort vorgesehene neue Brücke.

Und genereller?

Ich wünsche mir, dass die IBA endlich das riesige Potenzial des Themas Verkehr vor Ort entdeckt und dieser neuen Technik hier eine Plattform bietet, damit die Besucher der IBA/igs 2013 sehen, was heute bereits alles möglich ist. Die Mobilität der Zukunft wird schätzungsweise so aussehen, dass die Autos elektrisch angetrieben werden und automatisiert fahren können. An Kreuzungen werden die Fahrzeuge computergestützt koordiniert, statt anzuhalten und wieder anzufahren. Das macht das Fahren komfortabler und spart Energie. Und wir kommen so – trotz niedrigerer Höchstgeschwindigkeiten – zu kürzeren Reisezeiten.

Wie hoch sind diese Geschwindigkeiten?

40 km/h. Schon mit konstant 30 km/h fährt man in der Stadt den alten Systemen davon, selbst nachts, wenn die Straßen frei sind. Die neuen Fahrzeuge machen auch kaum noch Geräusche, verursachen keine Abgase. Und das sogenannte ACC (Adaptive Cruise Control), das ja bereits in einige Serienfahrzeuge eingebaut wird, kann im Prinzip den Sicherheitsabstand zum „Vordermann" soweit reduzieren, dass man in dessen Windschatten fährt. Das spart dann richtig viel Energie. Die Technik des automatisierten Fahrens ist entwickelt, siehe Containerterminal Altenwerder. Beim Personenverkehr geht es demnächst los, drei Systeme stehen kurz vor der Marktreife. Was dann fehlt, sind geeignete Straßen. Wir brauchen jetzt Visionen, Wege in die Zukunft.

ON THE STREETS OF WILHELMSBURG

Hans W. Maas, fifty-eight years old, is a qualified automotive engineer and works as a taxi driver. He is part of the hard core of pro-active Wilhelmsburg residents campaigning for traffic planning specifically for the Elbe Islands.

You are from Harburg, you studied automotive engineering, and you drive a taxi—a natural means of addressing traffic issues, one might say ...
I was not born in Harburg: I moved there as a child with my family. But it does mean that I know the Harburg residents and their way of thinking. I got my taxi licence when I became a student. I later came to experience commercial misfortune and have been involved in the taxi business since the end of the 1990s. At that time I needed more traffic knowledge and that brought me into contact with the GAL (Green-Alternative List) regional traffic working group, whom you can approach without having to be a member. One day their agenda included the "Shellfish Tunnel", a disused railway link from the Altona railway station down to the former Altona fishing harbour. The revival of the tunnel was the issue, which brought me to the subject of "Innovative Transport Systems" and that in turn led to an invitation to attend the Zukunftskonferenz Wilhelmsburg (The Future of Wilhelmsburg Conference). That really motivated me, I wanted to get involved, and so I ended up in Wilhelmsburg.

And have you been able to achieve anything?
Yes. We have prevented the harbour link arm in the north because the never-ending traffic jams on the bridge can be overcome by the skilful conversion of an interchange. The northern harbour link arm was then clinically dead, so to speak.

You are among those in favour of the new motorway parallel to and directly adjacent to the north-south thoroughfare ...
That is not a new motorway but purely a stop-gap solution in the truest sense of the word. Nevertheless, this solution can reduce damage and disruption by merging two traffic routes that previously ran 400 metres apart from each other. It will hurt only half as much after that, but will still be painful, of course. I do think, however, that progress can be made by using decent noise barriers. The goal was, is, and remains the reduction of noise levels.

What is your long-term goal for Wilhelmsburg?
I very much hope that the scope of the co-operative planning process will include the consideration of innovative traffic systems: what are we going to build, when, and how, so that it can still be used in thirty years' time?

A concrete example?
The covering near the railway station in the centre of Wilhelmsburg. If this were to be made into a crossing for buses, cars, and pedestrians over the new Reichsstrasse and the old railway line, then the covering ought to be built in such a way that it can later be converted relatively simply into a new, automated version of rail traffic. At a width of seventy metres, the covering would not cost much more than the new bridge planned for there, by the way.

And more generally?
I hope that the IBA will finally identify the huge potential of the traffic issue locally and provide a platform for new technology here so that visitors to the IBA/igs 2013 can see everything that is possible today. Future mobility will probably mean electric-powered cars that are able to drive on automatic. At interchanges the vehicles will be co-ordinated by computer instead of stopping and starting. That makes driving more comfortable and saves energy. And we will have shorter journey times—despite lower speed limits.

How high are these speed limits?
Forty kilometres per hour. Even at a constant thirty kilometres per hour in the city you are ahead of the old systems, even at night, when the roads are empty. The new vehicles will also make hardly any noise at all, will not produce any exhaust fumes. And, in principle, the so-called ACC (Adaptive Cruise Control) that is already being built into a number of serially produced vehicles can reduce the distance between you and the car in front of you to such an extent that you are travelling in the slipstream. That saves a great deal of energy. Automated driving technology has already been developed: see the Altenwerder container terminal. Public transport will be next; there are three systems about to become ready for the market. What will then be lacking are the right roads. What we need now is vision, roads to the future.

Metrozonen sind wesentliche Stadtbausteine. Ein Kaleidoskop metropolitaner Milieus: Paris ohne Eiffelturm ist nicht Paris? Erkundungen in den Banlieus offenbaren das Gegenteil: spezifischen urbanen Reichtum (Boris Sieverts). Metrozonen bieten dem Leben aneignungsfähigen Raum: Menschen nehmen sich ihr Recht auf Stadt, in Istanbul, Kolkata, São Paulo, im Ruhrgebiet oder in Hamburg, überall werden alltäglich Lebenswelten improvisiert und weiterentwickelt. Die Mobilität weitet die urbanen Lebensräume aus, auch Transiträume sind Metrozonen (Olaf Bartels, Christopher Dell, Thiago Guimarães, Dorothee Rummel, Bernd Upmeyer und Dirk Meyhöfer). Mobilität verändert auch Aneignung und Gebrauch öffentlicher Räume und öffentlich zugänglicher Zwischenräume (Hille von Seggern). Erfahrung bekommt wieder ihren engeren Sinn: durch Bewegung erkennen, mit Wissen von Orten verknüpfen – der Streifzug als Methode (Martin Kohler). Metrozonen brauchen diese Empathie, das Sich-auf-Beobachtungen-einlassen, Neugier und Offenheit – Grenzüberschreitungen also (Klaus Overmeyer). Zum Beispiel auch für einen Besuch der „Akademie einer anderen Stadt" oder der Kunst im Randgebiet (Ute Vorkoeper). Mithilfe von Collagen kann man versuchen, die Vielfalt urbaner Lebenswelten in Metrozonen einzufangen: Bausteine für einen Metrozonenplan (Jochim Schultz, Jorg Siewecke). Bruchstücke freilich: Individuelle Anschauung und, noch einmal, Erfahrungen eröffnen immer wieder neue Dimensionen und neue Räume, zum Beispiel wenn die Er-Fahrung eine Kanufahrt ist (Stefan Rogge).

Metrozones are key urban building blocks, a kaleidoscope of metropolitan milieus: Paris without the Eiffel Tower is not Paris? A discovery tour of the banlieus reveals the opposite: a specifically urban richness (Boris Sieverts). Metrozones provide spaces suitable for appropriation: people exerting their right to the city. In Istanbul, Kolkata, São Paulo, in the Ruhr area, or in Hamburg, everywhere living environments are being improvised and further developed on a daily basis everywhere. Mobility is expanding urban living space; transit spaces are also metrozones (Olaf Bartels, Christopher Dell, Thiago Guimarães, Dorothee Rummel, Bernd Upmeyer, and Dirk Meyhöfer). Mobility is also changing the appropriation and use of public spaces and publicly accessible transit spaces (Hille von Seggern). Experience is regaining its narrower meaning: recognition through movement, linked with a knowledge of places—walking tours as a method (Martin Kohler). Metrozones need this empathy, this openness to observations, curiosity and receptiveness—crossing boundaries, in other words (Klaus Overmeyer). For a visit to the "Akademie einer anderen Stadt" ("Academy of Another City"), for instance, or art on the periphery (Ute Vorkoeper). Collages can be used to try to capture the diversity of urban living environments in metrozones: building blocks for a metrozone plan (Jochim Schultz, Jorg Siewecke). Fragments, of course: individual perspectives and, again, experience repeatedly open up new dimensions and new spaces, such as when the experience is a canoe trip (Stefan Rogge).

BEOBACHTUNGEN
Wie sich das Leben in den Städten einnistet

OBSERVATIONS
How Life Implants in Cities

BORIS SIEVERTS

Die Wiederentdeckung einer Stadt

Unterwegs in Groß-Paris

Meine erste Freundin ging als Aupair nach Paris. Ich habe sie ein paarmal dort besucht, im 16. Arrondissement. Ich musste den Dienstbotenaufgang nehmen, Besuch war erlaubt, aber zu Gesicht sollte ich niemandem kommen. Tagsüber, wenn sie arbeiten musste, habe ich versucht, die Zeit in der Stadt herumzubringen. Später strandete ich auf der Durchreise immer wieder in Paris. Meine Erinnerungen an die Stadt aus diesen Jahren bestehen hauptsächlich aus Details: Straßenmobiliar, Wandnischen, Hauseingänge, Parktore, Metroschilder. Ich war in einer Stadt, die ihre Bewohner, oder jedenfalls jene, die ich beim Reisen per Anhalter und bei meinen flüchtigen Aufenthalten kennenlernte, nicht mochten. Stattdessen träumten sie von einem Leben auf dem Land. Ihre Wohnungen waren winzig und sie mussten wahnsinnig früh aufstehen, um zu einer normalen Uhrzeit bei der Arbeit zu erscheinen. In der Metro habe ich versucht, Blicke einzufangen: ohne Erfolg. Mit Paris war ich bald durch. Eine Stadt, die ihre Bewohner nicht wahrnahmen und die ihnen so wenige Entfaltungsmöglichkeiten bot, interessierte mich nicht. Paris wurde mir zum Inbegriff des musealisierten, zum Postkartenklischee erstarrten Abziehbildes einer Metropole, deren Realität an einem Ort war, den keiner zu kennen schien.

Neuer Blick

Später begann ich mit Versuchen, meinen mittlerweile zur Heimat gewordenen Wohnort Köln zunächst mit dem Fotoapparat, dann mit Beschreibungen und Führungen großräumlich, das heißt in einer landschaftlichen Dimension, zu erfassen und darzustellen. Dann folgte, als die große menschgemachte Landschaft in der Nähe, das Ruhrgebiet. Mit der Erfahrung dieser beiden Ballungsräume im Kopf kehrte ich nach Jahren, abermals auf der Durchreise, nach Paris zurück. Die Fahrt führte, über den Boulevard Périphérique, von der Porte de la Chapelle zur Porte d`Orléans. Man sah entweder nichts, weil die Straße kreuzungsfrei in Tieflage verlief, oder aber sehr weit, weil sie, ebenfalls kreuzungsfrei, aufgeständert war. Und in diesen panoramaartigen Sequenzen fiel mein Blick auf ein unendlich weites Meer aus einander ähnlichen, aber nie gleichen, offenbar in Eigenleistung gebauten Einfamilienhäuschen, kleinen Hochhäusern, größeren Hochhäusern, kleinen und mittelgroßen Fabriken, Sportplätzen, Hochstraßen wie jener, auf der ich gerade fuhr, bebauten und unbebauten Hügeln, Wassertürmen, kleinen, ummauerten Hausgärten, spärlich bewachsenen Brachflächen, Gemüsefeldern und Obstplantagen. Da habe ich laut gesagt: Irgendwann mache ich auch einmal eine Führung durch dieses Paris. Dieses Paris, das man sieht, wenn man vom Périph' stadtauswärts blickt. Dessen Bauten und Landmarken einem niemand benennen kann. Das so dörflich aussieht und bis zum Horizont reicht. In dem vier Fünftel aller Pariser und ein Sechstel aller Franzosen leben. Ich kannte Frankreich im Wesentlichen aus der Provinz und die kannte ich gut. Das hier schien wie eine riesige, verdichtete Provinz. Und war deshalb etwas ganz anderes und auch wieder nicht.

Unten: Le Blanc-Mesnil
Below: Le Blanc-Mesnil
Rechts: Parc Marcel Cachin in Saint-Denis
Right: Parc Marcel Cachin in Saint-Denis

BORIS SIEVERTS

Rediscovering a City

Out and About in Greater Paris

Paris ohne Eiffelturm

Als ich mit den Recherchen für die Führung „Drei Tage Paris ohne Eiffelturm" begann, stellte ich fest, dass das, was ich zunächst alles für Paris gehalten hatte, in zahlreiche Klein- und Mittelstädte zerfällt, deren Einwohnerzahlen von mehreren Zehntausend bis knapp 400.000 reichen und deren Grenzen zu Paris jeweils an der Außenseite des Boulevard Périphérique oder wenige Meter davon entfernt beginnen (das ist so, als wenn die Kölner Stadtteile Nippes, Ehrenfeld, Sülz, Lindenthal, Deutz, Niehl usw. allesamt eigene Bürgermeister und Stadtverwaltungen hätten). Zwischen diesen Städten lagen häufig Täler, Anhöhen, Kanäle, die Seine oder eine Autobahn.
Was vom Boulevard Périphérique aus wie eine, zwar amorphe, aber doch durchgängige Masse ausgesehen hatte, hatte tatsächlich einen schwer durchschaubaren Rhythmus aus gemischten städtischen Quartieren mit ihren typischen kleinen Geschäftszentren aus Postbüro, Schreibwarenladen und Bistro, aus Siedlungen des sozialen Wohnungsbaus, Appartementgebäuden, offenen und umzäunten Einfamilienhausgebieten, aufgelassenen Kreidesteinbrüchen, Shoppingmalls, Stellplätzen für die Wohnwagen von Sinti und Roma, maroden Industriegebieten, Befestigungsanlagen aus dem 19. Jahrhundert (in denen entweder die Polizei oder das Militär einquartiert waren), improvisierten Hütten von Obdachlosen, verstreuten Gewerbegebieten an den Ausfallstraßen und immer wieder aufgegebenen oder noch bewirtschafteten Gemüsegärten, Weinfeldern und Obstplantagen: Eine Patchworklandschaft par excellence, über deren Muster sich wohl kaum jemand je Gedanken gemacht hat, da die einen nur jeweils bis zur Grenze ihrer Kleinstadt planen und denken, während die anderen, im fernen Paris, in weitgehender Unkenntnis der tatsächlichen Gegebenheiten nur in sehr groben und pauschalen Zügen über dieses Riesengebilde denken und sprechen können (die einzigen, die so etwas wie einen Überblick zu haben scheinen, sind die Verkehrsplaner: Ihre großen Bauwerke durchkreuzen das Gebiet mit einer Entschlossenheit, die suggeriert, dass es hier einen Anfang und ein Ende oder zumindest eine klare Hierarchie der Ziele gäbe ...).

Flickenteppich

Betrachtet man Großparis wie eine Stadt, so ist es inkohärent, ineffektiv und ungerecht. Betrachtet man Großparis wie eine Landschaft, so ist es das faszinierendste und ästhetisch nachhaltigste städtische Gebilde, das ich kenne: Eine Vielzahl von unabgestimmten Teilplanungen wird überlagert von den großen Systemplanungen eines zentralistischen Staates. Unter alledem liegt eine bewegte Topografie, die von der großen Ebene mit Kanal über bewegtes Hü-

Links: Steinbruch in Gagny
Left: Stone quarry in Gagny
Unten: La Courneuve, Cité des 4000
Below: La Courneuve, "city of 4000"

My first girlfriend went to Paris as an au pair. I visited her there, in the 16th arrondissement, a couple of times. I had to use the service entrance—visitors were allowed but nobody was to have sight of me. During the day, when she had to work, I tried to pass the time in the city. Later, I was often stranded in Paris in transit. My memories of the city from this time consist mainly of details: street furniture, alcoves, entrances, park gates, Métro signs. I was in a city that was not liked by its residents, at least not by those that I met while hitchhiking and during my brief sojourns. They dreamt of a life in the country instead. Their apartments were tiny and they had to get up incredibly early in order to make it to work for the normal time. I tried to catch people's eye in the Métro, without success. I was soon done with Paris. A city that went unheeded by its residents and that offered them so little in the way of opportunities for self-fulfilment was of no interest to me. For me, Paris became in essence a museum, a postcard cliché, the frozen image of a major city, its reality in some place that nobody seemed to know.

Unten und rechts: La Courneuve, Cité des 4000
Below and right: La Courneuve, "city of 4000"

A New Perspective

I later began attempts at capturing and presenting the city that had since become my home—Cologne—initially using a camera, and then with descriptions and guides at a metropolitan level, i.e., with a landscape dimension. Then came the Ruhr, the largest man-made landscape nearby. I returned to Paris years later, again in transit, with the experiences gained in these two conurbations in my mind. The journey took me via the Boulevard Périphérique, from Porte de la Chapelle to Porte d'Orléans. You either saw nothing as the road was situated underground, free of interchanges, or you were able to see for a great distance because the road was elevated, again free of interchanges. And in these panorama-like sequences what caught my eye was an endless sea of similar, but never identical, diminutive, single-family homes, clearly built with private funds, mini high-rises, larger high-rises, small- and medium-sized factories, sports fields, flyovers like the one I was travelling along, built-up and non-built-up hills, water towers, small walled gardens, sparse wasteland vegetation, vegetable plots, and orchards. That's when I said out loud: one of these days I am going to take a tour through this Paris. This Paris, the one you see when you look towards the city outskirts from the Périph'; with its buildings and landmarks that nobody would be able to tell you the names of. That looks so village-like and extends as far as the horizon. Where four-fifths of all Parisians and one-sixth of all the French live. What I knew was largely provincial France and I knew it well. What was

gelland bis zum höhlendurchsetzten Steilhang mit darunter liegendem Tal reicht. Das ganze ist kein Großstadtdschungel, kein undurchdringliches Labyrinth, dafür ist es zu lose gestrickt. Oder eigentlich nicht gestrickt, sondern eher aus Stücken (von denen einige gestrickt sind) zusammengefügt. Ein Quilt? Auf jeden Fall ein Flickenteppich, in den all das eingearbeitet wird und wurde, was in der musealisierten Metropole keinen Platz fand oder aus ihr verdrängt wurde: Deponien, Bürotürme, Autobahnen, die Aufständischen der Pariser Kommune, Industriearbeiter aus den Kolonien, Italien und Portugal, *pieds noirs*, junge Familien, drei Flughäfen, Einkaufszentren, Villenviertel, ein Großmarkt ... Diese Gegend hat all das aufgenommen, verdaut, in sich eingenäht, mit losen Fäden und offenen Enden. Dabei wurde ihre Oberfläche immer größer und das nicht nur durch Ausdehnung, sondern ganz wesentlich auch durch das Entstehen immer neuer innerer Ränder, dort, wo die Dinge unvermittelt aneinanderstoßen: die Hochhaussiedlung an den Steinbruch, die Gartenstadt an den Flughafen, das militärische Sperrgebiet an das Einkaufszentrum, die Mülldeponie an die Gated Community an Gemüsefelder.

Urbaner Reichtum

Es sind diese Ränder, Übergangszonen, Zwischenräume und ihre unvorhersehbaren Konstellationen, die dieser Landschaft das an Spannung und szenischem Reichtum verleihen, was ihr an Kohärenz fehlt. Und an denen sich immer wieder die großen Epen von Paris, Frankreich, der Moderne insgesamt erzählen lassen. Hier stoßen Stadt und Land, Industriemetropole und bürgerliche Kleinstadt, Hauptstadt und Provinz, Kolonialstaat und Kolonien, Privatsphäre und öffentlicher Raum, System und Ort in so mannigfaltigen und ungefügten Situationen aufeinander, dass man aus dem Staunen nicht herauskommt. Es ist wie ein großer, dramatischer Text, der einem um die Ohren gehauen wird. In ihn eingebettet sind die Geschichten all jener, die an diesen Rändern das suchen, was ihnen nebenan verwehrt wird, wofür andernorts kein Platz ist, was sie sich sonst nicht leisten könnten oder nicht trauen würden: Paris außerhalb des Boulevard Périphérique ist voller solcher überraschender Freiheiten. Man findet sie an den zahlreichen Nahtstellen, den losen Enden, offenen Rändern, Verschnittflächen und Zwischenräumen. Ihr Verhältnis zur „ordentlichen" Stadt ist vielschichtig: Sie halten ihr den Spiegel vor, entlasten sie, halten die Erinnerung an ihre Entstehungsbedingungen wach und schärfen, beim Hinübertreten vom Einen ins Andere, den Blick für das Wesentliche. Sie sind unverzichtbarer Bestandteil, ja sogar Schlüsselmoment einer Agglomeration, die zu groß, zu komplex und zu widersprüchlich ist, als dass sie eine stringente Geschichte oder einen einfachen Sinn vermitteln könnte, die

Links: Montmagny
Left: Montmagny
Unten: Pantin, in der Nähe der Route de Noisy
Below: Pantin, close to the Route de Noisy

here appeared to be a huge, dense province. And it was therefore something entirely different and yet no different at all.

Paris without the Eiffel Tower

When I began researching the guided tour "Three Days of Paris without the Eiffel Tower," I realised that everything that I had initially considered to be Paris has in fact disintegrated into numerous small- and medium-sized towns, their populations ranging from tens of thousands to almost 400,000 and their respective boundaries with Paris beginning outside the Boulevard Périphérique, or just a few metres away from it. (This would be as if the Cologne districts of Nippes, Ehrenfeld, Sülz, Lindenthal, Deutz, Niehl, etc. were all to have their own mayors and local governments.) Between these towns there were often valleys, hills, canals, the Seine, or a motorway.
What, from the Boulevard Périphérique, had looked like an amorphous yet continuous mass did in fact have its own complex rhythm comprising a mix of urban neighbourhoods with their typical small business centres made up of post office, stationer's and bistro, of social housing estates, apartment buildings, open and fenced single-family home areas, open chalk quarries, shopping malls, caravan parks for the Sinti and Roma, run-down industrial areas, nineteenth-century fortresses (that housed either the police or the military), the improvised shacks of the homeless, scattered commercial areas along the arterial roads, and every now and again abandoned or still cultivated vegetable gardens, vineyards, and orchards: a patchwork landscape par excellence. Hardly anyone had ever given a thought to its patterns because the local administration only ever plans and thinks as far as the boundary of their own small town, while, on the other side, in faraway Paris and largely unaware of the actual circumstances, the capital's authorities are able to think and speak only in very general terms about this giant entity. (The only ones who seem to have anything resembling an overview are the traffic planners: their huge constructions crisscross the area with a resolve that might have you think there was a beginning and an end here, or at least a distinct hierarchy of goals ...).

A Patchwork Quilt

If you view Greater Paris as a city, then it is one that is incoherent, ineffective, and unjust. If you view Greater Paris as a landscape, then it is the most fascinating and aesthetically sustainable urban entity I know: a multitude of incongruous partial plans overlapped by the large-scale system planning of a centralised state. Beneath all of that lies a dynamic topography extending from the expansive plain with the canal via an undulating landscape through to the many caves of the steep slopes and the valley below them. The whole thing is no city jungle, no impassable labyrinth; it is too loosely knitted for that. Or, in fact, not knitted at all and, rather, a combination of pieces (some of which are knitted). A quilt? Certainly a rag rug incorporating everything that the museum metropolis had no space for or forced out: refuse dumps, office towers, motorways, the Paris commune insurgents, factory workers from the colonies, Italy and Portugal, *pieds noirs*, young families, three airports, shopping centres, exclusive residential enclaves, a wholesale ... This

Unten: Pantin, Rue Hoche
Below: Pantin, Rue Hoche
Mitte: Rosny Sous Bois, am Boulevard de la Boissière
Center: Rosny Sous Bois, at Boulevard de la Boissière
Rechts: Friedhof in Montreuil
Right: Cemetery in Montreuil

einen aber beständig mit Versatzstücken von Geschichte, Bedeutung, Sinn beschießt. Nur da, wo die Versatzstücke zusammenstoßen, können neue Zusammenhänge und Interpretationen des Ganzen entstehen oder auch einfach nur die Lücken klaffen, in denen die Unbestimmtheit ihre Stelle bekommt.

So ist die Pariser *Banlieue* vielerorts weder Stadt noch Land, weder Industriedorf noch modernes Dienstleistungszentrum, weder Algerien noch Schwarzafrika noch Mitteleuropa. Die ungewöhnlich engmaschige Durchwachsenheit in den Maßstäben, den Baustilen, den räumlichen Nutzungen und ihrer Abwesenheit, in den Ethnien und den gesellschaftlichen Milieus, hat, auch und gerade an den jeweiligen Rändern, neue Raum- und Gesellschaftstypologien entstehen lassen. Es ist diese spezielle Üppigkeit (die in letzter Konsequenz dann auch die Stadt innerhalb des Périph' als „gute Stube" miteinbezieht), die um ein Vielfaches wahrhaftiger, schöner und auch bereisenswerter ist als die gängigen Abziehbilder von Paris.

Links: Les Murs à Pêches in Montreuil
Left: Les Murs à Pêches in Montreuil
Unten: Blick auf die Cité La Noue, auf dem Plateau von Montreuil
Below: View of the Cité La Noue, on the Montreuil Plateau
Rechts: Sarcelles, „Les Grandes Vacances"
Right: Sarcelles, "Les Grandes Vacances"

area has absorbed all of this, digested it, and sewn it into itself with loose threads and open ends. In the process, the surface has continued to grow, not only in terms of expansion, but also in substance with the ongoing development of new inner peripheries at places where the elements come into direct contact: the high-rise housing estate at the quarry, the garden city at the airport, the restricted military area at the shopping centre, the refuse dump at the gated community at the vegetable plots.

Urban Prosperity

It is these peripheries, transition zones, in-between spaces, and their unforeseeable constellations, that give this landscape the energy and scenic wealth that compensate for its lack of coherence. And that, time and again, tell the epic tales of Paris, France, modernism. It is here that urban encounters rural, the industrial city the middle-class small town, the capital the province, the colonial power the colonies, the private sphere the public realm, the system the place, in situations so diverse and incongruous they simply leave you astounded. It is like a giant dramatic text boxing your ears. Embedded within it are the stories of all of those who, here in these peripheries, seek what is denied them next door, for which there is no place elsewhere, what they would not otherwise be able to afford, or would not dare to do: Paris beyond the Boulevard Périphérique is full of such surprising liberties. They are to be found at the many joints, loose ends, open edges, misfit patches, and in-between spaces. Their relationship to the city "proper" is multifaceted: they hold a mirror up to it, disburden it, keep the memory of its origins alive and, through the crossing from one to the other, direct attention to the essentials. They are the indispensable components, the pivotal moments even, of an agglomeration that is too large and complex and contradictory to tell a stringent story or to make a simple sense, but which goes on constantly dishing up set pieces of history, significance and meaning. It is only where the set pieces clash that new contexts and interpretations of the whole arise or else gaps are formed, making way for explicit indeterminacy.

In many places, therefore, the Paris banlieue is neither city nor countryside, neither industrial village nor modern service centre, neither Algeria nor black Africa nor Central Europe. The unusually close meshing of dimensions, building styles, ethnic an social milieus, spatial utilisations and the lack thereof, has brought about new spatial and social typologies at the respective peripheries. This very abundance (that ultimately also incorporates the city within the Périph' as something like "the parlour") is considerably more authentic, more appealing, and also more worth visiting than the usual superficial images Paris offers.

OLAF BARTELS

Gottvertrauen und menschliche Tatkraft

Beharrungsvermögen versus Quartiersaufwertung in Istanbul-Karaköy

Der Persembe Pazarı, der Donnerstagsmarkt, bildet den Abschluss des Istanbuler Stadtteils Karaköy zum Goldenen Horn. Von der Kloschüssel bis zum Schwingschleifer, vom Abflussrohr bis zur einzelnen Schraube lässt sich hier alles erwerben, was das Handwerker- und das Heimwerkerherz begehrt. Bevölkert wird dieses Quartier vor allem von Handwerkern und Kaufleuten, die standhaft eine Umsiedlung in große, eigens für sie am Stadtrand eingerichtete Werkstättenkomplexe verweigert haben, mit der die Stadtverwaltung die Voraussetzung schaffen wollte, diesem Gebiet ein neues Gesicht zum Goldenen Horn zu geben.
Das oberhalb des Quartiers gelegene Bankenviertel von Karaköy erlebt derzeit eine Umwandlung von einem Finanz- zu einem Kulturzentrum. Aus den alten Bankgebäuden entsteht ein Museum nach dem anderen, und noch weiter oberhalb am Galataturm hat ein Aufwertungsprozess die Werkstätten und Arbeiterhotels vertrieben, die sich in den Altbauwohnungen eingerichtet hatten und die nun wieder großzügiger und mondäner bewohnt werden als je zuvor.
In den *Hans*, den alten Karawansereien, die das Quartier direkt am Goldenen Horn seit Jahrhunderten prägen, haben sich Handwerker und Händler feste, aber auch provisorisch anmutende Geschäfte eingerichtet, streng nach den angebotenen Produkten sortiert: Die Schraubenverkäufer haben ihren Bereich, die Verkäufer von Rohren und Armaturen, die Werkzeughändler. Sie haben sich am Rand des Zentrums Schritt für Schritt, Generation für Generation angesiedelt und etabliert. Ihre Nachbarschaft bildet eine starke soziale Gemeinschaft. Wer neu dazukommt, wer eine neue Existenz gründen will, der hat es nicht leicht, auch wenn er persönlich willkommen ist.
Ali Kilavuz ist dieses Wagnis vor einigen Jahren eingegangen und hat sich am Rande des Persembe Pazarı in einer Gasse einen Arbeitstisch für seine Glas- und Plexiglasarbeiten aufgestellt. Er bietet den Zuschnitt und die Gravur von Glas und Spiegeln sowie von einfachem, aber auch von farbigem Plexiglas an. Das Material steht neben seinem Arbeitstisch oder darauf oder es lehnt an der Wand. Irgendwann hat ihm die Telefongesellschaft einen Anschluss freigeschaltet, über den ihn seine Kunden direkt am Arbeitsplatz anrufen können. Heute hat er ein Mobiltelefon, aber der Festnetzapparat hängt noch an der Wand – direkt neben einem gläsernen Schild, auf dem geschrieben steht, dass es stets Gottes Wille sei, der geschehe.
Ali hat in seine Mitmenschen großes Vertrauen. Wenn er Feierabend hat, lässt er alles stehen und liegen, wie es ist. Aber wenn er am nächsten Morgen wiederkommt, liegt auch alles noch so da, wie er es verlassen hat. Mittlerweile haben sich andere Handwerker in der Gasse niedergelassen. Es gibt einen weiteren Anbieter für Plexiglasarbeiten und ein Schuhmacher hat auch Quartier gefunden. Die wachen Augen seiner Nachbarn helfen Ali. Er kommt bei jedem Wetter zur Arbeit, nur dann nicht, wenn es schneit oder an hohen Feiertage. In ihrer Gemeinschaft haben es die Handwerker geschafft, aus dieser Randlage einen florierenden Ort zu machen, der nur bedroht ist, wenn die Welle der Quartiersaufwertung vom Hügel des Galataturms bis an das Ufer des Goldenen Horns herunterschwappt.

OLAF BARTELS

Faith in God and Human Endeavour

Tenacity versus Neighbourhood Revival in Istanbul's Karaköy District

The Persembe Pazarı—Thursday market—marks the end of Istanbul's Karaköy district on the Golden Horn. Everything the handyman or the do-it-yourself fan might wish for is to be found here, from toilet bowls to orbital sanders, from drainpipes to single screws. This neighbourhood is inhabited largely by artisans and traders who have firmly resisted relocation to a large workshop complex erected especially for them on the outskirts of the city, by which the city authorities wanted to meet the requirement to create a new image for this area of the Golden Horn. The neighbourhood's adjoining Karaköy banking district is currently undergoing a transformation from financial to cultural centre. Further up around the Galata Tower, a renewal process has forced out the workshops and workers' hostels that had been housed in old buildings; these are now being transformed into residential accommodation.

Artisans and traders have set up both established and temporary businesses, arranged strictly according to the goods on offer, in the *hans*, the old caravanserais that have characterised the neighbourhood right on the Golden Horn for centuries: the screw sellers have their section, as do those selling pipes and fittings, and the tool merchants. They have gradually settled and established themselves on the periphery of the city centre, generation after generation. Their neighbourhood constitutes a strong social community. Newcomers wanting to start in business there do not have an easy time of it.

Ali Kilavuz took the plunge a few years ago and set up a workbench for his glass and Perspex business in an alley on the edge of the Persembe Pazarı. He offers cutting and engraving for glass and mirrors, as well as for plain and coloured Perspex. His materials are stacked either next to or on his workbench, or else leaned against the wall. At some stage, the telephone company provided him with a connection, with which his customers are able to call him directly at his place of work. He now has a mobile phone but the landline handset still hangs on the wall—directly next to a glass sign stating that what happens is always God's will.

Ali has tremendous faith in his fellow man. When he finishes for the day he leaves everything where it is. And when he comes back the next morning, it is all still lying where he left it. Other artisans have now set themselves up in the alley as well. There is another supplier of Perspex services as well as a shoemaker. His neighbours' watchful eyes are a help to Ali. He comes to work whatever the weather, except when it snows, or on special holidays. This artisan community has managed to turn their peripheral location into a flourishing place that will be under threat only if the wave of neighbourhood renewal washes over the Galata Tower hill down to the shores of the Golden Horn.

Ali Kilavuz, Anbieter von Plexiglasarbeiten – ein Handwerker mit Beharrungsvermögen   Ali Kilavuz, provider of glass and Perspex services—a tradesman with tenacity

CHRISTOPHER DELL

Tacit Urbanism in Kolkata[1]

Hawker und das Recht auf Stadt

In Indien findet ein rasanter Prozess der Urbanisierung statt. Auf der Liste der indischen Städte unter den Megastädten der Welt sind heute bereits Mumbai, Chennai, Bangalore, Hyderabad und Kolkata, andere werden folgen. Denn auch mittlere Städte wachsen zu Metropolen. In Indien gibt es heute 35 Städte mit einer Bevölkerung von über eine Million. Gleichzeitig steht dieser Boom im Kontrast zur Ungleichheit zwischen den Regionen und der Konzentration von Infrastruktur in großen Städten. Wie werden Ökonomien in diesen Städten gelenkt? Welche öffentlichen bzw. halböffentlichen Räume bilden diese Städte aus?

Seit der Unabhängigkeit Indiens hat Kolkata eine Sonderolle eingenommen. Kolkata ist es nicht gelungen, seine Dominanz aus der Kolonialzeit aufrechtzuerhalten und, anders als andere indische Metropolen, neue Industrien anzuziehen. So bildet heute der informelle Sektor, der sich stadträumlich im öffentlichen Raum abspielt, 75 Prozent der Wirtschaftsleistung von Kolkata. Die Situation ist jedoch permanent prekär: Händler (Hawker) werden geduldet, agieren jedoch in einem rechtsfreien Raum.

Sie brauchen für ihre Arbeit einen Ort. Dass sie darauf keinen legalen Zugriff haben, macht für sie die Frage nach dem Recht auf die Stadt (Lefèbvre), dem Recht auf Boden und physikalischen Raum im Urbanen zum ständigen Thema. Welche Rechte haben diejenigen, die den Raum pflegen, erhalten, nutzen und bespielen?

Im September 2007 konstatiert der *Indian Express* die Aussichtslosigkeit der städtischen Behörden gegen die mobile „Guerillataktik" der Hawker. Die Zeitung schließt mit dem Befund, dass jegliche Anstrengungen der Behörden, Hawker zu vertreiben zum Scheitern verurteilt seien. Zwar gelingt es Stadtpersonal und Polizei, so der *Indian Express*, Bambuskonstruktionen und Plastikhütten in Brabourne Road und Canning Street Crossing zu zerstören. Aber die Geschäfte öffnen wieder, zehn Minuten nachdem die Polizei verschwunden ist. So zum Beispiel Noor Ahmed, der einen Friseursalon auf dem Gehweg Brabourne Road hat: Er empfängt sofort wieder seine Kunden und Madan Ghosh's farbenreicher Bestand an Gürteln ist umgehend wieder zum Verkauf bereit, wenige Minuten nachdem die Polizei seine Plastikhütte entfernt hat. „Das ist für uns zur Routine geworden. Beamte der KMC[2] kommen und nehmen uns unser Eigentum weg und nachts bekommen wir Besuch von Polizisten, die Geld von uns erpressen. An wen sollen wir uns wenden?" sagt Mahesh Singh, der ein Straßenrestaurant in der Strand Road betreibt. Auch trifft die Beteiligung der Polizei bei Säuberungsaktionen auf Kritik: „Polizisten erpressen Geld von den Hawkers, aber bestraft werden die Armen, nicht die Polizeibeamten," sagt Shaktiman Ghosh, einer der Gewerkschaftsführer der Hawker.[3]

Dies ist nur eine von vielen Situationen im alltäglichen und gleichzeitig komplexen Pendeln zwischen formellen und informellen Momenten eines *tacit urbanism*. Das Beispiel Kolkata zeigt, wie wirtschaftliche Produktionsbedingungen nicht nur für das Kapital, sondern auch für den informellen Sektor eine Rolle spielen.

Städtischer Raum entfaltet sich aus dem Zusammenspiel von ökonomischer Realität und der kreativen Erfindung differenzierter, kleinteiliger Aneigungs- und Nutzungsformen. Sein Charakter wird weniger durch planvolles Wollen, denn durch realpolitische Aushandlungsprozesse und Machtverhältnisse bestimmt.

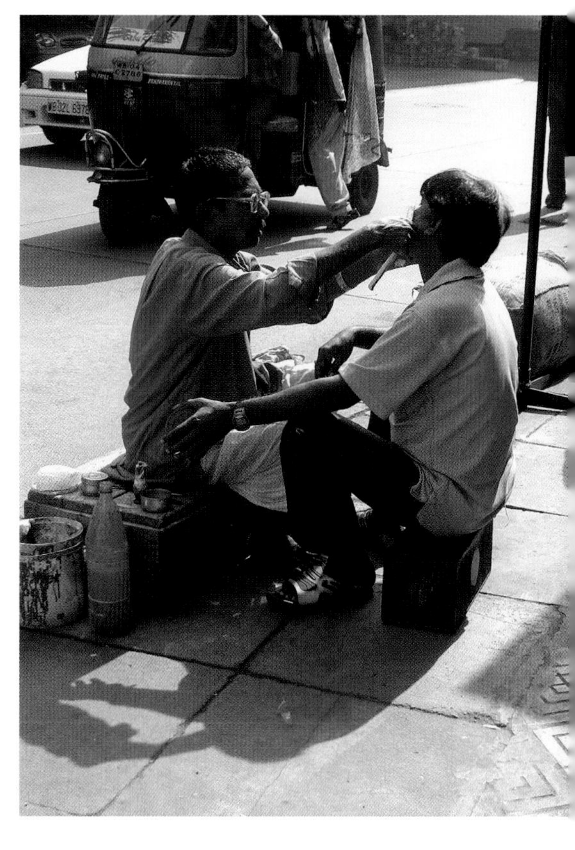

Friseur
Barber

Anmerkungen

1 Siehe Christopher Dell: *Tacit Urbanism. Hawkers and the Production of Space in Everyday Kolkata*. Rotterdam 2009.

2 Kolkata Municipal Corporation ist die zuständige Behörde in Kolkata für die städtischen Einrichtungen und die Stadtverwaltung.

3 "Chased out and back, for hawkers it's life as usual", *Indian Express*, 12. Septmber 2007.

CHRISTOPHER DELL

Tacit Urbanism in Kolkata[1]

Hawkers and the Right to the City

There is a rapid process of urbanisation taking place in India. The list of Indian megacities already includes Mumbai, Chennai, Bangalore, Hyderabad, and Kolkata. And there will be more to come as even medium-sized cities are growing into megacities. In India today there are thirty-five cities with a population of more than one million. At the same time, this boom contrasts with the disparity between the regions and the concentration of infrastructure in the major cities. How should economic activity in these cities be controlled? What are the public and/or semipublic spaces that shape these cities?
Kolkata has adopted a special role since India's independence. The city has failed to retain the dominance it enjoyed during the colonial era and to attract new industry, as other Indian cities have done. The informal sector, which is played out in the urban context of public spaces, thus accounts for 75 per cent of Kolkata's economic performance. The situation is one of permanent precariousness, however: hawkers are tolerated, but they operate outside of the law. They need a place for their operations and the fact that they have no legal access to such a place means that the issue of a right to the city (Lefèbvre), a right to the land, and to physical urban space is of constant concern to them. What rights do those who look after, protect, use, and operate in the space have?
In September 2007, the *Indian Express* wrote of the hopelessness of the urban authorities in the face of the mobile "guerrilla tactics" of the hawkers. The newspaper came to the conclusion that any efforts on the authorities' part to drive out the hawkers are doomed to failure. The authorities and the police might succeed in destroying the bamboo structures and plastic huts in Brabourne Road und Canning Street Crossing, said the *Indian Express*, but the businesses are reopened ten minutes after the police have disappeared. Take Noor Ahmed, who has a hairdressing business on the Brabourne Road pavement, as an example: he welcomes his customers again right away and Madan Ghosh's colourful stock of belts is back on sale immediately, just a few minutes after the police have removed his plastic hut. "This has become a routine affair for us. KMC[2] officials come and take away our belongings and policemen visit us at night to extort money from us. Where do we go?" says Mahesh Singh, who runs a street restaurant on Strand Road. Police involvement in the cleansing actions is also subject to criticism: "Policemen extort money from hawkers but the civic body penalises the poor instead of the police sergeants," says Shaktiman Ghosh, one of the hawkers' trade union leaders.[3]
This is just one of many situations in the everyday and yet complex oscillation between the formal and informal aspects of *tacit urbanism*. The Kolkata example shows how the conditions of economic production play a role not only with regard to capital but also in the informal sector.
Urban space develops out of the interaction between economic reality and the creative invention of different, small-scale forms of occupancy and utilisation. Its character is determined less by planned intent than by actual political negotiation processes and balances of power.

Schreibdienst
Writing service

Notes

1 See Christopher Dell: *Tacit Urbanism. Hawkers and the Production of Space in Everyday Kolkata.* Rotterdam 2009.

2 Kolkata Municipal Corporation is responsible for the civic infrastructure and administration of the city of Kolkata.

3 "Chased out and back, for hawkers it's life as usual," *Indian Express*, 12 Sept 2007.

THIAGO GUIMARÃES

São Paulo: Boxschulen unter Brücken

Boxring unter dem Viaduto do Café
Boxing ring beneath the Viaduto do Café

Im verkehrsdominierten São Paulo prägen Straßenbrücken und Viadukte ganze Quartiere. Schätzungsweise mehr als 13.000 Personen finden in den dunklen, verdreckten und von Verkehrslärm bedrängten Räumen darunter ihr Heim. Polizeieinsätze gegen Drogenhändler und Prostituierte sind an der Tagesordnung.
Und doch können genau diese Orte zu multifunktionalen Bereichen für die Straßenbevölkerung werden, wie das Projekt „Cora Garrido" zeigt. Zwischen Betonpfeilern, Wasserpfützen, Sirenen und Geschrei wird der vernachlässigte Raum durch das Angebot von Sportübungen, Büchern und Gesprächen neu programmiert.
Im Kern des Projekts steht eine Boxschule, die der ehemalige Boxprofi Nilson Garrido zunächst unter dem „Kaffeeviadukt" aufgebaut hat – wie er sagt, aufgrund eines Gelübdes, falls Gott seinen kranken Sohn retten würde. Mittlerweile leitet Garrido zwei weitere ähnliche Projekte andernorts.
Breite Nase, braune Haut, dichte Haare: Garrido ist eine starke Figur. Seine persönliche Geschichte hat die Realisierung des Projekts vorangetrieben. Als Unterstützer gewann er Cora Batista, deren Erfahrung aus anderen Sozialprojekten von unschätzbarem Wert ist. Die Stadtverwaltung gab ihm die Genehmigung zur Nutzung dieser an sich problematischen Flächen, die sonst abgesperrt werden müssten. Garrido trotzte dem Elektrizitätsunternehmen die notwendigen minimalen technischen Voraussetzungen ab.
Außerdem konnte er den Architekturprofessor Igor Guatelli gewinnen. Dessen Modell für den ersten Standort begeisterte Garrido sofort, auch wenn ihm der feinsinnige Diskurs über das Dasein und die Emanzipation solcher Orte eher fremd war.
Eine senkrecht aufgehängte brasilianische Fahne ist das Erste, was der Besucher von der Boxschule sieht: Sie ist Logo, Marke, Identität. Entlang eines Flurs stehen Ziegelsteine und Holzstücke für das improvisierte Training, aber auch eine Reihe von Fitnessgeräten, Gewichte und ein Boxsack stehen zur Verfügung. Es kann nicht alles neu und tiptop organisiert sein, aber das mögen die Besucher auch nicht. Verkehrsschilder ergänzen die Dekoration. In einer besser beleuchteten Ecke liegt der imposante Ring. Die Boxschule ist stark frequentiert. Cora erzählt begeistert, wie sehr sich die Menschen verändern, die nach dem täglichen Kampf ums Überleben auf den Straßen abends zum Boxen kommen. Viele von ihnen teilen Coras und Garridos Ideale und arbeiten einige Stunden freiwillig mit. So könnten weitere derartige Flächen übernommen werden. Die Frage ist nur, ob São Paulo darauf vorbereitet ist, neue Initiativen und Identitäten für weitere Restflächen der Megastadt zuzulassen.

THIAGO GUIMARÃES

São Paulo: Boxing Schools beneath the Bridges

In traffic-dominated São Paulo road bridges and viaducts characterise entire neighbourhoods. It is estimated that more than 13,000 people live under them, oppressed by the dark, the dinginess, and the din of the traffic. Police raids against drug dealers and prostitutes are the order of the day.

And yet precisely these sorts of places can become multifunctional areas for the street people, as is evidenced by the "Cora Garrido" project. Between the concrete pillars, puddles of water, sirens, and clamour, the neglected space is being redefined by means of sport, books, and conversation. At the heart of the project is a boxing school, initially set up by former boxing professional Nilson Garrido beneath the "coffee viaduct"—the result of a vow he made to God if he saved his sick son, he says. Garrido now runs two other similar projects elsewhere.

A broad nose, dark skin, thick hair: Garrido is a strong character and his own story is what has motivated the project's implementation. He has been supported by Cora Batista, whose experience gained from other social work projects has been invaluable. The city authorities granted him permission to use what is a problematic space that would otherwise have had to be sealed off. Garrido coerced the electricity company into providing the minimal technical requirements.

He was also able to win the support of Igor Guatelli, a professor of architecture whose model for the first location won Garrido over immediately, even though the detailed discussion on the existence and emancipation of such sites was alien to him.

A vertical Brazilian flag is the first thing that visitors see of the boxing school: it is the logo, the brand, the identity. The passageway is lined with bricks and blocks of wood as training improvisations, while a row of fitness equipment, weights, and a punch bag are also available. It is not all new and tiptop, but the visitors don't want it to be anyway. Traffic signs add to the decor. The imposing ring stands in a better lit corner.

The boxing school is very popular. Cora enthusiastically tells of the changes in the people who come boxing in the evenings after the daily battle for survival. Many of them share the same ideals as Cora and Garrido, working a number of hours with them as volunteers. This has enabled the appropriation of a number of other similar locations. The question, however, is whether São Paulo is ready to accept new initiatives and identities for other disused areas of land within the megacity.

DOROTHEE RUMMEL

Lichtblick Grauzone

Mit den Räumen unter und zwischen städtischen Verkehrsinfrastrukturen assoziieren die meisten Menschen nichts wirklich Positives, sondern verbinden mit ihnen Eigenschaften wie düster, schmutzig, ekelhaft, unheimlich und laut. Haben diese Räume nicht mehr zu bieten?
Haben sich die Augen erst einmal an den Raum gewöhnt, entdeckt man plötzlich Spuren der Aneignung, denn Menschen verwenden den Raum und vieles bleibt haften: „Ich liebe Dich" steht zum Beispiel groß auf einem Brückenpfeiler und „Verzeih mir Baby" auf einem anderen. Kein Pfeiler bleibt leer. Diese Orte werden benutzt für den Austausch von Bekenntnissen jeglicher Art. Für ihre „User" sind sie offene Plattformen für freie Meinungsäußerung. Eine Art realer Chatroom.
Ein Grafitti „Gorilla im Urwald vor Wasserfall und Vulkan" ziert eine Betonwand und macht sie zur Leinwand. Gewaltige acht Meter hoch und 20 Meter lang. Die Geräuschkulisse ist gar nicht so verkehrt. Das monotone Rauschen des Verkehrs vertont den Wasserfall und die Erschütterung der vorbeidonnernden Lastzüge hat etwas von einem Vulkanausbruch. Das offenbar wohl konzipierte Gesamtkunstwerk bezeugt: Der Raum ist heimlicher Treffpunkt einer Kunstszene.
An anderer Stelle ist die Asphaltdecke gebrochen und Kies bildet eine große, kreisrunde Fläche, auf der sich Unmengen an Hundehaufen häufen. Es wirkt organisiert: eine öffentliche Hundetoilette.
Eine Ecke hält ein Imbisswagen besetzt. Mit seinen bunten Schirmen und Tischen, auf denen Blumen in Töpfen stehen, ist er wohl für manche die rettende Oase in der Hochstraßenknotenwüste: Das Wort Oase kommt vom griechischen *óasis* und das bedeutet soviel wie: „bewohnter Ort"!
Zwischen den Pfeilern und Betonwänden wird geparkt. Aber nicht ordentlich, wie auf städtischen Parkplätzen üblich, sondern emotional und kreativ. Man nimmt sich, was man kriegen kann. In die Lücke zwischen zwei Pollern ist ein Kleinwagen präzise eingepasst und mit gerade mal zwei Finger breitem Abstand zur Wand hat ein Wohnmobil sein Winterquartier aufgeschlagen. Neben ihm abgemeldete Fahrzeuge, die, der Staubschicht nach zu urteilen, hier ihre letzte Ruhestätte haben. Und das alles ungestraft.
Die Räume unter Verkehrsinfrastrukturen sind Grauzonen und genau das macht sie zum Lichtblick.
Obwohl durch Schilder, Betonfertigteile und Markierungen durchaus reglementiert, wird hier toleriert, was nur eine Ecke weiter direkten Widerstand auslöst und hart bestraft wird.
Diese Räume haben eine gesetzlose Aura und sind Zufluchtsort für Verdrängte und Verdrängtes. Sie sind wertvoll für eine Stadt. Hier kann man etwas wagen. Hier können sich Dinge ungestört entwickeln. Hier ist noch Platz.

Lebensraum Grauzone
Grey zone as living environment

DOROTHEE RUMMEL

Grey Zones as a Glimmer of Hope

When asked directly, the majority of people do not really hold any positive associations with spaces beneath and between urban traffic infrastructures, linking them rather with characteristics such as dark, dirty, disgusting, eerie, and loud. Is that all? Have these spaces nothing more to offer?

It is a question of perspective. Once your eyes have got used to the space you suddenly discover traces of appropriation, as people use these locations and often leave a distinctive trail behind them: "I love you" is written in big letters on a bridge pier, for instance, and "Forgive me" on another. None of the pillars remains blank. These places are used for information exchanges of all kinds. For their "users" they are open platforms for freedom of expression. A kind of reality chat room.

Graffiti announcing "Gorilla in the Primeval Forest with Waterfall and Volcano" adorn a concrete wall and turn into a canvas. Eight metres high and twenty metres long are the formidable dimensions. The background noise even seems to fit. The monotone roar of the traffic conveys the waterfall and the vibrations from the heavy trucks speeding past are reminiscent of a volcanic eruption. Obviously intended as a *Gesamtkunstwerk* (total work of art), it is testimony to this space being a clandestine artists' meeting place.

In another place, the asphalt surface has broken up and the gravel forms a large, circular area covered with piles of dog excrement. It seems intentional: a public toilet for dogs.

One corner is occupied by a snack kiosk. With its colourful umbrellas and tables with flowerpots on them, it is for some a welcome oasis in this desert of flyover interchanges: the word oasis comes from the Greek *óasis* and means: "inhabited place!"

Cars are parked between the pillars and the concrete walls. Not in an orderly fashion as is the norm in city parking areas, but emotionally and creatively. You take what you can get. A small car fits exactly into the gap between two bollards, and a caravan has found its winter quarters with just two fingers' space from the wall. Next to that are deregistered cars, which going by the layer of dust, have found their final resting place here. And all without fines.

There are spectacular views to be had between the roadways, city views equal to those from a convertible. Although these spaces are indeed regimented by signs, pre-cast concrete components, and markings, what is tolerated here is that which, just one corner away, provokes immediate resistance and is severely punished. These areas have an air of lawlessness about them and are places of refuge for castaways and cast offs. They are valuable to a city. Risks can be taken here. Things are able to take their course here, undisturbed. There is still space here.

The spaces beneath traffic infrastructures are grey zones and that is precisely what makes them a glimmer of hope.

BERND UPMEYER

ME(U)TROZONE

In gewisser Weise sind Metrozonen als Orte des Übergangs zwischen verschiedenen Arealen innerhalb einer Stadt eng verwandt mit Transitstrecken, die ganze Städte miteinander verbinden. So wie Regionen entlang von Transitstrecken, sind Metrozonen ebenfalls vor allem von der Durchreise bekannt und werden meistens als Hintergrund aus dem Auto-, Flugzeug- oder Zugfenster und als Teil einer fernliegenden Landschaft wahrgenommen. Die Tatsache, dass sowohl Metrozonen als auch die Regionen entlang von Transitstrecken regelmäßig durchquert werden, macht sie beide zu Teilen von oszillierenden städtischen Systemen. Insofern ist der Charakter von Metrozonen, bzw. den Regionen entlang von Transitstrecken, nicht so sehr durch räumliche Eigenschaften geprägt, sondern vor allem durch ihre Eigenschaft, Teil eines dynamischen Systems zu sein, das zwischen zwei oder mehreren Zuständen in mehr oder minder regelmäßiger Form hin und her wechselt. Der Ort zwischen beiden Polen hat dabei das Potenzial die Qualitäten beider Seiten auf einem Gebiet zusammenzufügen und kann dadurch eine gewisse neue Ganzheit und Qualität erlangen.

Ein Extremfall eines derartigen oszillierenden städtischen Systems befindet sich zwischen der deutschen Stadt Duisburg und der türkischen Stadt Istanbul. Auf der rund 2400 Kilometer langen Strecke zwischen Duisburg und Istanbul pendeln nämlich jährlich tausende türkischstämmige Menschen hin und her. Die zahlreichen türkischen Immigranten scheinen nur auf den ersten Blick fest in ihrem Gastland Deutschland beheimatet zu sein, sind aber tatsächlich äußerst mobil und nutzen parallel das Beste beider Kulturen und leben schon seit Jahren eine progressive und zukunftsweisende Kultur als binationale Urbanisten. Die Transitstrecke zwischen beiden Städten durchzieht sieben europäische Länder. Die Strecke durchschneidet Europa diagonal und verbindet Deutschland, Österreich, Slowenien, Kroatien, Serbien und Bulgarien mit der Türkei. Die deutsche Stadt Duisburg ist insofern besonders interessant, weil in keiner anderen Stadt in Deutschland der türkische Bevölkerungsanteil so hoch ist wie dort. Rund 40.000 türkischstämmige Menschen leben in Duisburg, was einem Anteil von rund acht Prozent an der gesamten Duisburger Bevölkerung entspricht. Durchschnittlich liegt der Anteil in den größten deutschen Städten bei rund vier Prozent. Laut dem Sozio-ökonomischen Panel reisten im Jahr 2006 93,5 Prozent aller in Deutschland lebenden Türken mindestens einmal in die Türkei und wieder zurück, was einer Zahl von 1.625.807 entspricht. Man kann davon ausgehen, dass etwa 40 Prozent aller Reisenden mit dem Auto fahren, rund 35 Prozent fliegen, rund 20 Prozent mit der Fähre in Kombination mit dem Auto und ein nur kleiner Teil von rund fünf Prozent mit dem Bus und dem Zug reisen. Die Zahl 1.625.807 entspricht etwa der Einwohnerzahl der Stadt Hamburg im Jahr 2006 (1.754.317[5]). Jedes Jahr bewegt sich also eine Menschenmasse aus Deutschland in die Türkei und wieder zurück, die annähernd der Bevölkerung Hamburgs entspricht.

Rechts: Reisemöglichkeiten zwischen Duisburg und Istanbul
Opposite page: Travel options between Duisburg and Istanbul

- Flugzeug, gebucht am 1.8.2008 für den Zeitraum 1.10.–23.10.2008, www.germanwings.de Flight, booked on 1.8.2008 for the period 1.10.–23.10. 2008, source: www.germanwings.de
- Zug, gebucht am 1.8.2008 für 1.10.2008, Quelle: www.reiseauskunft.bahn.de Train, booked on 1.8. for 1.10.2008, source: www.reiseauskunft.bahn.de
- Autostrecke über Budapest, Quelle: www.viamichelin.com Route by car via Budapest, source: www.viamichelin.com
- Autostrecke über Zagreb, Quelle: www.viamichelin.com Route by car via Zagreb, source: www.viamichelin.com
- Bus, gebucht am 1.8.2008 für den Zeitraum 4.10.– 22.10.2008, Quelle: www.eurolines.com Bus, booked on 1.8.2008 for the period 4.10.–22.10.2008, source: www.eurolines.com
- Autozug, Quelle: www.michael-mueller-verlag.de Car train, source: www.michael-mueller-verlag.de
- Autostrecke zum/vom Autozug, Quelle: www.viamichelin.com Route by car to/from car train, source: www.viamichelin.com
- Fähre, gebucht am 1.8.2008 für den Zeitraum 4.10.–25.10.2008, Quelle: www.marmaralines.com Ferry, booked on 1.8.2008 for the period 4.10.–25.10. 2008, source: www.marmaralines.com
- Autostrecke zur/von der Fähre, Quelle: www.viamichelin.com Route by car to/from ferry, source: www.viamichelin.com

BERND UPMEYER

ME(U)TROZONE

As transitional areas between different parts of a city, metrozones are without doubt closely related to the transit routes that link entire cities with one another. As with the regions along transit routes, we are largely familiar with metrozones from travelling through them and they are usually perceived in the background from the car, aircraft, or train window and as part of a remote landscape. The fact that both metrozones and transit route regions are traversed on a regular basis makes both of them participants in oscillating urban systems. In this regard, therefore, the nature of metrozones and / or transit route regions is characterised not so much by spatial features but more especially by their capacity to be part of a dynamic system that vacillates between two or more states in a more or less regular form. The place between the two poles thus has the potential to merge the qualities of both sides in one area, thus achieving a new degree of wholeness and quality.

An extreme example of this type of oscillating urban system is to be found between the German city of Duisburg and the Turkish city of Istanbul. Every year, thousands of people of Turkish descent commute along the route—about 2,400 kilometres long—between Duisburg and Istanbul. It is only at an initial glance that the many Turkish immigrants appear to be firmly domiciled in their host country Germany; they are in fact highly mobile, making the most of both cultures on a parallel basis and as such for years now have been living as binational urbanists in a progressive and future-oriented culture. The transit route between the two cities traverses seven European countries, crossing diagonally across Europe and linking Germany, Austria, Slovenia, Croatia, Serbia, and Bulgaria with Turkey. The German city of Duisburg is made all the more interesting by the fact that it has the highest proportion of Turkish residents of any city in Germany. Around 40,000 people of Turkish descent live there, corresponding to about 8 per cent of the city's overall population, compared with around 4 per cent on average in Germany's major cities. According to the Socio-Economic Panel, 93.5 per cent of all Turks living in Germany travelled to and from Turkey at least once in 2006, corresponding to a total of 1,625,807 people. It can be assumed that about 40 per cent of them travel by car, around 35 per cent fly, around 20 per cent travel by ferry and car, and only a small proportion, around 5 per cent, travel by bus and train. The figure of 1,625,807 is approximately equal to the number of residents in the city of Hamburg in 2006 (1,754,317). Every year, therefore, a crowd of people roughly equal to the population of Hamburg travels from Germany to Turkey and back.

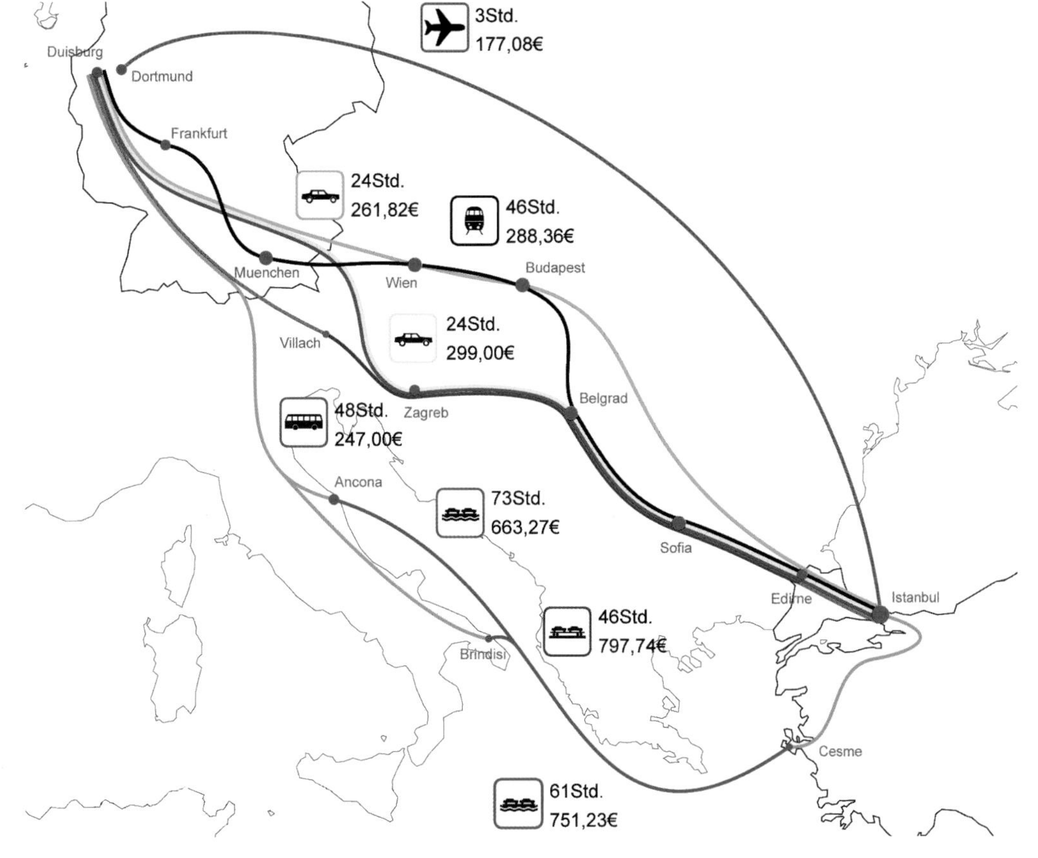

DIRK MEYHÖFER

Ein neuer Heimatfilm?

Fatih Akins Hamburg-Movie *Soul Kitchen*

Auffällige Bewegung: Immer wieder rollen diese gepflegten rotweißen Waggons über die mächtigen Elbbrücken. Die Hamburger S-Bahn wird zum optischen Leistungsträger in einer „neuen Art von Heimatfilm", wie die Feuilletonisten schreiben; weil *Soul Kitchen* am 25. Dezember 2009 in die Kinos kam, wurde das bei den Filmfestspielen von Venedig bereits ausgezeichnete Hamburg-Movie dann auch gleich in die Kategorie Weihnachtsmärchen verfrachtet. Im Film gibt es ein Happy End, wenn auch eines zum Nachdenken. Viel mehr muss aber von der Handlung selbst nicht verraten werden. Fatih Akin hat sich sein Märchen vom NDR fördern lassen, es wird also noch für jedermann sichtbar ins öffentlich-rechtliche Fernsehen kommen.

Doch hier soll es nicht um Filmmärchen oder Märchenfilme gehen, sondern um Orte mit ihren Brüchen, Zäsuren und Metamorphosen – und um Hamburg, wie es die gewohnte territoriale Einheit aufgegeben hat. Aufgeben musste.

Akin lässt seine S-Bahnen von Norden und Süden über eiserne Brücken fahren, nicht über die Elbe springen. Er lässt seine Zuschauer in Wilhelmsburg ankommen, genauer gesagt in der Industriestraße 101. Da Akin eine Komödie gelungen ist, bei der man herzhaft lachen kann, darf man ihm gern auch unterstellen, dass er die Vokabel von den „Metrozonen" ein bisschen karikieren wollte, wenn er immer wieder Vorortzüge rollen lässt. Metrozonen sind allerdings etwas diffiziler zu betrachten, denn sie bilden Sollbruchstellen in einer Metropole ab: alt geworden, aufgegeben, stigmatisiert. Orte aber auch, die Sentimentalität, Hoffnung und Begehrlichkeit ausstrahlen. Stadtlandschaften, die für die einen so hässlich sind, dass die Abbruchbagger möglichst schnell dort tanzen sollen. Für die anderen, und dazu gehört auch Fatih Akin, sind es Kraftfelder, die man retten und transformieren muss in die Welt unserer Kinder, aber ohne Kitsch und Kapitalismusgläubigkeit, die die Qualität dieser Orte nur durch Gedankenlosigkeit und Gier unwiederbringlich vernichten würde.

Zwei entscheidende Szenen zum Gleichgang der Gedanken zwischen Plot und Hamburger Stadtgesellschaft, wie wir sie gelernt haben, werden im Film im etablierten Teil Hamburgs nördlich der Elbe aufgerufen. Im feinen Restaurant „Le Canard" (an der Elbchaussee) beharrt eine Figur, die man neuhamburgerisch als Pfeffersäckchen bezeichnen könnte, auf einer warmen Gazpacho. Nicht aus Neugier oder einer Gastritis folgend, sondern aus Willkür, Kalkül und Ignoranz. Eine Menge unsympathisches Hamburg ist hier inkarniert. Und es ist dieser Sarkasmus, der den vagabundierenden und frustrierten Edelkoch in die lukullische Pampa verschlägt und die Filmhandlung durch einen ersten Bruch nach Wilhelmsburg verlegt. Es folgen weitere Wendungen und Irrungen. Die Handlung fließt nicht, sie springt. Bisweilen auch über die Elbe und zurück und als dann niemand mehr an ein glückliches Ende glaubt, da erfinden Drehbuch und Regie wieder so eine lächerliche Pointe, die einen habgierigen Immobilienkaufmann (gibt es in der Hansestadt eigentlich gar nicht, denn hanseatisch, das heißt korrekt, ehrwürdig oder so ...) sich in dem Augenblick an einem abgerissenen Knopf verschlucken lässt, als er sein Schnäppchen bergen will.

Also einschlafen ist nicht, weder im Film noch im heutigen metropolitanen Hamburg des Sowohl-als-auch, sodass die rollenden S-Bahnen lebendige Postkarten der (nicht mehr) heilen Luxuswelt (Blick über die Speicherstadt, die Heilwigstraße an der schönsten Ecke Harvestehudes; das „Le Canard"; das wilhelminische Justizforum) mit all den Schmuddelecken verbinden können, deren Abschaffung eine wache, talentierte Gruppe der neuen Stadtgesellschaft verhindern will. Dazu gehört eben Fatih Akin, der sein deutschtürkisches Leben in diesen Nischen gelebt hat, sei es im alten Frapant an der Altonaer Großen Bergstraße (im Film eine Disko), sei es im Mojo Club an der Reeperbahn

Filmstill aus *Soul Kitchen*: Kneipenwirt Zinos (Adam Bousdoukos) und sein Bruder Illias (Moritz Bleibtreu) Still from *Soul Kitchen*: the barkeeper Zinos (Adam Bousdoukos) and his brother Illias (Moritz Bleibtreu)

Dreharbeiten für *Soul Kitchen* mit dem Schauspieler Wotan Wilke Möhring (als Immobilienmakler Thomas Neumann) vor dem Gewerbebau in der Industriestraße 101 in Wilhelmsburg Filming *Soul Kitchen* with actor Wotan Wilke Möhring (as the real estate salesman Thomas Neumann) in front of the commercial building at Industriestrasse 101 in Wilhelmsburg

DIRK MEYHÖFER

A New Folklore Film?

Fatih Akin's Hamburg Movie *Soul Kitchen*

Striking motion: these smart red and white carriages repeatedly rolling along the mighty Elbe bridges. Hamburg's suburban railway becomes the visual message in a "new kind of regional film," as the newspaper columnists put it. With *Soul Kitchen* reaching the cinemas on 25 December 2009, this Hamburg movie, already acclaimed at the Venice film festival, was subsequently consigned to the Christmas tale category. The film does have a happy ending, albeit one that invites reflection. There is no need to give away much more about the plot itself, however. Fatih Akin secured support from NDR television for his fairytale, so it will also be run on public television.

We are not dealing with film fairytales or fairytale films here, however, rather with places and their breaches, caesuras, and metamorphoses—and with Hamburg, how it has renounced its habitual territorial unity. Had to renounce. Akin has his suburban trains travelling from the north to the south over iron bridges, not leaping over the Elbe. He has his audience arrive in Wilhelmsburg, or more specifically at Industriestrasse 101. Given

(im Film eine Bar), in den Astrastuben unter der Sternbrücke, die ja eigentlich zur besseren Statik eben dieser Brücke längst schon mit Beton verfüllt hätten werden sollen.

Der Film ist mittlerweile als (stadt-)politisches Statement vereinnahmt, als prominente Willenserklärung des partizipatorischen „So nicht!"

Ist aber wohl falsch verstanden. Aus dem Umfeld des Erfolgsregisseurs wird reklamiert, es wäre ursprünglich gar nicht um einen Hamburg-Film gegangen, sondern wie immer nur um den Stoff, den Stoff, den Stoff – um die Suche der tiefsten Wahrheit für seinen Plot.

Und der ist eine *loser*-Geschichte mit Hoffnung. Wie gesagt: Der gierige Spekulant mit dem glatten Gesicht verschluckt sich symbolisch am Kauf dieser Immobilie, der Musikkneipe „Soul Kitchen". Und statt falscher Liebe für den Filmhelden gibt es frisches Geld für ein altes Haus, das zur Bühne innovativer Lebensgesellschaften wird. Hamburg als offene Stadt und als Ressource für Kreativität, wie der Berliner Landschaftsplaner Klaus Overmeyer im Auftrag der Freien und Hansestadt sie analysierte und fortschreiben möchte.

Nur leider heißt es dann doch „aufwachen!". Weihnachten und die Neigung, Botschaften von Märchen positiv zu interpretieren, ist gerade mal wieder vorbei. Die Immobilie Industriestraße 101 wird, anders als im Film, kein Mahnmal für die offene Stadt und kein Spielboden für Musicaltheaterschauspieler werden, sondern abgerissen und geschreddert. Und vielleicht ist Wilhelmsburg demnächst, wie kürzlich im Fernsehen gesehen, nur noch als Ersatzkulisse für eine Dresdner Plattenbausiedlung zu sehen, die dort im Osten längst schon aufgehübscht und wohnumfeldverbessert ist …

Filmstill aus *Soul Kitchen*: Zinos (Adam Bousdoukos) und Lucia Faust (Anna Bederke) über den Dächern der Speicherstadt, im Hintergrund Baukräne der HafenCity
Still from *Soul Kitchen*: Zinos (Adam Bousdoukos) and Lucia Faust (Anna Bederke) on the Speicherstadt rooftops, the HafenCity construction cranes in the background

that Akin has managed to produce a comedy that has you laughing out loud, we can assert that he was also wanting to caricature the word "metrozones" to some degree with the repeated rolling of the suburban trains. Metrozones are somewhat more difficult to capture, however, because they constitute break points within a metropolitan area: old, abandoned, stigmatised. Yet also places with an air of sentimentality, hope, and appeal. Urban landscapes that appear so ugly to some that they would like to see the demolition crews move in as soon as possible. For others, including Fatih Akin, they are force fields that need to be saved and transformed into the world of our children, but without kitsch and capitalistic faith that would simply destroy the features of these places forever through thoughtlessness and greed.

There are two key scenes in the film to be highlighted with regard to the synchronicity of the plot and Hamburg society as we have come to know it, set in established Hamburg, north of the Elbe. In the up-market restaurant "Le Canard" (on the Elbchaussee), a character, who could be described in colloquial terms as a "fat cat," insists on being served a warm gazpacho soup. Not out of curiosity or for the sake of his gastritis, but out of capriciousness, reckoning, and ignorance. The incarnation of a great many dislikable Hamburg residents. And it is this irony that has the frustrated rogue chef heading for the back of the Epicurean beyond, creating the first break that takes the film's plot to Wilhelmsburg. Further twists and aberrations are to follow. The plot does not flow, it leaps. Sometimes over the Elbe and back and then, when nobody is expecting a happy ending anymore, the script and the director again find a comic aspect in the form of a rapacious property developer (the likes of which do not actually exist in the Hanseatic city, of course, because Hanseatic means correct, honourable, etc ...), who chokes on a button at the very moment of trying to bag his deal.

There is no falling asleep here then, neither in the film nor in present day metropolitan Hamburg, with the rolling suburban trains combining living postcards reflecting the (no longer) sacrosanct luxury world (view of the Speicherstadt, Heilwigstrasse on the most attractive corner of Harvestehude; the "Le Canard" restaurant; the historic courts of justice) with all of the dirty corners that a motivated and talented new urban social group wants to prevent being demolished. Fatih Akin himself is part of this group, having lived in these niches during the course of his German-Turkish life, be it in the old Frappant on Altona's Grosse Bergstrasse (a disco in the film), in the Mojo Club on the Reeperbahn (a bar in the film), in the Astrastuben beneath the Sternbrücke (which should in fact have been filled with concrete long ago to improve the bridge's static).

The film has since been appropriated as an (urban) political statement, as a prominent declaration of intent on the part of the participatory "Not like that!". This is a misinterpretation, however. The star director's circle claims that it was not originally intended to be a Hamburg film at all, and simply a film about the content, the content, the content—about the quest for the most profound truth for his plot.

And it is a *loser* story with hope. As already mentioned: the greedy speculator with the fat face chokes symbolically on the purchase of the property, the music bar "Soul Kitchen." And instead of a false love for the film's hero there are new funds for an old building that becomes the stage for innovative society. Hamburg as an open city and as a source of creativity, as assessed and propagated by the Berlin landscape planner Klaus Overmeyer, on behalf of the Free Hanseatic City of Hamburg.

Then comes the "Wake up!" call, unfortunately. Christmas, and the tendency to interpret the fairytale message as positive, is now over. Unlike in the film, the Industriestrasse 101 property will not become a memorial to the open city and will not be a stage for musical actors; it will be smashed and torn down. And perhaps Wilhelmsburg will soon be visible only as a substitute for a prefabricated concrete housing estate in Dresden, as seen recently on television, housing that has long since been spruced up and given an improved living environment there in East Germany ...

Dreharbeiten für *Soul Kitchen*, die „Knochenbrecher"-Szene: Regisseur Fatih Akin (oben) am Set mit den Darstellern Dorka Gryllus und Adam Bousdoukos sowie Kameramann Rainer Klausmann Filming *Soul Kitchen*, the "bone breaker" scene: director Fatih Akin (above) on set with actors Dorka Gryllus, Adam Bousdoukos, and Rainer Klausmann (director of photography)

HILLE VON SEGGERN

Recht auf öffentliche Räume

Öffentliche Orte, öffentliche Netze, öffentliche Landschaften

Freiraumsystem 2.0

Denken wir uns eine Gruppe von Jugendlichen und nennen sie Hannes und seine Gruppe. Sie suchen im Internet mithilfe des interaktiven „Freiraumsystems 2.0" den richtigen öffentlichen Freiraum zum Picknicken, Schwimmen und Chillen. Die Bandbreite der Erwartungen ist groß: die „romantische Brache am See", „Elbe mit Schiffen und Badestrand", ein „Schwimmbad", „auf jeden Fall in der Nähe des Konzerts in Wilhelmsburg am Abend", „etwas ganz Neues, um es anschließend ins Netz zu stellen" – bis zur „Erreichbarkeit mit S-Bahn oder Bus".
Die Gruppe bekommt Infos, Karten und Fotos über das Angebot in der Stadt, über großräumige Freiraumnetze, Orte, Erreichbarkeiten, Events, Bewertungen – hier können einzelne Stadtteile gesondert betrachtet werden, eigene Orte mit Bildern, Beschreibungen, Erreichbarkeiten eingegeben, eine Sammlung angelegt und persönliche Netze erstellt werden.
Die Stadt nutzt das „Freiraumsystem 2.0"[1] als Forschungsinstrument, zur Evaluation ihrer öffentlichen Räume und als Informations-, Beteiligungs- und Planungsinstrument. Stellt neu gestaltete öffentliche Räume, Planungen, Events aus Kunst und Sport und Fragestellungen ins Netz, wertet aus und schreibt ihr Konzept fort. So entstehen neue dynamische Bilder, die sich über geplante und vorhandene Netze öffentlicher Räume im Stadtplan legen. Dieser interaktive Vorgang ist ein zeitgemäßes Instrument zur Dokumentation, Kreation von Netzen und zum Entwurf von öffentlichen Räumen. Soweit die Ideen einer Diplomarbeit (Hannover 2009). Der Vorgang braucht natürlich eine entsprechend entworfene räumliche Grundlage, die für den Dialog geeignet ist.

Freiraumsystem und öffentliche Räume

Die Geschichte von Freiraumsystemen reicht vom dekorativen Schmuckgrün bis zu sozialen multifunktionalen und spezialisierten öffentlichen Freiräumen: Insel-Grünräume, Achsen, Keile, Grünzüge, Korridore, Ringe, Radialen, bis hin zu Netzen und Kombinationen.
Die klassischen öffentlichen Räume der Architekturdiskussion, Plätze und Straßen, sind selten explizit Teil solcher Freiraumsysteme. Und selten finden sich dort die großen öffentlichen Infrastrukturräume wie Bahnen, Straßensysteme, Häfen, Flughäfen, Schulen, Universitäten.
Weltweit haben viele Städte und Regionen heute Zielkonzepte für Freiraumsysteme. Dies ist in vielerlei Hinsicht sinnvoll: Klimaschneisen, Freizeitaktivitäten, Gesundheit. Lebensqualität, Tier- und Pflanzenschutz. Landschaftsschutz. Orientierung und als Grundlage der Entscheidungen über Bebauungen. Ergänzend entstehen vielfach Konzepte für öffentliche Räume: Straßen- und Platzräume der Innenstadt, Platzprogramme, Uferzonen, Magistralen. Eben weil Vorhandensein und Qualität von Freiräumen zunehmend für Lebensqualität steht. Und deshalb werden öffentliche grüne und steinerne Freiräume und „Infrastrukturräume" auch mehr und mehr zusammen gedacht.
In der Realität sind die euklidischen Figuren der Freiraumsysteme nicht zu finden. Eher fraktale

Mapping Unterwegssein: Mobile Stadtfahrerin Leonie.
Aus: *Stadtsurfer, Quartierfans & Co.* (2009), S. 106-107
Mapping out and about: Leonie, the mobile city guide.
From: *Stadtsurfer, Quartierfans & Co.* (2009), p. 106-107

HILLE VON SEGGERN

The Right to Public Spaces

Public Places, Public Networks, Public Landscapes

Gebilde, bestenfalls vernetzt, die dominanten natur-kultur-räumlichen Bedingungen ablesbar. Die Systeme passen auch in ihrer begrenzten Dimensionalität nicht zu zeitgemäßen Netzvorstellungen und vermögen nicht das öffentliche, immer wieder neu konstruierte Raumgeschehen[2], wie es die Gruppe um Hannes lebt, abzubilden.

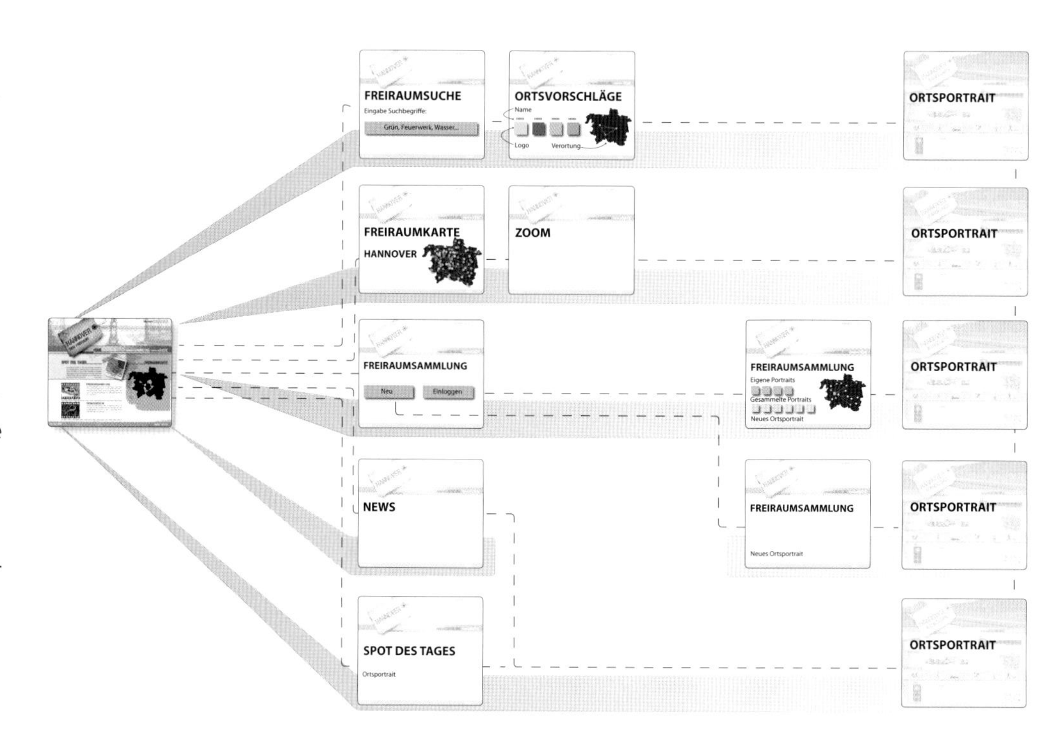

Struktur „Freiraum_2.0 Hannover": Von der Startseite über fünf Pfade zur Aneignung und Mitgestaltung des Freiraumnetzes "Freiraum_2.0 Hannover" structure: from the start page via five links to the adoption of and active involvement with the open space network

Koexistenz und Balance

Aus den Thesen der IBA Hamburg zur *Stadt für alle*[3] (2009): „Alle haben das Recht auf Teilhabe im öffentlichen Raum." Und: „Öffentliche Räume sind Ausdruck der Vielfalt der Stadtgesellschaft."

Darin deutet sich die Spannung zwischen individuellen Anforderungen und dem Anspruch „für alle" an. In der Multikulturalität der Metrozone Wilhelmsburg wird in diesem Spannungsfeld bereits Inklusion statt Integration, Koexistenz statt Verschmelzung gelebt.[4] Entsprechend formuliert die Architekturbiennale Rotterdam 2009 Open City[5] auch „Designing Coexistence" als Aufgabe. Auf freiwilliger Basis können dann auch Kontakte entstehen. Also sowohl Koexistenz als auch die Bedingungen für Kontakte als Balance zwischen Individualität und neuen Formen von Gemeinsamkeit sind Entwurfsherausforderung!

Unterwegssein

Mit Walken und Joggen, klassischem Spazierengehen, Beobachten, Spielen oder Liegen, Rauchen oder temporärem Marathon ist die Vielfalt der Aktivitäten in öffentlichen Räumen skizziert. In der Gruppe um Hannes klingt darüber hinaus jedoch die besondere Qualität der Metrozone an, in der das Erfinden eine Aktivität ist, wo Nutzungen und Gestalt extrem widersprüchlich zusammentreffen und sich oft labil überlagern. Und wo ohne Unterwegssein nichts geht. Aber, wie eine Studie über Jugendliche[6] (2009) zeigt, ist Jugendlichen, die sehr viel unterwegs sind, vor allem das Ziel bewusst, nicht das Unterwegssein. Eine „fehlende Kultur des Unterwegsseins" im Alltag – ganz im Gegensatz zur Präsenz in Literatur, Kunst, Sport und im Fachdiskurs über Safaris, Spaziergangsforschung, Erkundungen, Wanderungen und Expeditionen (vgl. die Beiträge Weishaar, Sieverts und Rogge in diesem Band).

Öffentliche Orte

Wissenschaftliche Untersuchungen, Landschaftsarchitektur- und Architekturzeitschriften und Kunst bieten Typologien öffentlicher Orte an: einerseits beliebte, grünbestimmte Räume wie Parks, zu denen auch neue Typen wie Landschaftsparks oder Brachenparks (wie zum Beispiel „Duisburg Nord") gehören, ebenso wie Räume am Wasser oder das Wasser selber. Oder auch landwirtschaftliche Räume, Wälder, Sport- und Spielplätze, Natur- und Landschaftsschutzgebiete, Brachen, auch Friedhöfe und Kleingärten – ergänzt durch neue Typen wie Erntegärten oder Grabeland. Klassische steinerne Plätze und das gesamte Straßensystem einschließlich der Passagen sind selbstverständlich ebenso Teil dieser Typologien. Andererseits immer mehr Überlagerungen, Nutzungsmischungen und zeitlich unterschiedliche Nutzungen, Resträume an Straßen, unter Brücken, in Gewerbe- und Industriegebieten, Kanäle und Hafenbecken oder Kläranlagen. Zudem werden öffentliche Verkehrsmittel wie Busse und Bahnen, aber auch

Rechts: „Freiraum_2.0 Hannover": Bild der Gesamtüberlagerung von Netzen und Orten in Hannover sowie Zoom Herrenhäuser Gärten
Opposite: "Freiraum_2.0 Hannover": image of the complete overlapping of networks and places in Hanover as well a zoom of the Herrenhäuser Gardens

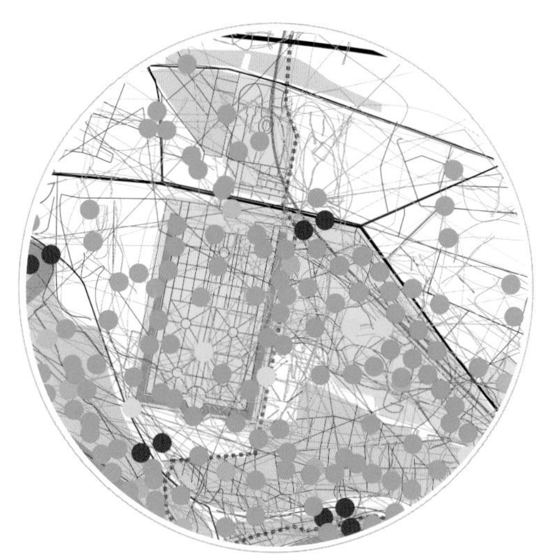

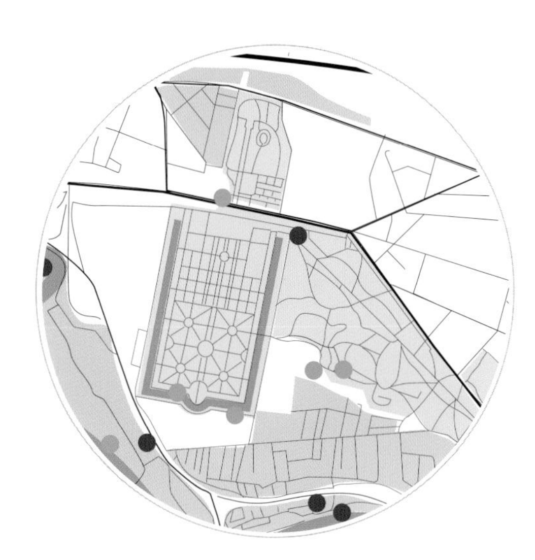

Open Space System 2.0

Let us imagine a group of teenagers and call them Hannes and his group. They are searching the internet using the interactive "Open Space System 2.0"[1] for the right public open space for picnicking, swimming, and chilling out. The scope of their expectations is extensive: "romantic wasteland by the lake," "Elbe with ships and beach," a "swimming pool," "must be close to this evening's concert in Wilhelmsburg," "something completely different that can then be published in the internet"—through to "accessible via suburban train or bus."
The group finds information, maps, and photos of what the city has to offer, information about large open space networks, places, accessibility, events, assessments—the individual city neighbourhoods can be assessed separately here, their own places with images, descriptions, access details can be added, collections compiled and personal networks created.
The city uses the "Open Space System 2.0" as a research tool, for evaluating its public spaces, and as an information, participation, and planning instrument. It publishes redesigned public spaces, plans, art and sports events, and queries in the internet, evaluates, and updates its information. New, dynamic images result, which overlie the city's maps of planned and existing networks of public spaces. This interactive process is a contemporary instrument for documentation, the creation of networks, and for designing public spaces. Such are the ideas presented in a university thesis (Hannover 2009). The process does, of course, require an appropriately designed spatial foundation suited to dialogue.

Open Space Systems and Public Spaces

The history of open space systems extends from decorative greenery through to social multi-functional, and specialised public open spaces: islands of greenery, axes, wedges, green corridors, rings, belts, radial spaces through to networks and combinations.
The classic public spaces of architectural discussion—squares and roads—are seldom an explicit part of such open space systems. And major public infrastructural spaces such as railways, road networks, harbours, airports, schools, and universities are seldom to be found there.
Today, many cities and regions worldwide have target concepts for open space systems. This is sensible from a number of perspectives: climate, leisure activities, health. Quality of living, animal and plant protection. Landscape protection. Orientation and a basis for construction decisions. In addition, a variety of concepts for public spaces have also been created: road and square spaces in the city centre, square projects, waterside zones, major thoroughfares. This is precisely because the availability and quality of open spaces are increasingly indicative of the quality of living. And that is why public open spaces, of both the green and the built-up variety and " infrastructural spaces" are increasingly being considered together.
Reality offers not the Euclidean forms of open space systems but rather fractal shapes, networked at best, exhibiting dominant natural and cultural spatial conditions. Their limited dimensionality also means that these systems do not fit contemporary notions of networking and are not able to portray public, constantly changing occurrences *(Geschehen)* as an ongoing process of spatial development,[2] as lived by Hannes and his group.

Co-existence and Balance

From the IBA assumptions on the issue of *Stadt für alle*[3] (City for All) (2009): "Everyone has a right to a stake in public space." And: "Public spaces express the diversity of urban society." This is indicative of the tension between individual requirements and the claim "for everyone." In the multiculturalism of the Wilhelmsburg metrozone, this tension already means living inclusion instead of integration, coexistence instead of merger.[4] Accordingly, the Rotterdam architecture biennale 2009 Open City[5] formulated "Designing Coexistence" as task. Contacts are then also able to develop on a voluntary

Tankstellen oder Hallen als Möglichkeitsräume wahrgenommen. Metrozonen sind mannigfaltige Szenerien aus neuen und alten Typen: wilde und aufregende neue Landschaften.

Urbanität

„Öffentliche Räume bieten Chancen für Begegnungen, Miteinander und Distanz." (IBA 2009) Urbanität heißt Kreativität locken, wie sie durch nicht zusammenpassende kognitive und emotionale Wahrnehmungen ausgelöst wird: Unterschiedlichkeit, Vielfalt, Extrem und Fremdheit. Urbanität heißt, dass es Menschen gelingt, ihre Kreativität zu leben und eben nicht nur distanziert und höflich unaufmerksam zu sein. Zugleich gehört die Anschlussmöglichkeit an Vertrautes zur Kreativität.
Öffentliche Räume müssen deshalb vor allem zugänglich sein, für alle, jederzeit, auch für Fremde, und es müssen gesellschaftliche Regeln eingehalten, gebrochen und neu erfunden werden können. Im Bezug zum Konzept „Recht auf Stadt" des französischen Stadtsoziologen Henri Lefèbvre[7] (1968) kann man vom „Recht auf öffentlichen Raum" sprechen.

Entwerfen und Planen

Solch Verständnis braucht großräumige Entwürfe. Und spiegelt sich gleichzeitig in konkreten Entwürfen zu einzelnen Orten, in Veranstaltungen, in Kunstaktionen oder in Beteiligungs- und Rechercheformen. Manchmal entstehen aus einem derartigen Verständnis heraus eigensinnig eroberte Räume – wie der *Park Fiction* in Hamburg oder der *Mellowpark* in Berlin – oder gute Gestaltungen für Flüsse, Seen, Meere, Kanäle und ihre Ufer.
Das Großräumige jedoch wurde lange Zeit als Gegenstand bildhaft visionären Entwerfens vernachlässigt. Obwohl Kartografie als ein übliches Instrument großräumigen Entwerfens besonders geeignet ist. Karten können vom Raum und seinen besonderen Eigenschaften erzählen, Interpretationen und Entwürfe sein und auch Kunst. Karten sind nicht Darstellungen von Realität. Sie zeigen Deutungsmacht. So wird das alte Instrument großräumiger Erkenntnis und Planung zurzeit als „Mapping" phantasievoll neu erfunden.[8] Luftbilder, Google Earth, Internet, Computerprogramme und die Wiederentdeckung der handskizzierten, gemalten, offenen Bilder entkräften Vorbehalte gegen großräumiges Entwerfen.[9]
Das Heterogene der öffentlichen Orte und Netze als Zusammenhang wahrzunehmen, gelingt im landschaftlichen Blick mit seiner Thematisierung des „Grundes" mit den örtlichen natur-kulturräumlichen Besonderheiten, der Weite von Himmel und Erde, der gewissen Unschärfe der Grenzen. Und in diesem Blick werden die großen Infrastrukturen und ihre Netze als prägender Teil öffentlicher Landschaften sichtbar, sie erhalten multifunktionale Gestalt. Im jeweils aus Ort, Kontext und Konzept entwickelten Kanon aus Mapping-Elementen (Bilder, Diagramme, Geschichten, Modelle, Filme) kann die Überlagerung sehr verschiedener Orte, von Mobilem und Lokalem und der phantasieanregende Vor- und Rückbezug zwischen dem Großen und dem Kleinen sich entfalten. Oft gehört die Erfindung poetischer Namen für eine Gegend dazu. Nicht jeder Teil solcher Kartenbilder ist festgelegte materielle Gestaltung, sondern erst einmal Erzählung – offen wie festgelegt – über das, was war, was ist und was in Zukunft sein könnte.

Metrozonen und die Elbinsel Wilhelmsburg

Gerade die als Metrozonen bezeichneten Gegenden brauchen die Sicht der im Vorherigen skizzierten Entwurfstrategie[10]: Sie brauchen die Sicht auf den öffentlichen Charakter großräumiger urbaner Gegenden und deren Transformation zu urbanen Landschaften; sie brauchen ein zusammenführendes Verständnis der besonderen und der tradierten Raumtypen, der großen Netzelemente, der Infrastrukturen und der Orte; sie müssen die multi-ethnische Zusammensetzung der Menschen als riesige Herausforderung und Chance für das Recht auf öffentlichen Raum begreifen; sie brauchen die Aktivitäten – vielfältig wie nirgends – und müssen eine Kultur des Unterwegsseins fördern; und sie müssen die essentielle Beteiligung am Entwicklungsge-

Park Fiction Hamburg mit Palmen und Hafenlandschaft (oben), Mellowpark Berlin mit Skateboardern (unten) Park Fiction Hamburg with palm trees and a harbour landscape (above), Mellowpark, Berlin, with skateboarders (below)

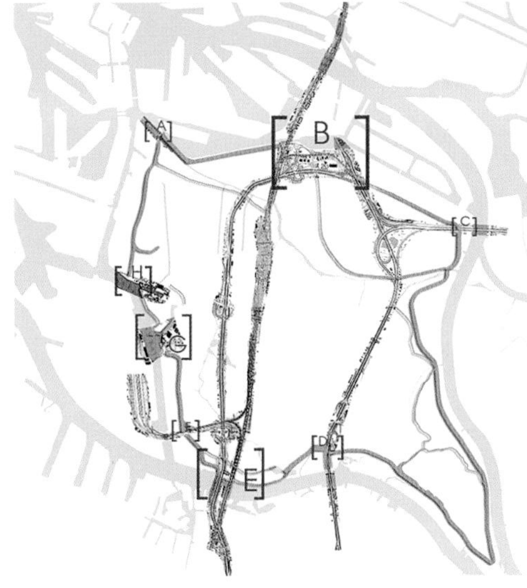

Deichlandschaft als öffentlicher Freiraum
Aus: Böse Infrastruktur - gute Landschaften: Line around the island. Jia Sun, Yi Zhang, Projekt am STUDIO URBANE LANDSCHAFTEN, 2007/08
Dyke landscape as public open space
From: "Bad Infrastructure–Good Landscapes: Line around the Island." Jia Sun, Yi Zhang, Project at STUDIO URBANE LANDSCHAFTEN, 2007/08

basis. Both coexistence, therefore, and also the conditions for contact as a balance between individuality and new forms of community are the design challenge!

On the Move

Power walking and jogging, strolling in the classic sense, watching, playing, or lying around, smoking or temporary marathon running constitute an outline of activities in public spaces. For Hannes and his group, however, the particular quality of metrozones has a further appeal, where invention is an activity, where utilisations and form come together in a highly contradictory manner, often creating an unstable overlap. And where not being on the move is not an option. However, as a study of teenagers[6] shows, being on the move a great deal, teenagers are particularly aware of the destination, not the being on the move. The "absence of an on the move culture" in an everyday sense–in major contrast to its presence in literature, art, sport, and in specialist discussions on safaris, walking research, excursions, hikes, and expeditions (cf. the contributions in this publication by: Weishaar, Sieverts, and Rogge).

Public Places

Expert analyses, landscape architecture, and architecture publications, and art provide the typologies of public places: popular, largely green spaces such as parks, including new types such as landscape parks or wasteland parks (such as "Duisburg Nord"), as well as waterside spaces or the water itself. Or else agricultural spaces, forests, sporting and play facilities, nature and landscape reserves, wasteland, also cemeteries and allotment gardens –supplemented by new types such as productive gardens or plots. Classic built-up squares and the entire road network, including passages, are of course also part of these typologies. On the other hand, there are ever more overlaps, mixed uses, and temporally different utilisations, leftover spaces along roads, under bridges, in commercial and industrial areas, canals and harbour basins, or sewage treatment plants. Public transport systems such as buses and railways, as well as filling stations and warehouses, are also perceived as spaces of possibilities. Metrozones present diverse sceneries comprising old and new types: wild and exciting new landscapes.

Urbanity

"Public spaces provide opportunities for encounters, togetherness, and distance." (IBA 2009). Urbanity means attracting creativity triggered by incongruous cognitive and emotional perceptions: variety, diversity, extremes, and strangeness. Urbanity means people succeeding living their creativity and not simply remaining distanced and politely unobservant. The connectivity of the familiar is also part of creativity at the same time.
First and foremost, therefore, public spaces have to be accessible–to everyone, anytime, also to strangers–and social rules have to be able to be adhered to, broken, and reinvented. With reference to the concept of "a right to the city" by the French urban sociologist Henri Lefèbvre (1968)[7] we can talk of the "right to public space" here.

Designing and Planning

This type of understanding needs large-scale design. At the same time, it is also reflected in concrete designs for individual places, in events, in art projects, or in participation and forms of research. This type of understanding sometimes gives rise to the capricious appropriation of spaces–such as *Park Fiction* in Hamburg or *Mellowpark* in Berlin–or to the good design of rivers, lakes, seas, canals, and their banks.
The large-scale has long been neglected as a component of visionary pictorial design, even though cartography as the common instrument of large-scale planning is particularly suitable. Maps are able to reveal spaces and their special properties, to be interpretations and designs, as well as art. Maps are not portrayals of reality. They have interpretative authority. Hence, the ancient instrument of large-scale knowledge and planning is currently undergoing imaginative reinvention as "mapping."[8] Aerial images, Google Earth, the Internet, computer pro-

schehen als forschendes „doing public space" praktizieren.
Ein großräumiges, bildhaft kartografisches Konzept, verbunden mit einem interaktiven „Netz 2.0" könnte viele der vorhandenen Aktivitäten, Pläne, Kartenwerke von Internationaler Bauausstellung (IBA), internationaler gartenschau 2013 (igs) und der Stadt selbst für Hamburg und für die Elbinseln verknüpfen und insgesamt über Verstehen, Vermitteln und das „doing" des vieldimensionalen öffentlichen Raumgeschehens nicht nur bei Hannes und seiner Gruppe kreative Begeisterung, Forschungs- und Visionsgeist für öffentliche Räume, öffentliche Netze und öffentliche urbane Landschaften wecken.

Anmerkungen

1 Anna Martens / Daniela Seipel / Malte Quaß: *Hannover_Freiraum 2.0.* Diplomarbeit an der Fakultät für Architektur und Landschaft, Leibniz Universität Hannover, Betreuung Hille von Seggern, Sigrun Langner. Hannover 2009.

2 Hille von Seggern: „Raum, Landschaft, Entwerfen". In: Ulrich Eisel / Stefan Körner (Hg.): *Befreite Landschaft. Moderne Landschaftsarchitektur ohne arkadischen Ballast? Beiträge zur Kulturgeschichte der Natur.* München 2009.

3 IBA Hamburg: *IBA-Labor Stadt für alle. Interkulturelle öffentliche Räume.* Hamburg 2009, S. 68-72.

4 Karolin Kaiser / Johanna Reisch u.a.: *Inselperspektiven. Eine Strategie für die Gestaltung interkultureller Freiräume in Hamburg Wilhelmsburg.* Diplomarbeit an der Leibniz Universität Hannover, Betreuung Hille von Seggern, Martin Prominski, Hannover 2007.

5 Tim Rieniets / Jennifer Sigler / Kees Christiaanse: *Open City: Designing Coexistence.* Amsterdam 2009.

6 STUDIO URBANE LANDSCHAFTEN / Hille von Seggern / Anke Schmidt / Börries von Detten / Claudia Heinzelmann / Henrik Schultz /Julia Werner: *Stadtsurfer, Quartierfans & Co. Stadtkonstruktionen Jugendlicher und das Netz urbaner öffentlicher Räume.* Hg. von der Wüstenrot Stiftung. Berlin 2009.

7 Henri Lefèbvre: *Le droit à la ville.* Paris 1968.

8 Vgl. Joachim Schultz / Jorg Sieweke: *Atlas IBA Hamburg: Wilhelmsburg neu vermessen.* Berlin 2008, sowie STUDIO URBANE LANDSCHAFTEN: *Wasseratlas. Wasser-Land-Topologien für die Elbinsel Wilhelmsburg.* Hg. von der IBA Hamburg. Hamburg 2008.

9 Vgl. z. B. Alex S. MacLean: *Over.* München 2008; die Projekte von Chora (Chora / Raoul Bunschoten: *urban flotsam.* Rotterdam 2001 und http://www.chora.org, u.a. dargestellt in: *Polis 1/2009 – Regionale 2010*; einige Projekte aus der Ideenkonkurrenz für „Grand Paris" in *Le Moniteur Architecture – Le Grand Pari(s)*, 2009 (z. B. Bernardo Secchi, Paola Vigono oder Antoine Grumbach & Associés).

10 Zu meinem Verständnis von Entwurfsstrategie, Landschaftsgeschehen, urbanen Landschaften, Kreativität vgl. Hille von Seggern / Julia Werner / Lucia Grosse-Bächle: *Creating Knowledge. Innovationsstrategien im Entwerfen urbaner Landschaften.* Berlin 2008.

grammes, and the rediscovery of hand drawn, painted open images are dispelling misgivings about large-scale design.[9]

Perceiving the heterogeneous nature of public places and networks as coherence is possible from a landscape perspective, which addresses the issue of the "ground" in terms of special local natural and cultural features, the expanse of heaven and earth, the somewhat blurred boundaries. And this perspective reveals the large infrastructures and their networks as the determining features in public landscapes, becoming multi-functional in form. In each canon developed out of place, context, and concept, comprising mapping elements (images, diagrams, stories, models, films), the overlap of very different places is able to develop from the mobile and local, and from the creativity-provoking anticipations and references between big and small. This often includes the invention of poetic names for an area. Not every part of such map imagery has a fixed material form, but is instead sometimes just a narrative– variable and fixed–of what was, what is, and what could be in the future.

Metrozones and the Elbe Island of Wilhelmsburg

It is precisely those areas designated as metrozones that are in need of the design strategy perspective outlined above:[10] They need this view of the public character of large-scale urban areas and their transformation into public urban landscapes; they need an understanding of special and of traditional space types, of the major network elements, the infrastructures, and the sites that create a relationship; they have to perceive the multi-ethnic composition of people as a huge challenge and opportunity for the right to public space; they need the activities–more diverse than anywhere else–and have to promote an on the move culture. And they have to practise essential participation in development processes as an analysis of "doing public space."

A large-scale, pictorial cartographic concept, combined with an interactive "Netz 2.0", would be able to link many of the existing activities, plans, and maps of the IBA, international garden show (igs), the city of Hamburg and for the Elbe Islands. Through understanding, communication, and the "doing" of multi-dimensional public space as an ongoing process of analysis it would be possible to create a general enthusiasm and a spirit of research and vision for public spaces, public networks, and public urban landscapes, not just among Hannes and his group.

Notes

1 Anna Martens / Daniela Seipel / Malte Quaβ: *Hannover Freiraum 2.0.* Thesis at the Architecture and Landscape Faculty, Leibniz University Hannover, supervised by Hille von Seggern / Sigrun Langner. Hannover 2009.

2 Hille von Seggern: "Raum, Landschaft, Entwerfen." In: Ulrich Eisel / Stefan Körner (eds): *Befreite Landschaft. Moderne Landschaftsarchitektur ohne arkadischen Ballast? Beiträge zur Kulturgeschichte der Natur.* Munich 2009.

3 IBA Hamburg: *IBA-Labor Stadt für alle. Interkulturelle öffentliche Räume.* Hamburg 2009, pp. 68–72.

4 Karolin Kaiser / Johanna Reisch et al.: *Inselperspektiven. Eine Strategie für die Gestaltung interkultureller Freiräume in Hamburg Wilhelmsburg.* Leibniz University Hannover, supervised by Hille von Seggern / Martin Prominski. Hannover 2007.

5 Tim Rieniets / Jennifer Sigler / Kees Christiaanse: *Open City: Designing Coexistence.* Amsterdam 2009.

6 STUDIO URBANE LANDSCHAFTEN, Hille von Seggern / Anke Schmidt / Börries von Detten / Claudia Heinzelmann / Henrik Schultz / Julia Werner: *Stadtsurfer, Quartierfans & Co. Stadtkonstruktionen Jugendlicher und das Netz urbaner öffentlicher Räume.* Edited by Wüstenrot Foundation. Berlin 2009.

7 Henri Lefèbvre: *Le droit à la ville.* Paris 1968.

8 Cf. Joachim Schultz / Jorg Sieweke: *Atlas IBA Hamburg: Wilhelmsburg neu vermessen.* Berlin 2008; STUDIO URBANE LANDSCHAFTEN: *Wasseratlas. Wasser-Land-Topologien für die Elbinsel Wilhelmsburg.* IBA Hamburg. Hamburg 2008.

9 Cf., for example, Alex S. MacLean: *Over.* Munich 2008, or the Chora projects (Chora, Raoul Bunschoten: *urban flotsam.* Rotterdam 2001; http://www.chora.org, among others, presented in: *Polis no.1, 2009 – Regionale 2010)*; some of the projects from the "Grand Paris" ideas contest in: *Le Moniteur Architecture - Le Grand Pari(s)*, 2009 (e.g. Bernardo Secchi, Paola Vigono, or Antoine Grumbach & Associés).

10 For details on my understanding of design strategy, landscape occurrences, urban landscapes, creativity, cf. Hille von Seggern / Julia Werner / Lucia Grosse-Bächle: *Creating Knowledge. Innovationsstrategien im Entwerfen urbaner Landschaften.* Berlin 2008.

Urbane Landschaft Wilhelmsburg: Auf, am, unterm und hinterm Deich The Wilhelmsburg urban landscape: on, at, beneath and behind the dyke

MARTIN KOHLER

Metrozonenbeschreibungen

Drei Orte und eine Umgehung[1]

Streifzüge

„Wenn eines verschwunden ist, dann ist es die Idee eines Zeitflusses, der sich zwangsläufig und irreversibel vorwärts bewegt und von scharfsinnigeren und klarsichtigeren Denkern vorhergesagt wird."[2]
Die komplexen Entwicklungsdynamiken der modernen Metropole lassen vermehrt unkalkulierte Bereiche entstehen, die sich einer einfachen Lesbarkeit und einer prognostizierbaren Zukunft entziehen. Sie stellen die größten Fragen an die planerische Zunft. Erwartungsland, Restraum, Brachfläche, *lost spaces*, *wastelands* ... Willkommen in den Metrozonen.
„Verkehrsschneisen, Brücken und Kanäle. Neue Bürotürme, karge Industriebrachen, von den Arbeitern verlassene Arbeitersiedlungen. Wildes Grün, mitunter ein verlorener Garten."[3] Die Metrozone ist ein Begriff, unter dem sich viele Bilder und Geschichten sammeln und deren Potenziale nicht immer leicht zu erkennen sind. Der Streifzug ist eine Methode zur Erkundung dieser Konglomerate.

Ortsinsert 1: Siedlungsränder in der Stadt/ Das südliche Reiherstiegviertel
Wir stehen auf dem neu gepflasterten Platz um die Bonifatiuskirche. Die im Rahmen von Stadtumbau-West 2007 neu gestaltete Fläche lässt viel leer um die Kirche von 1898. Die gefaltete Betonwand – eine Reparatur der Kriegsschäden aus den 50er Jahren – steht unvermittelt einer Platzkante aus Häusern der Gründerzeit gegenüber. Die Werkskirche der Wollkämmerei bildete das Zentrum der Arbeitersiedlung für die polnischen Facharbeiter. Mit dem Bau der Wollkämmerei begann der Aufstieg des Reiherstiegufers zum Industriegebiet. Um Platz für die aufblühende Industrie zu schaffen, verwandelte der Bauunternehmer Hermann Vering die nassen Wiesen am Reiherstiegkanal in sturmflutsichere Baugrundstücke. Mit den Fabriken kamen die Arbeiter, und das bäuerliche Wilhelmsburg wurde zum Eingangstor für immer neue Migrationsgruppen. Trotz weiterer Bauprogramme ist die ursprüngliche Struktur erhalten. Eine Kirche, ein runder Hauptplatz, eingefasst von Bürgerhäusern, dahinter die etwas ärmer dekorierten Arbeiterwohnungen. Vom Bonifatiusplatz führen mehrere Straßen radial hinaus. Auf dem Weg nach Westen lösen sich die Baublöcke auf, die Häuser werden spärlicher, wir überqueren einen kleinen Kanal, eine Schienentrasse und schmale Vegetationsränder. Auf dem alten Kopfsteinpflaster führt die alte Dorfstraße hinaus zum Reiherstieg, an einem von einem Wald verdeckten Rohrbunker vorbei, entlang von Ansammlungen von Gewerbehallen und Asphaltschotterlagern. Das letzte Stück führt über eingezäunte idyllische Wiesen, in denen das Pflaster verschwindet. Ein Trampelpfad führt zwischen Birkensträuchern und Erlenwäldern in die wilde Ruderalvegetation der offenen Landschaft. Hier stand von 1891 bis zum Zweiten Weltkrieg „Stübens Volksgarten", eines der größten und beliebtesten Ausflugslokale der Hamburger für ein Wochenende im Grünen. Heute kommt einmal im Jahr ein 20.000-Besucher-Musikfestival vorbei, und hinter den Büschen und Wäldchen zieren Rethespeicher, Hubbrücke und Benzinsilo die Landschaft.

Temporäre Minigolfanlage auf dem Parkdeck des ehemaligen Einkaufszentrums Frappant an der Große Bergstraße in Hamburg-Altona Temporary mini-golf complex on the parking level of the former Frappant shopping mall on the Grosse Bergstrasse in Hamburg's Altona district

MARTIN KOHLER

Metrozone Descriptions

Three Places and a Circumvention[1]

Akustisch verschmilzt der Hafenrhythmus mit Vogelgeschrei und Grillengezirpe. Wir sind mitten im Hafen.
Der Stadtrand[5] ist die räumliche Metapher der Metrozonen. Metrozonen sind aber nicht nur räumliche, sondern auch zeitliche Übergangsräume. Planung erzählt die Geschichte räumlicher Transformationen gern über die festen Punkte der städtebaulichen Entwürfe, Masterpläne und Stadtteilkonzepte. Planung für die Metrozonen wäre, das Durcheinander der Dinge für einen Moment gedanklich zu ordnen im Bewusstsein[5], dass diese Ordnung sich in einem folgenden entropischen Prozess[6] wieder auflöst. Mehrdeutigkeit und Offenheit entstehen durch den schleichenden Verlust der im Anfangszustand klaren Zuordnungen. Die Fläche der Stadt ist das immer wieder neu beschriebene Palimpsest[7] als zeitliche Gleichzeitigkeit historischer Spuren.

Ortsinsert 2: Zeitliche Übergänge/Von der Königstraße zur Großen Bergstraße
Am jüdischen Friedhof an der Königstraße in Hamburg. Wie in Stuttgart oder Düsseldorf war die Königstraße auch in Hamburg-Altona mit ihren vielfältigen Einkaufs-, Kultur- und Kommunikationsangeboten ein Ort großbürgerlicher Urbanität. Dann kam der Zweite Weltkrieg. Die Straße ist heute eher ruhig als aufgeregt. Außer einigen Häusern von kurz vor 1900 sind keine Zeugen geblieben und dazwischen streitet sich Blockrand mit aufgelockerter Zeile und Leere mit Architektur seit 1945 um die Vorherrschaft. Eindeutige Sieger lassen sich nicht ausmachen. Hausnummer 12 ist ein freistehender neungeschossiger Wohnturm, der den Stil der Spätmoderne repräsentiert. Die schwingende Balkonfassade zur Sonnenseite, die zeittypische Stabfliesenverkleidung – 1950 muss so die Verheißung der Moderne ausgesehen haben. Ob der vorbeieilende Passant das auch heute noch glaubt? Sein mürrischer Blick auf den Bau verrät etwas anderes. Entlang der Mörkenstraße kommen wir mitten in das Herz Neu-Altonas. Ein etwas euphemistischer Ausdruck für die Begeisterung der Hamburger Stadtplanung für die Radikalsanierung der letzten Reste

Rambles

"If there is one thing that has disappeared it is the notion of a flow of time that moves forward inevitably and irreversibly and that is predicted by more astute and more perceptive thinkers."[2] The complex development dynamics of the modern city are allowing for the evolution of increasingly incalculable areas that elude straightforward definition and a predictable future. They constitute the most important issues facing the planning fraternity. Prospective land, leftover land, disused land, lost spaces, wastelands ... welcome to the metrozones. "Traffic arteries, bridges, and canals. New office blocks, barren industrial areas, workers' housing estates abandoned by the workers. Untamed greenery, including a lost garden."[3] Metrozone is a term encompassing many images and stories whose potential is not always immediately recognisable. Rambling is a method for exploring these conglomerates.

Location Insert 1: Residential Peripheries in the City/Southern Reiherstieg District
We are standing on the newly paved square surrounding the St Boniface Church. This area, redesigned as part of the Stadtumbau West 2007 (City Renovation West 2007) project, leaves plenty of empty space around the church, which dates from 1898. Directly opposite the corrugated concrete wall—the restoration of war damage going back to the 1950s—is a boundary made up of nineteenth-century buildings. The church of the wool-combing works forms the centre of the housing estate for the skilled Polish labour. The construction of the wool-combing works marked the beginning of the bank of the Reiherstieg's rise as an industrial area. The developer Hermann Vering converted the waterlogged fields along the Reiherstieg Canal into building sites safe from storm tides in order to create space for the flourishing industry. With the factories came the workers, and rural Wilhelmsburg became the gateway for yet more migrant groups. The original structure has remained despite further construction programmes. A church, a circular main square lined with townhouses, behind that the somewhat less decorative workers' accommodation. Several roads radiate out from St Boniface Square. The blocks of buildings dissipate towards the west, the buildings become fewer; we cross a small canal, a rail route, and narrow strips of vegetation. The old cobbled village road leads out to the Reiherstieg, past a conduit bunker hidden in the woods, along ensembles of commercial warehouses and asphalt rubble. The last section takes us over idyllic, fenced-in meadows where the paving is disappearing. A trail leads between birch saplings and forests of alders in the wild seral vegetation of the open landscape. Between 1891 and the Second World War, this was the site of the Stübens Volksgarten, one of the largest and most popular of Hamburg's excursion destinations for those wanting to spend a weekend in the countryside. Today it is the venue for an annual, 20,000 visitor-strong music festival, with the Rethe warehouses, lift bridges, and oil storage depots adorning the landscape beyond the bushes and the thickets. Acoustically, the harbour rhythm merges with the bird calls and the chirping of the crickets. We are in the middle of the harbour.
The city limits[4] are the spatial metaphor for the metrozones, which are not only spatial but also temporal transition zones. Planning likes to tell the story of spatial transformations by means of the fixed points of urban planning designs, master plans, and neighbourhood concepts. Planning for the metrozones would mean to mentally straighten out the chaos of things just for a moment,[5] aware of the fact that this system would disintigrate again in a subsequent entropic process.[6] Ambiguity and openness evolve from the gradual loss of what were initially clear categories. The urban space is the palimpsest[7] that is constantly being rewritten as the temporal synchronism of historical traces.

Location Insert 2: Temporal Transitions/ From Königstrasse to Grosse Bergstrasse
At the Jewish cemetery on Königstrasse in Hamburg. As in Stuttgart or Düsseldorf, the Königstrasse in Hamburg's Altona district was also a place of upper middle class urban

Hofsituation an der Königstraße in Hamburg-Altona
Courtyards on Königstrasse in Hamburg's Altona district

der Altonaer Altstadt und der Stadterweiterungsgebiete der Gründerzeit. Unter Berufung auf die Grundsätze des funktionalistischen Städtebaus wurde ein völlig neuer Stadtteil mit 14.000 Wohnungen aus der Retorte projektiert. Der geschlossene Straßenraum sollte durch Zeilenbauten aufgelöst, die Nutzungstrennung etabliert, das engmaschige Straßennetz durch ein autogerechtes System ersetzt, der Grundbesitz zusammengelegt und neu geordnet werden, um hauptsächlich öffentliche Bauträger Großwohneinheiten errichten zu lassen. So ganz hat es nicht funktioniert, ein einzelnes Gebäude aus der Altonaer Zeit steht etwas verloren zwischen den Zeilen, der Gewerbehof ist von Wohngebäuden umringt, das Gebäude gegenüber teilen sich eine Bar und eine Autowerkstatt, während oben gewohnt wird, Anbauten und Hofmauern haben in Teilen wieder geschlossene Straßenräume entstehen lassen. Jetzt sind es nur noch wenige Schritte bis zur Großen Bergstraße, der ersten Fußgängerzone Deutschlands nach dem Vorbild der Rotterdamer Lijnbaan, einem neuen Ort des Einkaufens, der Kultur und Kommunikation. Heute sind die Ein-Euro-Shops und Mobiltelefongeschäfte mal wieder nicht so gut besucht und die Ausweisung zum Sanierungsgebiet S5 ist eingeleitet.
Wofür stehen diese Kontraste? Symbolisieren sie das langsame Verschwinden einer Zeit oder das unbeugsame Überdauern? Ist es Teil des Alltags oder ein mahnender Fingerzeig von außen? Die Symbole fügen sich nicht mehr in ein Bild. Zerbrochene Zeichen einer vergangenen Bedeutung.[8] Diese verwirrende Halde entkoppelter Symboliken ist das Ausgangsmaterial für eine neue, durch verschiedene Nutzergruppen eigenbestimmte Schaffung von Bedeutung im sozialen Raum durch das Verschmelzen dieser Dinge zu neuen Verbindungen und Unterscheidungen[9] – was nichts anderes als Territorialisierung und Aneignung und damit Übernahme von Verantwortung für diesen Teil der Stadt ist.

Ortsinsert 3: Der Harburger Binnenhafen
360-Grad-Blick im Binnenhafen.
Harburg. Zollstraße. Auf der Brücke über dem Kanal. Der Blick nach Norden. Dort, wo das hanseatische Hamburg steht (wir sind hier im preußischen Hamburg) wird der Blick von einem unauffälligen Bau in Gelb gefangen.
Das Harburger Schloss! Jede Mietskaserne ist auffälliger. Um das kärglich dekorierte Schloss lagern die alten Arbeitswelten, Werften, das Baustofflager Mulch mit seinen weißen Kiesbergen, die Fischerboote der Berufsfischer und die Jöhnkwerft, die Heimatwerft von Jugend in Arbeit Hamburg e.V.. Auf unserer Seite des 1889 zu einer modernen Hafenanlage ausgebauten Schlossgrabens residiert ein Segelmacher und in dem Wäldchen daneben steht die rostende Brücke eines Schiffes, bei der keiner weiß, wer hier residiert.
Süd-Südwest: Die älteste Straße und eines der ältesten Häuser Harburgs. Dieser Bau, in dem nun ein Friseur das Erdgeschoss nutzt, während drüber ein rotes Schild für Massagen wirbt, war schon Teil der Hauptstraße, als hier Kaufmänner und Kapitäne durch die aufstrebende Hafenstadt Harburg flanierten. Das Haus kennt aber auch den Boom der Industrialisierung in den verlassenen Resten der Villen und Warenhäuser, nachdem die Bürger die Geestkante hinaufzogen und die Industrie im Hafen einzog,

Areal der früheren Gartenrestauration „Stübens Volksgarten" am Reiherstieg in Hamburg-Wilhelmsburg Grounds of the former garden restaurant "Stübens Volksgarten" in Reiherstieg in Hamburg's Wilhelmsburg district

Bonifatiuskirche im südlichen Reiherstiegviertel, Hamburg-Wilhelmsburg The St Boniface Church in the southern Reiherstieg neighbourhood of Hamburg's Wilhelmsburg district

civilisation with its diverse shopping, cultural, and communication offerings. Then came the Second World War. Today, it is a quiet rather than a busy street. With the exception of a few buildings dating from shortly before 1900, no other historical evidence remains and perimeter block developments have since been jostling for dominance with jumbled rows, and open spaces with post-1945 architecture. There are no clear winners. Building number 12 is a free-standing, nine-floor residential tower in the late modernist style. The sweeping balcony façades face the sun and the tiling typical of that time—1950—must have been what the promise of modernism looked like. Does the hurried passer-by still believe that today? Their sullen glance at the building would indicate otherwise. Mörkenstrasse brings us to the heart of New Altona, a somewhat euphemistic expression for the enthusiasm on the part of Hamburg's urban planners for the radical refurbishment of the last remnants of the old town of Altona and the nineteenth-century urban expansion areas. Based on the principles of functionalist urban design, an entirely new, ready-made neighbourhood was produced with 14,000 housing units. The closed street system was to be interspersed with rows of buildings, separate utilisation established, the closely meshed road network replaced by a car-friendly system, properties merged and rearranged, mainly to allow public contractors to erect large housing units. It did not quite work out that way; a single building from the Altona era stands somewhat lost between the rows of buildings, the commercial estate is surrounded by housing, the building opposite is shared by a bar and a car repair workshop, with people living upstairs, while extensions and courtyard walls have again created closed street spaces in some places. We are now just a few paces away from Grosse Bergstrasse, Germany's first pedestrian zone based on the example of Rotterdam's Lijnbaan—a new place for shopping, culture, and communication. Today the one-euro-shops and mobile telephone stores are no longer so popular and its designation as the S5 redevelopment area has already been initiated.

What do these contrasts stand for? Do they symbolise the slow disappearance of an era or persistent survival? Are they an everyday feature or a warning finger from the outside? The symbols no longer fit into an image. They are shattered symbols of past meaning.[8] This confusing heap of disjointed symbols is the starting point for the new creation, self-determined by a variety of user groups, of significance in the social space through the merger of these aspects to create new links and distinctions[9]—which is nothing more than territorialisation and assimilation and therefore the assumption of responsibility for these parts of the city.

Location Insert 3: Harburg Inland Harbour
360° View of the Inland Harbour.
Harburg. Zollstrasse. On the bridge over the canal. Looking to the north. Facing towards Hanseatic Hamburg (we are in Prussian Hamburg here), an inconspicuous yellow building catches our eye. Harburg castle! A high-rise block would be more eye-catching. The sparsely decorated castle is surrounded by the old working world, shipyards, the Mulch building materials depot with its piles of white stone, the professional fishing boats, and the Jöhnk shipyard, home to Hamburg's "Jugend in Arbeit" association. Our side of the castle moat, extended in 1889 to become a modern harbour area, features a sail maker and in the patch of woods next door is the rusting bridge of a ship with an unknown owner.
South, southwest: the oldest street and one of the oldest buildings in Harburg. This building, the ground floor now used by a hairdresser and a red sign above it advertising massages, was part of the main street when merchants and captains used to stroll through the up-and-coming harbour town of Harburg. The building also witnessed the industrial boom that left behind the abandoned remains of villas and warehouses after the residents moved up to the fens and industry moved into the harbour, just like the post-1980s decline.
South: the harbour basin is bordered by the old corn mill, its silos, and a new high-rise building on the one side. On the other side is the former

genauso wie den Verfall seit den 1980er Jahren. Süden: Das Hafenbecken wird von der alten Kornmühle, deren Silo und einem neuen Hochhaus auf der einen Seite begrenzt. Auf der anderen Seite liegt die ehemalige Helgolandfähre Seute Deern, die als Konferenz- und Veranstaltungszentrum genutzt wird, und der Palmspeicher, ein Restaurant in einem renovierten Ziegelbau aus der Hochphase der Palmkernölproduktion an diesem Ort. Auf dem Kai stehen: die alten Hafenpoller, ein restaurierter historischer Ladekran, vier in Beton gegossene Seehundskulpturen und Strandkörbe. Im Hafenbecken eine weiße Sandfläche auf einem alten Ponton. Es ist ein bisschen so, als hätte man im Reisekatalog Nizza und Göteborg vermischt und bekäme sie nun nicht mehr auseinander. Der Hafenkran ist echt, aber so neu restauriert, dass er künstlicher wirkt als die Seehunde. Zwischen all den Büroangestellten in Schwarz, Dunkelblau und ganz Dunkelblau ist die Frage nach Authentizität aber schon falsch. Statt „was ist echt?" müsste man eher fragen, was davon so attraktiv ist, dass Investoren und Entwickler hier einen Hightech-Standort realisieren, der auf billigem Grund in mäßiger Lage recht unbedarft mit den Zeugnissen der Geschichte spielt und sie durch eigene Objekte zur Bildergeschichte von Macht, Bedeutung und Aufstieg ergänzt.
„Jeder Schritt ist ein Moment, der neu verteilt, was war und was kommen könnte."[10]

Anmerkungen

1 Der Streifzug ist eine Methode. Dieser Text besteht aus einem akademischen Streifzug durch Texte zu Landschaftskunst, Planungstheorie, Architektur und Anthropologie als Umgehung der Texte zu drei Spaziergängen in Hamburg. Diese vier Streifzüge umreißen den Begriff „Metrozonen" als Feld für eigene Streifzüge des Lesers.

2 Bruno Latour in seiner Rede zur Annahme des Kulturpreises der Münchener Universitätsgesellschaft am 8. Februar 2010, München.

3 Auf der Webseite der IBA Hamburg genannte Beispiele für Metrozonen.

4 Christian Norberg-Schulz: *Genius Loci, Towards a Phenomenology of Architecture*. New York 1980.

5 Jean Hillier: Straddling the Post-Structural Abyss: Between Transcendence and Immanence? In: *Planning Theory*. Heft 4/2005, S. 271, 2005.

6 Robert Smithson: „Entropy and the new monuments". In: J. Flam: *Robert Smithson: The Collected Writings*. Berkeley 1996.

7 André Corboz: „Die Kunst, Stadt und Land zum Sprechen zu bringen". In: *Bauwelt Fundamente* 123. Basel/Berlin/Boston 2000.

8 Kevin Lynch: *Wasting away*. San Francisco 1990.

9 Sharon Zukin: *Landscapes of Power*. Berkeley 1991.

10 Gilles Deleuze / Felix Guatarri: „1440 – Das Glatte und das Gekerbte". In: Gilles Deleuze / Felix Guatarri: *Tausend Plateaus*. Berlin 1997.

Westlicher Bahnhofskanal im Harburger Binnenhafen
Western railway station canal in the Harburg Inland Port

Boote in der Nähe des Kanalplatzes im Harburger Binnenhafen Boats close to Kanalplatz in Harburg's Binnenhafen

Helgoland ferry Seute Deern, used as a conference and event venue, and the Palmspeicher, a restaurant in a renovated brick building dating from the height of the palm kernel oil era here. On the quay are the old bollards, a restored historic loading crane, four concrete seal sculptures, and wicker beach chairs. In the harbour basin there is a stretch of white sand on an old pontoon. It looks a bit like a permanent mix between travel brochures for Nice and Gothenburg. The harbour crane is genuine but so recently renovated that it appears more artificial than the seals. With all the office workers in black, dark blue, and completely dark blue, however, the question of authenticity is misleading. Instead of asking "what is real?" we should rather be asking what is so appealing about it that investors and developers are creating a high-tech site on cheap land in a mediocre location, one that takes a light-hearted approach to the witnesses of the past, its own buildings becoming part of the graphic novel of power, importance, and advancement.
"Each step is a moment redistributing what was and what could be."[10]

Notes

1 Rambling is a method. This text constitutes an academic ramble through texts on the subjects of landscaping, planning theory, architecture, and anthropology as a circumvention of texts on three walks in Hamburg. These four rambles outline the term "metrozones" as a realm for the reader's own rambles.

2 Bruno Latour in his acceptance speech at the award of the Cultural Prize by the Munich University Society on 8 February 2010.

3 Examples of metrozones cited on the IBA Hamburg website.

4 Christian Norberg-Schulz: *Genius Loci, Towards a Phenomenology of Architecture*. New York 1980.

5 Jean Hillier: "Straddling the Post-Structural Abyss: Between Transcendence and Immanence?" In: *Planning Theory*, Vol. 4, 2005, p. 271.

6 Robert Smithson (1966): "Entropy and the new monuments." In: J. Flam: *Robert Smithson: The Collected Writings*. Berkeley 1996.

7 André Corboz: "Die Kunst, Stadt und Land zum Sprechen zu bringen." In: *Bauwelt Fundamente* 123. Basel, Berlin, Boston 2000.

8 Kevin Lynch: *Wasting Away*. San Francisco 1990.

9 Sharon Zukin: *Landscapes of Power*. Berkeley 1991.

10 Gilles Deleuze / Felix Guatarri: "1440–Das Glatte und das Gekerbte." In: Gilles Deleuze / Felix Guatarri: *Tausend Plateaus*. Berlin 1997.

KLAUS OVERMEYER

Grenzüberschreitungen

Zu den Potenzialen von Randlagen

Stadtgrenzen

An einem sommerlichen Spätnachmittag treffen sich über 70 Bewohner und Interessierte zu einem Stadtrundrang durch Hamburgs größtes Entwicklungsgebiet, die HafenCity. Die von zwei eingeladenen Gästen begleitete Tour führt zunächst durch den westlichen Teil des neuen Stadtviertels, über hochwertig gestaltete Promenaden und Terrassen, vorbei an jüngst eröffneten Läden und international ausgezeichneten Gebäuden. Dann ein Schwenk nach links, Richtung Osten, dort, wo nicht mehr Hafen und noch nicht HafenCity ist. Flankiert wird der Weg von Baustellen und einem Heizkraftwerk. Die Gruppe überquert eine Brücke, irgendwann hören die Bürgersteige auf. Zwischen aufgetürmten Bauschutthügeln kommt es zum Protest: „Hier ist doch nichts mehr, was sollen wir hier?" Vor einem meterhohen Bahndamm geht es nicht mehr weiter, erleichterter Rückzug und Ausklang auf der neuen Uferpromenade am Grasbrookhafen.
Was diesen nachmittäglichen Stadtspaziergang so interessant macht, ist der subtile Übergang von einer gebauten Idealstadt in ein Niemandsland aus Deponien, Verkehrsschneisen und offenen Lagerflächen, die wir normalerweise nur aus dem Zug oder vom Auto aus wahrnehmen. Mit dem Ausflug wurde bei vielen Spaziergängern scheinbar eine Grenze überschritten, obwohl die gesamte Strecke frei zugänglich ist und keine Barrieren zu überwinden waren. Offensichtlich zeichnen den Rand der Stadt Grenzsituationen aus, die mit dem Erleben der innerstädtischen Urbanität nicht kompatibel zu sein scheinen. Doch warum? Sieht man einmal von der Spannung zwischen preisgekrönter Architektur in der HafenCity und den räumlichen Zufallsprodukten der aufgelassenen Hafenlandschaft ab, so hat das Unbehagen der Teilnehmenden sicherlich auch mit den Wahrnehmungsmustern städtischer Grenzen zu tun. Unser Bild von Stadt ist noch immer von einer klaren räumlichen Fassung geprägt, von offenen und geschlossenen Räumen, die sich in öffentlich zugänglichen Straßen, Parks und Plätzen sowie raumschaffenden Gebäuden abbilden. In unserem Bewusstsein sind die städtischen Grenzen eindeutig ablesbar. Sie differenzieren zwischen einem Innen und Außen, zwischen Inklusion und Exklusion, Fremdraum und Eigenraum. Auch wenn, wie Vilém Flusser feststellt, die Mauern der Häuser von Kabeln durchlöchert sind wie ein Emmentaler und damit die Trennung zwischen privatem Refugium und öffentlicher Agora längst aufgelöst ist, spielt in unserem Bild von Stadt die räumliche Manifestierung der Grenzen eine nach wie vor bedeutende Rolle. Die Eindeutigkeit der Grenzziehungen in innerstädtischen Räumen scheint klare Orientierung zu vermitteln, ihre Durchlässigkeit ist über Eingänge und Fenster definiert, die Nutzungen der begrenzten Räume sind in der Regel festgelegt.

Bedeutungen von Randsituationen

Anders stellt sich die Situation in den „Metroscapes", den Übergangszonen zwischen Stadt und Landschaft dar. Zu Verunsicherungen kommt es immer dann, wenn der Stadtrand

Bas Princen: *Hardware store car park*, 2000
Alle Fotos dieses Beitrags stammen aus der Serie „Artificial Arcadia" von Bas Princen, die sich ungewöhnlichen Freizeitaktivitäten widmet. All of the photos in this article are from the "Artificial Arcadia" series by Bas Princen, dedicated to unusual leisure activities.

KLAUS OVERMEYER

Crossing Boundaries

The Potential of Peripheries

näher rückt, wenn sich das bekannte Muster Block-Straße-Platz-Park auflöst. Der Stadtrand ist unscharf, hier beginnen die Grenzen zu verschwimmen. Sie sind nicht immer direkt ablesbar. Mal hält eine Hochspannungsleitung ein Neubaugebiet auf Abstand, ein Wäldchen breitet sich auf einer Industriebrache aus, die Felder einer Gärtnerei gehen in ein Gewerbegebiet über, ein Trupp Radfahrer durchkreuzt eine Bauschuttdeponie. Dann wieder zeigen sich klaffende Gegensätze, ein meterhoher Zaun zwischen Raffineriegelände und Tennisklub, der Lärmschutzwall über einer Kanu-Anlegestelle oder die Kleingartenanlage im Gleisdreieck. Im Reich der inneren Stadtränder teilen die Grenzen nicht automatisch in ein Innen und Außen. Wir treffen auf ein unvermitteltes Nebeneinander von unterschiedlichen Grenzziehungen, die Räume umschließen, gleichzeitig aber auch Zwischenräume produzieren, die zu eigenen Enklaven werden und die Grenzen der anderen zum eigenen Schutz nutzen. Grenzen entstehen hier, nicht weil ein übergeordneter Plan ein ausgewogenes Verhältnis zwischen bebauten Parzellen, Gebäudehöhen und öffentlich nutzbarem Raum zu definieren sucht. Sie bilden sich meistens aus reinem Pragmatismus heraus, zur Sicherung eines Geländes, weil gesetzliche Abstandsflächen eingehalten werden müssen, als Lärmschutz oder als Infrastrukturschneise, unüberwindbar und verbindend zugleich.
Die Trennlinien der Metrozonen sind, stärker als Grenzen innerhalb der Innenstädte, Veränderungen unterworfen. Das liegt sowohl an dem unvermittelten Aufeinandertreffen gegensätzlicher Nutzungen als auch an ihrer kürzeren Halbwertzeit. Kennzeichnend für das räumliche Patchwork der Metrozonen ist eine Gleichzeitigkeit von Ungleichheit. Spannungsfelder entstehen im unmittelbaren Nebeneinander von Dichte und Leere, Dynamik und Stagnation, Planung und Ungeplantheit, Rückzug und Neuansiedlung. Dabei überlagern sich physische Grenzen mit immateriellen Begrenzungen, die ihren Ausdruck in dem Aufeinandertreffen unterschiedlicher Kulturen, sozialen und wirtschaftlichen Disparitäten oder der Polarität zwischen globaler Verflechtung und lokalen Bedingungen finden. Viele Beispiele zeigen, dass die Unterschiedlichkeit von Nutzungsbedürfnissen automatisch zu einer physischen Abgrenzung führt und eine radikale Grenzziehung die Koexistenz von Gegensätzlichkeiten erst ermöglicht. Umgekehrt ändert sich mit einem Wechsel der Nutzung auch die Grenzbefestigung oder zumindest ihre Bedeutung. Der Stacheldrahtzaun des Zollhafens wird obsolet, wenn das Areal für Wohnboote freigegeben wird, die Einfriedung einer Speditionshalle im Gewerbegebiet ändert ihren Charakter, wenn die Halle zum Festsaal mutiert, die ummauerte Industriebrache wird unbemerkt zum Schutzraum für bedrohte Arten. Die Grenze erlangt ihre jeweilige Bedeutung erst durch die, die sie wahrnehmen, an ihr scheitern, sie anerkennen oder überwinden.

Bas Princen: *End of the highway*, 2001

Urban Boundaries

It's late on a summer afternoon and over seventy residents and interested parties gather for a city tour of Hamburg's largest development area, HafenCity. The tour, which includes two invited guests, begins with the western section of the new city district, via up-market promenades, and terraces, past recently opened shops and international award-winning buildings. Then comes a veer to the left, towards the east, where it is no longer harbour but is not yet HafenCity either. The route is flanked by building sites and a thermal power station. The group crosses a bridge, and the pavement comes to an end at some point. Between the heaps of building rubble comes the protest: "But there is nothing here, what are we doing here?" The way ahead is blocked by a metre-high railway embankment; relieved, they turn back and bid farewell to one another on the new Grasbrookhafen esplanade.
What makes this afternoon stroll through the city so interesting is the subtle transition from the built-up city ideal into a No Man's Land of waste dumps, traffic arteries, and stretches of open storage—areas that we normally only see from the train or from the car. For many of the tour participants, the excursion seemed to mean the crossing of a boundary, even though there is free access to the entire route and there were no barriers to be overcome. The edge of the city obviously seems to signal a borderline situation that seems to be incompatible with the experience of inner city urbanity. But why? If we put aside the dichotomy of prize-winning architecture in HafenCity and the spatial by-products of the abandoned harbour landscape, then the participants' unease is sure to have also been related to patterns of perceiving urban boundaries. Our image of the city is still characterised by distinct spatial settings, by open and closed spaces that take the form of streets with public access, parks, and squares, as well as spaces generated by buildings. Our awareness of urban boundaries is very distinct. They distinguish between an inside and an outside, between inclusion and exclusion, foreign space and own space. Even if, as Vilém Flusser states, the walls of the buildings are so perforated by cables as to resemble an Emmental cheese and the separation of private refuge and public agora has long since fallen away, the spatial manifestation of boundaries continues to play an important role in our image of the city. The clarity of demarcations in inner-city spaces seems to provide clear orientation, their penetrability is defined by entrances and windows, while the utilisations of the demarcated spaces are generally laid down.

Meanings of Borderline Situations

The situation in the "metrozones," the transition zones between the city and the landscape, is different. Insecurities always arise when the city outskirts approach, when the familiar block-street-square-park pattern disintegrates. The city periphery is indistinct: this is where the boundaries begin to blur. They are not always immediately apparent. Sometimes a power line keeps a new development scheme at bay, an area of forest encroaches onto an area of industrial wasteland, the beds of a garden centre merge with the industrial area, a group of cyclists crosses a building rubble dumpsite. Then the gaping differences become evident again, a high fence between the refinery site and the tennis club, the noise barrier over a canoe landing place, or the garden plots in the corner between the railway tracks.
In the realm of inner-city peripheries the boundaries do not automatically demarcate an inside and an outside. We encounter a sudden juxtaposition of different demarcations that enclose spaces but at the same time produce interim spaces, which turn into enclaves of their own, using the other spatial boundaries as their protection. Boundaries develop here not because there is a superior plan attempting to define an equilibrium between built-up plots, building heights, and space open to the public. They are usually formed out of pragmatism alone, to safeguard a property because statutory spacing has to be adhered to, as noise protection, or as infrastructural routes, both

Bas Princen: *Garbage dump*, 2002

Grenzen als Katalysatoren

Grenzen und Brüche gelten in der Stadtplanung gemeinhin als Makel, besonders, wenn sie sich als gordische Knoten aus Infrastrukturschneisen und isolierten Enklaven entpuppen, die kaum Verbindungen und Öffnungen zulassen. Doch wie das Beispiel eines großen innerstädtischen Transformationsareals in München zeigt, kann gerade die Verdichtung von räumlichen und programmatischen Polaritäten zu einem Nährboden für die Stadtentwicklung und -erneuerung werden.
Zwischen Schwabing und Neuhausen, Olympiapark und Hauptbahnhof führt die Dachauer Straße durch eine Metrozone par excellence. Die

insurmountable and interconnecting at the same time.
The dividing lines in metrozones are subject to changes, more so than the boundaries within the city centre. This is due both to the sudden clash between contradictory utilisations and to their shorter half-life. The spatial patchwork of the metrozones is characterised by a simultaneous inequality. Areas of conflict develop in direct proximity to density and emptiness, dynamism and stagnation, planning and unplanned, retreat and new settlements. In the process, the physical boundaries overlap with intangible limits, expressed in the clash of different cultures, social and economic disparities, or the polarity between global involvement and local conditions.
There are many examples of how the diversity of user needs automatically leads to physical delimitation and how it takes a radical demarcation to enable the co-existence of dichotomies. Conversely, a change of use also changes the demarcation, or at least its significance. The barbed wire fence of the customs harbour will become obsolete when the area is given over for houseboats, the enclosure of a freight warehouse in the industrial area changes its character when the warehouse mutates to become a function venue, the walled industrial wasteland will become an unnoticed nature reserve for endangered species. Boundaries attain their respective significance through those who perceive them, who are hindered by them, who recognise them, or who overcome them.

Boundaries as Catalysts

Boundaries and gaps are generally seen as blemishes in urban planning, particularly if they turn out to be Gordian knots comprised of infrastructural routes and isolated enclaves that hardly permit links and openings. As shown by the example of a major inner city transformation area in Munich, however, the very density of spatial and temporal polarities can become a breeding ground for urban development and renewal.

Dachauer Strasse traverses a metrozone par excellence, between Schwabing and Neuhausen, Olympiapark and the Hauptbahnhof (main railway station). The step-by-step transformation of the location that is still partly used by the military has led to extreme stratification, with a wide variety of building styles, building types, and agendas, spread across more than 160 hectares in a mixture of barracks, disused warehouses, new residential areas, university buildings, parking areas, sports facilities, and infrastructural elements. The area obviously seems to be in a state of permanent transition, a state between "no longer" and "not yet." Its range of boundaries and gaps is correspondingly diverse. It extends from cleared, mobile, fenced gravel areas in waiting, a variety of buffer zones that clearly allow or prohibit access, through to the military counter-intelligence services on an extension of Olympic Park, barricaded behind barbed wire and camera surveillance. In contrast to a stroll through the street areas of the adjacent residential neighbourhood, borderline situations are unavoidable on a foray into the Dachauer Strasse metrozone.
"The city flourishes in its gaps" is also the conviction of Jörg Witte, artistic director of Munich's Pathos Transport Theatre. Shielded by walls and barely perceptible as a public space, the theatre has been located in a former tram depot on the ring road for more than twenty years. "Our programme is generated by the place," says Witte. "In direct proximity to storage areas, the university, the asylum-seekers' centre, military barracks, a veterinary hospital, and sought-after historical apartment buildings, the city's issues are to be found literally lying on the roadside." A multitude of other utilisations have established themselves in the vicinity of the theatre that value the area's niches: film production, a bouncy castle rental company, as well as canteen, catering, and atelier buildings. It is precisely the area's separation from its surroundings via walls and multi-lane roads that has made it into a niche universe in which utilisations, away from the usual rules, have been able to grow and experiment over a period of many years. Without the spatial and

schrittweise Transformation des teilweise noch heute vom Militär genutzten Standortes hat zu einer extremen Schichtung aus unterschiedlichsten Baustilen, Gebäudetypen und Programmen geführt, die sich auf über 160 Hektar in einem Mix aus Kasernen, umgenutzten Hallen, neuen Wohnquartieren, Universitätsgebäuden, Parkflächen, Sportanlagen und Infrastrukturen niederschlägt. Offensichtlich befindet sich das Gebiet in einem permanenten Übergangsstadium, in einem Zustand zwischen Nicht-Mehr und Noch-Nicht. Entsprechend breit gefächert ist das Spektrum seiner Grenzen und Brüche. Es reicht von freigeräumten, mobil eingezäunten Schotterflächen in Warteschleife, über diffuse Pufferzonen, die ein Betreten uneindeutig erlauben oder verbieten, bis hin zum militärischen Abschirmdienst an einem Ausläufer des Olympiaparks, der sich hinter Stacheldraht und Kameraüberwachung verschanzt hat. Im Gegensatz zum Spaziergang durch die Straßenräume der benachbarten Wohnviertel sind auf einem Streifzug durch die Metrozone Dachauer Straße Grenzsituationen unvermeidlich.

„Die Stadt gedeiht an ihren Brüchen", ist auch Jörg Witte überzeugt, künstlerischer Leiter des Münchner Pathos Transport Theaters. Abgeschirmt durch Mauern und kaum als öffentlicher Ort wahrnehmbar, befindet sich das Theater seit über 20 Jahren in einem ehemaligen Straßenbahndepot an der Ausfallstraße. „Unser Programm generieren wir aus dem Ort", meint Witte, „ im unmittelbaren Umfeld von Lagerflächen, Hochschule, Asylantenheim, Militärkaserne, Tierklinik und begehrten Altbauwohnungen liegen die Themen der Stadt buchstäblich auf der Straße." Im Umfeld des Theaters haben sich eine Vielzahl weiterer Nutzungen angesiedelt, die die Nischen des Geländes zu schätzen wissen: Filmproduktion, Hüpfburgverleih, Kantine, Catering und Atelierhäuser. Gerade die Abschottung des Areals von seiner Umgebung durch Mauern und mehrspurige Straßen hat das Gelände zu einem Nischenuniversum gemacht, in der über einen Zeitraum von vielen Jahren jenseits der üblichen Verwertungslogiken Nutzungen wachsen und experimentiert werden konnten. Ohne dass sich die räumlichen Grenzen und Strukturen jemals änderten, hat sich das gesicherte Betriebsgelände in einen dorfartigen Organismus aus kreativen Projekten und Unternehmen gewandelt. Dabei scheinen sich gerade die Verborgenheit und getarnte Zugänglichkeit des Geländes zu einem Magneten für ein bestimmtes Publikum herauszukristallisieren, das den städtischen Raum als möglichst ungezähmtes Territorium entdecken und aneignen will. Für das Kulturpublikum im Ex-Bahndepot, die Tollwoodfestivalbesucher oder die praktizierende Tai-Chi-Gruppe auf der Uniwiese zählt weniger die gemeinsam erlebte Öffentlichkeit eines klassischen Platzes, als vielmehr die Möglichkeit zum Ausleben eigener Stile und Identitäten. Grenzen spielen bei der Bildung von urbanen Teilöffentlichkeiten eine entscheidende Rolle. Sie bilden den Zugangscode zur Raumaneignung und sind vielfach Ursache für das Entstehen selektiver Gemeinschaften. Für die einen ist der bewaldete Wall um einen Sportplatz Barriere, für andere Hundeauslaufparcours und Treffpunkt. „Eine unüberwindbare Grenze ist ein Widerspruch in sich", schreibt Markus Schroer, „die Überschreitung der Grenze ist der Grenze eingeschrieben. Insofern ist jede Grenzüberschreitung keine Zweckentfremdung der Funktion der Grenze, sondern eine Erfüllung ihres ureigensten Programms."

Literatur

Vilém Flusser: *Durchlöchert wie ein Emmentaler – Über die Zukunft des Hauses*, 4.3.1998.

Markus Schroer: „Grenzen – ihre Bedeutung für Stadt und Architektur". In: *Politik und Zeitgeschichte*, Nr. 25, 15.6.2009.

Bas Princen: *Sound barrier*, 1998

structural boundaries ever having changed, this secure commercial area has transformed itself into a village-like organism of creative projects and enterprises. It seems that the very seclusion and camouflaged accessibility of this plot have turned out to be a magnet for a certain sector of the public who want to discover and appropriate the urban space as territory that is as untamed as possible. For the cultural audiences in the former tram depot, the Tollwood Festival visitors, or the members of the Tai-Chi group on the university lawns, the common experience of a classic public space is less important than the opportunity to live out their own styles and identities. Boundaries play a decisive role in the formation of urban subgroups. They constitute an access code for spatial assimilation and are often the motivation behind the development of selective communities. For some, the wooded wall around a sports field is a barrier, for others it is a dog-walking route and meeting place. "An insurmountable barrier is a contradiction in terms," writes Markus Schroer. "The crossing of a boundary is inherent in the boundary. Crossing boundaries is therefore never misappropriation of the boundary's function, but rather a fulfilment of its basic intention."

Bibliography

Vilém Flusser: *Durchlöchert wie ein Emmentaler – Über die Zukunft des Hauses*, 4.3.1998.

Markus Schroer: "Grenzen – ihre Bedeutung für Stadt und Architektur." In: *Politik und Zeitgeschichte*, No. 25, 15.6.2009.

UTE VORKOEPER

Kunst im Randgebiet

Akademie einer anderen Stadt

Hamburg, 3. Januar 2010.
Auch an diesem Morgen sitzen vor allem junge Männer im 13er-Bus, der über die Elbinseln von der Veddel bis nach Kirchdorf fährt. Sie oder ihre Eltern sind aus aller Welt nach Hamburg gekommen. Die einen sprechen russisch, drei unterhalten sich auf Deutsch und telefonieren auf Türkisch, während zwei Afrikaner ein Französisch sprechen, von dem ich kein Wort verstehe. Die junge Frau neben mir grüßt eine Bekannte auf Panjabi quer durch den ganzen Bus. Hier im 13er-Bus trifft man auf die Welt in der Stadt und niemand muss sich hier fremder als der andere fühlen. Man sitzt ebenso friedfertig wie desinteressiert nebeneinander, die Sprachgrenzen werden eingehalten.[1] Nur selten gelingt ein Lächeln, das die Barrieren überspringt.
Was ich hier suche und versuche? Ich suche die Verunsicherung meines Wissens und ich möchte Versuche dazu beitragen, die solche Abstände durchbrechen, die Bewegungen zwischen Stadtzonen und Menschen provozieren, die aufeinandertreffende Horizonte ineinanderschieben. Schon bevor mich die IBA Hamburg einlud, ein Kunstprojekt für die Hamburger Elbinseln zu entwickeln, hatte ich mit der Künstlerin Andrea Knobloch über ein langfristiges Projekt nachgedacht: eine Akademie in der Peripherie ohne eigenen Ort, die Kunst und künstlerische Erfahrungen zum Lernen auf Augenhöhe vor Ort in der Stadt einsetzt. Entsprechend konnte ich für den Elbinsel Sommer 09 zum Motto „Lernende Stadt" das Konzept einer „Metrozonen-Akademie" vorlegen, die wir später dann in „Akademie einer anderen Stadt" umbenannten.

Abstände und Distanzen

Die Hamburger Elbinseln sind durch Abstandnahmen gekennzeichnet. Abstand heißt nicht nur die Formel für das enge Nebeneinander im Bus, sondern markiert auch die Beziehung zu Hamburg und zur Innenstadt, die knapp 15 Fahrminuten entfernt liegt.[2] Obwohl ich seit vielen Jahren in Hamburg lebe, von Barmbek nach Eimsbüttel nach Hamm-Süd nach Ottensen gezogen bin, werde ich auf den Elbinseln von manchen der deutschen Ortsansässigen wie eine Touristin behandelt, als eine, die „nicht von hier" ist. Es zeigt sich ein unerwartet starker Lokalpatriotismus inmitten der citynahen Migrationsgesellschaft, der berücksichtigt werden muss. Denn viele Leute schauen mit Sorge und wachsender Kritik auf die großen und schnellen Veränderungen, mit denen die Internationale Bauausstellung den Stadtteil nachhaltig neu erfinden möchte, der doch zuvor über Jahrzehnte dramatisch vernachlässigt wurde, obwohl er vis-à-vis zur Hamburger Innenstadt inmitten der Elbe liegt. Die alten Distanzen in beide Richtungen lassen sich nicht so leicht abbauen.
Vergleichbare Distanzen gelten auch zur Kunst und Kultur. Zum einen ist es nicht nur die reale Fahrtzeit, die die Welt im 13er-Bus von der Hamburger Kunsthalle, der Kunsthochschule, den Deichtorhallen oder dem Kunstverein trennt; es sind weit größere Zeiträume verschiedener kultureller, religiöser und sozialer Erfahrungen. Sie trennen nachhaltig, auch wenn die Steuergelder der 13er-Passagiere ebenso in diese Institutionen fließen. Zum anderen fühlen sich auch deutschstämmige Elbinselbewohner von

Thomas Wiczak, *Zaun*. Die künstlerische Intervention am Zollzaun, der den Freihafen vom Rest der Elbinsel abschottet, war Teil des Elbinsel Sommers 2009 („Akademie einer anderen Stadt"). Thomas Wiczak, *Zaun*. The artistic intervention near the custom fence cutting off the free port from the rest of the Elbe Islands was part of the Elbe Islands Summer 2009 ("Akademie einer anderen Stadt"/ "Academy of Another City").

UTE VORKOEPER

Art on the Periphery

Academy of Another City

der Hamburger Kulturpolitik weit entfernt und suchen, wenn überhaupt, Kultur möglichst direkt auf den Elbinseln, im lokalen Museum, in Stadtteilkulturzentren, Bürgerhäusern und Kirchen.

Für die Hansestadt Hamburg – wie für die meisten deutschen Städte – ist es dagegen bis heute selbstverständlich, dass die internationale zeitgenössische Kunst in die tradierten bürgerlichen Institutionen gehört, die gelegentlich um ein neues Leuchtturmprojekt – wie die Elbphilharmonie – ergänzt werden. Die Kunsthalle, der traditionsreiche Kunstverein[3] oder auch die Kunsthochschule werden bis heute umfangreich staatlich finanziert, weil man das bürgerliche demokratische Selbstverständnis in der Freiheit der Kunst bestätigt findet. Auch wenn diese Förderung für ein gewachsenes deutsches Kulturverständnis fundamental ist, so offenbaren sich umgehend die damit verbundenen sozialen und kulturellen Ausschlüsse. In den Institutionen der Kunst jedenfalls wird der Dialog zwischen den in Deutschland unter dem Begriff Kunst entfalteten, vielfältigen Produktionen und den durch Migrantinnen und Migranten nach Deutschland getragenen kulturellen Ansätzen bislang zu wenig, vor allem nicht selbstverständlich im laufenden Betrieb gesucht.[4]

Ebenso wenig findet ein nachhaltiger Austausch mit der soziokulturellen Szene statt, die sich neben der geförderten Hochkultur seit den 1970er Jahren entwickelt und in vielen Institutionen verfestigt hat. In sie fließen heute ebenfalls Millionen öffentlicher Gelder aus den Kultur-, Sozial-, Bildungs- und Bezirksressorts.[5] Die Abgrenzung zwischen den beiden geförderten Kulturbereichen wird von beiden Seiten betrieben. Allein die Künstler interessieren diese Grabenkämpfe wenig, sie gehen auf eigene Faust in die Randgebiete – sowohl im wörtlichen als auch im übertragenen Sinn. Sie suchen nicht nur Ateliers, gründen Szenetreffs und Off-Galerien, über die viel geschrieben wird[6], sondern sie arbeiten neben dem Kunstbetrieb und in Peripherien mit Menschen vor Ort. Sie entwickeln dabei Ideen für Projekte in Stadtteilen oder mit Schulen, für die sie immer aufs Neue die Unterstützung der öffentlichen Hand suchen und finden.[7] Dennoch kommt es nach wie vor fast einem Sakrileg gleich, wenn man, wie es die Akademie einer anderen Stadt 2009 tat, in einer Ausstellung internationale Kunst und Ergebnisse aus Schulkunst- und Stadtteilkunstprojekten hierarchielos zusammenbringt und beide ihre jeweils besondere Bedeutung und Qualität zeigen lässt.

Akademie einer anderen Stadt

Ein Versuch, solchen künstlerischen Arbeitsansätzen und der Verknüpfung von internationaler Kunst und einem stadtbezogenen, interkulturellen Engagement eine dauerhaftere Form zu geben[8], ist die Akademie einer anderen Stadt. Denn die transkulturelle[9] Gesellschaft im Wandel braucht Dialogräume, in denen es nicht um bloße Selbstdarstellung oder Selbstverwirklichung geht, sondern darum, sich den anderen auf dem höchstmöglichen Niveau mitzuteilen. Bedacht werden muss, dass Kultur einerseits nie „niedrigschwellig" zu haben ist, dass damit andererseits aber auch immer Ausschlusskriterien formuliert werden. Neben den bestehenden Institutionen oder im produktiven Austausch

Internationale Stadtgesellschaft an einer Haltestelle des 13er-Busses, der die gesamte Elbinsel – von der Veddel bis Kirchdorf-Süd – durchquert International urban society at one of the stops for the No. 13 bus that travels right across the Elbe Islands—from Veddel through to Kirchdorf-Süd

Hamburg, 3 January 2010. This morning it is again mostly young men sitting on the No. 13 bus travelling from Veddel to Kirchdorf via the Elbe Islands. They or their parents have come to Hamburg from all over the world. Some of them speak Russian; three of them are speaking German to one another and telephoning in Turkish, while two Africans are speaking a version of French that is entirely incomprehensible to me. The young woman next to me greets someone at the other end of the bus in Punjabi. You encounter the world in one city here on the No. 13 bus and nobody feels any more foreign than the next person. People sit next to each other, placid and disinterested, observing the language barriers.[1] Only seldom does a smile manage to overcome these barriers.
What am I seeking and pursuing here? I am seeking the uncertainty of my knowledge and I want to try to overcome such distances, to initiate interaction between urban zones and people, merging conflicting perspectives. Prior to the IBA Hamburg's invitation to develop an art project for Hamburg's Elbe Islands, I had long been contemplating a long-term project together with the artist Andrea Knobloch, an academy on the periphery without its own location, using art and artistic experiences for eye-level learning on-site in the city. I was thus able to present the concept of a "Metrozone Academy" to the Elbe Islands Summer 09, with the slogan "Learning City," a concept that we later renamed the "Akademie einer anderen Stadt" (Academy of another city).

Distancing and Distances

Hamburg's Elbe Islands are characterised by distancing. Distance refers not only to the close proximity formula on the bus, but also characterises the relationship to Hamburg and the city centre that lies just fifteen minutes away by car or bus.[2] Although I have lived in Hamburg for many years, and have moved from Barmbek to Eimsbüttel to Hamm-Süd to Ottensen, some of the local German residents of the Elbe Islands treat me like a tourist, like someone who is "not from here." There is evidence of unexpectedly strong local patriotism in the midst of this migration society in close proximity to the city. This is something that needs to be taken into consideration, for it is with concern and growing criticism that many people view the significant and rapid changes being brought about by the intended enduring reinvention of the district, which has been grossly neglected for decades even though it lies in the middle of the Elbe directly facing the city centre. The long-standing distances on both sides are not going to be easily overcome.
Comparable distances also apply to art and culture. Firstly, it is not only the actual travelling time that separates the world of the No. 13 bus from Hamburg's "Kunsthalle" art gallery, the College of Art, the "Deichtorhallen" exhibition gallery, or the art society; it is much more extensive periods of differing cultural, religious, and social experience. They are enduring gaps, even though it is the tax money of the No. 13 passengers, too, that flows into these institutions. Secondly, even the German residents of the Elbe Islands feel themselves to be far removed from Hamburg's cultural policies and undertake cultural pursuits—if at all—if possible on the Elbe Islands themselves, in the local museum, in neighbourhood cultural centres, community centres, and churches.
For the Hanseatic City of Hamburg, as for the majority of German cities, however, it remains a matter of course that international contemporary art belongs in the established, civic institutions that are sometimes supplemented by a new flagship project such as the Elbe Philharmonic. The Kunsthalle, the long-standing art society,[3] and the College of Art continue to receive substantial state financial support because artistic freedom is seen as a confirmation of civic democracy's self-image. As fundamental as this support might be for mature German cultural understanding, the related social and cultural exclusions become apparent immediately. In the regular, everyday business of the art institutions, at least, too little effort has been directed to date at seeking dialogue between the diverse productions that have evolved in Germany under the term "art" and the cultural

der Institutionen müssen Formen gefunden werden, die nicht nur punktuell, sondern dauerhaft oder in Wiederholung viele verschiedene Menschen ansprechen.
2009 hat die Akademie einer anderen Stadt zunächst nach Veranstaltungsformen gesucht, die ein sozial wie kulturell heterogenes Publikum ansprechen. In der Ausstellung „Zeichen von Respekt", die vor Ort in Wilhelmsburg stattfand, war internationale Kunst im Dialog mit Kunstprojekten aus Hamburger Schulen und Stadtteilen zu erfahren, die sich um die Sprachen der Stadt, Identitätsbildung, unscheinbare und verdrängte Kulturen und die Frage nach der Bildung von Öffentlichkeit drehten. In Führungen unter anderem für Integrationskurse und beteiligte Schulen konnten die Projekte von einem heterogenen Publikum diskutiert werden. Darüber hinaus adressierten das „Wandernde Akademiebüro" und die „Akademie vor Ort" die Menschen direkt im Alltag mit besonderem Wissen und Können ihrer Nachbarn. Ein Filmprogramm in den Kirchen der Elbinseln brachte unter dem Titel „Über Glaubenskulturen" Menschen mit unterschiedlichem Glauben zusammen. Und als „Sprung zurück über die Elbe" fanden „Akademieausflüge" mit Initiativen und Interessensgruppen der Elbinseln in Hamburger Museen statt.
Dank der erneuten Finanzierung durch die IBA Hamburg kann die Akademie einer anderen Stadt ihr Engagement im Jahr 2010 fortsetzen, dabei die gesammelten Erfahrungen auswerten sowie die Kontakte und Kooperationen verstärken, die sich als fruchtbar erwiesen haben. Eine zentrale Bilanz ist dabei, der „Verinselung" der Elbinseln und der Trennung von der restlichen Stadt gezielter zu begegnen, um einerseits zu engen Lokalansprüchen zu entgehen und andererseits ein breites Publikum die Entwicklung auf den Elbinseln in ihrer Bedeutung für die Stadt entdecken zu lassen. Die Akademie möchte Aufmerksamkeit für die unscheinbaren Bedingungen und die scheinbar unbeeinflussbaren Strukturen der Stadt und das Stadtleben erzeugen und Menschen herausfordern, aktiv an einer besseren Zukunft der Stadt mitzuwirken.

Esra Ersen, *If you could speak Swedish*, Installation in den Veringhöfen, im Rahmen der Ausstellung „Zeichen von Respekt", 2009 Esra Ersen, *If you could speak Swedish*, installation in the Veringhöfe, as a part of the exhibition "Zeichen von Respekt" (Signs of Respect), 2009

Aussicht auf Veränderungen

Deshalb machen wir uns 2010 mit dem Projekt „Aussicht auf Veränderungen" auf den Weg quer durch Hamburg. Die beiden Elbseiten werden gespiegelt und vertauscht, die Horizonte verschoben. Die Stadtbewohnerinnen und -bewohner an der S-Bahnstrecke von Altona bis Wilhelmsburg sind eingeladen, hin und her über die Elbe zu springen und die jeweils unbekannten Seiten der Stadt zusammen mit Künstlern und anderen Stadtbewohnern zu erforschen und zu gestalten. Die Projekte und Aktionen werden, wie schon 2009, wieder vom Leben in der sich wandelnden, transkulturellen Stadt handeln und dabei konkrete Planungen und erhoffte Entwicklungen einbeziehen. Im September werden dann die Ergebnisse der Arbeitsprozesse und fortlaufende Aktionen in den Stadträumen rund um die S-Bahnhöfe Wilhelmsburg und Altona, Veddel und Landungsbrücken zu erfahren sein.[10]
Die Akademie einer anderen Stadt knüpft mit diesem Projekt an die „Kunst im öffentlichen Raum"[11] bis zur viel diskutierten „public art"[12] der 1990er Jahre an und richtet ihr Augen-

approaches brought by migrants to Germany.[4] Just as minimal is sustained interaction with the sociocultural milieu that has been developing since the 1970s, alongside the promotion of sophisticated culture that has become established in many institutions. This, too, receives millions in the way of public funds from the cultural, social, education, and regional coffers.[5] The segregation between the two areas of cultural support is perpetuated by both parties. The artists, however, have little interest in this trench warfare and head for the peripheral areas on their own account—both literally and metaphorically. Not only do they look for studios, hold art gatherings, and establish alternative galleries that attract a great deal of attention,[6] they also work alongside the art industry and the local people in the peripheries. In doing so, they develop ideas for neighbourhood or school projects, for which they repeatedly seek and find public support.[7] Nevertheless, it is almost tantamount to sacrilege if, as the "Akademie einer anderen Stadt" 2009 did, an exhibition brings together international art and the results of school and neighbourhood art projects, disregarding hierarchy and allowing each of them to display their particular significance and quality.

Akademie einer anderen Stadt

"Akademie einer anderen Stadt" is an attempt to give enduring form to such artistic approaches and to the linking of international art and city-related, intercultural projects.[8] The transcultural[9] society in flux needs areas of dialogue that are not simply about image cultivation or self-realisation but involve communicating with others at the highest possible level. What needs to be remembered is that, on the one hand, culture should never be accessible at a "low threshold" level but that, on the other hand, this also always means the formulation of exclusion criteria.
In addition to the existing institutions, or else through productive exchange between the institutions, formats need to be found that appeal to a great diversity of people not only selectively but also on a sustained or repeated basis.

In 2009, the "Akademie einer anderen Stadt" initially sought event formats appealing to both a socially and a culturally heterogeneous public. The "Zeichen von Respekt" (Signs of Respect) exhibition, staged locally in Wilhelmsburg, was a dialogue between international art and art projects from Hamburg schools and neighbourhoods that focused on the city's languages, identity formation, inconspicuous and suppressed cultures, and the issue of public advancement. The projects could be discussed by a heterogeneous public in guidance for integration courses, for instance, and by schools involved. The "Wanderndes Akademiebüro" (Mobile Academy Office) and the "Akademie vor Ort" (On-Site Academy) also addressed people directly on an everyday basis with specific information about their neighbours' skills and abilities. A film programme in the Elbe Islands' churches entitled "Über Glaubenskulturen" (About Cultures of Faith) also brought together people of different confessions. And "Akademieausflüge" (Academy Excursions) were made to Hamburg's museums together with local initiatives and special interest groups from the Elbe Islands as a "Sprung zurück über die Elbe" (Leap back over the Elbe).
The renewed financial support from the IBA Hamburg means that the "Akademie einer anderen Stadt" is able to continue its work in 2010, evaluating the experiences gained, as well as reinforcing areas of contact and co-operation that have proved to be fruitful. Of central concern is countering the "islandisation" of the Elbe Islands and their separation from the rest of the city in a more targeted manner so as to avoid local demands being too narrow, on the one hand, and, on the other, to give a wide audience the opportunity to discover the developments on the Elbe Islands in terms of their significance for the city. The Academy aims to attract attention to the inconspicuous aspects and the seemingly unalterable structures of the city and city life, while challenging people to play a more active role in creating a better future for the city.

merk auf die oben erwähnten Bewegungen der Künstler in die städtischen Randgebiete. Sie bemüht sich darum, Kunst weder als Sozialarbeitsersatz noch als Selbsterfüllungsinstrument noch als Kitt für die auseinanderdriftende Stadt zu instrumentalisieren, die mit einem urbanen Stadtimage vom Dilemma der sozialen und kulturellen Desintegration ablenken möchte.[13]
Angefragt wird Kunst vielmehr als ästhetisches Erfahrungs- und Kommunikationsmittel von Künstlern, die sich aufmerksam und bewusst auf das politisch-soziale und ökonomische Gefüge Stadt einlassen und dort nachhaltig wirken oder Spuren hinterlassen wollen.
Denn wenngleich die Kunstgattungen und Mediengrenzen heute als gesprengt gelten, so halten sich doch im Vergleich zu den anderen Künsten einige Eigenarten der bildenden Kunst, die sich besonders dafür eignen, nachhaltig Dialoge anzustiften: Kunstwerke verknüpfen immer Dauer und Vergänglichkeit miteinander. Selbst wenn sie flüchtig vom Flüchtigen handeln oder erzählen, lassen sie dieses Flüchtige über den Moment hinaus andauern; sie suchen nach Formen, es dauern zu lassen. Und anders als Architekturen sind sie – noch dort, wo sie Architekturen bilden – mehr als ein gestalteter Raum: Sie stellen und reflektieren stets Rahmen und Inhalt zugleich. Anders als Stadtentwickler schauen bildende Künstler in der Stadt besonders auf das Vorhandene und das Gewesene sowie auf das Unscheinbare und vermeintlich Unverrückbare, um später gegebenenfalls visionär zu werden. Und im Unterschied zu sozio- oder interkultureller Arbeit, die meist auf kulturelle Selbstentfaltung zielt und multikulturelle Erlebnisse befördert, suchen Künstler nach transkulturell vermittelbaren Darstellungsformen ihrer Erfahrungen.
In diesem Sinn behauptet die Akademie einer anderen Stadt, dass mit zeitgenössischer Kunst die eingangs skizzierten Distanzen überbrückt werden können, dass Aufmerksamkeiten für den jeweils Anderen und die unbekannten Seiten der Stadt erzeugt werden können, dass die verschiedenen und konkurrierenden Horizonte der Bewohner verschoben, ineinandergeschoben werden können. Wir gehen davon aus, dass die eingeladenen Projekte und initiierten Prozesse das transkulturelle Denken und Handeln in der Stadt spiegeln, dass sie überraschende wie nachhaltig wirkende ästhetische Erfahrungen erzeugen können und Dialogfelder eröffnen werden, in denen die Zukunft der Stadtgesellschaft verhandelt werden kann.

Anmerkungen

1 Laut einer von der IBA Hamburg in Auftrag gegebenen Empirica-Studie weisen 26 Prozent der Hamburger – ca. 451.000 Einwohner – einen Migrationshintergrund auf, in Wilhelmsburg sind es 47 Prozent und auf der Veddel sogar 70 Prozent („Sozialräumliche Erfassung ethnischer Gruppen auf der Elbinsel im Einzugsbereich der IBA und Anforderungen an Integrationsstrategien", Bonn 2008, S. 6f. und S. 9). Damit liegen die Prozentsätze deutlich höher als zum Beispiel in Nordrhein-Westfalen (22,4 Prozent, vgl. Meral Cerci: „Daten Fakten Lebenswelten – Annäherung an eine (noch) unbekannte Zielgruppe". In: Tina Jerman (Hg.): *Kunst verbindet Menschen.* Bielefeld 2007, S. 50f.).

2 Es ist nicht nur die Elbe, sondern es sind auch der Hafen, die Flutkatastrophe von 1962, zwei völlig verschiedene Stadtgeschichten und Stadtvorstellungen, die die Seiten trennen. So wurde der größte Teil der Elbinseln, Wilhelmsburg, 1925 für zwei Jahre zur Kreisstadt, dann 1927 mit Harburg zur Stadt Harburg-Wilhelmsburg zusammengeschlossen, die wiederum 1937 von Hamburg eingemeindet wurde (vgl. www.alt-wilhelmsburg.de/chronik.htm, Zugriff 3.1.2010). Das, was man seit ein paar Jahren Elbinseln nennt, ist nach wie vor eine Addition aus den ihrerseits untereinander getrennten Teilen Veddel, Reiherstiegviertel, Bahnhofsviertel, Wilhelmsburger und Kirchdorfer Eigenheimsiedlungen, mehreren Großwohnanlagen verschiedener Nachkriegsbauperioden und einigen großen Schrebergartenkolonien, die umgeben sind von einem lärmenden Hafen, von Verkehrsschneisen und ruhigen Feldern mit Einzelgehöften.

3 Der Kunstverein in Hamburg wirbt sogar seit einem Jahr mit seinem Gründungsdatum und ruft damit als Bürgschaft für die Arbeit in der Gegenwart eine spezifisch deutsche Kunstgeschichte auf.

4 Seit ein paar Jahren bemüht man sich verstärkt darum. Modellprojekte in Nordrhein-Westfalen können als vorbildlich gelten (vgl. Tina Jerman (Hg.): *Kunst verbindet Menschen.* Bielefeld 2007). Zuvor gab es meist Einzelprojekte wie das „Projekt Migration" des Kölnischen Kunstvereins, das die Arbeit des Kunstvereins von 2002 bis 2006 begleitete und dabei Migration aus einer deutschen, kritischen Perspektive bearbeitete (vgl. www.projektmigration.de).

5 Allein von der Bundesvereinigung soziokultureller Zentren e.V. werden 470 Einrichtungen in 15 deutschen Landesverbänden vertreten (vgl. Geschäftsbericht von 2006, http://sozikulti.de/bsz/sites/default/files/verband/Geschaeftsbericht2004-6.pdf).

6 So ist der geglückte Kampf Hamburger Künstler für das Gängeviertel zu einem Medienthema geworden, das nicht nur die Tageszeitungen, sondern auch die politischen Magazine durchzogen hat.

7 In Hamburg gibt es eine wachsende Szene von Künstlern, die stadtteilbezogen arbeiten oder in Bildungseinrichtungen gehen. Hier können nur größere Akteure genannt werden, die herausragende Arbeit leisten, wie die KurzFilmSchule und die Galerie der Zukunft. Darüber hinaus gibt es unter anderem seit 1998 „Kunst im Neubaugebiet Neu Allermöhe West", getragen von einem eigenen Projektverein, und seit drei Jahren ein Stadtteilkünstleratelier auf der Veddel.

8 Ausführliche Informationen unter: www.mitwisser.net.

9 Den Begriff der Transkulturalität hat Wolfgang Welsch Anfang der 1990er Jahre in die deutsche Debatte eingeführt, um die Gebrochenheit jeder kulturellen Identität und die verdeckten Anteile der verschiedenen kulturellen Traditionen innerhalb von Kulturen zu benennen und kulturelle Identität als eine nichtstatische, stets bewegliche Größe zu zeigen (vgl. ders. „Transkulturalität. Lebensformen nach der Auflösung der Kulturen". In: Kurt Luger und Rudi Renger (Hg.): *Dialog der Kulturen. Die multikulturelle Gesellschaft und die Medien.* Wien 1994, S. 147–169).

10 Die Vernissage des Projekts ist für den 9. September 2010 in Wilhelmsburg geplant.

11 Das Programm „Kunst im öffentlichen Raum Hamburg" ist eine herausragende Konsequenz der damaligen Entwicklungen (vgl. http://www.hamburg.de/kioer).

12 Vgl. Suzanne Lacy (Hg.): *Mapping the Terrain: New Genre Public Art.* Seattle 1995; Nina Felshin (Hg.): *But Is this Art? The spirit of Art as Activism.* Seattle 1995; Marius Babias (Hg.): *Im Zentrum der Peripherie. Kunstvermittlung und Vermittlungskunst in den 90er Jahren.* Nürnberg 1995.

13 Andreas Spiegl macht auf die Differenz der modischen Vorstellungen von Urbanismus und urbanen Umwelten im Vergleich zur realen Stadt in einem aktuellen Beitrag zum City and Art Forum aufmerksam; vgl. Spiegls Beitrag zu „Presentations: ‚Art and Design Practices in Reference to City and Art II'", in: *City and Art Forum,* Istanbul 2009, S. 107ff.

Die „Akademie einer anderen Stadt" in der „Tonne" am Veringkanal: Veranstaltung *Sprachen to go*
The "Akademie einer anderen Stadt" (Academy of Another City) in the "Tonne" on the Vering Canal: the "*Sprachen to go*" (*Language to go*) event

Prospects of Change

In 2010, therefore, we are heading out right across Hamburg with the "Aussicht auf Veränderungen" (Prospects of Change) project. The two sides of the Elbe are to be mirrored and switched, the horizons shifted. City residents living along the suburban train route from Altona to Wilhelmsburg are invited to leap back and forward over the Elbe, exploring and shaping the city's unknown dimensions in the company of artists and other city residents.
As in 2009, the projects and promotions will again deal with life in the transcultural city in its state of flux, incorporating concrete plans and desired developments. In September, the results of the working processes and ongoing activities will then be presented in the areas around the Wilhelmsburg and Altona, Veddel, and Landungsbrücken suburban train stations.[10]
With this project, the "Akademie einer anderen Stadt" is following on from "Art in Public Spaces"[11] as well as the much-debated "public art"[12] of the nineteen-nineties and is focusing its attention on the above-mentioned artistic movements in the urban peripheries. It is trying not to instrumentalise art as a replacement for social work, as an instrument for self-fulfilment, or as a form of cement for a disintegrating city by attempting to use an urban image of dilemma to distract from social and cultural disintegration.[13] Rather, art is used as an aesthetic means of experience and communication by artists deliberately and attentively addressing the political, social, and economic framework of the city, where they want to have a sustained impact or to leave their mark.
Although artistic genres and media boundaries are now seen as things of the past, in comparison with the other arts, a number of graphic art forms that are especially suited to promoting sustained dialogue are holding their own: works of art always combine durability and transience. Even when briefly dealing with or telling of the transient, they enable it to endure beyond the moment; they seek out ways of letting it endure. And unlike architecture they are more than a created space—even in places where they constitute architecture—they always constitute and reflect both the framework and the content. Unlike urban planners, graphic artists in the city pay particular attention to what exists and what has been, as well as to the inconspicuous and the seemingly inalterable, leading to some of them later being considered visionary. And unlike social or intercultural work, which is usually directed at cultural self-fulfilment and promoting multicultural experiences, artists seek transculturally accessible presentation formats for their experiences.
In this sense the "Akademie einer anderen Stadt" maintains that the distances outlined at the beginning can be bridged by contemporary art, that awareness of the other parties and of the city's unknown aspects can be created, that residents' differing and competing perspectives can be adapted and merged. Ours is the assumption that the guest projects and the processes initiated reflect transcultural thinking and activity in the city, that they are able to produce both surprising and enduring aesthetic experiences and open up areas of dialogue in which the future of urban society can be negotiated.

Notes

1 According to an Empirica study commissioned by the IBA Hamburg, 26 per cent of Hamburg's residents—approximately 451,000 inhabitants—have a migration background, this figure being 47 per cent in Wilhelmsburg and 70 per cent in Veddel ("Sozialräumliche Erfassung ethnischer Gruppen auf der Elbinsel im Einzugsbereich der IBA und Anforderungen an Integrationsstrategien," Bonn 2008, pp. 6f. and p. 9). These percentages are significantly higher than in North Rhine-Westphalia, for example, at 22.4 per cent; cf. Meral Cerci: "Daten Fakten Lebenswelten—Annäherung an eine (noch) unbekannte Zielgruppe." In: Tina Jerman (ed.): *Kunst verbindet Menschen*. Bielefeld 2007, pp. 50f.

2 It is not only the Elbe but also the harbour, the flood disaster of 1962, and two entirely different city histories and city concepts, that separate the two sides. The largest element of the Elbe Islands, Wilhelmsburg was made a district town for two years in 1925, then combined with Harburg in 1927 to form the town of Harburg-Wilhelmsburg, which was then incorporated into Hamburg again in 1937 (cf. www.alt-wilhelmsburg.de/chronik.htm, accessed 3.1.2010). What has been referred to as the Elbe Islands for a few years now remains an amalgamation of the separate areas of Veddel, the Reiherstieg district, the railway station

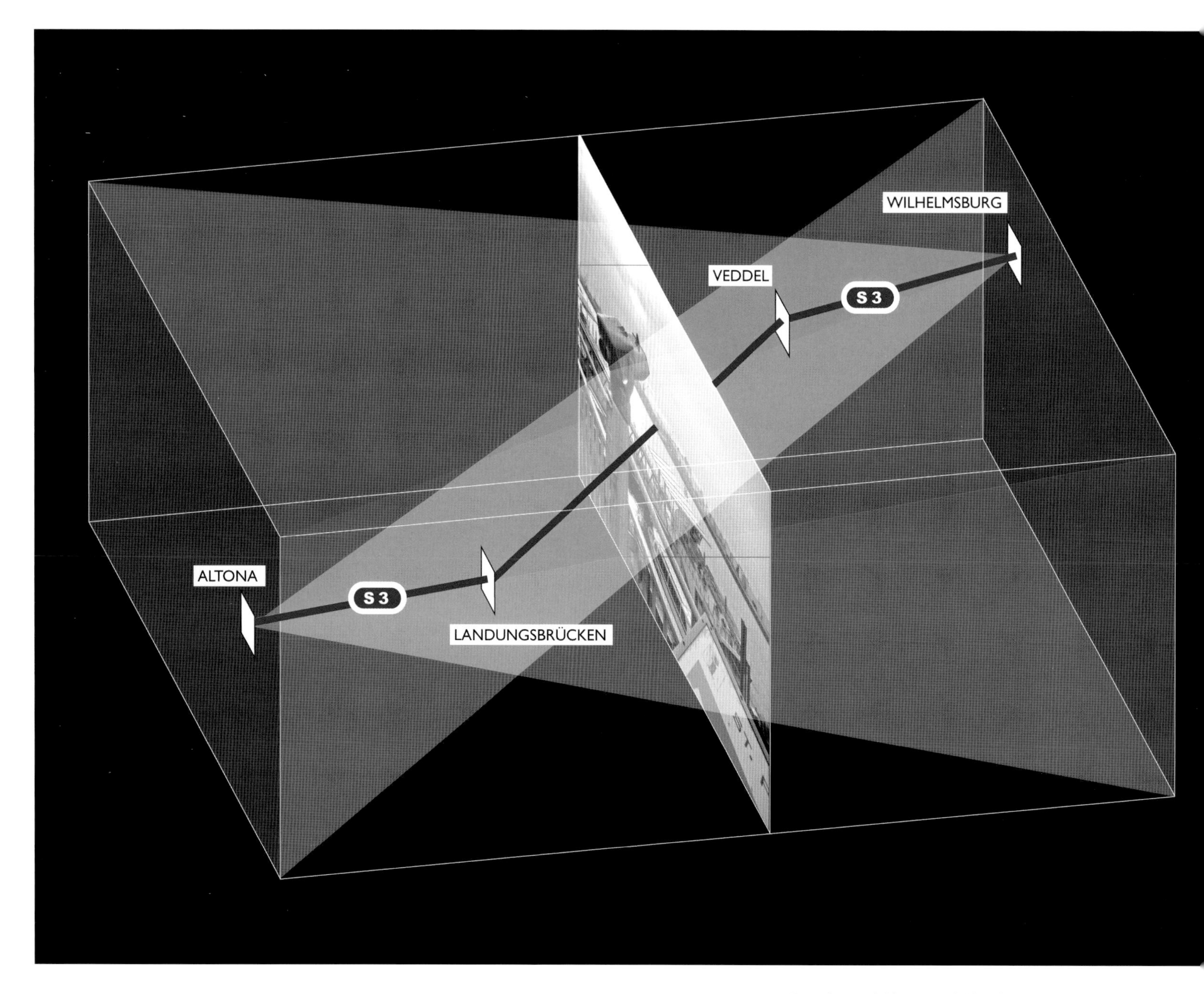

Raumkonzeptskizze *Aussicht auf Veränderungen* von Andrea Knobloch, Projekt der „Akademie einer anderen Stadt", 2010 *Aussicht auf Veränderungen* (*Prospects of Change*), spatial concept sketch by Andrea Knobloch, an "Akademie einer anderen Stadt" ("Academy of Another City") project, 2010

district, the Wilhelmsburg and Kirchdorf home ownership areas, several large residential areas comprising a variety of post-war building phases, and a number of large garden plot complexes surrounded by a noisy harbour, traffic arteries, and quiet fields with isolated farms.

3 The Kunstverein (Hamburg art society) has in fact been advertising its founding date for the last year, invoking as a guarantor of contemporary artwork a specifically German art history.

4 Renewed efforts have been made for a few years now. Projects in North Rhine-Westphalia can be seen as role models; cf. Tina Jerman (ed.): *Kunst verbindet Menschen*. Bielefeld 2007. Previously, there were mainly individual projects, such as the Kölnischer Kunstverein (Cologne art society's) "Projekt Migration" ("Migration Project,") which was part of the society's work between 2002 and 2006, addressing migration from a critical, German perspective; cf. www.projektmigration.de.

5 The Bundesvereinigung soziokultureller Zentren e.V. (Federal Association of Socio-Cultural Centres) alone represents 470 facilities in fifteen German regional associations; cf. 2006 Annual Report, http://sozikulti.de/bsz/sites/default/files/verband/Geschaeftsbericht2004-6.pdf.

6 The successful battle by Hamburg artists for the Gängeviertel has thus become a media issue featured not only in the daily newspapers but also in political magazines.

7 In Hamburg there is a growing scene involving neighbourhood artists or artists entering educational facilities. Only the more important names can be mentioned here, those who are producing outstanding work, such as the KurzFilmSchule (ShortFilmSchool) and the Galerie der Zukunft (Gallery of the Future). "Kunst im Neubaugebiet Neu Allermöhe West" (Art in the Neu Allermöhe West Development Area), for instance, has been in existence since 1998, run by its own project association, and there has been a neighbourhood artists' studio on Veddel for three years now.

8 For further details see www.mitwisser.net.

9 The term "transcultural" was introduced to the German debate by Wolfgang Welsch at the beginning of the nineteen-nineties in order to designate the broken nature of every cultural identity and the obscure aspects of different cultural traditions within cultures, and to depict cultural identity as being of a non-static, constantly mobile nature; cf. Wolfgang Welsch, "Transkulturalität. Lebensformen nach der Auflösung der Kulturen." In: Kurt Luger, Rudi Renger (eds): *Dialog der Kulturen. Die multikulturelle Gesellschaft und die Medien*. Vienna 1994, pp. 147-169.

10 The project exhibition is planned for 9 September 2010 in Wilhelmsburg.

11 The "Art in Public Spaces Hamburg" program is an outstanding outcome of former developments; cf. http://www.hamburg.de/bksm

12 cf. Suzanne Lacy (ed.): *Mapping the Terrain: New Genre Public Art*. Seattle 1995; Nina Felshin (ed.): *But Is this Art? The Spirit of Art as Activism*. Seattle 1995; Marius Babias (ed.): *Im Zentrum der Peripherie. Kunstvermittlung und Vermittlungskunst in den 90er Jahren*. Nuremberg 1995.

13 Andreas Spiegl draws attention to the difference between the fashionable notions of urbanism and urban environments, in comparison to the real city, in a current contribution to the City and Art Forum; cf. Spiegl's contribution to "Presentations: Art and Design Practices in Reference to City and Art II." In: *City and Art Forum*, Istanbul 2009, p. 107ff.

JOACHIM SCHULTZ, JORG SIEWEKE

Bausteine für einen Metrozonenplan

Kartierungen als Sehhilfen urbaner Alltagswelten

Der gewöhnliche Blick

Ein Aufenthalt in den Zentren von Siena, Paris oder Münster lässt keine Fragen aufkommen. Kirchtürme, Rathaustürme und bekannte Plätze regen unsere Wahrnehmung an und decken sich mit unserem Bild von Stadt. Hier scheint die Welt in Ordnung, hier wird unser Raumempfinden bestätigt. Wir orientieren uns mühelos und instinktiv, genießen den Cappuccino auf der Piazza. Alles ist an seinem Platz.
Dies scheint nicht so in Hamburg-Wilhelmsburg. Ein erster Besuch auf Europas größter Flussinsel ist zunächst enttäuschend, denn bevor man dort ankommt, ist man schon hindurchgefahren, ohne auch nur etwas von dem zu bemerken, was man eigentlich zu finden glaubte. Pendlerinnen und Pendler, von südlich der Elbe über die Infrastrukturkorridore in Wilhelmsburg einfallend, erleben den Raum als grünes Rauschen. Unscheinbare Merkzeichen erobern kaum unsere Wahrnehmung: ein grüner Hügel, Strommasten und allerlei andere nützliche Einrichtungen, die uns wenig interessieren. Erst mit der nächsten Brücke über die Norderelbe gelangt man in die „richtige Stadt". Wir sind in Hamburg angekommen.

Der ungewöhnliche Blick

Autobahnabfahrt Wilhelmsburg: Schlagartig verkehrt sich die gepflegte Langweile in Orientierungslosigkeit. Bin ich schon da? Kommt da noch etwas, wo geht's dahinten weiter? Ich wollte doch in die andere Richtung ... Die Korridore des Transitverkehrs formen nun Barrieren, die nur an wenigen Stellen zu queren sind. Die Situation ist unüberschaubar und die Orientierung schwierig. Der Blick in die Karte hilft da kaum weiter und bestätigt den Eindruck der Fragmentierung. Mangelnde Lesbarkeit mag eine der Erklärungen dafür sein, dass diese Insel von den „richtigen" Hamburgern weitgehend unentdeckt bleiben konnte. Es scheint einfacher, die Vorurteile zu pflegen: „Kampfhund beißt Kind tot" – da fährt man sicher nicht freiwillig hin. Was macht Wilhelmsburg aber nun wirklich aus? Was hält den Stadtteil zusammen? Mit diesen Fragen war die Neugierde geweckt. Genug Espressomaschinen! Hinaus in diese Welt, die so schwer einzuordnen ist, hinaus in die Realität! Die Beunruhigung über die Orientierungslosigkeit wird abgelöst durch Neugierde auf die Vielfalt und den Reichtum an eigenartigen und eigensinnigen Orten. Erkundung statt Vorurteil: Einfamilienhäuser, Containerstapel, Bahndämme, Autobahnen, ein weithin sichtbarer Müllberg, Felder, Wiesen, Plätze, Bunker, Deiche, Gräben, Zäune, Naturschutzgebiete, Container, Schiffe, Schilf und ein bunter ethnischer Mix. Alle Bausteine eines städtischen und landschaftlichen Inventars befinden sich hier auf engstem Raum in scheinbar wahllosem Über- und Nebeneinander.

Der Blick des Planers

Verschiedene Nutzungen und Bauformen prallen aufeinander und bilden vielgestaltige Grenzsituationen, die sich entweder als harte Fronten oder als grüne abgepufferte Abstandszonen darstellen. Womöglich scheint unter dem

Stadtbild-Kollision
Cityscape collision

JOACHIM SCHULTZ, JORG SIEWEKE

Building Blocks for a Metrozone Plan

Mapping as a Visual Aid in the Everyday Urban World

The Generic View

A sojourn in the centres of Siena, Paris, or Münster raises no eyebrows. Church steeples, town hall towers, and familiar squares attract our attention and comply with our image of the city. The world appears to be in order here; our spatial awareness finds confirmation here. We are able to orientate ourselves effortlessly and instinctively, enjoying the cappuccino on the piazza. Everything is as it should be.
This does not appear to be the case in Hamburg Wilhelmsburg. A visit to Europe's largest river island is disappointing at first because you pass through it before you even arrive, and without even noticing anything of what you actually expected to find there.
Commuters, pouring in from south of the Elbe via the infrastructural corridors in Wilhelmsburg, experience the area as a green rush. Unassuming features are barely perceived: a green hill, electricity pylons, and all kinds of other useful facilities that are of little interest to us. It is only with the next bridge over the northern arm of the Elbe that you reach the "city proper." We have arrived in Hamburg.

zu einem Polder vereinheitlichten Schwemmland noch die überdeckte Identität der einzelnen Werder im Strom der Elbe hindurch, die sich einer homogenisierenden Festlegung widersetzen.
Das Unvermittelte ist Ergebnis einer schwachen übergeordneten Planung. Geringer wirtschaftlicher Druck ermöglicht Nischennutzungen des Raums. Kolonien von Wohneigentum am Existenzminimum zwischen Kleingartenlaube, Türken-Garten und Wochenendhaus, die nur auf verschlungenen Wegen durch Unterführungen zugänglich sind, betten sich in scheinbar idyllische Landschaften, deren mangelnde Erschließung gleichzeitig Risiko und Chance der Nischenexistenzen darstellen.
Entstanden sind diese ambivalenten Orte vor der Kulisse eines 40-jährigen Planungsvakuums und der Unentschlossenheit, die Elbinsel als Wohn- und Geschäftsstandort zu entwickeln oder aber gänzlich aufzugeben. Dieser Wartezustand verursachte einen Investitionsstau in die Versorgung mit öffentlicher und technischer Infrastruktur. Der Verfügungsraum für die Hafen-/Stadterweiterung wurde inzwischen zur Heimat für die vom hanseatischen Wohlstand nicht sonderlich Begünstigten.
Die bevorstehende Aufwertung und Ausstattung mit dem Hamburger Mindeststandard an Versorgung und städtischer Fürsorge wird von der Sorge begleitet, dass diese Aufwertung einen Preis hat, den viele nicht werden bezahlen können.

Wilhelmsburger Kulturlandschaft

Im Rahmen der Erarbeitung eines alternativen Rahmenplans zur IBA Hamburg[1] wurde die Frage nach dem Zusammenhang der Elbinsel, als Kritik am bestehenden Entwurf des Flächennutzungsplanes 2005, aufgeworfen. Die bisherige Entwicklung drängte die Kulturlandschaft als einen ausgegrenzten Rest nach Südosten. Zum Schutz dieses Reservates sollte eine „Verteidigungslinie" entlang der Autobahn A1 etabliert werden. Entgegen diesen Trends räumlicher Ausgrenzung von Stadt und Landschaft schlägt der *Atlas IBA Hamburg* eine Strategie der Integration vor. Wie können Hafen, Landwirtschaft und Siedlung als verschiedene Elemente oder Schichten einer Kulturlandschaft weiterentwickelt werden?
Da sich die vorgefundene Raumstruktur der Beschreibung durch konventionelle städtebauliche und landschaftliche Modelle und Muster entzog und der Begriff Zwischenstadt hier nicht weiter führte, wird eine andere Lesart aus der Öko-System-Forschung herangezogen: das *Patch-Corridor-Matrix-Modell*. Es wurde entwickelt, um die Wechselwirkungen räumlicher Strukturen und ihres Gebrauchs zu studieren und es stellt eine ergebnisoffene strukturelle Betrachtung von Lebensräumen dar.
Mithilfe dieser Methode werden räumliche Phänomene einerseits in punktuelle, feldartige, flächige sogenannte *Patches* und andererseits in lineare, streifenartige sogenannte *Corridors* unterschieden. Darüber hinaus verweist der Begriff der *Matrix* auf die Frage, welche Zusammenhänge der vorgenannten Elemente innerhalb eines Lebensraumes bestehen. Die *Matrix* kann sich mittels verschiedener Kriterien konstituieren: dem größten Flächenanteil, Elementen mit höchstem Grad der Vernetzung oder Elementen, welche die größte Entwicklungsdynamik aufweisen. Auf diese Art und Weise lassen sich thematische Karten von Wilhelmsburg erstellen, die verschiedene Qualitäten oder Eigenschaften der Elbinsel vor Augen führen. Sie beschreiben potenzielle Netzwerke von Restflächen oder öffentlich zugängliche Räume. Die Überlagerung dieser Karten lässt Bilder von Raumcharakteren und Begabungen von Räumen aufscheinen. Diese Multi-Matrix kann als Grundlage für kommende Aushandlungsprozesse dienen. Die Aushandlung von Grenzräumen und Funktionsmischungen ist ein wesentliches Kriterium im Prozess jeder Urbanisierung eines zuvor ländlich geprägten Stadtteils.
„Nicht die Aufhebung einer Grenze weist also auf Urbanität hin, sondern ihre Transformation zu produktiven Momenten einer städtischen Kultur. Die Ausbildung und die Qualität der Grenzen ist ein entscheidendes Kriterium für die Art der Urbanität, die in einem Gebiet herrscht."[3]

Multimatrix – Superposition selektiver Realitäten (von oben):
Resträume
Kontraste
homogene Gebiete
Gemeinschaften
Landschaft
Wasser
Multi-matrix—superimposition of selective realities (from above):
Residual spaces
Contrasts
Homogeneous areas
Communities
Landscape
Water

The Particular View

Exiting the motorway—entering Wilhelmsburg: the cultivated boredom is suddenly transformed into a loss of orientation. Am I there already? Is there still something to come, where does it go after that? I actually wanted to go in the other direction ... The transit traffic corridors now form barriers that can be crossed in just a few places. The situation is complex and orientation difficult. A look at the map is not much help and merely confirms the impression of fragmentation. A lack of legibility might be one explanation for why this island has been able to remain largely undiscovered by the "real" Hamburg residents. Maintaining the prejudices seems more convenient: "Pit bull mauls child to death"– it is certainly not somewhere you would go to voluntarily.
But what is Wilhelmsburg really? What holds the neighbourhood together? These were questions that inspired curiosity. Enough of the espresso machines! Out into the world that is so difficult to categorise, out into reality!
The unease resulting from the loss of orientation is replaced with curiosity about the diversity and economic status of eccentric and intransigent places. Investigation instead of prejudice: single family homes, container stacks, railway embankments, motorways, a mountain of refuse visible from afar, fields, meadows, squares, bunkers, dykes, ditches, fences, nature reserves, containers, ships, reeds, and a colourful ethnic mix. All the building blocks making up an urban and rural inventory are to be found here in very close proximity and in seemingly arbitrary formation, side by side and on top of one another.

The Planner's View

There is a clash of diverse utilisations and building forms, creating diverse borderline situations that are either hardened fronts or green buffer zones. It is as if the covered identity of the individual islands in the Elbe shines through beneath the marshland; as if the former islands resist the homogenous categorisation of being reduced to a single polder. The no man's land is the result of weak overall planning. A lack of

Anstelle der bisher fruchtlosen Versuche, neue zentrale Orte etablieren zu wollen, verfolgt diese Methode das Anliegen, die Insel in ihren vielfältigen Bedeutungsschichten anzuerkennen. Vielleicht bietet sich mit der internationalen gartenschau (igs) die Chance, die Idee eines Parks in der Metrozone nicht als einen deutlich abgegrenzten zentralen Stadtpark umzusetzen, sondern als eine Abfolge vernetzter Räume aus verschiedensten Restflächen zu entwickeln. Für IBA und igs stellt sich die Frage, ob es gelingen kann, neben der Zugabe neuer Patches (Einzelprojekte) auch deren Zusammenhang im Sinne der oben erläuterten Matrix der Wilhelmsburger Insel zu entwickeln. Der Umbau des Transitkorridors Wilhelmsburger Reichsstraße von einer Zäsur in einen Lebensraum ist ein großer Schritt in diese Richtung.

Neues Planungswerkzeug

Die seit den 70er Jahren im Wesentlichen festgeschriebene Bauleitplanung kennt die Erscheinung der Zwischenstadt nicht, geschweige den Begriff der Metrozonen. Die mit dem *Atlas IBA Hamburg* vorgelegte Lesart der Multi-Matrix könnte helfen, das Instrumentarium des Baugesetzbuches aufzufrischen und zu erweitern. Der Blick auf den Raum mit unterschiedlichsten Perspektiven, nämlich *von unten, von oben* und *von außen*, liefert neue Erkenntnisse über räumliche Charakteristika und Qualitäten und damit auch neue Grundlagen für demokratische Planungswerkstätten. Gegenüber klassischen Planungsansätzen, welche für die europäischen Stadtzentren erdacht wurden, schlägt der Atlas ein Instrument vor, das die tatsächliche Informalität unserer Kulturlandschaft erfassen kann. So kann alternativ zur Konvention der Angleichung an andere Hamburger Stadtteile die räumliche Eigenart der Insel erfasst und weiterentwickelt werden.

Dies betrifft insbesondere unsere Vorstellung vom Protagonisten, der die räumlichen Paradigmen bewohnen soll. Mit dem Mythos des *edlen Wilden* beschreibt Jean-Jacques Rousseau ein Idealbild des von der Zivilisation unverdorbenen Menschen, der im Laufe der Geschichte als Wegbereiter immer wieder in verschiedenen Rollen auftrat: War es nach der Entdeckung Amerikas der Indianer, zur Zeit der französischen Revolution der Sansculotte und mit dem Ende des 19. Jahrhunderts der Flaneur, der bis heute ein gern gesehener und erwünschter Gast unserer bemühten Stadtväter ist, so muss man feststellen, dass es die edlen Wilden der Metrozone bisher noch nicht zu Ruhm gebracht haben.[4] Um im Bild zu bleiben, braucht es gerade die unverdorbene und alltagskreative Fähigkeit des „Wilhelmsburger Inselvolkes", sich eigenartige Orte anzueignen und unkonventionelle Räume urbar zu machen. Vielleicht vermag das erklärte Bekenntnis der Internationalen Bauausstellungen zur Erneuerung unseres Umgangs mit Raum durch die Auseinandersetzungen mit den Metrozonen dazu beizutragen, dass sich die Vorstellungen der Planerinnen und Planer dem wirklichen Leben der Realität annähern.

Anmerkungen

1 Jorg Sieweke / Joachim Schultz: *Atlas IBA Hamburg*. Berlin 2008.

2 Richard T. T. Forman: *Land Mosaics. The Ecology of Landscapes and Regions*. Cambridge 1995.

3 Christian Schmid: „Theorie". In: *Die Schweiz. Ein Städtebauliches Portrait*: Bd.1, Basel 2003.

4 Vgl. „Utopia - Niedergang und Untergang?". In: Colin Rowe / Fred Koetter: *Collage City*. 5. erw. Auflage, Basel/Boston 1997, S. 25 ff.

Wilhelmsburg - eine Sonderzone? (Vorlage der Abbildung: „Fächerplan" von Fritz Schumacher, 1920) Wilhelmsburg–a special zone? (Draft of the image "Fächerplan" by Fritz Schumacher, 1920)

Wilhelmsburg - ein Produktionsort mit Gleisanschluss? (Ausschnitt aus einer Bildkarte, 1936) Wilhelmsburg–a production place with a railway link? (section from a pictorial map, 1936)

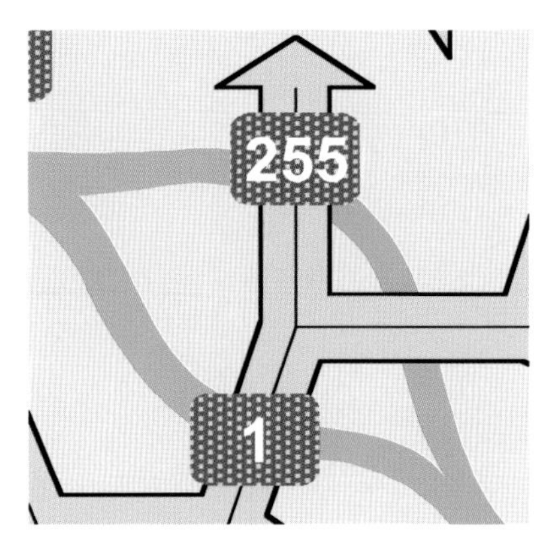

Wilhelmsburg - eine Autobahn? Wilhelmsburg–a motorway?

economic pressure enables the niche utilisation of the area. Colonies of residential properties on the poverty line between the sheds of garden plots, Turkish gardens, and weekend cabins, accessible only via obscure pathes through subways, are embedded in a seemingly idyllic landscape. Their lack of development constituting both a risk and the opportunity for niche existences.

The ambivalent places have developed against the background of a forty-year planning vacuum and the indecision as to whether to develop the Elbe island as a residential and commercial location, or to give it up entirely. This standby mode caused investment to stop when it came to the provision of public and technical infrastructure. The space kept aside for harbour/city expansion has since become home to those who have not exactly been at the receiving end of Hanseatic prosperity.

The planned revival and implementation of Hamburg's minimum standard of utilities and urban welfare is accompanied by concerns that this comes at a price that many will not be able to pay.

Wilhelmsburg's Man-Made Environment

During the compilation of an alternative framework for the IBA Hamburg[1], the issue of the Elbe island's context was raised from 2005 reviewing of the draft of the next land-use plan. Development to date has pushed the agricultural landscape towards the southeast as an ostracised remnant. A "line of defence" was to be set up along the A1 motorway to protect this reserve. The *Atlas IBA Hamburg* proposes an integration strategy to counter this trend towards the spatial exclusion of city and landscape. How can the harbour, agriculture, and settlement be further developed as diverse elements or layers in a continuous contemporary form of *cultural landscape*?

The existing land use structure resists description using conventional urban planning and landscape models and patterns, and the term "transurban" was of no help here either, another approximation was borrowed from ecosystem research: the *Patch-Corridor-Matrix* model.[2] It was developed in order to study the interactions of spatial structures and their use, and constituted an open-ended structural observation of habitat.

Using this method, the distinction is made between spatial phenomena in selective, extensive, field-like areas referred to as *patches* on the one hand, and linear, strip-like *corridors* on the other hand. The term *matrix* also refers to the issue of the contexts existing between the elements mentioned above within a living environment. The *matrix* can be made up of different criteria: the largest surface area, elements with the highest degree of networking, or elements exhibiting the strongest development dynamic. Thematic maps of Wilhelmsburg that highlight the Elbe Island's different qualities or peculiarities can be produced in this way. They describe the potential networks of wasteland or public access areas. Superimposing these maps creates a representation of spatial character and talents. This multi-matrix can serve as the basis for up and coming negotiation processes. The negotiation of boundary areas and functional mixes is a key criterion in any process of urbanisation of what was previously a largely rural neighbourhood.

"It is not the lifting of a boundary that is indicative of an urban culture, but its transformation as part of the productive momentum of such a culture. The form and the nature of the boundary is a key criterion for the type of urban culture prevalent in an area."[3]

Instead of the fruitless attempts to date at establishing new central locations, this method's approach is one of acknowledging the island's diverse reality levels. The international garden show (igs) will perhaps provide an opportunity for implementing the idea of a park in the metrozone, not as a clearly delimited central city park, but developing it from networked spaces comprising a wide variety of disused land areas. For the IBA and igs comes the question of whether, in addition to the inclusion of *new patches* (individual projects), it might not be possible to develop their context in the sense of the *matrix* of the Wilhelmsburg island

Jeff Wall: *Citizen, 1996 (silver gelatin print 181 x 234 cm, courtesy of the artist)*

as outlined above. The conversion of Wilhelmsburg's Reichsstrasse transit corridor from a caesura in a living environment is a major step in this direction.

New Planning Tools

Urban land-use planning, largely established in the 1970s, is not familiar with transurban areas, not to mention the term metrozones. The version of the multimatrix presented with the *Atlas IBA Hamburg* could help to update and expand the building code tools. Looking at spaces from a wide variety of perspectives, namely *from below, from above*, and *from the outside*, provides new insights regarding spatial characteristics and idiosyncrasy, and thus also new bases for democratic planning workshops. In contrast to classic planning approaches, which were conceived for European city centres, the *Atlas* proposes a tool capable of capturing the actual informality of our man-made environment. Instead of the conventional alignment with other Hamburg neighbourhoods, the island's particular spatial character can be acknowledged and developed further.

This is especially relevant to our concept of the protagonist who is to inhabit these places. With the notion of the *noble savage* Jean-Jacques Rousseau describes the ideal of mankind untainted by civilisation, always appearing in different roles as a trailblazer through the course of history: while it was the Indian following the discovery of the Americas, the *sans-culotte* at the time of the French Revolution, and at the end of the nineteenth century the *flaneur*—still a welcome guest as far as our diligent city fathers are concerned—it has to be said that the *noble savages* of the metrozones have not yet made a name for themselves.[4] To keep with the imagery, what is needed now are the untainted and everyday creative skills of the "Wilhelmsburg island people" in appropriating unique places and reclaiming unconventional spaces. Perhaps, by addressing the issue of metrozones, the declared intention of the IBA Hamburg to reform our approach to space might contribute to planning notions approximating real life experience.

Notes

1 Jorg Sieweke / Joachim Schultz: *Atlas IBA Hamburg*. Berlin 2008.

2 Richard T. T. Forman: *Land Mosaics. The Ecology of Landscapes and Regions*. Cambridge 1995.

3 Christian Schmid: "Theorie." In: *Die Schweiz. Ein Städtebauliches Portrait*, Vol. 1. Basel 2003.

4 Cf. "Utopia–Niedergang und Untergang?" In: Colin Rowe / Fred Koetter: *Collage City*. 5th, expanded edition, Basel/Boston 1997, pp. 25ff.

STEFAN ROGGE

Volle Kraft voraus!

Eine Spazierfahrt durch die Häfen und Kanäle der Elbinsel Wilhelmsburg

Schon immer hat das Wasser das Schicksal Wilhelmsburgs maßgeblich bestimmt. Für eine spezielle Erkundung der Elbinsel im Kanu lassen wir die Vergangenheit an uns vorbeiziehen und gleiten der Zukunft entgegen, immer auf der Suche nach Antworten auf die Frage: Wie lebt man mit dem Wasser?
Ein von Ebbe und Flut gebildetes Binnendelta im Elbelauf erleichterte einst die Überquerung des großen Elbstroms. Durch Trockenlegung und Eindeichung wurden aus Sandbänken landwirtschaftliche Flächen und schließlich die Elbinsel Wilhelmsburg. Wettern und Kanäle sorgen seitdem für den Abfluss des sich innerhalb des Deiches befindenden Wassers. Bei Niedrigwasser wird das Kanalwasser durch Schleusentore auf Tidegewässer geleitet.

Startpunkt Müggenburger Zollhafen

Im Müggenburger Zollhafen, wo der Wasserspiegel bei Ebbe tief unten im Hafenbecken liegt, lassen wir die Kanus zu Wasser. Ein schwimmendes Bootshaus des Vereins „Get the Kick e.V." liegt einsam in dem großen Wasserbecken an der Veddel. Das große Logo der Norddeutschen Affinerie („Affi") auf dem Bootsschuppen mahnt zum misstrauischen Umgang mit dem Wasser, schließlich ist die Anlage des größten Kupferproduzenten Europas nur einige Paddelschläge entfernt. Viele Skandale um die Wasserverschmutzung in den 1980er Jahren sind den Alteingesessenen noch gut in Erinnerung, so zum Beispiel das Fischsterben 1980. Ein Jahr später wurde der Verkauf von Elbaalen verboten.

Direkt neben dem Kanuponton von „Get the Kick" hat die Internationale Bauausstellung (IBA) Hamburg ihre „Zentrale" auf das Wasser gebaut: ein schwimmendes Passivhaus auf einem Ponton. Seitdem der Müggenburger Zollhafen für das sogenannte „IBA DOCK" ausgebaggert wurde, zeigen Strudel verstärkt die Gewalt der Strömung an.
Kaum haben wir unsere Plätze in den Kanus eingenommen, zieht uns die Tide Richtung Westen. Auf der linken Seite zieht die Ballinstadt an uns vorbei, der Ort, an dem zwischen Mitte des 19. Jahrhunderts bis kurz vor dem Zweiten Weltkrieg insgesamt rund fünf Millionen Auswanderer aus ganz Europa auf ihre Ausreise warteten. Vom Wasser aus sehen wir die Giebel der drei wiederaufgebauten Baracken vorbeiziehen, denen man einen eigenen Anleger spendiert hat. Kleine, rote Barkassen namens „Circle Line" fahren diesen Anleger regelmäßig an. So kommt denn auch heute eine Barkasse in voller Fahrt auf unser Kanadiergeschwader zugeschossen, und wir spüren auf der Flucht Richtung Ufer, wie die Wellen hinter uns anrollen. Der geübte Kanufahrer dreht nun schnell den Bug in Richtung Welle, um wie ein bolivianisches Wellenpferdchen über den wandernden Wasserberg zu gleiten. Wer nicht schnell genug ist, den erwischt die Welle an der Breitseite, das Wasser türmt sich auf und ergießt sich ins Boot.

Spreehafen und Freihafen

Eine besondere Steigerung erfährt dieser Effekt unter Brücken, zum Beispiel unter der S-Bahn-Brücke zwischen Müggenburger Zollhafen

Unten: Passage über die Norderelbe, Blick zum Hansahafen
Rechts: Müggenburger Zollhafen mit schwimmendem Bootshaus von „Get the Kick e.V."
Below: passage over the northern arm of the Elbe, looking towards the Hansa Harbour
Right: Müggenburg customs harbour with the floating "Get the Kick e.V." boathouse

STEFAN ROGGE

Full Speed Ahead!

A Tour of the Harbours and Canals of the Elbe Island of Wilhelmsburg

und Spreehafen. In Form eines alten, zum Teil schmiedeeisernen Zauns aus der Zeit der Entstehung der Freihandelszone (1888) verläuft hier die Zollgrenze über unseren Köpfen. Wir gleiten unbemerkt in den Freihafen. Einige Meter weiter überspannt ein Sperrwerk diese Engstelle, mit dessen Hilfe man die Peute, die Heimat der „Affi", gegen eine drohende Sturmflut abschotten kann.

Die Angst davor ist nicht unbegründet. 1962 barsten die Deiche, das Wasser schoss in großen Mengen auf die Insel. Viele Tote waren zu beklagen, große Teile Wilhelmsburgs wurden verwüstet. Damals kamen Zweifel auf, ob Wilhelmsburg überhaupt für Wohnzwecke geeignet ist. Man entschied sich dafür, den Zweifeln nicht nachzugeben.

Der Spreehafen öffnet sich nach Westen, nach Süden begrenzt der Deich das Gewässer, hinter dessen Krone sich der Freihafenzaun als Stacheldrahtstreifen abzeichnet. Dahinter stehen die ersten Wohnhäuser Wilhelmsburgs an der Harburger Chaussee, die 1914 bis 1921 errichtet wurden. Der Zollzaun schiebt sich als langer Riegel zwischen das Quartier und den Spreehafen. Von einer Zollstation mit eingeschränkten Öffnungszeiten zur nächsten liegt ein Weg von über 2,5 Kilometern.

Wohnen am und auf dem Wasser

Längst vergessen scheinen die Gefahren, die vom Wasser ausgehen. Das Wasser ist die Zukunft Wilhelmsburgs. Das Ufer der Stadt ist heute das, was früher der Saum der berühmten Ado-Gardine war: die Goldkante. Von hier aus

lässt sich traumhaft Stadt planen: Aqua-Houses, Plätze und Gastronomie am Wasser, Hausboote, Wohnprojekte mit Kanalblick, Büros mit Wasseranschluss. Wer möchte sich da noch an Sturmfluten, Dioxinskandale und Fischsterben erinnern? Auch wir denken nicht daran, als wir unsere Kanus weiter treiben, um uns die Welt des „Feuchter Wohnen" von der Seite zu erschließen, die in den Hochglanzbroschüren der Bauunternehmer und auf der Einladung zur Einzugsfeierlichkeit der glücklichen Bauherren Begehrlichkeiten wecken und den Stolz der Eigentümer präsentieren sollen.

Wohnen am Wasser ist in Mode und speziell in Wilhelmsburg eines der Zugpferde der IBA. Einige Wasserfans haben sich hier schon vor längerer Zeit in Hausboote eingemietet, die jetzt in Sicht kommen: bunte Hausboote, alte, zum Teil historische Hafenanlieger. Die Kulisse beeindruckt. Gepaart mit Arbeitsschiffen und den alten, in die Jahre gekommenen Brücken und Dalben ist dies ein Ort zum Verweilen.

Der *genius loci* entsteht aus dem Schutz des Freihafenzauns, der die Freizeitgesellschaft auf der Suche nach tollen Orten und Abenteuern lange Zeit weitgehend ferngehalten hat. Von der modernen, schwimmenden Stahl-Glas-Welt, die der Stadt zum Thema „Wohnen auf dem Wasser" vorschwebt, findet sich hier allerdings keine Spur.

Hier stoßen wir das erste Mal auf die Frage, ob denn die Überplanung Wilhelmsburgs nun Segen oder Fluch für die bereits in Wilhelmsburg Wohnenden ist. Der Bezirk lebt unter anderem von seinen Lücken, seiner Unvollkommenheit und seinen Brachen. Insbesondere eigentlich sehr negative Faktoren wie Lärm, Gestank, Verkehr, unüberwindliche Barrieren eröffnen andererseits Freiräume, wie sie in Hamburg nur selten zu finden sind. So wie im Schatten großer Truppenübungsplätze wertvolle Naturschutzgebiete entstanden sind, entstehen auch im Windschatten großer Häfen Freiräume. Keiner würde aus Umweltschutzgründen Panzer in ein Naturschutzgebiet schicken; ziehen die Truppen aber ab, ist der Schutzraum bedroht, zum Beispiel von einer Zivilbevölkerung, die nach Naturerlebnisräumen lechzt oder von

Links: Müggenburger Zollhafen mit Barkassenanleger und der Auswandererstadt BallinStadt im Hintergrund
Mitte: Eisenbahnbrücke zwischen Müggenburger Zollhafen und Spreehafen
Rechts: Blick vom Spreehafen unter den Brücken hindurch zum Müggenburger Zollhafen
Left: Müggenburg customs harbour with the barge jetty and the BallinStadt emigration city in the background
Middle: the railway bridge between the Müggenburg customs harbour and the Spreehafen
Right: view from the Spreehafen through the bridges to the Müggenburg customs harbour

Water has always played a key role in determining the fate of Wilhelmsburg. On our special canoe exploration of this Elbe Island, we are going to let the past drift by and glide on towards the future in search of answers to the question: how do you live with water?
The initial crossings of the mighty Elbe River were made possible by an inland delta formed by the ebb and flow of the river tides. Drainage and embankments turned sandbanks into agricultural land and ultimately created the Elbe Island of Wilhelmsburg. Ditches and canals have since ensured the drainage of the water inside the dykes. At low water, the canal water is channelled into the tidal waters via floodgates.

Starting Point: Müggenburg Customs Harbour

The Müggenburg customs harbour, where the water level at low tide is right down low in the harbour basin, is the place to leave our canoes in the water. This large expanse of water in Veddel features a solitary floating boathouse belonging to the "Get the Kick e.V." association. The large Norddeutsche Affinerie (North German Refinery; "Affi") logo on the boathouse is a reminder of the ambivalent approach to the water, with Europe's largest copper-producing plant in fact just a few paddle strokes away. The old-timers still remember the many water pollution scandals of the 1980s, with the fish dying in 1980, for example. The sale of eels from the Elbe was prohibited a year later.

The Internationale Bauausstellung (International Building Exhibition) IBA Hamburg has built its "headquarters" on the water directly next to the "Get the Kick" canoe pontoon: a floating passive building, also on a pontoon. An increase in whirlpools since the dredging of the Müggenburg customs harbour for the so-called "IBA DOCK" is indicative of the strength of the current.
As soon as we seated ourselves in our canoes the tide takes us off to the west. We glide past the Ballinstadt Museum on the left, commemorating the place where, between the mid-nineteenth century and shortly before the Second World War, a total of around five million immigrants from throughout Europe awaited their outward voyages. From the water we can see the three gables of the reconstructed sheds with their own piers.
Small red barges bearing the name "Circle Line" call at these piers on a regular basis and today, too, our Canadian canoes encounter a barge at full speed, the waves slapping behind us as we head for the shore. An experienced canoeist quickly turns their bow into the waves in order to ride the moving wall of water like a Bolivian surfer. Anyone who is not quick enough is hit on the side by the wave, with the water rushing up and filling the boat.

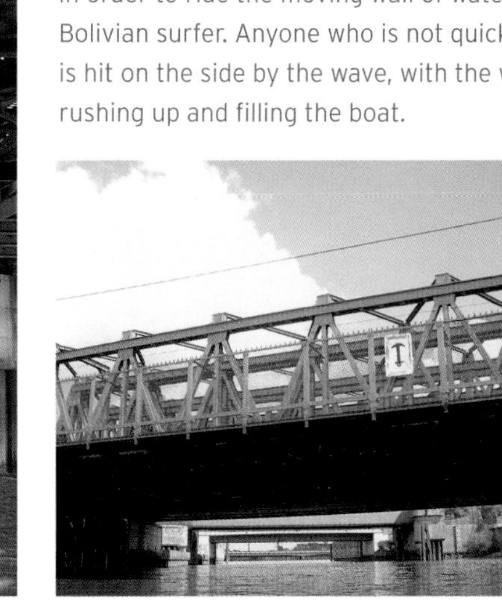

Planern, die aus einem einmaligen Naturraum „einen einmaligen Naturraum" machen wollen. Dieser Bedrohung sind nun auch die Kleinode der Elbinsel ausgesetzt. Flächen, die aus dem Blickpunkt der Öffentlichkeit und der intensiven Nutzung gefallen sind, wurden erobert von denen, die aus Geldmangel oder aus Spaß am Nischendasein aus „der Stadt" geflohen sind. Diese Freiräume machen Wilhelmsburg attraktiv und einzigartig. Domestiziert man diese Räume, werden sie bis zur Unkenntlichkeit optimiert. Aber was ist die Alternative in einer Metropole mit 1,8 Millionen potenziellen Nutzern?
Nun sind Begehrlichkeiten geweckt, der Flaneur erobert sich die Insel. Wie man sich bei einer Karawane bunter Zirkuswagen erhofft, einen Blick ins Innere zu erhaschen (vielleicht sieht man ja einen Tiger) schaut man in die Fenster der Hausboote, um etwas von der Freiheit mitzunehmen, die das Leben am Wasser verspricht. Wir paddeln also so dicht wie es geht, aber mit so viel Entfernung, wie es die Höflichkeit gebietet, an den roten, gelben, blauen Holzhütten auf ihren schweren, massiven schwarzen Pontons vorbei und träumen von einem Leben auf dem Wasser mit viel Himmel oben und viel Wasser drum herum.
Warum engagiert sich die Stadt beim Thema Hausboote eigentlich? Es kann nicht um die Schaffung von Wohnraum gehen, sonst müsste das Projekt schon als gescheitert gelten: Fünf Hausboote auf dem Eilbekkanal, davon erst drei bezogen, sind nach vier Jahren kein allzu gutes Ergebnis. Aber das ist gar nicht so wichtig, denn es geht in erster Linie um Imageförderung.
Eine Stadt mit Hausbooten: Das hat kreativen Charme. Man kann die schwimmenden Häuser wie ein gutes Gewürz in die Stadtsuppe streuen. Die bunten, mit viel Liebe und Engagement hergerichteten alten Schwimmkisten kommen gut an. Man fühlt sich an die Grachten Amsterdams erinnert. „Floating Homes" von der Stange scheinen dagegen eher unattraktiv. Vorerst bleibt das Wohnen auf dem Wasser also eine Herzensangelegenheit. Gut so.
Wie tief ist hier eigentlich das Wasser? Ich steche mein Paddel in den Schlamm, es bleiben zehn Zentimeter sichtbar. Ein Meter dreißig also. Mein Paddel ist schwarz und klebrig vom Schlick, der sich kaum mehr lösen möchte.

Ernst-August-Schleuse und Reiherstiegviertel

Nach einer weiteren Viertelstunde mit Gegenwind und Wellen erreichen wir die Ernst-August-Schleuse, den Eingang zum Inneren der Elbinsel. Das große Schleusentor mit dem gelben Dreieck öffnet sich behäbig und wir gleiten hinein in den großen eckigen Trog, der einen Kanuten demütige Bescheidenheit lehrt. Das Wasser fließt langsam ab und wir fallen auf den Wasserpegel des Ernst-August-Kanals auf 0,00 ü. NN ab. Das Innere Tor öffnet sich und ein kleiner grüner Kanal liegt vor uns. Hier, hinterm Deich, ist es windstill, keine Welle, keine Strömung bremst unser Fortkommen, die Geräusche des Hafens sind gedämpft. Ein einsam aufragendes gründerzeitliches Eckhaus irritiert und zeigt gleichzeitig, wie romantisch das Wohnen am Wasser auch in Wilhelmsburg sein kann. Backbord ist der Freihafenzaun am

Links außen: Privates Hausboot auf dem Spreehafen
Links: Saalehafen, Lagerhaus G (ehemaliges KZ-Außenlager Dessauer Ufer)
Rechts: Zollzaun am Ernst-August-Kanal mit Angelplatz
Far left: private houseboat in the Spreehafen
Left: Saale Harbour, Warehouse G (formerly the Dessauer Ufer satellite concentration camp)
Right: The customs fence on the Ernst August Canal, with fishing spot

Spreehafen and the Freihafen

This phenomenon is especially marked beneath bridges, such as the railway bridge between the Müggenburg customs harbour and the Spreehafen. Here, the customs boundary runs above our heads in the form of an old, partly cast-iron fence dating from the advent of the free trade zone (1888). We glide into the Freihafen (free port) unnoticed. A few metres further on, this narrow passage is spanned by a flood barrier intended to help seal off the Peute, the home of the "Affi," in the event of a storm tide threat. The fears in this regard are not unfounded. The dykes burst in 1962 and large quantities of water flooded the island. Many people lost their lives and extensive areas of Wilhelmsburg were devastated. At that time, there were doubts as to whether Wilhelmsburg was suitable for residential purposes at all. It was ultimately decided not to give in to the doubts.

The Spreehafen opens to the west, while to the south the expanse of water is demarcated by a dyke, behind which the Freihafen fence appears as a stretch of barbed wire. Beyond that are Wilhelmsburg's first homes, built on the Harburger Chaussee between 1914 and 1921. The customs boundary extends right through this district and the Spreehafen. The distance between one customs post (with limited opening times) and the next is more than 2.5 kilometres.

Living by and on the Water

The dangers associated with water seem to be long forgotten. Water is Wilhelmsburg's future. Today the neighbourhood's shores are what the hem of the famous Ado curtains used to be: the golden edge. From here, urban planning is a dream: aqua (floating) houses, squares and restaurants on the water's edge, houseboats, residential projects with canal views, offices with water access. Who wants to be reminded of storm tides, dioxin scandals, and dying fish? We, too, are oblivious to all of this as we continue in our canoes to take a look at the world of "Water Living," intended to whet appetites and depict the pride of the owners, as portrayed in glossy construction company brochures and housewarming party invitations.

Living at the water's edge is in and, especially in Wilhelmsburg, it is one of the driving forces behind the IBA. A while ago, some water fans took up residence here in houseboats and these are now coming into view: colourful houseboats, old, in part historic harbour craft. It is an impressive setting. Coupled with working boats and the ageing bridges and moorings, this is a place for lingering a while. The genius loci derives from the protection of the Freihafen fence, which largely kept at bay for a long time the leisure society in search of great places and adventures. There is no trace here of the modern, floating, steel and glass world envisaged by the city with its "Water Living" theme.

This is where we now encounter the issue of whether the over-planning of Wilhelmsburg is a blessing or a curse for those already living in the neighbourhood. Among other things, the district's life depends on its gaps, its imperfection, and its wasteland. In particular, what are in fact very negative factors, such as noise, smell, traffic, and insurmountable barriers, can also provide the open spaces that are such a rarity in Hamburg. Just as valuable nature reserves have been established in the shadow of extensive military training areas, open spaces also develop in the lee of large harbours. No-one would send tanks into a nature reserve for environmental reasons but, if the troops withdraw, then the reserve is threatened by a civil population yearning for experiences in the natural environment, for instance, or by planners wanting to create a "unique natural environment" out of what is in fact already a unique natural environment. These are threats now facing the Elbe Island's gems. Areas that had fallen out of public view and into disuse were taken over by those who had fled from the "city" due to a lack of money or because they enjoyed the niche existence. It is these open spaces that make Wilhelmsburg attractive and unique. If these spaces are tamed, they will be optimised beyond recognition. Yet what is the alternative in a city with 1.8 million potential users?

Fuß des Deichs in voller Größe sichtbar, nun von der anderen Seite, denn wir haben den Freihafen verlassen und sind wieder in der Stadt, im Reiherstiegviertel.
Zwischenstopp am Schipperort, der Stelle, an der das Wohnprojekt „Open House" geplant ist. Hier finden sich Menschen zusammen, die Lust haben, gemeinsam zu wohnen, ein Projekt mit hohem Anspruch an Ökologie und soziales Miteinander. Unter dem Dach der Genossenschaft „Schanze e.G." werden sowohl genossenschaftliches Wohnen als auch Wohneigentum organisiert. Ob solche Projekte Ursache oder Ergebnis des „Lattemacchiatoisierungsprozesses" sind, sei dahingestellt. Aber was in der Schanze funktioniert, sollte man doch auch in Wilhelmsburg hinbekommen. Einige Meter weiter: Männer beim Angeln, dem wohl einzigen Wassersport, der nicht hungrig, sondern satt macht. Noch während ich diesen Gedanken kaue, erscheint am Horizont der Biergarten „Zum Anleger". Seit die IBA Plakate klebt, um aus dem Problemstadtteil eine landschaftlich attraktive Flussinsel zu machen, ist am „Anleger" ganz schön was los. Ein idyllischer Ort an unerwarteter Stelle. Barkassen und Busse bringen die neuen Inseltouristen – ein Bratwürstchen, einen Kaffee und weiter geht's. Wir tun es ihnen gleich.
Frisch gestärkt fahren wir weiter, nicht ohne die Kunststoffattrappen von Schwänen und Graureihern vor dem Biergarten zu bewundern. Dem naturhungrigen Städter reicht das Bild einer Landschaft, die alle Elemente echter Natur aufzuweisen hat: Bäume, Tiere, Wasser. Dazu kommen einige historisch anmutende Versatzstücke des kulturellen Schaffens der Menschheit, eine alte Holzschubkarre, ein Einbaum, ein hölzernes Wagenrad. Natur pur.

Assmannkanal, Jaffe-Davids-Kanal und Reichsstraße

Wir biegen ab in den Assmannkanal, jenen Kanal, der am Ende von einer kleinen Wetter gespeist wird, die demnächst zu einer Schifffahrtsstraße ausgebaut wird. Denn wie anders soll man zur internationalen gartenschau (igs) 2013 auf die Insel fahren als mit dem Schiff? So wird das Bild von der Insel fest in die Volksseele gebrannt. Schneller und günstiger ist

Links: Ernst-August-Schleuse
Unten: Gebäude am Ernst-August-Kanal
Left: Ernst August Lock
Below: Building on the Ernst August Canal

Unten: Wohngebäude entlang des öffentlichen Grünzugs am Ernst-August-Kanal
Rechts: Biergarten „Zum Anleger"
Below: Housing complex along the public green belt on the Ernst August Canal
Right: The "Zum Anleger" beer garden

Interest has been provoked and the island is being taken over by passers-by. Just as with a caravan of bright circus trailers people hope to catch a glimpse of what's inside (it just might be a tiger), people look in the houseboat windows hoping to take with them something of the freedom promised by an existence at the water's edge. We therefore paddle as closely as we can, but nevertheless at a polite distance, past the red, yellow, and blue wooden cottages on their solid, heavy, black pontoons and dream of a life on the water with plenty of sky above and plenty of water all around.
Why in fact does the city become involved in the houseboats issue? It cannot be about the creation of living space or the project would have to be considered a failure already: five houseboats on the Eilbek Canal, only three of which are inhabited, is not exactly a positive result after four years. That is not nearly so important, however, as this is primarily about image promotion. A city with houseboats: that has creative charm. The floating houses can be added to the city soup like a sprinkle of quality spice. The colourful aquatic boxes, renovated with a great deal of love and care, are well received. They are reminiscent of the canals of Amsterdam. Off-the-peg "floating homes" appear unattractive by comparison. Living on the water remains a personal matter for the time being. And that is a good thing.
How deep is the water here, actually? I stick my paddle into the mud, 10 centimetres are still visible. That means 1.3 metres. My paddle is black and sticky from the sludge, which is not very easy to get off.

The Ernst August Lock and the Reiherstieg District

After another quarter of an hour of head wind and waves, we reach the Ernst August Lock, the entrance to the interior of the Elbe Island. The large lock gate with the yellow triangle opens ponderously and we glide into the big, square-cut lock, which is a lesson in humility for a modest canoeist. The water drains out slowly and we drop to the water level of the Ernst August Canal at 0.00 above mean sea level. The inner gate opens and a small, green canal lies ahead of us. Here, behind the dyke, there is no wind, no waves, no current to restrict our progress, and the sounds of the harbour are dampened. A solitary nineteenth-century corner house is an irritation, while also indicating how romantic living at the water's edge can be even in Wilhelmsburg. Portside the Freihafen fence is visible to its full extent at the foot of the dyke, albeit from the other side, for we have now left the Freihafen and are back in the city, in the Reiherstieg district.
A stopover in Schipperort, the site of the planned "Open House" residential project. This involves a group of people who want to live together, and makes high demands regarding both ecology and social skills. Communal living and ownership are to be organised under the auspices of the "Schanze e.G." co-operative. Whether such projects are the cause or the result of the "gentrification process" is another matter. What works in the Schanze district, however, should also be possible in Wilhelmsburg. A few metres further on: men fishing, the only water sport that fills you up instead of making you hungry. While I am still pondering, the "Zum Anleger" beer garden appears on the horizon. There has been a buzz at the "Anleger" since the IBA started putting up posters promoting the problem neighbourhood as an attractive river island landscape. An idyllic site in an unexpected location. Barges and buses bring the new island tourists—a grilled sausage, a coffee, and on they go. We do the same.

die S-Bahn von der Stadtmitte Hamburgs nach „Wilhelmsburg Mitte". Doch das Bild der Inselfähre wird so stark sein, dass sich schon beim Boarding an den Landungsbrücken ein gewisses Urlaubsgefühl bei den Gästen von igs und IBA einstellen wird. Dieser Effekt wäre bei der Anfahrt über die S-Bahn-Haltestelle „Wilhelmsburg" weit schwerer zu erreichen.
Ist der Kanal bis zum Bürgerhaus verlängert, kann man von dort bis weit auf das igs-Gelände im Kanu fahren. Dann kann Hamburgs Erster Bürgermeister CO_2-neutral die 7,5 Kilometer vom Rathaus an der Alster zur Eröffnungsveranstaltung der igs paddeln.
Zurück auf dem Ernst-August-Kanal wenden wir uns steuerbord, fahren Richtung Wilhelmsburger Dove-Elbe, unter der Reichsstraße hindurch und biegen wieder steuerbord ein auf den Jaffe-Davids-Kanal. Eben noch zwischen Schrebergärten und Park, schauen wir verblüfft auf eine Wand mit Containern hinter einer verwilderten Uferzone. Links alte ausrangierte Schiffe, die darauf zu warten scheinen, dass man ihnen als Hausboot das Gnadenbrot gewähre. Rechts aufgetürmte Eisenteile, verrostet und wild durcheinander gewürfelt. „Welche Schande für diesen Flecken Erde" möchte man rufen, als ein Graureiher sich majestätisch vom Ufer erhebt und nach einer gelungenen Schleife federnd auf dem Containerberg landet. Weiter hinten ragen Apfelbäume aus dem Wasser, dazwischen Enten und Blesshühner. Dieser alte Industriekanal, dessen Wasserqualität man sofort bei Einfahrt misstraut, ist für Vögel ein attraktiver Gewässerabschnitt. Ähnlich den Menschen suchen auch die Tiere die Nischen, die ungenutzten Räume.
Eine Verlegung der Wilhelmsburger Reichsstraße würde für Ufergrundstücke des Jaffe-Davids-Kanals eine enorme Wertsteigerung bedeuten. Man ahnt die Uferbebauung schon, ist der Straßenlärm erst einmal verbannt. Gut für die wachsende Stadt, doch wieder verschwindet ein echter „Freiraum" für Mensch und Tier. Lucius Burckhardt, Stadtsoziologe, beschreibt in seinem Buch *Warum ist die Landschaft schön* solche Räume mit den Worten: „Niemandsland, das ist das Land wo der Schorsch seine selbstgebastelte Rakete zündete und wo die Anne ihren ersten Kuss bekam ..." Solche Flächen sterben mehr und mehr aus, werden überplant. Erkennt die Stadtplanung den Verlust, wird im Plan eine dysfunktionale Fläche ausgewiesen ...
Es beginnt zu hageln, wir ziehen die Kapuzen höher, der Paddelschlag erhöht sich und wir retten uns unter die Brücke der Wilhelmsburger Reichsstraße. Gut, dass sie heute noch da ist ...

We continue on our way with renewed vigour, not without marvelling at the artificial swans and grey herons in front of the beer garden. The nature-hungry city dweller is happy with a landscape exhibiting all the elements of true nature: trees, animals, water. Then there are also a few historic-seeming set pieces of man's cultural creation: an old wooden wheelbarrow, a dugout canoe, a wooden wagon wheel. Nature pure.

Assmann Canal, Jaffe David's Canal and Reichsstrasse

We turn off into the Assmann Canal, fed by a small ditch and due to be built up into a navigation route in the near future. For how else are people to reach the igs (international garden show) 2013 on the island other than by boat? That is how the island's image will enter the collective memory. The suburban railway from the centre of Hamburg to the "Wilhelmsburg Centre" is quicker and cheaper. Yet the image of the island ferry will be so dominant that the visitors to the IBA and igs will already have a sense of holiday atmosphere when boarding at the landing stages. This effect would be much more difficult to achieve with arrivals at the "Wilhelmsburg" suburban railway stop.
If the canal were to be extended as far as the community centre, you would be able to travel from there far into the igs grounds by canoe. Hamburg's mayor would then be able to take a CO_2-neutral paddle along the 7.5 kilometres from the city hall on the Alster to the igs opening event.
Back on the Ernst August Canal, we turn to starboard, head in the direction of Wilhelmsburg Dove-Elbe, beneath the Reichsstrasse, and again turn to starboard towards Jaffe David's Canal. We are still between the garden plots and the park but look up, astounded, at a wall of containers beyond an overgrown bank. To the left are old, scrapped ships that seem to be waiting for someone to take pity on them and turn them into houseboats. To the right are heaps of scrap iron, rusted and jumbled. "What a disgrace for this corner of the earth" is what we want to shout out as a grey heron rises majestically from the bank, elegantly landing on the container mountain after a smooth loop. Further back there are apple trees rising out of the water, with ducks and coots between them. This old industrial canal, the quality of its water appearing dubious as soon as you enter it, is an attractive stretch of water for birds. Similar to people, animals also seek out the niches, the disused spaces.
The relocation of Wilhelmsburg's Reichsstrasse would mean a tremendous increase in value for shoreline property along Jaffe David's Canal. The built-up shore is to be anticipated but the traffic noise remains absent for the time being. Good for the growing city but yet another area of real "open space" disappears for people and animals. Lucius Burckhardt, an urban sociologist, describes such areas in his book *Warum ist die Landschaft schön* (Why the Landscape is Beautiful) with the words: "No Man's Land, that is the land where George ignited his home-made rocket and where Anne experienced her first kiss ..." Such areas are increasingly dying out, are being over-planned. If urban planning identifies the loss, then a dysfunctional area is indicated on the plans ...
Hail is starting to fall, we pull up our hoods, the paddling speeds up, and we take cover under the Wilhelmsburg Reichsstrasse bridge. A good thing it is still there ...

Links außen: Reihenhäuser mit „grünen Zimmern" am Assmannkanal
Links: Containerstapel am Jaffe-Davids-Kanal
Unten: Alte Palminfabrik am Jaffe-Davids-Kanal
Far left: Terraced houses with "green rooms" on the Assmann Canal
Left: Container stack on Jaffe David's Canal
Below: Former Palmin factory on Jaffe David's Canal

Caterina Bonanno, 46 Jahre alt, gebürtige Römerin mit sizilianischer Familie und seit 39 Jahren in Deutschland, lebt in „beiden" Hamburgs, in Eppendorf und in Wilhelmsburg. Sie hat inzwischen begriffen, dass auch ihre Wahlheimat südlich der Norderelbe liegt. Sie ist seit 2007 erfolgreiche Unternehmerin, ihr Restaurant „Don Matteo" gehört zu den wichtigen Anlaufstellen der Wilhelmsburger Gastronomieszene.

Ihre Familie stammt aus Sizilien, Sie sind in Rom (Ostia) geboren. Wie sind Sie in Hamburg gestrandet?
Als ich sechs Jahre alt war, wurde ich als Gastarbeiterkind nach Hamburg „verschleppt". Nach vielen, vielen Stationen hier in Hamburg habe ich dann an der Veringstraße vor eineinhalb Jahren das Ristorante „Don Matteo" eröffnet, benannt nach meinem Papa.

Mit köstlicher süditalienischer Küche. Warum ausgerechnet hier auf den Elbinseln?
Dieser Laden gehört der Hamburger Wohnungsbaugesellschaft SAGA GWG und wir konnten ihn pachten, weil wir ein Existenzgründerdarlehen bekommen hatten. Man nannte das „Brutstätten"-Projekt.

Haben Sie es bereut?
Jein – wir sind drei Schwestern und drei Familien, die davon leben müssen, das ist manchmal hart. Aber inzwischen haben wir viele Gäste – Studenten, Handwerker, Angestellte. Selbst die im Hamburger Süden berühmte Familie von Drateln, die einst den Wilhelmsburgern das Rathaus geschenkt hat, ist hier durch ihre Enkel oder Urenkel vertreten. Und es kommen sogar türkische Frauen mit Kopftuch, ohne Mann, allein mit Kindern und bestellen Pizza. Viele lernen sich hier kennen, besonders in der kleinen Raucherlounge, wo sich die Leute besonders nahe kommen …

Sie sind jetzt hier und gehen nicht mehr zurück?
Mal sehen. Ganz hinten im Kopf nistet ein Gedanke, doch noch nach Rom auszuwandern und dort ein kleines deutsches Spezialitätenlokal mit Sauerbraten und Rotkohl und hausgemachten Knödeln zu gründen. Alles das, was ich hier so liebe! (lacht)

Erst einmal bleiben Sie. Was erhoffen Sie sich noch von Wilhelmsburg?
Ich suche eine größere Wohnung für mich und meine Tochter. Aber jetzt ist es schwierig, vor zwei oder drei Jahren hätte ich sofort eine bekommen.

Sie wohnen in einer Genossenschaftswohnung – plant Ihre Genossenschaft vielleicht Neubauten?
Nein, leider nicht. Ich würde es begrüßen. Trotzdem freue ich mich darüber, dass alles hier eine Wendung genommen hat, dass hier Künstler und Studenten wohnen, auch Besserverdienende. Früher wäre das wohl kaum vorgekommen, dass hier die Industriestraße zum Filmset wird und anschließend die Crew bei mir zu Mittag isst.

Sie meinen Fatih Akin und seine „Soul Kitchen"-Crew. Glauben Sie, dass sich Wilhelmsburg stark verändert?
Ich hoffe, dass Wilhelmsburg weiterhin wie ein Dorf funktioniert, so wie in unserem kleinen sizilianischen Dorf, aus dem meine Eltern stammen. Obwohl wir hier nicht in Sizilien, sondern in Norddeutschland sind, muss man auch hier aufpassen, wenn man auf den Markt geht, dass man überhaupt zum Einkaufen kommt, weil man so viele Leute trifft. Das ist schön …

Und macht es leichter für Fremde, hier zu sein?
Früher wäre ich nie allein rausgegangen, um einen Kaffee zu trinken. Heute kann ich das machen, weil ich mindestens zehn Freunde treffe.

Und Sie müssen dann auch nicht immer Pizza essen?
Nein – ich esse auch gern einen Döner und trinke ein Glas Vino verde bei meiner portugiesischen Kollegin. Es ist diese Mischung, die ich ganz toll finde.

Sie strahlen für mich eine sehr positive Grundstimmung aus. Gilt das auch für viele andere Wilhelmsburger?
Ja, auch für viele Gäste, die 20 Jahre jünger als ich sind und hier bleiben und sogar Wohnungen oder Häuser kaufen wollen. Die Zeit, in der man sich außerhalb Wilhelmsburgs schämte, zu sagen, woher man ist, ist endgültig vorbei.

Wie kann man denn die hiesigen Konflikte am besten lösen? Durch die Politik, durch die Anwohner selbst? Durch bessere Bildungsangebote?
Politisch und durch Förderung. In meiner Jugend war Ausbildung für die Gastarbeiterkinder weniger wichtig. Die meisten wollten ja zurück. Wir haben nachmittags unsere italienische Schule besucht und wurden über die allgemeine Schulpflicht informiert. Unsere Eltern haben uns auch dahin geschickt. Aber wenn wir mal geschwänzt haben, wurde das in Arbeiterfamilien nicht so ernst genommen. Aber ich bekam von außerhalb Hilfe. Ich war auch wissbegierig, so haben ich und meine Schwester den Realschulabschluss geschafft. Ich habe im Laufe meines Lebens begriffen, dass Bildung Macht bedeutet, schon ein Hauptschulabschluss ist sehr, sehr wichtig. Ich bin immer auf Leute getroffen, die nicht intelligenter, aber gebildeter als ich waren. Und die haben dann auch mehr verdient als ich. Heute weiß ich: Bildung schafft Bewusstsein und damit Selbstbewusstsein.

IN THE RISTORANTE

Caterina Bonanno, forty-six years old, born in Rome to a Sicilian family, has been in Germany for thirty-nine years and lives in "both" Hamburgs, in Eppendorf and in Wilhelmsburg. She has since come to realise that her adopted home, too, lies south of the Elbe's north arm. She has been a successful businesswoman since 2007 and her restaurant, "Don Matteo," is one of Wilhelmsburg gastronomy's "in" places.

Your family is from Sicily; you were born in Rome (Ostia). How did you find yourself in Hamburg?
I was "carried off" to Hamburg at the age of six as the child of migrant workers. After a great many moves around Hamburg I opened the restaurant "Don Matteo" in the Veringstrasse eighteen months ago, named after my father.

With delicious southern Italian cuisine. Why here on the Elbe Islands?
The premises belong to the Hamburg housing association SAGA GWG and we were able to lease them because we had obtained a business start-up loan. This was known as a "hotbed" project.

Have you had any regrets?
Yes and no—we are three sisters and have three families to support: that is sometimes difficult. But we now have lots of customers—students, workmen, office workers. Even the famous von Drateln family of South Hamburg, who were the donors of the Wilhelmsburg town hall, is represented here by their grandchildren or great-grandchildren. And we even have Turkish women with headscarves but without their husbands coming in with just the children and ordering pizza. This is a meeting place for many people, especially in the small smoking lounge, where people get much closer to one another ...

You are here now and you are not going back?
We'll see. Right at the back of my mind there are thoughts of emigrating back to Rome and opening a small German speciality shop with sauerbraten and red cabbage and homemade dumplings. All the things that I really love here! [laughs]

But for now you are staying. What do you still hope for in Wilhelmsburg?
I am looking for a larger flat for me and my daughter. It is difficult now, though; two or three years ago I would have been able to find one right away.

You live in a housing association flat—is your association planning any new buildings?
No, unfortunately not. I would welcome it. Nevertheless I am happy about the turnaround here, that artists and students live here as well as higher-income earners. Before, it would have been highly unlikely for the Industriestrasse to be used as a film set, with the crew then having lunch in my restaurant.

You mean Fatih Akin and his "Soul Kitchen" crew. Do you think that Wilhelmsburg has changed a lot?
I hope that Wilhelmsburg continues to function like a village, like the small Sicilian village where my parents come from. Although we are in North Germany here and not in Sicily, when you go to the market here you still have to make sure you get around to shopping because you meet so many people. I like that ...

And does that make it easier for foreigners to be here?
In the past I would never have gone out alone to drink a coffee. I can do that now because I will meet at least ten friends.

And you don't have to eat pizza all the time either?
No—I also enjoy a doner kebab and I drink a glass of vino verde with my Portuguese colleague. I think it is a really great combination.

You come across as having a very positive approach to life. Does that also apply to many other Wilhelmsburg residents?
Yes, to many of the customers who are twenty years younger than me and stay here, even wanting to buy flats or houses. The days of being embarrassed to say that you come from Wilhelmsburg are finally over.

How can the conflicts here best be solved? Through politics, by the residents themselves? Through better education opportunities?
Politically and through funding. When I was young, education was less important for the migrant workers' children as most of them intended to go back. We used to go to our Italian school in the afternoons and were informed about compulsory schooling. Our parents sent us to school but, when we sometimes played truant, it was not taken so seriously in working-class families. But I had outside help. I was also eager to learn and both my sister and I passed our secondary school certificates. During the course of my life I have come to realise that education means power; even a basic secondary school certificate is very, very important. I have continually encountered people who were no more intelligent than I was but they were better educated. And they earned more than I did. I now know: education creates awareness and self-confidence.

IN DER ALTEN MITTE

Cornelius Groenewold, 47 Jahre alt, gebürtiger Hamburger und gelernter Fotograf, ist Immobilienkaufmann und Geschäftsführer der Aurelius Immobilien. Seine Familie kümmert sich von Beginn an um das berühmte Karl-Schneider-Haus in Eimsbüttel, die heutigen Karl-Schneider-Passagen. Er betreut als Eigentümer auch Teile des Wilhelmsburger Einkaufszentrums, das vor einem radikalen Umbau steht.

Was treibt Sie nach Wilhelmsburg, wo doch Ihr Lebensmittelpunkt in Altona und Eimsbüttel liegt?
Wir haben dort vor Jahren mit dem Einkaufszentrum ein interessantes Immobilienobjekt gekauft. Vorher kannte ich Wilhelmsburg nur von der Sturmflut. Über eine intensive Beratung meiner Mieter bin ich mittlerweile mit dem Stadtteil sehr vertraut geworden.

Die Rede ist vom Einkaufszentrum östlich des S-Bahnhofs Wilhelmsburg. Das stammt aus den 1970er Jahren und ist nicht gerade ein Schmuckstück. Aber es funktioniert?
Man muss sagen: Es funktionierte bis zum Eintreten des Sanierungsfalles 2007. Nun denken wir über ein neues Einkaufszentrum nach. Wenn ich allein entscheiden könnte, würde ich dort eine große Markthalle bauen, wie es sie in Berlin oder jeder spanischen Kleinstadt gibt – mit Obst und Gemüse und anderen Angeboten für das tägliche Leben.

Können Sie sich vorstellen, dass Einkaufen mit anderen Nutzungen wie Ateliers und Dienstleistung gemischt werden kann?
Als Immobilienkaufmann ja – aber als Planer und Projektentwickler nein, weil ich mit dem beschränkten Raum umgehen muss, den ich bauen kann. Auf der oberen Etage könnten wir schon etwas tun, es gibt ja auch schon einen Schuster, einen Versicherungsmakler und ähnliche Dienstleister, die bleiben wollen. Einen Arzt kann ich mir auch vorstellen. Und natürlich Restaurants: Sushi, Nudeln, Döner – alles, was schmeckt.

Was ist mit Künstlern und Kreativen, kann man alte Flächen für sie nutzen?
Sicher kann man im Umfeld Flächen umwidmen. Die SAGA GWG bietet entsprechende Flächen an, es gibt ja brach liegende Flächen.

Ist eine Einrichtung wie die IBA ein Glücksfall oder ein weiteres Erschwernis für Sie als Immobilienkaufmann?
Ich denke, eindeutig ein Glücksfall. Was für Wilhelmsburg gut ist, hilft auch mir, und die IBA ist für Wilhelmsburg gut, weil endlich der Fokus wieder auf die Elbinseln gerichtet wird. Ich vergleiche ja Wilhelmburg gern mit dem positiven kreativen Charakter des gallischen Dorfes von Asterix und Obelix.

Vor Ihrer Haustür, auf der anderen Seite der Bahnlinie, entsteht die Mitte Wilhelmsburg, mit der Behörde für Stadtentwicklung und Umwelt (BSU), mit experimentellem Wohnungsbau und dem Zentraleingang zum igs-Park. Halten Sie die bisherigen Planungen mit der Brücke über die Gleistrasse für eine ausreichende Verbindung zum Einkaufszentrum?
Die Trasse ist natürlich lästig, weil sie alles trennt. Die Brücke muss saniert werden, vielleicht sollte die Trasse sogar gedeckelt werden, weil es besser ist, Verkehrstrassen unter die Erde zu legen. Wenn aber das, was wir auf unserer Seite bauen, unattraktiv ist, nutzt ja die schönste Brücke nichts. Es steht und fällt mit unserem eigenen Konzept.

Wenn im Jahr 2013 alles wie geplant fertig geworden ist, bedeutet das dann für das Einkaufszentrum, dass Sie mehrere Hundert neue Bewohner und Angestellte im fußläufigen Einzugsbereich haben. Wie gehen Sie darauf ein?
Wir haben dann den Marktkauf, vielleicht die Markthalle und weitere Möglichkeiten, im Erdgeschoss Bestände und Buden anzubieten, die größer oder kleiner werden könnten, also flexibel sind. Wir können uns auch vorstellen, zusammen mit unserem Einkaufszentrum neu entstehende Flächen auf der anderen Seite zu vermarkten und zu managen. Daran arbeiten wir natürlich schon.

Wie sehen Sie die Zukunft Ihres Standortes für die nächsten zehn Jahre?
Wir sind trotz vieler Schwierigkeiten die letzten zehn Jahre gut durchgekommen. Das liegt auch am persönlichen Einsatz unserer Mitarbeiter. Ich will alle Mieter mit in die Zukunft nehmen und nicht vertreiben. Zurzeit (Januar 2010) ist noch keine planerische Entscheidung gefallen. Mieter und Kunden sind seit zwei Jahren verunsichert, weil ich eben keine langfristigen Mietverträge abschließen kann. Meine Bewertung bei der Bank ist entsprechend schlechter geworden. Wir müssen jetzt mit der BSU, der Finanzbehörde, dem Bezirksamt Mitte oder Plankontor für die STEG agieren. Ohne Unterstützung kann ich meine Pläne nicht verwirklichen. Nicht einmal den Vorschlag, den Bestand ordentlich zu sanieren. Warum zeigen wir nicht innerhalb der IBA, wie man 1970er-Jahre-Bauten vorbildlich sanieren kann?

Die IBA begrüßt das Projekt, warum passiert trotzdem nichts?
Es fehlt das Geld, obwohl das Gebiet zum Sanierungsgebiet erklärt worden ist und entsprechende Geldtöpfe vorhanden sein müssten. Man muss doch begreifen: Wenn die Markthalle einmal fertig ist, dann wird sie zum Katalysator für das gesamte Gebiet dort – und das ist doch wichtig für Wilhelmsburg. Und alles muss bis Frühjahr 2013, zur Eröffnung der igs (internationale gartenschau), fertiggestellt sein!

IN THE OLD TOWN CENTRE

Cornelius Groenewold, forty-seven years old, born in Hamburg and a trained photographer, is a property developer and managing director of Aurelius Immobilien (real estate). His family was involved from the outset with the famous Karl-Schneider-Haus in Eimsbüttel, now the Karl-Schneider-Passagen. He also owns part of the Wilhelmsburg Shopping Centre, which is due to undergo a radical transformation.

What brings you to Wilhelmsburg when you are in fact based in Altona and Eimsbüttel?
We bought the shopping centre there years ago as an interesting property. Before that I knew Wilhelmsburg only from the floods. Intensive consultations with my tenants have since made me very familiar with the neighbourhood.

We are talking about the shopping centre to the east of the Wilhelmsburg suburban railway station. It dates from the 1970s and is not exactly a gem. But it functions?
It has to be said that it functioned until it became a refurbishment case in 2007. We are now thinking about a new shopping centre. If it was up to me alone I would build a large covered market there, like in Berlin or in every small Spanish town—with fruit and vegetables and other everyday items.

Could you envisage shopping being combined with other uses such as studios and services?
As a real estate salesman yes, but as a planner and project developer no, because I am faced with the limited building space available. We would be able to do something on the upper level, where there is already a shoemaker, an insurance agent, and other service providers who want to stay. I could envisage a doctor. And restaurants, of course—sushi, pasta, doner kebabs—all the things that people like.

What about artists and creative individuals, can older areas be used for them?
There are certainly spaces available for conversion around here. The SAGA GWG offers such spaces; there is disused land available.

Is a facility like the IBA a stroke of luck or a further obstacle for you as a property developer?
I think it is clearly a stroke of luck. What is good for Wilhelmsburg helps me too, and the IBA is good for Wilhelmsburg because the focus is finally being directed at the Elbe Islands again. I like to compare Wilhelmsburg with the positive creative aspects of Asterix's and Obelix's Gallic village.

Right outside your front door, on the other side of the railway line, is the centre of Wilhelmsburg, with the State Ministry for Urban Development and the Environment (BSU), experimental housing construction, and the main entrance to the igs park. Do you consider the planning to date, involving the bridge over the railway line, to be an adequate link to the shopping centre?

The railway line is of course a problem because it separates everything. The bridge needs to be renovated; perhaps the railway line should even be covered because it is better to situate traffic routes underground. However, if what we build on our side has no appeal then even the best of bridges is of no use. Our own concept is the linchpin.

By 2013, once all the planning has been completed, it will mean that your shopping centre will have several hundred new residents and employees within walking distance. How do you view this?
We will then have the Marktkauf supermarket, perhaps the covered market and other options, on the ground floor more assets and facilities that can be made larger or smaller, that are therefore flexible. In conjunction with our shopping centre, we can also envisage marketing and managing brand new premises on the other side. We are already working on that, of course.

How do you see the future of your location over the next ten years?
We have made it through the last ten years despite a great many difficulties. That is due to the personal commitment of our staff. I want to be able to take all of our tenants with us into the future and not drive anyone out. No planning decision has yet been made (January 2010). Tenants and customers have felt insecure for two years now precisely because I am unable to conclude any long-term rental agreements. My rating with the bank has also suffered accordingly. We now need to act together with the BSU, the financial authorities, the district authorities, and the STEG planning office. I am unable to implement my plans without support, not even the proposed renovation of the premises. Why don't we make the proper renovation of 1970s buildings part of the IBA?

The IBA is in favour of the project, yet why is nothing happening?
The funds are lacking, even though the area has been declared in need of renovation and the relevant funding should therefore be available. What you have to realise is that, once the covered market is completed, it will become a catalyst for the entire area—that is important for Wilhelmsburg. And everything has to be ready by spring 2013, for the opening of the igs (international garden show)!

Metrozonen wurden nicht geplant. Gleichwohl, oder vielleicht deshalb, machen sie den urbanen Reichtum von Städten aus. Gleichzeitig stellen sie oft wichtige Entwicklungsreserven dar. Wie kann man sie nutzen ohne sie zu zerstören? Indem sich die Politik den mit ihnen verbundenen Chancen annimmt (Axel Gedaschko im Gespräch mit Gerti Theis und Michael Koch). Indem Stadtentwicklung und Stadtplanung diese Realitäten und Chancen einer neuen Urbanität an scheinbar peripheren Lagen sensibel, produktiv und proaktiv nutzen (Jörn Walter). Die Planung der neuen Mitte in Wilhelmsburg ist ein ambitionierter Versuch dazu (Rolo Fütterer); die neuen Gärten, die im Zusammenhang mit der igs 2013 in Wilhelmsburg entstehen, sind es ebenso (Heiner Baumgarten, Stephan Lenzen). Auch die Verlegung der Wilhelmsburger Reichsstraße hat das Potenzial, neue urbane Lebensräume zu ermöglichen (Hartmut Topp). Die Wasserlagen auf der Elbinsel können vielfältige Metrozonen sein – insbesondere die Hafenränder im Zuge von Transformationsprozessen (Hans-Christian Lied, Karen Pein). Metrozonen bedeuten häufig Gemengelagen. Ihre weitere und mitunter gemischte Nutzung ist abhängig und oft auch geprägt von spezifischen Belastungen. Dabei sind intelligente Lösungen des Emissions- und Immissionsschutzes gefragt (Klaus-Martin Groth und Peter Androsch). An den Rändern mancher Kernstädte zeigen Metrozonen schon ihre Begabung als urbane Orte, sie werden es nur durch einen starken Gestaltungswillen im weitesten Sinne (Julian Petrin). Im Mikromaßstab des Projektes könnte Gestaltung auch einfach Beratung und Mut zu unkonventionellen Lösungen heißen, um privater Initiative über bürokratische Klippen zu helfen, damit urbane Orte überlebensfähig bleiben (Peter Arlt). Gestaltung könnte auch bedeuten: Überlassen. Der Natur zum Beispiel: Freiräume als Ressourcen (Jörg Dettmar, Ulrike Hesse). Gestaltung bedeutet in jedem Fall Fantasie und Kreativität. Nur dann kann man etwa das urbane Potenzial von Autobahnen entdecken und entwickeln (Henrik Sander). Oder mit Wasserinfrastrukturen so umgehen, dass urbane Landschaften entstehen (Antje Stokman). Das geht nur mit echter, disziplin- und womöglich länderübergreifender Zusammenarbeit, zum Beispiel für Diadema in São Paulo (Michael Koch, Martin Kohler, Pedro Moreira, Antje Stokman, Ronny Warnke). Die Beschäftigung mit Metrozonen bedeutet eines ganz sicher: Die Disziplinen müssen sich bewegen.

Metrozones are not planned. Nevertheless, or perhaps as a result, they make up the urban richness of cities. At the same time they often constitute important development reserves. How are they to be used without being destroyed? By politics acknowledging the opportunities related to them (Axel Gedaschko in discussion with Gerti Theis and Michael Koch). By urban development and urban planning making sensitive, productive, and proactive use of the realities and opportunities of a new urbanism in seemingly peripheral locations (Jörn Walter). The plans for the new centre of Wilhelmsburg are an ambitious attempt at this (Rolo Fütterer). This also applies to the new gardens being developed in Wilhelmsburg as part of the igs 2013 (Heiner Baumgarten, Stephan Lenzen). The relocation of Wilhelmsburg's Reichsstrasse also has the potential to enable new urban living environments (Hartmut Topp). The Elbe island's areas near water, particularly the harbour peripheries, can become multi-faceted metrozones during the course of transformation processes (Hans-Christian Lied, Karen Pein). Metrozones often mean conflict situations. Their further, mixed usage is dependent on and often affected by specific contaminations. Therefore, intelligent solutions for emissions and immissions protection are needed (Klaus-Martin Groth and Peter Androsch). On the peripheries of some city centres metrozones do indeed display their suitability as urban locations, and will only be able to do so on a broader basis through ambitious design (Julian Petrin). On a micro-scale, design can also simply mean project consultancy and the courage to try unorthodox solutions in order to help private initiatives to overcome bureaucratic hurdles and render city spaces capable of surviving (Peter Arlt). Design can also mean leaving alone. Nature, for example: open spaces as resources (Jörg Dettmar, Ulrike Hesse). In every case design means imagination and creativity. Only then are we able to discover and develop the urban potential of motorways, for instance (Henrik Sander). Or to approach water-related infrastructure in such a way that urban landscapes are created (Antje Stokman). This is possible only with genuine interdisciplinary and, where possible, interregional co-operation, such as for Diadema in São Paulo (Michael Koch, Martin Kohler, Pedro Moreira, Antje Stokman, Ronny Warnke), for example. The focus on metrozones definitely means one thing: disciplines need to become mobile.

STRATEGIEN
Möglichkeiten eröffnen, Reserven mobilisieren

STRATEGIES
Opening Opportunities, Mobilising Reserves

MICHAEL KOCH, GERTI THEIS

Ein Streifzug durch Wirtschaft und Arbeit in Metrozonen

Gespräch mit Senator Axel Gedaschko, Präses der Behörde für Wirtschaft und Arbeit der Freien und Hansestadt Hamburg

Michael Koch (MK): Metrozonen bezeichnen urbane Gemengelagen oder Nischen. Diese bieten oft auch Raum für wirtschaftliche Aktivitäten, die wenig beachtet und doch sehr wichtig für die Entwicklung von Städten sind. Wie zum Beispiel die sogenannten Migrantenökonomien. Muss man hier nicht vonseiten der Stadt in besonderem Maße unterstützen? Zum Beispiel mit maßgeschneiderten Beratungs- und Finanzierungsangeboten? Ist das ein Thema für die Hamburger Politik?

Axel Gedaschko: Das ist ein sehr wichtiges Thema. Ich habe gerade Gespräche mit migrantischen Unternehmern geführt. Die erste Erkenntnis: Der Wunsch, selbstständig zu sein, scheint bei Migranten wesentlich ausgeprägter zu sein als bei gebürtigen Deutschen. Die zweite Erkenntnis: Die Strategie, sich der Selbstständigkeit anzunähern, ist völlig unterschiedlich. Einige migrantische Existenzgründer starten ihr Unternehmen ohne grundsätzliche betriebswirtschaftliche Kenntnisse. Dies hat mitunter zur Folge, dass eine ganze Familie in die Gefahr der monetären Haftung gerät. Daher setzen unsere Angebote niedrigschwellig an. Wir wollen die entsprechenden Interessenten frühzeitig erreichen. So fördert die Stadt zusammen mit dem Europäischen Sozialfonds Existenzgründungsberatung für Migranten. Auch die Hamburger ARGE für Grundsicherung gemäß Sozialgesetzbuch unterstützt in erheblichem Umfang Existenzgründungen von Arbeitslosen. Da aber staatlichen Stellen gegenüber auch Hemmschwellen bestehen, sind hier verschiedene Initiativen tätig – auch mit Unterstützung der Handelskammer und der Stadt. Dies kann allerdings nur ein Anfang sein.

Gerti Theis (GT): In Wilhelmsburg ist das Phänomen zu beobachten, dass die potentiellen Existenzgründer schauen, womit andere erfolgreich sind. Das führt aber zu Monostrukturen und Konkurrenzen mit dem Ergebnis, dass keiner so richtig erfolgreich sein kann. Ich denke, das Beratungsangebot reicht noch nicht aus bzw. erreicht die Betroffenen nicht.

Wir sind gerade dabei herauszufinden, welche Beratungsleistungen gebraucht werden und wie wir die bestehenden Beratungsformen verbessern können. Dabei unterstützen uns beispielsweise die Initiativen „Arbeitsgemeinschaft Selbstständiger Migranten" und „Unternehmer ohne Grenzen".

MK: Und die bekommen dafür von der Stadt ein regelmäßiges Budget? Zum Beispiel auch für die Unterstützung sogenannter „Co-working"-Angebote wie derzeit in Berlin und Köln, in deren Rahmen Selbstständige aller Couleur eine Art Arbeitsplatz- und Service-Sharing zu günstigen Konditionen organisieren?

Ja. Für die Durchführung einzelner Projekte, wie beispielsweise die Existenzgründungsberatung, erhalten sie ein Budget. Zusätzlich müssen Netzwerke geschaffen werden. Denn es geschieht in der Praxis durchaus, dass Interessenten zwar Beratung erhalten, aber keinen Kredit. Gemeinsam mit Frau Özkan, Mitglied der Hamburgischen Bürgerschaft[1], werden wir uns mit den Hamburger Bankvorständen treffen,

MICHAEL KOCH, GERTI THEIS

A Stroll through Commerce and Employment in Metrozones

Dialogue with Senator Axel Gedaschko, President of the State Ministry for Economic and Labour Affairs of the Free and Hanseatic City of Hamburg

Senator Axel Gedaschko

Michael Koch (MK): The term metrozones is used for multiuse urban spaces or niches. These often offer space for economic activities that are little regarded and yet are very important for the development of cities, for example the migrant economies. Is there not a case here for a special level of support from the city? For instance, with customised offers of advice or finance? Is this an important topic in Hamburg politics?

Axel Gedaschko: It is a very important topic. I have just held discussions with migrant entrepreneurs. The first discovery: the desire for independence seems to be far more highly developed among migrants than among those German by birth. The second discovery: the strategy for approaching this independence is completely different. Some migrant self-employed business people start their enterprises without basic business knowledge. The consequence is occasionally that the whole family is in danger of becoming financially liable. Which is why we start our offers at a low threshold—we want to reach the interested parties at an early stage. For instance, the city supports business information advice for migrants together with the European Social Fund. The Hamburg "ARGE für Grundsicherung gemäß Sozialgesetzbuch" (Consortium for Basic Financial Security as per the Social Code) gives considerable support to the establishment of businesses by unemployed people. As some people, however, have inhibitions about approaching state departments, several working groups are active in this field—including some with support from the Chamber of Commerce and the city. However, all this can only be a start.

Gerti Theis (GT): A phenomenon we can observe in Wilhelmsburg is that potential founders of new businesses are watching others to see how they become successful. But this leads to monostructures and rivalry, with the result that no one can become really successful. I think that the advice on offer is not as yet sufficient or that it does not reach the parties involved.

We are currently in the process of finding out what advice services are needed and how we can improve existing forms of consultation. In this we are supported, for example, by the working groups "Arbeitsgemeinschaft Selbstständiger Migranten" (Working Group of Self-Employed Migrants) and "Unternehmer ohne Grenzen" (Entrepreneurs Unlimited).

MK: And do these receive a regular budget from the city for their work? Including, for example, support for so-called co working arrangements such as those in Berlin and Cologne, where self-employed people of all kinds can organise a kind of "workplace and services share" with favourable conditions?

Yes. They receive a budget for implementing individual projects, such as advice on financial security. In addition, networks need to be created. In practice, it happens often enough that those applying may receive advice, but no loan. Together with Ms Özkan, a member of the Hamburgische Bürgerschaft (Parliament of the City of Hamburg),[1] we will meet with the managers of Hamburg banks to discuss solutions. Other possibilities are the staffing of advisory committees, for example in locally established credit

um Lösungen zu diskutieren. Denkbar sind die Besetzung von Beiräten, beispielsweise in lokal aufgestellten Volksbanken und Sparkassen, bis hin zum Überdenken des gesamten Gründungsprozesses.
Das Hamburgische WeltWirtschaftsInstitut (HWWI) betont immer wieder die Chancen, welche von migrantischen Unternehmern hinsichtlich der Vielfalt der wirtschaftlichen Aktivitäten in der Stadt ausgehen. Ein Beispiel: Der Verein Qualitäts-Döner Hamburg e.V. hat sich zum Ziel gesetzt, für zertifizierte Betriebe ein Qualitätssiegel zu etablieren. Ein etablierter Hamburger Dönerhersteller und seine Schwester haben gemeinsam mit anderen Unternehmen diesen Verein initiiert. Eine solche Haltung muss unterstützt werden, denn unsere Stadt wäre ärmer, gäbe es diese Entwicklungen nicht.

GT: Für neue Impulse bedarf es mutiger Investoren, die Rückenstärkung erfahren müssen. In Wilhelmsburg wird zurzeit die Frage diskutiert, ob es gelingen kann, hier einen Hamam anzusiedeln – und wer sich den Eintritt dann leisten kann.

Wilhelmsburg hat im Unterschied zum öffentlichen Meinungsbild eine sehr unterschiedliche soziale Struktur. Meine Kollegin Senatorin Dr. Herlind Gundelach wohnt ja dort, sie hat türkisch-stämmige Nachbarn aus der oberen Mittelschicht. Es ist ganz wichtig, auf die soziale Vielfalt Wilhelmsburgs hinzuweisen. Es sollten alle Milieus gestärkt werden, ohne jemanden zu verdrängen.

GT: Genau das ist wichtig, denn in der Vergangenheit war zu beobachten, dass auch Vertreter der migrantischen Mittelschicht aus Wilhelmsburg wegziehen. Einer von mehreren Gründen dafür ist der hohe Anteil an Jugendlichen ohne Schulabschluss und ohne Ausbildungsplatz. Zwar nehmen sich zahlreiche Beschäftigungsinitiativen dieser Jugendlichen an, aber das erscheint noch zu wenig. Wo gibt es für die jungen Menschen, insbesondere für die jungen Männer dauerhafte Perspektiven?

Ich habe mir viele Beschäftigungsträger angeschaut, auch die staatlichen Institutionen, die hier sinnvolle Maßnahmen durchführen. Allerdings muss die Vernetzung der Tätigkeiten untereinander noch deutlich besser werden. Zu Beginn der Initiative „Lebenswerte Stadt" haben wir genau dieses Problem aufgegriffen und die jeweiligen Akteure angehalten, stärker zusammenzuarbeiten. Der Prozess wurde mit dem Programm der „Aktiven Stadtteilentwicklung" weitergeführt und wird im Zuge der „Integrierten Stadtentwicklung" noch optimiert. Entscheidend ist es, die unterschiedlichen Stränge noch viel stärker zusammenzuführen und die Arbeitsmarktpolitik mit Stadtteilentwicklung und Sozialpolitik zu verknüpfen.

GT: Es müsste aber auch ein wirkungsvolles Übergangsmanagement von Beschäftigungsgesellschaften in Ausbildungs- oder dauerhaften Arbeitsplätzen geben.

Das ist das oberste Ziel. Wir achten heute viel mehr darauf, dass diejenigen Maßnahmenträger weitere Anschlussaufträge bekommen, die eine Weitervermittlung in den ersten Arbeitsmarkt vorweisen können. Dies ist für uns ein ganz wesentlicher Maßstab.

MK: Ich würde gerne noch mal auf den Punkt der Fördermöglichkeiten zurückkommen: Könnte man nicht auch Stiftungen dazu bringen, sich stärker zu engagieren?

Ja, in dieser Hinsicht geschieht auch schon einiges. Senatorin Goetsch und ich treffen uns einmal im Jahr mit Herrn Dr. Michael Otto, weil seine Stiftung unter anderem ein Hauptschulprojekt einschließlich dessen wissenschaftlicher Begleitung unterstützt. In diesem Projekt geht es insbesondere um die Überführung von bildungsschwachen Jugendlichen in den ersten Arbeitsmarkt. Das Ziel ist eine abgeschlossene Berufsausbildung.

MK: Und wenn es um Kredite geht? Könnte man da Stiftungen nicht auch stärker einbinden? Die Laewertz-Stiftung zum Beispiel ist hier ja schon aktiv.

Entscheidend ist es, die unterschiedlichen Stränge noch viel stärker zusammenzuführen und die Arbeitsmarktpolitik mit Stadtteilentwicklung und Sozialpolitik zu verknüpfen.

unions and savings banks, right up to rethinking the entire process of founding the business. The Hamburgisches WeltWirtschaftsInstitut (HWWI, Hamburg Institute of International Economics) repeatedly emphasises the opportunities that migrant enterprises provide for the diversity of economic activity in the City. Just one example: the Verein Qualitäts-Döner Hamburg e.V. (Hamburg Quality Doner Kebab Association) has set itself the target of establishing a quality seal for certified businesses. An established Hamburg doner kebab producer and his sister have set up this association together with other companies. This kind of approach should be supported, for our city would be poorer without these developments.

GT: For new stimuli, courageous new investors are needed, and they need to feel they are being supported. The question currently being discussed in Wilhelmsburg is whether opening a hamam (Turkish bath) could be successful—and who would then be able to afford the entrance fee.

In contrast to widespread public opinion, Wilhelmsburg has a very diverse social structure. My colleague Senator Dr. Herlind Gundelach lives there, after all, and she has upper middle-class neighbours of Turkish descent. It is very important to point out the social diversity of Wilhelmsburg. All social environments are to be supported, without anyone being displaced.

The decisive task is to combine the various strands more strongly and link labour market policies with the development of city districts and social policies.

GT: This is particularly important, because in the past we could see that members of the migrant middle class were also moving out of Wilhelmsburg. One of several reasons for such moves is the high proportion of young people who leave school without qualifications and have no vocational training places. Quite a number of employment initiatives are taking these young people on, but that still seems too little. Where can young people, and in particular young men, find long-term prospects?

I have looked at many employment and training bodies, including state institutions, that are implementing sensible measures here. However, the links between these activities must be considerably improved. At the beginning of the "Lebenswerte Stadt" (City Worth Living In) initiative, we took up this very problem and encouraged those active in this field to work together more closely. The process was continued with the "Aktive Stadtteilentwicklung" (Active City District Development) and will be further improved as part of the "Integrierte Stadtentwicklung" (Integrated City Development). The decisive task is to combine the various strands more strongly and link labour market policies with the development of city districts and social policies.

GT: But there should also be effective transition management from employment and training programmes to training places or long-term jobs.

That is our main goal. We take much more care today to see that those bodies offering employment and training programmes and can show transfers to the general labour market receive follow-up contracts. That is a very important criterion for us.

MK: I would like to come back to availability of support and encouragement. Would it not be possible to encourage greater involvement among foundations?

Yes, things are happening in this area. Senator Goetsch and I meet once a year with Dr Michael Otto, because his foundation supports, among others, a secondary school project, including accompanying academic support. This project is particularly concerned with the transfer of young people with little education into the general labour market. The objective is a completed vocational training qualification.

MK: And what about loans? Would it not be possible to involve the foundations more strongly here? The Laewertz-Stiftung, for example, is already active in this area.

Yes, this foundation is a sponsor of social measures in many areas, in particular with the Hamburg Urban Development Office in urban development projects.

Ja, sie ist in vielen Bereichen Träger sozialer Maßnahmen, insbesondere auch für die Stadtentwicklungsbehörde bei Stadtteilentwicklungsmaßnahmen.

MK: Sie sprachen vorhin davon, bei den Banken, den klassischen Kreditgebern, anzuregen, die Dinge zu vereinfachen. Andererseits sind die Banken bei der Prüfung der Kreditwürdigkeit stärkeren Regularien unterworfen, als das Stiftungen vermutlich wären. Seit Mohammad Yunus den Friedensnobelpreis bekommen hat, sind Mikrokredite in aller Munde. Inzwischen vergibt auch die Europäische Union Mikrokredite und es gibt entsprechende bürgerschaftliche Selbsthilfegruppen. Wäre das nicht auch eine Perspektive für Hamburg?

Da sprechen sie einen wichtigen Punkt an. Zum einen bietet die Stadt ein Mikrokreditprogramm, welches in meiner Behörde betreut wird.
Zum anderen ist Hamburg die Spender- und Stifterhauptstadt. Dies ist eine gute Basis. Ich wünsche mir aber, dass die Stifter und Spender sich auch dieses Themas annehmen. Man muss schauen, wo das Geld am dringendsten eingesetzt werden sollte: Am Ende der Kette, wo das Problem bereits vorhanden ist, oder am Anfang, wo wir das Problem gar nicht erst zum Problem werden lassen. Diesen Blickwinkel bei Stiftern und Spendern zu schärfen, ist mit Sicherheit eine große Aufgabe. Für die Gesellschaft sind solche Projekte wohl mit die lohnendsten überhaupt.

MK: Noch einmal zurück zum migrantischen Arbeitsmarkt. Müsste man die wirtschaftliche Dimension dieses Wirtschaftszweiges und deren Bedeutung für unsere Gesellschaft und für die Städte nicht noch stärker vor Augen führen? Wenn man von urbaner Nutzungsmischung und städtischer Vielfalt spricht, dann sind es sehr häufig Läden oder Dienstleistungen, die von Migranten und ihren Familien betrieben werden.

Und oftmals ergeben sich daraus auch noch stärker integrierte Geschäftsmodelle. Ich nenne ein Beispiel: Ein Messebauer, der zunächst vorhatte, sich mit seinem türkischen Namen „Soundso-Messebau" selbstständig zu machen, nannte seinen Betrieb schließlich „Hanseatic-Messebau". Der Unternehmer ist heute sehr erfolgreich, weil er sofort Professionalität und Internationalität dokumentiert.

GT: Ein anderes, ganz konkretes Thema ist die Frage, wie arbeitslose Jugendliche und lokale Betriebe an den Bautätigkeiten der IBA Hamburg partizipieren könnten? Die IBA hat in einer ergänzenden Absichtserklärung zur IBA-Konvention mit der Handwerkskammer Hamburg vereinbart, dass nach Möglichkeit ortsansässige Betriebe und auch Jugendliche bei IBA-Projekten eingebunden werden. Deshalb schließt die IBA jetzt mit privaten und öffentlichen Investoren wie beispielsweise SAGA GWG sogenannte Qualitätsvereinbarungen ab, um diese Beteiligung sicherzustellen, soweit das mit den Ausschreibungsvorschriften vereinbar ist. Welche Möglichkeiten haben Sie als Wirtschaftssenator zur Förderung der lokalen Wirtschaft? Können Sie zum Beispiel Flächen für die Ansiedlung bzw. Erweiterung von lokalen Betrieben vorhalten? Welche Interventions- oder Gestaltungsmöglichkeiten haben Sie bei der Wirtschaftsförderung?

Wir verfügen mit dem europäischen Sozialfonds über ein sehr gutes Instrument, das wir auch nutzen. Hier gibt es zahlreiche Programme, die insbesondere den Schwerpunkt „Immigranten" haben. 50 Prozent der Mittel kommen aus der EU und 50 Prozent aus Hamburg. So können wir in den unterschiedlichsten Lebenssituationen helfen. Diese Instrumente setzen aber erst ein, wenn die erste Stufe der Beratungen, über die wir vorhin gesprochen haben, auch Erfolg hatte. Zu Ihrer Frage, ob man gezielt Grundstücke zur Verfügung stellen kann: Freie Grundstücke sind ein Problem in dieser Stadt, das muss man ganz klar sagen. Weil die Stadt und die Metropolregion extrem erfolgreich sind, was ja schön ist, sind wir gerade bei Gewerbeflächen eher knapp. Wilhelmsburg ist in dieser Hinsicht in einer etwas glücklicheren Lage, weil die Grundstückspreise noch relativ moderat sind. Bei der

Zum einen bietet die Stadt ein Mikrokreditprogramm, welches in meiner Behörde betreut wird. Zum anderen ist Hamburg die Spender- und Stifterhauptstadt.

On the one hand, the city does offer a microcredit programme, which is managed in my department. On the other hand, Hamburg is the capital of donors and benefactors.

MK: Earlier, you spoke of motivating the banks, the classic credit providers, to simplify matters. However, when checking for creditworthiness, banks are subject to stricter formalities than foundations presumably would be. Since Muhammad Yunus was awarded the Nobel Price for Peace, microcredits are being talked about everywhere. Now even the European Union is giving out microcredits, and there are corresponding citizens' self-help groups. Would that not be a strategy Hamburg could pursue?

You have raised an important point. On the one hand, the city does offer a microcredit programme, which is managed in my department. On the other hand, Hamburg is the capital of donors and benefactors. This is a good base to work from. However, I do wish that the donors and benefactors would also take up this topic. We need to look where the money needs to be deployed most urgently: at the end of the chain, where the problem already exists, or at the beginning, where we prevent the problem from even becoming a problem. To widen the horizons of benefactors and donors is certainly a great responsibility. For society, this is probably the most worthwhile project of all.

MK: To return to the migrant labour market, is it not necessary to make the economic dimension of this branch of commerce and its importance for our society and for the cities even more visible? When we talk about mixed urban utilisation and diversity, we often mean shops or services run by migrants and their families.

And often these result in even more strongly integrated models of business. I can give you an example. A builder of exhibition stands who initially planned to go into business for himself under his Turkish name of "So-and-so Exhibition Stands" eventually called his company "Hanseatic Exhibition Stands." This entrepreneur is very successful today, as the company name immediately stands for professional and international quality.

GT: A different but very practical topic is the question of how unemployed young people and local companies can participate in the building work of the IBA Hamburg. In a supplementary declaration of intent to the IBA Convention, the IBA and the Hamburg Chamber of Commerce agreed that wherever possible local companies and also young people should be involved in the IBA. This is why the IBA is drawing up so-called quality agreements with private and public investors (such as for example SAGA GWG), in order to ensure this participation, insofar as it can be compatible with the regulations of invitation to tender. What possibilities are there for you, as a Senator responsible for commerce and economics, to encourage local business? Can you, for example, reserve areas for establishing or expanding local companies? What opportunities for intervention and structuring do you have in the field of economic promotion?

We have an excellent instrument available in the European Social Fund, and we use it too. There are numerous programmes here that focus on immigrants in particular; 50 per cent of the funds come from the EU and 50 per cent from Hamburg. This means that we can help in a wide range of situations in life. These instruments, however, can only be deployed if the initial stage of advice that we discussed earlier was actually successful.

To go to your question as to whether it is possible to make targeted sites available, unoccupied sites are a problem in this city: that has to be stated quite clearly. Because the city and the Metropolitan Region are extremely successful, which is of course very positive, we are rather short of commercial space in particular. In this regard, Wilhelmsburg is in a slightly more fortunate situation, because the land prices are still relatively moderate. However, when allocating city areas, because of the existing scarcity we cannot get past certain "quality criteria"—in particular where the creation of jobs is concerned.

GT: Can the City exercise some control over the location of businesses in the various dis-

Vergabe von städtischen Flächen kommen wir angesichts der bestehenden Knappheit aber an bestimmten „Qualitätskriterien" – gerade was die Schaffung von Arbeitsplätzen angeht – nicht vorbei.

GT: Kann die Stadt auch bei der Ansiedlung der Sparten ein wenig steuern und Produktionsstätten zurück in die Stadt bringen? Wilhelmsburg, das könnte zum Beispiel ein Standort für die Produktion von Bauteilen für erneuerbare Energien sein. Dafür würden wir uns arbeitsplatzintensive Betriebe wünschen. Wir meinen, dass Produktionsstätten zurück in die Stadt müssen, als Garanten für ein urbanes Lebensumfeld und annähernde Vollbeschäftigung auch im Niedriglohnbereich.

Sie können sicher sein: Wenn so ein Unternehmen nach Wilhelmsburg wollte, würden wir es nach Kräften unterstützen. Aber die Unternehmen haben selbstverständlich ihre eigenen Vorstellungen. Dafür brauchen wir in erster Linie Flächen, die ausreichend groß sind, außerdem müssen auf diesen Flächen die mit einer solchen Produktion einhergehenden Lärm- und eventuell Geruchsemissionen zulässig sein. Solche Flächen gibt es auch in Wilhelmsburg nur noch in sehr begrenztem Umfang. Zudem sind aus Sicht der Wohnbevölkerung durchaus positive Stadtentwicklungskonzepte für produzierende Betriebe oft mit schwer verkraftbaren Einschränkungen verbunden. Südlich von Hamburg sind nicht nur mehr Flächen vorhanden, sondern es stehen auch EU-Regionalfördermittel zur Verfügung. Dort kann man daher eher mit finanziellen Ansiedlungsanreizen arbeiten als hier in Hamburg.

MK: Wir haben sehr viel von Migranten und ihren Ökonomien gesprochen. Aber es gibt in Stadterneuerungsgebieten auch eine deutsche, oft bildungsferne Bevölkerung, ebenso Tante-Emma-Läden oder kleingewerbliche Familienbetriebe, die in Bedrängnis geraten. Ich möchte die Frage nach dem dortigen Beratungsbedarf noch einmal vertiefen: Ist der eigentlich ausreichend abgedeckt durch die Handelskammer? Denn auch hier braucht es maßgeschneiderte Förderungsmöglichkeiten, zum Beispiel auch, wenn es um temporäre Nutzungen für kleingewerbliche oder künstlerische Zwecke geht.

Zunächst zum Beratungsbedarf: Die Handelskammer und die Handwerkskammer machen viele Veranstaltungen dazu. Aber die Frage ist immer: Kommen die richtigen Partner? Und wie erreicht man sie? Ich glaube das ist unsere größte Herausforderung. Ich weiß, wie schwierig Beteiligungsprozesse sind. Das ist einer der Punkte, die wir Unternehmer gebeten haben aufzuschreiben: Was wäre notwendig, um Erfolg zu haben?
Zur temporären Nutzung: Man sieht anhand der aktuellen Diskussionen in der Stadt, beispielsweise um das Gängeviertel, dass dies durchaus auch gewollt ist in Hamburg. Zuvor muss man aber einige Fragen klären. Beispielsweise, wem die Gebäude gehören. Oder ob der Eigentümer eine temporäre Nutzung will. Und auch sehr wichtig: Auf welche Verpflichtungen lassen sich die temporären Nutzer ein? Nicht jeder macht da mit. Dann die Frage der Stadtentwicklung: Was soll dort passieren, nimmt man darauf Rücksicht bei der Planung? Dies liegt nicht mehr in der Hand der Fachbehörden. Nach der Strukturreform sind die Bezirke im Prinzip dort alleine steuernd tätig. Man kann nur hoffen, dass bei solchen temporären Entwicklungen dann auch eine mittelfristige Planungssicherheit gegeben wird. Zum Beispiel mit der SAGA GWG ist vieles machbar. Dort ist städtischer Einfluss vorhanden – und ich weiß, dass solche Dinge auch in deutlichem Umfang geschehen. Aber die Sorge ist bei den Eigentümern immer, egal ob es städtische oder private sind: Halten sich alle an die Spielregeln, die vereinbart wurden?

MK: Zum Beispiel, ob nach einer vereinbarten Zeit auch Schluss mit der temporären Nutzung ist – das finde ich klar und selbstverständlich. Ein gutes Beispiel ist hier die Universität der Nachbarschaften der HCU in Wilhelmsburg: Jeder weiß, dass die HCU 2013 draußen sein wird und dass das Gebäude dann zur Disposition steht. Gegebenenfalls hat sich die temporäre „Mission" erledigt oder man zieht eben weiter.

Zum Beratungsbedarf: Die Handelskammer und die Handwerkskammer machen viele Veranstaltungen dazu. Aber die Frage ist immer: Kommen die richtigen Partner? Und wie erreicht man sie?

tricts and bring production plants back into the city? Wilhelmsburg, for example, could be a location for the production of components for renewable energy. For that, we would like to see job-intensive companies. We think that manufacturing should be part of the urban mix, not only to guarantee a lively and vibrant environment but also to enable near full employment in the low-wage sector.

You can be sure of this: if such a company wanted to come to Wilhelmsburg, we would support it to our utmost ability. But companies, of course, have their own ideas. We need, in the first instance, sites that are sufficiently large, and also the noise and possibly odour emissions associated with such production must be approved for these sites. Even in Wilhelmsburg, such sites are available only to a very limited extent. In addition, from the residents' point of view, urban development concepts that may well be positive for manufacturing companies are often combined with restrictions that are hard to cope with. There are not only more sites available to the south of Hamburg, but there are also EU regional development funds available. It is therefore easier to use financial stimuli to attract businesses there than here in Hamburg.

MK: We have talked a great deal about migrants and their economies. But here in the urban renovation areas there is a German-born, often poorly educated, population, and also corner shops and small family businesses, that are experiencing hardship. I would like to elaborate on the need for advice in such places. Is this need actually sufficiently covered by the Chamber of Commerce? Here, too, we need customised options for support, for example when it concerns temporary use for small business or artistic purposes.

On the matter of the need for advice: the Chamber of Commerce and the Chamber of Crafts hold many consultation events. But the question is, as always: are the right partners coming? And how can they be reached?

First of all, on the matter of the need for advice: the Chamber of Commerce and the Chamber of Crafts hold many consultation events. But the question is, as always: are the right partners coming? And how can they be reached? I think that is our greatest challenge. I know how difficult participation processes are. This is one of the points that we have asked entrepreneurs to write down: what would be necessary for success?

As to temporary use: you can see from the discussions currently going on in the city, for example about the Gängeviertel district, that there is a desire for this in Hamburg. But some questions need to be sorted out beforehand. Who the buildings belong to, for example. Or whether the owner wants temporary use. And another important thing: what obligations will temporary users take on? Not everyone wants to co-operate in this regard. Then the question of urban development: what is to happen in this regard, will it be taken into consideration in the planning? Such matters are no longer in the hands of the ministries and departments responsible. After the structural reform, the districts are in principle in sole charge. We can only hope that a medium-term planning assurance will be provided for such temporary developments. It is, for example, definitely possible to make arrangements with SAGA GWG. The City has some influence there—and I know that such things do happen, to a considerable extent. But the owners' concern—whether these are city or private owners—is always: will everyone keep to the agreed rules?

MK: For example, whether the temporary use should end at a certain time—that's quite clear and obvious to me. A good example is the HCU Universität der Nachbarschaften (HCU Neighbourhood University) in Wilhelmsburg. We know that we'll be out in 2013 and the building will then be up for disposal. Its temporary "mission" may be completed, or it will just have to move on.

I believe that we have to create a corresponding tradition and culture of trust. This requires first steps to be taken and positive experiences.

MK: The culture of trust would be one thing; another would be real opportunities to move on. There must be possible offers and corresponding agencies to support the search and negotiate new interim use contracts.

If we were to develop your idea further, we would need new types of business start-up cen-

Ich glaube, wir müssen eine entsprechende Tradition und Vertrauenskultur aufbauen. Dazu braucht es erste Schritte und positive Erfahrungen.

MK: Die Vertrauenskultur wäre das eine, das andere sind reale Möglichkeiten weiterzuziehen. Es muss Angebote geben und entsprechende Vermittlungsstellen, die bei der Suche unterstützen und neue Zwischennutzungsverträge aushandeln helfen.

Wenn man Ihre Idee weiterentwickelt, bräuchten wir neue Arten von Gründerzentren: niedrigschwellige Gründerzentren. Dazu gehören unter anderem Agenturen, welche die Partner bei temporären Nutzungen zusammenbringen und begleiten.

GT: Aber wie oft wollen solche „Raumpioniere", die Künstler und Start-up-Unternehmer, umziehen? Das macht man einmal, vielleicht zweimal und dann etablieren sich die Strukturen und die Persönlichkeiten ja auch ...

... weil man es geschafft hat ...

GT: ... und dann will man vielleicht doch in Ottensen oder im Schanzenviertel bleiben. Fraglich ist nur, ob man das dann auch noch bezahlen kann.

Da sind wir dann beim wirklichen Leben angelangt. Ein Teil des wirklichen Lebens ist natürlich, dass nicht alle an jedem Ort leben und arbeiten können. Mit Wilhelmsburg haben wir in dieser Hinsicht eine glückliche Situation, weil das einer der wenigen Orte in Hamburg ist, wo wir innerhalb der Stadt noch Raum haben für eine Weiterentwicklung. In Ottensen ist der Raum einfach extrem knapp. Da kann man nur den vorhandenen Bestand noch teuer sanieren. In Wilhelmsburg haben wir die Möglichkeit, Ergänzungen vorzunehmen neben dem, was bereits dort ist, ohne Bestehendes zu verdrängen.

GT: Ja, das ist der Vorteil der Metrozonen.

MK: Ich würde gerne noch einen anderen Punkt ansprechen. Es wird ja in Bezug auf St. Pauli eine Art Erhaltungssatzung diskutiert, die Schutz vor Verdrängung, vor Mietpreiserhöhung und Ähnlichem bieten soll. Wurde in diesem Zusammenhang nicht auch diskutiert, wie man weitere Verdrängungsprozesse von kleingewerblichen Nutzungen oder kleinen Läden verhindern kann?

Mir fällt es schwer, so etwas pauschal zu beantworten. Man muss sich im Prinzip Straßenzug für Straßenzug anschauen. Manche Ensembles sind einfach nicht erhaltenswert, weil dort Zustände herrschen, die man wirklich niemandem wünscht. Deshalb würde ich davor warnen, ganz großflächig vorzugehen. Aber die Erfahrung lehrt natürlich, dass auch hier etwas getan werden muss. Und der Druck wird ja immer stärker.

MK: ... aber eben mit maßgeschneiderten Instrumenten ...

... eben weil nicht alles schützenswert ist, was vorhanden ist und eine an dieser Stelle notwendige Weiterentwicklung gebremst würde, wenn pauschal alles unter Bestandsschutz gestellt würde, wenngleich einzelne Gewerbebetriebe oder Läden auf Dauer einfach nicht überlebensfähig sind.

MK: Das bezieht sich aber wahrscheinlich auch auf alle Instrumente, die wir jetzt angesprochen haben. Nicht jede unternehmerische Initiative ist unterstützenswert und ist auch nicht nachhaltig, wenn wir von Arbeitsplatzbeschaffung oder von wirtschaftlicher Perspektive sprechen. Eine ganz andere Frage noch einmal mit Blick auf die Metrozonen: In unserem Gespräch haben wir diese bisher von den kleinen Ökonomien aus behandelt. Aber es geht in den Metrozonen auch um vermarktbare Grundstücke. Ein Beispiel: Der Autobahndeckel in Bahrenfeld gewinnt durch Infrastruktur beanspruchte Flächen zurück und es entsteht ein besonderes, neues Stück Stadt. Die Refinanzierung einer solchen Maßnahme ist zu diskutieren. Darüber hinaus gibt es aber eine ganze Reihe anderer Flächen, die heute noch als Abfallflächen städtischer Entwicklungen gesehen werden, die aber bei genauerer Betrachtung ein immenses Potenzial der Innenentwicklung unserer Städte sein können.

Wir bräuchten neue Arten von Gründerzentren: niedrigschwellige Gründerzentren.

We would need new types of business start-up centres: low-threshold business start-up centres.

tres: low-threshold business start-up centres. Among these would be agencies that can bring partners together for temporary uses and support them.

GT: But how often do these "space pioneers," the artists and start-up entrepreneurs, want to move? You can do that once, maybe twice, and then structures and personalities do become established ...

... because you've made it ...

GT:... and then perhaps you'll want to stay in Ottensen or in the Schanzenviertel district. The question remains as to whether you'll still be able to afford it.

Well, that's life, real life. And one of the things about real life is of course that not everybody can live and work in every place. In Wilhelmsburg the situation is in this respect a fortunate one, because this is one of the few places in Hamburg where we still have room for further development within the city. In Ottensen, space is simply extremely tight. There, it's possible to renovate existing buildings only at great expense. In Wilhelmsburg we have the option of supplementing what is already there, without displacing any of it.

GT: Yes, that is the advantage of metrozones.

MK: I would like to move on to another point. With regard to St Pauli, a kind of conservation statute is being discussed, which is intended to offer protection against displacement, rent increases, and so forth. Weren't ways of preventing the displacement of small business use and small shops also discussed as part of the process in Wilhelmsburg?

It's difficult for me to give a one-size-fits-all answer to this question. In principle, you need to look at it street by street. Some groups of buildings are simply not worth preserving because the conditions are such that you really wouldn't wish them on anyone. So I would warn against too general an approach. But of course experience teaches that something must be done here as well. And the pressure keeps on increasing.

MK: ... but if we use specifically designed instruments ...

... simply because not everything that exists is worth protecting and the further development necessary in a particular place would be halted if everything was put under the same conservation order, even though individual businesses or shops are simply not capable of surviving long term.

MK: That probably applies to all the instruments that we have now brought up for discussion. Not every entrepreneurial initiative is worth supporting, nor is it sustainable, if we are talking about job creation or from a commercial perspective. A totally different question, again, with regard to the metrozones. In our discussions we have talked about these from the point of view of small businesses. But in the metrozones there is also saleable land. One example: covering over the motorway in Bahrenfeld will regain sites previously taken up with infrastructure and a special new part of the city will be created. The refinancing of such a measure should be discussed. In addition, there is a whole series of other sites, seen today as the wasteland of urban development, but which looked at more closely could be an immense potential for the inner development of our cities.

Along the A7, for example, to the north of the River Elbe, there are many sites that could not be built on previously. After the motorway has been covered, the value of these sites will be quite different. Districts and indeed centres torn apart by the motorway can grow back together. There are many similar situations. The new concept in Wilhelmsburg Central really is the creation of something important. For one thing, in future there will be a significantly higher proportion of residential building. A true classic is the relocation of the Wilhelmsburger Reichsstrasse, which will create a completely new situation with a high potential. Noise will now go with noise, sparing the residents and creating new options for development.

Es gibt beispielsweise entlang der A7, nördlich der Elbe, viele Grundstücke, die bisher nicht bebaut werden konnten. Nach dem Bau des Deckels über die Autobahn erhalten sie auf einmal eine ganz andere Wertigkeit. Dort könnten Quartiere und auch Zentren wieder zusammenwachsen, die die Autobahn auseinandergerissen hatte. Solche Situationen gibt es viele. Mit dem neuen Konzept in der Wilhelmsburger Mitte entsteht etwas wirklich Wichtiges: Einer der Gründe ist der künftig wesentlich höhere Anteil an Wohnbebauung. Ein richtiger Klassiker ist die Verlagerung der Wilhelmsburger Reichsstraße, womit eine komplett neue Situation mit hohem Potenzial entsteht: Lärm kommt zu Lärm, um die Wohnbevölkerung zu verschonen und neue Entwicklungsmöglichkeiten zu schaffen.

MK: Auch müsste generell die Notwendigkeit der großen Abstandsflächen zu Verkehrstrassen, insbesondere zu Autobahnen, überdacht werden. Diese überdimensionierten Trennungsstreifen konterkarieren jede urbane Form der Stadtentwicklung. Das mehrfach von Nord nach Süd durchschnittene Wilhelmsburg ist dafür ein klassisches Beispiel. Man könnte heute bautechnisch betrachtet viel näher ran und den ganzen Abstandsstreifen besser nutzen.

Und das gilt natürlich auch für Bahnstrecken, besonders für die Güterbahnstrecken. Mit einer geeigneten lärmschützenden und auch optisch abschottenden Bebauung entlang der Trassen gewinnt man einen weitreichenden Schutz der bisherigen Bebauung und gleichzeitig neue Flächen. Am besten geschieht dies durch einen Mix von Gewerbebau längs der Emissionsquellen und dahinter liegender Wohnbebauung. Diese Restflächen und Übergangszonen in der Stadt bieten wirklich ein bedeutendes Entwicklungspotenzial. Mit Fantasie und Kreativität können hier neue Adressen geschaffen werden.

Anmerkung

1 Seit April 2010 gehört Aygül Özkan als Ministerin für Soziales, Frauen, Familie, Gesundheit und Integration der niedersächsischen Landesregierung an.

MK: We also need to generally rethink the big strips of space along major roads, in particular motorways. The huge spaces that separate off these roads will thwart any form of urban development. Wilhelmsburg, cut through several times from north to south, is a prime example. With today's building technology you could get much closer and make better use of these strips.

The same also applies to railway lines, especially to goods railway lines. With suitable noise protection and building along the tracks that will wall them off visually, you can gain extensive protection of existing buildings and new sites at the same time. This is best done with a mix of commercial building along the sources of emission and residential building behind the commercial. These left-over and transitional zones in the city really do offer considerable potential for development. With imagination and creativity, we can make new addresses here.

Note

1 Since April 2010, Aygül Özkan is a member of the government of the state of Lower Saxony as minister for social affairs, women, families, health and integration.

Blick über den Energieberg Georgswerder und den Hafen in die Innenstadt View over the Energy Hill Georgswerder and the harbour towards the city centre

JÖRN WALTER

Neue Urbanität in der inneren Peripherie

Ungewöhnliche Potenziale der Innenentwicklung in Hamburg

Die Elbinsel mit ihren Stadtteilen Veddel und Wilhelmsburg hat etwas Besonderes und Unwiederholbares: Die Lage des Stromspaltungsgebietes zwischen dem nördlichen und südlichen Arm der Elbe, die Nachbarschaft und Verzahnung mit Europas zweitgrößtem Hafen, der dem Wasser abgerungene Kulturlandschaftsraum der Marsch, die aus der seltenen Überlagerung von Süß- und Salzwasser hervorgegangene Flora und Fauna, das Manifest der sozialen Reformbewegung im Wohnungsbau auf der Veddel, die architektonischen Landmarken – von der Windmühle in Kirchdorf über den Wasserturm am Reiherstieg bis zu den Speichern an der Rethebrücke – und vieles anderes mehr.
Die Elbinsel hat aber zugleich auch etwas Verwechselbares und Unspezifisches: Die räumlich nicht begreifbare Patchworkstruktur aus urbanen und antiurbanen Bausteinen, Stadtteile mit Gesichtern, aber ohne Gesicht, die Prägung durch zerschneidende Verkehrstrassen und Infrastrukturen, die mit dem Ort eigentlich nichts zu tun haben, die vielen Brach- und Restflächen in Form von unbenutzen Rangiergleisen, wilden Parkplätzen und unwirtlichen Lagerplätzen – und nicht zuletzt eine vom Zufall gesteuerte Durchdringung von Stadt und Landschaft, die weder Rand noch Vernetzung erkennen lässt, sondern nur noch ein diffuses Dickicht ist.

Diskurse

Die „Zwiespältigkeit" von Orten wie der Elbinsel, die weder Stadt noch Land sind, hat ihnen lange Zeit in der städtebaulichen Diskussion wenig Beachtung, teilweise Ignoranz und in jedem Fall kritische Kommentare eingetragen.[1] Die Leitbilddiskussion um die „Europäische Stadt", die die Qualität der geschlossenen und kompakten Stadträume in den Vordergrund rückte – egal ob in der mittelalterlich-romantischen, der barock-geometrischen oder der gründerzeitlich-ordnungspolitischen Variante – konnte diesem Typus von Stadt nichts als Verachtung abgewinnen. Und die Kritik an den stadträumlich heterogenen und diffusen Strukturen war und ist ja auch nicht unbegründet. Die weitgehende Abwesenheit räumlich lesbarer und begreifbarer Strukturen stellt nach wie vor einen großen und übergeordneten Mangel dieser Gebiete dar. Dennoch führte es in der Debatte nicht weiter, ihnen ein nicht übertragbares Gegenbild vor den Spiegel zu halten, das mit den bestehenden Strukturen – und auch Qualitäten – nichts anzufangen weiß.
Dieses Dilemma hat seit einigen Jahren zu einer neuen Diskussion um einen zeitgenössischen Urbanitätsbegriff geführt. „Die Merkmale der europäischen Stadt wandeln sich, verschwinden oder sind doch nicht mehr an die Stadt als ihren besonderen Ort gebunden. Urbane Lebensweise, demokratische Selbstverwaltung und marktförmige Organisation der Ökonomie [...] sind heute ubiquitär geworden [...]."[2] Thomas Sieverts richtete mit der „Zwischenstadt" den Blick der Profession eindringlich auf die urbanen Realitäten zwischen den kompakt bebauten Kernstädten und der äußeren Peripherie.[3] Das hat ihm mancher verübelt, obwohl es im Kern eigentlich nur eine Situations- und Problemanalyse war, die ihre Sympathie für die kom-

Die „Sonnenseite" der Metrozone: Leuchtturm an der Bunthäuser Spitze im Südosten der Elbinsel Wilhelmsburg The "sunny side" of the metrozone: lighthouse on the Bunthäuser Spitze in the southeast of the Elbe Island of Wilhelmsburg

JÖRN WALTER

A New Urbanism in the Inner Periphery

The Extraordinary Potential of Inner City Development in Hamburg

pakte „Europäische Stadt" nicht verheimlichte, zutreffendermaßen aber konstatieren musste, dass die urbane Realität der Nachkriegszeit im Umland der Städte damit nichts mehr zu tun hatte. Seither ist man um die sachlichere Analyse der Charakteristika, Mängel und Qualitäten der „Nicht-Stadt" und „Doch-Stadt", von „Vorstadt" und „Suburbia", von der scheinbar eigenschaftslosen „Stadtlandschaft" bzw. der „verstädterten Landschaft" bemüht. Gegenstand der Untersuchungen sind die Siedlungsstrukturentwicklungen an und in der Peripherie der Kernstädte, die sich meist entlang bedeutender Verkehrstrassen entwickelt haben, von einem Nebeneinander eintöniger Einfamilienhaus- und großmaßstäblicher Gewerbegebiete gekennzeichnet und häufig von einer ausgeräumten und perforierten Agrarlandschaft umgeben sind.

Wiewohl die Elbinsel auch diese charakteristischen Merkmale zeigt, unterscheidet sie sich doch hinsichtlich ihrer Lage deutlich vom klassischen Typus eines Stadtrandstandortes. Im Falle Hamburgs liegt sie sogar fast in der geografischen Mitte von Stadt und Metropolregion. Das Wortspiel „Mitten am Rand"[4] trifft den Nagel hier wirklich auf den Kopf. Typische Merkmale der „Zwischenstadt" finden wir somit nicht nur an den Stadträndern, sondern inmitten unserer heute durchaus als Einheit wahrgenommenen Siedlungskulisse der Kernstädte selbst. In Hamburg ist es ein nahezu durchgehender und einige Kilometer breiter Ring, der sich um die kompakt bebaute Stadt legt, die bis zum Ende der 1920er Jahre entstanden war. In vielen anderen Städten, die infolge von Inflation und Wirtschaftskrise in der Zwischenkriegszeit nur wenig bauliche Aktivitäten generieren konnten, schließt sich dieser Gürtel meist an die Siedlungskulisse der auslaufenden Gründerzeit an. Er fand seine äußere Grenze an den Rändern der wieder geschlossen bebauten Ortskerne, Dörfer und kleineren Städte, die später eingemeindet wurden und es nunmehr seit langer Zeit sind; sie pochen zwar in der Regel bis heute auf ihre eigene Identität, sehen sich aber mittlerweile durchaus auch gern als selbstverständlicher Teil der Großstadt. Mit

The Elbe Islands, comprising the districts of Veddel and Wilhelmsburg, have something unique about them: their location at the point where the Elbe forks into its northern and the southern arms, their proximity and connection to Europe's second largest harbour, the man-made water landscape of the marsh, the flora and fauna deriving from the rare overlap of seawater and fresh water, the social reform movement manifesto in the Veddel housing construction, the architectural landmarks from the windmill in Kirchdorf to the Reiherstieg water tower through to the warehouses on the Rethebrücke—and much more.

The Elbe Islands also have something ambiguous and non-specific: the spatially incomprehensible patchwork structure comprising urban and anti-urban components, neighbourhoods with faces but no character, the prevalence of divisive traffic routes and infrastructural elements that in fact have nothing to do with the place itself, the many wasteland areas in the form of disused sidetracks, overgrown parking lots, inhospitable storage areas—and not least the arbitrary pervasion of city and landscape with no apparent boundary or links, constituting what is really no more than a diffuse tangle of undergrowth.

Discourse

For a long time the "ambivalence" of places like the Elbe Islands, which are neither urban nor rural, has earned them little consideration in urban planning discussions, and they have at times been subject to ignorance and certainly to criticism.[1] The general discussion surrounding the "European City," of which the focus was on closed, compact urban spaces—whether in the medieval/Romanesque, baroque/geometric, or nineteenth-century/regulatory sense—had nothing but disdain for this type of city. And the criticism levelled at the heterogeneous and diffuse urban structures was, and indeed remains, justified, to an extent. The overriding absence of spatially visible and comprehensible structures continues to represent a major deficit in these areas. The debate, however, achieved no more than holding up a non-transferable counter-image in front of the mirror, one that bears no relation to the existing structures or features.

For a while now this dilemma has led to a new discussion regarding contemporary urbanism terminology. "The features of the European city change, disappear, or are in fact no longer linked to the city any more than they are to their specific locations. Urban lifestyles, democratic self-government, and market-based economic organisation ... have become ubiquitous today ..."[2] With "Zwischenstadt" (urban sprawl) Thomas Sieverts doggedly focused the profession's attention on the urban realities between the compact, built-up urban centres, the outer periphery.[3] This has earned him some resentment, even though it was essentially no more than a situational problem analysis that made no secret of its support for the compact "European City" but appropriately, the latter concept did have to concede that it no longer bore any relation to post-war urban reality in city environs. Since then there has been a greater effort aimed at a factual analysis of the characteristics, deficits, and features of the "non-city" and the "still-city," of the "outskirts" and "suburbia," of the seemingly characterless "urban landscape" and/or the "urbanised landscape." The focus of these analyses is on the structural housing developments on and in the periphery of urban centres, most of which have developed along key transport routes; they are characterised by the co-existence of monotone single family homes and larger scale commercial areas, and are often surrounded by an empty, perforated agricultural landscape. Although the Elbe islands also exhibit these characteristic features, their positioning does clearly distinguish them from the classic type of urban periphery location. In Hamburg's case, they in fact lie almost at the geographical centre of the city and the metropolitan region. The play on words "mitten am Rand" (middle of the edge)[4] really does hit the nail on the head here. We thus find the typical "transurban" features not only on the urban peripheries, but in the midst of the central urban residential

Windmühle „Johanna" in Kirchdorf
Windmill "Johanna" in Kirchdorf

einer Verschiebung auf der Zeitachse und im räumlichen Maßstab finden sich also vergleichbare siedlungsstrukturelle Typologien innerhalb der heutigen Kernstädte wie in ihrem Umland und zwischen ihnen.

Aufgaben

Warum sich der Blick der Städte und der Internationalen Bauausstellung Hamburg auf diese Gebiete richtet, ist aber weniger stadttypologischen Diskussionen als vielmehr handfesten lokalen Aufgaben und Problemen geschuldet. Die Freie und Hansestadt Hamburg gehört hinsichtlich ihrer Bevölkerungs- und Arbeitsplatzentwicklung zu den immer noch moderat, aber stetig wachsenden Metropolen. Nimmt man das Beispiel der Bevölkerungsentwicklung, so wird die Zahl der Einwohner nach der aktuellsten Vorausschätzung zwischen 2009 und 2020 um rund 54.000 zunehmen, die Zahl der Privathaushalte um rund 42.000.[5] Unter Berücksichtigung des Ersatzbedarfs für abgängigen Wohnraum und dem Abbau von Realisierungsdefiziten aus den vergangenen Jahren ergibt sich daraus ein jährlicher Wohnungsneubaubedarf von 5000 bis 6000 Wohnungen pro Jahr. Analoge Bedarfe ergeben sich für Arbeitsplätze und Gewerbeflächen.[6] Da eine weitere Siedlungsentwicklung an den Rändern in immer empfindlichere Naturräume allein unter dem Gesichtspunkt der Nachhaltigkeit ausscheidet, ist die Stadt immer mehr darauf angewiesen, sich auf die Innenentwicklung zu konzentrieren. Dies ist einer der Gründe, warum sich der Blick auf die „Inneren Peripherien" richtet.
Ein anderer Grund ist, dass es gerade in diesen Gebieten auch um die Lösung relevanter Problemfelder der Großstädte und Metropolen geht. Sie tragen meist die unangenehmen Lasten eines funktionierenden Stadtsystems in Form von verkehrlichen und technischen Großinfrastrukturen, industriellen Nutzungen, Logistikzentralen und vieles anderes mehr. Die dadurch beeinträchtigten Wohnsituationen und Freizeitqualitäten haben fast überall zu einer Konzentration von sozial schwächeren Gruppen der Stadtgesellschaft geführt, gepaart mit einem in der Regel sehr hohen Bevölkerungsanteil mit Migrationshintergrund. Dies schlägt sich in besonderen Anforderungen und Belastungen an die Schul- und Ausbildungseinrichtungen nieder. Die Folge sind hohe Abbrecherquoten, ein insgesamt schlechtes Bildungsimage und eine selektive Abwanderung bildungs- und aufstiegsorientierter Schichten mit Kindern im schulpflichtigen Alter.[7] Vergegenwärtigt man sich, dass Orte wie Wilhelmsburg häufig zugleich die Stadtteile mit dem höchsten Anteil an Kindern und Jugendlichen sind, wird die fatale Wirkung solcher Negativkreisläufe offenkundig.
Handlungsstrategien für derartige Gebietstypologien in den Städten können aber nicht nur an den siedlungsstrukturellen und örtlichen Problemen ansetzen, sondern müssen die Veränderung der überörtlichen Rahmenbedingungen berücksichtigen, um neue und längerfristig tragfähige Strukturen zu befördern. Stichworte sind Globalisierung und internationale Stadtgesellschaften, Informationstechnologie und wissensbasierte Ökonomien, Klimawandel und regenerative Systeme, Ausdifferenzierung und Entgrenzung von Haushaltstypen und Arbeitsverhältnissen, Alterung und Singularisierung der Gesellschaft usw. Es geht vor diesem Hintergrund um innovative und zukunftsorientierte Strategien, die nicht einfach an den traditionsbasierten und kompensatorischen Mustern festhalten. Die – wenn man so will – nicht lange danach fragen, ob andere stadträumliche Voraussetzungen, als man sie in der inneren Peripherie heute vorfindet, besser oder schlechter für Lebensqualität und den notwendigen Wandel wären, sondern sich darauf konzentrieren, die Aufgaben der Zukunft pragmatisch aus den örtlichen Gegebenheiten heraus anzugehen, mit ihren Problemen, aber auch ihren Chancen und Potenzialen.[8] Es handelt sich dabei um komplexe Aufgaben und Handlungsbedarfe, deren Kommunikation in die Stadtgesellschaft weit mehr mit dem Problem der Reduktion und Vereinfachung als mit dem der thematischen Breite und analytischen Tiefe zu tun hat. Andererseits kann das kommunikative Problem nichts daran ändern, dass die Aufgabenstellung eben komplex ist und deshalb auch Letzteres

Wasserturm am Veringkanal im westlichen Wilhelmsburg
Watertower at the Veringkanal in western Wilhelmsburg

backdrops perceived today as a unity. In Hamburg, this is an almost continuous ring, several kilometres wide, around the compact built-up city, which came into being towards the end of the nineteen-twenties. In many other cities that were able to generate only very little construction activity, due to inflation and economic crisis in the interwar years, this ring usually connects with the late nineteenth-century housing backdrop. Its outer limits were again the boundaries of the compact, built-up centres, villages, and smaller towns that have long since merged; they may generally continue to insist on their own identity but do now also tend to see themselves as a self-evident part of the larger city. With a timeline shift and on a spatial dimension there are therefore comparable housing structure typologies to be found within today's urban centres as well as between them and in their environs.

Tasks

The fact that cities and the Internationale Bauausstellung (IBA; International Building Exhibition) Hamburg are focusing attention on these areas is due less to discussions on urban typology, however, and far more to concrete local tasks and problems. In terms of its population and job developments, the Free Hanseatic City of Hamburg is still growing on a continuous, albeit moderate, basis. If we take population growth, for example, according to the latest estimates the number of residents will increase by around 54,000 between 2009 and 2020, and the number of private homes by around 42,000.[5] Taking into consideration the replacement demand for housing space and the reduction of implementation deficits in recent years, this means an annual new housing requirement of between 5,000 and 6,000 housing units per year. There are similar requirements with regard to jobs and commercial space.[6] Since further housing development on the peripheries, in ever more sensitive natural environments, is out of the question solely from the point of view of sustainability, the city is increasingly being forced to concentrate on inner city develop-

verlangt. In diesem Spannungsfeld hat sich die IBA Hamburg unter dem Titel „Projekte für die Zukunft der Metropole" mit den Leitthemen „Kosmopolis", „Metrozonen" und „Stadt im Klimawandel" strukturiert.

Strategien

Damit wird einerseits die zentrale Bedeutung dieses urbanen Phänotyps für die Entwicklung der Metropolen und zur notwendigen Erneuerung des Stadtversprechens in den Mittelpunkt der Aufmerksamkeit gerückt und andererseits deutlich gemacht, dass der Schlüssel für eine Veränderung nicht vorrangig an städtebaulich-ästhetischen Fragen, sondern den harten sozialen, ökonomischen, ökologischen und infrastrukturellen Problemen ansetzen muss. Anders als in den historischen Stadtzentren und den von den Negativeffekten dichter Agglomeration weitgehend verschont gebliebenen bürgerlichen Stadtquartieren erwartet die Bevölkerung in der inneren Peripherie zunächst einmal eine spürbare Verbesserung ihrer materiellen Lebensbedingungen, bevor sie sich weniger existenziellen Fragen zuwendet. Und es gibt ein fein ausgebildetes Gespür gegen Projekte, die das nicht auf den ersten Blick erkennbar werden lassen – auch wenn das im Einzelfall einmal unbegründet sein mag. Deshalb ist Bodenhaftung solcher Art auch Ausgangspunkt aller Projekte der IBA Hamburg.

Ob das unter dem Leitthema der Herausforderungen und Chancen einer internationalen Stadtgesellschaft („Kosmopolis") die Bildungsoffensive Elbinseln mit dem „Bildungszentrum Tor zur Welt", dem „Haus der Projekte", dem „Sprach- und Bewegungszentrum", dem „Medienzentrum Kirchdorf" usw., die Entwicklung gut nachbarschaftlichen Wohnens unterschiedlicher Kulturen mit den Projekten „Weltquartier", „Neue Hamburger Terrassen" und „Veringeck – Interkulturelles Wohnen für pflegebedürftige Senioren" oder die Schaffung neuer Arbeitsperspektiven mit den Projekten „Welt-Gewerbehof", „Veringhöfe Nord: [KünstlerCommunity]" und „Kunst macht Arbeit" sind. Ob das unter dem Leitthema der „Stadt im Klimawandel" die nutzbringende Umdeutung der Hinterlassenschaften der Industrie- und Wohlstandsgesellschaft mit den Projekten „Energieberg Georgswerder", „Energiebunker", „Tideelbekonzept – Pilotprojekt Kreetsand" usw., der Einsatz regenerativer Energiequellen mit den Projekten „Tiefengeothermie Wilhelmsburg" und „Prima Klima-Anlage" oder die Umsetzung energetisch vorbildlicher Bauten mit den Projekten „IBA DOCK", „Open House" und „Klimahäuser Haulander Weg" sowie dem „Energieverbund Wilhelmsburg Mitte" sind. Oder ob das unter dem Leitthema der Verbesserung der Lebensqualität in der inneren Peripherie („Metrozonen") die Entwicklung der Freizeit- und Landschaftsqualitäten mit der „internationalen gartenschau 2013" (igs2013), dem „Park auf der Schloßinsel" in Harburg, der „Öffnung des Spreehafens" und der „Schiffbarmachung der Rathauswettern",

Ehemaliges Rathaus in der Wilhelmsburger Mitte
Former City Hall in central Wilhelmsburg

ment. This is one of the reasons for the focus being directed at the "inner peripheries." A further reason is that it is in precisely these regions that there is also a need to solve problem areas relevant to large cities and metropolitan regions. They usually bear the unpleasant burden of a functioning urban system in the form of major transport and technical infrastructural elements, industrial utilisation, logistics hubs, and much more. The subsequent compromising of living environments and leisure facilities has led, in almost all cases, to a concentration of urban society's socially disadvantaged groups, generally accompanied by a very high proportion of residents with a migration background. This results in the schooling and educational facilities facing particular demands and burdens. The consequences are high drop-out rates, in general a negative educational profile, and the selective exodus of education- and advancement-oriented groups with school-age children.[7] If we bear in mind that places like Wilhelmsburg are also often the neighbourhoods with the highest proportion of children and teenagers, then the fatal effects of such negative cycles are obvious.
Courses of action for such urban area typologies cannot be directed at the housing structure and local problems only, however; they also need to take into consideration changes in regional parameters, in order to be able to produce new structures that are sustainable on a long-term basis. The key words include globalisation and international urban societies, information technology and knowledge-based economies, climate change and regenerative systems, the differentiation and delimitation of household types and working relationships, the ageing and singularising of society, etc. Given this background, the requirement is for innovative and future-oriented strategies that do not simply adhere to traditional, compensatory models. Strategies—if you like—that do not spend time looking at whether urban spatial prerequisites other than those found in the inner peripheries of today would be better or worse for the standard of living and the necessary transformation, but which take a pragmatic approach to the tasks of the future based on the local circumstances, with their problems as well as their opportunities and potential.[8] These are complex tasks and strategies, the communication of which within urban society has far more to do with the problem of reductionism and simplification than with the range of subject matter and depth of analysis. On the other hand, the communication problem is unable to change the fact that the terms of reference are themselves complex and thus also necessitate the latter. The IBA Hamburg has positioned itself within this area of conflict under the title "Projekte für die Zukunft der Metropole" (Projects for the Future of the Metropolitan Region) with the key themes "Cosmopolis," "Metrozones," and "Cities and Climate Change."

Strategies

On one side, this focuses attention on the key significance of this urban phenotype for the development of metropolitan areas and the necessary renewal of the urban promise, while on the other, making it clear that the key to change is not the prioritisation of issues in urban planning aesthetics, but of concrete social, economic, ecological, and infrastructural problems. Unlike in the historic city centres and the urban middle-class neighbourhoods that have largely been spared the negative effects of compact agglomeration, the residents of the inner peripheries initially expect a tangible improvement in their material living conditions before addressing the less essential issues. And there is sharp resistance to projects that do not make this apparent from the outset—even though this may be unfounded in certain cases. This sort of down-to-earth approach therefore forms the starting point for all of the IBA Hamburg projects.
The challenges and opportunities in an international urban society are dealt with under the key theme of "Cosmopolis": the "Bildungsoffensive Elbinseln" with the "Bildungszentrum Tor zur Welt," the "Haus der Projekte," the "Sprach- und Bewegungszentrum," the "Medienzentrum Kirchdorf," etc., the promotion of good neigh-

Zum Abriss vorgesehenes ehemaliges Lagergebäude mit Gleisanschluss in der Industriestraße 101, das dank Fatih Akins Film *Soul Kitchen* unverhofft zu späten Ehren kam Destined to be torn down, the former storage building with railway access at Industriestrasse 101 that unexpectedly rose to late fame thanks to Fatih Akin's film *Soul Kitchen*

die Neugestaltung einer brachliegenden Mitte mit den Projekten „Neubau der Behörde für Stadtentwicklung und Umwelt", „Smart Material, Smart Price, Hybrid und Water Houses" sowie „igs-Hallenkomplex" oder die Lösung typischer Konflikte durch sich gegenseitig störende Nutzungen mit den Projekten „Verlegung Wilhelmsburger Reichsstraße", „Wohnen auf der Harburger Schloßinsel" und „Maritimes Wohnen am Kaufhauskanal" betrifft.

Ziele

Der Umbauprozess der inneren Peripherie verlangt aber nicht nur inhaltliche, sondern auch räumlich-gestalterische Bodenhaftung. Es geht um eine langfristige Aufgabe, die auch im Falle der Elbinsel durch die IBA Hamburg und die igs 2013 zwar mit einem kräftigen Innovations- und Investitionsschub angestoßen, nicht aber abgeschlossen werden kann. Im besten Fall ist zu erhoffen, dass er für die Zeit danach eine selbsttragende Eigendynamik auslöst. Das führt wie bei den sozialen, ökonomischen und ökologischen Themen auch hinsichtlich des räumlich-physischen Systems zur Frage der langfristigen Qualitätsziele, die mit dem Umbau verfolgt werden sollen. Diese können nur aus den unmittelbaren Gegebenheiten des Ortes heraus definiert werden, denn die konkreten städte-

bourhood relations among different cultures with the "Weltquartier," the "Neue Hamburger Terrassen," and "Veringeck–Interkulturelles Wohnen für pflegebedürftige Senioren" projects, or the creation of new job prospects with the "Welt-Gewerbehof," "Veringhöfe Nord: [KünstlerCommunity]," and "Kunst macht Arbeit" projects. The beneficial reinterpretation of the legacies of industrial and affluent society are addressed under the key theme of "Cities and Climate Change," with projects such as "Energieberg Georgswerder," "Energiebunker," the "Tideelbekonzept," "Pilotprojekt Kreetsand," and so on; and the use of regenerative energy sources with "Tiefengeothermie Wilhelmsburg" and "Prima Klima-Anlage," or the construction of energy role model buildings with the "IBA DOCK," "Open House," and the "Klimahäuser Haulander Weg" projects, as well as the "Energieverbund Wilhelmsburg Mitte." The key theme of improving the quality of life in the inner peripheries (Metrozones) is exemplified by the development of leisure and landscape features through the International Garden Show 2013 (igs 2013), "Park auf der Schloβinsel" in Harburg, the "Öffnung des Spreehafens," and the "Schiffbarmachung der Rathauswettern"; the redesign of a wasteland centre with "Neubau der Behörde für Stadtentwicklung und Umwelt"; and the "Smart Material," "Smart Price"; "Hybrid," and "Water Houses" projects; as well as the "igs-Hallenkomplex," or the solving of characteristic conflicts caused by mutually disruptive utilisations with the "Verlegung Wilhelmsburger Reichsstraβe," "Wohnen auf der Harburger Schloβinsel," and "Maritimes Wohnen am Kaufhauskanal" projects.

Goals

However, the process of transforming the inner periphery requires a down-to-earth approach in terms of spatial design and not just in terms of content. This is a long-term task that, in the case of the Elbe islands, has been given a major innovation and investment boost through the IBA Hamburg and the igs 2013—but it cannot rest there. Ideally, it will develop a self-supporting dynamic of its own thereafter. As with social, economic, and ecological issues, this also leads to the question of the long-term goals to be pursued by the transformation in terms of the spatial and physical system. These can only be defined from within the immediate local circumstances because the problems and opportunities associated with concrete urban design aesthetics vary between the different inner peripheries even more than those between the historic city centres of different cities—despite any similarities they might have. This is about designing images of the urban planning future, the interface where the inner peripheries actually develop into metrozones in the context of a new urbanism. A number of the key spatial design goals for the Elbe islands are addressed below.

Island and Water

One particular incongruity is living on an island but unable to get to the water. In the case of the Elbe islands, this is due to the free port's duty-free status and its physical delimitation by means of a fence, while Harburg's Schloβinsel is incorporated within the harbour itself. In the interior of the marsh area, however, that owes its agricultural and industrial utilisation and development to a complicated drainage system comprising earlier arms of the Elbe, ditches, and canals, this potential has in the past been seen more as a problem than an opportunity. It is not only in Hamburg that social attitudes regarding the attractiveness of stretches of water for almost all forms of use have undergone a fundamental change over the last two decades. There can therefore be no doubt that the Elbe Islands' future prospects are very closely linked to the development and accessibility of its water locations.[9] This means identifying and highlighting the special features deriving from the Elbe islands' dyke enclosure, the orthogonal structures of the largely anthropogenic watercourses, and the star-shaped formation of the Renaissance fortress, in the case of Harburg's Schloβinsel. These needs are served by the projects involving the opening of the Spreehafen, the development of the Reiherstiegknie,

baulich-ästhetischen Probleme und Chancen zwischen den verschiedenen inneren Peripherien unterscheiden sich noch mehr, als jene zwischen den historischen Stadtkernen verschiedener Städte – trotz mancher Gemeinsamkeiten. Hier geht es um das Entwerfen städtebaulicher Zukunftsbilder, die Schnittstelle, an der aus inneren Peripherien tatsächlich Metrozonen mit neuer Urbanität werden. In der Folge seien einige der maßgeblichen räumlich-gestalterischen Qualitätsziele für die Elbinsel angesprochen.

Insel und Wasser

Es gehört zu den besonderen Unbegreiflichkeiten, auf einer Insel zu leben und nicht ans Wasser zu kommen. Geschuldet ist das im Falle der Elbinsel dem zollfreien Status des Freihafens mit seiner physischen Abgrenzung durch einen Zaun, im Falle der Schloßinsel Harburg der Einbeziehung in den Hafen selbst. Aber auch im Inneren des Marschgebietes, das seine agrarische und industrielle Nutzbarkeit und Entwicklung einem komplizierten Entwässerungssystem aus alten Elbarmen, Wettern und Kanälen verdankt, sind diese Potenziale in der Vergangenheit mehr als Problem denn als Chance gesehen worden. Die Einstellung der Gesellschaft zur Attraktivität der Gewässerlagen für fast alle Nutzungsarten hat sich in den letzten beiden Jahrzehnten nicht nur in Hamburg grundlegend gewandelt. Es kann deswegen kein Zweifel bestehen, dass die Zukunftschancen der Elbinsel ganz entscheidend mit der Erschließung und Zugänglichkeit seiner Gewässerlagen verbunden sind.[9] Dabei gilt es gerade die Besonderheiten durch die Deicheinfassung der Elbinsel, die orthogonalen Strukturen der überwiegend anthropogenen Gewässerläufe und die sternförmige Formation der Renaissancebefestigung im Falle der Schloßinsel Harburg herauszuarbeiten und zu verstärken. Dem dienen die Projekte zur Öffnung des Spreehafens, zur Erschließung des Reiherstiegknies, zur Verlängerung des Assmannkanals bis zum Rat- und Bürgerhaus sowie des Kanukanals durch das igs-Gelände zum Kükenbrack, die bauliche Entwicklung beidseits des Veringkanals und die Reintegration der Schloßinsel ins Stadtgebiet von Harburg.

Stadt und Landschaft

Es kann kein Zweifel daran bestehen, dass für die inneren und äußeren Peripherien ein zentrales Handlungsfeld für ein lesbares und identitätsstiftendes Bild, für die integrierte städtebauliche und landschaftliche Gestaltung, eine enge Verschmelzung der Disziplinen ist.[10] Das ist auch naheliegend, weil die siedlungsstrukturellen Realitäten eng mit der Mechanisierung der Landwirtschaft und den städtebaulichen Idealen von der Gartenstadtbewegung über „Broadacre City" bis zu den organischen Stadtlandschaften der Nachkriegszeit in Verbindung stehen.[11] So spielt auch in Wilhelmsburg die Ausgestaltung der Ränder zwischen den Siedlungsfragmenten und den unterschiedlichen Typologien von Landschafts- und Freiflächen, die Herstellung und Erschließung des sich vielfach abschottenden und undifferenzierten Grüns durch präzise gestalterische Eingriffe und die Vernetzung zwischen den Siedlungsteilen über die Grün- und Freiräume eine entscheidende Rolle. Die Landschaft muss in einem gewissen Sinn die übergeordneten und großen städtebaulichen Strukturen formulieren, die mit baulichen Mitteln allenfalls innerhalb der einzelnen Siedlungssegmente hergestellt werden können. Ganz in diesem Sinne ist das Konzept für die neue Wilhelmsburger Mitte mit dem igs-Park zu lesen, bei der das städtebauliche Gesamtbild durch Grünelemente, Gewässer und Passagen geformt wird, während die Gebäude eher die Funktion einer Begleitung und Steigerung des Landschaftserlebnisses durch Blickfänge übernehmen. Passagen schaffen räumliche Tiefe, geben Orientierung und vernetzen die angrenzenden Quartiere mit der Landschaft und untereinander – auch über manch zerschneidendes Hindernis hinweg.

Städtebau und Architektur

Die in der europäischen Stadt dem Städtebau zugewiesene Rolle der Raumbildung muss in der inneren Peripherie zwar vielfach die Landschaftsarchitektur übernehmen, aber nicht überall und immer. Insoweit geht auch die theoretisch häufig sehr kontrovers geführte Debatte zwischen den Modellen der kompakten Stadt

Deich und Zollzaun als unüberwindliche Barriere zwischen Wohnbebauung und Spreehafen Dike and customs fence form an unconquerable barrier between residential buildings and the Spree harbour.

the extension of the Assmannkanal through to the city and town halls, as well as the canoe canal through the igs grounds to Kükenbrack, the construction on both sides of the Veringkanal, and the reintegration of the Schloβinsel into the town of Harburg.

City and Landscape

There is no doubt that a central sphere of activity for a visible image of identity, for the integrated urban planning and landscape design of the inner and outer peripheries, involves a close merger of disciplines.[10] That this is self-evident is due to the realities of housing structure being closely linked to agricultural mechanisation and urban planning ideals, from the garden city movement to "Broadacre City," through to the organic urban landscape of the post-war era.[11] The arrangement of the peripheries between the housing fragments and the different landscape and open area typologies, the creation and development of the frequently partitioned and indifferent greenery through specific design interventions, and the linking of the housing areas via the green and open areas has played a key role in Wilhelmsburg, too. In a certain sense, the landscape has to formulate the larger, superior urban development structures that can be produced by means of construction, at best within the individual housing segments. The new concept for the centre of Wilhelmsburg, with the igs Park, is to be seen in this light, with the overall urban planning image being formed by green elements, water, and corridors, while the function adopted by the buildings is more one of accompanying and amplifying the landscape experience through eye-catching features. Corridors create spatial depth, provide orientation, and link the adjoining neighbourhoods with the landscape and with one another—sometimes also traversing a divisive obstacle in the process.

Urban Design and Architecture

The spatial design role assigned to urban design in the "European City" does in many instances have to incorporate landscape architecture in the inner periphery, but not everywhere and not all the time. In this respect the often very controversial theoretical debate about compact city and networked city models misses the point somewhat when it comes to the practical tasks at hand.[12] For, even though the housing typologies have often remained fragmentary, standing incompatible next to one another, this does not alter the fact that there is also considerable need for urban planning action within what are sometimes very large segments. If we take the example of Wilhelmsburg, the construction of the Reiherstieg district was based on an ambitious plan of compact urban expansion, of which, due to the caesuras of the two world wars, only one section in the north and a solitary town hall—now situated in a motorway interchange—were implemented. Still adhered to in the nineteen-thirties, albeit less compactly, it was only with post-war buildings that this plan's construction began to

und der Netzstadt an den praktischen Aufgaben etwas vorbei.[12] Denn auch wenn die Siedlungstypologien oft fragmentarisch geblieben sind und unvereinbar nebeneinander stehen, so ändert das nichts daran, dass es auch innerhalb der zum Teil sehr großflächigen Segmente erhebliche städtebauliche Handlungsbedarfe gibt. Nehmen wir das Beispiel Wilhelmsburg, so folgte die Bebauung im Reiherstiegviertel einem groß angelegten Plan einer kompakten Stadterweiterung, von dem aufgrund der Zäsuren der Weltkriege aber nur ein Abschnitt im Norden und ein einsames - heute im Autobahnohr gelegenes - Rathaus realisiert wurden. Noch die 1930er Jahre haben sich daran - wenn auch mit geringeren Dichten - orientiert und erst die Nachkriegsbauten haben langsam begonnen, sich von der Bebauung der Straßenränder zu lösen. Aus heutiger Sicht besteht kein Grund, wieder an den räumlich geschlosseneren Strukturen anzuknüpfen, wie das bei der Sanierung und Ergänzungsbebauung im Weltquartier auch geschieht. Dies kann andererseits wieder nicht auf die Einfamilienhausstrukturen in Kirchdorf-Nord oder die Großwohnsiedlungstypologien in Kirchdorf-Süd übertragen werden. Neben städtebaulichen Fragen sollte auch die Rolle der Architektur nicht unterschätzt werden. Gerade die inneren Peripherien zeichnen sich meist durch eine besondere Abwesenheit architektonischer Ansprüche aus und genau aus diesem Grund finden qualitativ-ästhetische Forderungen auch wenig Resonanz in Gesellschaft und Politik. Dabei könnten einem die deutschen Beiträge „Deutschlandschaft" (2004) und „Convertible City" (2006) zur Architekturbiennale in Venedig sowie „Stadt für alle" (2009) zur Architekturbiennale in São Paulo durchaus Mut machen. Fernab von Sensationsarchitektur geschieht Erstaunliches, dem auch die IBA Hamburg nachzugehen versucht: eine sozial, ökologisch und ökonomisch brauchbare, aber dennoch originelle, innovative und schöne Architektur - ein unverzichtbarer Beitrag zur tatsächlichen und mentalen Inwertsetzung der inneren Peripherie.

Anmerkungen

1 Dieter Hoffmann-Axthelm: *Die dritte Stadt*. Frankfurt am Main 1993, S. 17.

2 Walter Siebel: *Die europäische Stadt*. Frankfurt am Main 2004, S. 40.

3 Thomas Sieverts: *Zwischenstadt*. Braunschweig/Wiesbaden 1997.

4 Lars Bölling / Thomas Sieverts (Hg.): *Mitten am Rand. Auf dem Weg von der Vorstadt über die Zwischenstadt zur regionalen Stadtlandschaft*. Wuppertal 2004.

5 Bevölkerungsentwicklung in Hamburg: *Senatsdrucksache 2009/02374*. Hamburg 2009.

6 Behörde für Stadtentwicklung und Umwelt: *Räumliches Leitbild - Entwurf*. Hamburg 2007, S. 25f.

7 Theda von Kalben: „Das Bildungszentrum ‚Tor zur Welt'". In: Internationale Bauausstellung IBA Hamburg GmbH (Hg.): *Metropole: Bilden*. Berlin 2009, S. 138.

8 Uli Hellweg: „Entwürfe für die Zukunft der Metropole". In: Internationale Bauausstellung IBA Hamburg GmbH (Hg.): *Metropole: Reflexionen*. Berlin 2007, S. 34ff; Behörde für Stadtentwicklung und Umwelt (Hg.): *Memorandum für eine Internationale Bauausstellung - IBA Hamburg 2013*. Hamburg 2005, S. 19f.

9 Internationale Bauausstellung Hamburg (Hg.), STUDIO URBANE LANDSCHAFTEN: *Wasseratlas - WasserLand-Topologien für die Hamburger Elbinsel*. Berlin 2008.

10 Oliver Bormann / Michael Koch / Astrid Schmeing / Martin Schröder / Alex Wall: *Zwischen Stadt Entwerfen*. Wuppertal 2005, S. 136f.

11 Rolf Peter Sieferle: „Die totale Landschaft". In: Franz Oswald / Nicola Schüller (Hg.): *Neue Urbanität*. Zürich 2003, S. 59ff; Sören Schöbel-Rutschmann: „Landschaftsurbanismus". In: Sophie Wolfrum / Winfried Nerdinger (Hg.): *Multiple City*. Berlin 2008, S. 14ff.

12 Johann Jessen: „Stadtmodelle im europäischen Städtebau - Kompakte Stadt und Netz-Stadt". In: Heidede Becker / Johann Jessen / Robert Sander (Hg.): *Ohne Leitbild*. Stuttgart und Zürich 1998, S. 497ff.

Naturschutzgebiet Heuckenlock (nahe der Bunthäuser Spitze), einer der letzten Tideauenwälder Europas und ein Süßwasserwatt The Heuckenlock nature reserve (close to the Bunthäuser Spitze), one of the last tidal floodplain forests in Europe and an area of freshwater mud flats

move away from the road edges. From today's perspective, there is no reason to rely again on more spatially compact structures, as is in fact the case with the renovation and extension of the Weltquartier. The same cannot be said, however, of the single family home structures in the north of Kirchdorf or the large housing estate typologies in the south of Kirchdorf. The role of architecture, in addition to urban planning issues, should not be underestimated. It is precisely the inner peripheries that are usually characterised by a particular lack of architectural pretension and this is the very reason qualitative and aesthetic demands meet with a limited response at a social and political level. Such German contributions to the Architecture Biennale in Venice, "Deutschlandschaft" (Germanscape) (2004), and "Convertible City" (2006), as well as the "Stadt für alle" (City for All) (2009) contribution to the Architecture Biennale in São Paulo could indeed provide a boost in this regard. Astounding things can happen when we move away from the architecture of sensation, which is also something that the IBA Hamburg is attempting to pursue: socially, ecologically, and economically viable architecture that is nevertheless original, innovative, and attractive—an indispensable contribution to the actual and perceived enhancement of the inner periphery.

Notes

1 Dieter Hoffmann-Axthelm: *Die dritte Stadt*. Frankfurt am Main 1993, p. 17.

2 Walter Siebel: *Die europäische Stadt*. Frankfurt am Main 2004, p. 40.

3 Thomas Sieverts: *Zwischenstadt*. Braunschweig/Wiesbaden 1997.

4 Lars Bölling / Thomas Sieverts (eds.): *Mitten am Rand. Auf dem Weg von der Vorstadt über die Zwischenstadt zur regionalen Stadtlandschaft*. Wuppertal 2004.

5 Bevölkerungsentwicklung in Hamburg. *Senatsdrucksache 2009/02374*. Hamburg 2009.

6 Behörde für Stadtentwicklung und Umwelt: *Räumliches Leitbild—Entwurf*. Hamburg 2007, pp. 25f.

7 Theda von Kalben: "The Gateway to the World Educational Centre." In: Internationale Bauausstellung IBA Hamburg GmbH (ed.): *Metropolis: Education*. Berlin 2009, p. 139.

8 Uli Hellweg: "Concepts for the Future of the Metropolis." In: Internationale Bauausstellung IBA Hamburg GmbH (ed.): *Metropolis: Reflections*. Berlin 2007, pp. 35ff; Behörde für Stadtentwicklung und Umwelt: *Memorandum für eine Internationale Bauausstellung—IBA Hamburg 2013*. Hamburg 2005, pp. 19f.

9 Internationale Bauausstellung Hamburg (ed.) / STUDIO URBANE LANDSCHAFTEN: *Wasseratlas—WasserLand-Topo-logien für die Hamburger Elbinsel*. Berlin 2008.

10 Oliver Bormann / Michael Koch / Astrid Schmeing / Martin Schröder / Alex Wall: *Zwischen Stadt Entwerfen*. Wuppertal 2005, pp. 136f.

11 Rolf Peter Sieferle: "Die totale Landschaft." In: Franz Oswald / Nicola Schüller (eds.): *Neue Urbanität*. Zurich 2003, pp. 59ff; Sören Schöbel-Rutschmann: "Landschaftsurbanismus." In: Sophie Wolfrum / Winfried Nerdinger (eds.): *Multiple City*. Berlin 2008, pp. 14ff.

12 Johann Jessen: "Stadtmodelle im europäischen Städtebau—Kompakte Stadt und Netz-Stadt." In: Heidede Becker / Johann Jessen / Robert Sander (eds.): *Ohne Leitbild*. Stuttgart, Zurich 1998, pp. 497ff.

ROLO FÜTTERER

Das Vokabular der Stadt

Metrozonen – am Beispiel der Wilhelmsburger Mitte

Alles, was wir lieben, erkennen und begreifen, bekommt einen Namen. Unser alltägliches Vokabular macht uns deutlich, inwieweit Begriffe in unserem Leben eine Rolle spielen. Mit dem Begriff „Metrozonen" wird ein neuer Terminus eingeführt, den es erst einmal zu verstehen gilt. Die Aufmerksamkeit der Planenden ist diesen Zonen schon seit geraumer Zeit gewiss, sie werden begriffen. In Christopher Alexanders Buch *Pattern language* (1977) kommt der Begriff „Site repair" der Sache schon recht nahe. Wir müssen uns allerdings klar machen, dass seit dem von Thomas Sieverts vorzüglich gewählten Begriff der „Zwischenstadt" (1997) nicht viel dazugekommen ist, geschweige denn unsere baurechtlichen Planungsinstrumente neue Facetten bekommen hätten. Unsere besondere Aufmerksamkeit galt eben schon immer der guten alten europäischen Stadt, als Abziehbild glorreicher Epochen. Die Vernachlässigung der Randzonen geht einher mit einem konzentrischen Denken von Stadt: manchmal beinahe unerträglicher Denkmalschutz im Kernbereich und Laisser-faire in der Peripherie.

Ein einzigartiges Nebeneinander als Potenzial für die Innenentwicklung

In Wilhelmsburg begegnet uns nun erstmals der Begriff der Metrozonen. Es ist hier eine Benennung der schmerzhaften Stellen, an denen Funktionen und Stadträume, die nicht so richtig zusammen gehen, räumlich unmittelbar miteinander verknüpft sind. Aber Metrozonen sind in diesem Fall nicht nur räumlich-planerisch neu erfasste und bisher nicht kategorisierte Stadträume, sondern auch kulturelle Räume, die bemenscht sind. Die sozialen Koordinaten der Metrozonen sind nicht erfasst im Standardbuch der Stadtplanung. Schauen wir an dieser Stelle nach Wilhelmsburg, so erleben wir hier ein einzigartiges Nebeneinander verschiedenster Kulturen und Bevölkerungsgruppen. Eine Mischung ist nicht wirklich zu erkennen, dazu sind die planerischen Versatzstücke aus mehreren Jahrzehnten zu prägnant und zudem räumlich getrennt. Spannend ist hier, inwieweit neue Formen in der Akzeptanz von Raum und Stadtraum generiert werden, die nicht mehr unserer Tradition entsprechen.
Voraussetzungen gibt es ja genug. Ohne die Attribute der europäischen Stadt besteht eine gewisse Skrupellosigkeit im Umgang mit Raum und Ästhetik. Ohne Leitbild kann sich die Stadtgesellschaft hier neu einschreiben. Eine Debatte über Ästhetik ist auch hier längst überfällig. Gefährlich wird es, wenn man mit dem Repertoire der klassischen Leitbild- und Ästhetik-Kataloge eine Zwangsverschönerung durchführt, die dem Ort jegliche Souveränität stadtplanerisch wegschminkt. Die Urbanität der alten kompakten Stadt hat sich in Europa zusehends aufgelöst und ist jetzt der Fußabdruck einer mobilen Gesellschaft. Die Fortbewegung und Warendistribution der globalisierten Stadt ist immens gestiegen und fordert ihre Flächen – und ihren Tribut in der Umweltbilanz. Zurückdrehen kann man diese Entwicklung wohl kaum. Seit der Charta von Athen (1933) hat sich die Weltbevölkerung verdoppelt, globale Waren- und Stoffströme haben eine ungeahn-

„Grüne Trasse": Übergeordneter Grünzug vom Spreehafen bis zur Süderelbe (Entwurfsverfasser aller Zeichnungen dieses Beitrags: agence ter, Henri Bava, und Jo Coenen & Co Architects, Rolo Fütterer)
"Green swathe": primary green belt from the Spreehafen to the southern arm of the Elbe (all drawings for this article are by: agence ter, Henri Bava, and Jo Coenen & Co Architects, Rolo Fütterer)

ROLO FÜTTERER

City Vocabulary

Metrozones—Central Wilhelmsburg as an Example

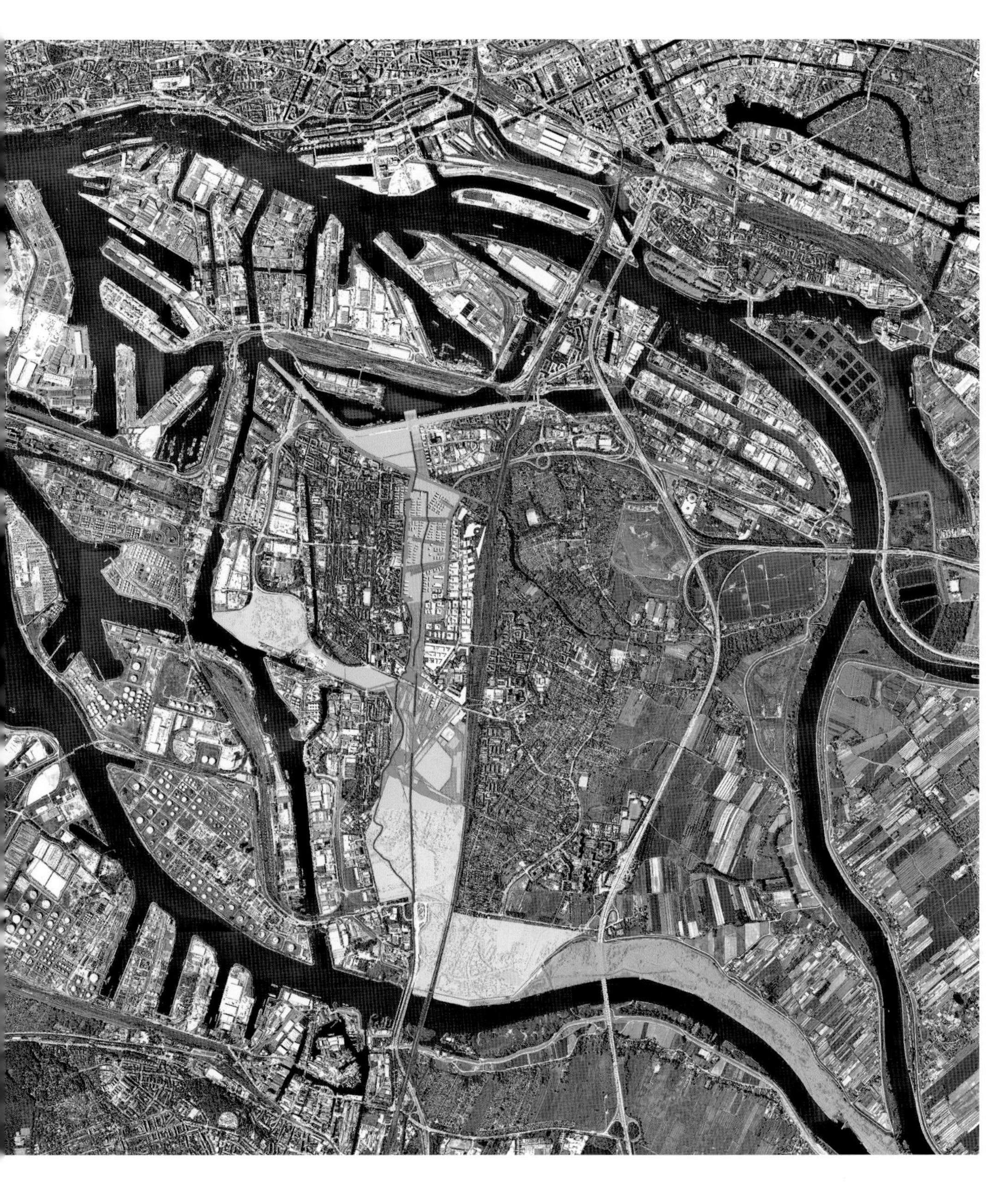

Everything that we love, recognise, and comprehend is given a name. Our everyday vocabulary tells us of the extent to which terminology play a role in our lives. The term "metrozones" is a new piece of terminology that first needs to be understood.
These zones have been subject to the attention of planners for some time now; they have been assimilated. The term "site repair" in Christopher Alexander's book *Pattern Language* (1977) is closely related to this issue. What does need to be pointed out, however, is that there has not been much progress since Thomas Sieverts coined the fitting term "transurban" (1997), while our construction planning instruments are a long way from acquiring new dimensions. Particular attention has always been paid to the good old European City, as the symbol of glorious eras. The neglect of peripheral zones is accompanied by a concentric approach to the city: sometimes there is extreme listed building protection in the city centre and laissez-faire on the periphery.

Unique Juxtaposition with Potential for Inner City Development

We encounter the term metrozones in Wilhelmsburg for the first time. Here it designates the sore points where functions and urban spaces that are somewhat incongruous are directly linked spatially. In this case, however, metrozones are not only previously uncategorised urban spaces that have been rethought in terms of spatial planning, but also cultural -

te Intensität erreicht. Die damals verlangte Funktionstrennung ist bildprägend für unseren Städtebau und bestimmt bis heute den Aufbau der städtischen Gefüge. Zusammen mit den historischen Stadtkernen und den Architekturen des Wiederaufbaus sind diese Metrozonen die wichtigsten Elemente für unser Bild und die Struktur von Stadt.
Der Begriff Metrozonen impliziert, nunmehr die Aufmerksamkeit nicht auf die Gebiete selbst zu legen, sondern zu analysieren, welche Potenziale in der Schnittmenge verschiedenster räumlich aneinander liegender Gebiete vorhanden sind. Wenn man das Nebeneinander als Miteinander begreift, also ein Gebiet nicht mehr monofunktional betrachtet, sondern mögliche Synergien erforscht, ergeben sich neue Stadtmodelle, die eine Innenentwicklung möglich machen und somit neue Qualitäten implementieren können.

Wilhelmsburg: die disparate Stadt

Die Gleichzeitigkeit verschiedenster Nutzungen ist zweifelsohne eines der Hauptmerkmale der Metrozonen. Die Amplitude der Unterschiede ist viel größer als im Kernbereich einer (gewachsenen) Stadt.
Auffallend in Wilhelmsburg ist das Rathaus. Es verkörpert die bürgerliche Ordnung, die sich im Kontext lediglich über eine Schnellstraßenausfahrt definiert und es niemals geschafft hat, als administratives Zentrum in eine Wechselbeziehung zu den facettenreichen Umgebungen zu treten. Es bleibt ein Versatzstück veralteten zentralistischen Denkens in einer polyzentrischen Struktur, ein spießiger Versuch, der stadträumlichen Lage Herr zu werden. Insofern ist der Begriff der Wilhelmsburger Mitte auch schwierig zu fassen, da diese Begrifflichkeit an alte Stadtmodelle erinnert. Mit diesem Projekt sollen vielmehr neue Perspektiven auf die Schnittstellen von urbanen Versatzstücken gefunden werden.

Masterplan *Neue Mitte Wilhelmsburg*
New Wilhelmsburg Centre master plan

Skizze aus dem Entwurfsprozess, die die dynamischen Volumen im Bereich des zentralen Gewässers darstellt
Sketch from the design process showing the dynamic volumes in the central body of water

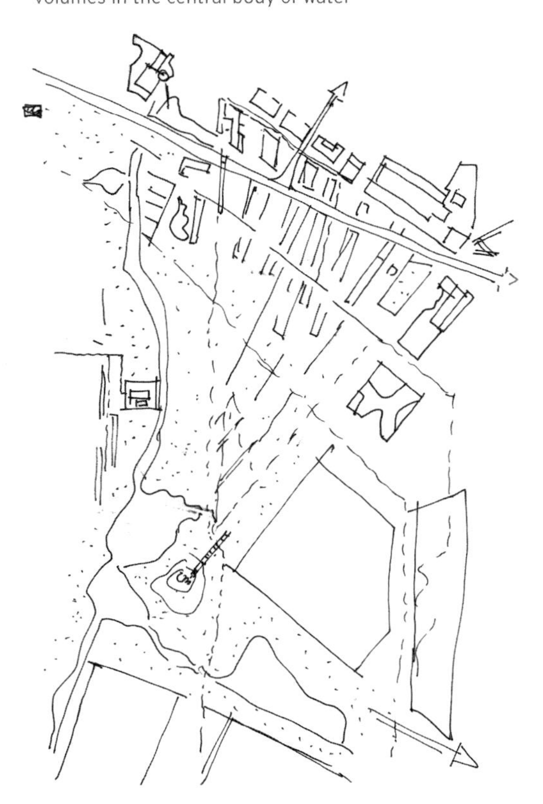

spaces that are peopled. The social co-ordinates of the metrozones do not feature in the standard urban planning books. If we take a look at Wilhelmsburg from this perspective we discover a unique juxtaposition of different cultures and population groups. A mixture is not really discernible, the planning components, going back several decades, being too penetrative as well as spatially separate. What is interesting here is the extent to which new forms are being generated in the acceptance of spaces and urban spaces that no longer match our traditions. There is no lack of prerequisites. In the absence of the attributes of the European City there is a certain degree of unscrupulousness in the approach to space and aesthetics. Without a model, urban society is able to re-register here. An aesthetics debate is also long overdue here. It will become precarious if attempts are made at forced improvements using the repertoire of classical models and aesthetics, which would be an application of urban planning cosmetics depriving the place of any sovereignty at all. The urban culture of the old, compact city has visibly disintegrated in Europe and is now the footprint of a mobile society. Mobility and the distribution of goods in the globalised city have seen a tremendous increase, requiring space and taking their toll on the environment. This is not a development that can really be turned back. The world's population has doubled since the Athens Charter (1933), and the global flow of goods and materials has reached unprecedented levels. The separation of function called for back then is what characterises our urban planning and still determines urban structure to this day. Together with the historic city centres and the architecture of reconstruction, these metrozones are the most important elements in our city image and structure.
The term metrozones implies not the focusing of attention on the area itself but an analysis of the potential available at the interface of very different spatially connected zones. Once the juxtaposition is perceived as collaboration, meaning that an area is no longer viewed monofunctionally but that possible synergies are investigated instead. The result is new urban models that make inner city development possible and are thus able to implement new features.

Wilhelmsburg: The Disparate City

The simultaneity of very different utilisations is without doubt one of the main features of the metrozones. The amplitude of differences is much greater than in the centre of a (mature) city.
The town hall in Wilhelmsburg is conspicuous. It embodies civil order, in this context simply defined by a motorway exit, never having managed to emerge as an administrative centre in correlation with its multi-faceted surroundings. It remains a set piece of outdated centralist thinking in a polycentric structure, a narrow-minded attempt to be lord of the urban space. The term Central Wilhelmsburg is therefore difficult to define because this concept is reminiscent of old city models. The intention of this project is far more to develop new perspectives on urban set piece interfaces.

Planning Concept behind the Design for the "New Centre"

The design for the "New Centre" is a core planning module resulting from an overall view of Wilhelmsburg. This overall concept for Wilhelmsburg sees the former Reichsstrasse route becoming a linear park linking the northern and southern arms of the Elbe. This measure produces a green belt that provides the adjoining areas with excellent environmental conditions. Where noisy freight traffic used to drive along, there will soon be a green strip free of motorised traffic, right across the island. New traffic routes will be combined and merged with the railway corridor.
From an urban planning perspective, the concept of a linear park through Wilhelmsburg means a perfect symbiosis of urban landscape and built-up volume. The Wilhelmsburg metrozone was not fitted out with the classic urban planning repertoire but instead has its own independent approach. This allows landscape

Planerische Konzeption des Entwurfes für die „Neue Mitte"

Der Entwurf der „Neuen Mitte" ist ein planerisches Kernstück, welches aus einer übergeordneten Betrachtung von Wilhelmsburg resultiert. In diesem Gesamtkonzept für Wilhelmsburg wird die ehemalige Trasse der Reichsstraße zum linearen Park, der Norderelbe und Süderelbe verbindet. Durch diese Maßnahme entsteht ein grüner Läufer, der die angrenzenden Areale in vorzügliche Umweltbedingungen versetzt. Wo bislang lärmender Frachtverkehr entlangfährt, wird es bald einen Grünstreifen ohne Autoverkehr geben, quer über die Insel. Neue Verkehrstrassen werden gebündelt und mit dem Bahnkorridor zusammengelegt.

Das Konzept des linearen Parks durch Wilhelmsburg bedeutet stadtplanerisch eine perfekte Symbiose von urbaner Landschaft und gebautem Volumen. Die Metrozone Wilhelmsburg wurde nicht mit dem klassischen Repertoire der Stadtplanung ausstaffiert, sondern hat einen eigenständigen Ansatz. Landschaftliche Fragmente können so spielerisch aneinandergereiht werden. Vom industriell geprägten Spreehafen wird eine grüne Trasse entlang der bestehenden Kanäle gelegt, die das zentrale Gewässer (Kükenbrack) fokussiert. Dieses wiederum ist verbunden mit einem Naturschutzgebiet im Süden. Somit entsteht ein grünes Adersystem, welches Vorhandenes vernetzt und Gebiete aus ihrer Isolation befreit, ohne sie zu verfremden. Wichtig dabei ist, dass sich diese jeweiligen Teilabschnitte zeitlich unabhängig voneinander entwickeln können, wobei der Kernbereich der Mitte als erster Abschnitt entwickelt wird. Die ehemalige Transitzone für motorisierten Verkehr wird jetzt für Fußgänger und Radfahrer mühelos durchquerbar. Ein neues Motiv entsteht in zentraler Lage auf der Flussinsel. Weiterhin entstehen Gebiete, die in ihrer Lebensqualität nicht mehr durch Emissionen in unmittelbarer Nähe eingeschränkt sind.

Der kollektive Raum als Leitmotiv

Die Volumen der „Neuen Mitte" sind letztendlich Fragmente – das Ergebnis eines Dualismus von Grün (Bosquetten – kleine Lustwäldchen) und Gebäuden. Dabei wird das vorhandene Grün (wilder Baum- und Strauchbewuchs) komplett umstrukturiert. Was sich momentan als undurchdringliches Grünareal präsentiert, wird eine einladende Fläche, die Tiefe erzeugt und nicht abschottet; der reine Kulissenfaktor des Baumbestands wird umgewandelt in räumlich strukturierende Elemente. Der kleine See (Kükenbrack) bekommt Präsenz und wird zum zentralen öffentlichen Bereich. Sichtlinien erzeugen neue Perspektiven und es steht ein kollektiver (Grün-)Raum zur Verfügung, der Begegnung und Aufenthalt möglich macht. Damit wird ergänzend zur Privatheit und der Abgeschlossenheit von Bevölkerungsgruppen ein öffentlicher Bereich von hoher Qualität geschaffen. Die Idee des kollektiven Raumes, der als neutrales Terrain kulturelle und soziologische Unterschiede aufnehmen muss und keine Vorprägung besitzen darf, ist hier das Leitmotiv.

Als weitere Komponente der städtebaulichen Strategie für Wilhelmsburg ist die Erreichbarkeit mit öffentlichem Verkehr von großer Bedeutung. Während der gefühlte Abstand zu Wilhelmsburg in Hamburg enorm ist (nicht zuletzt darum wurde der Arbeitstitel „Sprung über die Elbe" eingeführt, er macht die räumliche Problematik deutlich), ist der eigentliche Abstand zur historischen Stadtmitte Hamburgs eher gering. Die dritte Haltestelle der S-Bahn nach dem Hauptbahnhof mit einer Reisezeit von rund zehn Minuten ist eher als innenstadtnah zu bezeichnen. Mit einem erneuerten S-Bahnhof und neuen Anbindungen für Fußgänger und Radfahrer wird eine perfekte Erreichbarkeit garantiert.

Der Neubau der Behörde für Stadtentwicklung und Umwelt (BSU) als öffentliche Leitinvestition ist ein starker Faktor, um ergänzende Funktionen in Wilhelmsburg zu etablieren und an dieser Schnittstelle zwischen Infrastruktur und bestehendem Stadtgefüge städtebaulich

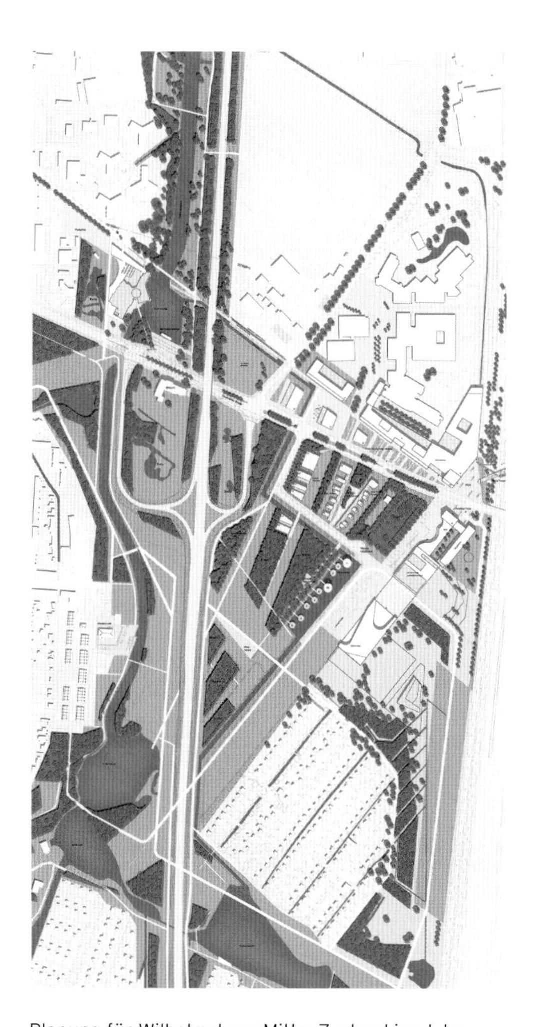

Planung für Wilhelmsburg Mitte: Zustand im Jahr 2013 (igs und IBA-Präsentationsjahr; links) und Planung „2013 plus" (rechts, mit verlegter Wilhelmsburger Reichsstraße) Planning for the centre of Wilhelmsburg: (left) status in 2013 (igs and IBA presentation year) and (right) planning for "2013 plus," with the relocation of Wilhelmsburg's Reichsstrasse

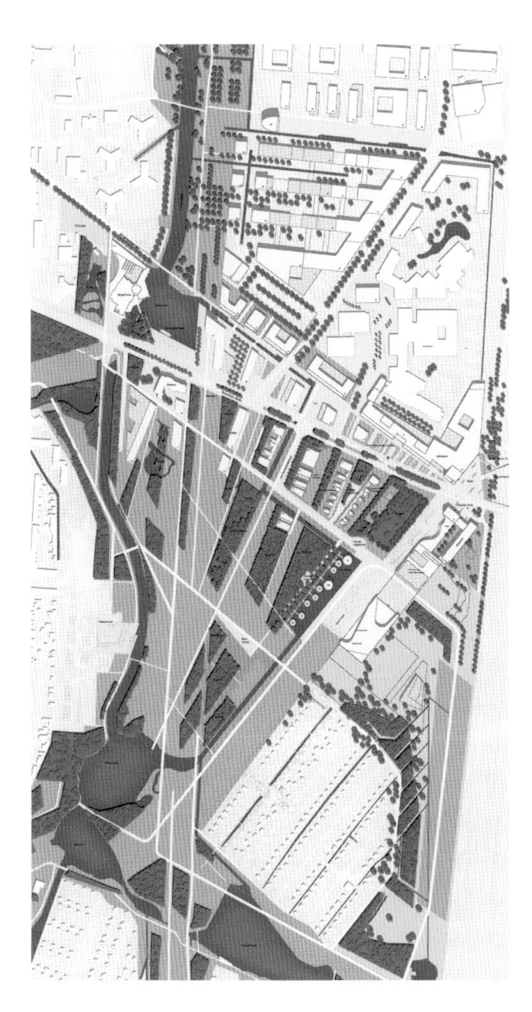

fragments to be light-heartedly lined up together. A green swathe is to be created along the existing canals from the industrial Spreehafen, focusing on the central area of water (Kükenbrack). This in turn is linked to a nature reserve in the south. This creates a system of green arteries, networking that which already exists and freeing areas of their isolation, without alienating them. What is important is that each of these sections is able to develop at a pace independent of one another, with the core of the centre itself being the first section to be developed. The former transit zone for motorised traffic can now be traversed by pedestrians and cyclists with no effort. A new image is created in a central location on the river island. Zones are also being created where the quality of life is no longer compromised by the direct proximity of emissions.

Collective Space as a Model

The volumes of the "New Centre" are ultimately fragments—the result of a dualism of green (bosquettes— little ornamental forests) and buildings. The existing greenery (wild trees and bushes) is restructured completely in the process. What looks like impenetrable greenery at the moment will become an inviting space creating depth rather than separating; the purely backdrop aspect of the tree population is being transformed into spatially structuring elements. The small lake (Kükenbrack) acquires a presence and becomes the main public area. Viewing points create new perspectives and there is collective (green) space available, enabling encounters and spending time. This creates a high-quality public area supplementing the privacy and seclusion of population groups. The notion of a collective space that, as neutral territory, has to absorb cultural and sociological differences and cannot be allowed to possess a predetermined character is the model here.
As a further component of the urban planning strategy for Wilhelmsburg, accessibility via public transport is of great importance. Although the perceived distance between Wilhelmsburg and Hamburg is enormous—just one of the reasons for the introduction of the working title "Sprung über die Elbe" (Leap over the Elbe), which draws attention to the spatial problems—the actual distance to Hamburg's historic city centre is, in fact, minimal. Wilhelmsburg is the third stop after the main train station on the suburban line, a travelling time of around ten minutes, so is more of an inner city area. A renovated suburban train station and new connections for pedestrians and cyclists will guarantee optimal accessibility.
The new building for the State Ministry for Urban Development and Environment (BSU), a major public investment, is a strong factor in establishing supplementary functions in Wilhelmsburg and creating both an urban design and an urban sociological balance at this interface between infrastructure and the existing urban structure. This building is important from an urban space perspective because it adopts the existing line of Gert-Schwämmle-Weg, providing a link with the existing area via the new suburban train bridge. The Gert-Schwämmle-Weg's diagonal line is also the most important west axis for pedestrians and cyclists. It cuts through the existing rigorous north-south built-up structure, most of which extends uninterrupted to the edges of the island, as a kind of ideal shortcut. This route thus creates a collective effect, intended to link many of the residents via their everyday routes.
A new geometry is created together with the construction area in the south, situated at right angles to the BSU, one that is integrated into the area plans. It is not only the context that is of key importance: the galvanising of old and new city fragments is intended to create its own profile. Rudimentary historical elements and new functions are merged into one system here, redefining the place on the one hand, and slotting into the succession of landscape and city fragments to form a logical chain on the other. This succession is the metrozone corridor described previously, linking the northern arm of the Elbe (Spreehafen) with the southern arm (nature reserve).
Fragmentary construction sites are to be found within the parameters of the distinct BSU and

wie auch stadtsoziologisch eine Balance zu schaffen. Stadträumlich ist dieses Gebäude wichtig, weil es die vorhandene Linie des Gert-Schwämmle-Wegs aufnimmt und über die neue S-Bahnbrücke mit dem Bestand verbindet.
Diese Diagonale des Gert-Schwämmle-Wegs ist auch nach Westen hin die wichtigste Achse für Fußgänger und Radfahrer. Als eine Art ideale Abkürzung durchschneidet sie die bestehende rigorose Nord-Süd-Struktur der Bebauung, die meist haltlos an den Rändern der Insel endet. Somit wird durch diesen Weg eine Sammelwirkung erzeugt, die viele Bewohner auf ihren Alltagsrouten binden soll.
Zusammen mit dem Baufeld im Süden, welches rechtwinklig zur BSU angeordnet ist, wird eine neue Geometrie erzeugt, welche sich in das Plangebiet einschreibt. Dabei ist nicht ausschließlich der Kontext leitend, sondern das Galvanisieren von alten und neuen Fragmenten der Stadt soll eine eigene Figur ergeben. Hier werden Rudimente der Geschichte und neue Funktionen zu einem System zusammengefügt, welches einerseits den Ort neu definiert, sich andererseits in der Abfolge von Landschafts- und Stadtfragmenten einordnet, um eine logische Kette zu formen. Diese Abfolge ist der zuvor beschriebene Metrozonen-Korridor, welcher Norderelbe (Spreehafen) mit Süderelbe (Naturschutzgebiet) verbindet.
Innerhalb dieses Rahmenwerks der prägnanten Raumkanten BSU und Parkachse sind splitterartig Baufelder angeordnet. Diese unterstützen die Tiefenwirkung des Grünflächenkonzepts und sorgen dafür, dass Neubau und Bestand (Gewerbeschule) einen unmittelbaren Bezug zum neuen Grünraum erfahren. Somit ist diese Bebauung als ein unterstützendes Element der neu definierten Landschaft zu sehen und nicht den klassischen städtebaulichen Grundmustern zuzuordnen.
Die laufenden Verfahren der IBA Hamburg (Hybrid Houses, Water Houses etc.) spiegeln die Selbstverständlichkeit und Souveränität der Baufelder wider. Hier geht es nicht darum, traditionelle Raum- und Dichtemodelle der europäischen Stadt zu etablieren, sondern um eine Formel, die die Widersprüche von Schnittstellen der Stadt- und Landschaftsplanung aufhebt.

Der Themenkatalog der IBA-Baufelder listet die Herausforderungen unserer Zeit auf. Auf Objektmaßstab können Themenkomplexe wie Materialentwicklung, Energie und Multifunktionalität exemplarisch erarbeitet werden. Zusammen mit der Neugestaltung der Neuenfelder Straße werden im Masterplan „Neue Mitte Wilhelmsburg" die drei Basisfaktoren unserer gebauten Umwelt, Building - Infrastructure - Landscape (B - I - L,), integral bearbeitet und zukunftsfähig aufbereitet. Dabei ist der fachplanerische Dialog der Einzeldisziplinen durch den Faktor IBA auf einem ungeahnt hohen Niveau angekommen, der als Methodik und Prozess als ein extrem wichtiger Formfaktor von Stadt gesehen werden muss.

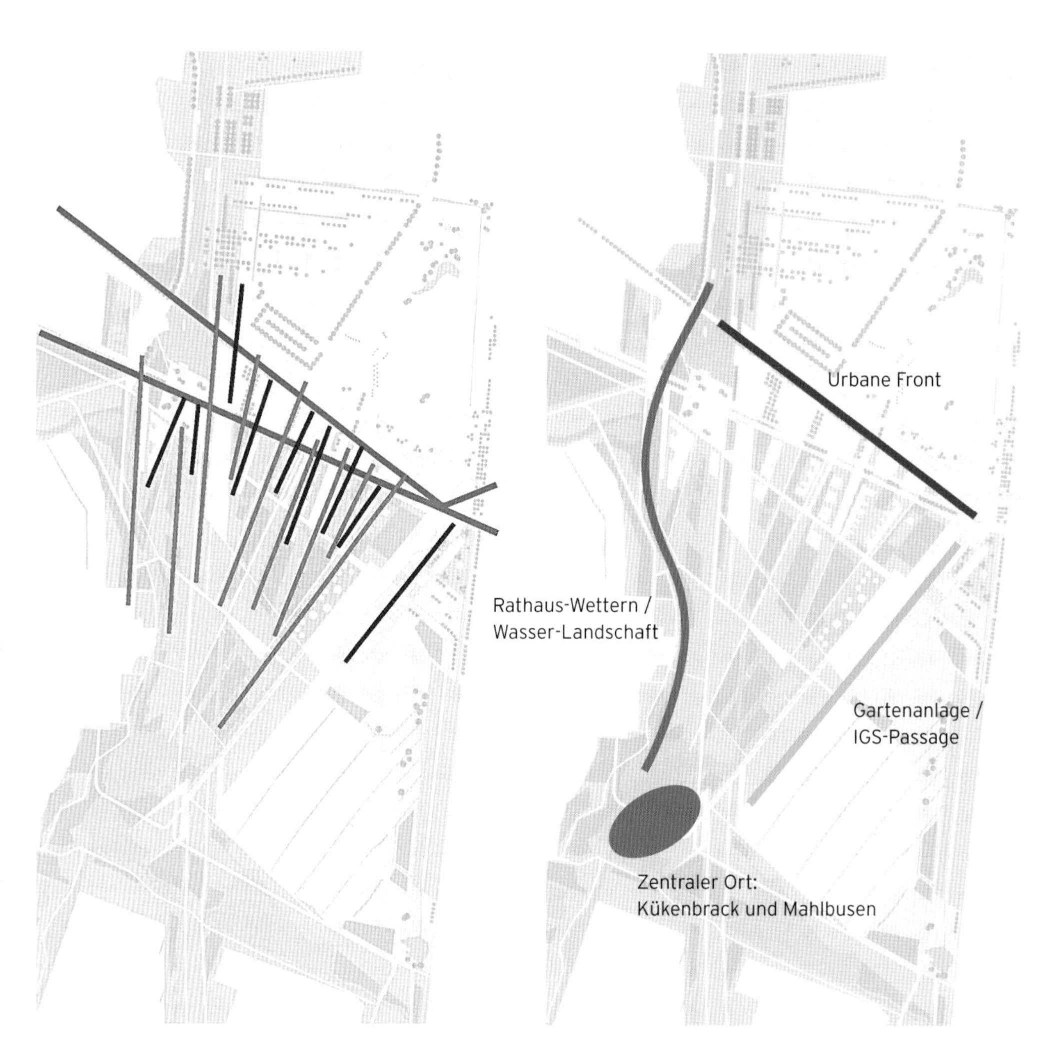

Neue Mitte Wilhelmsburg, Prinzipskizzen, von links:
Raumgerüst durch eine Struktur (Gebäude/Baumvolumen und Wege in Nord-Süd-Richtung)
Grenzen und Kanten des öffentlichen Raums - Zentraler Ort des Parks
Wasserparcours - Teil des Wilhelmsburger Wassersystems (Orientierung und Leiten/Stationen)
Wegesystem - Verknüpfung mit allen Hauptachsen
New centre of Wilhelmsburg, sketch of the principal concept, from the left:
Spatial framework through a structure (building/tree volumes and routes in a north–south direction)
Boundaries and edges of the public space–central location in the park
Watercourse–part of the Wilhelmsburg water system (orientation and guides/stations)
Route system–links with all main axes

park axis spatial boundaries. These support the depth effect of the green area concept and ensure that new and existing buildings (vocational school) acquire a direct link to the new green space. This building work is therefore to be seen as a supporting element in the redefined landscape and is not classified according to classic urban design patterns.
The IBA Hamburg's ongoing projects (Hybrid Houses, Water Houses, etc) reflect the implicitness and sovereignty of the construction areas. It is not about establishing the traditional spatial and density models of the European City, but about a formula for overcoming the contradictions of urban and landscape planning interfaces.

The catalogue of themes covered by the IBA building projects lists the challenges of our age. Complex issues such as material development, energy, and multifunctionalism can be worked through on a showcase basis at the individual building level. Together with the redesigning of Neuenfelder Strasse, the "New Wilhelmsburg Centre" master plan integrates the three basic factors of our built-up environment, Building–Infrastructure–Landscape (BIL), in a future-oriented manner. In the process, the expert planning dialogue between the individual disciplines has reached an unprecedented level due to the IBA factor, and its methods and process need to be seen as an extremely important urban form factor.

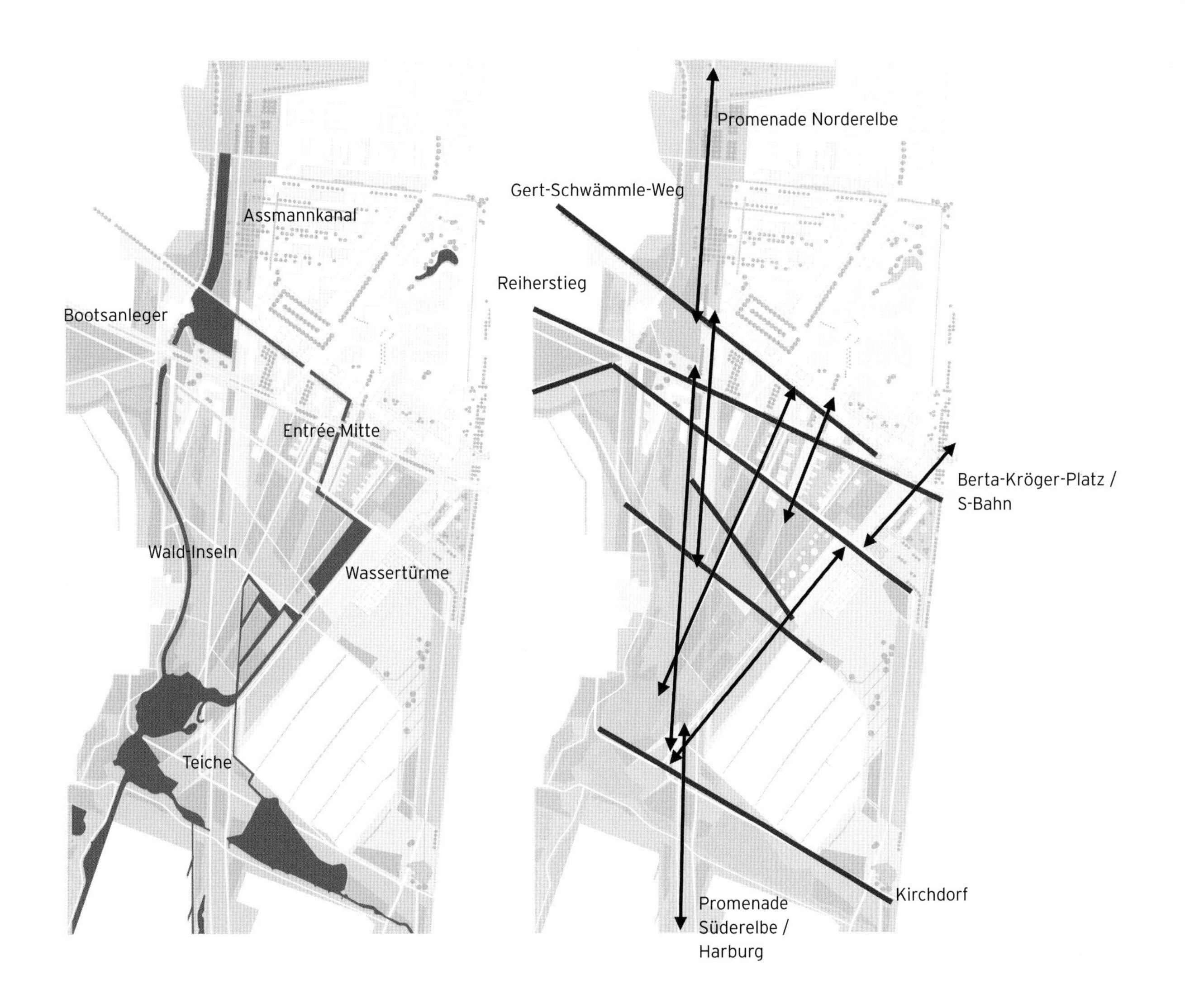

HEINER BAUMGARTEN, STEPHAN LENZEN

Neue Gärten für die innere Peripherie

Eine internationale Gartenschau zur Qualifizierung der Metrozone Wilhelmsburg

Die Realisierung einer internationalen gartenschau (igs 2013) in Wilhelmsburg generiert erst einmal einen starken Gegensatz zwischen Ort und Ereignis, zwischen den Bildern farbenfroher Blumenbeete und stark frequentierter Verkehrstrassen. Hinzu kommt die Hamburg eigene lange Tradition von Gartenschauen auf *Planten un Blomen* und das damit einhergehende Verständnis, die Erinnerungen und die Erwartungen an eine Internationale Gartenschau in der Hansestadt. Aber genau in diesem kontrastreichen Spannungsfeld liegt ein wichtiger Potenzial-

Visualisierung der igs 2013: „Welt der Kulturen", Blick vom Kuckucksteich auf den künftigen Bootsanleger und Kiosk (Entwurf und Darstellung: RMP Stephan Lenzen Landschaftsarchitekten)

HEINER BAUMGARTEN, STEPHAN LENZEN

New Gardens for the Inner Periphery

An International Garden Show to Upgrade the Wilhelmsburg Metrozone

Visualisation of the igs 2013: "Welt der Kulturen" ("World of Cultures"), view from the Kuckucksteich (Cuckoo Pond) towards the future boat pier and kiosk (design and portrayal: RMP Stephan Lenzen Landschaftsarchitekten)

The staging of an International Garden Show (igs 2013) in Wilhelmsburg generates a stark contrast between place and event, between the images of colourful flowerbeds and of roads full of traffic. Then there is also Hamburg's own longstanding *Planten un Blomen* (Plants and Flowers) garden show tradition, leading to the Hanseatic city's knowledge, memories, and expectations relating to an international event. It is precisely these contrasts, however, that present this garden show's significant potential to improve Wilhelmsburg. This lies in changing Hamburg residents' image of this Elbe Island, away from it being a gathering place for the "disagreeable" and towards becoming an important building block in the development of the city of Hamburg on an international level.

Transforming the Existing

The garden show grounds are typical of metrozones' open spaces, which very often comprise wasteland, garden plots, and areas of quasi-natural succession with traces of earlier man-made environments. All this is surrounded by heavy-emission infrastructural routes, which are the reason for the niche occupancy referred to above. Given these parameters, an open space that is about to undergo a transformation into a city park for this metrozone, via improvement of its landscape, needs to develop a different form of sensitivity in dealing with the usage conflicts identified, the potential of the natural spaces, and the available features. It also requires a balanced approach to investment in the area—between retaining the existing and introducing the new, between local and international, between garden plots and public park space.

The passage motif derives from this position of transforming the existing and not imposing artificial, idealised park images. Passages are corridors, enclosed spaces, which accept the existing use of garden plots, accommodating the ecologically but also aesthetically valuable natural spaces already in existence. Thus, in dialogue with the existing identity of the place, they constitute an important new component of the "innovative landscape of the Wilhelmsburg metrozone." It is this retention of the existing qualities that stimulates the changed perception of this inner periphery.

This balance between change and respect in the reformatting of the open space supports its constructive role in combating the scepticism of the Wilhelmsburg residents and in their integration in the change process. In urban planning transformation processes, the distrust of change is often very significant in metrozones. In Wilhelmsburg, the offer of public green spaces open for use by all residents and visitors at no cost will be able to reduce this scepticism. This is, of course, based on the assumption that, after the igs 2013, the park facilities and the level of their maintenance will not be allowed to decline in comparison to the show year.

Networking of Separate Neighbourhoods

The passages are, on the one hand, independent "park worlds" and, on the other, from a

aspekt dieser Gartenschau für die Qualifizierung von Wilhelmsburg. So liegt der Aspekt in einer Veränderung der Sichtweise der Hamburger auf die Elbinsel, weg vom Verfügungsraum für das „Unliebsame", hin zum wichtigen Baustein für die Entwicklung der Metropole Hamburg im internationalen Vergleich.

Die Transformation des Vorhandenen

Das Areal der Gartenschau ist exemplarisch für Freiräume von Metrozonen, die sehr häufig aus Brachen, Kleingärten und naturnahen Sukzessionsflächen mit Spuren einer früheren Kulturlandschaft bestehen und von emissionsbelasteten Infrastrukturtrassen eingefasst sind, die die vorgenannten Nischenbelegungen ursächlich begründen. Diese Parameter berücksichtigend, muss ein neu zu transformierender Freiraum als Stadtpark dieser Metrozone bei seiner landschaftsräumlichen Qualifizierung eine andersartige Sensibilität im Umgang mit den analysierten Nutzungskonflikten, den naturräumlichen Potenzialen und den verfügbaren Qualitäten entwickeln. Hierzu gilt es eben die Inwertsetzung dieser Fläche ausgewogen zu verändern – zwischen Bestandswahrung und Neuimplementierung, zwischen Lokalität und Internationalität, zwischen Kleingartennutzung und öffentlichem Parkraum.

Aus dieser Haltung der Transformation des Vorhandenen und nicht der Überstülpung künstlicher, idealisierter Parkbilder entsteht das Motiv der Passagen. Passagen sind Korridore, eingeschlossene Räume, die die bestehenden Kleingartennutzungen akzeptieren, ökologisch aber ebenso ästhetisch wertvolle Bestandsnaturräume umgehen und so im Dialog mit der vorhandenen Identität des Ortes ein neuer wichtiger Bestandteil in der „Innovationslandschaft Metrozone Wilhelmsburg" sind. Hierdurch wird unter Wahrung der Bestandsqualitäten die veränderte Wahrnehmung dieser inneren Peripherie stimuliert.

Diese Ausgewogenheit zwischen Veränderung und Respektierung in der Neuformulierung des Freiraums unterstützt dessen konstruktive Rolle im Abbau der Skepsis der Wilhelmsburger Bürger und ihre Integration in den Veränderungsprozess. Das Misstrauen gegenüber Veränderungen bei stadtplanerischen Transformationsprozessen ist in Metrozonen häufig sehr hoch. Für alle Bewohner und Passanten offene und kostenlos nutzbare öffentliche Grünflächen werden in Wilhelmsburg diese Skepsis mindern können. Dies setzt natürlich voraus, dass der Park auch nach der igs 2013 in seiner Ausstattung und Pflegeintensität im Vergleich zum Ausstellungsjahr nicht stark abfallen darf.

Die Vernetzung getrennter Stadtteile

Die Passagen sind einerseits eigenständige „Parkwelten" und andererseits – räumlich betrachtet – Aufweitungen des Hauptparkweges. Dieser unterliegt keinem internen autarken Parkerschließungssystem, sondern generiert sich in und aus dem Wegenetz der angrenzenden Stadtbereiche. Somit schafft der neue Park in Wilhelmsburg eine Durchlässigkeit insbesondere in Ost-West-Richtung. Er vernetzt Wilhelmsburg und Kirchdorf und initiiert durch seine Wegestrukturen eine Umwandlung dieses inneren Randes von Wilhelmsburg zu einem Bindeglied zweier zurzeit getrennter Stadtteile. Die Gestaltung und Aufhebung von inneren Peripherien der Metrozonen kann in der Regel aufgrund von Immissionslagen nur durch Elemente der Landschaftsarchitektur oder der Kunst initiiert werden.

Im Zusammenspiel mit den Bauprojekten der IBA Hamburg geht es aber nicht nur um die Minimierung der Barrieren, sondern um die Neuentwicklung Wilhelmsburgs von diesem momentanen inneren Rand aus. Die Wege des Parks bilden ein Netzwerk in die angrenzenden Siedlungs- und Landschaftsräume, die – außerhalb des Parks gelegen – einer kontinuierlichen Aufwertung und der Schaffung neuer qualitätvoller Freiräume bedürfen. Somit soll der zerschnittene Stadt- und Landschaftsraum sukzessive zusammengewebt werden.

Oben: Haupteingang der igs 2013 mit Hallenkomplex (Architektur und Darstellung: Gärtner und Christ)
Rechts: Rahmenplan des Geländes für die igs 2013 (RMP Stephan Lenzen Landschaftsarchitekten)
Unten: Ausflugscafé in der Parkanlage „Planten un Blomen" während der Internationalen Gartenausstellung 1963 in Hamburg
Top: Main entrance to the igs 2013 with the hall complex (architects and artists: Gärtner und Christ)
Right: Perimeter plan of the igs 2013 grounds (RMP Stephan Lenzen Landschaftsarchitekten)
Below: "Planten un Blomen" café in the park grounds during the 1963 International Garden Exhibition in Hamburg

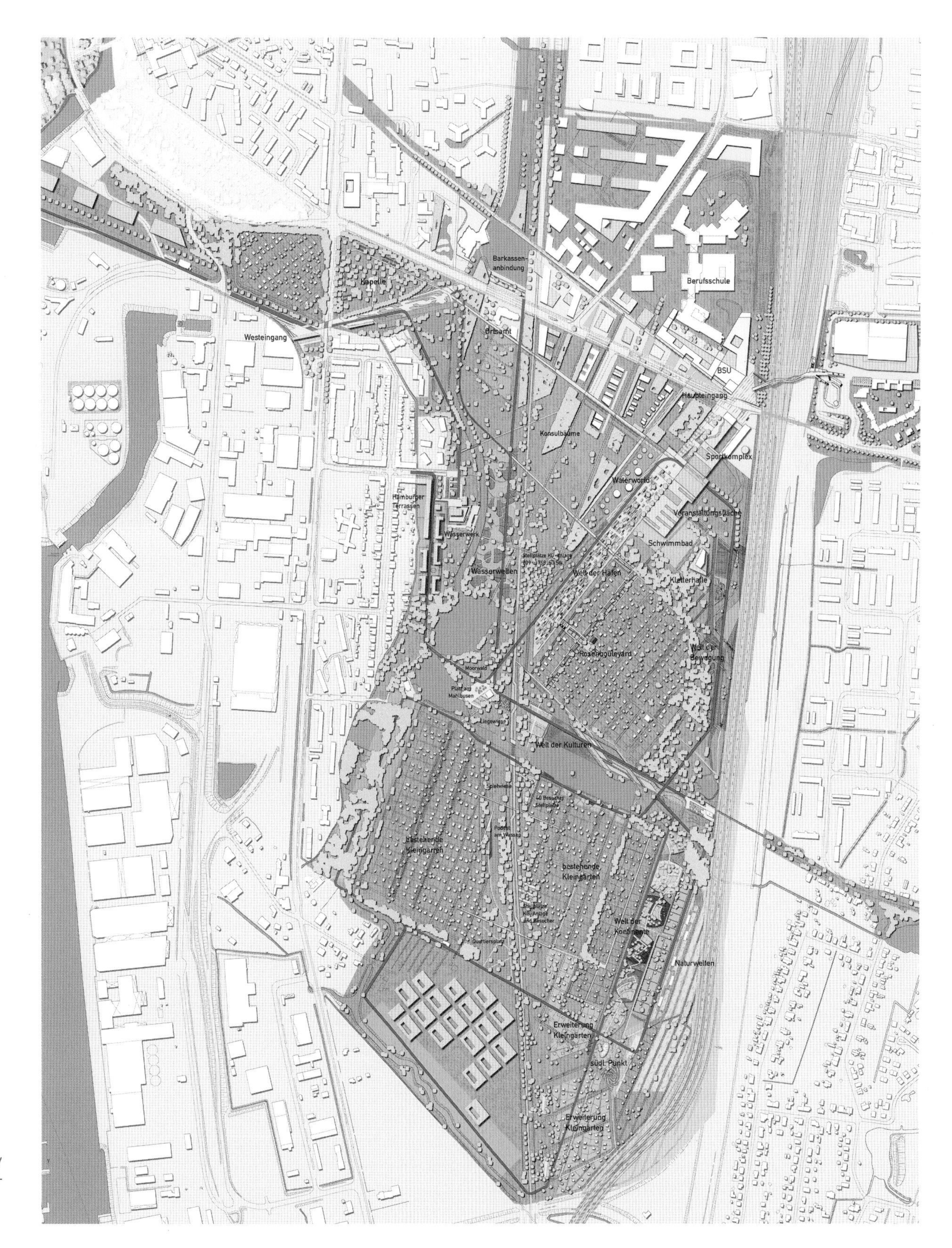

Rahmenplan von RMP Stephan Lenzen Landschaftsarchitekten, Stand: 26.10.2009 Master plan by RMP Stephan Lenzen Landschaftsarchitekten, status: 26.10.2009

Die drei wesentlichen Aspekte

Bei der Ausformulierung des Parkraumes und seiner neuen Nutzungen, sowohl während als auch nach der igs 2013, sieht der Entwurf, neben der geringfügigen Veränderungsnotwendigkeit zum Gartenschaujahr, drei Aspekte als gravierend an. Diese Aspekte sind fokussiert auf Metrozonen-spezifische Fragestellungen für den öffentlichen Freiraum. Der Bevölkerungsstruktur von Wilhelmsburg und Veddel entsprechend, die einen hohen Anteil an Migranten und Geringverdienern sowie das geringste Durchschnittsalter aller Hamburger Stadtteile aufweisen, ist „Sport und Spiel" ein starker Themenschwerpunkt der Parkanlage. Diese Nutzungsgewichtung wird zusätzlich durch das ergänzende Angebot von Hallenflächen in einem neu zu errichtenden Sportkomplex mit Schwimmbad unterstrichen.
Der neue Park an der inneren Peripherie wertet natürlich insbesondere seine Ränder auf. Ehemals abgewandte Seiten rücken neu in den Fokus. Der neugestaltete Freiraum in oftmals zentrumsnahen Stadtbereichen mit inneren Rändern fördert die Schaffung neuer Wohnbaupotenziale - auch in Wilhelmsburg: Neue Adressen mit Wohnen am Park, wie zum Beispiel die Neuen Hamburger Terrassen und eventuell auch das Neubaugebiet Haulander Weg, werden auch aufgrund des aufgewerteten Freiraums zu möglichen Initialprojekten künftiger Stadtentwicklung.
Das facettenreiche Gesicht der Bevölkerung von Wilhelmsburg begründet die dritte wichtige Zielsetzung für den neuen Park: Die Entwicklung eines Ortes der Integration der internationalen Kulturen auf Basis eines identitätsbildenden mehrheitsfähigen Ortes. Die heterogenen Nutzeranforderungen an den Park seitens der Anwohner aus unterschiedlichen Herkunftsländern sowie der Entwicklungsansatz von kulturübergreifenden, homogenisierten Kommunikationsarten bedingen eine Parkstruktur, analog zu den Passagen, die verschiedenste Parkbilder in eigenständigen Raumeinheiten innerhalb des Gesamtparks zulässt und verträgt.

Verwaltungsgebäude der igs 2013 (Hybrid House), Ansicht von der Neuenfelder Straße (Entwurf: NÄGELIARCHITEKTEN) The igs 2013 administration building (Hybrid House), view from Neuenfelder Strasse (design: NÄGELIARCHITEKTEN)

Die Flexibilität der Parkstruktur

Desweiteren werden Freiflächen während des Qualifizierungs- und Veränderungsprozesses in Metrozonen verschiedenen Modifikationsphasen unterzogen. Für die Aufnahme von geänderten und neuen Parknutzungselementen muss somit eine hohe Flexibilität der Parkstruktur vorhanden sein. Diese Flexibilitätsgrundlage bietet das Gestaltungsprinzip der modularen Passagenräume. Denn die inhaltliche Veränderung einer Passage modifiziert nicht den gesamten Parkraum. Somit kann der Park den Veränderungsprozess der Elbinsel begleiten und sich dauerhaft als Ort der Integration internationaler Innovationen und Kulturen präsentieren.
Auf die Frage „Was ist Heimat für Sie?" (Band 1 der IBA-Schriftenreihe *Metropole: Reflexionen*), die auch eine Frage nach der Rolle des Freiraums für die Qualifizierung der Metrozone Wilhelmsburg war, antwortete der Wilhelmsburger Bürger Mariano Biannone: „Je grüner und lebhafter, desto besser." Dem ist eigentlich nichts hinzuzufügen.

spatial perspective they are extensions of the main park path. This is not based on any internal, self-sufficient park access system, but is instead generated within and by the network of paths in the adjoining neighbourhoods. The new park in Wilhelmsburg thus creates accessibility, particularly in an east-west direction. It connects Wilhelmsburg and Kirchdorf, while its path structures initiate a transformation of this inner periphery of Wilhelmsburg into a link between two presently separate neighbourhoods. Emissions mean that, as a rule, the creation and removal of the inner peripheries in metrozones can only be initiated by elements of landscape architecture or by art.
The interaction with the IBA Hamburg building projects is not only about reducing barriers, however, but also about the new development of Wilhelmsburg from within what is currently an inner periphery. The park's paths form a network in the adjoining neighbourhood and landscape spaces, which—situated outside the park—require continual optimisation and the creation of new, quality open spaces. The intention is thus that the fragmented urban and landscape spaces should be successively woven together.

Three Key Aspects

In addition to the minimal need for change for the garden show year, the plan views three aspects as crucial in planning the park space and its new utilisation, both during and after the igs 2013. These aspects focus on metrozone-specific issues relating to public spaces. Given the population structure of Wilhelmsburg and Veddel, with the high proportion of migrants and of those on low incomes, as well as Hamburg's lowest average age, "sport and play" is a major focus in the park. This utilisation weighting is also emphasised by the additional hall facilities in the new sports complex, complete with the scheduled swimming pool.
The new park on the inner periphery does of course mean, in particular, an optimisation of its borders. What used to be ignored edges now constitute a new focus. The newly developed open space in what are often neighbourhoods with inner peripheries close to the centre promotes the creation of new residential construction potential—even in Wilhelmsburg. The optimised open space means that new addresses featuring "park living," such as the New Hamburg Terraces, and possibly also the new Haulander Weg housing estate, could become pilot projects for future urban development.
The multifaceted population of Wilhelmsburg is the reason for the third important goal for the new park: the development of a place of integration for international cultures based on a location capable of creating identity and gaining majority support. The park's heterogeneous user requirements, with residents from different countries, as well as the development approach, with multicultural, homogenised forms of communication, require a park structure that, like the passages, allows and tolerates a wide variety of park images in independent spatial units within the park as a whole.

Flexibility of the Park Structure

Furthermore, in metrozones open spaces are subject to different modification phases during the improvement and change processes. The park structure therefore needs to display a high degree of flexibility in order to be able to accommodate altered and new park usage elements. The design principle of using modular passage spaces provides this flexible basis because changing the content of a passage does not modify the whole park space. The park is thus able to be part of the change process on Elbe Island and is able to present itself as a place integrating international innovations and cultures on a sustained basis.
Answering the question, "What is home to you?" (Volume 1 of the IBA publication series *Metropolis: Reflections*)—which was also a question regarding the role of open space in the upgrading of the Wilhelmsburg metrozone—resident Mariano Biannone responded: "The greener and the livelier the better." That says it all.

HARTMUT TOPP

Großprojekte der Verkehrsinfrastruktur

Die Wilhelmsburger Reichsstraße und die Hafenquerspange in der Metrozone Elbinseln

Der Hamburger Stadtteil Wilhelmsburg liegt auf einer ökologisch empfindlichen Flussinsel. Er ist Lebensraum für ca. 50.000 Menschen, gleichzeitig aber auch Transitraum für Hamburg und für den Hafen. Wilhelmsburg leidet unter Barrieren und Zäsuren: Im Westen und Norden sind Uferbereiche durch Hafen, Hafenlogistik und Industrie blockiert. Hinzu kommen hoch belastete Verkehrsbänder: die den Siedlungsraum vom Grün der Marsch trennende Autobahn, die Wilhelmsburger Reichsstraße und die Eisenbahnschneise mit Fernverkehr, Regionalverkehr, S-Bahn und Hafengüterverkehr. Symbol für diese Zerschneidungen ist das Rathaus im Anschluss-Ohr der einer Stadtautobahn ähnlichen Wilhelmsburger Reichsstraße.
Wilhelmsburg hat trotz allem gute Entwicklungschancen: Der *Sprung über die Elbe* markiert die Neuorientierung der Stadt.
Der Spreehafen steht exemplarisch für eine zukunftsweisende Verzahnung von Hafen- und Freizeitnutzung. Die Internationale Bauausstellung (IBA) Hamburg und die internationale gartenschau (igs) 2013 setzen Impulse und rücken den Stadtteil in den gesamtstädtischen Fokus. Diese neuen Chancen zu nutzen, setzt allerdings die Lösung der Verkehrsprobleme voraus und vor allem den Abbau der Verkehrsschneisen.
Das betrifft in erster Linie zwei Großprojekte: die Verlegung der Wilhelmsburger Reichsstraße und die sogenannte Hafenquerspange. Beide Projekte stehen in einem Netzzusammenhang, aber sie können aufgrund ihrer unterschiedlichen Verkehrs- und Netzfunktionen, Zeithorizonte und Umweltwirkungen auch getrennt voneinander diskutiert werden. Die Verlegung der Wilhelmsburger Reichsstraße ist eine städtebaulich-ökologische Reparatur fast ohne Änderung des Straßennetzes, die Hafenquerspange dagegen eine erhebliche Ergänzung des Straßennetzes und ein gravierender Eingriff in Städtebau und Ökologie. Letzteres lässt sich ohne ein verkehrsplanerisches Gesamtkonzept für den Hamburger Süden nicht abschließend beurteilen.

Hafenquerspange

Seit Jahrzehnten wird eine Autobahn über die Elbinsel als Verbindung zwischen den Autobahnen A7/A26 im Westen und A1 im Osten geplant - als Nordtrasse bereits linienbestimmt und jetzt als Südtrasse untersucht.[1] Ihre Bezeichnung als Hafenquerspange spiegelt nur einen Teil ihrer Verkehrsfunktion wider. Es handelt sich nämlich auch um einen Lückenschluss oder vielmehr um einen *Kurzschluss* im Autobahnnetz. Denn die Autobahnen sind bereits über das südlich von Hamburg gelegene Maschener Kreuz verbunden. Dies ist bisher so nicht deutlich geworden, und man fragt sich, warum die vermeintliche Lücke auf Kosten eines empfindlichen Lebensraums geschlossen werden soll. Dem Hafenverkehr stehen heute zwei leistungsfähige Hauptrouten zur Verfügung. Wenn es trotzdem zum Beispiel auf der Köhlbrandbrücke zu Staus kommt, liegt das mehr an Zollabfertigung und Anschlussknoten als an der Leistungsfähigkeit der Brücke. Deshalb gilt es, kurzfristig Maßnahmen des Verkehrsmanagements mit Organisation und Verkehrslenkung

Luftbild der Elbinsel mit verlegter Wilhelmsburger Reichsstraße und verschiedenen Trassenvarianten der geplanten Hafenquerspange Aerial view of the Elbe Island with the relocation of Wilhelmsburg's Reichsstrasse and the different route variations for the planned harbour link

HARTMUT TOPP

Major Transport Infrastructure Projects

Wilhelmsburg's Reichsstrasse and the Harbour Link Project in the Elbe Islands Metrozone

Hamburg's Wilhelmsburg district lies on an ecologically sensitive river island. It is home for some 50,000 people, as well as a transit area for Hamburg and for the harbour. Wilhelmsburg suffers from barriers and caesuras: shore areas in the west and the north are blocked by the harbour, harbour logistics, and industry. On top of that there are also the heavily used traffic arteries: the motorway separating the residential areas from the green of the marshes, Wilhelmsburg's Reichsstrasse, and the rail routes carrying long-distance, regional, suburban, and harbour goods traffic. Symbolic of this dissection is the town hall, right next to Wilhelmsburg's motorway-like Reichsstrasse. Nevertheless, Wilhelmsburg has good development opportunities: "Sprung über die Elbe" (Leap over the Elbe) marks a new orientation for the town. The Spreehafen is an example of the future-oriented dovetailing of harbour and leisure utilisation. The International Building Exhibition (IBA) Hamburg and the International Garden Show (igs) 2013 are stimuli that are focusing overall attention on the district. Utilising these new opportunities, however, requires solving the traffic problems and, in particular, reducing the traffic arteries.

This applies especially to two major projects: the relocation of Wilhelmsburg's Reichsstrasse and the so-called harbour link. The two projects are related but their differing traffic and network functions, timescales, and environmental effects mean that they can also be discussed separately. The relocation of Wilhelmsburg's Reichsstrasse is an urban design/ecological repair measure that hardly alters the road network, while the harbour link constitutes a major expansion of the road network with heavy urban and ecological impact. A final assessment of the latter is not possible without an overall traffic planning concept for the south of Hamburg.

auszuschöpfen, bevor in extrem teure Infrastruktur investiert wird.

Wilhelmsburger Reichsstraße

Anders sieht es bei der Wilhelmsburger Reichsstraße aus. Sie ist für die Wilhelmsburger Mitte, für den südlich anschließenden Stadtpark infolge der igs 2013 und für die nördlichen Flächen möglicher Innenentwicklung ein Entwicklungshemmnis erster Ordnung. Bereits die *Zukunftskonferenz Wilhelmsburg 2001/02*[2] empfahl ihre Verlegung und Bündelung mit der Bahntrasse. Die Auflassung der Wilhelmsburger Reichsstraße in ihrem südlichen Teil und ihre Umwandlung in einen Boulevard im nördlichen Bereich bedeutet für Wilhelmsburg und für den Sprung über die Elbe und damit für Hamburg insgesamt eine Jahrhundertchance. Die Vorteile für Stadtpark und Wilhelmsburger Mitte liegen auf der Hand, und im Norden könnte attraktives Wohnen am Wasser entstehen.

Die IBA Hamburg hat für die Verlegung der Wilhelmsburger Reichsstraße vier Prüfkriterien definiert:

1. Bündelung mit der Bahntrasse auf heutigem Bahngelände ohne Inanspruchnahme zusätzlicher Flächen,
2. Lärmschutz am gebündelten Straßen-/Eisenbahnkorridor,
3. Verlegung des Anschlusses Mitte nach Norden, weil Rampen und Anschlussverkehr die Entwicklung der Wilhelmsburger Mitte einschränken würden,
4. Abstand zur Einmündung des Jaffe-Davids-Kanals in den Ernst-August-Kanal.

Alle Kriterien sind inzwischen erfüllt;[3] insbesondere ist klar geworden, dass die erforderliche Gleisverlegung einen Rechtsanspruch auf Lärmschutz an der Bahn auch nach Osten auslöst.

Beteiligungsprozess

Große Verkehrsprojekte erzeugen Widerstand. In Wilhelmsburg wird dieser angeführt von der Bürgerinitiative Zukunft Elbinsel Wilhelmsburg e.V., die zusammen mit anderen Initiativen 2009 den Beteiligungsprozess Verkehrsplanung im Hamburger Süden erstritt. Dieser kam spät im Planungsprozess, stand unter Zeitdruck und litt unter Totalopposition einiger Beteiligter, aber auch unter Missverständnissen. Letztere betreffen zum Beispiel die zwischenzeitlich abgeschlossene Finanzierungsvereinbarung zur Verlegung der Wilhelmsburger Reichsstraße. Das Ja zur Verlegung der Reichsstraße und das Nein zur Hafenquerspange der Zukunftskonferenz Wilhelmsburg 2001/02 ist nach wie vor richtig. Diese Differenzierung wird von den Bürgerinitiativen aber nicht mehr mitgetragen. So konnte aus dem Beteiligungsprozess nicht mehr herauskommen als ein Meinungsbild, dem sich die Bürgerinitiativen mehrheitlich verweigerten. Trotzdem sei das Ergebnis kurz skizziert: Die Wilhelmsburger Reichsstraße im Bestand zu erhalten oder im heutigen Verlauf zum Boulevard umzugestalten, wird von der Kernarbeitsgruppe des Beteiligungsprozesses abgelehnt; einer Verlegung mit Auflagen wird tendenziell zugestimmt. Die Auflagen enthalten 30 Maßnahmen, von denen zwölf den Lärmschutz betreffen. Die Nordtrasse der Hafenquerspange wird klar abgelehnt; für die

Die zentrale Bahnschneise, an deren westlichen Rand (links) die Wilhelmsburger Reichsstraße verlegt werden soll The central rail route, along the western edge of which (left) Wilhelmsburg's Reichsstrasse is to be relocated

Harbour Link Project

A motorway across Wilhelmsburg island linking the A7/A26 motorways in the west and the A1 in the east has been on the cards for decades—it is already decided upon as a northern arm and, with the southern arm currently under investigation.[1] The name "harbour link" reflects only part of its traffic function. It is also to constitute a gap closure, or rather a *short circuit*, in the motorway network because the motorways are already connected via the Maschener Kreuz interchange to the south of Hamburg. This has not been made especially clear until now and raises the question of why the supposed gap needs to be closed at the expense of a fragile living environment. There are currently two major, high-capacity routes available for harbour traffic. And when traffic jams do still occur on the Köhlbrand Bridge, for example, these are due more to customs procedures and interchanges than to the bridge capacity. It would therefore be preferable to exploit traffic management options involving organisation and traffic diversion in the short term before undertaking extremely costly infrastructural investments.

Wilhelmsburg's Reichsstrasse

The situation is different with Wilhelmsburg's Reichsstrasse. For the centre of Wilhelmsburg, for the adjacent city park to the south that will follow the igs 2013, and for the northern areas with their urban potential, it is a development obstacle of the first order. Its relocation and alignment with the railway route is a recommendation already made by the *Zukunftskonferenz Wilhelmsburg 2001/02* (Future of Wilhelmsburg Conference 2001/02).[2] The closure of the southern section of Wilhelmsburg's Reichsstrasse and the transformation of the northern section into a boulevard would be a once in a lifetime opportunity for Wilhelmsburg, for the *Sprung über die Elbe,* and thus for Hamburg as a whole. The advantages for the city park and the centre of Wilhelmsburg are obvious, and in the north this would enable the development of attractive waterside residential opportunities.

The IBA Hamburg has defined four test criteria for the relocation of Wilhelmsburg's Reichsstrasse:

1. Alignment with the railway route on the present day railway property without the requirement for further space,
2. noise barriers along the road/rail corridor,
3. relocation of the central interchange to the north because the on-ramps and interchange traffic would restrict the development of the centre of Wilhelmsburg,
4. clearance up to the mouth of the Jaffe Davids Canal where it enters the Ernst August Canal.

All of these criteria have now been fulfilled[3]; it has become especially clear that the requisite railway track relocation also entails a legal entitlement to noise protection in the east on the part of the railways.

Participation Process

Major traffic projects invoke resistance. In Wilhelmsburg this is headed by the citizens' initiative *Zukunft Elbinsel Wilhelmsburg e.V.* (Future of the Elbe Island of Wilhelmsburg), which, together with other initiatives, fought for the *Verkehrsplanung im Hamburger Süden* (Traffic Planning in the South of Hamburg) participation process in 2009. This came at a late stage in the planning process, was under time pressure, and suffered outright opposition from a number of participants, as well as misunderstandings. The latter relate, for example, to the financial agreement concluded in the meantime for the relocation of Wilhelmsburg's Reichsstrasse.

The Yes to the relocation of the Reichsstrasse and the No to the harbour link expressed by the *Zukunftskonferenz Wilhelmsburg 2001/02* remain the right answers. This differentiation is no longer supported by the citizens' initiatives, however.

The participation process was therefore able to produce nothing more than an expression of opinion that was rejected by the majority of the citizens' initiatives. Nevertheless, an outline of

Anpassungen im Straßennetz bei temporärer Sperrung der Wilhelmsburger Reichsstraße Changes to the road network during the temporary closure of Wilhelmsburg's Reichsstrasse

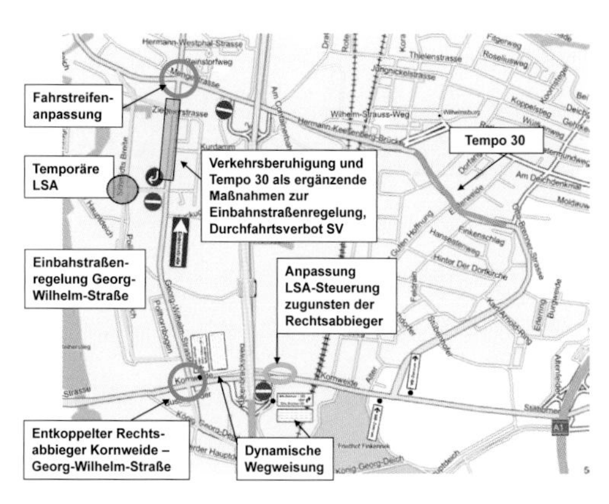

weitere Prüfung der Südtrasse gibt es eine knappe Zustimmung. Der Beteiligungsprozess erreichte allerdings die Zusage der Stadt für ein verkehrsplanerisches Gesamtkonzept für den Hamburger Süden und für die Fortführung der Beteiligung.

Temporäre Lösungen

Die Verlegung der Wilhelmsburger Reichsstraße wird bis 2013 kaum zu realisieren sein. Es verbleiben zwei Handlungsalternativen: Die später aufzulassende Straße erhält temporären Lärmschutz und eine temporäre Brücke oder die Straße wird für die Dauer der igs 2013 gesperrt. Verlorene Investitionen in beträchtlicher Höhe stehen gegen temporäre Einschränkungen. Statt eine Straße einfach zu sperren, muss der Zweck der Sperrung, die Nutzungsänderung durch Interventionen und Aktivitäten deutlich werden. So könnte die Inszenierung der gesperrten Wilhelmsburger Reichsstraße zu einem großen Event der igs 2013 werden – und zu einem IBA-Projekt innovativer Verkehrsplanung mit wissenschaftlicher Begleitung.
Straßensperrungen in Form von Baustellen sind üblich. Über die verkehrlichen Auswirkungen solcher Sperrungen liegen also Erfahrungen vor. Dennoch werden Straßen selten aus anderen Gründen temporär gesperrt. Ein spektakuläres und von der Verkehrsbelastung mit der Wilhelmsburger Reichsstraße (fast 60.000 Kfz pro Tag, davon rund ein Zehntel Lkw) vergleichbares Beispiel stellt *Paris Plage* dar, wo eine hoch belastete Uferstraße während der Sommermonate in einen Seine-Strand verwandelt wird.[4] Systematische Untersuchungen von 60 Straßensperrungen weltweit in den 1990er Jahren[5] und neuere Beispiele[6] belegen, dass der durch eine Sperrung verdrängte Verkehr nicht eins zu eins in benachbarte Straßen abfließt. Vielmehr weicht ein Teil des Verkehrs aus – auf andere Verkehrsmittel, wie Regional- und S-Bahn (Park-and-Ride), Bus und Fahrrad, oder großräumig im Straßennetz –, wählt andere Ziele oder andere Tageszeiten oder verzichtet ganz auf eine Fahrt. Dieser *diffundierte* Verkehr macht im Mittel ca. 25 Prozent aus, mit großen Schwankungen von Fall zu Fall.[7] Es gilt also die Umkehrung des Phänomens, dass neue Straßen neuen Verkehr induzieren.
Diesen Effekt in einer Verkehrsprognose abzubilden, ist schwierig. Sensitivitätsbetrachtungen mit 90, 80 und 70 Prozent des verdrängten Verkehrs variieren den zusätzlichen Verkehr auf den Ausweichrouten und machen die Folgen einer Planungsdiskussion zugänglich. Die sonst in der Verkehrsplanung bei Großprojekten übliche Betrachtung des Tagesverkehrs reicht für die Beurteilung einer Straßensperrung nicht, da mögliche Störungen im benachbarten Straßennetz vor allem in den Spitzenzeiten des Verkehrs auftreten. Die von der IBA Hamburg und der igs 2013 beauftragte Studie[8] berücksichtigt das und zeigt, dass eine temporäre Sperrung der Wilhelmsburger Reichsstraße zwischen den Anschlüssen Süd und Mitte bei entsprechenden Anpassungen im benachbarten Straßennetz vertretbar erscheint. Es geht dabei um eine Zuflussdosierung am Anschluss Hamburg-Harburg der Autobahn A1, die bei einer Sperrung der Wilhelmsburger Reichsstraße

Vogelperspektive der künftigen Wilhelmsburger Mitte (Visualisierung Stand 2008), links mit Wilhelmsburger Reichsstraße in der alten Trasse (im Jahr 2013) und rechts mit an den Rand der Bahnschneise verlegter neuer Trasse und überbauter alter Trasse (2013 plus) Bird's eye view of the centre of Wilhelmsburg in the future (visualization, status 2008), (left) with Wilhelmsburg's Reichsstrasse in the old location (in 2013) and (right) with the new route alongside the railway line, the old route having been built over (2013 plus)

the results is as follows: the retention of Wilhelmsburg's Reichsstrasse as is, or its conversion into a boulevard along its present route, were rejected by the participation process's core working group; relocation with conditions met with general agreement. The conditions contained thirty measures, of which twelve related to noise protection. The northern arm of the harbour link was rejected outright; there was only a very small majority in favour of further investigation relating to the southern arm. The participation process did, however, obtain agreement by the city to an overall traffic planning concept for the south of Hamburg and to the continuation of the participation process.

Temporary Solutions

It is highly unlikely that the relocation of Wilhelmsburg's Reichsstrasse can be carried out by 2013. There remain two alternative courses of action: temporary noise protection and a temporary bridge for the section of the road to be closed at a later date, or having the road closed for the duration of the igs 2013. Investment losses on a considerable scale stand in the way of temporary restrictions. Instead of simply closing a road, attention needs to be drawn, by means of intervention and action, to the aim of the closure and the change of use. The orchestration of Wilhelmsburg's Reichsstrasse closure could thus become a major event during the igs 2013—and, for the IBA, an innovative traffic planning project with the support of experts. Road closures due to construction work are nothing unusual and details of the traffic implications of such closures are therefore available. Roads are seldom closed on a temporary basis for other reasons, however. The *Paris Plage*, with a traffic load comparable to that of Wilhelmsburg's Reichsstrasse (almost 60,000 vehicles per day, around one-tenth of which are trucks), constitutes a spectacular example, with the heavily used embankment road being transformed into a Seine beach during the summer months.[4] The systematic investigation of sixty road closures worldwide in the 1990s,[5] as well as more recent examples,[6] show that the traffic forced elsewhere by a closure does not flow into neighbouring roads on a one-to-one basis. Instead, a portion of the traffic finds alternatives such as other means of transport—like regional and suburban trains (park and ride), bus, and bicycle—spreads out over a large area of the road network, chooses different destinations or other times of the day, or dispenses with the journey altogether. This *diffused* traffic accounts for about 25 per cent on average, with major fluctuations in each case.[7] This is then the inverse of the phenomenon of new roads inducing new traffic.

Depicting this effect in traffic forecasts is difficult. Sensitivity monitoring with 90, 80, and 70 per cent of the traffic forced away varies the additional traffic on the alternative routes, rendering the consequences of a planning discussion accessible. The usual monitoring otherwise used for traffic planning with major projects is not sufficient for assessing a road closure because the possible interruptions in the neighbouring road network primarily occur during peak traffic times. The study[8] commis-

erheblich mehr Verkehr verkraften muss. Ferner werden Anpassungen der Wegweisung sowie der Spuraufteilung und Grünphasenverteilung an mehreren Knotenpunkten erforderlich. Durch die Ableitung des Verkehrs – großräumig über die Autobahn und durch das Hafengelände und kleinräumig über Pollhorner Hauptdeich und Otto-Brenner-Straße – bleiben die temporären Zusatzbelastungen in bewohnten Bereichen gering. Abschnittsweise kann es durch die geänderte Verkehrsführung sogar zu leichten Verkehrsentlastungen kommen.
Die temporäre Sperrung der Wilhelmsburger Reichsstraße zwischen den Anschlüssen Süd und Mitte ist eine realistische Option, wenn parallel dazu ÖPNV, Park-and-Ride und Fahrradverkehr ausreichend gestärkt werden. Sie erfordert Mut und muss verkehrsplanerisch, operativ und kommunikativ gut vorbereitet und begleitet werden. Die Inszenierung der gesperrten Straße durch die igs 2013 sollte auch die Kritiker der Sperrung überzeugen können.

Anmerkungen

1 DEGES: *Projektstudie Hafenquerspange Hamburg, Neubewertung von Linienführungen unter veränderten Randbedingungen.* Berlin 2009.

2 Zukunftskonferenz Wilhelmsburg (Hg.): *Weißbuch: Zukunftskonferenz Wilhelmsburg. Insel im Fluss – Brücken in die Zukunft.* Bericht der Arbeitsgruppen Mai 2001 – Januar 2002. Hamburg 2002.

3 DEGES: *Neuordnung des Fernstraßennetzes in Hamburg-Wilhelmsburg zwischen der vorhandenen B 4/75 im Westen und der BAB 1 im Osten.* Berlin 2008.

4 Hartmut Topp: *Temporäre Sperrung, Umnutzung und Inszenierung städtischer Hauptverkehrsstraßen. Straßenverkehrstechnik* 53, Nr. 1 (2009).

5 Sally Cairns / Carmen Hass-Klau / Phil Goodwin: *Traffic Impact of Highway Capacity Reductions: Assessment of the Evidence.* London 1998.

6 Robert Cervero: *Freeway Deconstruction and Urban Regeneration in the United States.* International Symposium for the first Anniversary of the Cheonggyecheon Restoration in Seoul, Korea (2006). www.uctc.net/research/papers/763.pdf.

7 Cairns / Hass-Klau / Goodwin 1998.

8 Uwe Hülsemann: *Verkehrliche Wirkungen einer Sperrung der Wilhelmsburger Reichsstraße in Hamburg-Wilhelmsburg.* Bergisch Gladbach 2010.

sioned by the IBA Hamburg and the igs 2013 takes this into consideration and shows that a temporary closure of Wilhelmsburg's Reichsstrasse between the central and southern interchanges, with corresponding modifications to the neighbouring road network, appears justifiable. This involves flow management at the A1 motorway's Hamburg-Harburg interchange that will have to cope with significantly more traffic in the event of the closure of Wilhelmsburg's Reichsstrasse. Modifications will also have to be made to direction signs, as well as to lane markings and green phase distribution at several interchanges. The traffic diversions—on a large scale via the motorway and through the harbour and on a small scale via the Pollhorner Hauptdeich and Otto-Brenner-Strasse—mean that the additional temporary load in residential areas remains minimal. In some sections, the changed traffic flow can in fact lead to slight traffic alleviations.
The temporary closure of Wilhelmsburg's Reichsstrasse between the southern and central interchanges is a realistic option if public transport, park and ride, and cycle traffic are reinforced at the same time. This requires courage and needs to be well planned and supported in terms of traffic planning, operation, and communication. The road closure orchestration during the igs 2013 should also be able to convince those critical of the closure.

Notes

1 DEGES: *Projektstudie Hafenquerspange Hamburg, Neubewertung von Linienführungen unter veränderten Randbedingungen.* Berlin 2009.

2 Zukunftskonferenz Wilhelmsburg (Ed.): *Weißbuch: Zukunftskonferenz Wilhelmsburg. Insel im Fluss—Brücken in die Zukunft.* Working group report May 2001-January 2002. Hamburg 2002.

3 DEGES: *Neuordnung des Fernstraßennetzes in Hamburg-Wilhelmsburg zwischen der vorhandenen B 4/75 im Westen und der BAB 1 im Osten.* Berlin 2008.

4 Hartmut Topp: Temporäre Sperrung, Umnutzung und Inszenierung städtischer Hauptverkehrsstraßen. *Straßenverkehrstechnik,* Vol. 53, No. 1, 2009.

5 Sally Cairns / Carmen Hass-Klau / Phil Goodwin: *Traffic Impact of Highway Capacity Reductions: Assessment of the Evidence.* London 1998.

6 Robert Cervero: *Freeway Deconstruction and Urban Regeneration in the United States.* International Symposium for the First Anniversary of the Cheonggyecheon Restoration in Seoul, Korea, 2006. www.uctc.net/research/papers/763.pdf.

7 Cairns / Hass-Klau / Goodwin 1998.

8 Uwe Hülsemann: *Verkehrliche Wirkungen einer Sperrung der Wilhelmsburger Reichsstraße in Hamburg-Wilhelmsburg.* Bergisch Gladbach 2010.

Oben: Uferstraße Georges Pompidou in Paris mit nächtlichem Pkw-Verkehr (1995) ...
Unten: ... und als künstlicher Strand an der Seine („Paris Plage") im August 2008
Above: The Georges Pompidou riverside road in Paris with car traffic at night (1995) ...
Below: ... and as an artificial beach on the Seine ("Paris Plage") in August 2008

HANS-CHRISTIAN LIED, KAREN PEIN

Metrozone Hafenrand

Müggenburger Zollhafen, Spreehafen und Harburger Binnenhafen

„Hamburg hat keinen Hafen, sondern ist ein Hafen." Dieser Satz fällt in Hamburg immer dann, wenn betont werden soll, wie wichtig der Hafen für die Stadt ist. Bis Ende des 19. Jahrhunderts galt er auch im räumlichen Sinne: Die gesamte Hansestadt war bis dahin zollfrei. Waren wurden überall dort gelagert, wo Zugang zum Wasser bestand. Hafen und Stadt ließen sich nicht auseinander halten. Das änderte sich 1881: Mit der Eingliederung ins Deutsche Reich mussten die in Hamburg gehandelten Waren nach deutschem Recht verzollt werden. Nur ein abgegrenzter Teil des Hafens konnte Zollausland bleiben: der Freihafen. Stadt und Hafen sind seitdem zwar räumlich getrennt; sie existieren allerdings bis heute unmittelbar nebeneinander. Und das ist eine Besonderheit Hamburgs, denn in keiner anderen großen europäischen Hafenstadt liegt der Hafen immer noch am Rande der Innenstadt. Nirgendwo sonst schaut man von der City direkt auf Schwimmdocks und Containerterminals; wie in einem Schaufenster zeigt sich der Hafen am Südrand der Norderelbe. Für die Stadtentwicklung und nicht weniger für die Hafenentwicklung stellt diese faszinierende Nähe jedoch auch ein Problem dar. Schließlich ist der Hafen Europas zweitgrößter Containerumschlagplatz und bringt Lärm, Verkehr, räumliche Barrieren, rechtliche Unverträglichkeiten und Flächenkonkurrenzen mit sich.

Situation

Die Ausdehnung des Hafens und damit auch der Hafenrand wird heute formal durch den Geltungsbereich des Hafenentwicklungsgesetzes definiert. Davon zu unterscheiden sind die Grenzen des abgezäunten Freihafens – des zollfreien Gebietes, das nur eine Teilmenge des gesamten Hafens darstellt. An vielen Stellen deckt sich der Hafenrand mit der Hochwasserschutzlinie (Deichlinie). Der größte Teil des Hafens liegt damit außendeichs und ist nicht oder nur durch „private" Polder hochwassergeschützt.
Das Präsentationsgebiet der Internationalen Bauausstellung Hamburg (IBA) – die Veddel, Wilhelmsburg und der Harburger Binnenhafen – ist maßgeblich geprägt und durchzogen von dieser Grenze zwischen Stadt und Hafen: Insgesamt 35 Kilometer Hafengrenze verlaufen durch das IBA-Gebiet.
Begreift man Metrozonen als Zonen, die ihrer topografischen Lage nach oder hinsichtlich ihrer Erreichbarkeit „zentral" liegen, aber aus anderen Gründen nicht ihrer Zentralität entsprechend genutzt werden, bietet der Hafenrand zahlreiche solcher Metrozonenbeispiele: Restflächen, häufig am Rande großer Infrastrukturelemente, liegen brach und andere Flächen werden untergenutzt. Die Ursachen hierfür sind vielfältig:

- Verkehrs- und Gewerbelärm wirken ein.
- Die Pflicht zur Berücksichtigung des faktischen und auch bereits des rechtlich möglichen Lärms schränken die planungsrechtlichen Festsetzungsmöglichkeiten für Nutzungen im Übergangsbereich von Stadt und Hafen ein.
- Nach Hafenentwicklungsgesetz müssen innerhalb des Hafens alle Nutzungen (bis auf Aus-

Spreehafen und Norderelbe, im Hintergrund die Innenstadt The Spreehafen and the northern arm of the Elbe, the city centre in the background

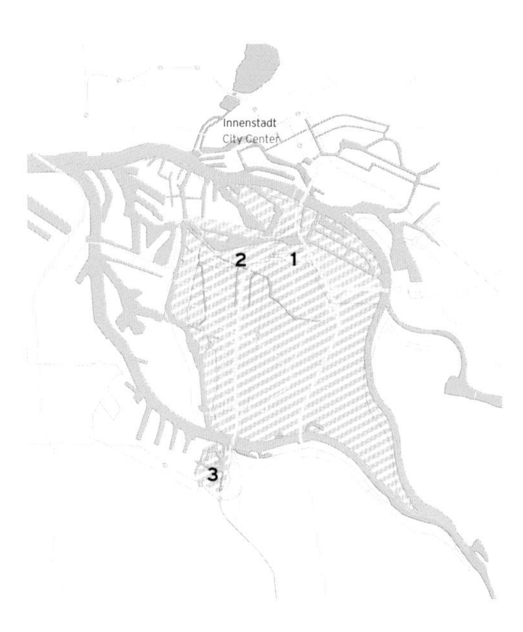

Elbinsel mit den drei in diesem Beitrag näher betrachteten Hafenzonen The Elbe Island with the three harbour zones focussed on in this article

1 Müggenburger Zollhafen
2 Spreehafen
3 Harburger Binnenhafen

Hafengebiet Harbour area

Wasser Water

IBA-Präsentationsgebiet IBA presentation area

HANS-CHRISTIAN LIED, KAREN PEIN

Metrozone at the Harbourside

Müggenburger Zollhafen, Spreehafen, and Harburger Binnenhafen

nahmen) Hafenzwecken dienen, die Auswahl möglicher Nutzungen ist deshalb beschränkter als außerhalb des Hafens.
- Die in Altverträgen im Hafengebiet vereinbarten niedrigen Pachtzinsen führen zu Flächenbevorratung und geringem Nutzungsdruck auf Seiten der Pächter.
- Vorbehaltsflächen für geplante Infrastrukturmaßnahmen zur zukünftigen Erschließung des Hafens müssen freigehalten werden.
- Hochwasserschutzanlagen und überörtliche Verkehrstrassen wirken als Zugangsbarrieren.
- Auflagen und hohe Aufwendungen für den Hochwasserschutz bei außendeichs liegenden Flächen machen deren Nutzung unrentabel.
- Hohe Sanierungskosten zur Dekontamination von verseuchten Böden machen Nutzungen unrentabel.

Brachliegende Restflächen und mindergenutzte Flächen finden sich zwar gehäuft am Hafenrand, jedoch prägen sie ihn nicht allein: Große Bereiche sind gewerblich oder durch Straßen und Schienenwege genutzt. Dabei dürfte strittig sein, welche der Gewerbenutzungen bezogen auf ihre Lage in der Stadt als Mindernutzungen anzusehen sind. An einigen Stellen stößt auch Wohnbebauung direkt an das Hafengebiet oder liegt sogar im Hafengebiet. Dabei handelt es sich ausnahmslos um historisch gewachsene Situationen, die unter heutigen planungsrechtlichen Randbedingungen nicht neu entstehen könnten.

Entwicklungsstrategien

Zum Nebeneinander von Stadt und Hafen bestehen unter Stadtplanern unterschiedliche Auffassungen. Einige vertreten die Vorstellung, dass unmittelbare Nebeneinander von Hafen und Stadt könne positiv und zum gegenseitigen Nutzen gestaltet werden. Andere sind vom Gegenteil überzeugt und glauben, dass Hafennutzungen und die klassischen Funktionen der Stadt heute nicht mehr sinnvoll miteinander in Beziehung gebracht werden könnten. Deshalb seien, wie in den meisten anderen Hafenstädten, Hafen und Stadt noch stärker räumlich zu trennen.

Die Hafen-Stadt-Realität ist vielfältig, weshalb sich beide Positionen belegen lassen. Sicherlich sind die großen Containerinfrastrukturen nur noch bei entsprechend großem Abstand stadtverträglich, so wie vielleicht gerade noch das Gegenüber der Kapitänshäuser an der Övelgönne (Altona) mit dem Containerterminal Waltershof am anderen Elbufer. Die im Folgenden vorgestellten Projekte der IBA Hamburg zeigen, dass sich trotz der dargestellten, teilweise schwierigen Randbedingungen am Hafenrand das unmittelbare Nebeneinander von Stadt und Hafen durchaus positiv gestalten lässt.
- Im Bereich Müggenburger Zollhafen werden mit zwei IBA-Projekten neue hochbauliche Nutzungen innerhalb des Hafengebietes angesiedelt.
- Im Spreehafen wird ebenfalls innerhalb des Hafengebietes eine Überlagerung von Hafen- und Freizeitnutzung angestrebt.
- Im Harburger Binnenhafen entstehen zwischen fortexistierenden Hafennutzungen neue Büro- und demnächst auch Wohnbauten. Das Hafengebiet weicht hier zwar planungsrechtlich betrachtet zurück – unter anderem um Wohnen zu ermöglichen – doch bleibt der Binnenhafen als solcher in seiner Funktion

IBA DOCK in der Metrozone Müggenburger Zollhafen, schwimmender Sitz der IBA Hamburg GmbH (Entwurf: Han Slawik; Ausführungsplanung: bof Architekten)
The IBA DOCK in the Müggenburg customs harbour metrozone, the floating headquarters of the IBA Hamburg GmbH (design: Han Slawik; planning implementation: bof Architekten)

"Hamburg does not have a harbour, it is a harbour." This is a sentence heard in Hamburg whenever there is a need to emphasise the harbour's importance to the city. Up until the end of the nineteenth century this applied in a spatial sense as well, with the whole of the Hanseatic city having been exempt from duty. Goods were stacked wherever there was access to the water and there was no distinction made between the harbour and the city. This changed in 1881 when, with its incorporation into the German Empire, goods traded in Hamburg were subject to customs duties according to German law. Only a confined area of the harbour was able to remain duty-free: the free port. The city and the harbour have since been spatially separate but they continue to exist in direct proximity to one another. And that is a special feature of Hamburg because in no other European harbour city is the harbour still located at the periphery of the city centre. Nowhere else can you look directly from the city onto floating docks and container terminals; the harbour sits on the southern edge of the northern arm of the Elbe as if on display. This intriguing proximity also presents a problem for the city's development, as well as for that of the harbour, however. After all, the harbour is Europe's second largest container trans-shipment centre, bringing with it noise, traffic, spatial barriers, legal incompatibilities, and competition for space.

Situation

Today the extent of the harbour, and therefore also of the harbourside, is formally defined by the jurisdiction of the Harbour Development Act. This is to be distinguished from the boundaries of the fenced-off free port—the duty-free area that constitutes only a portion of the entire harbour. In many places, the harbourside corresponds to the flood defence line (dyke line). The greater part of the harbour thus lies outside the dyke, without flood defences, or else is protected by "private" polders only.
The International Building Exhibition (IBA) Hamburg's presentation area—Veddel, Wilhelmsburg, and the Harburg inland port—is strongly characterised by and traversed by this boundary between the city and the harbour: the IBA area is traversed by a total of thirty-five kilometres of harbour boundary.
We take metrozones to mean zones that are situated "centrally" relative to their topographical situation or to their accessibility but which, for other reasons, are not used in accordance with their centrality. The harbourside contains numerous examples of metrozones: disused space, often at the periphery of large infrastructural elements, lies dormant, and other areas are under-utilised. The reasons for this are diverse:

- Traffic and commercial noise has an impact.
- The obligation to consider the actual and also the legally possible noise restricts the options for planning and the legal possibilities for utilisation in the transition zone between city and harbour.
- In terms of the Harbour Development Act, all utilisations within the harbour (with a few exceptions) have to serve harbour purposes and so the range of possible uses is even more restricted than outside the harbour.
- The low rentals in the harbour area agreed in old contracts lead to the stockpiling of space and little utilisation pressure on the leaseholders.
- Space reserved for planned infrastructure measures for future harbour access have to be kept available.
- Flood defence systems and regional traffic routes act as access barriers.
- The implementation and high cost of flood defences for areas outside the dyke make their utilisation unprofitable.
- The high rehabilitation costs for the decontamination of polluted soil makes utilisation unprofitable.

Wasteland and under-utilised stretches are frequent features of the harbourside but they are not the only type of space: large areas are subject to commercial use or are used for roads and railway tracks. It is a moot point as to which of the commercial uses could be seen as under-utilisation given their location in the city. There is also housing in some places directly adjoining

erhalten. Der in Kürze rechtswirksame Bebauungsplan organisiert das Nebeneinander von verbleibendem Hafengewerbe, von existierendem Freizeithafen und von neuen Wohn- und Bürogebäuden.

Metrozone Müggenburger Zollhafen

Der im Stadtteil Veddel gelegene Müggenburger Zollhafen wurde Ende des 19. Jahrhunderts gebaut und diente zur Zollabfertigung von Binnenschiffen. Im Norden grenzt unmittelbar dichte Wohnbebauung aus den 1920er Jahren an. Im Südwesten liegt das 2006 neu eröffnete Museum „Auswandererwelt BallinStadt", genau an der Stelle, wo sich die historische Auswandererstadt befand. Dort warteten zwischen 1850 und 1938 insgesamt über fünf Millionen Auswanderer in Massenunterkünften auf ihre Überfahrt in die „Neue Welt". Östlich des Museums sind die am Wasser liegenden Flächen seit Jahrzehnten weitgehend ungenutzt. Noch weiter im Osten quert die Autobahn das Hafenbecken. Dahinter liegt die industriell geprägte Peute.
Der Zollhafen ist ein Beispiel dafür, dass auch Wasser unter die Kategorie Metrozonen fallen kann: Zu Zeiten, als im Müggenburger Zollhafen noch Binnenschiffe auf ihre Abfertigung durch den Zoll warteten, herrschte auf der Wasserfläche reges Leben. Zunächst wurde die Zollstation aufgelöst und dann verschwanden in den 1990er Jahren auch die Zollpontons und die schwimmende Binnenschifferkirche. Das Hafenbecken war seither leer und verwaist. Hinsichtlich der Wasserfläche änderte daran auch nichts der an sich gelungene Umbau großer Uferbereiche zu begehbaren Promenaden. Infolge von Baumaßnahmen, die durch erhöhte Hochwasserschutzanforderungen nötig geworden waren, rahmten hohe Spundwände die verwaiste Wasserfläche. Die Trendwende zu einer erneuten Belebung kam 2005/06 mit dem neuen Barkassenanleger „Veddel-BallinStadt" sowie mit einem kleinen schwimmenden Bootshaus am Nordufer, das von Jugendlichen der Veddel genutzt wird.

IBA DOCK

Das kleine Bootshaus hat vor kurzem einen großen Nachbarn bekommen, das IBA DOCK. So bezeichnet die IBA Hamburg ihre neue schwimmende Anlaufstelle für Besucher, die vom Architekten Prof. Han Slawik (Hannover) entworfen wurde. Durch das derzeit größte schwimmende Gebäude in Deutschland erhofft sich die IBA zusätzliche Aufmerksamkeit für das Informationszentrum und eine positive Wirkung auf den Müggenburger Zollhafen und die Veddel. Gleichzeitig symbolisiert das Gebäude Strategien im Umgang mit dem Klimawandel, zum einen durch eine Beheizung ohne Kohlendioxidemissionen und zum anderen durch den unkonventionellen Umgang mit einer Folge des Klimawandels, der Hochwassergefahr.

Haus der Projekte

Gegenüber vom IBA DOCK, am verwilderten Südufer, entsteht ein zweites IBA-Projekt, das vom holländischen Architekturbüro studio NL-D geplante „Haus der Projekte". Hierhin wird das bereits bestehende Haus der Jugend Veddel umziehen und sein Angebot im Bereich handwerklicher Qualifizierung erweitern. Eine Bootsbauwerkstatt, eine große Küche, ein Musik- und Hobbyraum sowie Gruppenräume geben die Möglichkeit für vielfältige Aktivitäten. Das typologisch an traditionelle Werftgebäude angelehnte Gebäude soll im Inneren von den Jugendlichen selbst ausgebaut werden. Auch hinsichtlich der Beheizung wird experimentiert: Fünf Jahre lang soll Wasserstofftechnologie gestestet werden, die bislang noch kaum Einzug in die Gebäudetechnik gehalten hat: Ein Brennstoffzellenaggregat produziert aus Wasserstoff, der aus Erdgas gewonnen wird, und Sauerstoff nach dem Prinzip einer Batterie Elektrizität und Heizwärme.
Beide IBA-Projekte festigen den mit dem Museum „Auswandererwelt BallinStadt" bereits begonnenen Transformationsprozess der Metrozone Müggenburger Zollhafen.

Haus der Projekte am Müggenburger Zollhafen (Entwurf: studio NL-D) Haus der Projekte (House of Projects) at the Müggenburg customs harbour (design: studio NL-D)

the harbour area, sometimes even located within the harbour area. Without exception, these are situations with a historical background; they would not be built there under today's planning conditions.

Development Strategies

Urban planners have differing opinions regarding the co-existence of city and harbour. Some take the view that the direct proximity of harbour and city can be utilised positively and to mutual advantage. Others take the opposite standpoint and believe that, today, harbour utilisation and classic city functions can no longer be combined with one another in a meaningful sense. Harbour and city therefore need to be subject to greater spatial separation, as is the case in the majority of other harbour cities. The harbour-city reality is a diverse one, thus allowing the representation of both positions. Of course, the large container infrastructure is compatible with the city only at an appropriate and considerable distance, as is perhaps the case with the Kapitänshäuser (Captains' Houses) on the Övelgönne (Altona) being opposite the Waltershof container terminal on the other bank of the Elbe. Despite the depiction of what are sometimes difficult constraints at the harbourside, the direct proximity of city and harbour can indeed be developed positively, as the IBA Hamburg projects presented below demonstrate:

- Near the Müggenburg customs harbour two IBA projects are positioning new high-rise utilisations, within the harbour area.
- In the Spreehafen efforts are also being aimed at an overlap of harbour and leisure utilisation, within the harbour area.
- In the Harburg inland harbour new office and soon also residential buildings are under construction between existing harbour utilisations. From a planning perspective, the harbour area is in fact receding—to facilitate housing, for instance—but the inland harbour as such retains its function. The soon to be approved construction plan provides for the co-existence of the remaining commercial harbour enterprises, the existing leisure harbour, and new residential and office buildings.

The Müggenburg Customs Harbour Metrozone

The Müggenburg customs harbour situated in the city's Veddel district was built at the end of the nineteenth century and was used for the customs clearance of inland vessels. Directly adjoining it to the north are densely populated residential areas dating from the 1920s. In the southwest is the new BallinStadt Emigration Museum, opened in 2006 on the site of the historic emigration port. Between 1850 and 1938 a total of over five million emigrants waited here in mass accommodation for their passage to the "New World." The areas of land at the water's edge to the east of the museum have been largely unused for decades. Further to the east the harbour basin is traversed by the autobahn and beyond that is the Peute industrial area. The customs harbour is an example of how water can also fall into the metrozone category: there was plenty of life on the water in the era when inland vessels used to wait for customs clearance in the Müggenburg customs harbour. First of all, the customs post was abolished, then the customs pontoons, and the float-

Metrozone Spreehafen

Das Spreehafenbecken ist eines der größten im Hamburger Hafen, dort findet sich Hamburgs größte Ansammlung schwimmender Häuser (Lieger). Von den zahlreichen Anwohnern wird der Spreehafen aber vor allem mit einem Zaun in Verbindung gebracht, dem Zollzaun des Freihafens, der ihnen den direkten Zugang verwehrt. Heute kann das Hafenbecken nur auf langen Umwegen erreicht werden. Seit Jahren versuchen die Wilhelmsburger, die als funktionslos empfundene Barriere zu Fall zu bringen. Bislang sind die Versuche an einem Gesetz gescheitert, das die Einfriedung des Freihafens fordert. Doch nun besteht Grund zur Hoffnung, dass der Zollzaun demnächst verschwindet: Der Freihafen soll verkleinert werden, wodurch auch die Zollgrenze am Spreehafen entfallen würde. Bereits jetzt eignet sich der Spreehafen als Freizeitraum, der nach dem Abbau der Barriere noch an Wert gewinnen würde.
Eine andere wichtige Weiche für die Naherholungsqualität wurde bereits gestellt: Die neuen Hafenbahnbrücken am östlichen Ende des Gewässers sollen, anders als die Vorgängerbrücken, mit Fuß- und Radwegen ausgestattet werden. Damit wird der Spreehafen erstmals zu umrunden sein, ein wesentliches Qualitätsmerkmal für Spaziergänger, Jogger und Skater. Der Spreehafen wird jedoch kein Park werden. Er wird bis auf weiteres im Hafengebiet (nicht zu verwechseln mit dem Freihafengebiet!) verbleiben, vor allem weil er zukünftig für Hafenfunktionen benötigt wird, aber auch weil genau das ihn für viele interessant macht. Die Überlagerung von Freizeit- und Hafennutzungen ist zwar an einigen Stellen de facto schon Realität, aber als geplanter ständiger Bestandteil des Hafens sind Freizeitfunktionen noch neu.
Der Wegfall des Zollzauns wird derzeit von Topotek 1 Landschaftsarchitekten (Berlin) vorbereitet, die sich überdies mit der Frage befassen, wie das Hafenbecken demnächst mit den umliegenden Stadtteilen verbunden werden kann. Darüber hinaus ist es ein besonderes Anliegen der Wilhemsburger und der IBA Hamburg, den Spreehafen und das Reiherstiegviertel mit einer öffentlichen Fährlinie an die nahe gelegene Hamburger Innenstadt anzubinden.

Hausboote im Spreehafen
Houseboats in the Spreehafen

Metrozone Harburger Binnenhafen

Der Harburger Binnenhafen ist bereits seit zwei Jahrzehnten einem Verwandlungsprozess unterworfen, infolgedessen die Hafennutzung einerseits zurückweicht und andererseits elementare Spuren hinterlässt. Während der südliche Teil des Harburger Binnenhafens schon lange kein Hafengebiet mehr ist und sich zwischenzeitlich zu einem stabilen Bürostandort entwickelt hat, steht die Entlassung der Harburger Schlossinsel aus dem Hafengebiet kurz bevor. Damit wird der Startschuss für eine Entwicklung zu einem nutzungsgemischten Quartier gegeben. Die Kunst dabei wird sein, die wenigen noch vorhandenen, echten Hafenbetriebe, die das einzigartige Flair der Schlossinsel ausmachen, nicht nur am Standort zu halten,

ing boatmen's church also disappeared in the 1990s. The harbour basin has been empty and abandoned since then, a situation that has remained unchanged despite the otherwise successful conversion of the extensive embankment into an accessible promenade. The desolate stretch of water has been edged with high sheet piling following the construction measures necessitated by increased flood defence requirements. The trend reversal back to renewed activity came in 2005/06 with the new "Veddel-Ballin Stadt" barge quay, as well as a small floating boathouse on the north bank, used by the young people of Veddel.

The IBA DOCK

The small boathouse recently acquired a sizeable neighbour in the form of the IBA DOCK. This is the name the IBA Hamburg has given to its new floating visitors' centre, designed by the architect Professor Han Slawik (Hannover). The IBA hopes that what is currently the largest floating building in Germany will attract further attention to the information centre and have a positive impact on the Müggenburg customs harbour and Veddel. The building is also symbolic of strategies for dealing with climate change, via heating without carbon dioxide emissions on the one hand and through the unconventional approach to a consequence of climate change, namely the risk of flooding, on the other.

Planungsvorschlag für eine Deichüberquerung an der Hafenrandstraße - nach Entfernung des Spreehafenzauns (Visualisierung: Topotek 1) Planning proposal for a dyke crossing on the harbour periphery road—following the removal of the Spreehafen fence (visualisation: Topotek 1)

Haus der Projekte

Opposite the IBA DOCK, on the overgrown southern bank, is the site of a second IBA project, the Haus der Projekte (House of Projects), designed by Dutch architectural practice studio NL-D. The existing Veddel Haus der Jugend (Youth Centre) is to move in here and expand its range of trade qualifications offered. A boat-building workshop, a large kitchen, a music and hobby room, as well as group facilities, enable a diverse selection of activities. The interior of the building, which is reminiscent of traditional shipyard structures, is to be fitted out by the teenagers themselves. The heating is also experimental: hydrogen technology, which has yet to make a real entry into building services engineering, is to be tested for a period of five years. A fuel cell unit is to produce electricity and thermal heat from hydrogen, obtained from natural gas, and oxygen using the same principle as a battery.
The two IBA projects are a consolidation of the process of transforming the Müggenburg customs harbour metrozone that was begun with the BallinStadt Emigration Museum.

The Spreehafen Metrozone

The Spreehafen basin is one of the largest in Hamburg's harbour, with the city's biggest collection of floating homes (barges). Many residents, however, associate the Spreehafen with a fence, namely the customs fence around the free port that prevents their direct access. Today the harbour basin can be reached only by means of a long detour. The Wilhelmsburg residents have been trying for years to have the

Harburger Binnenhafen mit Schloßinsel
Harburg inland port with the Schloßinsel

sondern mögliche Konflikte zu der sensibleren Wohnnutzung von Beginn an zu vermeiden. Aufgrund der zurzeit überwiegend gewerblichen Nutzung im Harburger Binnenhafen unterliegen alle potenziellen Wohnungsbauflächen starken Restriktionen hinsichtlich des Gewerbe- und Verkehrslärms. Durch klugen Städtebau ist es dennoch möglich, innovative Lösungen und qualitativ hochwertigen Wohnungsbau zu schaffen, wie das Beispiel des IBA-Projektes „Maritimes Wohnen am Kaufhauskanal" zeigt.

Das knapp 7000 Quadratmeter große Baugrundstück besticht durch seine direkte Lage am Kaufhauskanal, ist jedoch auch durch starken Verkehrs- und Gewerbelärm geprägt. Das Bebauungskonzept, das auf einen Entwurf der Architekten BIG – Bjarke Ingels Group (Kopenhagen) in Zusammenarbeit mit Topotek 1 Landschaftsarchitekten (Berlin) zurückgeht, sieht eine schachbrettartige Bebauung mit drei- bis fünfgeschossigen Gebäuden vor. Hohe Gebäudekanten orientieren sich stets zur lärmzugewandten Seite, sodass ruhige Innenhöfe mit hoher Aufenthaltsqualität entstehen. In den zur Straße gewandten Gebäuden dominiert Büro- und Einzelhandelsnutzung, zum Inneren und zur Wasserseite hin orientiert sich die Wohnnutzung.

seemingly functionless barrier taken down but efforts to date have been thwarted by a law requiring the enclosure of the free port. There are now grounds for hope, however, that the customs fence may soon disappear: the free port is to be diminished in size, which would also do away with the Spreehafen customs boundary. The Spreehafen is already suitable for use as a leisure area and would gain in worth following the dismantling of the barrier.

A further important step towards recreational quality has already been made: the new harbour railway bridges at the eastern end of the water are to be built with pedestrian and cycle paths, in contrast to their predecessors. This will make it possible to circle the Spreehafen for the first time, a key quality feature for pedestrians, joggers, and roller skaters. The Spreehafen will not become a park, however. It will remain within the harbour area for the time being (not to be confused with the free port area!), particularly because it will be required for harbour functions in the future, but also because that is precisely what makes it interesting for many people. The overlapping of leisure and harbour utilisation is in fact already reality in a number of places, but leisure functions as a planned, permanent component of the harbour are something new.

Preparations for the abolition of the customs fence are currently being made by Topotek 1 landscape architects (Berlin), who are also addressing the issue of how, in the near future, the harbour basin can be linked to the surrounding city districts. Connecting Wilhemsburg, the IBA Hamburg, the Spreehafen, and the Reiherstieg district with the nearby Hamburg city centre via a public ferry is another particular ambition.

Maritimes Wohnen am Kaufhauskanal (Entwurf: Bjarke Ingels Group und Topotek 1) Maritime living on the Kaufhauskanal (design: Bjarke Ingels Group and Topotek 1)

Harburg Inland Port Metrozone

For the last two decades the Harburg inland port has been subject to a transformation process: as the harbour utilisation has receded, it has left elementary traces. While the southern section of the Harburg inland port has long ceased to be a harbour area and has now developed into an established office location, Harburg's Schlossinsel (Castle Island) is shortly due to be ousted from the harbour area. This will constitute the starting signal for its development into a mixed use district. The real challenge here will be not only to retain the few genuine harbour enterprises still in existence, which create the Schlossinsel's unique atmosphere, but also from the outset to avoid possible conflicts with the more sensitive residential use. The current, largely commercial utilisation in the Harburg inland port means that all potential residential building sites are subject to significant restrictions with regard to commercial and traffic noise. With clever urban planning, however, it is still possible to create innovative solutions and high-quality housing, as is illustrated by the example of the IBA project "Maritimes Wohnen am Kaufhauskanal" (Maritime living on the Kaufhaus Canal).

The attraction of the almost 7,000 square metre building site is its location directly on the Kaufhauskanal, but it is also subject to significant traffic and commercial noise. The construction concept, based on designs by the architects BIG – Bjarke Ingels Group (Copenhagen) in co-operation with Topotek 1 landscape architects (Berlin), envisages a chessboard-like layout with three- to five-storey buildings. High building sides are always orientated in the noisy direction, producing quiet courtyards with a high quality of life. Office and retail utilisation predominates in the buildings facing the road, with residential utilisation facing towards the interior and the water side.

KLAUS-MARTIN GROTH

Stadtverträglichkeiten

Planungsrechtliche Möglichkeiten der Innenentwicklung

Ein Ziel der IBA Hamburg ist es, in der weiteren Stadtentwicklung („Sprung über die Elbe") eine Nutzungsmischung von Leben und Arbeiten zu fördern. Geplante Wohnstandorte im IBA-Präsentationsgebiet – Veddel, Wilhelmsburg und Harburger Binnenhafen – befinden sich in enger Nachbarschaft zu Autobahnen und Schnellstraßen, zu großen Eisenbahntrassen oder zum Hafen mit seiner rund um die Uhr geschäftigen Containerwirtschaft und den ihn umgebenden Gewerbebetrieben.
Die IBA Hamburg hat das Problem des Nebeneinanders von Wohnen und Arbeiten in ihrem Querschnittsprojekt „Stadtverträglichkeiten" aufgegriffen, das ein Miteinander von Hafen und Stadt befördern soll: Das Florieren des Hafens bleibt sichergestellt – und die Stadt kann in der „Metrozone Elbinsel" weitergebaut werden. Die IBA Hamburg arbeitet daran, hierfür intelligente städtebauliche und landschaftsplanerische Lösungen, innovative Lärmschutzmaßnahmen und neuartige Rechtsinstrumente gemeinsam mit Experten zu entwickeln. In ihrem Auftrag hat die Anwaltkanzlei [Gaßner, Groth, Siederer & Coll.] ein Rechtsgutachten zu den einschlägigen Rechtsfragen erstellt, dessen Ergebnis in mehreren Expertenrunden erörtert worden ist. Der vorliegende Beitrag fasst die wichtigsten Erkenntnisse des Abschlussberichts zusammen.

Problemstellung

Wohnbebauung in der Nähe von Hafenbetrieben – Beispiel für die Innenentwicklung
Der industrielle und gewerbliche Flächenbedarf ist in den Städten allgemein erheblich zurückgegangen – mit der Folge des Brachliegens oder der beträchtlichen Unterausnutzung traditioneller Gewerbe- und Industriestandorte in der Stadt. Dem stehen steigende Flächenbedarfe für Wohnraum, Kultur- und Freizeiteinrichtungen sowie für Grünanlagen gegenüber. Dies gilt zum Beispiel in Hamburg auch und insbesondere für die Umgebung des Hafens.

Umweltprobleme der verstärkten Innenentwicklung
Bei der Planung von Wohnstandorten in unmittelbarer Nähe von Hafenanlagen, aber auch in der Nachbarschaft von Gewerbestandorten, Verkehrsanlagen, Freizeitnutzungen oder in anderen immissionsbelasteten Umgebungen ergibt sich zwingend ein Aneinanderrücken unterschiedlicher Nutzungen, von denen eine jedoch immer bereits vorhanden ist und auch nicht vertrieben werden soll, sondern im Regelfall sogar ihrerseits gerade wegen des Vorrangs der Innenentwicklung und aus stadtwirtschaftlichen Gründen weitere Entwicklungsmöglichkeiten braucht.
Der beim Einzug neuer Nutzungen verschärfte Lärmkonflikt ist dabei nur der deutlichste von den vielen anderen mit der Innenentwicklung verbundenen Konflikten. Es geht auch um Staubimmissionen, Geruchsbelästigungen und Risikoerhöhungen beim Heranrücken an Anlagen, die der Störfallverordnung unterliegen. Diese „objektiven" Konflikte überlagern sich mit subjektiven Empfindungen und sozialen Prozessen des „up-gradings" und „down-gradings" und machen die Innenentwicklung zu einem schwierigen Vorgang. Dem wollte und musste sich die IBA Hamburg gleichwohl stellen.

Hafen, Verkehrsschneisen und Wohnquartiere auf engstem Raum: Blick vom Müggenburger Zollhafen über die Wilhelmsburger Brücke, das Müggenburger Sperrwerk und die Eisenbahnbrücken zum Spreehafen Harbour, transport routes, and residential areas in very close proximity: view from the Müggenburg customs harbour over the Wilhelmsburg Bridge, the Müggenburg barrier, and the railway bridges to the Spreehafen

KLAUS-MARTIN GROTH

Urban Compatibilities

The Planning Opportunities Presented by Inner City Development

Voraussetzungen für stadtverträgliche Planungen

Für die IBA Hamburg war und ist es notwendig, das Nebeneinander von Wohnen und Gewerbe so zu gestalten, dass bereits auf der Planungsebene Rechtssicherheit für zukünftige Investitionen sowohl in Wohnungen als auch in Gewerbebetrieben hergestellt wird. Gleichzeitig sollen hochwertige attraktive Wohngebiete und zukunftsfähige Gewerbestandorte entstehen. Es ging daher in dem Projekt „Stadtverträglichkeiten" vor allem um die Auslotung aller gegenwärtig bereits gegebenen planungsrechtlichen Möglichkeiten für eine Neuplanung von Wohnstandorten in immissionsbelasteten Umgebungen sowie für die Überplanung bereits bestehender Gemengelagen. Aber auch die Sicherung der Existenz und der Weiterentwicklung von emittierenden Anlagen, bei denen es sich im Fall des Hafens im Wesentlichen um Umschlaganlagen, aber auch um sonstige gewerbliche Betriebe oder Freizeitanlagen handelt, stand und steht auf der Agenda. Soweit das geltende Recht keine ausreichende Rechtssicherheit vermittelt, sollten auch Veränderungsvorschläge erarbeitet werden.

Möglichkeiten und Grenzen des geltenden Rechtsrahmens für die Lösung von Immissionskonflikten bei verstärkter Innenentwicklung

Trotz der fehlenden Harmonisierung der neuen Zielrichtung der verstärkten Innenentwicklung im Bauplanungsrecht mit dem Immissionsschutzrecht, das nur begrenzt die Durchbrechung des Grundsatzes der Trennung von Wohnen, Verkehr und Gewerbe zulässt, bietet das geltende Recht vielfältige Möglichkeiten zur weitgehend rechtssicheren Planung von Baugebieten mit Wohnnutzung in einer immissionsbelasteten Umgebung. Voraussetzung ist ein sorgfältig auf die besondere Situation abgestelltes Lärmschutzkonzept bei der Aufstellung entsprechender Bebauungspläne. Durch die Verbindung der Möglichkeiten der Mittelwertbildung nach der TA Lärm (Technische Anleitung zum Schutz gegen Lärm) mit den Möglichkeiten der Begrenzung der Lärmeinwirkung auf der Wohnseite durch entsprechende Bebauungsplanfestsetzungen muss ein sozialadäquater Lärmschutz für die zukünftige Wohnbevölkerung garantiert werden.

Eine Erhöhung der Investitionssicherheit kann dann in nachfolgenden Genehmigungsverfahren durch administrative Maßnahmen zur Beachtung des – den Bebauungsplanfestsetzungen zugrunde liegenden – Schutzkonzeptes bei Anwendung der Regelungen der TA Lärm über die Mittelwertbildung sowie zur Anwendung der Sonderprüfung erreicht werden. Soweit Belastungen verbleiben – wie zum Beispiel in der Hamburger HafenCity – sind diese mit den Vorteilen der Innenentwicklung und des konkreten Wohnstandorts abzuwägen.

Vollständige Rechtssicherheit lässt sich so jedoch nicht immer erreichen, weil das Verwaltungsgericht im immissionsschutzrechtlichen Rechtsstreit eine andere Zumutbarkeitsabwägung vornehmen kann, als sie dem Bebauungs-

Getreidemühle mit -silo und Gründerzeitvilla des Erbauers der Diamant-Mühle, Georg Plange, am Reiherstieg; vor der Flutschutzmauer ein Frachtschiff
Grain mill with silo and nineteenth-century villa belonging to the builder of the Diamond Mill, Georg Plange, in the Reiherstieg district; a cargo ship in front of the flood barrier

One of the goals of the IBA Hamburg is the promotion of mixed living and working uses in urban development ("Sprung über die Elbe"/"Leap over the Elbe"). Planned residential locations in the IBA presentation area—Veddel, Wilhelmsburg, and the Harburg inland port—are situated in close proximity to motorways and arterial routes, to major railway lands, or to the harbour with its twenty-four hour container business, as well as the commercial operations around it.

The IBA Hamburg has taken on the problem of the co-existence of living and working in its cross-sectional "Stadtverträglichkeiten" (Urban Compatibilities) project, intended to promote co-operation between the city and the harbour: the harbour boom is set to stay—and the city can be further expanded in the "Elbe Islands Metrozone." To this end, the IBA Hamburg is working together with professionals on the development of intelligent urban planning and landscape planning solutions, innovative noise protection measures, and new legal instruments. The law firm [Gaßner, Groth, Siederer & Coll.] was commissioned to compile a legal assessment of the relevant legal issues, the results of which have been discussed in several meetings with experts. This article provides a summary of the key findings contained in the final report.

Problem Definition

Residential Construction in Close Proximity to Harbour Operations

In general there has been a significant reduction in the demand for urban industrial and commercial space, resulting in wasteland or in the considerable under-utilisation of traditional commercial and industrial locations in cities. This is countered by an increasing demand for residential, cultural, and leisure facilities, as well as for green areas. This applies to Hamburg as well, and to the harbour area in particular.

Environmental Problems Associated with Increased Inner City Development

The planning of residential locations in direct proximity to harbour operations, as well as close to commercial sites, transport facilities, leisure facilities, and in other environments with high-level noise emissions, necessarily leads to a variety of utilisations being pushed together. It is always the case that one of these utilisations is already in existence and is not to be driven out, instead generally requiring further development options itself, owing to the precedence given to inner-city development and also for city economy reasons.

The increased disharmony about noise resulting from the influx of new utilisations is simply the most obvious of the many conflicts associated with inner-city development. There are also dust emissions, unpleasant odours, and increased risks with the encroachment of operations subject to the Hazardous Incident Ordinance. These "objective" conflicts overlap with subjective reactions and the social processes of "upgrading" and "downgrading," making inner city development a difficult task and one that the IBA Hamburg wanted to and had to take up.

Prerequisites for Compatible Urban Planning

For the IBA Hamburg it was and is necessary to devise residential and commercial co-existence in such a way as to ensure legal security for future investments in residential and commercial operations right from the planning stage. High-quality, attractive residential areas and future-oriented commercial sites were to be created at the same time.

The "Urban Compatibilities" project was therefore primarily concerned with examining the limits of all current legal planning options for new residential locations in environments with serious noise problems, as well as for replanning the complexity of existing interests. Also on the agenda, however, was and is the guaranteed existence and further development of noise emissions sources, which, in the case of the harbour, are primarily the container handling plants, as well as other commercial operations and leisure facilities. Proposals for change also need to be drafted where existing legislation does not provide sufficient guarantees.

plan zugrunde liegt. Insbesondere besteht nach der geltenden Rechtslage die nicht auszuschließende Gefahr, dass auf Richtwertüberschreitungen bei den Außenpegeln abgestellt wird, auch wenn der Plan bei der Abwägung passiven Schallschutz mit entsprechend wohnverträglichen Innenpegeln für ausreichend erachtet hat. Es besteht bei – im Rahmen der Abwägung als zumutbar angesehenen – Richtwertüberschreitungen zusätzlich die Gefahr, dass künftige Nutzer zivilrechtliche Abwehransprüche unter Berufung auf Außenpegel mit Erfolg geltend machen können. Um dies zu verhindern, müssten komplizierte private Dienstbarkeiten, etwa zur Duldung der Immissionen und eines Verzichts auf Abwehrrechte, in das jeweilige Grundbuch eingetragen werden, die dann auch noch mietrechtlich verbindlich für die Nutzer gemacht werden müssten. Einfacher wäre es, wenn – wie im Planfeststellungsrecht – feststünde, dass eine ordnungsgemäße, demokratisch legitimierte Abwägung in Verbindung mit der Festsetzung verbindlicher Immissionswerte solche zukünftigen Ansprüche ausschließt.

Konkrete Ansätze für wünschenswerte Änderungen

Festsetzung von Immissionswerten

Durch eine Ergänzung des § 9 Abs. 1 Nr. 24 BauGB könnte die Möglichkeit geschaffen werden, als Ergebnis des mit der Abwägung festgelegten Schutzniveaus, Immissionsgrenzwerte als Schallschutzmaße für einen differenzierten Schutz der Innen- und Außenbereiche von Wohngebieten in den Bebauungsplänen festzusetzen. Zur Klarstellung wäre dann als Folge eine Änderung der TA Lärm erforderlich, um eine ausdrückliche rechtliche Bindung an solche Immissionswerte im Genehmigungsverfahren festzulegen. Außerdem sollte § 9 Abs. 1 Nr. 24 BauGB zur Ermöglichung der verbindlichen Festlegung von Immissionswerten in Verbindung mit einer Immissionskontingentierung nach DIN 45691 dahingehend ergänzt werden, dass Schallschutzmaßen auch für angrenzende schützenswerte Gebiete außerhalb des Plangebietes festgelegt werden können.

Verbesserung der Durchsetzbarkeit von Regelungen zum passiven Schallschutz

Die bestehende gesetzliche Regelung in § 9 Abs. 1 Nr. 24 BauGB genügt hinsichtlich des passiven Lärmschutzes den Anforderungen der Praxis nur beim Neubau von Wohnungen, der in dem Gebiet des betreffenden Bebauungsplans selbst zugelassen werden soll. In diesen Fällen ist die Einhaltung solcher Festsetzungen Voraussetzung für die rechtmäßige Errichtung der betreffenden Gebäude. Damit steht auch fest, dass der jeweilige Bauherr der Wohnungsbauvorhaben die Kosten solcher passiven Schallschutzmaßnahmen trägt.

Problematisch ist jedoch die Anwendung der Vorschrift in denjenigen Fällen, in denen der Bebauungsplan eine Erhöhung der Lärmbelastung für vorhandene und bestandsgeschützte Wohngebäude durch die Neuerrichtung oder Erweiterung von Gewerbe- und Verkehrsnutzungen zulässt. Dies ergibt sich zum einen daraus, dass die Vorschrift Festsetzungen zum passiven Schallschutz nur insoweit zulässt, als die betroffenen Wohngebäude in dem betreffenden Bebauungsplangebiet selbst liegen. Ein Bebauungsplan, der sich zum Beispiel auf die Errichtung oder Erweiterung eines Gewerbegebietes bezieht, kann nach geltendem Recht keine passiven Schallschutzmaßnahmen für Wohngebäude außerhalb des Plangebietes vorsehen, ohne diese Wohngrundstücke und die gesamte, zwischen ihnen und dem „eigentlichen" Plangebiet liegende Fläche ihrerseits in das „Plangebiet" einzubeziehen. Zum anderen ist fraglich, wie derartige Planfestsetzungen des passiven Schallschutzes gegenüber bestehenden Wohngebäuden zu vollziehen sind. Damit zusammen hängt schließlich die Frage, wer die Kosten dafür zu tragen hat.

Hier wird vorgeschlagen, die aufgezeigten Defizite der bestehenden Rechtslage im Hinblick auf die Anforderung der Praxis durch Ergänzungen der Regelungen in § 9 Abs. 1 Nr. 24 BauGB zu beheben. Denkbar wäre, die Festsetzung passiver Schallschutzvorkehrungen auch auf Nachbarwohngebiete außerhalb des Bebauungsplangebietes zu erstrecken. Zum anderen könnte die Möglichkeit geschaffen werden,

Legal Framework for Solving Noise Emissions Conflicts

There is a lack of co-ordination in setting targets for further inner city development in terms of planning laws and noise emissions control regulations. These allow for only limited dilution of the principle of separating living, traffic, and commercial utilisations. Existing legislation, however, provides diverse options for extensive legally secure planning for residential construction areas in a high-level noise emissions environment. The prerequisite is that the relevant construction plans include a carefully devised noise protection concept specially adapted to the particular situation. A combination of the averaging options, according to the technical noise protection directives, with the possibilities for limiting noise exposure in residential areas by means of appropriate construction plan stipulations, ought to guarantee socially adequate noise protection for future residentials.
An increase in investment security can then be achieved by the subsequent approval process through administrative measures ensuring adherence to the protection concept—forming the basis of the construction plan stipulations—by applying the technical noise protection directives, averaging, and the use of special tests. Where there is a remaining impact—such as in Hamburg's HafenCity, for example—this needs to be balanced against the advantages of inner-city development and the specific residential location.
This cannot always provide complete legal security, however, because in legal disputes relating to protection against noise emissions the administrative court can apply a measure of reasonableness different from that on which the construction plans are based. In particular, according to current legislation, there is a possible risk that exterior noise could fall foul of the standards, even if the plans have given due consideration to the weighting of passive noise protection and residentially compatible interior levels.
With regard to infringements of the standards—at levels considered reasonable within the scope of the weighting—there is an additional risk that future users could successfully enforce civil law claims relating to the exterior. Preventing this would require the introduction of complicated private easements, for tolerance of noise emissions and renunciation of defensive claims, for instance, in the relevant title register, which would have to be made binding on the residents via tenancy law. It would be simpler if it were stipulated—as in planning legislation—that a proper, democratically approved weighting, together with binding noise emissions values, should preclude such claims in the future.

Concrete Approaches to Recommended Changes

Stipulation of Noise Emissions Values

As an outcome of the weighting of the stipulated protection level, an amendment to § 9 Para. 1 No. 24 of the BauGB (Baugesetzbuch, German Town and Country Planning Code) would create the possibility of fixing emissions limits in construction plans to provide differentiated noise protection for the interior and exterior of residential areas. For clarification purposes, a change to the technical noise protection directives will then be necessary in order to stipulate expressly that such noise emissions values are binding in the approval process. In order to enable emissions values to be stipulated as binding in combination with emissions quotas, as in DIN 45691 (German Industrial Standard), § 9 Para. 1 No. 24 of the BauGB should also be amended to enable the stipulation of noise protection levels for adjoining areas (outside of the planned area) that also require protection.

Improving the Enforceability of Passive Noise Protection Regulations

With regard to passive noise protection, the existing legal provisions in § 9 Para. 1 No. 24 of the BauGB are sufficient in practical terms only in the case of the construction of new housing units approved for the area of the relevant construction plan. In such cases, the adherence to such stipulations is a prerequisite for the lawful construction of the buildings in question. It is also made clear that the respective principal

die Durchführung der Maßnahmen und die Kostenübernahme einzelnen Begünstigten oder der Gemeinde aufzuerlegen, wobei Letztere die Möglichkeit hätten, durch städtebauliche Verträge mit den Investoren eine Refinanzierung zu erreichen.

Änderung der TA Lärm

Eine rechts- und investitionssichere Planung ist letztlich nur gewährleistet, wenn das dem betreffenden Bebauungsplan zugrunde liegende und – soweit rechtlich nach § 9 Abs. 1 Nr. 24 BauGB möglich – festgesetzte Lärmschutzkonzept für die Anwendung der Richtwerte nach Nr. 6 TA Lärm als solche sowie für deren Überschreitung durch Mittelwertbildung nach Nr. 6.7 und für die Anwendung der Sollvorschrift nach Nr. 6.7 Abs. 1 Satz 2 über die Überschreitung des Richtwerts für Mischgebiete bei der Mittelwertbildung für nachfolgende Genehmigungsverfahren ebenso ausdrücklich verbindlich wird, wie bisher die Bindung an die im Bebauungsplan festgesetzte Baugebietskategorie nach der BauNVO (Baunutzungsverordnung) bei der Anwendung der Richtwerte. Ferner wäre wünschenswert, dass von dem System der Beurteilungspegel für Außenrichtwerte – besonders für die Beurteilung der nächtlichen Belastung der Wohnbevölkerung – im Rahmen einer begründeten planerischen Abwägung zugunsten von Innenpegeln in Verbindung mit einem entsprechenden Lärmschutzkonzept im Bebauungsplan abgewichen werden kann.

Ergänzung des § 906 BGB

Um festgesetzte Schallschutzmaßen auch rechtssicher gegenüber zivilrechtlichen Abwehransprüchen verbindlich zu machen und um festgesetzte passive Schallschutzmaßnahmen auch zivilrechtlich zur Wirkung zu bringen, ist eine entsprechende Ergänzung des § 906 BGB angezeigt. Bisher wird der jeweilige Bebauungsplan mit seinen Festsetzungen von den Zivilgerichten nur als Indiz für die Ortsüblichkeit einer Einwirkung im Sinne des § 906 BGB herangezogen. Es würde zur Erhöhung der Rechts- und Investitionssicherheit beitragen, wenn auch das einem Bebauungsplan zugrunde liegende und entsprechend festgesetzte Lärmschutzniveau unmittelbar zivilrechtlich verbindlich wird.

Ausblick

Alle wollen Innenentwicklung – zumal sie klimapolitisch unverzichtbar ist. Gleichwohl stehen ihr viele Hindernisse entgegen. Die IBA Hamburg hat mit dem Projekt „Stadtverträglichkeiten" Wege aufgezeigt, diese zu überwinden und wird Beispiele verwirklichen, in denen das gelungen ist. Aus ihren Erfahrungen erwächst eine neue Planungspraxis; es bleiben jedoch Unsicherheiten, die der Gesetzgeber weiter vermindern könnte und sollte. Das Thema „Stadtverträglichkeiten" bleibt auf der Tagsordnung.

Großwohnsiedlung und Autobahn-Zubringer in Kirchdorf-Süd Major housing development and motorway access road in Kirchdorf-Süd

for the planned housing construction bears the cost of passive noise protection measures. What is problematic, however, is the application of the directive in those cases where the construction plan allows for increased noise pollution of existing and protected residential buildings caused by the construction or extension of commercial and traffic utilisations. One consequence of this is that the directive allows for passive noise protection stipulations only in so far as the residential buildings concerned are located in the relevant construction plan area itself. In terms of current legislation, a plan relating to the construction or extension of a commercial area, for example, cannot provide for passive noise protection measures for residential buildings outside of the plan area without incorporating into the "actual" plan area these residential sites plus the whole of the area between them and the plan area. It is also questionable as to how such passive noise protection planning demands are to be implemented with regard to existing residential buildings. This is ultimately related to the question of who is to bear the costs involved. It is proposed that the deficits highlighted in the existing legislation with regard to the practical requirements be overcome by amending the regulations in § 9 Para. 1 No. 24 of the BauGB. It is worth considering extending the stipulation of passive noise protection provisions to apply to neighbouring residential areas outside of the construction plan area. It could also be made possible to have the implementation of the measures and the assumption of costs made the responsibility of the individual beneficiaries or the municipality, with the latter able to recoup the expenditure through a planning agreement with the investors.

Changing the Technical Noise Protection Directives

Ultimately, planning that provides legal and investment security can be guaranteed only if the concept forming the basis of the construction plans is made as legally binding for subsequent approval procedures as the construction area categories in the BauNVO (Baunutzungsverordnung; German Federal Land Use Ordinance) for the application of standards have been to date. This would have to be achieved—as far as is legally possible according to § 9 Para. 1 No. 24 of the BauGB—via the stipulated noise protection concept for the application of the standards (Item 6 of the technical noise protection directives) and the use of averaging when standards are exceeded, including in mixed use areas (Item 6.7, Para. 1, clause 2). It would also be helpful if deviations from the system of assessment levels for exterior values were to be possible—especially for residential night time noise pollution—within the scope of a confirmed planning weighting in favour of interior levels in combination with a corresponding noise protection concept in the construction plan.

Amendments to § 906 BGB (German Civil Code)

Providing binding legal security for stipulated noise protection measures in the face of civil law claims and making stipulated passive noise protection measures effective in terms of civil law as well requires the appropriate changes being made to § 906 BGB (Bürgerliches Gesetzbuch, German Civil Code). Up until now, in terms of § 906 BGB, the relevant construction plans with their civil court stipulations have been seen only as indicators of local practice. It would contribute to an increase in legal and investment security if the stipulated noise protection level forming the basis of a construction plan were also made directly binding in terms of civil law.

Outlook

Everybody wants to see inner-city development—not least because it is indispensable in terms of climate policy. It is faced with a great many obstacles, however. With its "Urban Compatibilities" project, the IBA Hamburg has demonstrated ways for overcoming these and is presenting examples of where these have been successful. These experiences are resulting in new planning practices but insecurities remain that can and should be further reduced by the legislators. The issue of "Urban Compatibilities" is one that is set to remain on the agenda.

PETER ANDROSCH

Die Strategie der Yrr

Unvollständiger Entwurf einer akustischen Aneignung von Wilhelmsburg

Denkt der Fisch ans Wasser? Denkt er daran, wie er darin schwimmt? Ob es kalt oder warm ist? Denkt er an die Strömung? An die Wogen, in denen er sich ununterbrochen bewegt, von denen er getragen wird und getrieben, ja, von denen er sogar durchflutet wird? Nein! Er denkt gar nicht daran. Denn er ist im Meer, mit dem Meer und durch das Meer und ohne Meer ist er nichts.
Denkt der Fisch an die Welle? Denkt er an diese riesige, wogende und unüberschaubare Materie, die sich in sich verschiebt und alles in ihr und alles außer ihr Befindliche durchdringt? Mysteriös verfließen mächtige und zarte, breite und schmale, hohe und tiefe Felder, gefährliche und schmeichelnde, lockende und drohende Gewebe. Hier weich und fein wie samtgrünes Moos, dort hart, grob und schneidend wie Metall, plump und träge wie Fels und von hinten saust ein Speer. Das Fluidum umhüllt alles, wird hineingesogen, verinnerlicht und entäußert.

Die Gestalt des Meeres

Der Mensch schwimmt in einem Meer. Er wird von ihm getragen und getrieben. 17,5 Meter messen die massivsten Wellen, die er wahrnimmt. Kurz und scharf wie die Nadeln der Tannen queren, tauchen durch, lenken ein die schrillen Strömungen – die kleinen: 17 Millimeter lang. Das Fluidum umhüllt alles. Die Gestalt des Meeres ist die Form des Lebens in ihm.
Der Mensch denkt nicht daran. Denn er ist im Meer, mit dem Meer und durch das Meer und ohne Meer ist er nichts.

Ein Meer aus Schall

Der Mensch lebt in einem Meer aus Schall. Deshalb heißt er auch Person. Weil es durch ihn soniert von Anfang bis Ende. Ohne Schallmeer mit seinen Schallwellen ist der Mensch nichts. Es nützt also nichts, wenn wir aus dem Meer einen Ausschnitt abtrennen und verbergen wollen. Die atavistische Verdrängung des selbst hervorgerufenen Lärms mittels Lärmschutz führt in einen modernen Manichäismus, der uns ohnmächtig zurücklässt. Der Lärm ist ein abgelehnter Teil unserer Gesellschaft, den wir als „das böse Andere" empfinden und bekämpfen. Je nach Situation sind wir aber abwechselnd Opfer und Täter. Denn Lärm lässt sich gar nicht definieren, höchstens höchst subjektiv als nicht erwünschter Schall. Damit könnte jeder Teil des Schallmeeres Lärm sein. Der manichäische Zugang gipfelt in den Redewendungen vom „höllischen Lärm" und der „himmlischen Ruhe". Doch wie der Fisch weiß der Mensch nichts von dem Meer, in dem er lebt. Das ist meist auch gut so, weil die drei im Ohr angesiedelten Sinne unbewusst arbeiten, um gut funktionieren zu können. Die Trias Gleichgewichts-, Orientierungs- und Hörsinn ermöglicht dem Menschen Raumwahrnehmung, Richtungs- und Bewegungskontrolle, Positionierung im Raum und Warnung vor Gefahr. Denn das Gehör ist der Fluchtsinn schlechthin.
Doch was ist, wenn wir am und im Meer krank werden? Sollten wir versuchen, etwas dagegen zu tun? So wie die Yrr[1] ihr Meer und damit sich selbst retten?

Projekt einer „Schallschleuse", in der Fassaden einen Großteil des Schalls absorbieren und massive Irritation erzeugen, indem sie die Menschen auf die Bedeutung von Schallreflexion hinweisen. In the "Schallschleuse–Sound Tunnel" project, façades absorb most of the sound and create tremendous irritation by making people aware of the significance of sound reflection

PETER ANDROSCH

The Yrr Strategy

An Incomprehensive Plan for the Acoustic Appropriation of Wilhelmsburg

Zusammenschluss der Yrr

Rein ins Meer! Die Wilhelmsburger Yrr versuchen, sich ihre Welt wieder anzueignen. Es soll ein kollektiver Bewusstseins-, Wahrnehmungs- und Imaginationsraum werden. Sie wollen ihr Schallmeer als konstitutiven Lebensraum erkennen, Werkzeuge und Begriffe für seine Wahrnehmung finden und sich selbst und Veränderungen darin vorstellen. Das braucht eine akustische Raumplanung. Sie macht anschaulich, dass die akustische Umwelt beeinflussbar und gestaltbar ist und setzt einen Identifikationsschub mit dem Stadtteil in Gang.

Strategien der Wiederaneignung

Ein anthropozentrischer Ansatz ist unerlässlich, einmal weil ein Ende der bautechnischen Lärmbekämpfung abzusehen ist und die Fokussierung auf Lärm – einer Fetischisierung gleich – den Blick verstellt. Sie führt zur Passivität. Und die macht krank – ganz besonders im Ertragen von Lärm. Gleichzeitig betont ein anthropozentrischer Zugang die (Eigen-)Verantwortlichkeit der Bürgerinnen und Bürger. Und nicht zuletzt sind die gesundheitsrelevanten Daten erschreckend genug, um neue Strategien zu suchen: Ein Drittel aller Herz-Kreislauf-Erkrankungen wird auf akustischen Stress (nicht auf Lärm!) zurückgeführt. Ein Viertel bis ein Drittel der EU-Bürger und -Bürgerinnen ist hörbehindert, das sind bis zu 166 Millionen Menschen! Lärm ist Zeichen sozialer Segregation („Wer arm ist, lebt im Lärm") und Lärmschwerhörigkeit nach wie vor die häufigste Berufskrankheit. Zunehmende Mobilität geht Hand in Hand mit zunehmender akustischer Belastung. Entwicklungen mit durchaus positiven gesellschaftlichen Auswirkungen sind untrennbar verwoben mit negativen Folgen für Umwelt, soziale Strukturen und die akustische Lebensumgebung. Die Themenbereiche Kosmopolis, Stadt im Klimawandel und Metrozonen sind somit vernetzt mit einer akustischen Raumplanung. Wobei die Strategien sich nicht ausschließen, sondern ineinander überfließen. HÖRSTADT konzipiert und moderiert diesen Prozess gemeinsam mit den Wilhelmsburger Yrr.

„Ruhepol Centralkino", ein Projekt von Linz 2009 Kulturhauptstadt Europas. Während des fast einjährigen Betriebs besuchten über 27.000 Ruhesuchende die öffentlich zugängliche Ruhezone in einem ehemaligen Innenstadtkino. "Ruhepol Centralkino" / "Centralkino–Centre of Calm", a project from Linz 2009 European Capital of Culture. More than 27,000 people seeking tranquillity visited the public calm zone in the former inner-city cinema during one year.

Generalisierung

Die Befreiung aus der Lärmfalle ist Richtschnur und die Betrachtung des gesamten Gebietes von Wilhelmsburg Bedingung. Die Überwindung des Lärmkatasters führt – dem Zürcher Beispiel von Andres Bosshard folgend – zu einem Klangplan als Basis für eine akustische Raumplanung. Hier werden Kriterien entwickelt für Klangqualitäten, also für das Wie-Sein von Schall und nicht nur für das Wie-Laut-Sein. Diese Planung ist genauso räumliche wie soziale Planung und nutzt traditionelle und experimentelle Lärmschutzstrategien, Bürgerbeteiligungs- und -aktivierungsmodelle, Bildungs- und Vermittlungsprogramme, künstlerische und politische Interventionen.

Konkretisierung

Junge Architektenteams erarbeiten in Workshops Wilhelmsburger *Ruhepole* (©HÖRSTADT). Diese öffentlichen Ruhehallen sind frei zugänglich und akustisch optimal gestaltet, selbstverständlich ohne Beschallung. Sie machen erlebbar, wie Raum und Akustik kommu-

„Beschallungsfrei", eine Kampagne von „Hörstadt" (Projekt im Rahmen von Linz 2009 Europäische Kulturhauptstadt) gegen Zwangsbeschallung, richtet sich gegen die massive Präsenz von Hintergrundmusik in der öffentlichen Sphäre. Aufkleber weisen auf beschallungsfreie Räume hin. "Beschallungsfrei–Free of Imposed Noise", a campaign by "Hörstadt" (Project in the framework of Linz 2009 Europäische Kulturhauptstadt) against the widespread presence of background music in the public realm. Stickers indicate areas free of imposed noise.

Do fish think about water? Do they think about how they swim in it? Whether it is hot or cold? Do they think about the current? About the waves within which they move incessantly, which carry and propel them, and which in fact flow through them? No! They do not give it a passing thought. For they are in the sea, with the sea, and through the sea, and without the sea they are nothing.

Do fish think about waves? Do they think about this huge, surging, and complex force that moves itself within itself, permeating everything within it and outside it? Powerful and delicate, wide and narrow, high and low are the mysterious flowing fields, dangerous and cajoling, enticing and threatening the tissues. Soft and delicate here like velvet green moss; hard, coarse, and as sharp as metal there; as rounded and inert as rock, then a spear shoots out from behind. The aura envelops everything, is drawn in, internalised, and depleted.

The Nature of the Sea

People swimming in the sea. Carried and propelled by it. The most colossal of the waves they perceive measures 17.5 metres. Short and sharp like pine needles, the grating currents traverse, dive through, relent—the smaller ones are 17 millimetres long. The aura envelops everything. The nature of the ocean is the nature of the life within it.

People do not give it a passing thought. For they are in the sea, with the sea, and through the sea, and without the sea they are nothing.

A Sea of Sound

A human being lives in a sea of sound. That is also why he/she is called a person. Because it sounds through them from beginning to end. Human beings are nothing without the sea of sound and its sound waves.

There is no use, therefore, in wanting to separate and hide a section of the sea. The atavistic suppression of self-produced noise by means of noise barriers leads to a modern day Manichaeism that leaves us powerless. Noise is a rejected part of our society that we perceive and fight as "the bad other." Depending on the situation, however, we are both victim and perpetrator, for noise does not let itself be defined; at the very most, it allows a highly subjective perception of unwanted sound. Yet any part of the sea of sound could be noise. Expressions such as "hellish noise" and "heavenly quiet" are the epitome of the Manichaean approach.

Like the fish, however, human beings know nothing about the sea in which they live. That is generally a good thing because the three senses situated in the ear work unconsciously in order to be able to function properly. The trio comprising the senses of balance, orientation, and hearing enables human beings to exercise spatial perception, direction, and movement control, spatial positioning, and the perception of danger, hearing being the ultimate flight sense.

Yet what happens if we become ill from and in the sea? Should we try to do something about it? Like the Yrr[1] who saved the sea and thus themselves?

The Yrr Fusion

Into the sea we go! The Wilhelmsburg Yrr are attempting to reappropriate their world. It is to be a sphere of collective awareness, perception, and imagination. They want to acknowledge their sea of sound as a constitutive living environment, to find tools and terms for its perception, and to be able to envisage themselves and the changes within it. This requires acoustic spatial planning, demonstrating that the acoustic environment is one that can be influenced and shaped, and initiating an identification impulse within the neighbourhood.

Reappropriation Strategies

It is essential that an anthropocentric approach be taken, not least because the end of structural noise abatement is in sight and focusing on noise—tantamount to fetishism—distorts our view. It leads to passivity and makes us ill—especially through noise toleration. At the same

nizierende Gefäße sind. In ihnen kulminiert die Forderung nach ausreichend Ruheorten und Ruhezeiten in der modernen Gesellschaft.

Aktivierung

Die Aneignung des Schallmeeres erfordert die Aktivität der zur Aneignung Bereiten. Die Wilhelmsburger Yrr entwickeln ein enges, sicheres und prominentes Wilhelmsburger *Wegenetz* zum Gehen und Radfahren. Dieses Netz wird in einem sozialen Prozess erstellt, umgesetzt, vermittelt und als Plan publiziert. Das Ziel ist die Erreichbarkeit jedes Wilhelmsburger Ortes nahezu ausschließlich über das Wegenetz.
In der Kampagne *Beschallungsfrei* (©HÖRSTADT) schließen die Wilhelmsburger Yrr Gewerkschaften, Kirchen, Initiativen, öffentliche Verwaltungen und ähnliches zusammen, um Orte ohne Hintergrundmusik mit dem Logo „Beschallungsfrei" auszuzeichnen. Damit wird der Wert von Beschallungsfreiheit dokumentiert, bewusst gemacht und zukünftige Beschallung erschwert sowie die Notwendigkeit von Ruhezeiten und -orten festgehalten. Orte in diesem Sinne können zum Beispiel Geschäfte, Ämter, Gastronomiebetriebe sein.

Partizipation

Wilhelmsburger *Hörenswürdigkeiten* (©HÖRSTADT) bezeichnen Orte, die akustisch bemerkenswert sind. Diese Orte werden bis 2013 in einem Bürgerbeteiligungsmodell ermittelt. Sei es mit Schulen, Kindergärten, Seniorenheimen oder durch Vorschläge auf öffentliche Aufrufe etc. Die Wilhelmsburger Hörenswürdigkeiten werden gekennzeichnet, in einem Druckwerk zusammengefasst und beschrieben.

Konfrontation

Lärmschutzwände und ähnliche Maßnahmen sind nicht Gefängnismauern für das akustisch Deviante, sondern die Bruchlinien gesellschaftlicher Antagonismen. Deshalb installieren die Wilhelmsburger Yrr auffällig und regelmäßig in Lärmschutzwänden riesige *Hörrohre*, die das Böse zugänglich und hörbar machen – das Böse, das wir selbst erzeugen, schwimmend im Schallmeer.
Verlärmte Orte, Orte, die die Bürgerinnen und Bürger meiden wollen, erden die Yrr. Akustische Disparitäten, zu große Lautstärken, extreme Frequenzen sind dem Menschen unangenehm, ängstigen ihn, erzeugen Stress. Auch deshalb, weil die akustischen Phänomene für den Menschen nicht deutbar sind. *Klangbaustellen* erzeugen – durch rhythmische oder tonale Integration in Sinnzusammenhänge – eine Umdeutung des Gehörten.

Vermittlung

Kinderkrippen, Kindergärten und Horte entwickeln sich nach einem Kriterienkatalog zu Wilhelmsburger *Schallmeer-Kitas*. Hören lernen ist das Gebot. Sie achten darauf, dass Spielzeug, geschultes Personal, Raumgestaltungen, Bewusstsein und Vokabular akustisch adäquat sind. Dies sind die Mittel, um Schallmeere begreifen, beschreiben und verändern zu können. Desgleichen entwickeln sich Schulen zu Wilhelmsburger *Schallmeer-Schulen*.
Spektakulär wird ein Straßenbereich in Wilhelmsburg mit Dämmmaterial ausgekleidet. In der Wilhelmsburger *Schallschleuse* absorbieren die Fassaden somit großteils den Schall und legen die Fährte zu grundlegenden Zusammenhängen: akustische Verhältnisse entstehen durch Gebautes und dessen Volumen, Form, Material und Oberfläche, unabhängig davon, ob geplant oder ungeplant. Die Schallschleuse erzeugt massive Irritiation und weist die Menschen auf die Bedeutung von Schallreflexion hin.
Hörspaziergänge (©HÖRSTADT) werden für alle Bevölkerungsteile angeboten und bringen die akustischen Qualitäten des Stadtteils umfassend nahe. Von den Ruhepolen, Hörenswürdigkeiten, Klangbaustellen, Schallmeer-Kitas und -Schulen, Hörrohren bis zu den Geheimnissen von Straßen- und Eisenbahntrassen reichen die Beispiele, die den Klangplan vermitteln helfen.

time, an anthropocentric approach emphasises our (own) responsibility as citizens. And last but not least, the health-related data are sufficiently alarming to warrant the quest for new strategies: one-third of all cardiovascular disease is attributed to acoustic stress (not noise!). Between a quarter and a third of all EU citizens are hearing-impaired; that means as many as 166 million people! Noise is a sign of social segregation ("the poor live with the noise") and noise-induced hearing loss remains one of the most common occupational ailments. Increased mobility goes hand in hand with increasing acoustic strain. Developments with a positive social impact are inextricably woven with negative consequences for the environment, social structures, and the acoustic living environment. The "Cosmopolis" and "City and Climate Change" and "Metrozone," themes are therefore interlinked with acoustic spatial planning, with strategies that are not mutually exclusive but that overlap with one another. This process is being designed and presented by HÖRSTADT, together with the Wilhelmsburg Yrr.

Generalisation

Liberation from the noise trap is the aim and the consideration of the whole of the Wilhelmsburg area. Overcoming the noise register—following Andres Bosshard's Zurich example—results in a sound basis for acoustic spatial planning. This develops criteria for sound qualities, namely for the how-to of sound and not just for the how-loud. Planning of this nature is as much spatial as it is social, and uses traditional and experimental noise protection strategies, public involvement and mobilisation models, educational and communication programmes, as well as artistic and political input.

Concretisation

Teams of young architects are using workshops to develop Ruhepole (Centres of Calm) (©HÖRSTADT) in Wilhelmsburg. These public quiet rooms are open to all and have an optimal acoustic design, free of imposed noise, of course. They make it possible to experience space and acoustics as communicating channels. They are the culmination of the demand for sufficient quiet places and times in modern society.

Activation

The appropriation of the sea of sound requires action on the part of those prepared to appropriate. The Wilhelmsburg Yrr are developing a very dense, safe, and prominent Wilhelmsburg Wegenetz (Path Network) for pedestrians and cyclists. This network is being created, implemented, communicated, and published as a social process. The goal is that every place in Wilhelmsburg should be able to be reached almost solely by means of the Path Network. With the Beschallungsfrei (Free of Imposed Noise) (©HÖRSTADT) campaign the Wilhelmsburg Yrr are bringing together trade unions, churches, public initiatives, public authorities, and the like in order to highlight places without background music with the "Beschallungsfrei" logo. This documents the value of freedom from imposed noise, creating awareness and making the imposition of noise more difficult in the future, as well as determining the need for quiet times and places. Places in this sense can be shops, offices, and restaurants, for example.

Participation

Wilhelmsburg Hörenswürdigkeiten (Hearing Sites) (©HÖRSTADT) designate places that are acoustically noteworthy. These are places being identified by means of a public participation project lasting up until 2013, involving schools, nursery schools, retirement homes, or else proposals, public appeals, etc. The Wilhelmsburg Hearing Sites will be signposted as well as being compiled and described in a printed publication.

Confrontation

Noise barriers and similar measures are not prison walls for acoustic deviants, they are the

Politisierung

Akustische Agenden werden im politischen Diskurs verankert. Es braucht akustische Bewertungen zu Beginn von Planungsprozessen, als Grundlage von Ausschreibungen im öffentlichen Bauwesen und als Bedingung für öffentliche Förderungen.
Und die Blockade von Verkehrswegen: Sie kann als radikale Aneignung des akustischen Raums durch die Wilhelmsburger Yrr durchaus Folge einer Güterabwägung sein. Der Fetisch Mobilität erfährt seine Grenzen und wird – einer langfristigen und radikalen Verkehrsplanung gemäß – mit anderen gesellschaftlichen Werten abgewogen.
Die Freiheit des Menschen, eine Triebfeder der Aufklärung, wird zurzeit geopfert am Altar von Lärmschutz und Energiesparen. Passivhäuser sperren uns in Gefängnisse, deren Fenster, Türen und Wände undurchdringlich sind. Das eigene Haus verwehrt dem Menschen die Kommunikation mit der Außenwelt und macht ihn zu einem Sklaven kapitalistischer Bewegungsideologie. Die Barrierefreiheit für Hörbeeinträchtigte ist Gradmesser akustischen Bewusstseins. Genauso von eminenter Bedeutung ist es, von den ersten Tagen an Hören zu lernen. Damit ermöglichen wir es unseren Kindern, sich für ihren eigenen Körper verantwortlich zu fühlen, Sprache und Urteilsvermögen für das Akustische zu entwickeln, Notwendiges einfordern und politisch vertreten zu können.
Die Wilhelmsburger Yrr werden dabei die Avantgarde sein. Rein ins Meer!

Anmerkung

1 Die Yrr sind eine fiktive maritime, einzellige, aus Gallertmasse bestehende Lebensform aus dem Buch *Der Schwarm* von Frank Schätzing. Die Yrr treten aber in der Regel nie als Einzeller auf, sondern befinden sich nahezu kontinuierlich in einem zellulären Zusammenschluss. Sie verfügen dann über „Kollektivbewusstsein" und „Kollektivintelligenz" und können strategisch denken.

Das goldene Kalb: Mobilität. Miniaturbild „Schwerlastverkehr, Wilhelmsburg" von Sven Lohmeyer
The golden calf: mobility. Miniature image "Schwerlastverkehr, Wilhelmsburg" / "Heavy duty traffic, Wilhelmsburg" by Sven Lohmeyer

„Hörrohr-Autobahn". Ein Lärmschutzwandhörrohr macht das Böse zugänglich und hörbar - das Böse, das wir selbst erzeugen, schwimmend im Schallmeer.
"Hörrohr-Autobahn—Sonic Tube Motorway". A noise barrier with sonic tubes makes evil accessible and audible—the evil that we have created ourselves, swimming in the sea of sound.

fault lines of social antagonism. Hence, the Wilhelmsburg Yrr regularly instal conspicuous giant Hörrohre (Sonic Tubes) on noise barriers, making the evil accessible and audible—the evil that we ourselves create, swimming in the sea of sound.
The Yrr ground noise-afflicted places that the public wishes to avoid. Acoustic disparities, excessively high volumes, and extreme frequencies are unpleasant for human beings, causing alarm, and creating stress. This is also so because human beings are not able to interpret the acoustic phenomena. Through rhythmic or tonal integration in contexts of meaning, Klangbaustellen (Sound Construction Sites) produce a reinterpretation of what is heard.

Communication

Day nurseries, nursery schools, and day care centres are developing themselves into Wilhelmsburg Schallmeer-Kitas (Sea of Sound Day Care Facilities), based on a catalogue of criteria. Learning to hear is the order of the day. They ensure acoustic adequacy in terms of toys, trained staff, interior design, awareness, and vocabulary. These are the means with which the sea of sound can be understood, described, and changed. In the same manner, schools are developing themselves into Wilhelmsburg Schallmeer-Schulen (Sea of Sound Schools).
A street area in Wilhelmsburg is to be the setting for a spectacular display of insulation material. In the Wilhelmsburg Schallschleuse (Sound Tunnel), the façades thus absorb most of the sound, blazing a trail of fundamental contexts: acoustic relations derive from buildings and their volume, shape, material, and surface, irrespective of whether these are planned or unplanned. The sound tunnel creates tremendous irritation and makes people aware of the significance of sound reflection.
Hörspaziergänge (Hearing Walks) (©HÖRSTADT) are on offer for all sectors of the population and bring the full range of the neighbourhood's acoustic qualities closer. The examples that help to communicate the sound plan range from the Centres of Calm, the Hearing Sites, the Sound Construction Sites, the Sea of Sound Day Care Facilities and Schools, and the Sonic Tubes through to the secrets of the streets and the railway lines.

Politisation

Acoustic agendas are being brought into political discourse. Acoustic evaluations are required for the start of planning processes, as the basis for public construction tenders, and as a condition of public funding.
And the blockading of traffic routes: this could indeed result from an evaluation of interests as a radical appropriation of the acoustic realm by the Wilhelmsburg Yrr. The mobility fetish is meeting its limits and—in accordance with radical, long-term traffic planning—will be weighed up with other social values. Human liberty, a driving force of enlightenment, is currently being sacrificed at the altar of noise protection and energy saving. Passive houses lock us up in prisons with impenetrable windows, doors, and walls. People's own homes deny them communication with the outside world and turn them into the slaves of a capitalist ideological movement. The lack of barriers for the hearing-impaired is a yardstick of acoustic awareness. Of equally great importance is learning to hear from day one. In ensuring this, we enable our children to feel responsible for their own bodies, to develop acoustic language and discernment, to be able to demand what is necessary, and to be capable of political representation. The Wilhelmsburg Yrr will be the avant-garde. Into the sea we go!

Note

1 The Yrr are a fictitious unicellular maritime life form comprised of a gelatinous mass, from the book *The Swarm* by Frank Schätzing. The Yrr do not generally appear as unicellular organisms, however, and are instead in an almost continuous state of cellular fusion. They then possess a "collective awareness," "collective intelligence," and are able to think strategically.

JULIAN PETRIN

Metrozone gestalten

Ansätze für den raumstrategischen Umgang mit den Kernstadt-Randzonen der Metropole

Noch ein Begriff?

Metrozonen – warum nicht einfach Stadtrand? Oder Vorstadt? Ganz einfach: diese Begriffe bieten nicht, was die semantische Setzung „Metrozonen" möglich macht: die Nahtstelle zwischen Kernstadt und suburbanem Raum als eigenständige und essenzielle Raumkategorie der Metropole zu fokussieren – und zwar mit all ihrer harten, bruchstückhaften und in ganz eigener Weise metropolitanen Qualität. Hier häutet sich die Metropole immer neu, die Stadtgesellschaft ebenso wie ihre bauliche Hülle. Wenn die Metrozone als innerstädtische Entwicklungsreserve aktiviert werden soll – und das ist an vielen Orten Programm – muss anders geplant, gestaltet, gesteuert werden – falls man hier überhaupt von Planung, Gestaltung und Steuerung sprechen kann.
Die Metrozone lässt sich als Maschinenraum der Metropole lesen, geprägt von harter Funktionalität und Geschwindigkeit, vom ungeordneten Aufeinanderprallen der Atmosphären. Sie ist die Zone der Infrastrukturbänder, der Restindustrie-Inseln, der unfertigen Stadtfragmente. Unvollendete Gründerzeitgitter treffen auf das Patchwork neuerer Besiedelung: Einfamilienhäuser, Großwohnsiedlungen, die abbröckelnden Ränder der Kernstadt. Dazwischen Landschaftseinschlüsse, verlärmte, verschadstoffte Brachen, unerreichbare Zwischenräume zwischen Verkehrstrassen, Industriearealen und nur scheinbar identitätslosen Gewerbezonen. Mancherorts hat sich dieses stadtlandschaftliche Amalgam als durchgängiger Gürtel um den Kern der Metropole gelegt. Andernorts ist es eher eine Kette einzelner Schleusen, Zuflüsse und Einlässe von Waren-, Geld- und Menschenströmen.
Warum aber Metrozone? Die beschriebenen Räume sind untrennbar mit der Metropole verbunden. Es gibt sie nur dort, wo die Ballung von Menschen, Ideen, Geschichten und Funktionen so hoch ist, dass die Ströme, die aus dieser Ballung hervorgehen, sich in der gebauten Umwelt massiv materialisieren. Deshalb Metro. Und warum Metrozone? Trotz der strategischen und funktionalen Bedeutung für die Metropole im 21. Jahrhundert ist die Metrozone doch ein dienender Raum, nämlich Ablagerungsplatz für all das, was die Schauseiten der Metropole stören würde: Müllberge, Lärm, Gestank, soziale Unerträglichkeiten. Deshalb Zone, ein urbanistischer Sperrbezirk, ein Sonderareal. Hier gelten andere Regeln.
Sicher ist die Metrozone weniger ein absolut gültiger Begriff als ein Konzept. Wie jedes Konzept hat auch dieses eine Intention: die Bruchzonen am Rand der Kernstadt als Handlungsräume hervorzuheben, die ein möglicherweise ganz eigenes strategisches Vorgehen erfordern. Denn die Metrozone gehorcht eigenen Gesetzen. Planung as usual wird hier scheitern.

Lesbarkeit herstellen

An vielen Orten ist die Metrozone zur neuen Adresse für die global orientierte Wissensökonomie geworden. Man nehme die Amsterdamer Metrozone, den Gürtel der A10, der die Kernstadt umrundet und zur Suburbia hin abgrenzt. Hier entfaltet sich das Kraftwerk dieser kleinen

Hamburgs Metrozonen – eine erste Annäherung
Hamburg's metrozones—an initial approach

JULIAN PETRIN

Developing Metrozones

Strategic Spatial Approaches to City-Centre Peripheries in Metropolitan Regions

Global City: eine Kette von *headquarters, hubs* und neuen Heimaten, verkehrsgünstig gelegen und einer in die Metrozone übersetzen Boulevard-Logik folgend. Man kann Amsterdam auch so lesen: Der alte Kern ist längst ein Freiluftmuseum, der Metrozonen-Gürtel das eigentliche Zentrum.

So wie in Amsterdam ist es auch anderswo: Mailand, Barcelona, Kopenhagen, Wien. Dennoch sind die Metrozonen in nur wenigen Metropolen ins kollektive Bewusstsein der Stadt eingedrungen. Bestenfalls sind sie, wie in Paris, Wien oder Madrid, eine neue, allerdings randständige Facette der kollektiven Raumvorstellungen geworden, ein Gruß der neuen Zeit aus sicherem Abstand zum *heritage*. In den meisten Metropolen wird die schnöde, funktionelle Realität der „Maschine Stadt" aber weiterhin komplett aus dem Bild der Stadt verbannt. Das Herz schlägt unterirdisch, vertunnelt, vergraben oder geduckt und camoufliert. Erst 2007 haben sich die Münchener Bürger gegen eine selbstbewusste Akzentuierung ihrer Metrozone am mittleren Ring entschieden. Dabei hat sich hier längst ein zweites, neues München geformt: auch hier ist die Kette von *headquarters, hubs* und neuen Heimaten erkennbar. Das Bild der Stadt aber bleibt weiter von den traditionellen Symbolen geprägt.

Es gilt, die Metrozonen in die kollektiven Bilder der Stadt aufzunehmen. Dazu müssen sie zunächst lesbar werden. Sie müssen ihre eigenen baulichen Symboliken hervorbringen, die den traditionellen Bildern des Ortes mitunter widersprechen dürfen. Zugänglichkeit muss hergestellt werden, Räume müssen geöffnet werden, denn an vielen Orten ist die Metrozone eine große verbotene Stadt – eingezäunt, ohne öffentlichen Raum, schwer erreichbar.

Gegensätze erträglich machen, aber erhalten

Die Metrozone ist mehr ein Archipel als ein durchgängiges Terrain. Diese Verinselung zeigt sich räumlich und sozial in den hermetischen *communities* der Metrozonen-Bewohner. Zum Beispiel in Hamburg-Wilhelmsburg: Menschen

Am Rand der Metrozone Elbinseln
On the periphery of the Elbe Islands metrozone

A Set Term?

Metrozones—why not simply the city outskirts? Or suburbs? It is quite simple: these terms do not offer what the semantic compound "metrozones" does: the focus on the interface between city centre and suburban realm as an independent and essential urban spatial category—and this with all of its harsh, fragmentary, and very own metropolitan features. This is where the city is continually shedding its skin, in terms of both urban society and its structural shell. If the metrozone is to be mobilised as an inner city development resource—and this is indeed the case in a number of places—then the planning, design, and management needs to be different, if in fact we can even talk in terms of planning, design, and management here.
The metrozone can be seen as the city's engine room, characterised by rough functionality and speed, by the arbitrary collision of settings. It is the zone of infrastructural belts, of solitary islands of industry, of incomplete urban fragments. Unfinished nineteenth-century gridwork encounters the patchwork of newer housing areas: single family homes, large housing estates, the crumbling edges of the city centre. Patches of landscape embedded in-between; noisy, polluted wasteland; inaccessible spaces between traffic routes; industrial areas, and only seemingly faceless commercial zones. In some places, this urban landscape amalgam has formed a continuous belt around the city centre. In other places it is more of a chain of individual tunnels, inflows, and intakes for the flow of goods, money, and people.
But why metrozone? The zones described are inextricably linked with the city. They occur only where the agglomeration of people, ideas, stories, and functions is so great that the currents deriving from these leviathans materialise in the built-up environment on a massive scale. Hence metro. And why metrozone? Despite their strategic and functional significance for twenty-first century cities, metrozones are nevertheless an auxiliary realm, a storage area for everything that would spoil the presentational aspect of the city: refuse dumps, noise, odours, social intolerance. Hence zone, an urban off-limits area, a non-standard place where other rules apply. Metrozone is certainly less a term of absolute validity and more a concept. Like every concept, this one also has an intention: the highlighting of the rupture zones at the edge of the city centre as spheres of action sometimes demanding their very own strategic approach. For metrozones obey their own laws. Planning as usual will not work here.

Establishing Visibility

In many places, metrozones have become the new address for the globally oriented, knowledge-based economy. Let us take the example of the Amsterdam metrozone, the A10 belt that encircles the city centre, demarcating it from suburbia. It is here that the power station of this small global city is developing: a chain of headquarters, hubs, and new homes, with convenient transport connections and following the boulevard logic translated into a metrozone. You can also see Amsterdam from the following perspective: the historic centre has long since become an open air museum, and the metrozone belt is now in fact the centre.
The situation in Amsterdam is one that also exists elsewhere: Milan, Barcelona, Copenhagen, Vienna. It is only in very few cities, however, that the metrozones have found their way into the city's collective consciousness. At best, as in the case of Paris, Vienna, or Madrid, they are a new but marginal facet of collective spatial conception, the new age greeting heritage from a safe distance. In the majority of cities, however, the disdainful, functional reality of the "machine city" remains completely banished from the city image. Its heart beats underground, tunnelled, buried, or crouched and camouflaged. It was only in 2007 that the residents of Munich decided against a deliberate accentuation of their metrozone along the city's "Mittlerer (Middle) Ring" that has long since formed a second, new Munich with its distinct chain of headquarters, hubs, and new homes. The city's image continues to be characterised, however, by the traditional symbols.

aus über 40 Nationen leben hier auf zusammengenommen wenigen Quadratkilometern Siedlungsfläche. Das klingt nach produktiver Diversität. Die Realität lässt sich aber eher als kleinsträumige Segregation beschreiben. Nicht umsonst konzentrieren sich große Anstrengungen der IBA Hamburg darauf, die sozialen und kulturellen Gräben in der Metrozone Wilhelmsburg zu überwinden.

Auf der Haben-Seite der Verinselung steht die Gegensätzlichkeit der räumlichen Charaktere, der Atmosphären und Milieus auf kleinstem Raum. Jede Insel ist ein kleiner Mikrokosmos in sich, auf dem sich vielfach ganz eigene Qualitäten entwickeln konnten: kleine Laubenidyllen neben Wohnwagensiedlungen, Autobahnabfahrten neben Gewerbehallen und verstecktem Gehölz, gründerzeitliche Siedlungsfragmente neben neuen Bürostandorten – die Kette ließe sich beliebig weiterführen. Immer wieder bilden sich für die Metrozonen typische Gegensatzpaare: stille neben lauten Orten, Räume der Geschwindigkeit neben „langsamen" Zonen, offene, durchströmte Orte neben verborgenen, verschlossenen Verstecken. Die Reibung, die durch diese Gegensätze entsteht, macht die besondere Qualität der Metrozone aus. Sie bietet ein Stück Unberechenbarkeit in unseren durchregulierten europäischen Metropolen. Die Gegensätzlichkeit unter den Vorzeichen der „Stadtverträglichkeit" nivellieren zu wollen, würde die Metrozone ärmer machen. Die schwierige Frage lautet: Wie kann man die Lebensqualität in der Metrozone verbessern, ohne ihre spannungsvolle und kleinräumige Widersprüchlichkeit zu zerstören?

Planung im Labor-Modus

Metrozonen sind planlos durchgeplant. Planlos in dem Sinne, dass es nur in den seltensten Fällen einen übergeordneten Ordnungsrahmen gab, der ihnen aus sich heraus einen Sinn zu geben versucht hätte. Und dennoch sind sie in hohem Maße Produkt unterschiedlichster Planungen, wenn auch eine Art Kollateralprodukt. Denn den Ursprung der meisten Metrozonen bildeten technisch-infrastrukturelle Maßnahmen rund um die Ansiedelung von Produktionsstätten. Es sind in den vergangenen Jahren eher die Landschaftsarchitekten gewesen, die sich der besonderen Logik dieser Orte genähert und hier stimmige, neue Räume geschaffen haben, die einen neuen Sinn stifteten. Architekten und Stadtplaner müssen ihre Haltung zu den Metropolenräumen des 21. Jahrhunderts erst noch finden. Das zeigen die vielen Versuche, die Bruchzonen mit klassischen urbanen Strukturen zu kitten.

Es ist nicht einfach, angesichts der vielen technischen und damit schwer zu verhandelnden Zwänge in den Metrozonen irgendetwas zu gestalten. Nahezu jede Intervention berührt hier massivste Interessen: den übergeordneten Verkehr, der diesen Raum dringend braucht, die Wirtschaft, die ihn als Ort maximaler Entfaltung beansprucht, Ver- und Entsorgung, die hier zumeist ihre „Schaltzentralen" haben bis hin zum Naturschutz, denn im Windschatten so mancher Infrastruktur hat sich längst ein blühendes Biotop entwickelt. Angesichts dieser vielen Ansprüche muss der Versuch, diese Räume als Entwicklungsreserve zu aktivieren, in einem

Metrozone München
The Munich metrozone

Amsterdam - Die Metrozone als Kraftwerk der Metropole
Amsterdam—the metrozone as metropolitan powerhouse

Metrozones need to be incorporated into the collective images of the city. To this end, they need first of all to become visible. They need to highlight their own structural symbols, some of which may also contradict the traditional images of the place. Accessibility needs to be created, the spaces need to be opened up for, in many places, the metrozone is a large forbidden city—fenced in, without public spaces, difficult to reach.

Making Contradictions Compatible but Sustainable

The metrozone is more of an archipelago than a continuous territory. This island character is spatially and socially evident in the hermetic communities of metrozone residents. In Hamburg's Wilhelmsburg district, for example: people from more than forty nations live here in what amounts to only a few square kilometres of housing space. That sounds like productive diversity. The reality is better described as small-scale segregation. It is not without reason that the IBA Hamburg is focusing considerable efforts on overcoming the social and cultural rifts in the Wilhelmsburg metrozone.
On the positive side of this island character is the contradictory nature of the spatial quality, the settings, and the milieus within this small space. Every island is a small microcosm in itself where a multitude of its very own features could develop: small leafy arbours next to residential areas, motorway exits next to commercial premises and hidden, wooded groves, nineteenth-century housing fragments next to office premises—the chain continues its arbitrary pattern. Pairs of opposites typical of metrozones are formed on a continual basis: quiet places next to loud places, fast areas next to "slow" areas, open, crowded places next to obscure, closed-off hideaways. The friction caused by these contradictions is what gives the metrozone its special qualities. It provides an element of unpredictability in our strictly regulated European cities. Levelling out the contradictions in the name of "urban compatibility" would make the metrozones poorer for it. The difficult question is: how can the quality of life in the metrozones be improved without destroying their appealing, small-scale contradictions?

Planning in Laboratory Mode

Metrozones are planned planlessly. Planless in the sense that only in very few cases was there an overall planning structure that would have attempted to give them any meaning. And yet, to a large extent, they are the product of a wide range of plans, albeit as a kind of by-product,

Labor-Modus beginnen, um nicht von vornherein abgewürgt zu werden. Dabei kann es nicht um den einen Plan gehen, es müssen vielfältige Szenarien entwickelt werden – Impulse für eine Diskussion um Potenziale statt um Restriktionen und „no go's".

Gestaltung der Metrozone als Open-Source-Projekt

Auf einem Terrain, wo jeder Schritt, sei es in das Hoheitsgebiet des Nachbarkönigs oder in die geliebte Idylle der Nischenbewohner, einen lauten Aufschrei verursacht, kann man gar nicht anders, als die Agenda gemeinschaftlich setzen. Nexthamburg, das in Hamburg seit 2009 aktive, bürgerbasierte Stadtlabor, wird sich gemeinsam mit der IBA Hamburg 2010 diesem Raum widmen und versuchen, all die an einen Tisch zu bekommen, die bisher meist gerne in eingeübtem Reflex gegeneinander standen: Stadt und Hafen, Migranten und Alteingesessene, Verkehrsplaner und Kleingärtner. Nur aus den in diesen Dialogen sicher zutage tretenden Konflikten heraus können Angebote für die Zukunft formuliert werden, die tragen. Die allseits üblichen urbanistischen Entwicklungsmuster der Konversion in klassische Stadtquartiere oder des „Löcher stopfens" werden dabei sicher nicht im Vordergrund stehen.
Der anhaltende Entwicklungsdruck auf die Metropolen und das Paradigma der Innenentwicklung setzen die Gestaltung der Metrozonen auf die Agenda. Es ist höchste Zeit, einige Grundregeln für ein gestaltendes Intervenieren an diesen besonderen Orten der Metropolen zu benennen. Die hier genannten Grundregeln sind ein Entwurf für eine Haltung und nicht mehr. Konkrete Projekte sollten sich aber an ihnen messen lassen.

Inszenierte Infrastruktur – Carrasco Square, Amsterdam, Niederlande (West 8 Urban Design & Landscape Architecture) Staged infrastructure—Carrasco Square, Amsterdam (West 8 Urban Design & Landscape Architecture)

because the origins of most metrozones lie in technical and infrastructural measures relating to the development of production sites. In recent years it has been the landscape architects that have addressed the special logic of these places, creating new, coherent spaces here that provide a new meaning. Architects and urban planners still need to develop their approach to the metropolitan spaces of the twenty-first century. This is evidenced by the many attempts to plaster over the rupture zones with classic urban structures.

The many technical, and therefore difficult to deal with constraints in the metrozones, mean that it is not easy to get anything off the ground here. Practically every intervention is met with a tremendous conflict of interests: the high-priority traffic that desperately needs this space; the economy with its claims on the place as an optimal development location; utilities and waste management that usually have their "nerve centres" here; through to nature conservation given the fact that flourishing biotopes often develop in the lee of such infrastructural elements. In view of these many claims, any attempt to mobilise this space as a development resource has to begin in laboratory mode in order to avoid being strangled at the outset. This cannot, therefore, involve a single plan; diverse scenarios need to be developed— impulses for a discussion of the potential instead of the restrictions and the "no goes."

Developing the Metrozone as an Open Source Project

In an area where every step causes an outcry, be it in the neighbourhood king's sovereign territory or the idyllic corner favoured by the niche residents, there is simply no alternative to determining the agenda on a communal basis. Together with the IBA Hamburg 2010, Nexthamburg is a citizen-based urban laboratory active in Hamburg since 2009, dedicated to this space and attempting to bring to the table all of those who ritually stand in opposition to one another: the city and the harbour, the migrants and the locals, the traffic planners and the gardeners with small plots. It is only on the basis of the conflicts sure to be aired during these discussions that sustainable proposals for the future can be drawn up. The focus will certainly not be on the urban development models common everywhere, namely the conversion into classic urban neighbourhoods or "stop gap" solutions. The ongoing development pressure being felt by cities and the paradigm of inner-city development are ensuring that the development of the metrozones is placed on the agenda. It is high time that a number of basic rules for developmental intervention in these special city places be established. The basic premises cited here are a draft approach and no more. Concrete projects should, however, use them as benchmarks.

PETER ARLT

Über die Herstellung urbaner Orte in einer Gegend

Oder: Von den wirklichen Aufgaben der Stadtentwickler

Suche nach Attraktivität

Wenn ich die Bemühungen der Stadt Hamburg und der IBA Hamburg richtig verstehe, dann soll die Elbinsel Wilhelmsburg nun endlich ein Teil von Hamburg werden.
Damit hat man bereits wahrnehmungstechnisch seine Probleme: Man sieht Wilhelmsburg von der Stadt aus nördlich und südlich der Elbe nicht. Es ist nicht nur durch die Elbe, sondern auch durch Industrie, Brachen und Verkehrsstränge von der übrigen Stadt getrennt. Und wer bloß über die Elbe springt, findet sich im Niemandsland wieder. Wer weiter springt bzw. fährt, steht immer noch vor der Frage: Wo bin ich? Veddel, Reiherstieg, Wilhelmsburg S-Bahnhof, Kirchdorf Süd oder irgendwo dazwischen? Das Gebiet zwischen Norder- und Süderelbe ist eine Gegend. Eine Gegend ist etwas Unbestimmtes, von dem man nur weiß, dass es gegenüberliegt, aber man kommt dort nicht ganz beiläufig und selbstverständlich immer wieder mal hin. Sie entzieht sich den mentalen Landkarten auch sprachlich. Für diese Gegend, in die eben keine U-Bahn fährt, den Begriff der Metrozone einzuführen erscheint absurd und wird vermutlich wenig helfen, diese Zone im Bewusstsein der Hamburger stärker zu verankern.
Aber das ist auch nicht das Entscheidende: Orte müssen von (orts)fremden Menschen wirklich – beiläufig und selbstverständlich – aufgesucht werden, damit sie einen urbanen Charakter erhalten. Momentan gibt es für den gewöhnlichen Hamburger allerdings kaum Gründe warum er über die Elbe springen soll – wenn er nicht schon dort lebt. Nur Touristen fahren einfach so in einer Stadt herum. Eine Gegend kann nur punktuell zur Stadt werden: Sie braucht Anziehungspunkte und Angebote, die man in der übrigen Stadt nicht findet. Das können billige Wohnungsmieten, viel Grünraum, gute Schulen, interessante Nachbarschaften, coole Clubs und Cafés oder ganz schlicht Arbeitsplätze sein. Wilhelmsburg – so die These – ist erst dann ein ganz selbstverständlicher Teil von Hamburg, wenn es solche Anziehungsorte besitzt.

Beteiligung andersherum

Dementsprechend viel bleibt für Stadtentwickler und die IBA Hamburg zu tun.
Es gibt verschiedene Strategien: Man setzt auf die Kraft von außen, indem man neue gestalterisch orientierte Projekte (zentraler Stadtpark, neue Wohnbauten) entwickelt, zieht mit dem Amt für Stadtentwicklung und Umwelt nach Wilhelmsburg und hofft auf Investoren. Und wenn diese in Zeiten der ökonomischen Krise nur noch an den „Filetstücken" der Stadt, in Hamburg wäre das zum Beispiel die HafenCity, Interesse zeigen, dann verlagert sich die Hoffnung auf die Kreativen, die überall dort hin sollen, wo sonst niemand hin will.
Und man setzt auch auf die Kreativen bzw. Künstler, wenn es um die Aktivierung der endogenen Potenziale geht: Der Künstler quasi als Stadtentwicklungshelfer, der den „Hilfsbedürftigen" zeigt, was alles möglich wäre.
All diese Szenarien sind in der Zwischenzeit altbekannt, aber nur bedingt überall einsetzbar und erfolgreich.

Die Gaststätte mit Fischbratstand
The restaurant with the grilled fish stand

PETER ARLT

On the Creation of Urban Locations within a Locality

Or: The Real Task of Urban Developers

Hier wird zur Entwicklung der Elbinsel Wilhelmsburg eine zusätzliche Strategie vorgeschlagen, die man „Verkehrte Partizipation" nennen könnte: Nicht die Bürgerinnen und Bürger dürfen bei Projekten von Planer- oder Künstlerschaft mitmachen, sondern Planer- wie Künstlerschaft dürfen an bestehenden – durchaus persönlichen – Vorhaben von Einzelpersonen wie auch Gruppen partizipieren. Die Fachleute müssen sich umstellen: Nicht ihre Ideen sind gefragt, sondern sie haben sich auf die Suche nach Leuten zu machen, die etwas wollen, sie haben ihnen zuzuhören und unterstützend und verstärkend mitzuwirken.

Das Grundstück im Gewerbegebiet mit Donau und Hafen The area of land in the commercial area, with the Danube and the harbour

Beispiel aus Linz an der Donau

Linz, eine Stadt mit 190.000 Einwohnern, hat auch einen Hafen mit Gewerbe- und Industriegebiet. Im Gegensatz zu Hamburg liegt diese Zone allerdings nicht jenseits des Flusses. Genau genommen liegt weniger Linz, sondern vielmehr dieses Gewerbe- und Industriegebiet an der Donau. In dieser Zone befinden sich auch diverse Großmärkte, ein Cineplexx-Kino, Schrebergärten, ein Segelflugplatz, Siedlungsreste, vereinzelt Bauernhöfe und ein Fischer.
„... nach der Hitze im Warmwalzwerk und in Hochofennähe (Stahlarbeiter müssen pro Achtstundenschicht zwölf Liter Wasser trinken) werden sich auch die Besucher auf ein Bier und einen Steckerlfisch beim Lahmer Franz in der Estermannstraße freuen. Das ist eine der verschrobensten Linzer Idyllen, eine Insel mitten im Linzer Industrierevier, ein buschumstandenes altes Bauernhöflein mit Wiese und Gemüsegärtchen drumherum zwischen KFZ-Betrieben und Speditionsfirmen, das Zuhause der letzten Linzer Donaufischerfamilie."[1]
Er ist der einzige Berufsfischer in Linz. Seit Generationen, also schon lange bevor Hafen und Industrie Einzug hielten, wird auf dem Grundstück ein wenig Landwirtschaft betrieben und Donaufische verkauft. In einer selbst gezimmerten Laube für maximal 60 Leute wurden bislang jedes Jahr von Mai bis Ende September 14-tägig Steckerlfische gebraten und gegessen. Gebraten hat die Chefin. Zum Fisch gab es diverse Produkte zum Essen und Trinken aus der eigenen Landwirtschaft.
Für zahlreiche Linzerinnen und Linzer war das ohne Zweifel ein „cooler Ort" mit viel Charme. Beispielsweise eine fixe Anlaufstelle bei Industriestadtführungen und trotzdem, wegen seiner Versteckheit, ein Geheimtipp. Er lag gleichsam irgendwie außerhalb von Zeit und Raum, was ihn dem umgebenden Gewerbegebiet entrückte und dieses zur Kulisse machte.
2009 hat der jüngere Sohn, Franz, gelernter Koch und Fischereimeister, das Fischereirecht seines Vaters bekommen. Er wird in Zukunft den Betrieb seines Vaters übernehmen. Um damit überleben zu können, will er einiges ändern. Vor allem soll aus der temporären Sommergaststätte ein Ganzjahresbetrieb werden. Eine Beheizung der aktuellen, sanierungsbedürftigen Laube ist nicht möglich.
Es steht somit ein schwieriger Balanceakt bevor, gilt es doch auch jene Atmosphäre zu erhalten, die die bisherigen, auf das spezielle Ambiente eingeschworenen Gäste immer wieder ins Industriegebiet geführt und somit diesen Ort zu einem Fixpunkt ihrer mentalen Linzkarte gemacht hat.
Der ältere Sohn, Christoph, studiert Architektur[2] und widmet seine Diplomarbeit „ÜberLeben im Zwischenraum" dem Hafenviertel und der Zukunft seines Elternhauses. Er ist sich der

The Quest for Appeal

If I understand the efforts of the city of Hamburg and the IBA Hamburg correctly, then the Elbe island of Wilhelmsburg is now finally to become part of Hamburg.
This presents problems of perception alone: from the city you cannot see Wilhelmsburg north and south of the Elbe. It is separated from the rest of the city not only by the river, but also by industry, wasteland, and traffic networks. And anyone simply crossing the Elbe finds themselves in No Man's Land. Anyone who crosses and/or travels further is still faced with the question: where am I? Veddel, Reiherstieg, Wilhelmsburg railway station, Kirchdorf Süd, or somewhere in between?
The area between the northern and southern arms of the Elbe is a locality. A locality is something indefinite: you simply know that it is over there. But it is not somewhere you just happen to go to now and again. It is also linguistically removed from the map. Introducing the term "metrozone" for this locality, to which no underground train travels, seems absurd and will probably be of little help in anchoring this zone more firmly in the minds of Hamburg's residents.
That is not the key issue, however. Places really have to be visited by outsiders—in passing and as a matter of fact—in order for them to have an urban character. At the moment, however, there is hardly any reason for the average Hamburg resident to cross the Elbe—unless they live there of course. Only tourists travel aimlessly around a city. A locality can only become part of the city on a selective basis: it needs attractions and opportunities that are not to be found in the rest of the city. These can be cheap housing rents, plenty of green spaces, good schools, interesting neighbourhoods, trendy clubs and cafés, or simply jobs. Theoretically then, Wilhelmsburg will only become a matter-of-fact part of Hamburg if it boasts such attractions.

Participation the Other Way Around

There is therefore a great deal for the urban developers and the IBA Hamburg to be doing. There are a number of different strategies: the focus can be placed on exterior strengths by developing new, creatively oriented projects (central town park, new housing), moving the Urban Development and Environment Authority to Wilhelmsburg, and hoping for investors. And if, in this era of economic crisis, investors are only interested in the "juicy bits" of the city, in Hamburg's case the HafenCity for instance, then hopes are shifted to creative artists, who ought to want to go to places no one else wants to go to.
And the focus is placed on the creative and the artistic when it comes to activating the endogenous potential: the artist more or less as an urban development assistant showing the "needy" what could be possible.
All of these scenarios have since become well known but their suitability for successful implementation everywhere is limited.
In this regard, a further strategy has been proposed for the development of the Elbe island of Wilhelmsburg, one that could be referred to as "inverse participation": it is not the residents who are permitted to become involved in projects by planners and artists, it is the planners and artists who may participate in the existing—even private— projects of both individuals and groups. The experts have to do the rethinking: it is not their ideas that are being sought; instead, they have to go off in search of people who want something—listening to them and becoming involved in a supportive and reinforcing manner.

An Example from Linz on the Danube

Linz, a town with 190,000 residents, also has a harbour with a commercial and industrial area. In contrast to Hamburg, however, this zone is not situated on the other side of the river. Strictly speaking, it is not Linz but rather

genannten Schwierigkeiten bewusst. Trotzdem wagen die Brüder einen kompletten Um- und Neubau der bestehenden Gartenhütte, allerdings mit gesammeltem und recyceltem Baumaterial – unter anderem auch von temporären Bauten der Kulturhauptstadt Linz 2009.
Der aktuelle Plan ist das Ergebnis aus den Gesprächen mit seinem Bruder sowie dessen bisherigen Erfahrungen und Vorstellungen über das Betreiben eines Lokals.
Die Realisierung – geplant im Frühjahr 2010 – hat jedoch ihre Tücken. Ein paar exemplarische Details seien aufgezählt:
Aus atmosphärischen Gründen soll die Hütte mit recycelten Schalungsbrettern erbaut werden. Diese entsprechen aber nicht den Brandschutzbestimmungen für Restaurants. Die Behörde schlägt vor, Rigipsplatten an den Schalungsbrettern anzubringen.
Durch die landwirtschaftliche Nutzung des Grundstücks war kein Anschluss ans Kanalnetz vorgeschrieben. Durch die Ganzjahresgaststätte ist zur Abwasserbeseitigung nun eine Biokläranlage geplant. Die Behörde besteht demgegenüber allerdings auf einen (selbst zu errichtenden) Kanalanschluss.
Bisher war der Steckerlfischverkauf ohne Gewerbekonzession möglich (landwirtschaftlicher Ab-Hof-Verkauf). Diverse gewerberechtliche Vorschriften sind nicht nur kostenintensiv, sondern gefährden die landwirtschaftliche Versorgung und damit die Lokalphilosophie, die nur „Eigenprodukte" (aus Garten und Donau) verwenden will. So wird für einen klassischen „Gewerbebetrieb" behördlich für jeweils fünf Gästesitzplätze ein Parkplatz am eigenen Grundstück vorgeschrieben.
Die Liste ist keineswegs vollständig. Sie zeigt aber, dass die Modernisierung und Professionalisierung dieser Nischenökonomie aus finanziellen Gründen scheitern könnte. Wichtig ist aber auch, jene räumlich-atmosphärischen Qualitäten zu erhalten, wegen derer die Innerstädter diesen Ort aufsuchen. Denn neben der Schaffung von Arbeitsplätzen geht es auch um die Realisierung eines Ortes, der für ganz Linz einzigartig ist – und somit um einen überlokalen Anziehungspunkt.

Neue Aufgaben für Stadtentwickler

Weil erst besondere Orte aus einer Gegend eine Stadt machen, sollten solche Fälle auch Fälle für Stadtentwickler sein. Was ist zu tun: Zuallererst gilt es, solche spezifischen Orte und die dafür verantwortlichen Menschen ausfindig zu machen. Dazu müssen sich Stadtentwickler rumtreiben, das Gespräch suchen, Augen und Ohren offenhalten nach Leuten, die in der Stadt aktiv sind bzw. werden wollen und die nicht unbedingt auf die Idee kommen, Behörden freiwillig aufzusuchen. Kreativität findet sich überall: bei ehrenamtlicher Arbeit in Vereinen, in Schulen und in Betrieben sowie bei Einzelaktivisten – es gibt ein Leben auch jenseits der Kreativwirtschaft.
Sodann ist das Gefundene auf seine urbane Zukunftsfähigkeit zu befragen: Wie steht es um die ökonomische Überlebensfähigkeit – jenseits aller Selbstausbeutung? Und: Leistet das

this commercial and industrial area is situated on the Danube. There are also a variety of superstores in this zone, as well as a Cineplexx cinema, allotment gardens, an airfield for gliders, settlement remnants, scattered farms, and a fishing operation.
"... after the heat in the hot rolling mill and from the blast furnaces (steel workers have to drink twelve litres of water per eight hour shift) visitors will also look forward to a beer and a grilled fish at Lahmer Franz in the Estermannstrasse. That is one of the most eccentric of Linz's idylls, an island in the middle of the Linz industrial area, an overgrown old farmstead surrounded by a meadow and a vegetable garden between the motor mechanics' workshops and the transport companies, the home of the last family of Linz fishermen on the Danube."[1]
Here is the only professional fisherman in Linz. The property has been under cultivation and has sold fish from the Danube for generations, long before the encroachment of the harbour and the industrial area. In a self-constructed summerhouse accommodating a maximum of sixty people, fish are grilled on sticks and eaten every fourteen days between May and the end of September every year. The fisherman's wife does the grilling. The fish is served with a variety of homemade food and drink.
This is without doubt a "cool place" with a great deal of charm for many Linz residents. It is an established feature of a tour of the industrial area, for example, and yet being so hidden away means that it is still an insider tip. It has been situated outside of time and space, so to speak, setting it apart from the surrounding industrial area and making this its background setting.
The younger son, a trained chef and fisherman, took over his father's fishing rights in 2009. He is to run his father's business in the future. He plans to make some changes in order for it to be viable. More especially, he plans to turn the temporary summer catering into a year-round business. The present summerhouse is in need of renovations and has no heating.
Retaining the atmosphere that has drawn guests attracted by the unusual surroundings into the industrial area and has made this place into an established location on their mental map of Linz is going to be a delicate balancing act.
The elder son, Christoph, studied architecture[2] and his thesis entitled "ÜberLeben im Zwischenraum" (Survival in the Transurban Space) focused on the harbour district and the future of his family home. He is well aware of the difficulties mentioned. Nevertheless, the brothers are going to risk the complete conversion and rebuilding of the existing summerhouse, albeit with reused and recycled building materials—some of them from the temporary buildings featuring in Linz's year as the European Capital of Culture in 2009.
The current plans are the result of discussions with his brother about his experience to date and his intentions for running the operation.
The implementation—planned for early 2010—does present some problems, however.
Here are a few details by way of examples:
The structure is to be built out of recycled planks for atmospheric reasons. This does not meet the fire regulations for restaurants. The authorities have suggested applying plasterboards to the planks.
The agricultural utilisation of the property meant that it was not required to be connected to the sewage system. The year-round operation means that a biological water treatment unit is now planned to deal with the waste water. The authorities, however, insist on a sewage system connection (to be self-built).
Up until now, the sale of grilled fish has been possible without a trading licence (agricultural farm sale). The various trading regulations are not only costly, they threaten agricultural supplies and thus the "local" philosophy of aiming to use "own products" (from the garden and the Danube) only. For a classic "commercial operation" the authorities require a parking space on the property for every five customer seats.
This list is by no means comprehensive. It does show, however, that the modernisation and professionalising of this market niche could fail for financial reasons. What is also important is the retention of the spatial and atmospheric qualities that are the reason why people from

Die Herrichtung der Spezialität „Steckerlfisch" (links), Gastraumatmosphäre (unten) Preparing the "fish on a stick" speciality (left), The restaurant atmosphere (below)

Vorhaben einen Beitrag für städtisches Leben? Entsprechende Projekte muß man bis ins letzte Detail kennen und verstehen.
Denn der Teufel steckt im Detail und dieses verhindert dann die Realisierung. Diese teuflischen Details sind selten gestalterischer Natur, viel eher geht es um soziale, rechtliche und organisatorische Fragen. Diesen Fragen hat sich Stadtentwicklung insofern anzunehmen, indem sie unterschiedlichste Akteure an einem Tisch versammelt, um die bestmögliche Lösung für einen Stadtteil auszuarbeiten.
Erweiterte Stadtentwicklung ist in diesem Sinne zuallererst eine Querschnittsmaterie. Eine so verstandene Stadtentwicklung und Stadtplanung haben deshalb ihr eigenes Metier zu erweitern. Zurzeit stecken professionelle Urbanisten ihre gesamte Energie, Zeit und ihr Geld in Pläne, Theorie und Konzepte. Die Umsetzung steht dann auf einem anderen Blatt: Ökonomie und Bürokratie übernehmen das Kommando. Diese Trennung von Theorie und Praxis führt allzu oft zu ernüchternden Ergebnissen.
Von den Umsetzern, den Investoren, sollte man mehr städtebauliches Denken erst dann fordern, wenn man selber bereit ist, sich mit den „Niederungen der Realisierung" zu befassen. Möglicherweise sollte Stadtentwicklung in Zukunft stärker „von unten", von der Betreiberebene aus gedacht werden: die existierende Realität als Ausgangspunkt, ja als Fundgrube für den theoretischen Überbau. Jedenfalls sollten nicht die konkreten aktuellen Bedürfnisse und Vorstellungen der vielen kleinen Stadtaktivisten die städtebaulichen Visionen und Pläne mit Leben füllen müssen, sondern diese (durchaus notwendigen) Visionen sollten das Destillat aus den vor Ort existierenden Vorstellungen sein. „Verkehrte Partizipation" findet somit ihren Niederschlag nicht nur in Einzelprojekten, sondern auch in übergeordneten städtebaulichen Leitbildern. Auch wenn diese intensive Zusammenarbeit mit den vielen lokalen „Kleininvestoren" aufwendig und mühsam ist, sich wenig für Hochglanzpublikationen eignet und sie möglicherweise nicht zu großem Ruhm führt: so ist sie doch das Entscheidende für die Realisierung lebendiger urbaner Orte.

Anmerkungen

1 Renate Just: „Raue Schale, harter Kern". In: *DIE ZEIT*, 31.12.2008; http://www.zeit.de/2009/02/linz.

2 Siehe dazu: Bernhard Gilli / Christoph Wiesmayr, blog: http://schwemmland.wordpress.com.

Gastraumatmosphäre
The restaurant atmosphere

the city centre come here. For, in addition to creating jobs, it is also about developing a place that is unique in the whole of Linz and is thus a regional attraction.

New Tasks for Urban Developers

As it is the special places that turn a locality into part of the city, such cases should also attract urban developers. What needs to be done: firstly, such places and the people in charge of them need to be identified. To do this, urban developers need to get out and about, talk to people, keep their eyes and ears open for people who are active in the city and/or want to become active, and who would not necessarily think of approaching the authorities voluntarily. Creativity is to be found everywhere: with volunteer work in associations, in schools, and in companies, as well as with individuals acting on their own—there is indeed life outside the organised creativity.
Once identified, the urban sustainability of the project needs to be looked at: what are the prospects for economic survival—going beyond self-exploitation? And: does the project make a contribution to urban life?
Appropriate projects need to be looked at and understood down to the smallest detail for the devil is in the details and these can hinder the implementation. These devilish details are seldom of a design nature; it is far more a question of social, legal, and organisational issues. These ought to be addressed by the urban developers by getting the different protagonists around the table in order to work out the best possible solution for an urban district.
In this sense, extended urban development is first and foremost cross-sectional in nature. Urban development and urban planning in this sense therefore need to expand their own professions. At present, professional urbanists invest all of their energy, time, and money in plans, theories, and concepts. The implementation is then another story: economics and bureaucracy take over. The results of this separation of theory and practice are all too often disillusioning.
More of an urban development approach should only be demanded of the implementers and the investors once we are ready to address the "lowlands of realisation." The urban development of the future should perhaps be thought out "from below," from the operator level, to a greater extent: the existing reality as the starting point, even as a treasure trove, for the theoretical superstructure. Either way, it should not be the current, concrete needs and notions of the many small urban activists that breathe life into the urban development visions and plans; rather, these (certainly necessary) visions ought to be the distillate of ideas in existence locally. "Inverse participation" thus makes an impact not only on individual projects, but also on higher level urban planning models.
Even though working together with the many local "small investors" might be complicated and time-consuming, less suited to glossy publications, and might not lead to great fame, it is nevertheless the deciding factor in the creation of vibrant urban places.

Notes

1 Renate Just: "Raue Schale, harter Kern". In: *DIE ZEIT*, 31 December 2008; http://www.zeit.de/2009/02/linz.

2 Cf.: Bernhard Gilli / Christoph Wiesmayr, blog: http://schwemmland.wordpress.com.

JÖRG DETTMAR, ULRIKE HESSE

Restflächen als Ressource

Nachhaltige Freiräume in der Peripherie?

Die Peripherie ist, im doppelten Sinne, längst nicht mehr ein Randphänomen: Zum einen sind im Gefüge der Ballungsräume, etwa im Ruhrgebiet oder in Hamburg, flächenmäßig die peripheren Zonen längst dominierend. Zum anderen begrenzen sie sich nicht auf die Stadtränder. Peripherie findet sich auch mitten in der Stadt. Diese Splitterzonen „stören" das weitgehend homogen gewünschte Feld der „Innenstadt" und fallen daher aus der Wahrnehmung. Die IBA Hamburg beschäftigt sich mit einer solchen „inneren Peripherie" auf der Elbinsel Wilhelmsburg. Etwas dynamischer ausgedrückt und in der Hoffnung doch noch etwas Glitzer der Metropole verteilen zu können, spricht man dabei in Hamburg von „Metrozonen".
Die eher theoretische Diskussion über die notwendige Qualifizierung solcher fragmentierter urbaner Räume fokussierte zumeist auf inselhafte Lösungen, bei denen ein grundlegender Um- und Neubau im Rahmen eines Großprojekts stattfand. Die Realität in der Masse der Zwischenstadt sieht jedoch anders aus. Hier herrscht weitgehend Ratlosigkeit und Kapitulation bei der Planer- und Architektenschaft. Die planerische Energie wendet sich deshalb vor allem der Sicherung, Qualifizierung und Weiterentwicklung der Innenstädte bzw. innerstädtischer Zonen zu. Dabei verliert die historische europäische Stadt durch die Spaltung der Stadtgesellschaft in isolierte Teilmilieus, die Privatisierung des öffentlichen Raumes und die Verinselung der Stadtstruktur zunehmend ihre Fähigkeit zur Integration. Und sie ist längst nicht mehr alleiniger Hort von Urbanität. Diese ist im Kern ein Begriff für eine Lebensweise, die längst unabhängig ist von städtischer Dichte.[1] Urbanes Leben kennzeichnende Faktoren wie eine hohe Erlebnisdichte, die universelle Verfügbarkeit von Waren aufgrund einer hohen Mobilität sowie die Möglichkeiten der Einflussnahme durch neue Kommunikationsmittel sind längst standortunabhängig.

Potenziale urbanisierter Landschaften

Insofern ist die Voraussetzung für ein Erkennen der Potenziale peripherer Zonen - oder anders ausgedrückt: fragmentierter urbaner Räume - zunächst einmal die Anerkennung derselben als Faktum. Dann gelingt es möglicherweise neben den zahlreichen Defiziten und Problemen auch, Potenziale in der Entwicklung dieser Räume zu sehen. Sie bieten Raum für das „urbane Versprechen"[2] unterschiedlichste Lebensentwürfe zu verwirklichen, was in der historischen Stadt nicht immer gegeben war. So können zum Beispiel Restflächen oder städtische Brachen, die von alternativen Gruppen erobert, zwischen- oder umgenutzt werden im Sinne von Möglichkeitsräumen, ein hohes Potenzial an „Urbanität" besitzen.[3] Zwischen den Patchwork-Landschaften und den Patchwork-Biografien besteht ein ursächlicher und bedürfnisorientierter Zusammenhang. Dieses räumliche Patchwork bietet eine Flexibilität, die gegenwärtige Biografien oftmals brauchen. Es gibt hier Raum für soziale und gestalterische Experimente, da nicht alles vollständig formell organisiert und überplant ist. Die ästhetischen Qualitäten liegen

Zwischenstadt Rhein-Main - Beispiel fragmentierter urbaner Räume in einer Agglomeration The transurban Rhine-Main area—example of fragmented urban spaces within an agglomeration

JÖRG DETTMAR, ULRIKE HESSE

Wasteland as a Resource

Sustainable Open Spaces on the Periphery?

in einem Reichtum an Strukturen, Veränderungsprozessen und Fragmenten.[4]
Auch aus ökologischer Sicht wird diesen heterogenen Strukturen zumindest hinsichtlich der Artenvielfalt und Vielfalt an Lebensräumen ein gewisser Wert zugeschrieben. Ergebnis zahlreicher stadtökologischer Untersuchungen in verschiedenen Städten ist, dass im Verhältnis zum land- und forstwirtschaftlich genutzten Umland die städtische Nutzungsdiversität eine insgesamt höhere Artenvielfalt pro Flächeneinheit hervorbringt.[5] Dabei haben insbesondere die heterogenen Peripherien mit ihrer Mischung aus Industrie-, Gewerbe- und Wohngebieten sowie diversen Verkehrsinfrastrukturen, Brachen, Gärten und Resten der Landwirtschaft in der Regel hohe Artenzahlen aufzuweisen.[6] Neben der Heterogenität ist vor allem ein bestimmter Anteil freier, unversiegelter Flächen entscheidend. Eine hohe Verdichtung reduziert die Artenvielfalt. Der Arten- und Biotopschutzaspekt ist allerdings nur ein Faktor in einer ökologischen Bilanzierung. Die disperse Siedlungsstruktur ist hinsichtlich des Flächenverbrauchs mit der Umwandlung von meist zuvor landwirtschaftlich genutzten Flächen eindeutig negativ zu bewerten. Andererseits kann eine hohe Dichte auch in Hinblick auf die Frei- und Grünflächenversorgung der Bevölkerung problematisch sein. Hier können zum Beispiel Brachflächen einen wichtigen Beitrag zur Deckung dieser Grünflächendefizite leisten.[7]
Die aufgebrochenen Strukturen fragmentierter urbaner Räume können hierfür genügend Raum bieten, sofern es gelingt, „Freiflächen" auch tatsächlich für die Bevölkerung nutzbar zu machen. Immer wieder kann man in suburbanen Siedlungszonen und dispersen Stadtrandlagen zeitweise brachliegende oder untergenutzte Restareale finden, die Naturerfahrungsräume bieten, in denen sich Kinder und Jugendliche frei von Reglementierung bewegen können.[8]
Im Sinne der nachhaltigen Stadtentwicklung bietet die wenig verdichtete, offene Struktur auch Potenziale für den Aufbau von dezentralen Kreislaufprozessen hinsichtlich Wasser, Energie und Nährstoffen.[9] Hier sind Flächen für Umsatzprozesse verfügbar; dezentrale Abwasserbehandlung, Nährstoffverwertung und Biomasseproduktion zur dezentralen Energiegewinnung kann man zum Beispiel in Verbindung mit den noch vorhandenen landwirtschaftlichen Nutzflächen sinnvoll und tragfähig entwickeln.

Restflächen in der Peripherie – Erlebnisräume für Jugendliche Residual spaces on the periphery—experiental spaces for young people

Strategien

Akzeptiert man, dass die Suche nach einer Gesamtstrategie zur Planung fragmentierter Räume in der Regel nicht zum Ziel führt, eröffnen sich differenzierte Möglichkeiten zur punktuellen Qualifizierung dieser Realität. Das Repertoire dazu mag begrenzt erscheinen: neue Freiräume gestalten oder Wildnis zulassen, Infrastrukturen integrieren und Grenzen betonen, Partizipation ermöglichen und soziale Freiheitsräume gewähren, lokale und regionale Kreislaufsysteme für Wasser, Energie und Nährstoffe aufbauen. In Kombination mit den unterschiedlichen örtlichen (räumlichen, sozialen, strukturellen, politischen etc.) Gegebenheiten können diese zu einer Vielzahl differenzierter, spezifischer Lösungsansätze führen. Dabei

The periphery, in both senses of the word, has long ceased to be a fringe phenomenon. On the one hand, peripheral zones have long been dominant spaces within the fabric of conurbations such as the Ruhr or Hamburg, while, on the other, they are not restricted to city borders. The periphery is also to be found in the middle of the city. These splinter zones "disrupt" the largely homogenous ideal of the "inner city" and are therefore overlooked. The IBA Hamburg is addressing such "inner peripheries" on the Elbe Island of Wilhelmsburg. The somewhat dynamic term used in Hamburg, in the hope of disseminating some of the city's glamour, is "metrozones."

The rather theoretical discussion on the necessary improvement of such fragmented urban spaces has been largely focused on isolated solutions involving a fundamental conversion or new construction, within the scope of a major project. The reality in the majority of transurban areas is a different one, however. They are largely dominated by helplessness and capitulation on the part of planners and architects. Planning energy is therefore directed mainly at the preservation, upgrading, and further development of inner cities and/or inner-city zones. Historic European cities are therefore increasingly losing their ability to integrate, due to the division of urban society into isolated sub-milieus, the privatisation of public spaces, and the fragmentation of urban structure. They have also long ceased to be the only refuges of urbanism. This is essentially a term describing a way of life that has long since become independent of urban density.[1] Factors characterising urban life, such as a high density of experiences, the universal availability of goods due to greater mobility, as well as the opportunities to exert influence through the new communication media, have long since become independent of location.

Biologische und ästhetische Diversität auf urbanen Brachflächen Biological and aesthetic diversity on urban wasteland

Potential Urbanised Landscapes

Therefore the prerequisite for identifying the potential of peripheral zones or, to phrase it differently, fragmented urban spaces, is therefore the recognition of the same as fact. It then becomes possible to see the potential in the development of these spaces, as well as the many deficits and problems. They provide scope for the "urban promise"[2] of realising a wide range of lifestyles, which was not always a given in historical cities. Wasteland areas or areas of disused urban land, for example, taken over, used, or converted by alternative groups on an opportunistic basis, can therefore possess a great deal of potential when it comes to "urbanism."[3] There is a causal and needs-related link between the patchwork landscapes and the patchwork biographies. This spatial patchwork provides a degree of flexibility often required by contemporary biographies. It is here that there is space for social and planning experiments because not everything has been completely organised and over-planned. The aesthetic qualities are to be found in the wealth of structures, transformation processes, and fragments.[4]

From an ecological perspective, these heterogeneous structures are ascribed a certain value, at least with regard to the biodiversity and the diversity of habitats. The results of numerous urban ecological analyses in a variety of cities show that, in relation to the surrounding countryside used for agriculture and forestry, the urban utilisation diversity exhibits a greater biodiversity per unit of area.[5] The heterogeneous peripheries in particular, with their mixture of industrial, commercial, and residential areas as well as a variety of traffic infrastructure, wasteland, gardens, and agricultural remnants, generally boast high species numbers.[6] In addition to the heterogeneity, a certain proportion of open, unenclosed space is of key importance. A high degree of agglomeration reduces biodiversity. However, the species and biotope protection aspect is just one factor within the ecological balance. The dispersed settlement structure is certainly a negative aspect of land use, with the conversion of what was mostly agricultural land previously. On the other hand, high density can also be problematic with regard to the provision of open and green belt spaces for the population. It is here that wasteland areas, for example, are able to make a valuable contribution in

konzentriert man sich auf punktuell eingreifende, individuelle, lokal verankerte und begrenzte Einzelkonzepte, möglichst unter der Mitwirkung von örtlichen Akteuren.[10] Das intensive Gespräch mit den Bewohnern bzw. Nutzern und die Einbeziehung der Menschen vor Ort werden zunehmend als ein wichtiges Mittel zur nachhaltigen Entwicklung gerade dieser städtischen Räume begriffen.[11] Die Einbettung solcher Projekte in die traditionelle räumliche Leitplanung ist jedoch meist schwierig, da sich deren Steuerungsanspruch auf die Herstellung von „kreativen Rahmenbedingungen" reduzieren muss. Dabei stoßen kommunale Akteure in Ballungsräumen zwangsläufig schnell an ihre und an die Grenzen des räumlichen Zuständigkeitsbereiches. Aus diesem Grund sind die Versuche regionaler Flächennutzungspläne, wie sie im Rhein-Main-Gebiet und Ruhrgebiet ausprobiert werden, nachvollziehbar. Vorbild für eine regionale Strategie, die stärker auf informelle Strukturen setzt, ist nach wie vor die IBA Emscher Park. Die umfassende Strategie zur ökologischen, ästhetischen, städtebaulichen und kulturellen Erneuerung der Emscher Zone im Ruhrgebiet liefert bis heute Impulse auch für die Frage des Umgangs mit urbanen Zwischenräumen.[12]

Zukunftsthemen suburbaner Restflächen

Vor allem soziale und ökologische Potenziale der Patchwork-Strukturen peripherer Räume wurden oben bereits angesprochen. Folgende Themen bieten konkrete Anknüpfungspunkte für die nachhaltige Entwicklung urbaner Räume mit Fokus auf Rest- und Freiflächen: die Nutzung der klimatischen Ausgleichspotenziale begrünter Rest- und Zwischenräume der peripheren Zonen im Kontext Klimawandel in Städten, die synergetische Koppelung von naturnaher Regenwasserbewirtschaftung, Regenwassernutzung und Hochwasserschutz sowie dezentrale Abwasserbewirtschaftung in dispersen Siedlungsräumen, der Aufbau lokaler und regionaler Biomassenetzwerke – Verknüpfung von Siedlungen, Landwirtschaft und öffentlichen Grünflächen mit dezentralen Abwasserbewirtschaftungen und Abfallkonzepten, die Weiterentwicklung urbaner Landwirtschaft in Ballungsräumen – Diversifizierungsstrategien in Verbindung mit Biomasseproduktion/-nutzung, Grünflächenpflege und Naturschutz und schließlich die Weiterentwicklung des urbanen Naturschutzes – Naturerlebnisräume.

Landschaftspark Duisburg-Nord: Transformation einer Industriebrache zu einem Baustein einer postindustriellen Kulturlandschaft The Duisburg Nord Landscape Park: the transformation of industrial wasteland into one of the cornerstones of a post-industrial cultural landscape

rectifying these green belt deficits.[7] The broken structures of fragmented urban spaces are able to provide enough scope for this, provided it is actually possible to make "open spaces" usable for the population. Time and again there are partial wasteland or under-utilised areas found in suburban settlement zones and dispersed urban peripheries that provide spaces for experiencing nature, in which children and teenagers would be able to be active away from regimentation.[8]
In terms of sustainable urban development, the less dense, open structure also offers potential for the establishment of decentralised cyclical processes with regard to water, energy, and nutrients.[9] Space is available here for transformation processes: decentralised waste-water treatment, nutrient optimisation, and biomass production for decentralised energy supplies, for example, can be developed on a meaningful and sustainable basis together with what agricultural land is left.

Strategies

Once we accept that the quest for an overall strategy for the planning of fragmented spaces does not generally achieve its target, different opportunities for the selective improvement of this reality then become apparent. The repertoire may appear to be limited: creating new open spaces or allowing the wilderness in, integrating infrastructures and emphasising boundaries, enabling participation, and maintaining social leisure areas, developing local and regional cyclical systems for water, energy, and nutrients. In combination with the different local (spatial, social, structural, political, etc.) circumstances, however, they can lead to a multitude of different, specific solutions. The focus needs to be on singular selective, interventional, individual, locally anchored, and limited concepts, ideally with the involvement of local protagonists.[10] Intensive discussions with residents and/or users and the involvement of local people is increasingly being seen as an important means of achieving sustainable development in these urban spaces in particular.[11] The incorporation of such projects into traditional overall spatial planning is usually difficult, however, because their control aspirations have to be reduced to the production of "creative parameters." Necessarily, municipal protagonists within conurbations quickly reach both their own limits and the limits of the area of spatial responsibility. For this reason, the attempts at regional land use planning, as tried out in the Rhine-Main region and the Ruhr, are understandable. The IBA Emscher Park remains a role model for a regional strategy placing a greater focus on informal structures. To this day, the comprehensive strategy for the ecological, aesthetic, urban development, and cultural revival of the Emscher zone in the Ruhr continues to initiate responses to the issue of dealing with transurban areas.[12]

Future Issues for Suburban Wasteland

Particular mention has been made above of the social and ecological potential of the patchwork structures of peripheral spaces. The following issues provide concrete starting points for the sustainable development of urban spaces with a focus on wasteland and open spaces: the utilisation of the compensatory climatic potential of green wasteland and clearings in peripheral zones in the context of climate change in urban environments; the synergetic coupling of natural rainwater management, rainwater use, and flood defences, as well as decentralised waste-water management in dispersed settlement areas; the establishment of local and regional biomass networks—the linking of settlements, agricultural and public green areas with decentralised waste-water management and refuse concepts; the further development of urban agriculture in conurbations; diversification strategies in connection with biomass production/utilisation, green belt maintenance, and nature conservation; and finally the further development of urban nature conservation with nature experience areas.
These are certainly not new issues and have often been cited in the context of sustainable

Das sind bekanntermaßen alles keine neuen Themen, sie wurden im Kontext nachhaltiger Stadtentwicklung oder der Auswirkungen des Klimawandels auf Städte bereits oft benannt. Die meisten dieser Themen stehen deshalb auch bei der IBA Hamburg auf der Agenda und sind mit Projekten belegt.

Für die erfolgreiche Umsetzung wird entscheidend sein, ob es in den nächsten Jahren gelingt sektorale Zuständigkeiten zu überwinden. Eine der Hauptursachen für die Entstehung der Patchwork-Landschaften ist die Zersplitterung in Fachdisziplinen mit entsprechenden Verwaltungseinheiten und eigenständiger politischer und gesetzlicher Basis. Dies ist der Fall bei den Zuständigkeiten für Wasser, Abwasser, Abfall, Boden, Naturschutz, Energie, Verkehr, Hafenwirtschaft, Siedlungsentwicklung, Landwirtschaft, Forstwirtschaft, Tourismus und Kulturwirtschaft usw. In Zeiten knapper öffentlicher Kassen reduzieren die Verwaltungseinheiten ihr Handeln auf die Kernbereiche ihrer Zuständigkeit und verteidigen diese als Legitimationsbasis. Nur die Bauleitplanung, die im Zuge des Abwägungsgebotes die Koordinierung aller Teilinteressen übernehmen soll, wirkt übergreifend. Allerdings werden deren Handlungsmöglichkeiten aufgrund der eigengesetzlichen Basis der verschiedenen Fachplanungen erheblich eingeschränkt. Gleichzeitig hat man versucht durch Vereinfachungs- und Beschleunigungsgesetze die Bauleitplanung zu „verschlanken", der Abbau von Personal und die Auslagerung von Leistungen an Büros tut ein Übriges. In der Konsequenz entsteht ein „planvolles Chaos" dessen reale Konsequenzen in der urbanen Landschaft keinen der Beteiligten wirklich zufriedenstellt. Nur wenn es gelingt eine Ausnahmesituation für einen solchen Raum zu erzeugen, wo viele der Teildisziplinen auf Zeit versuchen, jenseits ihrer gewohnten Routine auf gemeinsame Ziele hinzuarbeiten, gibt es eine Chance zu umfassenderen Veränderungen. Eigentlich sollen Internationale Bauausstellungen genau solche Ausnahmesituationen herstellen.[13] Genau dies zu erreichen, scheint aber bei der Hamburger IBA – zumindest von außen betrachtet – große Probleme zu bereiten.

Anmerkungen

1 Jörg Dettmar / Udo Weilacher: „Baukultur: Landschaft als Prozess". In: *Topos* 44/2003.

2 Christian Schmid: *Die Schweiz. Ein städtebauliches Portrait.* Basel 2006.

3 Walter Siebel: „Ist die Europäische Stadt ein zukunftsfähiges Modell?" In: Werner Rietdorf (Hg.): *Auslaufmodell Europäische Stadt?: Neue Herausforderungen und Fragestellungen am Beginn des 21. Jahrhunderts.* Berlin 2001, S. 151–157.

4 Boris Sieverts, www.neueraeume.de/texte/laermschutz.htm, 10/2006.

5 Stefan Körner: „Natur in der urbanisierten Landschaft. Ökologie, Schutz und Gestaltung". In: Thomas Sieverts (Hg.): *Zwischenstadt.* Band 4, Wuppertal 2005.

6 Jörg Dettmar: *Industrietypische Flora und Vegetation im Ruhrgebiet.* Dissertationes Botanicae Band 191. Berlin 1992; Konrad Reidl: „Ruderalflächen". In: W. Konold / R. Böcker / U. Hampicke (Hg.): *Handbuch für Naturschutz und Landschaftspflege.* Landsberg 2000, S. 1–9.

7 Franz Rebele: „Was können Brachflächen zur Innenentwicklung beitragen?" In: Günther Arlt / Ingo Kowarik / Juliane Mathey / Franz Rebele (Hg.): *Urbane Innenentwicklung in Ökologie und Planung.* IÖR-Schriften Band 39. Dresden 2003, S. 63–74.

8 Jörg Dettmar: „Natur erleben – Wildnis im Zentrum der Agglomeration". In: Bundesamt für Naturschutz (Hg.): *Innovativer Naturschutz – Partizipative und marktwirtschaftliche Instrumente. Angewandte Landschaftsökologie.* Heft 34, 2000, S. 95–105; B. Blinkert / K. Reidl / H.-J. Schemel: „Naturerfahrungsräume im besiedelten Bereich – Ergebnisse eines Forschungsprojektes". In: Bundesamt für Naturschutz (Hg.): *Kinder und Natur in der Stadt.* BfN-Skripten 230, 2008, S. 119–136.

9 Jörg Dettmar: „Brachflächen in der Zwischenstadt – Bausteine einer postindustriellen Landschaft. Erfahrungen aus dem Ruhrgebiet". In: Günter Arlt / Ingo Kowarik / Juliane Mathey / Franz Rebele (Hg.): *Urbane Innenentwicklung in Ökologie und Planung.* IÖR-Schriften Band 39, Dresden 2003, S. 23–32.

10 Barbara Boczek: *Transformation urbaner Landschaft. Ansätze zur Gestaltung in der Rhein-Main-Region.* Wuppertal 2007.

11 Marcus Hesse / Robert Kaltenbrunner: „Zerrbild Zersiedlung. Anmerkungen zum Gebrauch und zur Dekonstruktion eines Begriffs". In: *DISP.* Heft 160, 2005, S. 16–22.

12 Jörg Dettmar / Karl Ganser (Hg.): *IndustrieNatur – Ökologie und Gartenkunst im Emscher Park.* Stuttgart 1999.

13 IBA Hamburg (Hg.): *Zur Zukunft Internationaler Bauausstellungen. Netzwerk „IBA meets IBA".* Berlin 2010.

urban development or the effects of climate change on urban environments. The majority of these issues are therefore also to be found on the IBA Hamburg's agenda and provide the basis for projects.

Managing to overcome sectoral jurisdiction will be a key factor in successful implementation over the next few years. One of the main reasons for the development of patchwork landscapes is the fragmentation of specialist disciplines, with corresponding administrative units and independent political and legal bases. This is the case with the authorities for water, waste water, refuse, soil, nature conservation, energy, traffic, harbour management, settlement development, agriculture, forestry, tourism, cultural management, etc. During times of limited public funds the administrative units reduce their activities to their core competencies and defend these as the basis for their existence. Only urban land use planning, which, with the dictates of weighting, is intended to take on the coordination of the interests of all parties, has a universal impact. Their scope of activity is severely restricted by the autonomous nature of the different specialist planning areas, however. Attempts have also been made to "slim down" urban land use planning with simplification and acceleration measures, while staff reductions and the out-sourcing of services have also played a role. The result has been "planned chaos," the actual consequences of which do nothing to really satisfy any of the parties in the urban landscape. Comprehensive change has a chance only when an exceptional situation is devised for such a space, where many of the sub-disciplines attempt to work towards common goals outside of their usual routine for a certain period of time. International Building Exhibitions ought to be a source of just such exceptional situations[13] but achieving this is precisely what appears to be causing major problems for the IBA Hamburg—from an outsider's perspective at least.

Notes

1 Jörg Dettmar / Udo Weilacher: "Baukultur: Landschaft als Prozess." In: *Topos*, 44, 2003.

2 Christian Schmid: *Die Schweiz. Ein städtebauliches Portrait.* Basel 2006.

3 Walter Siebel: "Ist die Europäische Stadt ein zukunftsfähiges Modell?" In: Werner Rietdorf (ed.): *Auslaufmodell Europäische Stadt?: Neue Herausforderungen und Fragestellungen am Beginn des 21. Jahrhunderts.* Berlin 2001, pp. 151-157.

4 Boris Sieverts, www.neueraeume.de/texte/laermschutz.htm, 10/2006.

5 Stefan Körner: "Natur in der urbanisierten Landschaft. Ökologie, Schutz und Gestaltung." In: Thomas Sieverts (ed.): *Zwischenstadt.* Vol. 4, Wuppertal 2005.

6 Jörg Dettmar: *Industrietypische Flora und Vegetation im Ruhrgebiet.* Dissertationes Botanicae, Vol. 191. Berlin 1992; Konrad Reidl: "Ruderalflächen." In: W. Konold / R. Böcker / U. Hampicke (eds.): *Handbuch für Naturschutz und Landschaftspflege.* Landsberg 2000, pp. 1-9.

7 Franz Rebele: "Was können Brachflächen zur Innenentwicklung beitragen?" In: Günther Arlt / Ingo Kowarik / Juliane Mathey / Franz Rebele (eds.): *Urbane Innenentwicklung in Ökologie und Planung.* IÖR-Schriften, Vol. 39. Dresden 2003, pp. 63-74.

8 Jörg Dettmar: "Natur erleben–Wildnis im Zentrum der Agglomeration." In: Bundesamt für Naturschutz (ed.): *Innovativer Naturschutz–Partizipative und marktwirtschaftliche Instrumente. Angewandte Landschaftsökologie,* Vol. 34, 2000, pp. 95-105; B. Blinkert / K. Reidl / H.-J. Schemel: "Naturerfahrungsräume im besiedelten Bereich - Ergebnisse eines Forschungsprojektes." In: Bundesamt für Naturschutz (ed.): *Kinder und Natur in der Stadt.* BfN-Skripten 230, 2008, pp. 119-136.

9 Jörg Dettmar: "Brachflächen in der Zwischenstadt - Bausteine einer postindustriellen Landschaft. Erfahrungen aus dem Ruhrgebiet." In: Günter Arlt et al. (eds.): *Urbane Innenentwicklung in Ökologie und Planung.* IÖR-Schriften, Vol. 39, Dresden 2003, pp. 23-32.

10 Barbara Boczek: *Transformation urbaner Landschaft. Ansätze zur Gestaltung in der Rhein-Main-Region.* Wuppertal 2007.

11 Marcus Hesse / Robert Kaltenbrunner: "Zerrbild Zersiedlung. Anmerkungen zum Gebrauch und zur Dekonstruktion eines Begriffs." In: *DISP*, Vol. 160, 2005, pp. 16-22.

12 Jörg Dettmar / Karl Ganser (eds.): *IndustrieNatur - Ökologie und Gartenkunst im Emscher Park.* Stuttgart 1999.

13 IBA Hamburg (ed.): *Zur Zukunft Internationaler Bauausstellungen. Netzwerk "IBA meets IBA."* Berlin 2010.

HENRIK SANDER

Zum urbanen Potenzial von Autobahnen

Straßenplanung als Stadtplanung und Städtebau

Die städtischen Ränder stehen heute mehr denn je im Fokus der Stadtentwicklung. Auf der einen Seite werden diese Ränder in Form von Hafen-Cities, revitalisierten Industriebrachen, aufgewerteten Wohnvierteln der Stadt einverleibt. Diese Qualifizierung der Ränder erzeugt neue städtische Räume. Interessanter sind aber die unwirtlichen Ränder, die inneren Peripherien und Restflächen entlang von Infrastrukturtrassen, die nicht mit gängigen Strategien und klassischen städtebaulichen Formen weiterentwickelt werden können.

Fernverkehrsstraßen mit lokaler Erschließungsfunktion

Diese Übergangsbereiche sind durch einen historischen Bruch entstanden: Bis zur Erfindung von Bahn und Automobil bildeten Stadt und Straße eine enge räumliche Einheit. Dichte und Nähe prägten die städtische Form. Heute dagegen ist die städtische Form bestimmt von Geschwindigkeit und Weite. Die Fernverkehrsinfrastruktur übernimmt dabei eine immer bedeutendere regionale, wenn nicht lokale Erschließungsfunktion. Die A40 im Ruhrgebiet zum Beispiel erschließt auf 100 Kilometern Länge neun eigenständige Städte, darunter mit Dortmund, Essen, Duisburg und Bochum vier der 16 größten Städte Deutschlands. Der Transitanteil der Straße beträgt gerade einmal sieben Prozent, der durchschnittliche Fahrer fährt bereits nach drei Abfahrten wieder ab. Autobahnen – geplant als Fernverkehrsstraßen – werden zu Hauptstraßen von Stadtregionen. Insbesondere Autobahnen werden aber nicht als Teil der durchquerten Stadt geplant, sondern in der Logik einer Überlandstraße als exterritorialer Raum ohne lokale Erschließungsfunktion. Die örtliche Nachbarschaft wird wegen ihrer Sensibilität gegenüber Lärm und anderen Emissionen von den Straßenbauträgern in erster Linie als ein Störfaktor für den reibungslosen überregionalen Verkehrsfluss wahrgenommen. So entstehen Restflächen, die rechtlich determiniert sind, aber keine räumliche Einheit von Stadt und Straße mehr bilden. Aber gerade diese unwirtlichen Ränder sind die interessanten Orte der Stadtentwicklung, weil hier etwas völlig Neues entstehen kann. In den dicht besiedelten Gebieten ist jede Autobahnausfahrt ein potenzieller Stadtmacher. Global Player wie BP, McDonalds, Ikea, Ibis und Co. deuten auf dieses Entwicklungspotenzial hin, ohne dass es städtebaulich angemessen ausgenutzt wird: Sie stellen mit ihren Logos und Pylonen zwar eine visuelle Verbindung zwischen Straße und angrenzender Stadt her, verlieren sich aber ansonsten zwischen Zufahrten und Parkplätzen und definieren kleinräumig keine neue urbane Struktur.

Fernverkehrsstraßen als internationale Marktplätze

Aber nicht nur die Global Player sind sich der Marktpotenziale der Autobahn bewusst. Auf Anregung der Initiative Kirchdorf-Süd hat das Büro orange edge zusammen mit dem Institut für angewandte Urbanistik für die IBA Hamburg die Idee „Stillhorn International" entwickelt. Motiv dieses Projektes war es, die Großsied-

HENRIK SANDER

Urban Potential of Motorways

Road Planning as Urban Planning and Urban Development

Brembo Technical Center bei Bergamo (Entwurf: Jean Nouvel, 2001-2007) The Brembo Technical Center near Bergamo (design: Jean Nouvel, 2001-2007)

More than ever before, urban peripheries are today forming the focus of urban development. On the one hand, these peripheries are being absorbed by cities in the form of harbour cities, revitalised industrial wasteland, and upgraded residential areas. This improvement of the periphery produces new urban spaces. Of greater interest, however, are the inhospitable boundaries—the inner peripheries, and the disused tracts of land alongside infrastructural routes—that cannot be further developed using the usual strategies and classic forms of urban development.

Motorways with Local Access Functions

These transitional areas are the result of a historical breach: until the invention of railways and cars, cities and roads formed a close spatial unit. The urban form was once characterised by density and proximity but today it is determined

lung Kirchdorf-Süd aus ihrer Randlage an der Endstation einer Buslinie am Rand der Stadt herauszuholen, indem die angrenzende Autobahnraststätte über temporäre Architekturen zu einem Marktplatz, einem Gründerzentrum mit internationalem Marktzugang für die Kirchdorfer, für ihre Fähigkeiten und ihre Kompetenzen gemacht wird.
Die Verkehrsinfrastruktur bleibt ein, wenn nicht der entscheidende Motor der Stadtentwicklung. Erreichbarkeitskriterien bestimmen wesentlich die Standortentscheidungen von Unternehmen als auch von Bürgern. Die Suburbanisierung mit all ihren negativen räumlichen Phänomenen, als auch die Re-Urbanisierung, die wir zurzeit beobachten, haben eine ähnliche Triebkraft: unsere steigenden Mobilitätspotenziale. Sie beziehen sich aber auf unterschiedliche Mobilitätstypen. Die Suburbanisierung wird vom klassischen Pendler erzeugt, der jeden Morgen aus den Vorstädten zur Arbeit fährt. Die Re-Urbanisierung wird dagegen von Menschen mit flexibleren Arbeits- und Lebensmustern, mit multilokalen Lebensformen,[1] vorangetrieben, die sich zwischen immer mehr Orten aufspannen, als bloß Wohnung und Arbeitsort, und die angewiesen sind auf einen flexiblen Zugriff auf die ganze Mobilitätspalette vom Bus bis zum Airbus. Die Stadt der kurzen Wege ist vor allem eine Stadt der kurzen Wege zum nächsten Knoten. Es geht weniger darum, möglichst kompakte Stadtformen zu entwickeln, sondern darum, verschiedene Verkehrsinfrastrukturen optimal zu verknüpfen und Infrastrukturtrassen zu urbanisieren.

Fernverkehrsstraßen als Stadtmacher

Diese Urbanisierung der Infrastrukturtrassen ist ein weltweites Phänomen. Das Autohaus Hessing in Utrecht zum Beispiel macht die Lärmschutzwand zum Schaufenster und verkauft an einem unwirtlichen Ort exklusive Marken wie Bentley, Maserati, Rolls Royce, Lamborghini und Bugatti. Ein nach dem gleichen architektonischen Prinzip aufgebautes Shoppingcenter wird gerade in unmittelbarer Nachbarschaft gebaut. Der Autozulieferer Brembo ließ sich von Jean Nouvel für seinen Forschungsstandort an der A44 in Stezzano, Italien, eine 700 Meter lange, rot lackierte Wand als Landmarke entwerfen, um dahinter Büros in angenehmer Parklandschaft zu realisieren. Der zweitgrößte Hindu Tempel Europas im Gewerbegebiet von Hamm an der A2 (siehe Seite 58) wurde von der Stadt nicht ins Gewerbegebiet abgeschoben: Der Standort zwischen Kraftwerk und Schlachterei wurde von der Gemeinde bewusst gewählt. Er bietet einfach die beste Erreichbarkeit für eine Religionsgemeinschaft, die über ganz Nordwesteuropa verteilt ist.

Fernverkehrsstraßen neu denken

Es wäre zu kurz gegriffen, das Thema der Urbanisierung von Autobahnen auf Hochglanzarchitektur einerseits und idealisierbare Nischennutzungen andererseits zu reduzieren. Die Urbanisierung von Infrastrukturtrassen wirft eine Reihe grundsätzlicher Fragen auf, die nicht mit einem klassischen Verständnis von Stadt, dem entsprechenden städtebaulichen Repertoire sowie den heute üblichen Planungsprozessen und Finanzierungswegen beantwortet werden können. Für die Urbanisierung der Infrastrukturtrassen ist vielmehr ein grundsätzliches Umdenken notwendig. Dazu fünf Thesen.

Verkehrsinfrastruktur ist öffentlicher Raum
Verkehrsinfrastruktur dient nicht nur der Mobilität, sondern soll auch die Stadt repräsentieren. Für Straßen.NRW hat das Büro orange edge zwei Projekte entwickelt, die zeigen, wie mit einfachen Mitteln Lärmschutz als Teil des öffentlichen Raums gestaltet werden kann. „Das Wunder von Essen" ist ein 1,2 Kilometer langes Denkmal für Helmut Rahn, der in diesem Bereich der A40 gelebt hat. Das Projekt „Barcode A40" ermöglichte es Anwohnern und Nutzern der A40, über eine Website Gestaltungsvorschläge für 8 Meter Lärmschutzwand zu entwickeln. Mit barcodeartigen Farbmustern sollten gleichsam kleine Geschichten erzählt werden. Aus 1290 eingegangenen Beiträgen wurden 160 ausgewählt und zu einem Gesamtmuster zusammengesetzt. Ab 2010 erzählen sie auf insgesamt

Innere Peripherien: Urbanisierung durch ungewöhnliche Nutzungsüberlagerungen Inner peripheries: urbanisation through unusual usage overlaps

by speed and distance. In the process, the long-distance motorway infrastructure is taking on an increasingly important regional, and even local, access function. The A40 in the Ruhr, for example, accesses nine independent cities over a length of 100 kilometres, including four of the sixteen largest cities in Germany (Dortmund, Essen, Duisburg, and Bochum). The transit section of the road amounts to just 7 per cent, with the average driver leaving the motorway again after three exits. Autobahns—planned as long-distance motorways—are becoming the main roads for urban regions.
However, motorways in particular were not planned as part of the cities they traverse, but rather as highways, as extraterritorial spaces with no local access function. Local neighbourhoods, with their sensitivity to noise and other emissions, are primarily perceived by the road builders as a disruptive factor in the smooth inter-regional traffic flow. The result is disused tracts of land, which are legally defined but no longer form a spatial city-road unit.
Yet it is precisely these inhospitable boundaries that are the interesting places for urban development because it is here that something completely new can come about. In heavily populated areas, every autobahn exit has urban planning potential. Global players like BP, McDonalds, Ikea, Ibis, and the like are indicative of this potential without it being exploited in urban development terms: their logos and hoardings create a visual link between the road and the adjoining city, but otherwise they are lost between access roads and parking areas, not defining any new, small-scale urban structure.

Motorways as International Market Places

It is not only the global players, however, who are aware of the market potential of the motorway. At the instigation of the Kirchdorf-Süd Initiative, orange edge, together with the Institut für angewandte Urbanistik (Institute for Applied Urbanistics), has developed the Stillhorn International idea for the IBA Hamburg. The motivation for the project is to raise the large Kirchdorf-Süd neighbourhood out of its peripheral situation at the end of a bus route on the edge of the city by using temporary structures to turn the adjoining motorway services into a market place, a start-up centre with international market access for the Kirchdorf residents, and their skills and talents.
The traffic infrastructure remains one of the key motors for urban development, if not the decisive one. Access criteria play an important role in the location decisions of both companies and members of the public. Suburbanisation, with all of its negative spatial phenomena, as well as the re-urbanisation currently being observed, have a similar impetus: our increasing potential for mobility. They are motivated by different types of mobility, however. Suburbanisation is brought about by classic commuters who drive from the suburbs to work every morning. Re-urbanisation, on the other hand, is driven by people with more flexible working and living patterns, with multilocal ways of life,[1] who increasingly spread themselves between more places other than just their home and their place of work, and who are reliant on flexible access to the entire mobility palette from bus to Airbus. The close proximity city is primarily a city with close proximity to the next interchanges. It is less about developing as compact an urban form as possible, but about the optimal linking of different traffic infrastructures and the urbanisation of infrastructural routes.

Motorways as Urban Planners

This urbanisation of infrastructural routes is a worldwide phenomenon. The car dealer Hessing in Utrecht, for example, turned the noise barrier into a display window and sells exclusive models such as Bentley, Maserati, Rolls Royce, Lamborghini, and Bugatti in an inhospitable location. A shopping centre based on the same architectural principle is currently being built in direct proximity to it. The automotive supplier Brembo had a 700 metre long, red lacquer wall designed by Jean Nouvel as a landmark for its research site on the A44 in Stezzano, Italy, in order to then build offices behind it in an ap-

1,3 Kilometer Länge in Bochum-Wattenscheid Geschichten der A40. Das Projekt wurde als Teil des deutschen Beitrags auf der Architektur Biennale São Paulo 2009 präsentiert.

Gestaltung ist keine Kostenfrage

Die Anliegerstädte der A40 haben sich zusammengeschlossen, um mit dem Straßenbaulastträger Straßen.NRW eine ungewöhnliche Kooperation einzugehen. In einem Gestaltungshandbuch, das wir gerade zusammen mit Davids, Terfrüchte + Partner erstellen, legen die Akteure gemeinsam fest, wie im Rahmen der laufenden Instandsetzungs- und Ausbaumaßnahmen die baulichen und landschaftlichen Elemente der A40 regional einheitlich gestaltet werden sollen. Die Gestaltungskonzepte sind so angelegt, dass sie innerhalb der bestehenden Budgets umgesetzt werden können. Mit jeder notwendigen Baumaßnahme wird die A40 nun nicht nur schneller und ruhiger, sondern auch schöner: Straßenbau als Baukultur.

Gestaltung ist Emissionsschutz

Gestaltung ist kein Selbstzweck, sie soll vielmehr eine Reihe von Funktionen erfüllen. Gestaltung soll die Verkehrssicherheit erhöhen, indem sie die Wahrnehmung des Autofahrers auf den Straßenraum lenkt. Gestaltung soll auf der psychologischen Ebene den Lärmschutz verbessern. Der Lärmpegel wird durch Lärmschutzwände um ca. drei db(A) reduziert und kann um weitere vier bis sechs „gefühlte" db(A) reduziert werden, wenn der Lärmschutz adäquat gestaltet ist.[2] Gestaltung soll die Luftemissionen reduzieren, indem zum Beispiel über Beschichtungen oder Moos Schadstoffe aus der Luft gefiltert werden. Gestaltung soll Inhalte und Emotionen transportieren, die über den Straßenraum hinaus verweisen und ein Gefühl für den städtischen Zusammenhang erzeugen. Letztendlich müssen für die Straßenraumgestaltung von Autobahnen die gleichen hohen Ansprüche wie an die Gestaltung des öffentlichen Raums in Innenstädten gelegt werden: Die Autobahn ist das regionale Band, der zentrale Raum, über den sich Regionen erschließen und in dem sie sich repräsentieren.

Infrastrukturausbau ist Stadtumbau

Lars Lerup[3] hat für Gewerbegebiete in Houston das Phänomen beschrieben, dass die räumliche Nähe zur Autobahn ein Indikator für die Bedeutung und Wirtschaftskraft eines Unternehmens ist. Unternehmensgründer fangen demnach in den hintersten Winkeln der Gewerbegebiete an und wandern mit wachsendem Erfolg Richtung Sichtstandort an der Autobahn.
Eine ähnlich kleinteilige Differenzierung in Bezug auf Gewerbe und Wohnen lässt sich auch an Autobahnen wie der A40 im Ruhrgebiet beobachten. Am unmittelbar an die Autobahn angrenzenden Bereich hat sich im Laufe der Zeit eine fast durchgehende, bandartige Büro- und Gewerbestruktur entwickelt, teilweise nicht tiefer als 100 Meter. Dahinter können sich, abgepuffert durch die Gewerbenutzung, Wohngebiete entwickeln. Für die Entflechtung von Gemengelagen an Autobahnen gibt es also eine Marktlogik, die von Seiten der Planung unterstützt werden muss. Im Idealfall könnte ein Autobahnausbau dazu genutzt werden, zum Beispiel über parallele Sanierungsmaßnahmen angrenzende Stadtbereiche in ihrer Nutzungsstruktur zu optimieren und im Rahmen des Stadtumbaus gewerbliche Gebäude als passiven Lärmschutz mit gleichzeitig adressbildender Fassade zur Autobahn zu entwickeln. Kosten für Lärmschutzmaßnahmen könnten so reduziert werden. Ebenso könnten Konflikte, die Planungsprozesse extrem in die Länge ziehen, gelöst werden.

Straßen-Land braucht neues Recht

Städtebaulich integrierter Lärmschutz wie in den Niederlanden funktioniert in Deutschland nicht. Nicht, weil die Akteure sich dem verwehren würden. Im Gegenteil, schließlich könnten damit auf Seiten des Baulastträgers Kosten gespart und aus Sicht insbesondere der gewerblichen Anrainer Sichtstandorte und Adressen geschaffen werden. Es scheitert in der Regel an der Frage der Baulast. Es reicht nicht, ein Gebäude so zu bauen, dass es die Lärmschutzrichtlinien erfüllt. Der Eigentümer muss sich gleichzeitig verpflichten, diesen Lärmschutz dauerhaft aufrechtzuerhalten, auch wenn das

pealing park landscape. Europe's second-largest Hindu temple, in the Hamm industrial area on the A2 (see page 58), was not consigned there by the city: the site between the power station and the abattoir was chosen deliberately by the congregation. It simply provides the best access for a religious community that is spread across the whole of northwestern Europe.

Rethinking Motorways

It would be too simplistic to reduce the issue of the urbanisation of motorways to high-profile architecture on the one hand and idealised niche utilisation on the other. The urbanisation of infrastructure routes raises a series of fundamental issues that cannot be addressed by the classic understanding of the city, the corresponding urban development repertoire, or the planning processes and financing options common today. The urbanisation of infrastructure routes instead requires a fundamental rethink. Five hypotheses in this regard ...

Traffic Infrastructure is Public Space

Traffic infrastructure serves not only mobility but should also represent the city. Two projects have been developed by orange edge for the road builders Straßen. NRW, the federal highway board departement, showing how modest means can be used to create noise protection as part of public space. "Das Wunder von Essen" ("The Essen Miracle") is a 1.2 kilometre long monument to the footballer Helmut Rahn, who lived in this area of the A40. The "Barcode A40" project made it possible for the residents near and the users of the A40 to develop design proposals for eight metres of noise barrier via a website. Barcode-like coloured patterns were to tell little stories, as it were. Of the 1,290 contributions received, 160 were selected and compiled to form an overall sample. As of 2010 they will be telling stories about the A40 over a total length of 1.3 kilometres in Bochum-Wattenscheid. The project was presented in São Paulo as part of the German contribution to the Architecture Biennale 2009.

Design is Not a Cost Issue

The cities adjoining the A40 have entered into an unusual form of co-operation with Straßen. NRW. In a design handbook, currently being compiled with the landscape architects Davids, Terfrüchte + Partners, the participants determine how the architectural and landscape elements of the A40 ought to be shaped regionally within the scope of the ongoing maintenance and expansion work. The design concepts are set up to enable their implementation within the existing budget. With each of the requisite construction measures the A40 will now not only be faster and quieter, but also more attractive: road building as architecture.

Design is Emissions Protection

Design should not be an end in itself: rather, it should fulfil a range of functions. Design should increase traffic safety by directing the driver's attention to the road area. At a psychological level, design ought to improve noise protection. Noise barriers reduce the noise level by about 3 db(A) and it can be reduced by a further 4–6 "perceived" db(A) if the noise protection is designed appropriately.[2] Design should reduce air emissions by filtering harmful substances out of the air using layers or moss, for instance. Design should communicate content and emotions that extend beyond the road space and produce a feeling for the urban context. Ultimately, the roadside design of motorways ought to be faced with the same demands as the design of public space in city centres: the motorway is the regional ring, the central space via which regions gain access to one another and in which they represent themselves.

Infrastructure Expansion is Urban Reconstruction

Lars Lerup[3] describes a phenomenon in Houston commercial districts whereby the spatial proximity to the motorway is an indicator of a company's importance and economic clout. Accordingly, entrepreneurs start out in the furthest corner of the industrial area and, as their success grows, migrate towards a visible location on the highway.

Gebäude abgerissen werden sollte. In den Niederlanden gilt im Prinzip das Gleiche. In Bezug auf das dargestellte Autohaus Hessing bürgt die Stadt Utrecht daher für die Einhaltung der Baulast, für die dauerhafte Lärmschutzfunktion des Gebäudes. Die Stadt hat so diese neuartige Gebäudetypologie erst möglich gemacht.
Die Qualität einer Autobahn muss sich zukünftig an zweierlei Maß messen lassen: an ihrer verkehrstechnischen Effizienz und ihrer positiven Wirkung auf den Stadtraum. Jedes Ausbauprojekt muss ein Stadtumbauprojekt sein. Diese Logik sollte in der städtebaulichen Wirksamkeitsanalyse der Bundesverkehrswegeplanung ebenso berücksichtigt werden wie bei der Detailplanung vor Ort. Autobahnen haben die Städte zerstört und die Städte können nur mit einer städtebaulichen Integration der Autobahnen wieder repariert werden.

Anmerkungen

1 Ingrid Breckner: „Wohnen und Wandern in nachindustriellen Gesellschaften". In: Peter Döllmann / Robert Temel (Hg.): *Lebenslandschaften. Zukünftiges Wohnen im Schnittpunkt zwischen privat und öffentlich.* Frankfurt am Main 2002, S. 145-153.

2 A. Tamura: „Effects of landscaping on the feeling of annoyance in a space". In: A. Schick / M. Klatte (Hg.): *Contributions to psychological Acoustics.* Oldenburg 1997.

3 Lars Lerup: *After the City.* Cambridge London: MIT 2000.

Das Wunder von Essen: Die Lärmschutzwand als Eingangstor der Stadt und 1,2 Kilometer langes Denkmal für Helmut Rahn The Miracle of Essen: a noise barrier as the city entrance and a 1.2 kilometre long monument to Helmut Rahn

Rechte Seite: Barcode A40, Bochum. Eine Lärmschutzwand erzählt die Geschichten der Anwohner und Nutzer der Autobahn. Opposite: A40 Barcode, Bochum. A noise barrier telling the stories of the motorway's residents and users

Beitrag 1: Das Ruhrgebiet ist für mich als Wiener, der immer wieder in der Region zu tun hat, ein besonderes Gebiet. Endlose städtische Strukturen liegen eng verschlungen mit landschaftlichen Elementen. Mein Entwurf setzt der Autobahn als beschleunigtes graues lineares Band die entschleunigte, beruhigende landschaftliche Struktur aus Feldern, Wäldern, Baumreihen und Hecken entgegen und bildet so einen harmonischen Ausgleich. Contribution 1: For me, as a Viennese who repeatedly has occasion to visit the Ruhr area, it is a special place. Endless urban structures closely intermingled with landscape elements. My design envisages the motorway as an accelerated grey, linear ribbon, contrasting with the decelerated, calming landscape structure comprising fields, forests, rows of trees, and hedges and so forming a harmonious balance.

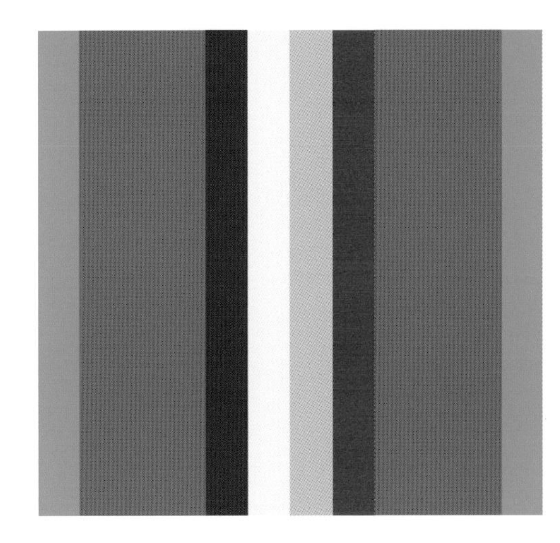

Beitrag 2: Nirgendwo geht die Sonne schöner und intensiver auf und unter als im tiefblauen Himmel über der B1 im Ruhrpott. Gleiches gilt für den Mond. Contribution 2: Nowhere are sunrises and sunsets lovelier and more intensive than in the deep blue sky above the B1 in the Ruhr Valley. The same also applies to the moon.

A similar small-scale differentiation, between industrial and residential, can also be seen along motorways such as the A40 in the Ruhr. Over time, an almost continuous ring of office and commercial structures has developed in the area directly adjoining the motorway, in places no further away than 100 metres. Residential areas are then able to develop behind this, buffered by the commercial utilisation. A market principle therefore exists behind the decrease in diversity along motorways and this needs planning support. Ideally, motorway expansion could be used to optimise patterns of use in adjoining urban areas through parallel renovation works, for example, and, at the same time, and within the scope of urban reconstruction, to develop commercial buildings into passive noise barriers with image-promoting façades facing the motorway. This would reduce the costs of noise protection measures and could also resolve conflicts, which otherwise can make the planning process extremely prolonged.

Road Land Requires New Law

Noise protection integrated into the urban environment, as in the Netherlands, does not work in Germany. This is not because the participants refuse to co-operate. On the contrary: after all, costs would be reduced on the road builders' side and, from the perspective of adjoining commercial operations in particular, highly visible locations and addresses would be created. Such plans generally fail in the face of the building regulations. It is not enough to construct a building to meet the noise protection guidelines. The owner also has to commit to maintaining this noise protection on a permanent basis, even if the building were to be demolished. The same applies in principle in the Netherlands. In the case of the car dealer Hessing mentioned above, the city of Utrecht is guarantor for meeting the building regulations, for maintaining the building's permanent noise protection function. It was the city that made this new type of building possible.
The quality of a motorway will in the future have to be measured in two respects: its traffic efficiency and its positive impact on urban space. Every expansion project needs to be an urban reconstruction project. This is a principle that should be taken into consideration by the Federal Transport Planning Agency in the urban planning feasibility analysis, as well as in the detailed local planning process. Motorways have destroyed cities and cities can be repaired again only with motorways' integration in urban planning.

Notes

1 Ingrid Breckner: "Wohnen und Wandern in nachindustriellen Gesellschaften." In: Peter Döllmann / Robert Temel (eds): *Lebenslandschaften. Zukünftiges Wohnen im Schnittpunkt zwischen privat und öffentlich.* Frankfurt am Main 2002, pp. 145–153.

2 A. Tamura: "Effects of landscaping on the feeling of annoyance in a space." In: A. Schick / M. Klatte (eds): *Contributions to Psychological Acoustics.* Oldenburg 1997.

3 Lars Lerup: *After the City.* Cambridge MIT, London 2000.

ANTJE STOKMAN

Dirty Design

Hydrologische Infrastrukturen als urbane Landschaften gestalten

Beim Ausdruck „urbane Landschaften" denken die meisten Menschen gleich an wunderschöne öffentliche Parks, urbane Plätze und Grünanlagen. Und wenn sie „Wasser in urbanen Landschaften" hören, stellen sie sich Promenaden entlang sauberer Flüsse, Parkanlagen an Seeufern und Brunnen mit Wasserspielen vor. Was aber alles nötig ist, um die Frischwasserversorgung und die Abwasser- und Regenwasserableitung und -reinigung einer Stadt zu gewährleisten, gehört normalerweise nicht in unsere Vorstellung von urbanen Landschaften, weil wir die Wasserversorgungs- und Entwässerungssysteme für die ingenieurtechnische Sache der Ingenieure halten, die vorzugsweise unsichtbar funktionieren sollte. Der „saubere Urbanismus" (de Meulder, 1997) unserer modernen Städte beruht auf zentral organisierten Infrastrukturen, die in den meisten Fällen unter der Erde verlaufen und Trink-, Regen- und Abwasser über Hunderte von Kilometern an- und abtransportieren. Architekten, Landschaftsarchitekten und Stadtplaner gehen bei ihren Entwürfen für die Gestaltung urbaner Landschaften selbstverständlich von der Annahme aus, dass sauberes Wasser in jedem Fall verfügbar ist und Schmutz- sowie Regenwasser entsorgt werden kann, ohne dass man sich jeweils groß Gedanken über das Woher und Wohin zu machen braucht.

Allerdings beobachtet man in vielen Großstädten rund um die Welt, dass die Bereitstellung der notwendigen hydrologisch-technischen Infrastrukturen hinter dem immer schnelleren und oft auch planlosen Stadtwachstum hinterher hinkt, da der Bau von Rohrleitungsnetzen und Kläranlagen kostspielig ist und nicht so schnell erfolgen kann, wie es das Stadtwachstum oder der Verfall alter Anlagen eigentlich erfordert. Das führt dazu, dass vielerorts kostengünstigere Systeme mit offenen Abwasserkanälen, Klär- und Regenwasserauffangbecken gebaut und verschmutzte Flüsse in Betonkanälen zu sichtbaren Elementen der Stadtlandschaft werden. Diese infrastrukturell notwendigen Systeme stellen verdreckte metropolitane Schandflecke dar, die nicht nur die Großstadtmenschen, sondern auch die Umwelt gefährden und schädigen.

Zu Beginn des 21. Jahrhunderts werden nun neue Konzepte zur Gestaltung „urbaner Wasserlandschaften" entwickelt, auf deren Grundlage Wasserbauingenieure, Architekten, Stadtplaner und Landschaftsarchitekten sowie Umweltfachleute zusammenarbeiten. Die Notwendigkeit, preisgünstigere und flexiblere großstädtische Wasserleitungsnetze, Abwasserkanäle und Kläranlagen zu schaffen, kann als strategische Chance aufgefasst werden, neue Ideen für „blaue und grüne" Infrastruktursysteme und deren Bau und Betrieb als integrierte Bestandteile urbaner Landschaften zu entwickeln, die vielfältige ökonomische, ökologische und sozio-kulturelle Funktionen erfüllen und so die Lebensfähigkeit der Städte nachhaltig fördern.

„Dirty Design" – hydrologische Infrastrukturen als urbane Landschaften zu gestalten bedeutet, dass Architekten, Stadtplaner und Landschaftsarchitekten sich nicht nur mit Wasser als Gestaltungselement, sondern auch mit den technischen Aspekten seiner Speicherung, Reinigung und Ableitung vertraut machen

Schmutzwasserbassin als grüne Infrastruktur entlang des Flusses Chuanzi in Changde, China (Entwurf: Yingying Zhu, Leibniz Universität Hannover 2007; Betreuer: Antje Stokman und Dirk Weichgrebe) Waste-water basins as green infrastructure along the Chuanzi River in Changde, China (design: Yingying Zhu, Leibniz University of Hanover 2007; supervisors: Antje Stokman and Dirk Weichgrebe)

ANTJE STOKMAN

Dirty Design

Engaging Water Infrastructure Systems as Urban Landscapes

Thinking of "urban landscapes," most people imagine the privileged open spaces of beautifully designed urban parks, plazas, and gardens. And thinking of "water in urban landscapes," most people imagine urban waterfronts along clean rivers, lakeside parks, and water features. The requirements for the supply of freshwater and disposal of waste- and rainwater are usually not included in our ideas about the design of urban landscapes because the provision of water infrastructure systems is understood to be solved by engineers in a technical and preferably invisible way. Our modern cities' "clean urbanism" (de Meulder 1997) is based on centrally organised and mostly underground infrastructure systems that transport drink-

sollten - und dass Wasserbauingenieure nicht nur das effiziente Funktionieren technischer Systeme im Blick haben, sondern diese auch in ihrem kulturellen, sozialen, ästhetischen und ökologischen Kontext betrachten sollten. Zwei Fallbeispiele aus China zeigen im Folgenden zwei unterschiedliche Strategien des gestaltenden Umgangs mit Wasserinfrastruktursystemen als Grundlage der Gestaltung urbaner Landschaften.

Die Aufwertung bestehender Wasserinfrastruktursysteme als integraler Bestandteil urbaner Landschaften

Changde ist eine blühende mittelgroße, typisch chinesische Stadt im Süden Chinas an den Ufern des mächtigen, hier 500 Meter breiten Yuan-Flusses. Der hier in den Yuan-Fluss mündende Nebenfluss Chuanzi soll zum „Goldenen Gürtel" der expandierenden Stadt entwickelt werden, für den Stadtplaner, Architekten und Landschaftsarchitekten einen Uferpark mit angrenzenden Wohnsiedlungen und Einkaufszentren entworfen haben. Allerdings ist der Chuanzi stark verschmutzt, weil Wasser aus 17 offenen Regen- und Abwasserreservoirs entlang des Flusses häufig in ihn überfließt, wenn die vorhandenen Pumpstationen den starken Monsunregen nicht mehr bewältigen und die Becken die Wassermassen nicht mehr zurückhalten können. Dies ist die Hauptursache für die Schadstoffbelastung des Flusswassers. Hinzu kommt, dass die offenen Betonbecken neben öffentlichen und privaten Freiflächen liegen und nicht nur buchstäblich zum Himmel stinken, sondern auch eine Gefahr für die Bewohner darstellen. In die Planungen für den neuen Uferpark am Chuanzi wurden diese Becken jedoch nicht mit einbezogen, und auch die beteiligten Ingenieure taten nichts, um die Becken zu sanieren, sondern planen zentrale High-Tech-Systeme, deren Umsetzung aufgrund der hohen Kosten jedoch fraglich ist.
Anstatt mit gewaltigen Investitionen verbundene Lösungen für ein zentrales Wasserversorgungs- und -entsorgungssystem und eine aufwendige Parkgestaltung vorzuschlagen, legte ein interdisziplinäres Team chinesischer und deutscher Fachleute einen neuartigen Rahmenplan mit konkreten Gestaltungsvorschlägen für eine urbane Flussuferlandschaft vor, der zum Ziel hatte, die offensichtlichen Synergien zwischen erschwinglichen ingenieurtechnischen Bauten, ökologisch wertvollen Grünflächen und attraktiven öffentlichen Räumen zu nutzen. Hierfür mussten Ideen für neue integrierte Typologien entwickelt werden, die aus hydrologischen Infrastrukturen Landschaft machen (und umgekehrt). Durch die Einbeziehung dynamischer, natürlicher und sich selbst regulierender ökologischer Prozesse können die vorgeschlagenen Retentions- und Reinigungslandschaften als „technische Biotope" fungieren, die Wasser speichern und klären, weniger Wartung und technische Inspektionen als konventionelle Reservoirs erfordern und zugleich den Bewohnern Erholung im Grünen bieten.
Der Sanierungs- und Umbauplan für das Klärbecken von Boziyuan zeigt, wie sich ohne großen

Beispiele für typische offene Abwasserkanäle in Asien
Examples of typical open waste-water channels in Asia

ing, rain and waste water for hundreds and thousands of miles. The designs of architects, landscape architects, and urban designers are usually based on the assumption that clean water is available and dirty as well as rain water can be disposed of, without them having to understand and care about it.
However the increasing speed, intensity, and unpredictability of urban development in many cities around the world seriously outpaces the provision of high-standard water infrastructure, as the expensive construction of pipe and technical treatment systems cannot be adjusted to the rapid and often unplanned processes of urban growth and decline. As a result, low-cost engineering solutions in the form of open waste-water channels, open sewage and flood basins, and concreted river channels become visible elements within the urban fabric. These infrastructural water landscapes appear as dirty and dangerous metrozones within cities, and are hostile towards people and the environment.

In the twenty-first century, new concepts of "waterscape urbanism" are starting to emerge, forming a new basis for the cooperation between civil engineers, architects, urban designers, ecologists, and landscape planners. The need to rethink and invest in less expensive and more flexible forms of urban water infrastructure systems can be seen as a strategic chance to generate new ideas about built and managed systems of blue and green infrastructure that provide multiple economic, ecological, and cultural functions in support of urban sustainability.
"Dirty Design" means that the designers who are not used to dealing with infrastructural issues need to get involved in technical ideas of storing, purifying, and conducting water—and the engineers need to think beyond the efficiency and functionality aspects of technical systems by integrating them into their cultural, social, aesthetic, and ecological context. To achieve that, two main ways of engaging water infrastructure systems as part of the urban landscape will now be described and demonstrated by case studies from China: upgrading existing water infrastructure systems in already built-up urban areas, and inventing new water infrastructure systems for future urban development.

Upgrading Existing Water Infrastructure Systems as Part of the Urban Landscape

The city of Changde, a typical thriving medium-sized city in modern South China, promotes itself as a water city. It is located on the shore of the 500-metre-wide Yuan River and its tributary Chuanzi River forms an urban watercourse that has been developed to become the "Golden Belt" of the growing city. Urban designers, architects and landscape architects have developed a design for a waterfront park along the river with adjacent housing and commercial centres. However, Chuanzi River is very polluted due to seventeen open rain- and waste-water retention basins located along the river. Although connected to the wastewater treat-

Kosten- und Arbeitsaufwand die technische Effizienz der Anlage verbessern und gleichzeitig die Zugänglichkeit und ökologische Qualität des Uferparks am Chuanzi aufwerten lässt. Der Rahmenplan sieht vor, das vorhandene Becken in mehrere kleinere Becken zu unterteilen, die unterschiedliche Funktionen im Sinne von Retention, Überlauf und Reinigung beinhalten. Auf seinem Weg durch die hintereinander geschalteten Becken wird das Wasser immer sauberer und in guter Qualität in den Chuanzi-Fluss eingeleitet. Während das stark verschmutzte Wasser unterirdisch gespeichert wird, stellen die mit Schilf und anderen Sumpfpflanzen gestalteten Pflanzenkläranlagen attraktive Elemente des geplanten Uferparks dar.

Die Erfindung neuer hydrologischer Infrastrukturen als Basis der Gestaltung urbaner Landschaften

Chinesische Städte wachsen derzeit in einem unglaublich rasanten Tempo. Wegen der extremen Bebauungsdichte in den Großstädten beschlossen zahlreiche Universitäten, an der Peripherie neue Universitätskomplexe zu bauen. Dazu gehört auch der Campus der Architekturhochschule Shenyang in der nordchinesischen Provinz Liaoning, der in kurzer Bauzeit auf ehemaligen Reisfeldern entstand. Allerdings überstiegen die Baukosten schließlich die geschätzte Summe, sodass kaum noch Mittel für die Freiraumgestaltung und für hydrologisch-technische Anlagen zur Verfügung standen. Das Landschaftsarchitekturbüro Turenscape musste daher für die Freiraumgestaltung mit einem Budget von nur einem US-Dollar pro Quadratmeter auskommen und das Projekt innerhalb eines Jahres planen und realisieren.

Die Planer von Turenscape erfanden daraufhin einen neuen Typus der Campus-Landschaft, der die bestehenden infrastrukturellen Potenziale des fruchtbaren Ackerbodens und des traditionellen Reisfeldbewässerungssystems aufgreift. Die Gegend um Shenyang ist berühmt für ihren „nordöstlichen Reis", der aufgrund des gemäßigten Klimas und der längeren Wachstumsperiode von besserer Qualität ist als der in Südchina angebaute Reis. Durch die Nutzung und Neuinterpretation dieser Landschaftspotenziale plante und realisierte das Turenscape-Team einen „Reisfeld-Campus" als kostengünstige und ertragreiche Landschaft für Studium und Freizeit und außerdem als landschaftliche Infrastruktur zur Speicherung und Reinigung des Regenwassers, das von den versiegelten Flächen und den Gebäudedächern des Campus abläuft.

Die umgestaltete Reisfeld-Landschaft ist in den Campus integriert und umfasst erhöhte Wege und gefasste Plätze, die als Studierzimmer unter freiem Himmel dienen. Gleichzeitig wird sie auch weiterhin als produktive Landschaft genutzt, auf der die Studenten dabei mithelfen Reis anzubauen. In den Lehrplänen der Universität ist ein Pflanz- und ein Erntetag in Form eines großen Events ausgewiesen. Der hier geerntete Campusreis wird als Souvenir vermarktet und verleiht dem neuen Campus am Stadtrand seine besondere Identität. Am wichtigsten ist aber vielleicht, dass die öffentlichkeitswirksame Vermarktung des Produkts

Campus der Architekturhochschule Shenyang, China mit umgestalteter Reisfeld-Landschaft (Planung: Turenscape, 2003) Shenyang Architectural University Campus, China, with converted rice paddy landscape (planning: Turenscape, 2003)

ment plant by pumping stations and pipes, their frequent overflow—due to Changde's monsoon climate—is a main source of the river's water pollution. Furthermore, the concreted basins are situated adjacent to public and private open spaces, causing danger and stench, and they were not considered in the landscape design for the new waterfront park along Chuanzi River. In addition, the engineers do not engage in upgrading the existing system, but prefer to envision costly centralised and underground solutions for the future.

Rather than investing a huge sum of money into a technical solution for a centralised water infrastructure system and an expensive park design, an interdisciplinary team of Chinese and German experts proposed a new framework masterplan. The aim was to examine and give guidelines in order to create an urban river landscape that makes use of the obvious synergies between affordable engineering approaches and the need to create networks of open space. This means developing ideas for infrastructure to become landscape and landscape to become infrastructure resulting in more integrated typologies. Making use of dynamic and self-correcting natural processes, the newly designed rain- and waste-water retention basins can perform as "artificial ecologies." They can store and purify water and contain a higher degree of ecological resilience, require less intervention and technical control than conventional systems and, at the same time, offer attractive landscape experiences.

The upgrading of Boziyuan-waste-water basin demonstrates how to combine the low-cost improvement of its technical performance with affordable measures to improve the accessibility and ecology of the Chuanzi waterfront park. It suggests subdividing the basin into several chambers to assure that the volumes of each chamber are utilised completely by separating the different qualities of water and shortening its retention time. The rain water overflow is cleaned in a series of constructed wetlands that are open to the public and become an essential part of the river park's landscape design.

Inventing New Water Infrastructure Systems as a Base for New Urban Landscapes

Chinese cities are expanding at an unbelievable speed. Due to overcrowding, many universities have decided to build new campus sites on the outskirts of the cities. Shenyang Architecture Campus in North China's Liaoning Province is one of them. The new campus design was accomplished within a formerly agricultural area in a very short period of time, and the construction turned out to be more expensive than expected. Therefore, hardly any money was left for landscaping and engineering. The landscape firm Turenscape was restricted to a budget of only one US dollar per square metre and the design was required to be developed and implemented within one year.

Consequently, the designers invented a new type of campus landscape by working with the existing conditions of the land: the site and its surroundings have a very good soil quality with a viable agricultural irrigation system still in place. The agricultural area is famous for its "Northeastern Rice," known for its high quality due to cool climate and longer growing season than the rice from Southern China. Making use of these distinct landscape features, the landscape architects developed the concept of a campus rice paddy as an inexpensive and productive landscape for learning and leisure, as well as an infrastructural landscape for storing and purifying rain water from the campus's sealed surfaces and roofs.

The new paddy landscape is designed to be part of the campus with elevated walkways and small open platforms as open-air study rooms. At the same time, it is a completely functional rice paddy that is planted and harvested by the students—there is a planting and harvesting day built into the university's curriculum. The rice produced on the campus is harvested and sold as "Golden Rice," serving both as a gift for visitors of the school, and also as a source of identity for the newly established, suburban campus. But perhaps most importantly of all, the widespread distribution of "Golden Rice" can raise awareness of new hybrid landscape

„Goldreis“ das öffentliche Bewusstsein für neue „hybride“ Möglichkeiten der Freiraumgestaltung wecken kann, welche die Wasserspeicherung und -reinigung mit der Nahrungsmittelproduktion koppelt und dadurch neue Finanzierungsformen der Pflege und Unterhaltung eröffnet.

Wasserwirtschaftliche Anlagen als ästhetisch ansprechender Rahmen für urbane Strukturen

Das moderne Ideal eines „sauberen Urbanismus“ mit unsichtbaren Wasserversorgungsnetzen und Kläranlagen entkoppelt einerseits die Flächennutzung von den räumlichen Eigenschaften der Wassereinzugsgebiete und trennt andererseits das Landschaftserlebnis der Menschen von den wasserbedingten Prozessen in der Natur. Die oben beschriebene Notwendigkeit von realisierbaren und kostengünstigen Lösungen für die (Ab-)Wasserprobleme der urbanen Landschaften bedeutet eine strategische Chance, Wassersysteme als eine grundlegende Komponente regionaler und urbaner Form neu zu denken. Die modernen Wasserversorgungs- und -reinigungsanlagen haben das Potenzial, die Stadtgestalt zu prägen und dabei übergreifende menschlich-soziale, ökologische und ästhetische Zielsetzungen zu erfüllen. .

Die hier vorgestellten Projekte zeigen, dass ein neuer Umgang mit dem Wassermanagement den Ausgangspunkt eines die Wasserinfrastruktur integrierenden Systems öffentlicher urbaner Freiräume darstellen kann. Kreative Entwurfsideen zur Steigerung der Leistungs- und Anpassungsfähigkeit der Wasserinfrastruktur durch eine gezielte Nutzung selbstorganisierter Naturprozesse in Verbindung mit einer attraktiven, nutzungsorientierten Gestaltung bieten kostengünstige Lösungen mit niedrigen Unterhaltungskosten. Die für den Bau neuer Städte und neuer Infrastrukturnetze in rasch wachsenden städtischen Ballungsräumen in aller Welt erforderlichen Investitionen bieten im Rahmen integrierter infrastruktureller Stadtplanungen die Chance, radikal neue räumliche Konfigurationen vorzugeben und damit die Zusammenarbeit zwischen Bauingenieuren, Umweltfachleuten, Stadtplanern, Architekten und Landschaftsarchitekten zu stärken. Dazu bedarf es der Entwicklung einer querschnittsorientierten Disziplin des „Infrastrukturutbanismus“, die bei dieser Art von Bauprojekten eine Hauptrolle spielen könnte, da sie es versteht, natürliche, infrastrukturelle und gestalterische Anforderungen in räumliche Entwürfe zu integrieren.

Die Verbindung von gewässerökologischen, siedlungswasserwirtschaftlichen, landschafts- und stadtplanerischen Anforderungen bietet die Chance, hydrologische Infrastrukturen als urbane Landschaften zu gestalten.

Quellen

J. Ahern: „Green infrastructure for cities: The spatial dimension.“ In: Vladimir Novotny / Paul Brown (Hg.): *Cities of the Future: Towards integrated sustainable water and landscape management.* London 2007, S. 267–283.

M. Angelil / A. Klingmann: „Hybrid morphologies: infrastructure, architecture, landscape.“ In: *Daidalos* 73, 1999, S. 16–25.

B. de Meulder: „Invisible HST: The High Speed Train in Antwerp.“ In: *Archis*, Dezember 1997.

Elisabeth Mossop: „Landscapes of Infrastructure.“ In: Charles Waldheim (Hg.): *The Landscape Urbanism Reader.* New York 2006, S. 164–177.

A. Picon: „Constructing Landscape by Engineering Water.“ In: Institute for Landscape Architecture, ETH Zürich (Hg.): *Landscape Architecture in Mutation.* Zürich 2005, S. 99–114.

Kongjian Yu / Mary Padua (Hg.): *The Art of Survival. Recovering Landscape Architecture.* Victoria, Australien, 2006.

solutions that can combine the functions of water storage and purification as well as food production, while supporting the education of China's new architects at the same time.

Water Infrastructure as a Spatial and Aesthetic Framework of the Urban Structure

The modern ideal of "clean urbanism," with its invisible water infrastructure, has disconnected the land-use from the logics of the watershed as well as people's experience from the water-related processes of the landscape. The potentials of modern water infrastructure systems for shaping urban form and meeting broader human, ecological, and aesthetic objectives have almost been lost. Facing the simultaneous worldwide processes of extreme and unpredictable urban growth and decline, coupled with the huge challenges concerning the affordability and functioning of present water infrastructure conceptions, new strategies are needed.
Within the presented projects the different elements of water infrastructure no longer relate only to their own networks defined merely by functionality and efficiency, but to their context of cultural, social, and ecological processes within the urban matrix. The large investments needed to build new cities and construct new infrastructure systems in the fast-growing urban areas around the world give opportunities to impose radically new spatial configurations at the level of strategic infrastructural urban planning. This opportunity can be considered a strategic chance to strengthen the cooperation between civil engineers, ecologists, urban designers, architects, and landscape architects. The emerging discipline of Landscape Urbanism could take a major role in these kinds of projects, as its strength lies in its knowledge about incorporating the performance of natural processes into spatial design strategies, linking them with engineering, ecological, and urban design thinking. By reuniting the engineered and the natural, we may find new logics towards a more resilient development of water infrastructural landscapes as a base of sustainable urban and regional form.

Die Studenten in Shenyang kümmern sich selbst um die Pflege der Reisfeld-Landschaft (links) ...
... und profitieren vom Verkauf des selbst angebauten und geernteten „Goldreis" (oben).
The students in Shenyang maintain the rice paddy landscape themselves (left) ...
... and benefit from the sale of the "gold rice" they have grown and harvested (above).

References

J. Ahern: "Green infrastructure for cities: The spatial dimension." In: Vladimir Novotny / Paul Brown (eds.): *Cities of the Future: Towards Integrated Sustainable Water and Landscape Management.* London 2007, pp. 267–283.

M. Angelil / A.Klingmann: "Hybrid morphologies: infrastructure, architecture, landscape." In: *Daidalos* 73, 1999, pp. 16–25.

B. de Meulder: "Invisible HST: The High Speed Train in Antwerp." In: *Archis*, December 1997.

Elisabeth Mossop: "Landscapes of Infrastructure." In: Charles Waldheim (ed.): *The Landscape Urbanism Reader.* New York 2006, pp. 164–177.

A. Picon: "Constructing Landscape by Engineering Water." In: Institute for Landscape Architecture, ETH Zurich (ed.): *Landscape Architecture in Mutation.* Zürich 2005, pp. 99–114.

Kongjian Yu / Mary Padua (eds.): *The Art of Survival. Recovering Landscape Architecture.* Victoria (Australia) 2006.

MICHAEL KOCH. MARTIN KOHLER, PEDRO MOREIRA, ANTJE STOKMAN, RONNY WARNKE

Diadema für alle?

Entwurfswerkstatt im Rahmen des deutschen Beitrags zur Architekturbiennale São Paulo 2009

Der insgesamt dritte deutsche Beitrag zur nach Venedig zweitwichtigsten Architekturbiennale weltweit sollte über das bloße „Zeigen" hinausgehen und zu einem echten Erfahrungsaustausch und Wissenstransfer beitragen. Aus diesem Grund war ein wesentlicher Teil des von der IBA Hamburg als Generalkommissarin verantworteten Ausstellungskonzepts „CIDADE PARA TODOS – STADT FÜR ALLE" eine Entwurfswerkstatt. Diese sollte sich mit einem konkreten Stück Stadt im Raum São Paulo beschäftigen und einen direkten Austausch zwischen den 30 deutschen und brasilianischen Teilnehmern sowie den Besuchern der Biennale führen und zum anderen die in der Ausstellung thematisierten Fragestellungen anhand des konkreten Bearbeitungsgebiets behandeln. Dabei ging es um die Stadt Diadema mit rund 400.000 Einwohnern. Diese Entwurfswerkstatt fand im Herbst 2009 in der von Oscar Niemeyer entworfenen Ausstellungshalle der Biennale statt. Beteiligt waren die Stadtverwaltung von Diadema sowie sechs Universitäten aus Brasilien und Deutschland.[1]

Der Planungsraum: die Stadt Diadema

Diadema ist eine verhältnismäßig junge Stadt innerhalb der Region von São Paulo, die Ende der 1950er Jahren eigenständig wurde und sich Jahrzehnte lang als typische „Schlafstadt" entwickelte. Die rasante und unkontrollierte Stadtentwicklung führte zur Entstehung eines völlig ungeordneten Stadtgebildes, in dem legale und illegale Wohn-, Gewerbe-, Industrie- und sonstige Bauten unterschiedlicher Größen und Arten dicht nebeneinander stehen, in dem Flusstäler und Hänge respektlos überbaut wurden und in dem die mangelhafte städtische Infrastruktur nur Teilen der Bevölkerung dient. Diadema ist heute die zweitdichtest bebaute Stadt Brasiliens und verfügt über sehr wenige Freiflächen für die Naherholung ihrer Einwohner.

Mit dem Bau der Autobahn „Rodovia dos Imigrantes" als bedeutende Verbindung zwischen der Hafenstadt Santos und der metropolitanen Region von São Paulo in den 1970er Jahren wurde die ohnehin fragile urbane Struktur Diademas brutal in zwei Hälften geteilt: Stadtbezirke wurden zerschnitten, Straßen und Wege durchtrennt, die wenigen noch vorhandenen Grünflächen gingen verloren und ein Teil der Bevölkerung wurde vertrieben. Am Rande der von zwei Grünstreifen flankierten Autobahn entwickelten sich informelle Siedlungen und Favelas.

Vor etwa 25 Jahren wurden massive Anstrengungen unternommen, um die Situation zu verbessern. Diese manifestieren sich in einem Masterplan für Diadema – in dem Vorschlag der „Planos locais" (lokale Pläne) und der „Projetos urbanísticos locais integrados" (lokal integrierte urbanistische Pläne). Die zur Verfügung stehenden Mittel reichen jedoch angesichts der Größe der vorhandenen Probleme nicht aus. Ein Ansatzpunkt für erfolgreiche Qualifizierungsprozesse könnte eine neue, auch experimentelle Partizipation der Bevölkerung sein. Das Bearbeitungsgebiet konzentriert sozusagen alle generischen Probleme brasilianischer

Aufsicht und Ansicht des gemeinsamen Modells von Serraria auf Basis eines Luftbildes (Urheber: Maren Derneden, Beatriz Kaysel, Nora Kern, Sophie Naue und Tatiana Cristina Serrano). Overview and view of the joint model of Serraria based on an aerial image (Originators: Maren Derneden, Beatriz Kaysel, Nora Kern, Sophie Naue, and Tatiana Cristina Serrano).

MICHAEL KOCH, MARTIN KOHLER, PEDRO MOREIRA, ANTJE STOKMAN, RONNY WARNKE

Diadema for All?

German Contribution to São Paulo Architecture Biennale 2009: The Design Workshop

The third German contribution to the world's second most important architecture biennale (after that in Venice) was intended to go beyond simply "showing" and contribute to a genuine exchange of experiences and a transfer of knowledge. For this reason, a key component of the "Cidade para Todos—City for All" exhibition concept put forward by the IBA Hamburg, which had overall commissioning responsibility, was a design workshop. The intention was for it to focus on a specific urban area in the São Paulo region, via direct exchange between thirty German and Brazilian participants, as well as visitors to the Biennale. At the same time, it would deal with issues arising in this location, as addressed in the exhibition. More specifically, the place featured was the city of Diadema, with around 400,000 residents. The design workshop took place in autumn 2009 in the Biennale exhibition hall designed by Oscar Niemeyer. The Diadema city administration took part, as well as six universities from Brazil and Germany.[1]

Städte. Es erfordert einen „besonderen Blick" und die Fähigkeit, Projekte zu initiieren, die die verschiedenen Dimensionen des Urbanen integrieren.

Die Entwurfswerkstatt: Beschreiben und Verstehen

In der Entwurfswerkstatt sollte das methodische Vorgehen, die interdisziplinäre Arbeitsweise und die Partizipationskultur aus Deutschland mit den brasilianischen Erfahrungen konfrontiert und in Austausch gebracht werden. Junge ArchitektInnen, Stadt- und LandschaftsplanerInnen aus Deutschland und Brasilien erarbeiteten gemeinsam konzeptionelle Ansätze für Strategien zur Verbesserung der Lebenssituation in Diadema. In diesen Prozess wurden auch lokale ExpertInnen eingebunden – auch Diademas Stadtverwaltung wollte die Chancen dieser internationalen Zusammenarbeit nutzen und war mit insgesamt zehn Mitarbeitern vertreten. So verließ das deutsche Planungs- und Baukulturwissen den Ausstellungsraum und trat in Wechselwirkung mit den Praktiken und Problemen vor Ort.
Ein großer Teil der Entwurfswerkstatt war subjektiven Beschreibungen der sozialen Praktiken, der räumlichen Formen und ihren Beziehungen gewidmet, um aus diesem Prozess des Beschreibens und Verstehens heraus eigene Fragestellungen zu entwickeln, in denen sich die verschiedenen Herangehensweisen und Fachwelten diskursiv einbringen konnten. Um die Interkulturalität des Workshops produktiv zu machen, sollten erst Probleme beschrieben werden, bevor Lösungen gesucht werden konnten. Aus diesem Arbeitsprozess heraus entwickelten sich fünf Gruppen und Themen:

1. Mobility: Stadt entsteht durch Bewegung.
2. Mutations: Stadt hat verschiedene Lebensrhythmen und Entwicklungsgeschwindigkeiten.
3. Self-Empowerment: Stadt entsteht durch Selbstverantwortung.
4. Aqua para todos: Stadt benötigt die Ressource Wasser.
5. Open space: Stadtleben braucht öffentlichen Raum.

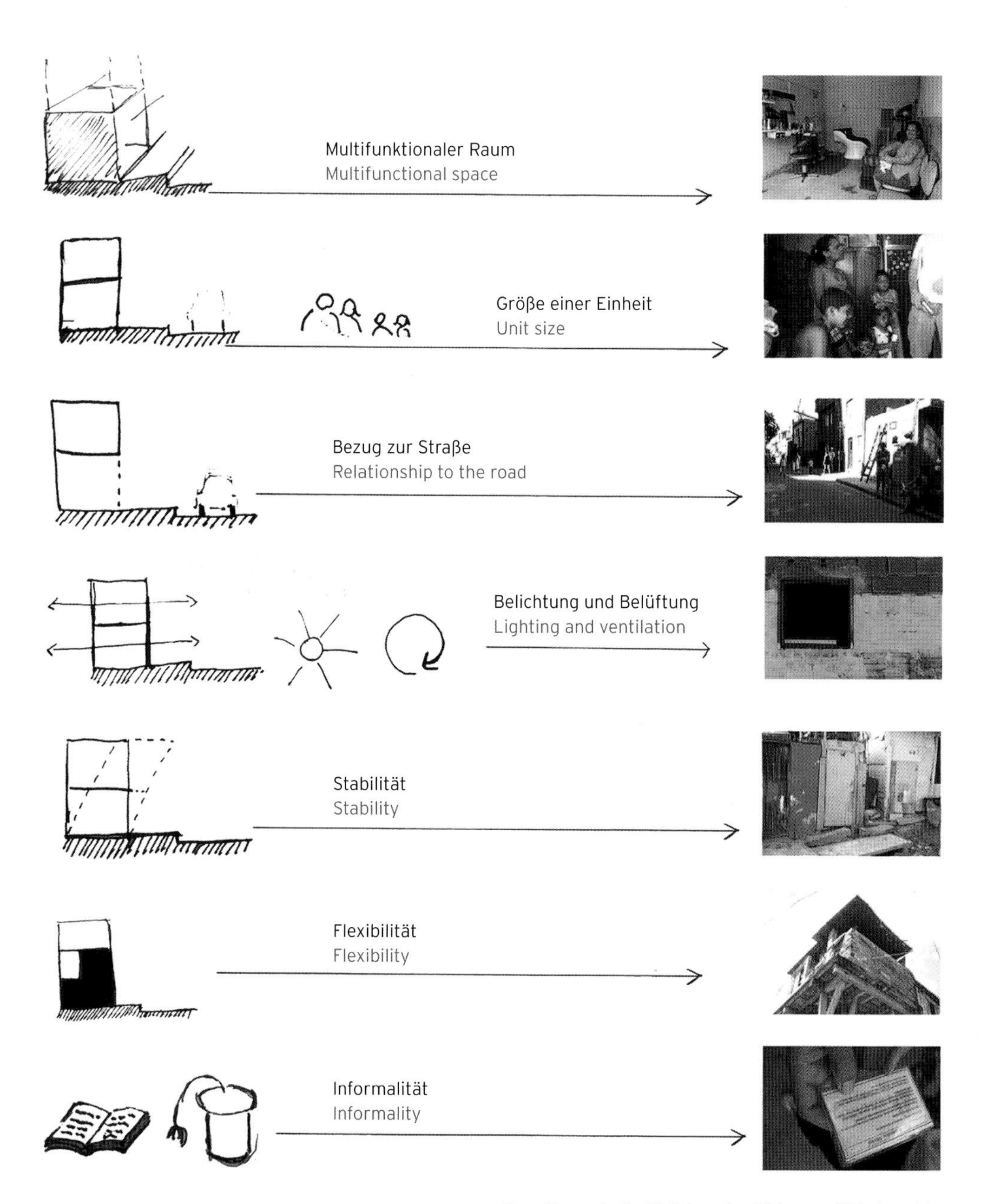

Grundlegende Bedürfnisse des Wohnens (Urheber: Maren Derneden, Beatriz Kaysel, Nora Kern, Sophie Naue und Tatiana Cristina Serrano) Basic living requirements (Originators: Maren Derneden, Beatriz Kaysel, Nora Kern, Sophie Naue, and Tatiana Cristina Serrano)

The Planning Space: The City of Diadema

Diadema is a relatively young city in the São Paulo region, becoming a city in its own right at the end of the nineteen-fifties and, for decades, developing as a typical "dormitory town." Rapid, uncontrolled urban growth resulted in a completely disordered urban structure, with legal and illegal residential, commercial, industrial, and other buildings of different sizes and types standing in very close proximity. River valleys and slopes have been irreverently built over, and the inadequate urban infrastructure serves only part of the population. Today, Diadema is the second most densely built-up city in Brazil and has very little open space for recreational use by its residents.
The building of the "Rodovia dos Imigrantes" highway in the nineteen-seventies as an important link between the port city of Santos and the São Paulo metropolitan region meant that Diadema's already fragile urban structure was brutally divided into two halves: city districts were carved up, streets and roads severed, the few green spaces still in existence lost, and part of the population expelled. Informal settlements and *favelas* developed along the edges of the highway with its two strips of green.
About twenty-five years ago huge efforts were made to improve the situation. These are manifested in a master plan for Diadema: the proposals in the "Planos locais" (local plans) and the "Projetos urbanísticos locais integrados" (local integrated urban plans). The funds available have been inadequate, however, given the scale of the problems at hand. A new approach involving the participation of the residents could be a starting point for a successful development process.
The chosen area may be regarded as a concentration of all of the problems generic to Brazilian cities. It requires a "special perspective" and the ability to initiate projects that integrate the different urban dimensions.

Mobilitätsprofile in Bezug zu den Siedlungstypen Favela und Social Housing Area (Urheber: Kai Michael Dietrich, Túlio Salva Rocha Franco, Ana Carolina Soldera Galhardo, Mandy Held, Carlos Eduardo M. Miller, Sergio Sampaio und Alexandre Rodrigues Seixas) Mobility profile in relation to the favela settlement type and the social housing area (Originators: Kai Michael Dietrich, Túlio Salva Rocha Franco, Ana Carolina Soldera Galhardo, Mandy Held, Carlos Eduardo M. Miller, Sergio Sampaio, and Alexandre Rodrigues Seixas)

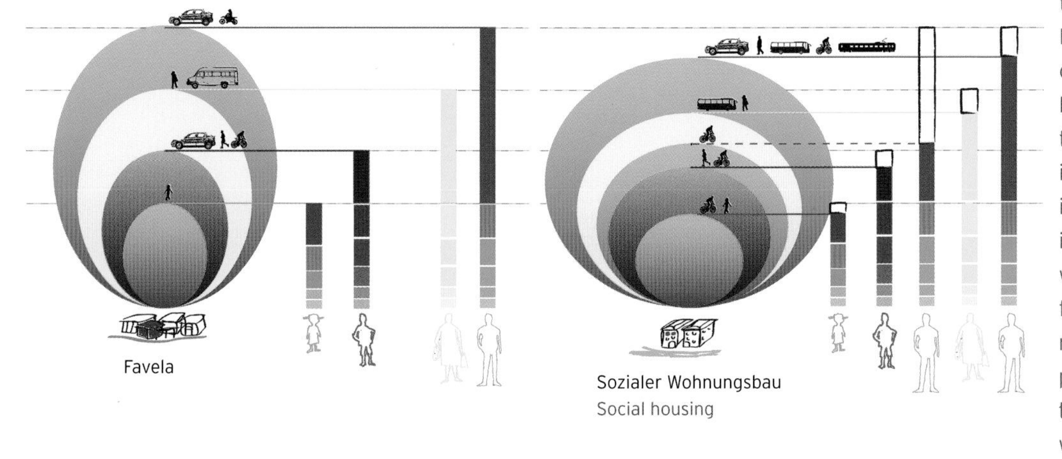

Heute
Today

Morgen
Tomorrow

Radius der durchschnittlichen Reiseentfernung
Average travel distance radius

Fortbewegungsart
Means of travel

Zur Fortbewegung aufgewendete Zeit
Time spent travelling

Von der Familie bei der Fortbewegung eingesparte Zeit
Travel time saved by family members

Von Vater zurückgelegte Wege, wenn er eine neue Arbeit an der Brücke bekommt
Father's travel movements should he get a new job on the bridge

The Design Workshop: Describing and Understanding

The design workshop was intended to bring a methodical approach, an interdisciplinary working method, and a culture of participation from Germany and into contact with the Brazilian experience in an atmosphere of exchange. Young architects as well as urban and landscape planners from Germany and Brazil together developed conceptual approaches to improvement strategies for the living conditions in Diadema. Local experts, too, were involved in this process—Diadema's city administration wanted to have the opportunity of benefiting from this international co-operation and was represented by ten staff members. German planning and architectural expertise thus left the exhibition space to enter into interaction with the practices and problems locally.
A major part of the design workshop was dedicated to the subjective description of social practices, their spatial forms, and their relationships, in order that this process of describing and understanding could arrive at specific issues to be incorporated into discussion by the different approaches and disciplines. In order to benefit from the participants' wealth of

Für jedes Thema betrachteten die Teilnehmer zunächst den jeweiligen Kontext und bezogen dann das Thema auf ein konkretes Gebiet als Ausschnitt des gesamten Planungsgebietes – sie stellten es in Bezug zu den relevanten Akteuren. Die Entwicklungskonzepte wurden als urbane Narrative erzählt – ein angemessener Weg angesichts der Unwägbarkeiten und Überraschungen städtischer Planungsprozesse.

Die Ergebnisse: fünf Geschichten für Diadema

Die Ergebnisse der Entwurfswerkstatt, fünf Geschichten über Diadema, wurden in einem Bilderband zusammengestellt. Sie waren für vier Wochen Teil der Architekturbiennale und wurden vor Bewohnern des beplanten Gebiets präsentiert. Der Bilderband reflektiert exakt das Anliegen des deutschen Beitrags, indem er Antworten auf eine Reihe von Fragen gibt: Können thematisch zugeschnittene Referenzbeispiele zur Lösung bzw. Diskussion der Lösung von brasilianischen Problemen besonders in prekären urbanistischen Situationen beitragen? Und wenn ja: wie? Braucht es nicht die vermittelnde Verständigung im Rahmen gemeinsamer Arbeit am gleichen Problem? Wer kann hier was von wem lernen im Umgang mit informellen Siedlungen und partizipatorischen Prozessen?

Der Ausblick: die „Stadt für alle" in Hamburg

Der deutsche Beitrag zur Architekturbiennale São Paulo 2009 wird vom 6. Juni bis zum 23. September 2010 in einer Doppelausstellung zusammen mit der IBA WERKSCHAU im Kunstverein Hamburg gezeigt. Zudem wird die mit der Entwurfswerkstatt in São Paulo begonnene Zusammenarbeit zwischen den brasilianischen und deutschen Universitäten im September 2010 in Hamburg fortgeführt. Die umgekehrte Arbeitsteilung – der Gastgeber bringt das faktische Wissen um die Orte ein, der Gast bestimmt das Konzept und Verfahren des geplanten Workshops – bedeutet ein „learning from..." und nicht den Import und Export von Planungswissen und erfolgreichen Projekten, also keine (planerische) Entwicklungshilfe mit den daraus resultierenden Abhängigkeiten und Selbstüberhöhungen.

Anmerkung

1 FAU Mackenzie, São Paulo; USP, São Carlos; Escola da Cidade, São Paulo; FAU USP, São Paulo; HafenCity Universität Hamburg; Leibniz Universität Hannover.

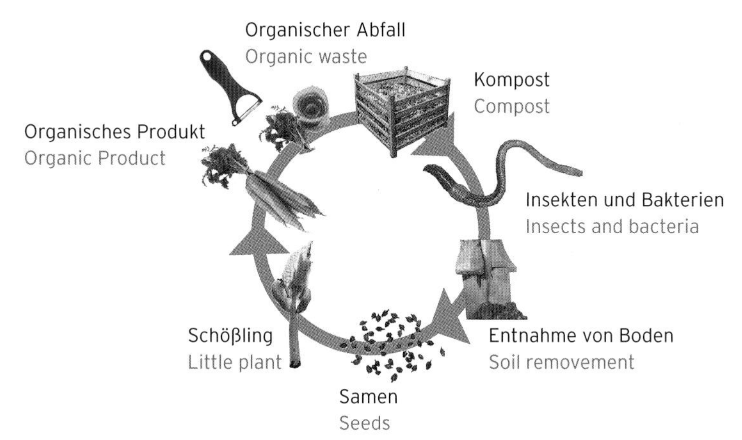

Konzeptvorschlag: Nutzung einer freigeräumten Fläche neben dem Highway als Gemeinschaftsgärten zur Prävention wiederholter illegaler Besiedlung (Urheber: Adilson Akashi, Daniel Kali, Martin Krings, Guido d'Elia Otero und Franziska Schmeiser) Proposed concept: use of a cleared area near the highway as a communal garden to prevent repeated illegal settlement (Originators: Adilson Akashi, Daniel Kali, Martin Krings, Guido d'Elia Otero, and Franziska Schmeiser)

Beispiel informeller Mikroökonomien: ein kleiner Friseurladen in einer Garage Example of informal micro-economies: a small hairdressing salon in a garage

intercultural experience, the problems had to be defined, before solutions could be sought.
This working process resulted in five groups/ issues:

1. Mobility: city results from movement.
2. Mutations: city has different paces of life and speeds of development.
3. Self-empowerment: city results from self-responsibility.
4. Aqua para todos: city needs water resources.
5. Open space: urban life needs open space.

The participants initially considered the respective contexts of each issue and then applied the issue to a specific area, as a section of the overall planning exercise, relating it to the relevant protagonists. The development concepts were presented as urban narratives—an appropriate method given the uncertainties and surprises involved in urban planning processes.

The Results: Five Stories for Diadema

The results of the design workshop—five stories about Diadema—were compiled into an illustrated book. They formed part of the Architecture Biennale for four weeks and were presented to residents of the area being planned. The book is an accurate reflection of the German contribution in that it provides answers to a series of questions: can examples of specific issues contribute to the solution and/or discussion of Brazilian problems, particularly in precarious urban situations? And, if yes, how? Does it not require mediated agreement within the scope of a mutual approach to the same problem? Who can learn what from whom here in dealing with informal settlements and participatory processes?

The Outlook: The "City for All" in Hamburg

The German contribution to the São Paulo Architecture Biennale 2009 will be on display from 6 June to 23 September 2010 in a dual exhibition together with the IBA WERKSCHAU at the Hamburg Art Association. The mutual co-operation between Brazilian and German universities begun with the design workshop in São Paulo is also to be continued in Hamburg in September 2010. The reverse division of labour—the host contributes the de facto knowledge of the place, while the guest determines the concept and the approach of the planned workshop—this means "learning from..." and not the import and export of planning expertise and successful projects, i.e., no (planning) development aid with the resultant dependency and self-aggrandisement.

Notes

1 FAU Mackenzie, São Paulo; USP, São Carlos; Escola da Cidade, São Paulo; FAU USP, São Paulo; HafenCity University Hamburg; Leibniz University Hannover.

AM ZAUN

Elisabeth Richnow, 51 Jahre alt, ist Bildende Künstlerin und Bildhauerin. Ihr wohl auffälligster Beitrag in Wilhelmsburg war ein Zelt auf einem nicht mehr genutzten Brückenpfeiler im Reiherstieg mit dem Titel „No Man is an Island". Die Künstlerin liebt die Nähe zum Wasser. Seit 25 Jahren ist sie Elbschwimmerin und bis vor einiger Zeit besaß sie eines der Ateliers im ehemaligen Zoll am Alten Elbtunnel.

Ihr Arbeitsfeld als Künstlerin ist hauptsächlich Wilhelmsburg?
Ein guter Freund von mir ist hierher gezogen und ich habe seinen Umzug begleitet, weil ich sehr neugierig war. Ich wohne genau gegenüber auf der anderen Elbseite am Pinnasberg. Schon bevor es die IBA gab, habe ich aber hier auf den Inseln Projekte umgesetzt. Denn ich liebe Industriebrachen und ich liebe das Wasser. Das passte gut zusammen. Über meinen Freund bekam ich Kontakt zum Verein „Zukunft Elbinsel Wilhelmsburg" und mehr und mehr wurde mir bewusst, wie schön und spannend die Inseln sind. So habe ich für den Verein begonnen, künstlerisch am Zollzaun zu arbeiten.

Warum lieben Sie Industriebrachen?
Das hat familiäre Hintergründe. Meine Kindheit fand sozusagen in einer aufgegebenen Kreidefabrik statt. Solche Brachen besitzen auch dann noch die Aura von Produktivität. Da ist eine funktionale Ästhetik, die sagt mir, hier ist etwas passiert. Städtische Brachen und leere Räume gelten ja gemeinhin als nutzlos, obwohl sie es nicht sind. „Brachland" war früher Land, das sich in der Fruchtfolge erholte. Für mich liegt darin ein Reiz, dem etwas hinzuzufügen oder zu kommentieren.

Wie gehen Sie jetzt mit solchen Orten als Künstlerin um? Was sind Ihre Ziele?
Den Ort zu begreifen, seine Problematik oder seine Aussagekraft aufzuspüren und zu bearbeiten. Dazu gehört, dass diese Orte Leerstellen bieten. Man muss diese Leere erkennen und Antennen dafür entwickeln. Ziel ist es, den Geist der Orte aufzunehmen. Eine leerstehende Halle besitzt einen Geist. Ich untersuche, spiele, setze mich auseinander und kommentiere.

Wie macht eine Künstlerin Leere sichtbar?
Das ist aber eine schwierige Frage (lachend), die würde ich am liebsten mit nach Hause nehmen ...

Die Antwort wird dann möglicherweise irgendwann in Ihrem Werk auftauchen. Dann also weniger esoterisch, sondern konkret gefragt: Was für Gedanken sind Ihnen denn durch den Kopf gegangen, als Sie zum ersten Mal den Zollzaun gesehen haben?
Ich fragte mich, ob Wilhelmsburg interniert sei oder ob die Bewohner nur aus dem Hafen ausgesperrt werden sollten. Da wusste ich noch gar nicht richtig, was das war und welche Bedeutung der Zaun hatte. Ich war ziemlich irritiert: so monumental, abgrenzend, begrenzend, unüberwindbar war er. Während ich dort am Zaun am Projekt „Grenzgänger" arbeitete, habe ich mehrfach versucht ihn zu überwinden. Es ging nicht!

Also wünschen Sie sich, dass er verschwindet?
(Stutzt) Der Zollzaun ist ein Industriedenkmal. Man sollte ihn nicht zur Gänze kippen. Als ich im Spreehafen ein Atelier hatte, wünschte ich mir sehr, dass er bleibt. Jetzt habe ich das Atelier nicht mehr und so wünsche ich mir, dass der Zaun fällt. So ändert sich das.

Wir reden jetzt ja über eine sinnbildliche Welt der Sollbruchstelle zwischen dem Hafen, der Geld verdienen muss, und dem Stadtteil Wilhelmsburg, der leben will. Und der Zaun markiert räumlich diesen Konflikt ...
Ich bin eigentlich ganz froh über diesen Konflikt. Politisch bin ich gegen den Zaun, privat nicht unbedingt. Denn der Zaun schützt ja auch bestimmte Bereiche, damit sie nicht so abgelaufen werden, dass sie für mich nicht mehr reizvoll sind.

Hört sich ein wenig nach Mauerstreifen in Berlin an ...
Ja, noch ist das ein Ort, an dem ich tatsächlich sitzen kann, ohne dass da 20 bis 30 Leute in einer Stunde an mir vorbeilaufen. Das ist aber schon sehr privat und egoistisch. Aber für die Öffentlichkeit ist es wichtig, dass dieser Zaun geöffnet wird. Und trotzdem glaube ich, dass Wilhelmsburg durch die Nähe zum Hafen eben nie zu einem zweiten Schanzenviertel werden, sondern immer Wilhelmsburg bleiben wird und das finde ich sehr wichtig.

ON THE FENCE

Elisabeth Richnow, fifty-one years of age, is a graphic artist and sculptor. The most striking of her contributions in Wilhelmsburg has been a tent on a disused bridge pier in Reiherstiegviertel entitled "No Man is an Island." The artist lives close to the water. She has been swimming in the Elbe for the last twenty-five years and until recently she owned one of the studios in the former customs building on the Old Elbe Tunnel.

Your field of work as an artist is mainly Wilhelmsburg?
A good friend of mine moved here and I tagged along during the move because I was so curious. I live directly opposite on the other side, in Pinnasberg. I had been working on projects here before the advent of the IBA, however. I love industrial wasteland and I love the water. That was a good combination. Through my friend I came into contact with the Zukunft Elbinsel Wilhelmsburg (The Future of the Elbe Island Wilhelmsburg) association and I became more and more aware of how lovely and how interesting the islands are. I therefore began to work as an artist with the customs fence on behalf of the association.

Why do you love industrial wasteland?
It has a family background. My childhood was actually spent in an abandoned chalk factory, so to speak. Such wasteland areas still have an aura of productivity. There is a functional aesthetic that tells me that something used to happen here. Urban wasteland and empty spaces are generally considered to be useless, even though they are not. "Fallow land" used to be land set aside to recover during the course of crop rotation. This motivates me to enhance or to annotate it.

How do you approach such places now as an artist? What are your aims?
To comprehend the place and its problems, or to discover and express its significance. This also requires that these places have empty sites available. You have to recognise this emptiness and develop antennae for it. The aim is to incorporate the spirit of the places. An empty warehouse has a spirit. I examine, play with, address, and annotate.

What makes emptiness visible to an artist?
Now that is a difficult question [laughing], one that I would rather take home with me ...

The answer would then possibly turn up in your work at some stage. Let me put it less esoterically and more concretely, then: what were the thoughts that went through your mind when you saw the customs fence for the first time?
I asked myself whether Wilhelmsburg had been interned or whether it was just about keeping the residents out of the harbour. I still did not really know what the fence was and what its significance was. I was rather irritated: it was so monumental, demarcating, restricting, and insurmountable. While I was working at the fence on the "Grenzgänger" (Border Crosser) project, I tried to scale it several times. I didn't succeed!

So your wish would be to have it disappear?
[Hesitates] The customs fence is an industrial monument. It should not be disposed of entirely. When I had a studio in the Spreehafen I really hoped that it would stay. I do not have the studio any more now and so I hope that the fence goes. That's how things change.

What we are talking about here is the symbolic world of the breaking point between the harbour, which has to earn money, and the district of Wilhelmsburg, which wants to live. And the fence is the spatial marker of this conflict ...
I am in fact very pleased about this conflict. Politically, I am opposed to the fence but not necessarily on a personal level. The fence does protect certain areas, preventing them from lapsing too much, so that they no longer hold such appeal for me.

That sounds a bit like sections of the Berlin wall ...
Yes, that is still a place where I can actually sit without having twenty or thirty people an hour walking past me. That is of course very personal and selfish of me. For the public, however, it is important that this fence will be opened. And yet I do believe that, due to the proximity of the harbour, Wilhelmsburg will never become a second Schanzen district; it will always remain Wilhelmsburg and I think that is very important.

IM RUDERKLUB

Gregor Waschkowski, geboren 1978 in Wilhelmsburg, besuchte die hiesige katholische Bonifatius-Grundschule und arbeitet, nach Abitur und Studium, für die katholische Kirche: als Geschäftsführer des Jugendreferats im Erzbistum Hamburg. Im Wilhelmsburger Ruderklub zählt er zu den auffälligen „Aktivposten", er kümmert sich um die Öffentlichkeits-, Jugend- und Anfängerarbeit und ist im Regattaausschuss des Vereins.

Fühlen Sie sich wie ein Ureinwohner von Wilhelmsburg?
Ja - ich bin hier geboren und zur Schule gegangen, dann aber wie viele andere hinaus in die Welt gezogen. Jetzt bin ich wieder hier; ich lebe nahe der katholischen Bonifatiuskirche in einer baugenossenschaftlichen Wohnung und bin sehr glücklich damit, sodass ich auch hier bleiben werde. Ich kenne unsere Insel sehr, sehr gut und habe mir genau überlegt, wohin ich ziehe.

Sie sind dem Wilhelmsburger Ruderverein stark verbunden, der seit 1895 existiert. Warum Rudern?
Der Rudersport hat mit ursprünglich vier bis fünf Vereinen auf der Elbinsel immer eine sehr große Rolle gespielt. Inzwischen gibt es nach Aufgaben und Fusionen nur noch uns. Traditionell sind wir natürlich dem Arbeitermilieu verhaftet. Wir arbeiten alle ehrenamtlich, das Bootshaus ist beispielsweise in freiwilliger Mitgliederarbeit entstanden. Dazu gehört aber auch, dass es kein großes politisches Engagement gibt - und kein Interesse, aufzufallen. Wir sind wie eine Insel auf der Insel.

Was könnte man tun, um den Wilhelmsburger Ruderverein zur stärkeren interkulturellen Zusammenarbeit zu animieren?
Wassersport spielt bei den meisten Wilhelmsburger Immigrantenfamilien, also vor allem bei den Türken, traditionell keine Rolle. Das Nebeneinanderleben funktioniert relativ gut auf der Insel. Aber wir müssen noch viel mehr das Interesse füreinander wecken. Da besteht noch Handlungsbedarf, beispielsweise mit unseren Angeboten in die Schulen zu gehen.

Wie sehen Sie als Wassersportler die heutigen Stadtentwicklungen in Wilhelmsburg? Vielleicht können Sie demnächst direkt in die HafenCity rudern?
Das ist jetzt nicht gerade mein Hauptproblem. Ein Wunsch hat sich jedoch schon erfüllt. Durch den Neubau der Ernst-August-Schleuse sind wir flexibler und weniger zeitabhängig geworden. Andererseits beunruhigt uns, was passiert, wenn der Assmannkanal weiter ausgebaut wird, um vom Hamburger Rathaus direkt über Wasser zum Wilhelmsburger Rathaus fahren zu können. Wenn Wilhelmsburg stärker in Hamburg wahrgenommen wird, hat das ja auch Nachteile. Es entsteht zusätzlicher touristischer Verkehr mit Barkassen. Was bedeutet das für uns in der Bauphase? Wo verläuft demnächst die Fahrrinne? In der Mitte, am Rand? Was wäre für uns besser? Wir wissen es nicht. Das liegt zum Teil daran, dass unser Verein lieber um sich selbst kreist, aber die IBA ist bisher auch noch nicht auf uns zugekommen. Noch sind die neuen Zeiten mit all ihren Möglichkeiten nicht überall angekommen.

Wird Ihre offensichtliche Idylle durch die neuen Entwicklungen, gar durch eine Gentrifizierung gestört werden?
Diese Gefahr schätze ich als sehr gering ein. Aber wir müssen schon an einigen Stellen aufpassen, wenn solche Argumentationsketten entstehen, dass wegen des Neubaus der Behörde für Stadtentwicklung und Umwelt das Schwimmbad verlegt werden muss und dann deutlich wird, dass dafür gar kein Geld vorhanden ist. Das Schwimmbad wird jetzt zwar gebaut, aber wenn zwischenzeitlich im Planungsprozess das Bad keine Liegewiese mehr hat, werde ich misstrauisch. Vielleicht sollten die auswärtigen Planer genauer auf den Stadtteil schauen und sich weniger selbst verwirklichen.

Was meinen Sie damit genau?
Zum Beispiel das Thema U-Bahn für Wilhelmsburg. Das hat noch nie ein Wilhelmsburger gefordert. Welche Interessen stehen dahinter? Es kommt doch darauf an, dass alle Interessen aufeinander abgestimmt werden. Ich kann vieles nicht nachvollziehen - trotz so mancher Hochglanzbroschüre.

Was sind die wichtigsten Punkte, die die IBA bis 2013 umgesetzt haben sollte?
Das Bauen ist nicht das Wichtigste in Wilhelmsburg. Viel dringender ist die Bildung, da hat die IBA die Bildungsoffensive gestartet und das rechne ich ihr hoch an. Vorrangig ist auch die Beteiligung vor allem der Migranten. Beispielsweise hätten wir gern ein Community Organising gegründet. Leider ist es daran gescheitert, dass die Initiative eine ehrenamtliche gewesen wäre - und das wäre uns dann über den Kopf gewachsen. Die Diakonie hätte es machen können. Das hat aber nicht geklappt und dann haben uns die Autobahnpläne überrollt ...

AT THE ROWING CLUB

Gregor Waschkowski, born in Wilhelmsburg in 1978, attended the Catholic Bonifatius Primary School there and, after obtaining his school leaving certificate and completing his studies, he worked for the Catholic Church as head of youth services in the Archdiocese of Hamburg. He is one of the most active members of the Wilhelmsburg rowing club, taking charge of public relations work as well as the youth and beginners services, and is on the association's regatta committee.

Do you feel like an indigenous inhabitant of Wilhelmsburg?
Yes—I was born here and went to school here, before heading out to see the world, like many others. Now I am back here; I live close to the Catholic St Boniface Church in a building co-operative apartment that I am very happy with, and so I also intend to stay here. I know our island very, very well and I put a lot of thought into exactly where I was going to move to.

You are very involved with the Wilhelmsburg rowing association, which has been in existence since 1895. Why rowing?
With what were initially four or five Elbe Islands' associations, rowing has always played a very big role. Following a number of closures and mergers, we are now the only one. Traditionally we are very rooted in the working-class milieu, of course. We are all volunteers, and the boathouse, for example, is the result of voluntary work by the members. Another factor is that there is no major political involvement—and no interest in attracting attention. We are an island on an island.

What could be done to get the Wilhelmsburg rowing association more involved in intercultural co-operation?
Traditionally, water sports play no role at all in the lives of the majority of Wilhelmsburg's immigrant families, especially the Turks. Co-existence works relatively well on the island. But we need to arouse much more interest in one another. There is still scope for action there, such as with our offer to visit schools, for example.

How do you as a water sports fan view the current urban developments in Wilhelmsburg? Perhaps you will soon be able to row in HafenCity?
That is not my main problem at the moment. One wish has already been fulfilled, however. The new Ernst August Lock has made us more flexible, with fewer time restrictions. On the other hand, we are concerned about what will happen when the Assmann Canal is extended to make it possible to travel directly by water from Hamburg city hall to Wilhelmsburg town hall. There are also disadvantages to Wilhelmsburg becoming more closely integrated with Hamburg. It produces an increase in tourist traffic with the barges. What does that mean for us during the construction phase? Where is the navigation channel going to be now? In the middle, at the edge? What would be better for us? We do not know. That is partly due to the fact that our association prefers to keep to itself, but the IBA has not yet approached us either. The new era with all of its new opportunities has not yet dawned everywhere.

Will your apparent idyll in fact be destroyed by the new developments, by the gentrification?
I see this as a very minimal risk. But we do need to take care in a number of instances, such as when certain lines of argument come up: like the swimming pool has to be postponed due to the restructuring of the Urban Development and Environment Authority and it then becomes evident that there are no funds available. The swimming pool is now being built but when, in the meantime, the planning process no longer provides for a lawn for the swimming pool, I become somewhat sceptical. Perhaps the external planners ought to be taking a closer look at the neighbourhood and indulging in a little less self-expression.

What exactly do you mean by that?
The issue of underground trains for Wilhelmsburg, for instance. That has never been demanded by any Wilhelmsburg resident. Whose interests does it reflect? What is important is the co-ordination of all the interests at stake. There is a lot that makes no sense to me—despite the glossy brochures.

What are the most important aspects that the IBA should have implemented by 2013?
Building is not the most important aspect in Wilhelmsburg. Education is a far more urgent requirement and here the IBA has initiated the Bildungsoffensive (Education Drive), which I rate very highly. Another priority is the participation of the migrant population. We would like to have set up a community organising body, for example, but this failed to get off the ground, unfortunately, because it would have been a voluntary initiative—and we would have been in over our heads. The Church social services could have taken it on. That did not work out, however, and then we were steam-rollered by the motorway plans.

IBA at WORK

Projekte der Internationalen Bauausstellung Hamburg

Projects of the Internationale Bauausstellung Hamburg

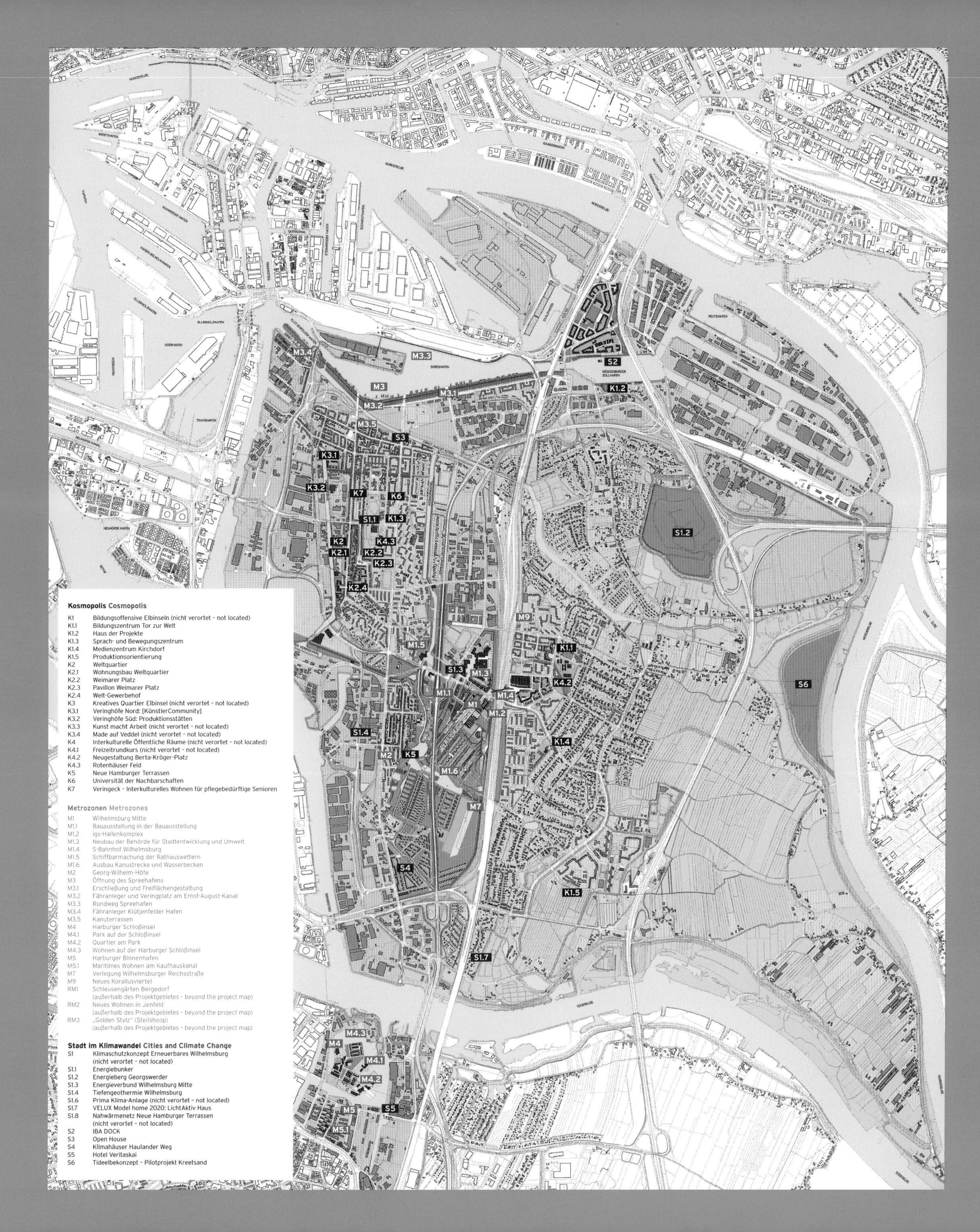
M3.4
M3.3
S2
M3
K1.2
M3.1
M3.2
M3.5
S3
K3.1
K3.2
K7
K6
S1.1
K1.3
S1.2
K2
K4.3
K2.1
K2.2
K2.3
K2.4
M9
M1.5
K1.1
S1.3
M1.3
S6
K4.2
M1.1
M1.4
M1
M1.2
S1.4
K1.4
M2
K5
M1.6
M7
S4
K1.5
S1.7
M4.3
M4
M4.1
M4.2
S5
M5
M5.1
Kosmopolis Cosmopolis
K1 Bildungsoffensive Elbinseln (nicht verortet - not located)
K1.1 Bildungszentrum Tor zur Welt
K1.2 Haus der Projekte
K1.3 Sprach- und Bewegungszentrum
K1.4 Medienzentrum Kirchdorf
K1.5 Produktionsorientierung
K2 Weltquartier
K2.1 Wohnungsbau Weltquartier
K2.2 Weimarer Platz
K2.3 Pavillon Weimarer Platz
K2.4 Welt-Gewerbehof
K3 Kreatives Quartier Elbinsel (nicht verortet - not located)
K3.1 Veringhöfe Nord: [KünstlerCommunity]
K3.2 Veringhöfe Süd: Produktionsstätten
K3.3 Kunst macht Arbeit (nicht verortet - not located)
K3.4 Made auf Veddel (nicht verortet - not located)
K4 Interkulturelle Öffentliche Räume (nicht verortet - not located)
K4.1 Freizeitrundkurs (nicht verortet - not located)
K4.2 Neugestaltung Berta-Kröger-Platz
K4.3 Rotenhäuser Feld
K5 Neue Hamburger Terrassen
K6 Universität der Nachbarschaften
K7 Veringeck - Interkulturelles Wohnen für pflegebedürftige Senioren
Metrozonen Metrozones
M1 Wilhelmsburg Mitte
M1.1 Bauausstellung in der Bauausstellung
M1.2 igs-Hallenkomplex
M1.3 Neubau der Behörde für Stadtentwicklung und Umwelt
M1.4 S-Bahnhof Wilhelmsburg
M1.5 Schiffbarmachung der Rathauswettern
M1.6 Ausbau Kanustrecke und Wasserbecken
M2 Georg-Wilhelm-Höfe
M3 Öffnung des Spreehafens
M3.1 Erschließung und Freiflächengestaltung
M3.2 Fähranleger und Veringplatz am Ernst-August-Kanal
M3.3 Rundweg Spreehafen
M3.4 Fähranleger Klütjenfelder Hafen
M3.5 Kanuterrassen
M4 Harburger Schloßinsel
M4.1 Park auf der Schloßinsel
M4.2 Quartier am Park
M4.3 Wohnen auf der Harburger Schloßinsel
M5 Harburger Binnenhafen
M5.1 Maritimes Wohnen am Kaufhauskanal
M7 Verlegung Wilhelmsburger Reichsstraße
M9 Neues Korallusviertel
RM1 Schleusengärten Bergedorf
(außerhalb des Projektgebietes - beyond the project map)
RM2 Neues Wohnen in Jenfeld
(außerhalb des Projektgebietes - beyond the project map)
RM3 „Golden Stylz" (Steilshoop)
(außerhalb des Projektgebietes - beyond the project map)
Stadt im Klimawandel Cities and Climate Change
S1 Klimaschutzkonzept Erneuerbares Wilhelmsburg
(nicht verortet - not located)
S1.1 Energiebunker
S1.2 Energieberg Georgswerder
S1.3 Energieverbund Wilhelmsburg Mitte
S1.4 Tiefengeothermie Wilhelmsburg
S1.6 Prima Klima-Anlage (nicht verortet - not located)
S1.7 VELUX Model home 2020: LichtAktiv Haus
S1.8 Nahwärmenetz Neue Hamburger Terrassen
(nicht verortet - not located)
S2 IBA DOCK
S3 Open House
S4 Klimahäuser Haulander Weg
S5 Hotel Veritaskai
S6 Tideelbekonzept - Pilotprojekt Kreetsand

Kosmopolis
Kulturelle Vielfalt als Chance nutzen

Cosmopolis
Using Cultural Diversity as an Opportunity

Mit über hundert Nationalitäten auf 52 Quadratkilometern und einem fast 50-prozentigen Anteil von Menschen mit Migrationshintergrund nehmen die Elbinseln in Hamburg und auch im internationalen Vergleich eine Spitzenstellung ein. Die internationale Stadtgesellschaft mit ihren kulturellen und ethnischen Unterschieden birgt manches Konfliktpotenzial, aber auch besondere Chancen. Mit dem ersten ihrer drei Leitthemen – der „Kosmopolis" – widmet sich die IBA Hamburg einem komplexen Aufgabengebiet. Im Rahmen der „Bildungsoffensive Elbinseln" setzt sie insbesondere auf die Förderung der Sprachkompetenz, die Verbesserung der Schulabschlüsse, der Ausbildungsmöglichkeiten und des Berufseinstiegs, die kulturelle Bildung und das lebenslange Lernen – und auf eine sich auch baulich erneuernde Bildungslandschaft. Mit dem Weltquartier, einer modernisierten und erweiterten Wohnsiedlung mit internationaler Bewohnerschaft, dem interkulturellen Wohnprojekt für pflegebedürftige Senioren „Veringeck" und den „Neuen Hamburger Terrassen", bei denen unter anderem Baugemeinschaften zum Zuge kommen, wird sich die internationale Stadtgesellschaft auch architektonisch manifestieren. Neue interkulturelle öffentliche Räume (Weimarer Platz, Berta-Kröger-Platz und Rotenhäuser Feld) und das „Kreative Quartier Elbinsel" sollen die sozialen und ökonomischen Kräfte stärken und neue hinzugewinnen, um aus der kulturellen Vielfalt der Menschen auf den Elbinseln ein eigenständiges räumliches Selbstverständnis und Selbstbewusstsein entstehen zu lassen.

With over hundred nationalities in fifty-two square kilometres and almost 50 per cent of the population with a migration background, Hamburg's Elbe Islands are at the top of the diversity league even on a global basis. While mixed urban society with its cultural and ethnic differences does harbour certain conflict potential, it also offers special opportunities. The IBA Hamburg has committed itsef to a complex area of responsibility with the first of its three themes—"Cosmopolis." The "Bildungsoffensive Elbinseln" (Elbe Islands Education Drive) project places a special emphasis on the promotion of language skills, the improvement of school-leaving qualifications, training and career-entry opportunities, cultural education and lifelong learning—and on an architecturally renewable educational landscape. With the "Weltquartier" (Global Neighbourhood), a modernised and expanded housing estate with residents of mixed backgrounds, the "Veringeck" Growing Old in an Intercultural Community, and the "Neue Hamburger Terrassen" (New Hamburg Terraces) involving several housing associations for instance, multicultural urban society is also manifesting itself architecturally. New intercultural public spaces (Weimarer Platz, Berta-Kröger-Platz, and Rotenhäuser Feld) and the "Kreatives Quartier Elbinsel" (Elbe Islands Creative District) are intended to both reinforce and increase social and economic strengths in order to facilitate the development of an independent spatial identity as well as self-confidence from within the cultural diversity of the Elbe Islands population.

Veringeck – Interkulturelles Wohnen für pflegebedürftige Senioren
Der Neubau einer Wohn-Pflege-Einrichtung für türkische und deutsche Pflegebedürftige und an Demenz erkrankte Senioren schließt in städtebaulicher Hinsicht und auch im Wohn- und Pflegeangebot des Reiherstiegviertels eine Lücke. Das Erdgeschoss mit Teehaus, Hamam und Tagespflegeeinrichtung öffnet sich dem Stadtteil. In den Obergeschossen berücksichtigt das räumliche Konzept von Gutzeit + Ostermann Architekten, Hamburg, die speziellen Pflegebedürfnisse der Bewohner, die je nach individuellem Bedarf in ihren Wohnungen ambulant betreut werden. Für die Wohngemeinschaft demenziell erkrankter Menschen wird eine Betreuung rund um die Uhr gewährleistet.

Veringeck—Growing Old in an Intercultural Community
The construction of a housing and care facility for Turkish and German senior citizens, including those suffering from dementia, fills a gap both in terms of urban development and with regard to the care accommodation options in the Reiherstieg district. The ground floor, comprising a teahouse, hammam (*Turkish bath*), and daytime care facilities, is open to the neighbourhood. On the upper floors, the spatial concept by Gutzeit + Ostermann Architekten, Hamburg, focuses on the specific care requirements of the residents who, depending on the individual, can be cared for in their homes as outpatients. Care on a 24-hour basis is provided for the residential community of people suffering from dementia.

Pavillon Weimarer Platz
Im Zuge der Umgestaltung des zentralen Weimarer Platzes (Entwurf: Andresen Landschaftsarchitektur, Lübeck) im Weltquartier entsteht auch ein Pavillon, der zunächst als Ausstellungsraum und künftig vor allem als Mietergemeinschaftsraum und für Veranstaltungen genutzt werden soll. Das von den Hamburger Architekten Kunst + Herbert entworfene Gebäude öffnet sich mit großen Fenstern zum Platz und erreicht fast den energetischen Standard eines Passivhauses. Eine auf dem Dach eines benachbarten Gebäudes installierte Photovoltaik-Anlage sorgt zudem für eine Reduktion des Primärenergieverbauchs.

Pavilion Weimarer Platz
The redesign of the Weimarer Platz (plans: Andresen Landschaftsarchitektur, Lübeck) in the centre of the "Weltquartier" also involves the construction of a pavilion, initially intended for use as exhibition space and in the future to function primarily as a community centre and event venue. Designed by the Hamburg architects Kunst + Herbert, the building opens onto the square via large windows; its energy standards are practically those of a passive building. A photovoltaic unit installed on the roof of a neighbouring building also ensures a reduction in primary energy consumption.

Agora des Bildungszentrums Tor zur Welt
Als größtes Bauprojekt im Rahmen der „Bildungsoffensive Elbinseln" entsteht das „Bildungszentrum Tor zur Welt" nach einem Entwurf von bof architekten, Hamburg. Eine Besonderheit des Entwurfsprozesses ist das partizipative Verfahren, an dem Schüler, Eltern, Lehrer und Stadtteilbewohner beteiligt sind. Der zentrale Eingangsbereich, die sogenannte Agora, wurde auf der Grundlage eines Schüler-Eltern-Wettbewerbs entwickelt. Die Hamburger Landschaftsarchitekten Breimann & Bruun setzten die sechs Siegerarbeiten zunächst in drei Planungsvarianten um, ehe eine Jury unter Beteiligung der siegreichen Schüler und Eltern die zu realisierende Variante auswählte.

Agora of Gateway to the World Educational Centre
The "Bildungszentrum Tor zur Welt" (Gateway to the World Educational Centre) is the largest construction initiative within the "Bildungsoffensive Elbinseln" project and is based on plans by bof architekten, Hamburg. A special feature of the design process has been the participative approach involving pupils, parents, teachers, and neighbourhood residents. The central entrance area, referred to as the "agora," has been developed on the basis of a pupil/parents competition. The Hamburg landscape architects Breimann & Bruun initially converted the six winning entries into three plan options before a jury, which included the winning pupils and parents, selected the version to be implemented.

Veringhöfe Süd: Produktionsstätten
Die IBA Hamburg stellt sich der Herausforderung, das Thema der Kreativen Ökonomien explizit für die Elbinseln zu übersetzen. Im Bestreben, den Diskurs und insbesondere sein integratives und identitätsstiftendes Potenzial für die Stadtteilebene neu zu fassen, ist die Projektreihe „Kunst macht Arbeit" entstanden. In derzeit vier Projekten bilden sich neuartige Bündnisse zwischen Künstlern, Kreativen und Qualifizierungsträgern, Menschen ohne Arbeit oder migrantischen Ökonomien. Die „Produktionsstätten" sollen voraussichtlich in den Veringhöfen Süd, einer ehemaligen Fabrikationshalle, liegen. Derzeit werden Möglichkeiten der baulichen und energetischen Sanierung geprüft.

Veringhöfe South: Production Facilities
The IBA Hamburg has taken up the challenge of tackling the issue of the creative economy explicitly for the Elbe islands. The "Kunst macht Arbeit" (Art Creates Work) series of projects is the result of efforts to redefine the dialogue and especially its integrative identity-creating potential at a neighbourhood level. The four current projects are creating new links between artists, creative individuals, and qualification bodies, people without work, and migrant economies. The "Creative Centre" is to be housed in Veringhöfe Süd, a former factory. Construction and energy options for its refurbishment are currently being reviewed.

Metrozonen
Zwischenräume werden lebenswerte Orte

Zentrum und Peripherie bilden ein sich gegenseitig bedingendes Gegensatzpaar jeder Stadt. Doch zunehmend sind es die Zwischen- und Leerräume in den Metropolen, die in den Fokus der Aufmerksamkeit rücken. Die IBA Hamburg widmet sich mit ihrem zweiten Leitthema den „Metrozonen", den Inseln *in der Stadt*, inmitten von Infrastrukturtrassen, Industrie- und Hafengebieten, Kraftwerken, Abstands-, Logistik- und Einzelhandelsflächen. Das größte Potenzial für eine Entwicklung an den „inneren Stadträndern" bietet die künftige neue Mitte Wilhelmsburgs: Auf einem rund 450 Meter breiten „Niemandsland" zwischen der zentralen Bahntrasse und der heutigen Wilhelmsburger Reichsstraße – die an die Bahntrasse verlegt werden wird – entstehen experimentelle Wohngebäude, der Neubau der Behörde für Stadtentwicklung und Umwelt sowie ein Hallenkomplex am Rande eines neuen Parks, der rechtzeitig zur internationalen gartenschau hamburg 2013 angelegt sein wird. Auch auf der Harburger Schloßinsel ist – neben neuen Wohn- und Gewerbebauten – ein neuer Park geplant, im Neuen Korallusviertel und in den Georg-Wilhelm-Höfen entstehen zukunftsweisende Wohnquartiere. Mit der Öffnung des Spreehafens, dessen Zugang bislang selbst den Bewohnern des angrenzenden Reiherstiegviertels versperrt ist, und mit neuen Fährverbindungen und ausgebauten Kanälen werden die Elbinseln besser erschlossen. Zudem sollen neue rechtliche und politische Instrumente helfen, Konflikte zwischen oft ungleichen Nachbarn – zum Beispiel Hafen und Wohnquartier – zu schlichten.

Metrozones
Interim Spaces become Liveable Places

In every city, the centre and the periphery form a mutually dependent pair of opposites. Yet, increasingly, it is the interim and empty spaces in cities that are becoming the focus of attention. With its second theme, "Metrozones," the IBA Hamburg focuses on the islands in the city, in the midst of infrastructural routes, industrial and harbour areas, power plants, buffer, logistics, and retail zones. The future centre of Wilhelmsburg offers the greatest potential for the development of the "inner city boundaries": experimental residential buildings, the new State Ministry for Urban Development and Environment building, as well as a venue complex adjoining a new park intended to be ready in time for the international garden show 2013 in Hamburg, are being developed on an area of "no man's land" around 450 metres wide between the main railway route and the current Wilhelmsburg Reichsstrassse (which is to be realigned with the railway route). A new park—as well as new residential and commercial buildings—are also planned for Harburg's Schloßinsel, with future-oriented residential areas also being developed in the "Neues Korallusviertel" (New Korallus District) and in the Georg-Wilhelm-Höfe. The Elbe Islands will enjoy improved access following the opening of the Spreehafen, to which even the residents of the adjoining Reiherstieg district are denied access at present, as well as with the new ferry links and the canal expansions. New legal and political instruments are also intended to help resolve conflicts between what are often dissimilar neighbourhoods—such as harbour and residential areas, for instance.

Neubau der Behörde für Stadtentwicklung und Umwelt
Der Neubau der Behörde für Stadtentwicklung und Umwelt in unmittelbarer Nähe des künftigen igs-Parks und des S-Bahnhofs Wilhelmsburg soll ein doppeltes Zeichen setzen: Einerseits für die Aufwertung der „inneren Peripherie" Wilhelmsburg und andererseits für ein nachhaltiges, klimagerechtes Bauen mit hohem gestalterischen Anspruch. Den neuen Typus von Verwaltungsarchitektur mit öffentlich nutzbarem Erdgeschoss (Dienstleistungs- und Informationsangebote) und ca. 1400 Arbeitsplätzen hinter farbenfrohen Fassaden entwarf das Berliner Architekturbüro Sauerbruch Hutton. Das energetische Konzept stammt vom Ingenieurbüro Reuter & Rührgartner aus Rosbach.

New Building of the State Ministry for Urban Development and the Environment
The new building for the State Ministry for Urban Development and Environment, situated in direct proximity to the future igs park and the suburban train station Wilhelmsburg, is intended as a double signal: signifying the upgrading of the Wilhelmsburg "inner periphery" on the one hand, and sustainable, climate-friendly construction with sophisticated design on the other. This new form of administrative architecture with a ground floor open to the public (for service and information material) and approximately 1400 work stations behind the brightly coloured façade was designed by the Berlin architectural practice Sauerbruch Hutton. The convincing energy concept is the work of the engineers Reuter & Rührgartner from Rosbach.

Neues Korallusviertel
Auf einem ca. 23.000 Quadratmeter großen Grundstück zwischen altem Bahnhofsviertel und Korallusviertel, an der Haupttrasse der Bahn, entsteht ein Wohnquartier, das unter den Aspekten Wohntypologien, Nachhaltigkeit und Lärmschutz innovative Lösungen für eine innerstädtische Nachverdichtung bietet. Ercan Agirbas und Eckehard Wienstroer, Neuss, mit Flumdesign, Hamburg haben unter anderem einen begrünten Wall entworfen, der dem Schallschutz dient und sowohl dem Freiraum als auch diversen baulichen Nutzungen eine einzigartige Plattform bietet: Die Stellplätze bergend, bildet er einen nach Osten geneigten Park mit Wasserlauf, an dessen Rand punktuell Wohnbauten emporwachsen.

New Korallus District
A residential area offering innovative solutions for retrospective inner city densification by means of housing typologies, sustainability, and noise protection is being developed on a piece of land measuring some 23,000 square kilometres between the former railway station and the Korallus district. The plans, by Ercan Agirbas and Eckehard Wienstroer from Neuss, together with Flumdesign of Hamburg, include a wall of greenery serving as noise protection, as well as providing a unique platform for both open space and a variety of construction uses: masking the parking spaces, it forms an east-facing park with a watercourse, and residential buildings constructed on specific sites along its boundaries.

Georg-Wilhelm-Höfe
Im Südwesten Wilhelmsburgs, auf dem Areal der heutigen Sprachheilschule, soll ab Ende 2010 ein neues Wohnquartier entstehen – mit hohen Ansprüchen sowohl an seine Gestaltung (auch der Freiflächen), an differenzierte Wohntypologien, an den Lärmschutz als auch an die Nachhaltigkeit des gesamten Projektes. Ziel eines bevorstehenden Wettbewerbs ist es, eine Bebauungs- und Nutzungsstruktur zu finden, mit der es gelingt, den Übergang zwischen den ungleichen Nachbarn – Wohnnutzung in Reihenhaus- und Blockrandtypologien sowie Gewerbe- und Industriebauten – verträglich zu gestalten und den Ansprüchen aller Nutzergruppen gerecht zu werden.

Georg Wilhelm Courtyards
From the end of 2010, a new residential area is to be developed in the southwest of Wilhelmsburg, in the grounds of the present language therapy school. It features high standards of design (the open spaces included), as well as differentiated housing typologies, noise protection, and sustainability for the project as a whole. A competition is being held with the goal of identifying a construction and utilisation arrangement enabling a contractual approach between dissimilar neighbours—residential utilisation in terraced house and block typologies as well as commercial and industrial buildings—permitting the needs of all user groups to be met.

Harburger Schloßinsel
Nur die Umrisse der Insel – Folge der ehemals zu ihrem Schutz angelegten Bastionen – deuten auf die Geschichte der Keimzelle Harburgs hin. Künftig soll es auf der Schloßinsel eine Mischung aus Wohnen und Gewerbe geben. Im Nordosten ist ein neues Quartier mit 180 Wohneinheiten und ambitioniertem Energiekonzept geplant. Fünf Mietwohnungsbauten (Entwurf: Lorenz + Partner, Hamburg) werden neu errichtet, in einem Silo werden hochwertige Eigentumswohnungen entstehen. Außerdem wird ein von Hager Landschaftsarchitektur AG, Zürich, geplanter sternförmiger Park mit den Resten des ehemaligen Schlosses in dessen Mitte realisiert.

Harburger Schloßinsel
Only the outline of the island—a consequence of the protective bastions built in the past—are indicative of the history of the origins of Harburg. In the future, the Schloßinsel (castle's island) is to comprise a residential and commercial mix. A new district with 180 housing units and an ambitious energy concept is planned for the north east. Five new apartment blocks (designed by Lorenz + Partner, Hamburg) are to be built, with a silo being converted into upmarket freehold flats. A star-shaped park designed by Hager Landschaftsarchitektur AG in Zurich is also to be built on the site of the former castle, using the remains thereof.

Stadt im Klimawandel
Schritte ins postfossile Zeitalter

Die Zukunft des Klimas, einer der elementaren Grundlagen des Lebens auf der Erde, entscheiden die Städte, in denen schon heute mehr als die Hälfte der Weltbevölkerung wohnt – mit steigender Tendenz. Wie aber können insbesondere Metropolen den Weg in das postfossile und atomenergiefreie Zeitalter beschreiten? Dies ist eine der zentralen Fragen der Gegenwart und der Zukunft, der sich auch die IBA Hamburg mit ihrem dritten Leitthema „Stadt im Klimawandel" widmet. Am konkreten Ort der Elbinseln versucht sie modellhafte Lösungen zu erarbeiten, deren Fokus auf der Verminderung von Treibhausgasen, der Nutzung erneuerbarer Energien, energieeffizienten Versorgungslösungen und natürlich dem Energiesparen liegt. Mit den Projekten „Energiebunker" und „Energieberg Georgswerder", mit dem „IBA DOCK" – Sitz der IBA Hamburg GmbH und ihr zentraler Informationsort – im Müggenburger Zollhafen, mit dem „Open House", den „Klimahäusern Haulander Weg" und dem „VELUX Model home 2020: LichtAktiv Haus" hat die IBA gleich ein halbes Dutzend auch bildmächtiger Projekte initiiert. Um das langfristige Ziel eines schrittweise auf 100 Prozent zu erhöhenden Anteils erneuerbarer Energien zu erreichen, sind darüber hinaus „unsichtbare", aber wirkungsmächtige Projekte wie der „Energieverbund Wilhelmsburg Mitte", „Tiefengeothermie Wilhelmsburg" und das „Nahwärmenetz Neue Hamburger Terrassen" ebenso wichtig. Das Pilotprojekt „Kreetsand" beschert den Inselbewohnern und -besuchern darüber hinaus, neben einem verbesserten Hochwasserschutz, einen neu gestalteten Freiraum.

Cities and Climate Change
Stepping into the Post-Fossil Fuel Age

The future of the climate, one of the elementary aspects of life on earth, is decided by the cities that are now home to more than half of the world's population—a trend that is still on the increase. How can cities in particular make the step into the post-fossil fuel and atomic energy-free age? This is a key contemporary and future issue that is being focused on by the IBA with its third theme, "Stadt im Klimawandel" (Cities and Climate Change). With the Elbe Islands as the agreed location, it is attempting to develop model solutions focusing on the reduction of greenhouse gases, the use of renewable energy, energy-efficient supply solutions, and of course energy saving. With the "Energiebunker" (Energy Bunker) and "Energieberg Georgswerder" (Georgswerder Energy Hill) projects, the "IBA DOCK"—headquarters of the IBA Hamburg and its main information centre—in the Müggenburg customs harbour, the "Open House," the "Klimahäuser Haulander Weg" (Eco-Housing), and the "VELUX Model Home 2020: LichtAktiv Haus" (LightActive Building), the IBA has already initiated half a dozen illustrative projects. "Invisible" but highly effective projects such as the "Energieverbund Wilhelmsburg Mitte" (Central Wilhelmsburg Integrated Energy Network), "Tiefengeothermie Wilhelmsburg" (Deep Geothermal Energy), and the "Nahwärmenetz Neue Hamburger Terrassen" (New Hamburg Terraces Local Heating Network) are equally important for reaching, on a step-by-step basis, the long-term goal of a 100 per cent renewable energy. In addition, the "Kreetsand" pilot project provides the island residents with a newly designed open space, as well as improved flooding protection.

IBA DOCK
Der erste vollendete Neubau der IBA Hamburg, ein schwimmendes Haus im Müggenburger Zollhafen, ist zugleich ihre Schaltstelle: Im IBA DOCK werden die Projekte konzipiert, geplant und koordiniert, hier können sich die Bürger in den Ausstellungsräumen über den Stand der Planungen informieren, hier finden Konferenzen und Vortragsveranstaltungen statt. Das von Han Slawik, Hannover, entworfene Gebäude (Ausführungsplanung: bof architekten, Hamburg) wird dank hoher Wärmedämmung sowie der Kombination aus elektrisch betriebener Wärmepumpe und photovoltaisch erzeugtem Strom CO_2-neutral betrieben und unterschreitet die Werte der Energieeinsparverordnung um 50 Prozent.

IBA DOCK
The IBA Hamburg's first completed, new building, a floating structure in the Müggenburg customs harbour, is also its headquarters: projects are designed, planned, and coordinated in the IBA DOCK, which is where the public is able to access information on planning status in the exhibition areas, and where conferences and presentation events are held. The building, designed by Han Slawik from Hannover (implementation: bof architekten, Hamburg) is CO_2-neutral and runs at 50 per cent below the level of the German energy saving regulation due to a high degree of heat insulation and a combination of electrical heat pumps and photovoltaic electricity.

VELUX Model Home 2020: LichtAktiv Haus
Im Rahmen des Projekts „Model home 2020" sucht VELUX europaweit nach Lösungen für beste Energieeffizienz bei höchster Wohnqualität. Der deutsche Beitrag „LichtAktiv Haus" widmet sich dem wichtigen Thema der energetischen Sanierung – am Beispiel einer typischen 50er-Jahre-Doppelhaushälfte in einer Eigenheimsiedlung in Kirchdorf. Dafür wurden 2009 im Rahmen eines studentischen Wettbewerbs der TU Darmstadt innovative Ideen entwickelt. Der Siegerentwurf wird in enger Kooperation mit einem Kompetenzteam (Architektur- und Lichtplanungs-Experten der TU Darmstadt und der TU Düsseldorf) während des IBA Zwischenpräsentationsjahrs 2010 umgesetzt.

VELUX Model Home 2020: Light-Active House
Within the scope of the "Model Home 2020" project VELUX is seeking examples Europe-wide of the best energy efficiency with the highest level of living quality. The German contribution, "LichtAktiv Haus" (LightActive Building), focuses on the issue of energy retrofitting, using the example of a typical 1950s semidetached house in a residential area in Kirchdorf. In 2009, innovative ideas were developed to this end during a student competition at the Technical University in Darmstadt. The winning design will be implemented during the IBA's interim presentation year 2010, in close cooperation with a team of experts (architectural and light design specialists from the Technical Universities in Darmstadt and Düsseldorf).

Klimahäuser Haulander Weg
Im Süden der Elbinsel Wilhelmsburg soll ein neues Wohngebiet mit 350–400 Wohnungen entstehen, das sich weitgehend selbst mit Energie versorgen kann. Das Entwurfsteam (Architekten Spengler – Wiescholek, Kontor Freiraumplanung, Büro für Energie- und Lichtplanung Roggendorff sowie b&o Ingenieure, alle aus Hamburg) legte Wert darauf, möglichst wenig Fläche zu bebauen, die Landschaft also weitgehend unberührt zu lassen. Die Wohnbebauung – fünfgeschossige Riegel (mit Schallschutzfunktion) und dreigeschossige Wohngruppen – ist überwiegend an den Rändern des Areals angeordnet, dessen Zentrum von Wasserflächen geprägt wird.

Climate-Friendly Houses on Haulander Weg
A new residential area with 350–400 homes which is to be largely self-sufficient in terms of energy is to be developed in the south of the Elbe island of Wilhelmsburg. For the design team (Spengler – Wiescholek architects, Kontor Freiraumplanung, Büro für Energie- und Lichtplanung Roggendorff, as well as b&o Ingenieure, all from Hamburg), it was important that as little land as possible be used for the construction so as to leave the landscape largely untouched. The residential buildings—five storey blocks (functioning as noise protection) and three-storey housing groups—are largely situated on the peripheries of the area, the centre of which features stretches of water.

Tideelbekonzept – Pilotprojekt Kreetsand
Das Pilotprojekt „Kreetsand" auf der Ostseite der Elbinsel Wilhelmsburg ist Teil des Tideelbekonzepts, mit dem die Hamburg Port Authority den Tidenhub und damit die Sedimentation im Hafenbereich verringern will. Über die ingenieurtechnisch-wasserbaulichen Maßnahmen und Aspekte des Hochwasser- und Naturschutzes hinaus sind öffentliche Zugänge zu der neuen, 30 Hektar großen Wasserfläche und zur Elbe sowie freiraumplanerische Gestaltungsmaßnahmen für eine Erholungsnutzung am Wasser geplant. Mit dem Pilotprojekt soll auch das sinnliche Erleben der Wasserdynamik und des Tidenhubs der Elbe gefördert werden.

Tidal Elbe Concept—Pilot Project Kreetsand
The "Kreetsand" pilot project on the east side of the Elbe Island of Wilhelmsburg forms part of the Tidal Elbe Concept with which the Hamburg Port Authority aims to reduce the tidal range and thus the sedimentation in the harbour area. In addition to hydraulic engineering measures and flooding and environmental protection measures, public access to the new stretch of water, thirty hectares in size, and to the Elbe are being planned, as are open spaces for waterside recreation. The pilot project is also intended to promote the sensory experience of the Elbe's water dynamics and the tidal range.

Dialog und Beteiligungsmaßnahmen

Dialogue and Participation Activity

Ohne breiten gesellschaftlichen Dialog und ohne Beteiligungsmöglichkeiten kann eine Internationale Bauausstellung ihre Ziele nicht erreichen. Sie bietet eine Plattform nicht nur für Projekte mit und ohne konkreten baulichen Hintergrund, sondern auch eine Bühne für Debatten, Diskussionen und Streitgespräche zwischen Experten und Anwohnern, für kulturelle Projekte und Ausstellungen sowie für Workshops, an denen sich die Betroffenen selbst beteiligen können. Nur langfristig und mit vereinten Kräften lassen sich Antworten auf Zukunftsfragen der Metropole, die oft weit über einzelne Projekte hinausweisen, finden. Die frühzeitige und kontinuierliche Kommunikation mit Politikern und Fachleuten, mit Projektträgern und Behörden, mit Bürgern und mit der lokalen Öffentlichkeit ebenso wie mit der internationalen Fachwelt ist eine unabdingbare Voraussetzung für das Gelingen einer IBA und ihres anspruchsvollen Programms. Kongresse, Fachveranstaltungen - wie die IBA-Foren und -Labore - und Vorträge auf den Elbinseln, aber auch die Sitzungen des Beteiligungsgremiums von IBA und igs sowie von Fachbeiräten gewährleisten, dass immer wieder neue Impulse in die Arbeit an den drei Leitthemen „Kosmopolis", „Metrozonen" und „Stadt im Klimawandel" eingebracht werden - auch über die konkreten Projekte hinaus. Für die notwendige „Erdung" sorgen engagierte Bürger vor Ort, die sich zum Beispiel im Rahmen des regelmäßigen Bürgerdialogs zu Wort melden.

An International Building Exhibition is unable to achieve its objectives without broad social dialogue or participation opportunities. Not only does it provide a platform for projects both with and without a firm architectural background but is also a stage for debate, discussion, and dispute between experts and residents, for cultural projects and exhibitions, as well as for workshops in which those involved are able to participate. Solutions to issues relating to the city's future, which often extend well beyond individual projects, can be found only in the long term and with combined effort. Early, ongoing communication with politicians and experts, with project bodies and authorities, with citizens and with the local public, as well as with international specialists, is an essential prerequisite for the success of an IBA and its demanding programme. Congresses, specialist events—such as the IBA forums and laboratories—and presentations on the Elbe Islands, as well as meetings of the IBA and igs participation committees together with expert advisory councils, ensure that the work in relation to the three themes—Cosmopolis, Metrozones, and Cities and Climate Change—constantly receives new impetus, extending beyond the projects themselves. Committed local people ensure, as is necessary, that things remain "down to earth," those participating in the regular public dialogue opportunities, for example.

Ausstellung „Cidade Para Todos"
Der Titel des deutschen Beitrags zur 8. Internationalen Architekturbiennale in São Paulo (deutsch: „Stadt für alle") formuliert den vielschichtigen Anspruch der IBA Hamburg als verantwortliche Generalkommissarin. Ausgehend von der Frage „Welche Konzepte haben wir für die Zukunft der Städte?" zeigt die Ausstellung (31.10. bis 6.12.2009 in São Paulo, 2.6. bis 23.9.2010 im Kunstverein Hamburg) wie in Deutschland Planer, Architekten und Künstler den Herausforderungen unserer Zeit begegnen. Antworten auf große Zukunftsfragen (Konsum, Mobilität, Umgang mit dem Fremden) finden sie vor allem in den Städten.

"Cidade Para Todos" Exhibition
The title (meaning: City for All) of the German contribution to the 8th International Architecture Biennale in São Paulo expresses the multifaceted role of the IBA Hamburg as commissioner. Based on the question "What Concepts Do We Have for the Future of Our Cities?" the exhibition (31 October to 6 December 2009 in São Paulo, 2 June to 23 September 2010 at the Hamburg Art Association) shows how planners, architects, and artists in Germany are confronting the challenges of our times. Solutions to the major issues of the future (consumption, mobility, interaction with foreigners) are to be found largely in the cities.

IBA FORUM 2009
Bildung ist eines der zentralen Themen, wenn es um die Zukunft der Metropolen geht. Daher widmete die IBA Hamburg das IBA FORUM 2009 dem Thema „METROPOLE: BILDEN". Der Erste Bürgermeister der Freien und Hansestadt Hamburg, Ole von Beust, sowie Experten wie Karen van den Berg, Asli Sevindim oder Manfred Hegger diskutierten mit Bürgern und Fachleuten über die Zusammenhänge von Bildung, Stadtentwicklung und Architektur, über die Bedeutung baukultureller Bewegungen und die Verflechtung kreativer Quartiere mit urbanen Entwicklungsräumen. Das Forum fand in den anregenden Räumlichkeiten der Kunstsammlung Falckenberg statt.

IBA FORUM 2009
Education is one of the central aspects of the future of cities. The IBA Hamburg therefore dedicated the IBA FORUM 2009 to the subject "METROPOLE: BILDEN" (METROPOLIS: EDUCATION). The Mayor of the Free and Hanseatic City of Hamburg, Ole von Beust, together with experts such as Karen van den Berg, Asli Sevindim, and Manfred Hegger, discussed educational, urban development, and architectural issues with citizens and specialists, covering the significance of cultural construction and the networking of creative neighbourhoods with urban development areas. The forum was held in the stimulating environment of the Falckenberg art collection.

IBA-Labor Kunst & Stadtentwicklung
Das Labor bringt seit 2007 Künstler und Kulturschaffende mit Bürgern, Stadtplanern und Wissenschaftlern zusammen. Im Jahr 2009 fand eine Reihe zum Thema Kunstverständnisse und ihre Positionierung und Organisation im Kontext von Kunst und Stadtentwicklung statt. Am ersten Labor-Abend diskutierten vier Wilhelmsburger Bürger in einem Streitgespräch aus der Perspektive von Künstlern, Kuratoren und Stadtplanern. Der zweite Abend widmete sich der Bereitstellung von Räumen für die Kunst. Mit der „Revue #02. This Town ...!" im portugiesischen Vereinsheim des FC Porto, einer partizipatorischen Lesung mit Film und Musik, endete das IBA-Labor 2009.

IBA Art and Urban Development Laboratory
This laboratory has been bringing artists and the cultural sector into contact with the public, urban planners, and experts since 2007. In 2009, a series of events took place relating to the issue of artistic understanding and its positioning and organisation in the context of art and urban development. The first Laboratory evening saw four Wilhelmsburg residents debating from the perspectives of artists, curators, and urban planners. The second was dedicated to the provision of space for art. The IBA Laboratory 2009 concluded with "Revue #02. This Town ...!", a participatory reading with film and music in the Portuguese FC Porto clubhouse.

Tag der Projekte
Am 27. Februar 2010 lud die IBA Hamburg zum ersten „Tag der Projekte" auf das gerade fertiggestellte IBA DOCK. Über 50 Initiativen, Vereine, Investoren und Bildungseinrichtungen, aber auch einzelne Bürger präsentierten ihre Projekte auf einem „Markt der Möglichkeiten". Rund 750 Besucher informierten sich über die Angebote der „Andocker" auf den drei Ebenen des schwimmenden Bauwerks im Müggenburger Zollhafen. In einer ganz besonderen Atmosphäre konnten sie anschaulich erleben, was es konkret mit der Entwicklung der „Kosmopolis", der „Metrozonen" und der „Stadt im Klimawandel" auf sich hat und mit den auf der Elbinsel tätigen Akteuren ins Gespräch kommen.

Project Day
The IBA Hamburg held the first "Tag der Projekte" (Project Day) at the newly completed IBA DOCK on 27 February 2010. Over fifty representatives of initiatives, associations, investors, and educational institutions, as well as individual citizens, presented their projects at a "Market of Possibilities." Around 750 visitors familiarised themselves with the options for "Andocker" (boarders) on the three floors of the floating building in the Müggenburg customs harbour. In this very special setting, they were able to experience first hand the scope of the "Cosmopolis," "Metrozones," and the "Cities and Climate Change" developments and enter into discussion with the protagonists involved on the Elbe Islands.

Autoren Authors

Peter Androsch
*1963, Komponist, Autor, Konzeptionist, Vortragender, Journalist. Studien am Brucknerkonservatorium und an der Johannes Kepler Universität Linz sowie an der Musikhochschule Wien. Arbeits- und Studienaufenthalte in Afrika, Italien und in den USA. Gastspiele in Österreich, Spanien, Deutschland, Jugoslawien, Ungarn, Schweiz, Belgien, Portugal, USA, Zimbabwe, Südafrika, Slowenien. Seit Beginn der 1990er Jahre intensive kompositorische Tätigkeit in den Bereichen Musiktheater, Multimedia, Orchester, Kammermusik, Chor, Elektroakustik, Bühnen- und Filmmusik (z.B. *Hasenjagd*). Seit 2003 Lehrbeauftragter an der Universität für Gestaltung Linz. 2006–10 Musikalischer Leiter von Linz 2009 Kulturhauptstadt Europas, dort Gründer und Leiter von „Hörstadt" und „Akustikon". Lebt in Linz.
Born 1963, composer, author, conceptualiser, lecturer, journalist. Studied at the Anton Bruckner Private University, the Johannes Kepler University in Linz, and at the University of Music in Vienna. Has spent time working and studying abroad: in Africa, Italy, and the USA. Guest appearances in Austria, Spain, Germany, Yugoslavia, Hungary, Switzerland, Belgium, Portugal, USA, Zimbabwe, South Africa, and Slovenia. Intensive involvement as composer in the fields of musical theatre, multimedia, orchestra, chamber music, choir singing, electro-acoustics, stage and film music (*Hasenjagd*, for example) since the beginning of the 1990s. Lecturer at the University of Design in Linz since 2003. 2006–09 musical director for Linz 2009 European Capital of Culture, where he is also founder and director of "Hörstadt" and "Akustikon." Lives in Linz.
peter.androsch@hoerstadt.at

Peter Arlt
*1960, Dr. soc. oec. Praktiziert angewandte Soziologie im öffentlichen Raum, unter anderem durch das Bauen und Betreiben von Badeanlagen, Kiosken und Fußgängerradaranlagen. Organisiert öffentliche Trinkgelage, Symposien und Anrainerwettbewerbe. Zudem Stadtforschungen und -planungen in Kasachstan, Moskau, Rom, Halle, Berlin, Lodz, Bratislava, Wien und London sowie Vorträge und Bücher (zuletzt *Linz Atlas. Zur Lebensqualität hier und anderswo*). Lebt und arbeitet zurzeit in Linz und Liverpool.
Born 1960, doctor in social economics. Practices applied sociology in the public domain through the building and running of swimming complexes, kiosks, and pedestrian radar units. Organises public drinking occasions, symposia, and neighbourhood contests. Has also been involved with urban research and planning in Kazakhstan, Moscow, Rome, Halle, Berlin, Lodz, Bratislava, Vienna, and London, as well as producing presentations and writing books (most recently *Linz Atlas. Zur Lebensqualität hier und anderswo / Linz Atlas. The Quality of Life Here and Elsewhere*). Currently lives and works in Linz and Liverpool.
www.peterarlt.at

Olaf Bartels
*1959, Dipl.-Ing. Architektur. Architekturhistoriker und -kritiker. Studium der Architektur an der Hochschule für bildende Künste Hamburg. Buch- und Zeitschriftenpublikationen sowie Forschung zur Architektur-, Stadt- und Stadtbaugeschichte. Lebt in Hamburg und Berlin.
Born 1959, qualified architectural engineer. Architectural historian and critic. Studied architecture at the College of Fine Arts, Hamburg. Book and magazine publications, as well as research on the history of architecture, urban history, and the history of urban development. Lives in Hamburg and Berlin.
olafbartels@gmx.de

Heiner Baumgarten
*1951, Dipl.-Ing. Landespflege. Studium der Landespflege an der Universität Hannover. 1980–82 Landschaftsplaner in verschiedenen Planungsbüros, u. a. Entwicklung und Gestaltung von Landschaft GmbH, Hamburg. 1982–89 Referatsleiter im Amt für Landschaftsplanung der Umweltbehörde Hamburg. 1989–98 Abteilungsleiter im Garten- und Friedhofsamt der Umweltbehörde Hamburg. 1998–2006 Fachamtsleiter Stadtgrün und Erholung bzw. Abteilungsleiter Landschafts- und Grünplanung in der Behörde für Stadtentwicklung und Umwelt, Hamburg. Seit Januar 2007 Geschäftsführer der igs hamburg 2013 GmbH. Lebt in Stade.
Born 1951, qualified landscaping engineer. Studied landscaping at the University of Hanover. 1980–82 landscape planner in a variety of planning offices, including the company Entwicklung und Gestaltung von Landschaft GmbH (Landscape Development and Design) in Hamburg. 1982–89 head of landscape planning for the Hamburg environmental authority. 1989–98 head of the garden and cemetery department of the Hamburg environmental authority. 1998–2006 head of the specialist urban green spaces and recreation department as well as head of the landscape and green belt planning department of the State Ministry for Urban Development and the Environment in Hamburg. Managing director of the igs hamburg 2013 GmbH since January 2007. Lives in Stade.
geschaeftsfuehrung@igs-hamburg.de

Oliver Bormann
*1968, Dipl.-Ing. Architekt. Studium an der TU Berlin und ETSA Sevilla. 1997–2001 Mitarbeit bei UNStudio van Berkel & Bos, Amsterdam, und Gewers Kühn & Kühn, Berlin. 2002–08 Wissenschaftlicher Mitarbeiter an der BU Wuppertal und der HafenCity Universität Hamburg in Lehre und Forschung (Interdisziplinäres Forschungsprojekt „Zwischenstadt – Qualifizierung der verstädterten Landschaft", Leitung Thomas Sieverts). Lehraufträge an der TU Berlin, TU Graz, HCU Hamburg und am Institut Fortbildung Bau in Stuttgart. Stellvertretendes Mitglied im Gestaltungsbeirat der Stadt Leipzig. Seit 2002 Mitinhaber des Büros process yellow architekten und stadtplaner in Berlin, seit 2008 yellow z urbanism architecture, Zürich/Berlin. Lebt in Berlin.
Born 1968, qualified architectural engineer. Studied at the Technical University in Berlin and at ETSA in Seville. 1997–2001 worked for UNStudio van Berkel & Bos in Amsterdam and Gewers Kühn & Kühn in Berlin. 2002–08 teaching and research associate at the University of Wuppertal and the HafenCity University (HCU) in Hamburg (interdisciplinary research project "Zwischenstadt–Qualifizierung der verstädterten Landschaft"/Transurban Areas–Improving the Urbanized Landscape; supervised by Thomas Sieverts). Teaching assignments at the Technical Universities in Berlin and in Graz, the HCU in Hamburg, and at the Institut Fortbildung Bau (Construction Training Institute) in Stuttgart. Deputy member of the architectural advisory board of the city of Leipzig. Partner in the process yellow architekten und stadtplaner practice in Berlin since 2002, known as yellow z urbanism architecture, Zurich/Berlin since 2008. Lives in Berlin.
bormann@yellowz.net

Christopher Dell
*1965, Prof. Urban Design Theory. Musiker und Theoretiker. Studierte Philosophie (TU Darmstadt), Musik und Komposition (Konservatorien Hilversum und Rotterdam; Berklee College of Music, Boston) sowie Master Human Resources (TU Kaiserslautern). Seit 2000 Leiter des Instituts für Improvisationstechnologie (ifit), Berlin. 2004–07 Mitglied im Fachbeirat des Internationalen Forums für Gestaltung, Ulm. 2006–07 Lehrbeauftragter für Architekturtheorie an der Universität der Künste, Berlin. Seit 2008 Gastprofessor für Städtebau/Theorie an der HafenCity Universität Hamburg. Leitet dort mit Bernd Kniess und Michael Koch das Lehr- und Forschungsprojekt „Universität der Nachbarschaften" im Rahmen der IBA Hamburg. Seit 2009 Mitglied im Executive Board des Aedes Campus Berlin. Internationale Lehrtätigkeiten u.a. an der Columbia University, New York; Architectural Association, London; University of the Witwatersrand, Johannesburg. Zahlreiche Publikationen. Lebt in Berlin und Hamburg.
Born 1965, professor of urban design theory. Musician and theorist. Studied philosophy (Technical University Darmstadt), music, and composition (Music Conservatories in Hilversum and Rotterdam; Berklee College of Music, Boston), and has a Master of Arts in Human Resources (Technical University Kaiserslautern). Head of the Institute for Improvisation Technology (ifit) in Berlin since 2002. 2004–07 member of the advisory board of the International Design Forum in Ulm. 2006–07 lecturer in architectural theory at the University of the Arts in Berlin. Visiting professor of urban design theory at the HafenCity University in Hamburg since 2008, where, together with Bernd Kniess and Michael Koch, he heads the "Universität der Nachbarschaften" (Neighbourhoods University) teaching and research project as part of the IBA Hamburg. Member of the executive board of the Aedes Campus in Berlin since 2009. International teaching assignments at, among others, the Columbia University, New York; the Architectural Association, London; and the University of the Witwatersrand, Johannesburg. Published author and magazine contributor. Lives in Berlin and Hamburg.
christopher-dell@hcu-hamburg.de

Jörg Dettmar
*1958, Prof. Dr.-Ing., Landschaftsplaner. Studium der Landespflege/Landschaftsarchitektur an der FH Höxter und der Universität Hannover. 1983–87 selbstständige Tätigkeit als Landschaftsplaner. 1987–91 Wissenschaftlicher Mitarbeiter an der Universität Hannover, Institut für Landschaftsplanung und Naturschutz. 1992 Promotion an der TU Berlin mit einer vegetationskundlichen Untersuchung über Industrieflächen und -brachen im Ruhrgebiet. 1991–95 Tätigkeit in verschiedenen Planungsverwaltungen in Niedersachsen und Hamburg. 1995–99 Bereichsleiter bei der IBA Emscher Park, zuständig für den Emscher Landschaftspark und den Umbau des Emschersystems. Seit 2000 Professor für Entwerfen und Freiraumplanung am Fachbereich Architektur der TU Darmstadt. Wissenschaftlicher Berater u.a. bei der Industriekultur Saar GmbH, der RUHR.2010 GmbH – Kulturhauptstadt Europas und der Regionalpark Ballungsraum Rhein-Main GmbH. Lebt in Lübeck, im Ruhrgebiet und in Darmstadt.
Born 1958, professor of landscape planning. Studied landscape planning/landscape architecture at the Höxter University of Applied Sciences and at the University of Hanover. 1983–87 freelance landscape planner. 1987–91 research assistant at the University of Hanover with the Institute for Landscape Planning and Environmental Protection. 1992 obtained his doctorate at the Technical University in Berlin with a vegetational analysis of industrial areas and wasteland in the Ruhr. 1991–95 worked with various planning administrations in Lower Saxony and Hamburg. 1995–99 departmental head with the IBA Emscher Park, responsible for Emscher Park and the reform of the Emscher system. Professor of design and open space planning with the Faculty of Architecture at the Technical University in Darmstadt since 2000. Scientific advisor to, for example, Industriekultur Saar GmbH, RUHR.2010 GmbH–European Capital of Culture, and the Regionalpark Ballungsraum Rhein-Main GmbH. Lives in Lübeck, in the Ruhr, and in Darmstadt.
dettmar@freiraum.tu-darmstadt.de

Jörn Düwel
*1965, Prof. Dr. phil., Studium der Kunstgeschichte und Germanistik an der Ernst-Moritz-Arndt-Universität Greifswald, anschließend zunächst freiberufliche Tätigkeit in der Denkmalpflege. 1994–97 Wissenschaftlicher Mitarbeiter an der Universität Stuttgart, 1997–2002 Akademischer Rat an der TU Darmstadt, seit 2002 Professor für Geschichte und Theorie der Architektur an der HafenCity Universität Hamburg. Zahlreiche Veröffentlichungen zur Geschichte der Architektur und des Städtebaus im 20. Jahrhundert.
Born 1965, professor of philosophy, studied history of art and German philology at the Ernst Moritz Arndt University of Greifswald, then worked freelance in the field of monument preservation. 1994–97 research assistant at the University of Stuttgart. 1997–2002 on the academic council of the Technical University in Darmstadt. Since 2002 professor of the history and theory of architecture at the HafenCity University in Hamburg. Numerous publications on the history of architecture and urban design in the twentieth century.
joern.duewel@googlemail.com

Rolo Fütterer
*1963, Prof. Dipl.-Ing. Architektur. Studium an der Universität Karlsruhe (TH) und der TU Delft. 1994–99 Wissenschaftlicher Mitarbeiter an der Universität Karlsruhe, 1999 Assistenzprofessur am CESAP, Porto, Lehraufträge an der FH Trier (2004) und an der HTW Saarbrücken (2006–07). 1997 Gründung des Büros Metropolitan Architecture Research Studio (M.A.R.S.) in Karlsruhe. 2000–02 Direktor bei Jo Coenen & Co Architects, Maastricht, 2002–09 geschäftsführender Direktor bei Jo Coenen & Co Architects, Luxemburg. 2007–09 Mitglied im Gestaltungsbeirat Linz. 2008 Vertretungsprofessur, seit 2009 ordentliche Professur Städtebau und Freiraumplanung an der FH Kaiserslautern. Seit 2010 Leitung M.A.R.S., Luxemburg. Lebt in Maastricht und Luxemburg.
Born 1963, qualified architectural engineer and professor of architecture. Studied at the University of Karlsruhe (TH) and the Technical University in Delft. 1994–99 research assistant at the University of Karlsruhe, 1999 assistant professor at CESAP, Oporto, teaching assignments at the University of Applied Sciences in Trier (2004) and at the University of Applied Sciences (HTW) in Saarbrücken (2006–07). 1997 founded the Metropolitan Architecture Research Studio (M.A.R.S.) in Karlsruhe. 2000–02 director of Jo Coenen & Co Architects, Maastricht, 2002–09 managing director of Jo Coenen & Co Architects, Luxembourg. 2007–09 member of the design council

in Linz. 2008 acting professor and 2009 full professor of urban design and open space planning at the University of Applied Sciences in Kaiserslautern. Head of M.A.R.S., Luxemburg, since 2010. Lives in Maastricht and Luxemburg.
rolo.fuetterer@mars-group.eu

Axel Gedaschko
*1959, Volljurist. 1982–88 Studium der Rechtswissenschaften an den Universitäten Hamburg und Göttingen (Schwerpunkt Verwaltungsrecht und Verwaltungslehre), 1989 Erstes Juristisches Staatsexamen in Hamburg, 1990–92 Referendariat im Bezirk des Oberlandesgerichts Celle, 1992 Zweites Juristisches Staatsexamen in Hannover. 1993–2000 Juristischer Dezernent bei der Bezirksregierung Lüneburg, 1996 einjährige Abordnung zur Gemeinde Seevetal, Bereich Umweltschutz und Entwicklungsplanung. Ab 8/2000 Bereichsleiter beim Landkreis Harburg, 9/2000 Wahl zum Ersten Kreisrat des Landkreises Harburg, 1/2003 Direktwahl zum Landrat des Landkreises Harburg, ab 2006 Staatsrat der Behörde für Stadtentwicklung und Umwelt (Bereich Stadtentwicklung) der Freien und Hansestadt Hamburg, 2007/08 Präses der Behörde für Stadtentwicklung und Umwelt, seit 5/2008 Präses der Behörde für Wirtschaft und Arbeit.
Born 1959, fully qualified lawyer. 1982–88 studied law at the Universities of Hamburg and Göttingen (specialising in administrative law and administrative theory), 1989 first state law examination in Hamburg, 1990–92 legal clerkship with the Higher Regional Court in Celle, 1992 second state law examination in Hanover. 1993–2000 head of the legal department at the regional administration in Lüneburg, 1996 one-year secondment to the Seevetal municipality's Environmental Protection and Development Planning Department. From August 2000 departmental head for the Harburg district, September 2000 elected to the Harburg district council, January 2003 direct election as head of the Harburg district council, from 2006 state councillor with the State Ministry for Urban Development and the Environment (Urban Development Department) of the Free and Hanseatic City of Hamburg, 2007–08 head of the State Ministry for Urban Development and the Environment, head of the State Ministry for Economy and Labour since May 2008.
pressestelle@bwa.hamburg.de

Christophe Girot
*1957, Prof., Landschaftsarchitekt (Schwerpunkt: zeitgenössische großmaßstäbliche urbane Landschaft mit besonderem Augenmerk auf nachhaltigen Entwurf). Master of Architecture (1986) und Master of Landscape Architecture (1988) an der University of California (UC Berkeley). 1987–90 Dozent UC Berkeley und UC Davis. 1990–2000 Professor und Vorsteher des Departements für Landschaftsarchitektur und Entwurf, École Nationale Supérieure du Paysage, Versailles. Seit 2001 Professor für Landschaftsarchitektur an der ETH Zürich. 2002–05 Leiter des Netzwerks Stadt und Landschaft an der ETH Zürich. 2005 Gründer des Instituts für Landschaftsarchitektur (ILA) an der ETH Zürich. Schwerpunkte der Forschungstätigkeit: neue topologische Methoden im Landschaftsentwurf, neue Medien in der Landschaftsanalyse und -wahrnehmung, moderne Geschichte und Theorie des Landschaftsentwurfs. Mitglied des Kuratoriums der IBA Hamburg. Lebt in Zürich.
Born 1957, professor of landscape architecture (specialising in large-scale, contemporary urban landscapes with a particular focus on sustainable planning). Master of Architecture (1986) and Master of Landscape Architecture (1988) at the University of California (UC Berkeley, 1987–90) lecturer at UC Berkeley and UC Davis. 1990–2000 professor and director of the Department of Landscape Architecture and Planning, École Nationale Supérieure du Paysage, Versailles. Professor of landscape architecture at the Swiss Federal Institute of Technology (ETH) in Zurich since 2001. 2002–05 head of the urban and landscape network at the ETH in Zurich. 2005 founder of the Institute for Landscape Architecture (ILA) at the ETH in Zurich. Research activities focus on new topological methods in landscape planning, new media in landscape analysis and perception, and the modern history and theory of landscape planning. Member of the IBA Hamburg board of trustees. Lives in Zurich.
girot@arch.ethz.ch

Klaus-Martin Groth
*1948, Dr., Rechtsanwalt. Studium der Rechts-, Politik- und Wirtschaftswissenschaften in Freiburg und Berlin. 1976 Promotion zum Dr. rer. pol. (*Die Finanzkrise des Staates*). 1976–86 Richter am Verwaltungsgericht Berlin, danach Gruppenleiter im Hessischen Umweltministerium und Umweltdezernent der Landeshauptstadt Hannover. 1989/90 Staatssekretär in der Senatsverwaltung für Stadtentwicklung und Umweltschutz in Berlin. Seit 1991 Partner des Anwaltsbüros [Gaßner, Groth, Siederer & Coll.] in Berlin, 2000–07 außerdem Richter am Verfassungsgerichtshof des Landes Berlin. Tätigkeitsschwerpunkt: Stadtentwicklung und Planen, Grundstücksentwicklung und Bauen, Energie und Infrastruktur. Lebt in Schönwalde-Glien.
Born 1948, lawyer with doctorate in law. Studied law, politics, and economics in Freiburg and Berlin. 1976 qualification as doctor of politics (*Die Finanzkrise des Staates/The State's Financial Crisis*). 1976–86 judge at the Administrative Court in Berlin, then team leader with the Environment Ministry in Hesse and environmental head for the regional capital of Hanover. 1989/90 state secretary with the Senate Administration for Urban Development and Environmental Protection in Berlin. Partner with the law firm [Gaßner, Groth, Siederer & Coll.] in Berlin since 1991, 2000–07 also judge at the Berlin Constitutional Court. Specialisation: urban development and planning, real estate development and construction, energy and infrastructure. Lives in Schönwalde-Glien.
berlin@ggsc.de

Thiago Guimarães
*1978, freier Journalist (Bachelor an der Universität São Paulo 2000) und Wirtschaftswissenschaftler (Bachelor an der Universität São Paulo 2007 mit der ausgezeichneten Abschlussarbeit *City Maut: Theorie und Praxis*). 2001–04 Mitarbeiter der Stadtverwaltung São Paulo, zuständig für Kommunikationsprojekte in benachteiligten Stadtteilen. Seit 2007 Masterstudent Stadtplanung und Stadtentwicklung an der HafenCity Universität Hamburg, gefördert von der Heinrich-Böll-Stiftung. Autor von zahlreichen Beiträgen in brasilianischen Print- und Onlinemedien sowie von wissenschaftlichen Arbeiten über Verkehrspolitik und Stadtentwicklung. Lebt in Hamburg.
Born 1978, freelance journalist (bachelor's degree from the University of São Paulo, 2000) and economist (bachelor's degree from the University of São Paulo, 2007, thesis with distinction *City Toll: Theory and Practice*). 2001–04 worked for the São Paulo city authorities, responsible for communication projects in disadvantaged city districts. Since 2007 master's student in urban planning and urban development at the HafenCity University of Hamburg, sponsored by the Heinrich Böll Foundation. Author of numerous articles in the Brazilian print and online media, as well as specialist publications, on the subjects of transport policy and urban development. Lives in Hamburg.
th.guimaraes@gmail.com

Oliver G. Hamm
*1963, Dipl.-Ing. (FH) Architektur. Freier Autor, Herausgeber, Redakteur und Kurator (u.a. *NEU BAU LAND. Architektur und Stadtumbau in den neuen Bundesländern*, Deutsches Architekturmuseum, Frankfurt am Main 2007). Studium der Architektur an der FH Darmstadt, 1989–92 Redakteur der *db – deutsche bauzeitung*, Stuttgart, 1992–98 Redakteur der *Bauwelt*, Berlin, 2000–07 Chefredakteur *Deutsches Architektenblatt*, Berlin, 2008–09 Chefredakteur *greenbuilding*, Berlin. Deutscher Preis für Denkmalschutz 2003 (Journalistenpreis). Seit 2003 Mitglied im Fachbeirat der IBA Fürst-Pückler-Land. Lebt in Berlin.
Born 1963, qualified architectural engineer. Freelance author, publisher, editor, and curator (e.g. *NEU BAU LAND. Architektur und Stadtumbau in den neuen Bundesländern / Architecture and Urban Restructuring in Former East Germany*, Deutsches Architekturmuseum, Frankfurt am Main 2007). Studied architecture at the University of Applied Sciences in Darmstadt. 1989–92 editor of *db–deutsche bauzeitung*, Stuttgart; 1992–98 editor of *Bauwelt*, Berlin; 2000–07 editor-in-chief of the *Deutsches Architektenblatt*, Berlin; 2008–09 editor-in-chief of *greenbuilding*, Berlin. German award for monument preservation 2003 (journalist award). Member of the IBA Fürst-Pückler-Land advisory council since 2003. Lives in Berlin.
oliverghamm@web.de

Thomas Hauck
*1974, Landschaftsarchitekt und Künstler. Studium der Landschaftsarchitektur an der Universität Hannover, TU Berlin und am Edinburgh College of Art. Mitarbeit im Büro Studio UC – Klaus Overmeyer. 2000 Gründung der interdisziplinären Künstlergruppe Club Real. Seit 2005 Forschung und Lehre als Akademischer Rat am Lehrstuhl für Landschaftsarchitektur und öffentlichen Raum an der TU München, Forschungsschwerpunkte „Infrastrukturrurbanismus" und Konstituierung von synästhetischen Raummodellen. Seit 2007 eigenes Büro mit Dr. Cordelia Polinna in Berlin, Arbeitsschwerpunkt „Qualität des öffentlichen Raums". 2009 Stipendiat der Jungen Akademie an der Akademie der Künste Berlin. Lebt in Berlin.
Born 1974, landscape architect and artist. Studied landscape architecture at the University of Hanover, the Technical University in Berlin, and the Edinburgh College of Art. Worked with Studio UC–Klaus Overmeyer. Founded the interdisciplinary artists' group Club Real (2000). Research and teaching as academic councillor with the Department of Landscape Architecture and Public Space at the Technical University in Munich since 2005, research focusing on "infrastructure urbanism" and the development of synaesthetic spatial models. Has own practice together with Dr Cordelia Polinna in Berlin since 2007, specialising in the "Quality of the Public Space". 2009 scholarship at the youth academy of the Berlin Academy of the Arts. Lives in Berlin.
thomas.hauck@wzw.tum.de

Uli Hellweg
*1948, Dipl.-Ing. Architektur. Architektur- und Städtebaustudium an der RWTH Aachen. 1980 freiberuflicher Stadtplaner in Berlin. 1982 Koordinator bei der IBA Berlin GmbH 1984/87 für Pilotprojekte. 1986 Planungskoordinator der S.T.E.R.N. GmbH für das Stadterneuerungsgebiet Moabit in Berlin. 1992 Dezernent für Planen und Bauen der Stadt Kassel. 1996 Geschäftsführer der Wasserstadt GmbH, Berlin. 2002 Geschäftsführer der agora s.à.r.l., Luxemburg. Seit 2006 Geschäftsführer der IBA Hamburg GmbH.
Born 1948, qualified architectural engineer. Studied architecture and urban development at RWTH Aachen. 1980 freelance urban planner in Berlin. 1982 co-ordinator at the IBA Berlin GmbH 1984/87 for pilot projects. 1986 planning coordinator at S.T.E.R.N. GmbH for Moabit urban renewal in Berlin. 1992 head of Department of Planning and Building in the City of Kassel. 1996 managing director of Wasserstadt GmbH, Berlin. 2002 managing director of agora s.à.r.l., Luxembourg. Since 2006 managing director of the IBA Hamburg GmbH.
uli.hellweg@iba-hamburg.de

Ulrike Hesse
1977, Architektin (Dipl.-Ing.). Studium der Architektur an der Bauhaus-Universität Weimar und der TU Darmstadt. 2003–06 Projektleiterin für Wohnungsbauprojekte in verschiedenen Architekturbüros in Luzern. Seit 2006 Forschungstätigkeit in den Feldern Freiraumplanung und Energieeffizientes Bauen an der TU Darmstadt. 2008–09 Fassadenplanung bei kister scheithauer gross architekten und stadtplaner, Köln. Seit August 2009 freiberuflich tätig in der Stadtplanung und Stadtberatung. Lebt in Darmstadt.
Born 1977, qualified architect. Studied architecture at the Bauhaus University in Weimar and the Technical University in Darmstadt. 2003–06 project manager for housing projects in a variety of architectural practices in Lucerne. Since 2006 research work in open space planning and energy-efficient construction at the Technical University in Darmstadt. 2008–09 façade planning with kister scheithauer gross architekten und stadtplaner in Cologne. Since August 2009 has been working freelance in the fields of urban planning and urban consultancy. Lives in Darmstadt.
hesse@freiraum.tu-darmstadt.de

Rainer Johann
*1972, M.Sc., arbeitet als Urbanist in Forschung, Lehre und Praxis. Studium der Architektur in Köln und der Urbanistik in Delft. Tätigkeiten bei UrbanUnlimited, Rotterdam/Antwerpen (2002–03), De Architekten Cie., Amsterdam (2005–07) und im Thinktank des niederländischen Forschungsinstituts für Raumplanung, Den Haag (2003–04). Mitautor des Forschungsprojektes „Tussenland" (NAi Publishers, 2004), Mitglied des Kuratoriums der Ausstellung „Stad noch Land" im NAi Rotterdam (2006) und der Redaktion der Ausstellungspublikation. Gastprofessor am Institut für Europäische Urbanistik an der Bauhaus-Universität Weimar (2007–08). Seit 2008 Wissenschaftlicher Assistent am Lehrstuhl für Städtebau und Quartierplanung an der HafenCity Universität Hamburg. Promotion zum Thema *Lufthanse: Die Qualifizierung der Wechselwirkungen von Luftfahrt und Stadtentwicklung*. Wohnt in Berlin.

Born 1972, Master of Science degree, works as an urbanist in research, teaching, and practice. Studied architecture in Cologne and urban planning in Delft. Worked with UrbanUnlimited, Rotterdam/Antwerp, De Architekten Cie., Amsterdam, and with the think tank at PBL (Netherlands Environmental Assessment Agency) in Den Haag (2003–04). Co-author of the "Tussenland" (In-between Land) research project (NAi Publishers 2004), member of the board of trustees for the "Stad noch Land" (Neither City nor Country) exhibition at NAi Rotterdam (2006) and of the editing team for the exhibition publication. Visiting professor at the Institute for European Urban Studies of the Bauhaus University in Weimar (2007–08). Since 2008 scientific assistant at the Department of Urban and Neighbourhood Planning at HafenCity University Hamburg. Doctorate on the subject of *Lufthanse: Die Qualifizierung der Wechselwirkungen von Luftfahrt und Stadtentwicklung (Lufthanse: The Qualification of Interdependencies of Aviation and Urban Development)*. Lives in Berlin.
info@rainerjohann.eu

Regine Keller
*1962, Prof., Landschaftsarchitektin. Studium der Landschaftsarchitektur an der TU München, 1998 Bürogründung keller landschaftsarchitekten (seit 2008 Keller & Damm), München. 2005 Ordinaria am Lehrstuhl für Landschaftsarchitektur und öffentlichen Raum an der TU München. Seit 2009 Dekanin der Fakultät für Architektur an der TU München. Tätigkeitsschwerpunkte: Stadtplanung, Landschaftsarchitektur, Objektplanung. Forschungsschwerpunkte: Infrastruktur und Landschaft. Lebt in München.
Born 1962, professor of landscape architecture. Studied landscape architecture at the Technical University in Munich, 1998 founded keller landschaftsarchitekten (Keller & Damm since 2008) in Munich. 2005 full professor of landscape architecture and public space at the Technical University in Munich. Dean of the Faculty for Architecture at the Technical University in Munich since 2009. Specialises in urban planning, landscape architecture, and real estate planning. Research work focuses on infrastructure and landscape. Lives in Munich.
lao@wzw.tum.de

Volker Kleinekort
*1973, Prof., Architekt. Studium der Architektur an der Hochschule Bochum, Postgraduiertenstudium an der Kunstakademie Düsseldorf, danach Gründung des eigenen Büros in Düsseldorf (Arbeitsschwerpunkt: Städte- und Wohnungsbau sowie Transformationsfähigkeit der Stadt). 2005–09 Wissenschaftlicher Assistent am Lehrstuhl für Landschaftsarchitektur und öffentlichen Raum an der TU München. Seit Oktober 2009 Professor für Städtebau und Gebäudelehre an der Hochschule RheinMain, Wiesbaden. Mitglied im Forschungskolleg urbanlandscape mit dem Thema „Der Wandel öffentlicher Räume unter dem Einfluss informeller Handlungs- und Nutzungsstrukturen". Weitere Themenfelder der urbanistischen Forschung: „Infrastrukturräume" und die Anwendbarkeit bildgebender Verfahren auf ein forschendes Entwerfen. Lebt in Düsseldorf und Wiesbaden.
Born 1973, professor of architecture. Studied architecture at Bochum University, postgraduate studies at the Academy of Arts in Düsseldorf, then founded his own practice in Düsseldorf (specialising in urban and housing construction as well as urban transformation capability). 2005–09 research assistant with the Department of Landscape Architecture and Public Space at the Technical University in Munich. Professor of urban design and building theory at the RheinMain University of Applied Sciences in Wiesbaden since October 2009. Member of the urban landscape research programme with the topic "Der Wandel öffentlicher Räume unter dem Einfluss informeller Handlungs- und Nutzungsstrukturen" (Changing Public Spaces under the Influence of Informal Activity and Utilisation Structures). Other urban research topics: "Infrastructure Spaces" and the application of image-based research to planning research. Lives in Düsseldorf and Wiesbaden.
bk@kleinekort.com

Michael Koch
*1950, Prof. Dr. sc. techn. ETH, Architekt und Stadtplaner. 1987 Promotion an der ETH Zürich. Freie Berufstätigkeit in Hannover und Zürich. Teilhaber yellow z urbanism architecture, Zürich/Berlin. Verschiedene Gastprofessuren in Deutschland und der Schweiz, ab 1999 Professor für Städtebau an der Bergischen Universität Wuppertal, seit 2004 Professor für Städtebau und Quartierplanung an der TU Hamburg-Harburg (seit 2006 HafenCity Universität Hamburg). Zahlreiche Projekte, Forschungen und Veröffentlichungen zu Wohnungsbau, Stadtteilentwicklungen und Entwicklungen in Metropolregionen. Mitglied vieler Fachjurys, -beiräte und -verbände im In- und Ausland. Lebt in Hamburg und Zürich.
Born 1950, professor, architect, and urban planner. Obtained doctorate from Swiss Federal Institute of Technology (ETH) in Zurich in 1987. Works as a freelancer in Hanover and Zurich. Partner with yellow z urbanism architecture, Zurich/Berlin. Various visiting professorships in Germany and Switzerland, from 1999 professor of urban design at the University of Wuppertal, professor of urban design and neighbourhood planning at the Technical University in Hamburg-Harburg since 2004 (HafenCity University Hamburg since 2006). Numerous projects, research assignments, and publications on housing construction, neighbourhood development, and development in metropolitan regions. Member of many expert juries, councils, and associations both locally and abroad. Lives in Berlin and Zurich.
michael.koch@hcu-hamburg.de, koch@yellowz.net

Martin Kohler
*1975, Dipl.-Ing., Studium der Landschafts- und Freiraumplanung an der Leibniz Universität Hannover und der Southern Australia University, Adelaide. Seit 2001 freie Mitarbeit in Landschaftsarchitekturbüros in Essen, Düsseldorf, Hamburg und Hannover. Freie kuratorische und künstlerische Projekte in Transformationsarealen, u.a. seit 2003 die HAFENSAFARI in Hamburg. 2003–06 Wissenschaftlicher Mitarbeiter an der TU Hamburg-Harburg, Institut für Stadtökologie. 2006–10 Wissenschaftlicher Mitarbeiter an der HafenCity Universität (HCU) Hamburg, Professur für Städtebau und Quartierplanung. Seit 2004 Dozent für Stadtfotografie an der HCU Hamburg. Mitglied des Begleitgremiums zum Otto-Linne-Preis für urbane Landschaftsarchitektur. Lebt in Hamburg, will zum Mond.
Born 1975, qualified engineer, studied landscape and open space planning at Leibniz University in Hanover and Southern Australia University, Adelaide. Since 2001 working freelance with landscape architecture practices in Essen, Düsseldorf, Hamburg, and Hanover. Since 2003 freelance curatorship and artistic projects with transformational spaces such as the HAFENSAFARI in Hamburg. 2003–06 research assistant at the Technical University in Hamburg-Harburg's Institute for Urban Ecology. 2006–10 research assistant at the HafenCity University (HCU) Hamburg, Chair of Urban Design and Neighbourhood Planning. Lecturer in urban photography at the HCU Hamburg since 2004. Member of the attendance board for the Otto Linne Prize for urban landscape architecture. Lives in Hamburg and wants to go to the moon.
martin.kohler@hcu-hamburg.de

Dieter Läpple
*1941, Professor em. für Stadtökonomie an der HafenCity Universität Hamburg. 1993–2006 Leiter des Instituts Stadt- und Regionalökonomie an der TU Hamburg-Harburg. Lehr- und Forschungstätigkeiten u.a. in Berlin, Eindhoven, Amsterdam, Paris, Aix-en-Provence/Marseille und Leiden. Gastprofessur auf dem Lehrstuhl „Alfred Grosser" am Institut d'Études Politiques de Paris (1996/97). Research Fellow am Hanse Wissenschaftskolleg (2004/05) und am Institut d'Études Avancées – Paris (2009). Seit 2004 „Urban Expert" des „Urban Age"-Programms der London School of Economics. Mitglied des Kuratoriums der IBA Hamburg und des Wissenschaftlichen Beirats „Hamburg – Europäische Umwelthauptstadt 2011". Baukulturpreis des BDA Hamburg (2007). Lebt in Hamburg.
Born 1941, professor emeritus of urban economics at the HafenCity University Hamburg. 1993–2006 head of the Institute of Urban and Regional Economics at the Technical University in Hamburg-Harburg. Teaching and research activities in Berlin, Eindhoven, Amsterdam, Paris, Aix-en-Provence/Marseille, and Leiden. Visiting "Alfred Grosser" professor, Institut d'Études Politiques de Paris (1996/97). Research fellow at Hanse Wissenschaftskolleg (2004/05) and at the Institut d'Études Avancées–Paris (2009). Since 2004 "urban expert" at the Urban Age Programme at the London School of Economics. Member of the IBA Hamburg advisory panel and of the "Hamburg–European Green Capital 2011" scientific advisory panel. Building Culture Award of the BDA Hamburg (2007). Lives in Hamburg.
dieter.laepple@hcu-hamburg.de

Stephan Lenzen
*1967, Freischaffender Landschaftsarchitekt. Studium der Landschaftsarchitektur an der GHS Essen und der Wirtschaftswissenschaften an der Fernuniversität Hagen. 1990–92 Aufenthalt in Italien und Frankreich. 1995–99 Mitarbeit bei RMP Landschaftsarchitekten in Bonn, 2001 Eintritt in die Partnerschaft. Seit 2004 Inhaber des Büros RMP Stephan Lenzen Landschaftsarchitekten, Bonn. 2004–07 Mitglied im Gestaltungsbeirat der Stadt Köln. Seit 2006 Mitglied im Sachverständigenausschuss der Architektenkammer Nordrhein-Westfalen. Seit 2009 Dozent im Rahmen des Studienprogramms Redevelopment/Design and Management der RWTH International Academy Aachen. Lebt in Köln.
Born 1967, freelance landscape architect. Studied landscape architecture at the University of Essen and economics at the Distance Teaching University in Hagen. 1990–92 spent time in Italy and France. 1995–99 worked for RMP Landschaftsarchitekten in Bonn, becoming a partner in 2001. Since 2004 proprietor of the RMP Stephan Lenzen Landschaftsarchitekten practice in Bonn. 2004–07 member of the architectural advisory board of the City of Cologne. Member of the specialist committee of the North Rhine-Westphalia Chamber of Architects since 2006. Lecturer with the Redevelopment/Design and Management study programme at RWTH International Academy in Aachen since 2009. Lives in Cologne.
stephan.lenzen@rmp-landschaftsarchitekten.de

Hans-Christian Lied
*1967, Dipl.-Ing. Architektur. Studium an der Gesamthochschule Universität Kassel und der Ecole Polytechnique Fédérale de Lausanne. 1998 Mitarbeit im Stadt- und Verkehrsplanungsbüro Von Winning und Partner, Kassel, 1998–2000 Städtebaureferendariat in Frankfurt am Main, 2000–02 Mitarbeit in den Büros Dilger, Kramm & Strigl und Albert Speer & Partner in Frankfurt am Main, 2002–06 Referatsleiter für Städtebauliche Entwürfe und Projektentwicklung im Amt für Landes- und Landschaftsplanung Hamburg, 2003–06 Lehraufträge an der Hochschule für angewandte Wissenschaften und der HafenCity Universität in Hamburg, seit 2006 Projektkoordinator bei der IBA Hamburg GmbH. Lebt in Hamburg.
Born 1967, qualified architectural engineer. Studied at the University of Kassel and the Ecole Polytechnique Fédérale in Lausanne. 1998 worked for the urban and transport planning practice Von Winning und Partner in Kassel, 1998–2000 urban design internship in Frankfurt am Main, 2000–02 with Dilger, Kramm & Strigl and Albert Speer & Partner in Frankfurt am Main, 2002–06 departmental head of urban planning and project development with the Hamburg Regional Landscape Planning Office, 2003–06 teaching assignments at the University of Applied Sciences and HafenCity University in Hamburg, since 2006 project coordinator with the IBA Hamburg GmbH. Lives in Hamburg.
lied@gmx.de

Dirk Meyhöfer
*1950, Dipl.-Ing. Architektur und Stadtplanung. Studium an der TU Hannover, 1977–87 Redakteur/Chef vom Dienst bei den Zeitschriften *Zuhause Wohnen* und *Architektur und Wohnen* in Hamburg. Seitdem freier Autor, Architekturkritiker, Ausstellungsmacher und Hochschullehrer. Herausgeber und Redakteur des Jahrbuches *Architektur in Hamburg* (seit 1989). Lebt in Hamburg.
Born 1950, qualified architectural engineer and urban planner. Studied at the Technical University in Hanover, 1977–87 editor/duty head of the magazines *Zuhause Wohnen* and *Architektur und Wohnen* in Hamburg. He has since worked freelance as author, architectural critic, exhibition organiser, and university lecturer. Since 1989 publisher and editor of the yearbook *Architektur in Hamburg* (Architecture in Hamburg). Lives in Hamburg.
dirk.meyhoefer@t-online.de

Reimar Molitor
*1968, Dipl. Geograf. Studium an der WWU Münster, 1999 Promotion zum Dr. rer. nat. (*Nachhaltige Regionalentwicklung in Europa*). 1996–98 IÖW Wuppertal, 1996–99 Republik Irland (diverse Projekte der EU), 2000–03 Regionalmanagement der Regionale 2006 im Bergischen Städtedreieck Wuppertal-Solingen-Remscheid, seit Ende 2003 Geschäftsführer der Regionale 2010 Agentur in der Region Köln/Bonn, seit 2007 geschäftsführender Vorstand des Region Köln/Bonn e.V. Mitglied im Fachbeirat der IBA Fürst-Pückler-Land, im Expertenbeirat zur Zukunft der Internationalen Bauausstellungen des Bundesministeriums für Verkehr, Bau und Stadtentwicklung,

des Ziel-2-Begleitausschusses des Europäischen Fonds für Regionalentwicklung (EFRE) beim Ministerium für Wirtschaft, Mittelstand und Energie NRW und im Beirat des Hauses der Architektur, Köln. Lebt im Bergischen Land bei Köln.
Born 1968, qualified geographer. Studied at the University of Münster, 1999 obtained his natural sciences doctorate with a thesis *Sustainable Regional Development in Europe*. 1996–98 Institute for Ecological Economy Research (IÖW) in Wuppertal, 1996–99 Republic of Ireland (various EU projects), 2000–03 regional management of the Regionale 2006 in the Bergisch Wuppertal-Solingen-Remscheid triangle, managing director of the Regionale 2010 agency in the Cologne/Bonn region since the end of 2003, managing director of the Cologne/Bonn Regional Association since 2007. Member of the IBA Fürst-Pückler-Land advisory council, on the Federal Ministry of Transport, Building, and Urban Development's expert advisory council on the future of international building exhibitions, member of the target monitoring committee of the European Regional Development Fund at the Ministry of Economic Affairs and Energy of the State of North Rhine-Westphalia and on the advisory council of the Haus der Architektur in Cologne. Lives in the Bergisch Land near Cologne.
molitor@regionale2010.de

Pedro Moreira
*1965, Architekt, Bauhistoriker, Bildender Künstler. Architekturstudium an der FAU-USP São Paulo (1983–87). Mitarbeit in verschiedenen Büros in São Paulo (1985–87), London (1988–91) und Berlin (1992–94). Seit 1995 Partner in Nedelykov Moreira Architekten, Berlin, seit 2007 Zweigstelle des Büros in São Paulo (GCP-NM Arquitetos). Gastvorträge in Deutschland, Brasilien, Spanien, Vereinigte Arabische Emirate. 2001 Supervisor der Projektwerkstätten der Stiftung Bauhaus Dessau, Betreuung von Auslandsprojekten in Brasilien und Äthiopien. Forschungen und Veröffentlichungen, u.a. zur Geschichte der Modernen Architektur in Brasilien. Promotionsvorhaben über die Resonanzen Deutscher Baukultur in Brasilien (in Vorbereitung). Europa-Nostra-Medaille 2008 – Denkmalschutzpreis der Europäischen Kommission, mit Nina Nedelykov, für die Sanierung der Max-Liebermann-Villa in Berlin-Wannsee. 2009 Berater der IBA Hamburg für den deutschen Beitrag zur Architekturbiennale São Paulo und Organisation der deutsch-brasilianischen Entwurfswerkstatt.
Born 1965, architect, architectural historian, graphic artist. Studied architecture at the FAU-USP São Paulo (1983–87). Has worked for a variety of practices in São Paulo (1985–87), London (1988–91), and Berlin (1992–94). Partner with Nedelykov Moreira Architekten, Berlin, since 1995, has been running their São Paulo branch (GCP-NM Arquitetos) since 2007. Guest speaker in Germany, Brazil, Spain, and the United Arab Emirates. 2001 project workshop supervisor for the Bauhaus Dessau Foundation, supervision of projects in Brazil and Ethiopia. Research and publications include a history of Modernist architecture in Brazil. Currently working on his doctoral thesis on the influence of German architecture in Brazil. Winner of the Europa Nostra award 2008—the historic monument protection prize awarded by the European Commission, with Nina Nedelykov, for the renovation of the Max Liebermann Villa in Berlin-Wannsee. 2009 consultant to the IBA Hamburg on the German contribution to the São Paulo Architecture Biennale and organisation of the German-Brazilian design workshop.
mail@nedelykovmoreira.de

Klaus Overmeyer
*1968, Landschaftsarchitekt. Studium an der TU München und an der TU Berlin. Initiierung und Leitung des internationalen Forschungsprojektes „Urban Catalyst" über Potenziale temporärer Nutzungen mit Philipp Oswalt und Philipp Misselwitz (2001–03), seit 2005 selbstständig unter dem Namen „Studio UC" mit den Arbeitsschwerpunkten Gestaltung und Nutzung von regionalen und urbanen Transformationsräumen, Prozessdesign und Strategieentwicklung, Städtebau und Stadtforschung, Vermittlung und Kommunikation. Gastprofessur für Landschaftsarchitektur an der Bergischen Universität Wuppertal (2007–10). Lebt in Berlin.
Born 1968, landscape architect. Studied at the Technical Universities in Munich and in Berlin. Initiated and managed the "Urban Catalyst" international research project on potential temporary utilisations with Philipp Oswalt and Philipp Misselwitz (2001–03), since 2005 working freelance as "Studio UC," specialising in the design and use of regional and urban transformation spaces, process design and strategy development, urban design and urban research, and exchange and communication. Visiting professor of landscape architecture at the University of Wuppertal (2007–10). Lives in Berlin.
overmeyer@studio-uc.de

Karen Pein
*1973, Dipl.-Ing. Städtebau/Stadtplanung. Studium der Geografie an der Christian-Albrechts-Universität zu Kiel und des Städtebaus/der Stadtplanung an der TU Hamburg-Harburg. 2000–01 Stadtplanungsamt Magdeburg (Arbeitsgruppe „Stadtumbau Ost", Landeshauptstadt Magdeburg), 2002 freiberuflich tätig für die Landeshauptstadt Magdeburg, VNW Hamburg und F+B Hamburg, 2003–05 Projektleiterin der GEWOBA AG Wohnen und Bauen, Bremen, 2004–05 Studium der Immobilienökonomie an der Akademie der Immobilienwirtschaft, Hamburg, 2006 Immobilienanlageberatung bei der Berenberg Bank, Hamburg, seit Dezember 2006 Projektkoordinatorin der IBA Hamburg GmbH.
Born 1973, qualified urban design and urban planning engineer. Studied geography at the Christian Albrechts University in Kiel and urban design/urban planning at the Technical University in Hamburg-Harburg. 2000–01 Magdeburg urban planning office (working group "Stadtumbau Ost"—Urban Redevelopment East, city of Magdeburg), 2002 worked freelance for the city of Magdeburg, the Association of North German Housing Companies (VNW) in Hamburg, and F+B Hamburg, 2003–05 project manager with GEWOBA AG Wohnen und Bauen in Bremen, 2004–05 studied real estate management at the Academy of Real Estate Management in Hamburg, 2006 real estate investment consultancy with Berenberg Bank, Hamburg, project co-ordinator with the IBA Hamburg GmbH since December 2006.
karen.pein@iba-hamburg.de

Julian Petrin
*1968, Dipl.-Ing., Stadtplaner. Studien: Wirtschafts- und Sozialgeografie an der LMU München und Städtebau/Stadtplanung an der TU Hamburg-Harburg. 1998 Gründung des Büros urbanista in Hamburg, das auf der Schnittstelle von Stadtentwicklung und Kommunikation arbeitet. Zahlreiche Projekte im Bereich Partizipation und großräumige Entwicklungskonzepte, seit 2007 auch in zahlreichen Projekten für die IBA Hamburg tätig. Seit 2005 zusätzlich Forschung und Lehre an der HafenCity Universität Hamburg (Themenschwerpunkt: die Frage, wie Raumvorstellungen und mediale Prozesse die Raumproduktion mitsteuern). 2009 Gründung des bürgerbasierten Stadtlabors Nexthamburg (gefördert von der Bundesregierung als Pilotprojekt der Nationalen Stadtentwicklungspolitik). 2009 Mitglied des Beirats für den Deutschen Beitrag der Architekturbiennale São Paolo, außerdem Mitglied des internationalen Doktorandenkollegs „Forschungslabor Raum". Lebt in Hamburg.
Born 1968, qualified urban planner. Studied economic and social geography at the Ludwig Maximilian University in Munich and urban design/urban planning at the Technical University in Hamburg-Harburg. 1998 founded the company urbanista in Hamburg, working at the interface between urban development and communication. Numerous projects in the fields of participation and large-scale development concepts, has also been involved with many IBA Hamburg projects since 2007. Research and teaching assignments at the HafenCity University Hamburg since 2005 (specialising in the issue of how spatial concepts and medial processes contribute to space creation). 2009 founded citizen-based urban laboratory Nexthamburg (sponsored by the federal government as a national urban development policy pilot project). 2009 member of the advisory council for the German contribution to the Architecture Biennale in São Paolo, also member of the international doctorate student programme "Forschungslabor Raum" (Space Research Laboratory). Lives in Hamburg.
petrin@nexthamburg.de

Stefan Rogge
*1970, Dipl.-Ing. Architektur. Studium der Architektur an der Gesamthochschule Kassel, 2000–06 Mitarbeiter bei Prof. Dipl.-Ing. Beata Huke-Schubert in Hamburg, ab 2006 selbstständiger Architekt und Stadtführer für Wasserspaziergänge unter dem Label „fleetfluchten", 2008 erfolgreiche Teilnahme am IBA-Wettbewerb „Ideen für den Spreehafen" (mit dem Projekt „Kanuterrassen"), seit 2009 tätig für das EU-Projekt „Build with care". Lebt in Hamburg.
Born 1970, qualified architectural engineer. Studied architecture at the University of Kassel, 2000–06 member of Professor Beata Huke-Schubert's staff in Hamburg, since 2006 self-employed architect and city guide for water walks branded as "fleetfluchten," 2008 successful participation in the IBA competition "Ideen für den Spreehafen" with the project "Kanuterrassen" (Canoeing Terraces), has been working for the EU's "Build with Care" project since 2009. Lives in Hamburg.
info@fleetfluchten.de

Dorothee Rummel
*1975, Dipl.-Ing. Architektin und Stadtplanerin. Studium der Architektur mit städtebaulichem Schwerpunkt an der Universität Karlsruhe (TH), der University of California, Berkeley und der Hochschule der Künste Berlin. 2001–02 Wissenschaftliche Mitarbeit am Leibniz-Institut für Regionalentwicklung und Strukturplanung IRS, Erkner. 2003–07 Architektin und Stadtplanerin bei der SBS Planungsgemeinschaft, München. 2007 Gründung von XOStudio, Studio für Architektur und Stadtplanung, München. Seit 2008 Dissertation zum Thema städtische Resträume und Raumreserven an der Universität Karlsruhe. Seit 2008 Schlieben-Lange-Stipendiatin. Lebt in München.
Born 1975, qualified architectural engineer and urban planner. Studied architecture, specialising in urban design, at the University of Karlsruhe (TH), the University of California, Berkeley, and the University of the Arts in Berlin. 2001–02 research assistant at the Leibniz Institute for Regional Development and Structural Planning (IRS) in Erkner. 2003–07 architect and urban planner with the SBS Planungsgemeinschaft in Munich. 2007 founded XOStudio, an architecture and urban planning firm in Munich. Since 2008 dissertation on the subject of residual spaces and spatial reserves at the University of Karlsruhe. Holder of a Schlieben Lange scholarship since 2008. Lives in Munich.
rummel@xostudio.de

Henrik Sander
*1970, Studium der Stadt- und Regionalplanung an der TU Berlin. 1999 Gründung des Büros orange edge mit Dr. Stefanie Bremer in Berlin. 2000–02 Geschäftsführer der internationalen Entwurfswerkstatt Herbstakademie Stadtraum B1 an der BU Wuppertal. Forschungstätigkeit und Lehraufträge an der TU Berlin, BU Wuppertal, Universität Duisburg-Essen, HafenCity Universität Hamburg. Ausstellungsbeiträge für die Architekturbiennale Rotterdam, RhineRuhrCity, shrinking cities, Architekturbiennale São Paulo, Leitung der Ausstellung „B1|A40. Die Schönheit der großen Straße" im Rahmen der Kulturhauptstadt Ruhr.2010. Mitglied der FGSV-Arbeitsgruppe Städtebauliche Integration von Hochleistungsstraßen. Lebt im Ruhrgebiet.
Born 1970, studied urban and regional planning at the Technical University in Berlin. 1999 founded the company orange edge with Dr Stefanie Bremer in Berlin. 2000–02 managing director of the international design firm Herbstakademie Stadtraum B1 at the University of Wuppertal. Research and teaching assignments at the Technical University in Berlin, the University of Wuppertal, the University of Duisburg-Essen, the HafenCity University Hamburg. Exhibition contributions to the Rotterdam Architecture Biennale, RhineRuhrCity, shrinking cities, São Paulo Architecture Biennale, head of the "B1IA40. Die Schönheit der grossen Strasse" (B1IA40. The Beauty of Major Roads) exhibition as part of Ruhr.2010 European Capital of Culture. Member of the FGSV working group on the urban design integration of high-capacity routes. Lives in the Ruhr region.
sander@orangeedge.de

Joachim Schultz
*1972, Prof. Dipl.-Ing. Architekt mit Schwerpunkt Städtebau und Stadtforschung. Studium der Architektur an der TU Berlin und TU Delft. 2001–03 Projektleiter im Büro KCAP, Rotterdam. 2003–09 Wissenschaftlicher Mitarbeiter am Fachgebiet für Städtebau und Architektur der TU Berlin. Seit 2010 Professor für Städtebau an der msa | Münster School of Architecture. Beiträge zu Ausstellungen und Veröffentlichungen. 2008 Publikation des *Atlas IBA Hamburg* zusammen mit Jorg Sieweke. Seit 2001 freiberuflich tätig als Architekt mit Schwerpunkt Städtebau. Lebt in Berlin.
Born 1972, professor of architecture specialising in urban design and urban research. Studied architecture at the Technical University in Berlin and the Technical University in Delft. 2001–03 project manager with KCAP, Rotterdam. 2003–09 specialist research assist-

ant for urban design and architecture at the Technical University in Berlin. Since 2010 professor of urban design at the msa | Münster School of Architecture. Exhibition contributions and publications. 2008 publication of the *Atlas IBA Hamburg* together with Jorg Sieweke. Since 2001 has worked as a freelance architect specialising in urban design. Lives in Berlin.
schultz@fh-muenster.de

Hille von Seggern
*1945, Prof. Dr.-Ing., Studium der Architektur und Stadtplanung an der TU Braunschweig und der TH Darmstadt. 1982 Promotion zum Dr.-Ing. (*Wohnungsbezogene Freiräume*). Seit 1982 Büro für Architektur, Städtebau, Stadtforschung Ohrt – von Seggern – Partner, Hamburg. 1989–93 Bundesvorsitzende der SRL (Vereinigung für Stadt-, Regional- und Landesplanung). 1995–2008 Professorin für Freiraumplanung und städtische Entwicklung an der Leibniz Universität Hannover. Lehr-, Forschungs- und Praxisschwerpunkte: Mensch-Umwelt-Relationen, großräumiges Landschaftsentwerfen sowie urbane Landschaften als Infrastruktur. Zahlreiche Wettbewerbsgewinne, Veröffentlichungen, Jury- und Beiratstätigkeiten. 2005 Gründung der interdisziplinären Forschungs-, Lehr- und Praxisplattform STUDIO URBANE LANDSCHAFTEN (mit Julia Werner). Seit 2008 Kooperationsprojekte STUDIO URBANE LANDSCHAFTEN und Ohrt – von Seggern – Partner. Mitglied der DASL (Deutsche Akademie für Städtebau und Landesplanung). Lebt in Hamburg.
Born 1945, professor, qualified engineer, studied architecture and urban planning at the Technical University in Brunswick and the Technical University in Darmstadt. 1982 obtained doctorate in engineering (*Housing-Related Open Spaces*). Own architectural, urban design, and urban research practice, Ohrt–von Seggern–Partner, in Hamburg since 1982. 1989–93 national chairperson of the SRL (Urban, Regional, and State Planning Association). 1995–2008 professor of open space planning and urban development at the Leibniz University in Hanover. Teaching, research work, and practice specialises in people–environment relations, large-scale landscape design, and urban landscapes as infrastructure. Winner of many competitions, numerous publications, jury and advisory council work. 2005 founded the interdisciplinary research, teaching, and practice platform STUDIO URBANE LANDSCHAFTEN (with Julia Werner). Since 2008 joint STUDIO URBANE LANDSCHAFTEN and Ohrt–von Seggern–Partner projects. Member of the DASL (German Academy for Urban Design and Regional Planning). Lives in Hamburg.
hille.seggern@urbanelandschaften.de

Boris Sieverts
*1969, Reiseführer. Studium der Kunst an der Kunstakademie Düsseldorf. Tätigkeit als Schäfer sowie in Architekturbüros in Köln und Bonn. Seit 1997 führt er mit seinem „Büro für Städtereisen" Einheimische und Touristen durch die Grauzonen unserer Ballungsräume. Dabei stellt er durch ausgefeilte Raumfolgen landschaftliche Zusammenhänge für ansonsten als extrem disparat geltende Umgebungen her und entwickelt Visionen und weiterführende Interpretationen der erforschten Landschafts- und Siedlungsgebilde. Lehraufträge in Nantes, Leipzig, Toulon, Kassel, Arnheim, Portland und Maastricht. Einzelausstellungen und Ausstellungsbeteiligungen in Deutschland, Frankreich und den USA. Lebt in Köln.
Born 1969, tour guide. Studied art at Düsseldorf Academy of Arts. Has worked as a shepherd as well as in architectural practices in Cologne and Bonn. With his company Büro für Städtereisen (Office of Urban Travels) he has been taking local residents and tourists through the grey areas of our conurbations since 1997. He uses clever spatial sequences to present landscape contexts for what are otherwise seen as extremely disparate environments and develops visions and progressive interpretations of the landscape and settlement structures explored. Teaching assignments in Nantes, Leipzig, Toulon, Kassel, Arnheim, Portland, and Maastricht. Individual exhibitions and exhibition participation in Germany, France, and the USA. Lives in Cologne.
borissieverts@gmx.de

Jorg Sieweke
*1968, Assistant Professor, Freischaffender Landschaftsarchitekt und Städtebauer. 2001 Gründung des Büros _scapes in Berlin (zahlreiche Preise und Anerkennungen, darunter der Deutsche Landschaftsarchitektur Preis 2007). Veröffentlichung des *Atlas IBA-Hamburg* (mit Joachim Schultz) und von Beiträgen in *Transforming with Water, Stromlagen* sowie *Wiederkehr der Landschaft*. Lehrtätigkeit an der TU Dresden, der TU Berlin, der Staatlichen Akademie der Bildenden Künste Stuttgart sowie der Kunsthochschule Berlin-Weißensee. Seit 2009 Assistant Professor an der School of Architecture, University of Virginia, USA. Gegenwärtiges Forschungsinteresse: vergleichende Studien von Deltacities („Paradoxcity"). Lebt in Berlin und Charlottesville, Virginia, USA.
Born 1968, assistant professor, freelance landscape architect, and urban designer. 2001 founded the company _scapes in Berlin (numerous prizes and awards, including the German Landscape Architecture Prize 2007). Publication of the *Atlas IBA-Hamburg* (with Joachim Schultz) and articles in *Transforming with Water, Riverscapes*, and *Return of Landscape*. Teaching assignments at the Technical University in Dresden, the Technical University in Berlin, the Stuttgart State Academy of Art and Design, and the Berlin Weissensee School of Art. Since 2009 assistant professor at the School of Architecture, University of Virginia, USA. Current research focus: comparative studies of delta cities ("Paradoxcity"). Lives in Berlin and Charlottesville, Virginia, USA.
sieweke@virginia.edu

Antje Stokman
*1973, Prof., Studium der Landschafts- und Freiraumplanung an der Leibniz Universität Hannover und dem Edinburgh College of Art. 2001–04 Projektleiterin für internationale Projekte im Büro Rainer Schmidt Landschaftsarchitekten, München. 2000–05 Forschungstätigkeit und Lehraufträge an der Leibniz Universität Hannover, TU Hamburg-Harburg, Universität Peking und Tongji Universität Shanghai. 2005–10 Juniorprofessorin an der Fakultät für Architektur und Landschaft sowie der Fakultät für Bauingenieurwesen und Geodäsie der Leibniz Universität Hannover. Seit April 2010 Professorin für Landschaftsplanung und Ökologie an der Fakultät für Architektur und Stadtplanung der Universität Stuttgart. Mitglied der interdisziplinären Forschungs-, Lehr- und Praxisplattform STUDIO URBANE LANDSCHAFTEN und der UNESCO-IHP Arbeitsgruppe „Integrated Urban Water Infrastructure Provision for Slums". Lebt in Hamburg und Stuttgart.
Born 1973, professor, studied landscape and open space planning at Leibniz University in Hanover and Edinburgh College of Art. 2001–04 project manager for international projects with Rainer Schmidt Landschaftsarchitekten in Munich. 2000–05 research and teaching assignments at Leibniz University in Hanover, the Technical University in Hamburg-Harburg, the University of Peking, and Tongji University in Shanghai. 2005–10 junior professor at the Faculty of Architecture and Landscape as well as the Faculty of Civil Engineering and Geodesy at Leibniz University in Hanover. Since April 2010 professor of landscape planning and ecology at the Faculty of Architecture and Urban Planning of the University of Stuttgart. Member of the STUDIO URBANE LANDSCHAFTEN interdisciplinary research, teaching, and practice platform, and the UNESCO IHP "Integrated Urban Water Infrastructure Provision for Slums" working group. Lives in Hamburg and Stuttgart.
antje.stokman@urbanelandschaften.de

Gerti Theis
*1953, Dipl.-Ing. Landschaftsplanerin. 1982 Diplom im Studiengang Landschaftsplanung an der Gesamthochschule Kassel. 1983–2006 zunächst in der Umweltbehörde, später in der Stadtentwicklungsbehörde der Freien und Hansestadt Hamburg tätig. 1999–2004 Leitung der Abteilung Landschafts- und Grünordnungsplanung im Amt für Landschaftsplanung der Behörde für Stadtentwicklung und Umwelt. 2003–06 Referentin des Oberbaudirektors der Freien und Hansestadt Hamburg mit Schwerpunkt „Sprung über die Elbe". Seit September 2006 Projektkoordinatorin im Team der IBA Hamburg GmbH. Lebt in Hamburg.
Born 1953, qualified engineer. Landscape planner. Obtained her diploma in landscape planning from the University of Kassel in 1982. 1983–2006 initially worked for the Free and Hanseatic City of Hamburg's environmental authorities, and later for the urban development authority. 1999–2004 head of the Department of Landscape and Green Space Development in the State Ministry for Urban Development and the Environment's Office of Landscape Planning. 2003–06 consultant to the Chief Urban Planning Director of the Free and Hanseatic City of Hamburg, focussing on "Sprung über die Elbe" ("Leap across the Elbe"). Project co-ordinator with the IBA Hamburg GmbH team since September 2006. Lives in Hamburg.
gerti.theis@iba-hamburg.de

Hartmut H. Topp
*1942, Prof. Dr.-Ing., Studium des Bauingenieurwesens an der TU Berlin und Universität Karlsruhe; Assistent, später Dozent an der TU Darmstadt; 1973 Dissertation *Flächensparende und wirtschaftliche Erschließung von Wohngebieten*; Beratender Ingenieur in Frankfurt/Main; eigenes Planungsbüro in Darmstadt; 1981–2007 Professor für Mobilität und Verkehr an der TU Kaiserslautern, dort 1991–93 Dekan am Fachbereich Architektur, Raum- und Umweltplanung, Bauingenieurwesen; Forschungssemester in den USA, in Singapur, Australien, Brasilien und Chile; Moderator von Planungsprozessen und Preisrichter städtebaulicher Wettbewerbe; Deutscher Städtebaupreis 1998; Mitglied der Deutschen Akademie für Städtebau und Landesplanung, der Akademie für Raumforschung und Landesplanung, des Kuratoriums der IBA Hamburg und der UN-Expertengruppe Masterplan für die heiligen Stätten des Islam in Mekka und Medina. Lebt in Köln.
Born 1942, professor of engineering, studied civil engineering at Technical University in Berlin and University of Karlsruhe; assistant, later lecturer, at the Technical University in Darmstadt; 1973 dissertation *Flächensparende und wirtschaftliche Erschliessung von Wohngebieten* (Space-Saving and Economic Development of Housing Areas); consultant engineer in Frankfurt am Main; own planning office in Darmstadt. 1981–2007 professor of mobility and transport at the Technical University in Kaiserslautern, where he was dean of the Faculty of Architecture, Spatial and Environmental Planning, and Civil Engineering 1991–93; research semesters in the USA, Singapore, Australia, Brazil, and Chile; planning process facilitator and judge of urban design contests; German Urban Design Prize 1998; member of the German Academy for Urban Design and Regional Planning, of the Academy for Spatial Research and Regional Planning, of the IBA Hamburg advisory council, and of the UN expert group on the master plan for the holy Islamic sites in Mecca and Medina. Lives in Cologne.
hartmut.topp@imove-kl.de

Bernd Upmeyer
*1973, Dipl.-Ing. Architektur. Architekturstudium an der Universität Kassel und der Universität Delft. 1999 Deutscher Studienpreis für ein Projekt über neue Stadtplanungsmethoden. 2000 Stipendiat des Deutschen Akademischen Austauschdiensts (DAAD). 2002–04 Mitarbeit als Architekt bei NL Architects und Bosch Architects in Amsterdam. 2004–07 Wissenschaftlicher Mitarbeiter am Institut für Urbane Architektonische Studien an der Universität Kassel. 2004 Gründer und seitdem Chefredakteur der halbjährlich erscheinenden Zeitschrift *MONU – magazine on urbanism*. 2005 Gründung des Bureau of Architecture, Research and Design (BOARD) in Rotterdam. Lebt in Rotterdam.
Born 1973, qualified architectural engineer. Studied architecture at the University of Kassel and the University of Delft. 1999 German Academic Award for a project on new urban planning methods. 2000 scholarship from the German Academic Exchange Service (DAAD). 2002–04 worked as an architect for NL Architects and Bosch Architects in Amsterdam. 2004–07 research assistant with the Institute for Urban Architectural Studies at the University of Kassel. 2004 founder and still editor-in-chief of the bi-annual magazine *MONU–magazine on urbanism*. 2005 founded the Bureau of Architecture, Research, and Design (BOARD) in Rotterdam. Lives in Rotterdam.
info@b-o-a-r-d.nl

Ute Vorkoeper
*1963, Dr. phil. Kuratorin und Autorin. Studium Kunst und Deutsch auf Lehramt an der Universität Dortmund. Unterrichtete 1998–2004 Kunsttheorie an der Hochschule für bildende Künste Hamburg, war dort 2001–04 Leiterin des Hochschulmodellversuchs „transmedien". 2007–09 Gastprofessur an der Kunsthochschule Berlin-Weißensee. 2009 Lehrauftrag für Kunsttheorie an der staatlichen Akademie für Bildende Kunst Stuttgart. Kuratorin der „Akademie einer anderen Stadt" im Rahmen des Elbinselsommers 2009 und 2010 in Hamburg. Zahlreiche Ausstellungen und Buchpublikationen. Lebt in Hamburg.
Born 1963, doctor of philosophy, curator, and author. Studied art and German while also teaching at the University of Dortmund. 1998–2004 taught theory of art at the University of Fine Arts in Hamburg, where she was head of the "transmedien" University experimental project from 2001–04. 2007–09 visiting professorship at the Weissensee School of Art in Berlin. 2009 lectured in art

theory at the Stuttgart State Academy of Art and Design. Curator of the "Akademie einer anderen Stadt" ("Academy of Another City") as part of the Elbe Island Summer 2009 and 2010 in Hamburg. Numerous exhibitions and book publications. Lives in Hamburg.
utevorkoeper@deponat.de

Jörn Walter
*1957, Prof. Dipl.-Ing., Studium der Raumplanung an der Universität Dortmund. Nach 1990 Leiter des Stadtplanungsamtes Dresden und seit 1999 Oberbaudirektor der Freien und Hansestadt Hamburg. Lehrtätigkeiten an den Technischen Universitäten Wien und Dresden sowie an der Hochschule für bildende Künste Hamburg. Mitglied der Deutschen Akademie für Städtebau und Landesplanung, der Akademie der Künste Berlin und der Sächsischen Akademie der Künste. Zahlreiche Veröffentlichungen zu Fragen des Städtebaus und der Architektur.
Born 1957, professor of engineering, studied spatial planning at the University of Dortmund. Head of the Urban Planning Office in Dresden from 1990 and director of urban development with the Free and Hanseatic City of Hamburg since 1999. Teaches at the Technical Universities in Vienna and Dresden, as well as at the University of Fine Arts in Hamburg. Member of the German Academy for Urban Development and Regional Planning, the Academy of Arts in Berlin, and the Academy of Arts in Saxony. Numerous publications on urban development and architectural issues.
joern.walter@bsu-hamburg.de

Ronny Warnke
*1975, Dipl.-Verwaltungswirt (FH) und Dipl.-Ing., Studium der Allgemeinen Verwaltung an der Fachhochschule für öffentliche Verwaltung und Rechtspflege des Landes Mecklenburg-Vorpommern in Güstrow, Angestellter in der Verwaltung des Landkreises Parchim und im Straßenbauamt Güstrow (1998-2002), Studium der Stadt- und Regionalplanung an der Brandenburgischen Technischen Universität Cottbus und am Politecnico di Torino (Italien), seit April 2008 Assistent der Geschäftsführung bei der IBA Hamburg GmbH. Lebt in Hamburg.
Born 1975, graduate in public management and a qualified engineer, studied general administration at the State University of Applied Public Administration in Güstrow, Mecklenburg West-Pomerania, worked for the Parchim district administration and for the Güstrow Road Construction Authority (1998-2002), studied urban and regional planning at the Technical University in Cottbus and at the Politecnico di Torino (Italy), management assistant with the IBA Hamburg GmbH since April 2008. Lives in Hamburg.
ronny.warnke@iba-hamburg.de

Bertram Weisshaar
*1962, Dipl.-Ing. Landschaftsplanung. Berufsausbildung zum Fotografen und Studium der Landschaftsplanung an der Gesamthochschule/Universität Kassel. Seit 1996 freiberuflich tätig als Spaziergangsforscher, Künstler und Fotograf. Zahlreiche internationale Einzelausstellungen und Beiträge zu Ausstellungen, Workshops und Projekten für verschiedene Partner und Institutionen (z.B. Bundesakademie für kulturelle Bildung Wolfenbüttel, Ministerium für Umwelt Saarland, Stiftung Bauhaus Dessau, Umweltamt Frankfurt am Main, IBA Fürst-Pückler-Land, IBA Stadtumbau 2010). 1999 Melitta Förderpreis Bildende Kunst; 2006 Kulturpreis Schwarzwald-Baar; 2006 Stipendium VG Bild-Kunst; 2009 Stipendium Kulturstiftung Sachsen; 2010 Artist in Residence Krems, Österreich. Lebt in Leipzig.
Born 1962, qualified engineer (landscape planning). Trained as a photographer and studied landscape planning at the University of Kassel. Has worked freelance since 1996 as walking researcher, artist, and photographer. Numerous individual international exhibitions and exhibition contributions, workshops, and projects for a variety of partners and institutions, e.g. Federal Academy for Cultural Education Wolfenbüttel, Saarland Ministry of the Environment, Bauhaus Dessau Foundation, Frankfurt am Main Environmental Agency, the IBA Fürst-Pückler-Land, the IBA Stadtumbau (Urban Redevelopment) 2010. 1999 Melitta Fine Arts Award; 2006 Black Forest-Baar Cultural Award; 2006 VG Bild-Kunst grant; 2009 grant from Cultural Foundation of Saxony; 2010 artist in residence, Krems, Austria. Lives in Leipzig.
b.weisshaar@atelier-latent.de

Bildnachweise Picture Credits

9: IBA Hamburg GmbH/Martin Kunze
10: IBA Hamburg GmbH/Falcon Crest, Hamburg
13: Museum Elbinsel Wilhelmsburg
15: nordmeier-photodesign.de
16 oben above: Quelle source: LBS Bausparkasse Schleswig-Holstein-Hamburg AG + eigene Recherchen der own research by IBA Hamburg GmbH/Grafik diagram: Tom Unverzagt, Leipzig
16 unten below: Quelle source: curth + roth, Wahrnehmung der IBA Hamburg und der Elbinsel. Evaluation evaluation, Hamburg, 2009/Grafik diagram: Tom Unverzagt, Leipzig
17: Quelle source: LBS Bausparkasse Schleswig-Holstein-Hamburg AG + eigene Recherchen der own research by IBA Hamburg GmbH/Grafik diagram: Tom Unverzagt, Leipzig
18, 19: IBA Hamburg GmbH/Martin Kunze
20: IBA Hamburg GmbH/Simona Weisleder
21: Stefan Malzkorn
22: IBA Hamburg GmbH/Johannes Arlt
25: IBA Hamburg GmbH/René Reckschwardt
26, 27: Ercan Agirbas und and Eckehard Wienstroer, Neuss, mit with Flumdesign, Hamburg
28, 29: IBA Hamburg GmbH/Jost Vitt, Rudolf Klöckner
32/33: IBA Hamburg GmbH/Falcon Crest, Hamburg
36: nordmeier-photodesign.de
37-44: Atelier Latent/Bertram Weisshaar
46: Diana Küster/raumlaborberlin
47: raumlaborberlin
48 oben above: Jeroen Musch
48 unten below: Luuk Kramer
49: Jeroen Musch
50: anschlaege.de
52, 53: yellow z urbanism architecture
55, 57-60: Bettina Steinacker
62: aus from: Neu-Altona, Schriftenreihe der Hamburger Baubehörde zum Bau-, Wohnungs- und Siedlungswesen, Heft Vol. 23, Hamburg 1958, S. p. 55
63: Hamburgisches Architekturarchiv, Bestand inventory Neue Heimat
64: aus from: Hamburg und seine Bauten 1918-1929, hrsg. vom ed. by AIV zu Hamburg, Hamburg 1929, S. p. 170
65: hhla.de/hamburger-fotoarchiv.de
66: Hamburgisches Architekturarchiv, Bestand inventory Wilhelm Ohm
67: aus from: Bruno Taut, Die Auflösung der Städte oder die Erde eine gute Wohnung, Hagen 1920, Tafel panel 1
68: laif/haeberle
69: ZEITmagazin Nr. 44, 24.10.1975. Zeichnungen drawings: Pohlandt, Wernecke
71: Tuca Vieira
72: Foto photo: Hans Breuer Foto-Werkstätten (Privatbesitz privately owned Karl Heinz Hoffmann)
75: Markus Lanz, Urs Schönebaum
76: Olaf Bartels
77: Foto photo: Jörg Koopmann
79: Adumbvoget/Wikimedia Commons
80: UNStudio
81: © monolab architects 1998-2010
82, 83: Barcelona City Council
84: Andrea Behnke und and Patrizia Scheid
87, 88, 90: Regionale 2010
91: Lutz Fritsch
92: Ralf Schumann
93: Wupperverband
95, 96, 98: Georg Aerni
101: Landscape Video Lab der of ETH/ILA
103: © RPB, Rainer Johann, Kersten Nabielek; 2006
104-106, 109: © RPB/AVL; 2004
111, 113: Heinz Wernicke
116-123: Boris Sieverts, Büro für Städtereisen
125: Olaf Bartels
126, 127: Christopher Dell
128: Roberto Cattani
130: laif/multhaupt
133: © Bureau of Architecture, Research and Design (BOARD)
134: © corazon international
135: picture-alliance/dpa
136, 137: © corazon international/Gordon Timpen
139: STUDIO URBANE LANDSCHAFTEN, Anke Schmidt
140, 141: Anna Martens, Daniela Seipel, Malte Quaß; aus from: Diplomarbeit diploma thesis Hannover_Freiraum 2.0; A. Martens, D. Seipel, M. Quaß, 2008/2009, S. pp. 100/101, 120, 121
142 oben above: picture-alliance/dpa
142 unten below: ullstein bild - Lambert
143: Jia Sun, Yi Zhang
144: STUDIO URBANE LANDSCHAFTEN
147, 148, 150: Martin Kohler, Hamburg
151: Christiane Bruckmann, Hamburg
152, 153: Martin Kohler, Hamburg
155, 156, 158, 161: Bas Princen Artficial Arcadia series
163: courtesy Akademie einer anderen Stadt/Tranquillium Photography, 2009
164: nordmeier-photodesign.de
166: courtesy Akademie einer anderen Stadt/Tranquillium Photography, 2009
169, 170: © Akademie einer anderen Stadt, 2009
173: Sieweke/Schultz, Michael Pape, TU Berlin, 2007
175: Sieweke/Schultz, Simon David (ed.) 2009
176 oben above: Behörde für Stadtentwicklung und Umwelt, Hamburg
176 Mitte middle: www.tcsn.net/mswihart/hambmap1.jpg am from 14.12.2009; Verlag Müller und Kiepenhauer, Bergen/Oberbayern
176 unten below: Sieweke/Schultz, TU Berlin, 2006
178: Jeff Wall, courtesy of the artist
180-182, 183 links left: Stefan Rogge, fleetfluchten
183 rechts right: Angela Giese
184-189: Stefan Rogge, fleetfluchten
191, 193: Heinz Wernicke
197: Ludolf Dahmen
207: Aufwind-Luftbilder.de
209, 210, 213: nordmeier-photodesign.de
214: IBA Hamburg GmbH/Martin Kunze
216: bildarchiv-hamburg.de
219: nordmeier-photodesign.de
221: IBA Hamburg GmbH/Martin Kunze
223-229: Agence Ter, Henri Bava und and JCCL, Rolo Fütterer
230/231: RMP Landschaftsarchitekten/igs 2013
232 oben above: Quelle source: igs 2013; Architektur und Darstellung architecture and visualisation: © Gärtner u. Christ
232 unten below: © bpk, Berlin, 2010/Germin
233: RMP Landschaftsarchitekten/igs 2013
234: Quelle source: NÄGELIARCHITEKTEN
237: DEGES, 2009
238: nordmeier-photodesign.de
239: Hülsemann, 2010
240, 241: IBA Hamburg GmbH/Visualisierung visualisation: bloomimages. Planverfasser plan authors Masterplan Wilhelmsburg Mitte: Jo Coenen & Co Architekten (NL-Maastricht) mit with Agence Ter Landschaftsarchitekten (Karlsruhe). Planverfasser plan authors igs 2013: RMP Landschaftsarchitekten (Bonn). Planverfasser plan authors Neue Hamburger Terrassen: LAN Architecture* (Paris)
242 oben above: laif/VU/courtes
242 unten below: laif/Hemis/gardel
244: Karte map: IBA Hamburg GmbH/Moritz Pohlmann
245: IBA Hamburg GmbH/Falcon Crest, Hamburg
246/247: bernadette grimmenstein fotografie, Hamburg
249: Studio NL-D, Rotterdam
250: IBA Hamburg GmbH/Hans-Christian Lied
251: Entwurf und Visualisierung design and visualisation: Topotek 1
252: IBA Hamburg GmbH/Falcon Crest, Hamburg
253: Entwurf design: Bjarke Ingels Group mit with Topotek 1; Visualisierung visualisation: Bjarke Ingels Group
255, 256: bildarchiv-hamburg.de
260: IBA Hamburg GmbH/Oliver Heissner
263: Pondell
264: Dietmar Tollerian
265: Hörstadt
268: Sven Lohmeyer
269: Pondell
271: Julian Petrin
272: Aufwind-Luftbilder.de
274: ullstein bild - Imagebroker.net
275: picture alliance/dpa
276, 277: Jeroen Musch
279: Urheber author: Bernhard Gilli
280: Urheber author: Roland Urmann; Montage montage: Christoph Wiesmayr
282, 283: Urheber author: Christoph Wiesmayr
284: Alois Peham
287: Dettmar 2009
288: Dettmar 1996
289: Dettmar 1988
290: Dettmar 2009
295: Pietro Savorelli
296: Foto photo: orange edge, Tim Holthöfer
300: Foto photo: Jan Welchering
301: Grafik diagram: orange edge
303: Yingying Zhu
304, 305: Antje Stokman
306, 308, 309: Turenscape/Kongjian Yu
311, 312: Urheber authors: Beatriz Kaysel, Nora Kern, Sophie Naue, Tatiana Cristina Serrano, Maren Derneden
313: Urheber authors: Kai Michael Dietrich, Túlio Salva Rocha Franco, Ana Carolina Soldera Galhardo, Mandy Held, Carlos Eduardo M. Miller, Sergio Sampaio, Alexandre Rodrigues Seixas
314: Urheber authors: Adilson Akashi, Guido d'Elia Otero, Daniel Kali, Martin Krings, Franziska Schmeiser
315: Martin Kohler, Hamburg
317, 319: Heinz Wernicke
321: IBA Hamburg GmbH
322: Entwurf design: Gutzeit+Ostermann Architekten, Hamburg; Visualisierung visualisation: Gutzeit Architekten, Hamburg
323 links left: Entwurf design: Sven Andresen und and Urte Schlie Landschaftsarchitekten, Lübeck; Visualisierung visualisation: Andresen Landschaftsarchitekten, Lübeck
323 Mitte middle: Breimann & Bruun Landschaftsarchitekten, Hamburg
323 rechts right: IBA Hamburg GmbH
324: Sauerbruch Hutton/Reuter+Rührgartner
325 links left: Ercan Agirbas und and Eckehard Wienstroer, Neuss, mit with Flumdesign, Hamburg
325 Mitte middle: IBA Hamburg GmbH/bloomimages, Hamburg
325 rechts right: Entwurf und Visualisierung design and visualisation: Lorenz + Partner Architektur Projektentwicklung GmbH
326: IBA Hamburg GmbH/Johannes Arlt
327 links left: VELUX
327 Mitte middle: Entwurf design: Spengler Wiescholek Architekten Stadtplaner, Hamburg/Kontor Freiraumplanung, Hamburg/b&o Ingenieure, Hamburg/Büro für Energie- und Lichtplanung Roggendorf, Hamburg; Visualisierung visualisation: Spengler Wiescholek Architekten Stadtplaner, Hamburg
327 rechts right: Hamburg Port Authority
328, 329 links left, 329 Mitte middle: IBA Hamburg GmbH/Johannes Arlt
329 rechts right: IBA Hamburg GmbH/João Liberato

Herausgeber der Schriftenreihe METROPOLE:
Editor of the series METROPOLIS:
Internationale Bauausstellung IBA Hamburg GmbH
Uli Hellweg, Geschäftsführer Managing director
Am Zollhafen 12
20539 Hamburg

www.iba-hamburg.de

Redaktion Editoral staff:
Oliver G. Hamm, Berlin; Michael Koch, Hamburg/Zürich
Bildredaktion Photographic editors:
Annina Götz, Göttingen;
René Reckschwardt (S. p. 8-33, 208-221, 320-329)

Redaktionsbeirat der Schriftenreihe METROPOLE:
Editorial committee of the series METROPOLIS:
Olaf Bartels, Prof. Dr. Jörn Düwel, Oliver G. Hamm, Prof. Dr. Gert Kähler, Prof. Dr. Michael Koch, Dirk Meyhöfer, Prof. Jörn Walter

Gesamtkoordination der Schriftenreihe und redaktionelle Verantwortung IBA Hamburg GmbH
Coordination of the series and editorial responsibility IBA Hamburg GmbH:
Gerti Theis, René Reckschwardt (Projektassistenz Project assistant)

Übersetzung Translation:
Katherine Taylor in association with First Edition Translations Ltd, Cambridge, UK; editing by Kay Hyman in association with First Edition Translations Ltd, Cambridge, UK;
Annette Wiethüchter, Witzenhausen (S. p. 94-101, 302-309)
Gestaltung und Satz Design and setting:
Tom Unverzagt, Leipzig
Lithografie Lithography:
Bild1Druck, Berlin
Druck und Bindung Printing and binding:
GCC Grafisches Centrum Cuno, Calbe

Bibliografische Information der Deutschen Nationalbibliothek
Die Deutsche Nationalbibliothek verzeichnet diese Publikation in der Deutschen Nationalbibliografie; detaillierte bibliografische Daten sind im Internet über http://dnb.d-nb.de abrufbar.
Bibliographic information published by the Deutsche Nationalbibliothek
The Deutsche Nationalbibliothek lists this publication in the Deutsche Nationalbibliografie; detailed bibliographic data are available on the Internet at http://dnb.d-nb.de

jovis Verlag GmbH
Kurfürstenstraße 15/16
10785 Berlin

www.jovis.de

ISBN 978-3-86859-071-5